中国法学前沿·研究生教学参考书

Frontier of Chinese Law Research
Reference Books for Postgraduates

Empirical Research on the Standards for
Determining Duplicate Litigation in Civil Procedure

民事案件重复起诉
认定标准实证研究

王国征 等 著

清华大学出版社
北京

图书在版编目（CIP）数据

民事案件重复起诉认定标准实证研究/王国征等著. —北京：清华大学出版社，2024.3
（中国法学前沿. 研究生教学参考书）
ISBN 978-7-302-65601-2

Ⅰ. ①民… Ⅱ. ①王… Ⅲ. ①民事诉讼－研究－中国 Ⅳ. ①D925.104

中国国家版本馆 CIP 数据核字（2024）第 045860 号

责任编辑：李文彬
封面设计：傅瑞学
责任校对：薄军霞
责任印制：杨 艳

出版发行：清华大学出版社
  网 址：https://www.tup.com.cn，https://www.wqxuetang.com
  地 址：北京清华大学学研大厦 A 座 邮 编：100084
  社 总 机：010-83470000 邮 购：010-62786544
  投稿与读者服务：010-62776969，c-service@tup.tsinghua.edu.cn
  质量反馈：010-62772015，zhiliang@tup.tsinghua.edu.cn
印 装 者：三河市东方印刷有限公司
经 销：全国新华书店
开 本：170mm×240mm 印张：26.25 插页：2 字 数：499 千字
版 次：2024 年 3 月第 1 版 印 次：2024 年 3 月第 1 次印刷
定 价：128.00 元

产品编号：100186-01

自　序

　　禁止重复起诉是许多国家和地区民事诉讼法明文规定的重要规则之一。罗马法中"既决案件"理论即包含了重复起诉的认定标准。大陆法系的德国、日本和我国台湾地区、澳门地区均将禁止重复起诉作为诉讼系属的效力之一。英美法系的美国关于重复起诉认定标准的依据，除了《联邦民事诉讼规则》第 8 条(c)中的既决事项中有规定，美国法律协会的《判决重述(第二次)》中也有规定；而加拿大法院在有关案例中将争点禁反言规则和滥用程序原则作为重复诉讼认定标准的理论依据。尽管不同国家和地区在不同时期关于禁止重复起诉的理论及重复起诉的认定标准不同，但都是法的秩序价值、效率价值与公正价值在某种程度上的平衡。

　　禁止重复起诉规则尽管在 1991 年《民事诉讼法》及其以后的修正案与相关司法解释中均有体现，司法实践总体上也基本认可该规则，但直到 2015 年《民诉解释》才规定了重复起诉的认定标准。2015 年《民诉解释》在总结我国民事审判经验和借鉴域外有关规定的基础上，于第 247 条和第 248 条规定了民事案件重复起诉的认定标准，即重复起诉的认定标准包括当事人要素、诉讼标的要素、诉讼请求要素和新的事实要素；其中，前 3 个要素为积极要素，后　一个要素为消极要素。2015 年《民诉解释》的规定在一定程度上消除了之前重复起诉认定标准不一现象，但同时也因规定的认定标准模糊、抽象及不合理，导致司法实践中认定混乱、同案不同判的现象频发。

　　本书借助已公开的 2000 多份裁判文书对我国民事案件重复起诉认定标准运行的总体情况和重复起诉认定标准四个要素适用情况等进行了较为全面的考察与评析。通过大量的数据、图表、案例等，系统地考察了重复起诉认定标准的四个要素及其之间的内在关系，指出存在的问题并分析其原因。

　　基于对 2000 多份裁判文书的分析研究，本书提出以下主要观点：(1)诉讼标的要素具有多义性、歧义性、模糊性、"空壳"性等，建议将诉讼标的排除在重复起诉认定标准之外。(2)前后诉当事人形式相同判断标准容易造成虚列当事人以规避重复起诉认定标准的适用，而实质相同判断标准具有准确性、合目的性，应明确前后诉当事人是否相同的判断标准采实质相同判断标准。(3)明确诉讼请求要素实质性比较标准。成立重复起诉的诉讼请求要素的形态为"后诉与前诉的诉讼请求相同"与"后诉诉讼请求实质上否定前诉诉讼请求"。对诉讼请求要素两种形态的认定，应对诉讼请求进行拆分比较，将存在同一关系、包含关系及交叉关系的两诉诉讼请求的重合部分认定为后诉与前诉的诉讼请求相同,将两诉诉讼请求之间存在矛盾关系与反对关系的部分认定为后诉诉讼请求实质上否定前诉诉讼请求。(4)作为重复起诉认定标准之一的新的事实要素,是指前诉裁判生效后能引起当事人之间实体权利义务关系变动的事实。新的证据、未经审理的事实、当事人不知情的事实等均不属于新的事实。(5)为降低重复起诉出现的概率,应适当扩容一次性纠纷解决机制,包括引入诉的预备合并制度、确定中间判决制度、建立强制反诉制度。

本书较为系统详细地考察梳理了 2000 多份裁判文书中对司法解释所规定重复起诉认定标准的运行状态。对重复起诉认定标准的研究有实际素材支撑,且对与之相关的当事人、诉讼标的、诉讼请求和事实的研究紧扣民事诉讼实践。

本书可供从事民事诉讼实践的实务工作者和法学专业的研究生使用。

目　　录

导　言

一、研　究　背　景

（一）有关重复起诉认定标准的国内外规定

重复起诉的认定标准，也称为重复起诉的构成要件，是指构成重复起诉所具备的要素。

2015年《民诉解释》①在总结我国民事审判经验和借鉴域外有关规定的基础上，于第 247 条和第 248 条②规定了民事案件重复起诉的认定标准。

根据《民诉解释》第 247 条第一款③和第 248 条④的规定，民事案件重复起诉的认定标准包括：(1)后诉与前诉的当事人相同；(2)后诉与前诉的诉讼标的相同；(3)后诉与前诉的诉讼请求相同，或者后诉的诉讼请求实质上否定前诉裁判结果；(4)前诉裁判发生法律效力后未发生新的事实。即重复起诉的认定标准包括当事人要素、诉讼标的要素、诉讼请求要素和新的事实要素，其中，前 3 个要素为积极要素，后 1 个要素为消极要素。

从比较法角度看，世界少有像我国这样明确规定重复起诉认定标准的法律规定。

---

① 《最高人民法院关于适用〈中华人民共和国民事诉讼法〉的解释》(法释〔2015〕5 号)(2014 年 12 月 18 日最高人民法院审判委员会第 1636 次会议通过，2015 年 1 月 30 日公布，自 2015 年 2 月 4 日起施行)(以下简称为 2015 年《民诉解释》)。

② 《最高人民法院关于适用〈中华人民共和国民事诉讼法〉的解释》先后经过 2020 年 12 月(法释〔2020〕20 号)、2022 年 3 月(法释〔2022〕11 号)修改，修改后分别简称为 2020 年《民诉解释》、2022 年《民诉解释》。2015 年《民诉解释》第 247 条和第 248 条的内容在 2020 年《民诉解释》与 2022 年《民诉解释》中的序号未变。本书中"《民诉解释》"未特别说明指的是 2015 年《民诉解释》。此外，2022 年《民诉解释》第 336 条第二款和第 408 条第二款规定了以一审原告在二审程序或者再审程序撤回起诉作为判断构成重复的认定标准。2022 年《民诉解释》第 531 条规定了涉外民事诉讼程序中重复起诉问题。本书的研究范围不包括二审程序、再审程序和涉外程序中的重复起诉认定标准。

③ 《民诉解释》第 247 条第一款规定："当事人就已经提起诉讼的事项在诉讼过程中或者裁判生效后再次起诉，同时符合下列条件的，构成重复起诉：(1)后诉与前诉的当事人相同；(2)后诉与前诉的诉讼标的相同；(3)后诉与前诉的诉讼请求相同，或者后诉的诉讼请求实质上否定前诉裁判结果。"

④ 《民诉解释》第 248 条规定："裁判发生法律效力后，发生新的事实，当事人再次提起诉讼的，人民法院应当依法受理。"

尽管许多国家和地区的法律规定均禁止重复起诉,但目前看到的仅有《俄罗斯联邦民事诉讼法典》和《澳门民事诉讼法典》明确规定认定重复起诉要素。《俄罗斯联邦民事诉讼法典》第134条规定了法院拒绝受理起诉状的三种情形,其中第二种情形为:"对相同当事人、相同标的和相同理由的争议已经存在发生法律效力的法院判决,或者因原告放弃诉讼请求或批准双方的和解协议法院裁定终止诉讼的。"①② 据此,俄罗斯民事诉讼法明确规定的重复诉讼的认定标准为"相同当事人、相同标的和相同理由"。我国《澳门民事诉讼法典》第413条将诉讼系属与确定裁判列为被告延诉抗辩事由之一。③ 按照《澳门民事诉讼法典》第416条的规定,无论是诉讼系属抗辩还是确定裁判抗辩,都是对同一案件重复提起诉讼。因此,对诉讼系属和确定判决要件的规定,也就是对重复起诉认定标准要素的规定。《澳门民事诉讼法典》第417条规定具体规定了诉讼已系属及案件已有确定裁判之要件。④ 我国澳门地区民事诉讼法不仅明确规定的重复起诉认定标准要素,即主体相同、请求相同、诉因相同,而且以法律的形式界定了各个要素的含义。这比《俄罗斯联邦民事诉讼法典》的相关规定更加具体。

除了上述《俄罗斯联邦民事诉讼法典》和我国《澳门民事诉讼法典》对认定重复起诉标准要素有明确规定,目前看到的文献无论是大陆法系还是英美法系均是抽象地笼统地规定禁止重复起诉,并无具体的认定重复起诉标准要素规定。大陆法系的

---

① 《俄罗斯民事诉讼法典》,程丽庄、张西安译,厦门大学出版社2017年版,第46页。

② 《俄罗斯联邦民事诉讼法典》第134条中关于禁止重复诉讼规定的另外两个译本为:一是《俄罗斯联邦民事诉讼法》第129条中规定,法官可拒绝受理案件的情况包括9种,其中第3种、第4种的情况分别为"法院已就同样当事人、同样标的、同样案由的争议作出了判决,而且判决已经生效,或者法院已作出裁定接受原告放弃诉讼,或批准当事人和解""在审判程序中存在着同样当事人、同样标的的和同样案由的争议案件"。见《俄罗斯联邦民事诉讼法与执行程序法》,张西安、程丽庄译,中国法制出版社2002年版,第51-52页。二是对第134中的相关内容翻译为:"对相同当事人、相同标的和相同理由的争议已经存在发生法律效力的法院判决,或者因原告放弃诉讼请求或批准双方的和解协议而法院裁定终止诉讼。"见《俄罗斯联邦民事诉讼法典》,黄道秀译,中国人民公安大学出版社2003年版,第91页。

③ 《澳门民事诉讼法典》第412条规定:"(延诉抗辩及永久抗辩之概念)一、抗辩分为延诉抗辩及永久抗辩。二、延诉抗辩妨碍法院审理案件之实体问题,并按情况导致起诉被驳回或将有关案件移送至另一法院。三、永久抗辩导致请求被全部或部分驳回;该抗辩系指援引某些事实,妨碍、变更或消灭原告分条缕述之事实之法律效果。"见中国政法大学澳门研究中心、澳门政府法律翻译办公室编:《澳门民事诉讼法典》,中国政法大学出版社1999年版,第134页。

④ 《澳门民事诉讼法典》第417条规定:"(诉讼已系属及案件已有确定裁判之要件)一、如提起之诉讼,在主体、请求及诉因方面均与另一诉讼相同,则属重复提起诉讼。二、就当事人之法律身份而言,如当事人属相同者,则为主体相同。三、如两诉讼中欲取得之法律效果相同,则为请求相同。四、如两诉讼中所提出之主张基于相同之法律事实,则为诉因相同;在物权方面之诉讼中,产生物权之法律事实视为诉因,而在形成之诉及撤销之诉中,当事人为取得欲产生之效果而援引之具体事实或特定之无效视为诉因。"见中国政法大学澳门研究中心、澳门政府法律翻译办公室编:《澳门民事诉讼法典》,中国政法大学出版社1999年版,第135页。

德国、日本和我国台湾地区民事诉讼立法均是将禁止重复起诉作为诉讼系属的效力之一。如，《德意志联邦民事诉讼法》第 261 条规定，诉讼系属产生的效力之一是，"在诉讼系属期间，当事人双方都不能使该诉讼案件另行发生系属关系"。① 德国民事诉讼法尽管明确规定了诉讼系属的效力之一是禁止重复起诉诉讼，但并没有规定重复起诉的具体认定标准，只是笼统地规定同一诉讼案件不能发生两次诉讼系属。在德国，诉讼系属不仅是被告的抗辩事由之一，而且也属于法院应当依职权查明的事项。②《日本民事诉讼法典》第 142 条规定："【禁止提起重复诉讼】当事人不能再次对系属于裁判所的案件提起诉讼。"③④该规定即日本民事诉讼法上禁止重复起诉的规定。⑤ 日本民事诉讼法同样也只是笼统地规定同一诉讼案件不能发生两次诉讼系属。我国台湾地区"民事诉讼法"（2018 年修正）第 253 条规定："（一事不再理）当事人不得就已起诉之事件，于诉讼系属中，更行起诉。"⑥此外，《法国民事诉讼法》第 100 条、第 122 条同样也只是抽象地规定了禁止重复诉讼，但并无明确具体的认定标

---

① 至今看到的德国民事诉讼法中文版有两个译本，对其中的禁止重复起诉规定分别为：《德意志联邦共和国民事诉讼程序》第 261 条规定："【诉讼系属】(1)诉讼案件于起诉时即发生诉讼系属。(2)在诉讼进行中提起的请求，如该请求是在言词辩论中提起的，即发生诉讼系属；或者在符合第 253 条第 2 款第 2 项的要件的书状送达时发生诉讼系属。(3)诉讼系属有下列效力：1. 在诉讼系属期间，当事人双方都不能使该诉讼案件另行发生系属关系；2. 受诉法院的管辖不因决定管辖的情况有变动而受影响。见《德国民事诉讼法》，丁启明译，厦门大学出版社 2016 年版，第 60 页。《德意志联邦共和国民事诉讼法》第 261 条规定："〔诉讼系属〕(1)诉讼案件于起诉后即发生诉讼系属。(2)在诉讼进行中才提起的请求，如该请求是于言词辩论中提起的，也即发生诉讼系属，或者在合于第 253 条第 2 款第 2 项的要件的书状送达时发生诉讼系属。(3)诉讼系属有下列效力：1. 在诉讼系属期间，当事人双方都不能使该诉讼案件另行发生系属关系；2. 受诉法院的管辖不因管辖的情况有变动而受影响。见《德意志联邦民事诉讼法》，谢怀栻译，中国法制出版社 2001 年版，第 63 页。前者(丁启明译本)的最后一次修改时间是 2014 年 8 月 7 日，后者(谢怀栻译本)的最后一次修改时间是 1999 年 12 月 17 日。从两个译本的相关内容来看，虽表述略有不同，但并无本质区别。

② 参见[德]奥特马·尧厄尼希：《民事诉讼法》(第 27 版)，周翠译，法律出版社 2003 年版，第 221-222 页；[德]罗森贝克等：《德国民事诉讼法》，李大雪译，中国法制出版社 2007 年版，第 717 页。

③《日本民事诉讼法典》，曹云吉译，厦门大学出版社 2017 年版，第 50 页。

④ 关于《日本民事诉讼法典》第 142 条另一翻译为："〔禁止提起重复诉讼〕对于正在法院系属中的案件，当事人不得重复提起诉讼。"见《日本新民事诉讼法》，白绿铉编译，中国法制出版社 2000 年版，第 68 页。

⑤ 日本学者尹藤真认为，"该条规定即是《日本民事诉讼法典》中的'禁止二重起诉原则'。从该条规定来看，本条并未使用'诉讼标的'的概念，而是使用了'案件'这一相对范围较大的概念。目的即在于避免强迫被告承受二重应诉负担以及避免重复审理及矛盾审判"。见《日本民事诉讼法典》，曹云吉译，厦门大学出版社 2017 年版，第 50 页。

⑥ 摘自月旦知识库。本书所引用我国台湾地区"民事诉讼法"条文内容，未特别说明，均摘自月旦知识库。

准。① 在英美法系中,《美国联邦民事诉讼规则》(*Federal Rules of Civil procedure 2014*)第 8 条(c)要求把既决事项(res judicata)②作为对方主张失效(avoidance)或者肯定抗辩(affirmative defense)事由之一。③ 1974 年加拿大最高法院在 Angle v. Minister of Revenue 一案的裁决中确立重复诉讼认定标准,即在后诉中禁止重复诉讼应具备条件:相同的争点在以前被裁决过,或该争点的解决对先前裁决是至关重要的;该先前裁决属于司法管辖权内的最终司法裁决(a final judicial decision);先前程序的当事人或利害关系人与以后程序的当事人或利害关系人是相同(the same)。④⑤

从比较法角度看,《民诉解释》明确规定重复起诉认定要素做法,是相当先进的,在一定程度上避免了法律规定过于抽象造成法律适用标准不统一的问题。但是,《民诉解释》对重复起诉认定标准要素的规定也存在不合理之处,如抽象、模糊等问题。

(二) 重复起诉裁判文书情况

1. 纵向看重复起诉裁判文书的数量逐年增加

本课题组于 2021 年 12 月 17 日在中国裁判文书网以"全文检索:重复起诉""案件类型:民事案件""裁判日期:2000 年 1 月 1 日至 2021 年 12 月 1 日"进行检索,共得到 170043 份裁判文书。各年份裁判文本书数量用图表示见图 0-1。

从重复起诉裁判文书的裁判年份看,在 2012 年之前数量较少,不足 200 份。图 0-1 中显示,有关民事案件重复起诉的裁判文书是逐年上升的,意味着有关民事重复起诉的案件是逐年增加的,尤其是 2015 年与 2014 年相比有较大增加,2015 年的数量约为 2014 年的 3 倍,这显然是因为《民诉解释》中规定了重复起诉的认定标准,由此也说明了《民诉解释》有关重复起诉的规定在实践中发挥了重要作用。

---

① 《法国民事诉讼法》第 100 条规定:"如同一争议属于两个同级法院,如一方当事人提出请求,后受理案件的法院应当放弃管辖,由另一法院管辖本案;当事人无此请求时,后受理案件的法院得依职权为之。"第 122 条规定:"旨在使法院宣告对方当事人无诉讼权利,诸如无资格、无利益、已完成时效、已过预定期限、属于既判事由,其诉讼请求不经实体审查,不予受理的任何理由,均构成诉讼不受理。"见《法国民事诉讼法典》,罗洁珍译,中国法制出版社 1999 年版,第 24、28 页。

② 对于《美国联邦民事诉讼规则》(*Federal Rules of Civil procedure 2014*)第 8 条(c)中的 res judicata 一词。我国学者的翻译不尽相同:有将其翻译为既判事项,参见白绿铉:《美国民事诉讼法》,经济日版出版社 1996 年版,第 181 页;[美]杰克·H. 弗兰德泰尔等:《民事诉讼法》(第 3 版),夏登峻等译,中国政法大学出版社 2003 年版,第 611 页。也有将其翻译为既判力,参见汤维建主编:《美国民事诉讼规则》,中国检察出版社 2003 年版,第 149 页;[美]斯蒂文·N. 苏本等:《民事诉讼法——原理、实务与运作环境》,傅郁林等译,中国政法大学出版社 2004 年版,第 762 页。

③ *Federal Rules of Civil procedure 2014* 文本以及"avoidance"和"affirmative defense"翻译,均由资深美国律师覃斌武教授提供。

④ Angle v. Minister of National Revenue,1974 CarswellNat 375 (1974).

⑤ 参见赵泽君:《加拿大禁止重复诉讼的判例规则及其演变》,载《兰州学刊》2010 年第 7 期。

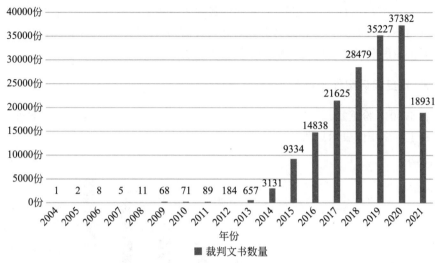

图 0-1　各年份重复起诉裁判文书数量图

2．横向看重复起诉裁判文书在民事裁判文书中的占比

如上所述,在 2012 年之前有关重复起诉的裁判文书的不足 200 份,故对重复起诉裁判文书在全部民事裁判文书中的占比分析自 2012 年起。各年份中重复起诉裁判文书在民事裁判文书中的占比用图表示见图 0-2。

图 0-2　重复起诉裁判文书在全部民事裁判文书中占比图

图 0-2 中显示,自 2012 年起,重复起诉裁判文书在全部民事裁判文书中占比呈逐年上升趋势,且 2015 年与 2014 年相比有较大提高,尤其是在 2021 年达到最高点。由此折射出在民事纠纷中涉及是否构成重复起诉的案件所占比也是在逐年增加的。

3. 重复起诉案件上诉率

在 170043 份重复起诉的裁判文书中,二审裁判文书有 68834 份。重复起诉案件各年份上诉率用图表示见图 0-3。

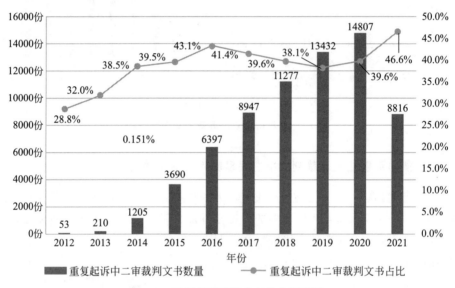

图 0-3　重复起诉案件各年份上诉率图

图 0-3 所示,关于民事重复起诉案件的上诉率一直维持在 40% 左右,且从 2019 年起呈现上升的趋势,在 2021 年达到 46.6%。较高的上诉率折射出至少有一方当事人与一审法院之间就是否构成重复起诉问题存在较大争议。

4. 重复起诉案件上诉率与全部民事案件上诉率之比较

自 2012 年起,全部民事案件各年份上诉率用图表示见图 0-4。

图 0-4 所示,尽管民事裁判文书的数量在逐年增加(2020 年和 2021 年数量呈下降趋势可能是因为许多裁判文书未上网),但上诉率一般低于 10%。甚至自 2017 年起,民事裁判文书的接近进而超过 100 万份,其上诉率也没有超过 10%。多数年份还低于 9%。图 0-5 显示,所有年份中重复起诉案件的上诉率都远远高于全部民事案件的上诉率,2021 年其差距达 37.7%(46.6%－8.9%)。

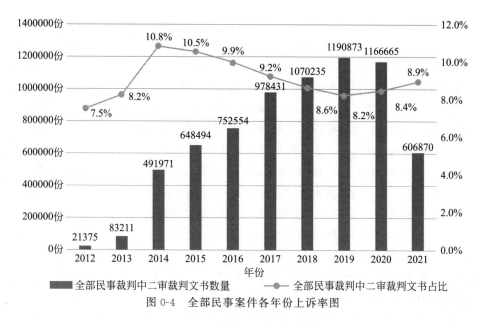

图 0-4　全部民事案件各年份上诉率图

图 0-5　重复起诉案件上诉率与全部民事案件上诉率比较图

二、国内外研究现状

（一）我国大陆学者的相关研究

1. 论文类

在《民诉解释》之前，我国大陆学者对重复起诉认定标准的研究比较少。在中国知网中检索"主题＋重复起诉"，发表年度为 1996—2014 年，检索日期为 2023 年 3 月

23日,共获得69篇论文,其中学术期刊论文43篇,学位论文20篇(其中博士论文2篇,硕士论文18篇),报纸论文6篇。69篇论文中,题目中包含"重复起诉"字样的有13篇,其中学术期刊论文10篇,学位论文1篇,报纸论文2篇;13篇中明确为行政诉讼或刑事诉讼重复起诉的有2篇。这一时期比较有代表性的有:柯阳友教授的《也论民事诉讼中的禁止重复起诉》(载《法学评论》2013年第5期)、段文波教授的《日本重复起诉禁止原则及其类型化析解》(载《比较法研究》2014年第5期)。何阳友教授确立了判断是否构成重复起诉的一般标准与特殊标准,前者为前后两诉的当事人与诉讼标的是否同一,后者为前后两诉的当事人同一、诉讼标的不同但主要争点或请求的基础事实相同。段文波教授认为,判断前后两诉具有同一性原则上需要考虑因素包括当事人同一和诉讼标的同一,例外情形下需要辅以其他标准。此外,张煌辉、何理的《禁止重复起诉的理论源流及判断标准》(载《人民法院报》2009年7月21日,第6版)主张从诉讼系属效力和既判力两个层面来理解禁止重复起诉的判断标准,主张从前后两诉的当事人、诉讼请求、基础法律关系和法律事实是否同一,对是否构成重复起诉予以具体考察;等等。

在《民诉解释》之后,我国大陆学者对重复起诉认定标准的研究相对比较多,截至2023年3月23日,涉及民事案件禁止重复起诉的学术论文约300篇左右。这些研究成果对于重复起诉认定标准的构成以及构成要素的具体内涵皆提出了各自不同的观点。

(1)重复起诉认定标准构成研究

针对是否构成重复起诉之识别标准的具体构成问题,有学者主张"一要素说"。段厚省认为应当将当事人与诉讼请求从重复起诉判断标准的要素中剔除,以诉讼标的作为重复诉讼判断标准的唯一要素。[1] 陈巍与之持相类似的观点。[2]

有学者主张"二要素说"。郑涛主张确立以当事人和诉讼标的为基准的"二要件说"的核心地位。[3] 夏璇亦持相同的观点,即主张从当事人和诉讼标的两个方面作为重复诉讼的识别要件即可。[4]

有学者主张"三要素说",但其中亦存在着差异。多数学者认同《民诉解释》247条所规定的当事人同一、诉讼标的同一、诉讼请求同一的重复起诉认定标准,但对构成

---

[1] 参见段厚省:《重复诉讼判断标准检讨——以法释(2015)5号第247条为分析对象》,载《甘肃政法学院学报》2019年第5期。

[2] 参见陈巍:《重复起诉认定标准之重构》,载《中外法学》2020年第6期。

[3] 参见郑涛:《禁止重复起诉之本土路径》,载《北方法学》2019年第3期。

[4] 参见夏璇:《论民事重复起诉的识别及规制——对《关于适用〈中华人民共和国民事诉讼法〉的解释》第247条的解析》,载《法律科学(西北政法大学学报)》2016年第2期。

要件的具体内涵存在着理解上的差异。例如，王亚新、陈晓彤主张将诉讼标的理解为当事人在实体法上的权利义务或者法律关系，但在适用"实质上否定前诉裁判结果"的前提下，则应当将诉讼标的相同理解为生活事实或纠纷事实的同一。① 袁琳则主张对"诉讼标的""诉讼请求"两项客体要素作同义理解，认为二者均指向具体特定的实体请求权。② 熊跃敏、郭家珍认为，根据"国内旧说"，不区分诉的类型，将诉讼标的一概理解为民事法律关系，将诉讼请求理解为当事人的具体声明。③ 与上述三要件的内容有所不同，张卫平将前诉界定在诉讼系属中，认为禁止重复诉讼的法律要件包括当事人同一、诉讼标的的同一以及诉讼争点的共通性。④

（2）重复起诉要素具体内涵研究

有些论著内容未涉及重复起诉认定标准整体性主题，而是针对重复起诉某一要素的具体内涵与相互关系进行了探讨。如，针对"后诉的诉讼请求实质上否定前诉裁判结果"，郭家珍认为诉讼请求要素应理解为"如果进行后诉，后诉请求的裁判结果可能会否定前诉请求的裁判结果"，多表现为后诉请求直接否定前诉请求或后诉请求与前诉请求争点共通；在适用"后诉请求实质上否定前诉裁判结果"这一要件时，应当对诉讼标的的要素做扩大解释，即将其理解为"同一生活事实"。⑤ 袁琳与之持类似观点，认为这一要件中诉讼请求的内涵应当是权利主张；对于诉讼标的的而言，不应苛求对"诉讼标的相同"要件的严格遵守，而应当将其内涵理解为纠纷事实层面的同一。⑥ 范卫国则是对"后诉诉讼请求实质否定前诉裁判结果"中"裁判结果"的具体内涵进行了解读，其认为"裁判结果"既包括判决主文，也包括核心判决理由，并经由法院进行实质审查；而针对部分结果的情形，其认为，如果超出或不重合部分与前诉诉讼请求存在依附或关联关系，即可认定构成重复起诉。⑦

针对诉讼标的的要件与诉讼请求要件的具体内涵，卜元石认为，为了避免司法实践中针对《民诉解释》第 247 条之适用的不统一，首先应当明确诉讼标的与诉讼请求的

---

① 参见王亚新、陈晓彤：《前诉裁判对后诉的影响——〈民诉法解释〉第 93 条和第 247 条解析》，载《华东政法大学学报》2015 年第 6 期。

② 参见袁琳：《民事重复起诉的识别路径》，载《法学》2019 年第 9 期。

③ 参见熊跃敏、郭家珍：《禁止重复起诉和禁止另行起诉的区分与适用》，载《国家检察官学院学报》2020 年第 5 期。

④ 参见张卫平：《重复诉讼规制研究：兼论"一事不再理"》，载《中国法学》2015 年第 2 期。

⑤ 参见郭家珍：《论民事重复诉讼识别规则的适用——以"后诉请求实质否定前诉裁判结果"要件为对象》，载《河南财经政法大学学报》2019 年第 2 期。

⑥ 袁琳：《"后诉请求否定前诉裁判结果"类型的重复诉讼初探》，载《西南政法大学学报》2017 年第 1 期。

⑦ 参见范卫国：《重复起诉规则中"裁判结果"的理论诠释与实践路径》，载《甘肃政法学院学报》2019 年第 5 期。

含义。针对诉讼标的，其主张在延续旧实体法说的同时，还应当明确案件事实对于诉讼标的的识别作用，其认同"诉讼标的"="法律关系"+"法律事实"的内涵界定；针对诉讼请求，其主张确立一个不因诉讼标的理论的不同而变化的、恒定的诉讼请求概念，其认同"将诉讼请求概念与诉讼标的理论相脱离，并作为与诉讼理由、事实相并列但不包含二者的一个概念"的观点。①

针对诉讼请求要件与诉讼标的要件之间的关系，任重以诉讼标的与诉讼请求之关系的厘清作为切入点，认为对于作为重复起诉识别标准之诉讼请求的理解应当坚持一元模式，即将诉讼请求解读为诉讼标的。②

2. 著作类

《民事诉讼禁止重复起诉制度研究》一书在重复起诉判断标准的适用部分，通过针对具体个案的分析，分别描述了实践中对后诉与前诉的当事人相同、诉讼标的相同及诉讼请求相同三项判定要件的适用；在制度完善部分，提出判定重复起诉标准的二元化设计，即原则上将诉的要素作为重复起诉的判断标准，例外情形将禁止重复起诉旨趣作为重复起诉的判断标准。③

《民事诉讼禁止重复起诉研究》一书在重复起诉认定标准方面，从各种构成要件学说中，选择"二要件说"（即当事人、诉讼标的的同一）作为分析框架。通过具体个案的分析，描述了实践中对于当事人同一性的识别情况。而对诉讼标的的同一性的识别，则是在对各种学说进行评析之后选择了旧实体法说作为我国诉讼标的识别的理论参照。④

《民事重复起诉研究——司法控制与诉权保障的博弈》一书阐述了民事重复起诉的两种认定标准。其一，一般标准即诉的要素的同一，分别阐述了当事人、诉讼标的、诉讼请求同一的识别与判断；其二，特殊标准即基于基础事实标准、共同争点标准，主张"争点效理论"在我国民事重复起诉之处理过程中的适用。⑤

---

① 参见卜元石：《重复诉讼禁止及其在知识产权民事纠纷中的应用——基本概念解析、重塑与案例群形成》，载《法学研究》2017年第3期。
② 参见任重：《论我国民事诉讼标的与诉讼请求的关系》，载《中国法学》2021年第2期，第245-263页。
③ 参见王勇：《民事诉讼禁止重复起诉制度研究》，知识产权出版社2020年版，第106-140、176-178页。
④ 参见郑涛：《民事诉讼禁止重复起诉研究》，社会科学文献出版社2019年版，第50-60页。
⑤ 参见夏璇：《民事重复起诉研究——司法控制与诉权保障的博弈》，厦门大学出版社2020年版，第51-66页。

（二）我国台湾地区学者的相关研究

在我国台湾地区，原告的起诉是否构成重复起诉，取决于前后两诉讼是否皆就同一事件起诉。[①] 针对台湾地区"民事诉讼法"第 253 条所规定的重复起诉禁止规范，向来以"当事人相同""诉讼标的相同""诉之声明相同、相反或可以代用"等诉之三要素的同一作为已起诉"事件"之具体内涵，[②] 即以当事人、诉讼标的与诉之声明作为重复起诉认定标准。

陈启垂指出，在判断是否为同一事件时，传统上系以当事人同一（主体同一）、诉讼标的同一（客体同一）以及诉之声明同一为标准。其中，认定当事人是否同一，应以判决效力的主观范围为基础，后起诉事件的当事人双方，若是属于已经先系属诉讼的判决效力所及，即应认为两诉的当事人同一，而当事人在诉讼中的形式地位不影响判断；诉讼标的是否同一的判断则存在着新、旧诉讼标的的理论争议；诉之声明是否同一，依通说，前诉原告所求判决内容，与后诉原告所求判决内容相同，或正好相反，或是可以代用情形，皆属此所谓诉之声明同一，而该后诉讼即构成不合法的重复起诉。[③]

针对同一事件的判断，有旧同一事件说与新同一事件说之争论。旧同一事件说，系以前后两诉当事人是否同一，诉讼标的是否同一，应受判决事项之声明是否相同、相反或可代用，作为判断前后两诉是否为同一事件。新同一事件说，则回归重复起诉禁止之立法意旨，认为如提起后诉，将增加当事人应诉之烦，法院审理之负担，或有发生两判决相互矛盾之虞时，则后诉与前诉为同一事件。[④]

（三）国外学者的相关研究

1. 美国

在英美法系国家，主要是通过既决事项（res judicata）对重复诉讼问题加以解释与处理。Subrin 等认为既决事项实际上有两个方面，请求排除（claim perclusion）和争点排除（issue preclusion）。请求排除，也被称作既判事项，即禁止对请求再诉讼。核心原则是争点排除，又称间接禁反言（collateral estoppel），它使得对于作为先前某个诉讼判决事项的一部分已被全面公平地决定了的事实争点不可能再进行诉讼。[⑤] Allen

---

① 参见陈启垂：《重复起诉的效果》，载《月旦法学教室》第 19 期（2004 年）。

② 参见陈计男：《民事诉讼法论》（修订 4 版）（上），台北三民书局 2007 年版，第 274 页。

③ 参见陈启垂：《重复起诉的效果》，载《月旦法学教室》第 19 期（2004 年）。

④ 参见骆永家：《重复起诉之禁止》，《月旦法学杂志》第 57 期（2000 年）。

⑤ ［美］史蒂文·N. 苏本、玛格瑞特·伍：《美国民事诉讼的真谛：从历史、文化、实务的视角》，蔡彦敏、徐卉译，中国人民大学出版社 2002 年版，第 256 页。

D. Vestal 对此持相同观点，并认为应当对这二者加以区分。[①] Richard G. Shell 认为，既决事项学说是一种禁止对前诉中已经审理过的请求进行重复诉讼的学说；而间接禁反言(争点排除规则)学说是指禁止就前诉中已经审理过的争点在后诉中重新提出并进行诉讼的学说。[②] Anne Leigh Drushal&Diane 认为既决事项原则(doctrine of res judicata)和反对诉求分割规则(rule against claim splitting)要求原告在同一诉讼中针对所有相关的请求进行主张(litigate)和答辩(plead)。[③]

Allan D. Vestal 将重复诉讼定义为原告根据同一组关键、必要事实对同一被告提起若干不同的法律诉讼。重复诉讼的构成要件包括相同管辖、相同当事人、相同诉因(cause of action)：如果在后诉(second action)主张(assert)的诉讼请求(claim)与前诉不同，则后诉不能被终止，而且终止诉讼的效果只有在诉由(cause)完全相同时才会产生，即便是接近一致(approximate identity)也不行。[④]

针对请求排除规则的适用条件，《美国联邦民事诉讼规则》第 8(c)条要求将既决事项作为一项确定性的抗辩来主张，而为了阻碍一项原告的请求，必须同时表明三个要素：(1)已进行到对实质性问题作出终局和生效判决程度的前诉诉讼；(2)现在的诉讼是基于与前次诉讼相同的请求而提出的；(3)两个诉讼的当事人相同或者有"相互关系"(in privity)。对于构成"同一请求"之要件的理解，美国法律协会的《(第二次)判决重述》(Restatement (second) of Judements)第 24 条，阐释了现阶段以交易来定义请求的基本原理：(1)当案件获得生效或终局判决、根据混同或阻碍的规则消灭了原告的请求时，消灭的请求包括从被告那里获得救济的与交易的全部或任何部分，或者关联性交易的整个系列(series)有关的所有权利；(2)从实证来看，一项"交易"的事实构成和"系列"的事实构成取决于对如下因素的考量，即，事实在时间、空间、原因或动机上是否有关联，它们是否形成一个方便的审判单位，以及作为一个单位的处理是否与当事人预期或事务性理解或惯例相一致。[⑤]

针对争点排除规则的适用条件，美国法律协会的《判决重述(第二次)》第 27 条对适用该规则提出了以下要求：(1)两个诉讼中声称间接再诉禁止的争点具有同一性

① Allen D. Vestal, Developments in the Law: Res Judicata, 65 HARV. L. REV. 818(1952).

② Richard G. Shell: Res Judical and Collateral Estoppel Effects of Commeracial Atbitration, 35. UCLA L. Rev. 623(1988).

③ Anne Leigh Drushal&Diane ; Larsen, Free to Litigate or Free from Litigation: Balancing Plaintiff's Rights with Court Considerations ang Defendants' Interests in Hudson v. City of Chicago, 40 LOY. U. CHI. L. J. 995(2009).

④ Allan D. Vestal, Repetitive Litigation, 45 IOWA L. REV. 525(1960).

⑤ ［美］斯蒂文·N. 苏本等:《民事诉讼法——原理、实务与运作环境》，傅郁林等译，中国政法大学出版社 2004 年版，第 762 页。

(same issue);(2)主张不容否认的人必须能够证明将排除的争点在第一次诉讼当中事实上已经被争讼并决定过(actually litigated and determined);(3)前诉中对该争点的决定对判决来说是必不可少的(essential to the judgment)。而对于"同一争点"的认定,认为应当限于第二次起诉当中提出的事项在各个方面与第一次诉讼当中决定的事项相一致,而且其中的支配性事实(controlling facts)和可适用的法律规则没有发生改变。换言之,如果两个案件当中的相关事实是彼此分离的,即便它们具有类似性或者一致性,那么在第二个案件当中重新出现的法律争点可不受间接再诉禁止原则的约束。①

2. 日本

日本学界将《日本民事诉讼法典》第142条所规定的内容,称之为禁止二重起诉原则。

针对构成二重起诉的构成要件,高桥宏志主张以当事人、审判对象(诉讼标的)、争点(攻击防御方法)作为识别是否构成二重起诉的判断要件。而三月章则认为,鉴于对于"诉讼上的请求是否相同"的判断通常需要考虑主体方面的因素,从这一点来看,关于"是否构成二重起诉"的判断不需要设置"当事人相同"这一要件,而只要强调诉讼标的相同即可。与此同时,在判断要件的研究趋势方面,高桥宏志亦认为,在禁止二重起诉方面,理论学说业已超越以"诉讼标的是否相同"作为判断标准的认识层面,而转向"当主要争点是共通时,禁止另行起诉及进行强制合并"之方面的研究,因而,此前纯粹的诉讼标的的广义与狭义的理解也不会成为问题。②

针对禁止二重起诉构成要件中诉讼标的的要件的具体内涵,分别存在着旧说与新说的观点论争,并呈现出向"相对说"趋近的新动态。作为日本原来的通说,旧说(旧诉讼标的理论)认为诉讼标的与诉的类型无关,而应当一律地从实体法权利中寻求。当狭义请求表示中存在着一个实体法上权利时,就构成一个请求。当以同一给付为目的的数个请求权发生竞合时,只要依据请求权的数量来确定诉讼标的即可。在形成诉讼中,按照旧说立场当然得出的结论是,每个形成原因分别构成不同的请求。③新说(也被称为新诉讼标的理论或者诉讼法说)则认为,对于诉讼标的识别标准的把握,并不能简单地对应于作为观念性存在的实体法请求权,而应当从"以整个实体法

---

① ［美］杰克·H. 弗兰德泰尔等:《民事诉讼法》(第3版),夏登峻等译,中国政法大学出版社2003年版,第662、671页。

② 参见［日］高桥宏志:《民事诉讼法——制度与理论的深层分析》,林剑锋译,法律出版社2004年版,第52、107-109页。

③ 参见［日］新堂幸司:《新民事诉讼法》,林剑锋译,法律出版社2008年版,第219-221页。

秩序的视角来看,是肯定一次性给付还是肯定二次性给付"的考量中去寻求。因此,新说认为,在不应当接受二重给付的情形中,诉讼标的就只有一个。与此同时,日本学界及实务界关于诉讼标的的学说逐渐认识到,有必要针对每个领域的具体问题(诉的变更、禁止二重起诉等),在考虑各自制度趣旨的基础上,对依据此前诉讼标的理论得出的结论予以再调整。与此同时,在每个涉及诉讼标的论之问题的领域中,诉讼标的概念的效用逐步相对化,那种认为"从起诉到判决为止,诉讼标的对诉讼予以统一规制"的传统思维也日趋受到动摇。①

(四) 现有研究成果的不足

现有关于民事案件重复起诉的研究成果在一定程度上对理解与完善我国重复起诉认定标准均有一定的启发意义。但也存在一些不足:

一是大多数研究成果仅侧重于重复起诉认定标准某一要素的研究,如,当事人要素或者诉讼标的要素或者诉讼请求要素或者新的事实要素,少有成果的研究范围包括我国司法解释规定的重复起诉认定标准的四个要素。

二就目前公开出版有关专著而言,王勇的《民事诉讼禁止重复起诉制度研究》一书研究内容没有包括重复起诉的消极要素即未发生新的事实,且其主要运用大陆法系中的德国、日本和我国台湾地区的有关理论对完善我国民事案件重复起诉认定标准提出建议。该书主要考察了当事人要素与诉讼标的要素,且从大篇幅运用诉讼系属理论与既判力理论分析重复起诉问题来看,同样是主要以德国、日本和我国台湾地区的有关规定和理论为参考。夏璇的《民事重复起诉研究——司法控制与诉权保障的博弈》一书的研究内容同样没有包括重复起诉的消极要素未发生新的事实,且其过多侧重于纯理论的阐释,少有结合我国民事重复起诉实践。

三就域外相关研究成果而言,大陆法系中的德国、日本和我国台湾地区的民事禁止重复起诉制度仅限于前诉处于诉讼状态情形。从《法国民事诉讼法》第100条的规定来看,其禁止重复起诉制度也仅限于前诉处于诉讼状态情形。而从《美国联邦民事诉讼规则》第8条(c)要求把既决事项(res judicata)作为对方主张失效或者肯定抗辩事由之一来看,则其禁止重复起诉制度反而仅限于前诉裁判生效后情形。俄罗斯的禁止重复起诉制度同样也仅限于前诉裁判生效后情形。作为总体上属于大陆法系的我国澳门地区的禁止重复起诉引入了英、美、法系中的诉因制度。而我国重复起诉,既包括前诉处于诉讼过程中的重复起诉,包括前诉裁判生效后的重复起诉,且大多数

---

① 参见[日]高桥宏志:《民事诉讼法——制度与理论的深层分析》,林剑锋译,法律出版社2004年版,第26-27、51-52页。

实践中属于后一种情形。因此,从制度层面讲,我国的民事禁止重复起诉与域外相关制度存在较大差异,域外的相关研究成果并不能涵盖我国禁止重复起诉的全部情形。从具体的研究成果看,域外的相关研究成果也存在一定程度上不一致甚至混乱。如,日本和我国台湾地区的民事禁止重复起诉制度仅限于前诉处于诉讼状态情形,也就是前诉处于诉讼系属中,但有不少学者运用既判力理论进行分析。美国并没有权威的禁止重复起诉理论,有关学说极不统一。

三、所要研究的主要问题

本书将《民诉解释》第 247 条和第 248 条规定的认定重复起诉的标准概括为"当事人＋诉讼标的＋诉讼请求＋新的事实"模式,即重复起诉具备四项要素。本书主要围绕重复起诉的四要素模式在实践中适用情况进行研究,具体包括:

1. 考察司法实践中对重复起诉的四要素模式背离情形。

2. 分别研究四个要素在认定重复起诉中所起的作用。

3. 通过裁判文书中的释法说理,揭示法官对四个要素内涵的理解。

4. 研究四个要素之间的相互关系。

5. 研究重复起诉的四要素模式在实践运行中存在的问题以及各要素存在的问题,分析存在问题的原因,在此基础上对完善我国重复起诉认定标准提出建议。

6. 对我国影响重复起诉出现概率的一次性纠纷解决机制进行分析研究,并提出完善建议。

第一章　民事案件重复起诉认定标准规定和理论依据

第一节　我国有关重复起诉认定标准的规定

一、2015 年《民诉解释》之前司法实践中的重复起诉认定标准

尽管《民事诉讼法》①本身没有明确规定重复起诉的认定标准，但重复起诉问题在我国民事诉讼实践早已存在且存在逐年上升趋势。在一些审判解释和司法文件以及案例中最高人民法院(以下简称最高法院)也曾先后表达对重复起诉认定标准的看法。

(一) 审判解释和司法文件中体现的最高法院对重复起诉认定标准的看法

有关禁止重复诉讼的理念，在我国民事立法和司法实践中一直存在。1950 年 12 月 31 日中央人民政府法制委员会公布的《中华人民共和国诉讼程序试行通则(草案)》②第二十二部分，即规定了再审程序。从逻辑上说，作为纠错机制的再审程序存在本身，即意味着不允许重复起诉。我国第一部民事诉讼法典 1982 年《民事诉讼法(试行)》第 31 条关于选择管辖的限制性规定，同样是基于禁止重复起诉的理念；③④

---

① 1991 年 4 月 9 日通过《中华人民共和国民事诉讼法》，以下简称 1991 年《民事诉讼法》。《民事诉讼法》先后经过 2007 年、2012 年、2017 年和 2021 年修改。2021 年《民事诉讼法》自 2022 年 1 月 1 日起施行。因本书所涉案例均为 2022 年 1 月 1 日之前的案例，且 2021 年《民事诉讼法》就重复起诉问题也未作修改，故本书中的《民事诉讼法》未特别说明的，指的是 2012 或 2017 年《民事诉讼法》。

② 1951 年 3 月 12 日《最高人民法院华东分院关于民事管辖权问题的批复》中指出："原告向无管辖权法院起诉，直至诉讼终结双方既未就管辖问题发生争执，即对管辖业经合议(参照对内适用之'人民法院诉讼程序试行通则'第 3 条第 2 款第 3 项)，自不得因判决于自己不利，在上诉中又有争议。"由此可见，《诉讼程序试行通则(草案)》尽管未通过仍属于法律草案，但在民事诉讼实践中具有重要作用，甚至作为司法解释的根据。

③ 1982 年《民事诉讼法(试行)》第 31 条规定："两个以上人民法院都有管辖权的诉讼，原告可以选择其中一个人民法院起诉；原告向两个以上有管辖权的人民法院起诉的，由最先收到起诉状的人民法院受理。"对此，存在两种不同完全相同的解读，参见柴发邦：《民事诉讼法通论》，法律出版社 1982 年版，第 136 页；程延陵等：《中华人民共和国民事诉讼法(试行)释义》，吉林人民出版社 1984 年版，第 40 页。从对该规定的不同解读来看，该规定的立法目的主要是解决法院之间的管辖权问题，避免原告投诉无门；但该规定同时也意味着，对同一民事案件，不允许两个或两个以上人民法院同时或先后立案审理，即重复立案审理。

④ 1991 年《民事诉讼法》第 35 条将该规定修改为"由最先立案的人民法院管辖"。对此，较权威的解读为："由最先立案的人民法院受理。这样可以避免管辖权争议。最先立案的人民法院不能借故推托，拒绝受理，延误审判。"见方昕主编：《中华人民共和国民事诉讼法释义》，红旗出版社 1991 年版，第 41 页。

第84条更是明确规定禁止重复起诉。① 此后的民事诉讼立法，均有相同或类似的规定。②③

1989年最高法院印发《全国沿海地区涉外、涉港澳经济审判工作座谈会纪要》（法（经）发〔1989〕12号）中"当事人不得就同一法律事实或法律行为，分别以不同的诉因提起两个诉讼"，④也就是禁止重复起诉的意思。从该规定看，最高法院认定重复起诉的认定标准为同一法律事实或法律行为。

1994最高法院印发《关于在经济审判工作中严格执行〈中华人民共和国民事诉讼法〉的若干规定》第2条⑤要解决的是在当时的经济审判工作中的"重复立案"问题，⑥即不允许重复立案，但从当事人角度看则是不允许重复起诉。从该规定及其解读来看，最高法院认定重复起诉的标准只有一个，即同一法律关系或者同一法律事实。

最高法院对2001年《最高人民法院关于确定民事侵权精神损害赔偿责任若干问

---

① 1982年《民事诉讼法（试行）》第84条规定，对判决、裁定已经发生法律效力的案件，当事人又起诉的，人民法院应当告知原告按申诉处理。对此，存在两种不完全相同的解读，参见柴发邦等：《民事诉讼法通论》，法律出版社1982年版，第281页；程延陵等：《中华人民共和国民事诉讼法（试行）释义》，吉林人民出版社1984年版，第103页。两种解读均明确该规定是禁止重复诉讼的；相比较而言，前一种解读扩大了立法禁止重复诉讼的外延，后一种解读指出禁止重复诉讼的理由。

② 参见1991年《民事诉讼法》第35条、第111条；2007年《民事诉讼法》第35条、第111条；2012年《民事诉讼法》和2017年《民事诉讼法》第35条、第124条；2021年《民事诉讼法》第36条、第127条。

③ 最高法院对1991年《民事诉讼法》第111条的解读为，"'一事不再理'是民事诉讼的一项基本理论，也是各国民事诉讼法确立的一项重要原则。我国民事诉讼法虽未将其作为一项原则加以规定，但在有关条文中也有所体现和反映。民事诉讼法第一百一十一条第五项规定：'对判决、裁定已经发生法律效力的案件，当事人又起诉的，告知原告按照申诉处理，但人民法院准许撤诉的裁定除外。'此项规定就包含了一事不再理的含义。"见最高人民法院民事审判第一庭编著：《最高人民法院〈关于确定民事侵权精神损害赔偿责任若干问题的解释〉的理解与适用》，人民法院出版社2001年版，第54页。

④ 1989年6月12日最高人民法院印发《全国沿海地区涉外、涉港澳经济审判工作座谈会纪要》（法（经）发〔1989〕12号）在"案件受理问题"部分中规定："两个诉因并存的案件的受理问题。一个法律事实或法律行为有时可以同时产生两个法律关系，最常见的是债权关系与物权关系并存，或者被告的行为同时构成破坏合同和民事侵害。原告可以选择两者之中有利于自己的一种诉因提起诉讼，有管辖权的受诉法院不应以存在其他诉因为由拒绝受理。但当事人不得就同一法律事实或法律行为，分别以不同的诉因提起两个诉讼。"

⑤ 1994年12月22日最高人民法院印发《关于在经济审判工作中严格执行〈中华人民共和国民事诉讼法〉的若干规定》（法发〔1994〕29号）第2条规定："当事人基于同一法律关系或者同一法律事实而发生纠纷，以不同诉讼请求分别向有管辖权的不同法院起诉的，后立案的法院在得知有关法院先立案的情况后，应当在7日内裁定将案件移送先立案的法院合并审理。"

⑥ 对《关于在经济审判工作中严格执行〈中华人民共和国民事诉讼法〉的若干规定》第2条的解读，参见强钧：《严格执行民事诉讼法　切实规范经济审判秩序》，载《人民司法》1995年第3期。

题的解释》第 6 条①依据的解释是"一事不再理"。②③ 最高法院认为,"一事不再理"中的"一事"构成要件包括同一当事人、同一法律关系(同一诉讼请求。尽管也指出了法律关系与诉讼标的二者之间的关系,但并没有将同一诉讼标的作为"一事"的构成要件之一,并同样认为法律关系与法律事实是一回事,且将诉讼请求与诉讼标的并列(从"产生当事人争议的诉讼标的的法律关系"表述中可以得出诉讼标的就是法律关系的结论)。

(二)最高法院在个案中对重复起诉认定标准的看法

2021 年 5 月在最高法院官网"公报"栏目中先后输入检索词"重复起诉""重复诉讼""一事不再理"进行全文检索,得到在 2015 年《民诉解释》之前最高法院在部分裁判文书中表达对重复起诉认定标准的看法。

1.(2003)民四终字第 2 号:同一事实+相同当事人+同一诉讼标的

2003 年 8 月最高法院在美国 EOS 工程公司诉新绛发电公司等侵权纠纷案裁定书((2003)民四终字第 2 号)表达了对重复起诉认定标准的看法。④ 在该裁定书中,最高法院判断是否构成"再次提起诉讼"是否违反"一事不再理"的标准要素是:同一事实+相同当事人+同一诉讼标的。

值得注意的是,最高法院在(2003)民四终字第 2 号裁定书中表达的重复起诉认定标准因素中的相同当事人,仅指相同的原告和相同的被告。此外,诉讼请求(最高法院称之为诉讼理由)不是予以考虑的因素;且最高法院认为本案的诉讼标的是

---

① 《最高人民法院关于确定民事侵权精神损害赔偿责任若干问题的解释》(法释〔2001〕7 号)第 6 条规定:"当事人在侵权诉讼中没有提出赔偿精神损害的诉讼请求,诉讼终结后又基于同一侵权事实另行起诉请求赔偿精神损害的,人民法院不予受理。"

② 最高法院对《最高人民法院关于确定民事侵权精神损害赔偿责任若干问题的解释》第 6 条依据的解释是"一事不再理",并且认为"'一事不再理'中的'一事',是指前后两个诉讼必须为同一事件,才受一事不再理的限制。所谓同一事件,是指同一当事人,基于同一法律关系(同一事实)而提出的同一诉讼请求。同一当事人并不限于在前后两个诉讼中原告与被告诉讼地位不变,原告不得另行起诉,被告同样不得另行起诉;同一法律关系,指产生当事人争议的诉讼标的的法律关系(法律事实);同一请求,是指当事人要求法院作出判决的内容相同。以上三个条件必须同时具备,才能称之为同一事件,若三个条件有一个不同,就不是同一事件。"见最高人民法院民事审判第一庭编著:《最高人民法院〈关于确定民事侵权精神损害赔偿责任若干问题的解释〉的理解与适用》,人民法院出版社 2001 年版,第 53-54 页。

③ 值得注意的是,在这一时期,最高人民法院相关刑事和行政司法解释规定,也体现了"一事不再理"原则的精神。如《最高人民法院关于执行〈中华人民共和国刑事诉讼法〉若干问题的解释》(法释〔1998〕23 号)第 117 条、第 118 条的规定以及《最高人民法院关于执行〈中华人民共和国行政诉讼法〉若干问题的解释》(法释〔2000〕8 号)第 36 条的规定。参见丁伟:《一事不再理:仲裁制度中的"阿喀琉斯之踵"》,载《东方法学》2011 年第 1 期。

④ 该裁定书所涉案情,参见《中华人民共和国最高人民法院公报》2004 年第 10 期。

"EOS工程公司是为了解决其于1995年向山西省新绛县电厂筹建处汇付100万美元产生的纠纷",其判断诉讼标的的理论似乎采用的是二分肢说。

对比2001年与2003年最高法院对重复起诉认定标准的看法可以看出,二者存在明显差异。尽管两种看法均认为重复起诉认定标准包括3项要素且都包括当事人相同,但2001年时的另外2项要素是同一法律关系(同一事实)和同一诉讼请求,2003年时的另外2项要素是同一事实和同一诉讼标的。

2.（2003）民二终字第169号：相同当事人＋同一事实

2005年4月最高法院在(2003)民二终字第169号案的裁判摘要中指出:"人民法院经依法审判民事案件,作出发生法律效力的民事判决后,该案的被告又就同一事实向人民法院起诉的,虽然不属于重复起诉,但依据'一事不再理'的原则,人民法院仍应当作出不予受理的裁定。"①从中可以看出,最高法院认为重复起诉的认定标准要素为:相同当事人＋同一事实。且从被告又就同一事实向法院起诉的不属重复起诉的表述可以看出,认定重复起诉因素之一的当事人相同,也仅指当事人地位相同,即相同的原告和相同的被告。这与最高法院在(2003)民四终字第2号裁定书中对相同当事人的理解是一致的。

3.（2005）民一终字第86号：同一纠纷＋相同当事人＋相同诉讼请求

2005年11月最高法院在(2005)民一终字第86号案的裁判摘要中指出:"判断基于同一纠纷而提起的两次起诉是否属于重复起诉,应当结合当事人的具体诉讼请求及其依据,以及行使处分权的具体情况进行综合分析。如果两次起诉的当事人不同,具体诉讼请求等也不同,相互不能替代或涵盖,则人民法院不能简单地因两次起诉基于同一纠纷而认定为重复起诉,并依照'一事不再理'的原则对后一起诉予以驳回。"②据此,最高法院认定重复起诉的标准要素为:同一纠纷＋相同当事人＋相同诉讼请求。其中,相同诉讼请求包括前后诉的诉讼请求完全相同和能相互替代或涵盖。

4.　2009年：同一当事人＋同一法律关系＋同一法律事实＋同一诉讼请求

最高法院在(2007)民三终字第4号裁定中"明确了重复诉讼的识别标准,即判断是否属于重复诉讼,关键要看是否是同一当事人基于同一法律关系、同一法律事实提出的同一诉讼请求。"③即重复起诉的认定标准要素为:同一当事人＋同一法律关系＋同一法律事实＋同一诉讼请求。

---

① 《中华人民共和国最高人民法院公报》2006年第6期。

② 《中华人民共和国最高人民法院公报》2006年第5期。

③ 《最高人民法院知识产权案件年度报告》(2009)(续),载《中华人民共和国最高人民法院公报》2010年第9期。

5. 2012 年:相同的当事人十同一事实十同一法律关系十主要诉讼请求相同

2012 年最高法院在(2012)民提字第 44 号案的裁判摘要中指出:"判断当事人在同一法院或不同法院分别起诉所形成的案件是否属于同一案件,应当从案件的当事人、案件的性质(法律关系)、案件的事实以及当事人的诉讼请求等方面是否同一进行综合考量。基于相同的当事人、同一事实、同一法律关系以及主要诉讼请求相同,在不同地方法院分别提起诉讼所形成的案件,可以认定属于同一案件。"①即重复起诉的认定标准要素为:相同的当事人十同一事实十同一法律关系十主要诉讼请求相同。

最高法院在上述 5 个案例中在判断是否构成重复起诉时所考虑的要素,如表 1-1 所示。

表 1-1　2015 年之前 5 份文书中最高法院认定重复起诉要素表

单位:份

案 号 要 素	当事人相同	诉讼地位相同	同一事实	诉讼请求相同	主要诉讼请求相同	同一法律关系	同一纠纷	同一诉讼标的
(2003)民四终字第 2 号	✓	✓	✓					✓
(2003)民二终字第 169 号	✓	✓	✓					
(2005)民一终字第 86 号	✓			✓			✓	
(2007)民三终字第 4 号	✓		✓	✓		✓		
(2012)民提字第 44 号	✓		✓		✓	✓		

表 1-1 所列各因素用图表示如下:

其中,"相同诉讼地位"属于"相同当事人"中的一种情形,诉讼请求要素包括诉讼请求相同和主要诉讼请求相同两种情况。

若对上述最高法院在 5 个案例中认定是否构成重复起诉时所考虑的要素进行总体考察,全部要素为 16(5＋4＋3＋2＋1＋1)个,各个要素在全部要素中的占比如图 1-2:

图 1-2 所示,当事人要素占比约 31％(5/16),事实要素占比 25％(4/16),诉讼请求要素占比约 19％(3/16),法律关系要素占比约 13％(2/16),纠纷要素占比约 6％(1/16),诉讼标的要素占比约 6％(1/16)。

根据表 1-1、图 1-1 和图 1-2,最高法院在具体案件中认定是否构成重复起诉所考

---

① 《中华人民共和国最高人民法院公报》2012 年第 11 期。

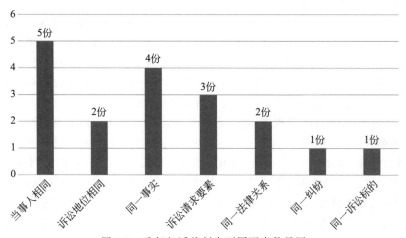

图 1-1　重复起诉裁判中不同要素数量图

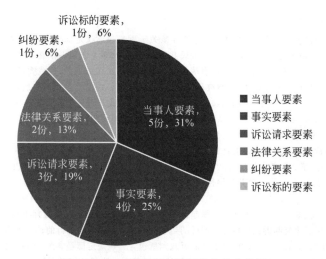

图 1-2　各个要素在全部要素中的占比图

虑的要素与审判解释或司法文件中重复起诉认定标准的看法并不完全一致,最明显地体现为在具体案件中均将当事人相同作为重复起诉的要素;相同之处为均重视事实因素,不重视诉讼标的因素。

二、2015 年《民诉解释》中重复起诉认定标准

如前所述,《民诉解释》第 247 条第一款规定的是构成重复起诉 3 个积极要素,第

248 条规定的是构成重复起诉 1 个消极要素。[1][2]

《民诉解释》第 247 条和第 248 条对重复起诉认定标准的规定,以法律规范的形式结束了之前最高法院对该问题的不同做法,有助于裁判标准的统一。值得注意的是,《民诉解释》中关于事实要素与最高法院之前的表述方式不同。在《民诉解释》之前,最高法院对事实要素均采肯定的表达方式,即"同一事实";而在《民诉解释》则采否定表达方式,即"前诉裁判发生法律效力后未发生新的事实"。

对《民诉解释》第 248 条规定理由,司法解释起草者认为该内容与《民事诉讼法》第 124 条第(7)项[3]的规定均属于一事不再理原则的例外情形,并运用既判力的基准时和诉讼系属进行解读。[4] 本书认为,该解读是值得商榷的:一是运用既判力理论、诉讼系属理论这些我国大陆民事诉讼法学上尚不存在的理论解读我国大陆的法条,缺乏说服力;二是裁判发生法律效力后发生了新的事实,此时的纠纷与之前的彼时纠纷(生效裁判所解决的纠纷)是不同的,不是一个纠纷,即不是"一事",不存在一事不再理问题。

有学者根据《民诉解释》第 247 条的规定,将重复起诉分为"三同型"重复起诉与

---

① 值得注意的是《民诉解释》第 247 条、第 248 条关于重复起诉认定标准的规定,对仲裁程序中判断是否属于重复申请仲裁也有参考价值。《中华人民共和国仲裁法》第 9 条第一款规定:"仲裁实行一裁终局的制度。裁决作出后,当事人就同一纠纷再申请仲裁或者向人民法院起诉的,仲裁委员会或者人民法院不予受理。"依据该规定,仲裁程序适用"一裁终局"制度,即对于"同一纠纷",仲裁裁决后,不再受理当事人基于该纠纷的仲裁申请。在实务中,有的法院参照适用《民诉解释》关于重复起诉的认定标准,即从当事人、争议标的、仲裁请求、新的事实 4 个方面来认定前一仲裁程序所受理纠纷与后一仲裁程序所受理纠纷是否属于"同一纠纷"。参见北京市第四中级人民法院(2017)京 04 民特 39 号民事裁定书;北京市第四中级人民法院(2018)京 04 民特 298 号民事裁定书;(2019)京 04 民特 159 号民事裁定书。

② 《民诉解释》第 247 条所规定的民事案件重复起诉认定标准对行政争议案件也具有较大的影响。《最高人民法院关于适用〈中华人民共和国行政诉讼法〉的解释》(法释〔2018〕1 号)(2017 年 11 月 13 日最高人民法院审判委员会第 1726 次会议通过,2018 年 2 月 6 日公布,自 2018 年 2 月 8 日起施行)(简称 2018 年《行诉解释》)第 106 条规定:"当事人就已经提起诉讼的事项在诉讼过程中或者裁判生效后再次起诉,同时具有下列情形的,构成重复起诉:(1)后诉与前诉的当事人相同;(2)后诉与前诉的诉讼标的相同;(3)后诉与前诉的诉讼请求相同,或者后诉的诉讼请求被前诉裁判所包含。"该规定即是参照《民诉解释》第 247 条作出的。参见最高人民法院行政审判庭编著:《最高人民法院行政诉讼法司法解释理解与适用》(上),人民法院出版社 2018 年版,第 501 页。

③ 《民事诉讼法》第 124 条第(7)项规定:"判决不准离婚和调解和好的离婚案件,判决、调解维持收养关系案件,没有新情况、新理由,原告在 6 个月内又起诉的,不予受理。"立法机关对该规定理由的解读并不涉及一事不再理原则,而是认为"这是为了给双方一段时间,以消除双方的隔阂,促进双方和好。"见全国人民代表大会常务委员会法制工作委员会编:《中华人民共和国民事诉讼法释义》,法律出版社 2007 年版,第 172 页;全国人民代表大会常务委员会法制工作委员会编:《中华人民共和国民事诉讼法释义》(最新修正版),法律出版社 2012 年版,第 306 页。

④ 参见最高人民法院修改后民事诉讼法贯彻实施工作领导小组编著:《最高人民法院民事诉讼法司法解释理解与适用》(上),人民法院出版社 2015 年版,第 636-637 页。

"实质否定型"重复起诉。[①] 也有学者将《民诉解释》第247条所规定的重复起诉分为"三同要件"型重复起诉与"两同一否要件"型重复起诉。[②] 上述对重复起诉的分类,忽视了《民诉解释》第248条的规定,且分类标准仅限于后诉的诉讼请求与前诉的诉讼请求之间的关系。

根据不同标准可将《民诉解释》第247条和第248条规定重复起诉作不同的分类。依据前诉是否终结为标准,可将重复起诉分为前诉处于诉讼过程[③]中重复起诉与前诉裁判生效后重复起诉;依据诉讼请求是否相同为标准,可将重复起诉分为诉讼请求相同的重复起诉与诉讼请求相悖的重复起诉,或者同一性重复起诉与对抗性重复起诉。

第二节　域外重复起诉认定标准

一、罗马法中的重复起诉认定标准

在罗马法中即有禁止重复诉讼的理论,当时称之为判决的"既决案件"(res judicata)效力。[④][⑤] 既决案件的不容许推翻,是把判决视为真理,以维护其尊严和稳

---

①　参见郑涛:《实质否定型重复起诉的构造与实践》,载《法律科学(西北政法大学学报)》2020年第6期。

②　参见范卫国:《重复起诉规则中"裁判结果"的理论诠释与实践路径》,载《甘肃政法学院学报》2019年第5期。

③　"在诉讼过程中",这相当于大陆法系中的诉讼系属。"在民事诉讼中,诉讼系属是指诉讼存在于法院的事实状态。"见刘学在:《略伦民事诉讼中的诉讼系属》,载《法学评论》2002年第6期;张卫平教授认为,大陆法学国家和地区民事诉讼法上的诉讼系属(Rechtshaangigkeit)(Rechtshaengigkeit)概念"在民事诉讼实务中类似的状态使用的是'诉讼中'这样的说法"。见张卫平:《重复诉讼规制研究:兼论"一事不再理"》,载《中国法学》2015年第2期。

④　对于res judicata这一拉丁语,存在不同的中文翻译。第一种翻译为:"**既决事项;既判力;一事不再理** 有合法管辖权的法院就案件作出终局判决后,在原当事人间不得就同一事项、同一诉讼标的、同一请求再次提起诉讼。法院作出的发生法律效力的判决是最终的决定。"见薛波主编:《元照英美法词典》,北京大学出版社2017年版,第1189页。第二种翻译为:"**已决案** 指已经由司法裁决加以判定的事项。"见黄风编著:《罗马法词典》,法律出版社2002年版,第218页。第三种翻译为:"**即决案件**"。见周枏:《罗马法原论》(下册),商务印书馆1996年版,第902页。

⑤　罗马法上的判决"既决案件"效力理论渊源于"证讼"。值得注意的是"证讼"一词在罗马法不同时期的含义并不相同。罗马诉讼制度的历史沿革按照诉讼形式不同大体上分为法定诉讼时期、程序诉讼时期和非常诉讼时期。"证讼"(litis contestatio)在法定诉讼时期是指是当事人请求旁听者作证的要式行为,其目的是证明在事实审理时案件确已经过法律审理以及双方争执的所在和所选定的承审员,其效力是消灭原告原有的权利而代之以法律审理中所确定的权利。"证讼"在程序诉讼(formula)时期已变为当事人在法官的监督下,约定把争议按程序中的规定交给承审员审理的一种要式契约,"证讼"效果之一是,经过"证讼",原告的诉权即行消灭。"证讼"发生"一案不二讼"的效力。一个诉权已经行使后,就不得再行使第二次。因此,原告于诉讼终了后不能对同一案件对该被告再行起诉。公元前2世纪,法学家在"一案不二讼"的基础上发展出"一事不再理"或"既决案件"。即当事人对已经正式判决的案件,不得申请再审。参见周枏:《罗马法原论》(下册),商务印书馆1996年版,第857、866-867、897-898、902页。

定,避免当事人缠讼不休。适用"既决案件"的条件包括:须为经合法程序任命的承审员的判决、须为同一问题、须为同一当事人。[①] 罗马法上适用"既决案件"的条件,实际上就是认定重复诉讼的标准。

二、大陆法系中的重复起诉认定标准

如前所述,《德意志联邦民事诉讼法》第261条、《日本民事诉讼法典》第142条,以及我国台湾地区"民事诉讼法"第253条、《澳门民事诉讼法典》第416条、第417条均将禁止重复起诉作为诉讼系属的效力之一。显然,立法上规定禁止重复起诉的理论依据是诉讼系属。[②] 根据这些法律规定,重复起诉的认定标准在很大程度上取决于诉讼系属的判断标准。

此外,《日本民事诉讼法》第114条与第115条规定了既判力。[③][④] 我国台湾地区

---

① 参见周枏:《罗马法原论》(下册),商务印书馆1996年版,第902-903页。

② 日本学者兼子一认为,"所谓诉讼系属,指的是因诉讼的提起而使得当事人间的特定案件处于国内特定裁判所予以审判的状态。从理论上来讲,诉讼系属的发生时点为诉状送达于被告时,因为此时被告可以参加诉讼。从起诉后到诉状于被告之前,仅仅是原告与裁判之间的诉状受理关系,尚未达到系属状态。"见《日本民事诉讼法典》,曹云吉译,厦门大学出版社2017年版,第50页。

③ 《日本民事诉讼法》第114条规定:"【既判力的范围】(一)确定判决限于主文具有既判力。(二)对于抵销抗辩是否成立的判断,在抵销的额度内有既判力。"第115条规定:"【确定判决等效力的主观范围】(一)1.当事人;2.当事人为了他人利益而成为原告或被告情形中的该他人;前两号规定所列之人的口头辩论终结后的承继人;3.为了前三号规定所列之人的利益而持有请求标的物的人。(二)前项规定准用于假执行宣告。"见《日本民事诉讼法典》,曹云吉译,厦门大学出版社2017年版,第39-40页。

④ "既判力"一词的提法应来自《日本民事诉讼法》。经向留日民事诉讼法学者、上海财经大学教授郝振江教授请教,在《日本民事诉讼法》第114条与第115条原文中即有"既判力"一词。据我国台湾地区陈荣宗、林庆苗教授考证,对于法院终局判决,当事人不得主张与其内容相反的主张,法院也不得为与其内容相反的判断,终局判决对当事人和法院的这种拘束力,德文为die materielle Rechtskraft,我国台湾学者称之为"判决之实质上确定力"。日本法典采既判力提法,我国台湾学者沿用之。参见陈荣宗、林庆苗:《民事诉讼法》(修订9版)(下),台北三民书局2021年版,第195页。我国台湾地区学者陈计男教授也指出,《德国民事诉讼法》第322条采"判决之实质上确定力"(materielle od. sachliche Rechtskraft)提法,《日本民事诉讼法》第114条明文用"既判力"一词。根据陈计男教授对相关内容的标题来看,其仍更倾向于采"判决之实质上确定力"提法。参见陈计男:《民事诉讼法论》(修订4版)(下),台北三民书局2007年版,第54页。由此可见,将既判力理论理解为大陆法系德国、日本和中国台湾地区的重要民事诉讼理论,是不准确的。我国大陆既判力理论多来源于日本和我国台湾地区。

在 2003 年修改"民事诉讼法"时借鉴日本法的有关规定,增加了既判力内容。① 不过,因为既判力的消极作用是当事人不能提出与确定判决相反的主张,因此在讨论重复起诉时也有学者以既判力作为理论依据,进而将既判力的主观范围和客观范围作为认定重复起诉的标准。同时,也有学者指出,重复起诉不考虑前诉判决是否确定问题,因而重复起诉与既判力没有关系。② 还有学者指出,日本法中重复起诉仅限于前诉处于诉讼系属中又提起后诉的情形;若前诉判决已经生效,禁止再次起诉的依据是既判力,而不属于重复起诉问题。③ 在日本,也有学者指出,关于既判力理论能否作为禁止重复起诉的理论依据也是存在争议的。④

三、英美法系中重复起诉认定标准

美国关于重复起诉认定标准依据,除了《联邦民事诉讼规则》第 8 条(c)中的既决事项规定,美国法律协会的《判决重述(第二次)》(*American Law Instutute, Restatement(second)of Judgmengts*)中也有规定,即混同(Merger)、阻碍(Bar)、争点排除(Issue preclusion)三项规则。⑤ 值得注意的是美国民事诉讼中混同(Merger)规则与罗马法中的证讼规则⑥是一致的。不过,美国学者对于美国禁止重复起诉的认识并不一致。一种观点认为,禁止重复起诉与先例判决原则有关。先例判决可分解

① 我国台湾地区既判力规定于"民事诉讼法"(2018 年修正)第 400 条和第 401 条。第 400 条规定:"(既判力之客观范围)除别有规定外,确定之终局判决就经裁判之诉讼标的,有既判力。主张抵销之请求,其成立与否经裁判者,以主张抵销之额为限,有既判力。"第 401 条规定:"(既判力之主观范围)确定判决,除当事人外,对于诉讼系属后为当事人之继受人者,及为当事人或其继受人占有请求之标的物者,亦有效力。对于为他人而为原告或被告之确定判决,对于该他人亦有效力。前二项之规定,于假执行之宣告准用之。"对此,台湾地区有民事诉讼法学者指出,对于德国民事诉讼法上的判决实质上确定力,日本民事诉讼法明文用"既判力"一词,尽管台湾地区理论和实务也接受既判力的提法,在 2003 年之前,但并非立法上的术语。原有相关法律条文为:"当事人不得就该法律关系更行起诉。"其理论依据是一事不再理的理念。2003年台湾地区"民事诉讼法"修改时,将原有规定修改为:"确定之终局就经裁判之诉讼标的,有既判力。"参见陈计男:《民事诉讼法论》(修订 4 版)(下),台北三民书局 2007 年版,第 54 页。

② 参见张卫平:《民事诉讼法》(第 5 版),法律出版社 2019 年版,第 303 页。

③ 参见卜元石:《重复诉讼禁止及其在知识产权民事纠纷中的应用——基本概念解析、重塑与案例群形成》,载《法学研究》2017 年第 3 期。

④ 参见[日]高桥宏志:《民事诉讼法:制度与理论的深层分析》,林剑锋译,法律出版社 2007 年版,第103 页。

⑤ 参见[美]斯蒂文·N.苏本等:《民事诉讼法——原理、实务与运作环境》,傅郁林等译,中国政法大学出版社 2004 年版,第 760-761 页。

⑥ 参见周枏:《罗马法原论》(下册),商务印书馆 1996 年版,第 866-867 页。

为"既判事项"(res judicata,有时法院使用 res adjudicata,仅仅书写上的变化,其含义与 res judicata 完全相同)(既判事项又被分解为两个紧密相联的原则:合并 Merger 和阻碍 Bar)与判决不容推翻(estoppel by judgment)。[①] estoppel [②][③]制度来源于日耳曼法。[④] 可见,美国关于禁止重复起诉的理论,混合了罗马法与日耳曼法。[⑤] 另一种观点认为,"请求终局性和争点排除原理不能与'遵从先例'(stare decisis)原则相混同,遵从先例原则是指法院通常要在解决法律问题时跟从过去的先例。遵从先例'是在司法机构内部基本自律的原则',用于确保法律不会随意改变,并且用于'使社会可以预测根本性的原则是由法律而不是由个人的癖好建立的'。然而,先例并非神圣不可改变,当事人肯定负有推动废除已有判例的责任。"[⑥]两种观点在禁止重复起诉与先例原则之间关系上完全相反。还有学者从既判事项、请求排除、争点排除、间接禁反言

---

① 参见[美]杰克·H.弗兰德泰尔等:《民事诉讼法》(第 3 版),夏登峻等译,中国政法大学出版社 2003 版,第 610-611 页。

② Estoppel 一词来自法语 estoupe,直译为被阻,意译为不准反言,禁止当事人主张或否认某项事实。参见沈达明编著:《英美证据法》,中信出版社 1996 年版,第 72 页。

③ 对于 estoppel 一词,元照英美法词典的翻译为:"n.①不容否认。指禁止当事人提出与其以前的言行相反的主张;即对于当事人先前的行为、主张或否认,禁止其在此后的法律程序中反悔,否则,将会对他人造成损害。它分为三种:因立有契据而不容否认(estoppel by deed)、因已记录在案而不容否认(estoppel by record)和因既有行为而不容否认(estoppel by pais,其中,前两种又称为普通法上的不容否认(legal estoppel),后一种称为衡平法上的不容否认(equitable estoppel)。②再诉禁止;既判事项不容否认。禁止对同一当事人之间相同或不同争点再次诉讼。(⇨ collateral estoppel;direct estoppel;estoppel by judgment)。③主张因他人的误导性陈述存在着善意信赖而受有损害的答辩。"见薛波主编:《元照英美法词典》,北京大学出版社 2017 年版,第 495 页。

④ "日耳曼法系民事判决的约束力。日耳曼法下民事诉讼的对象是指侵害社会和平的案件本身,故而说判决的约束力也只对案件产生。即日耳曼的裁判是从应当处理的案件中发现法。为此,由担当该社会最高权力的共同体发现法,判决一经宣布就对案件产生约束力,同一案件不可能发生再次争论。日耳曼的上述考虑方法在德国普通法时代、德国判例和学说中也采用,但其主流随着日耳曼民族进入英国,并传给其民事诉讼。英国民事判决的约束力首先以 11、12 世纪的国王法庭记录神圣观念为背景,是作为不许违反与此立证的这一证据法上的原则表现出来的。判决针对提交给法院的案件本身进行,法院对案件(构成案件的各个事实)作出的判断是对其全部具有约束力,该原则在后来被称作'estoppel by judgment'(判决不可否认),进而形成了 estoppel(不可否认)效力的基础。"见常怡主编:《比较民事诉讼法》,中国政法大学出版社 2002 年版,第 233 页。

⑤ 有学者指出,从历史起源上看,既判事项是从罗马法传入英国法的,而禁反言(estoppel)则起源于日耳曼法。罗马法中的既决事项和日耳曼法中的禁反言共存于英国法之中,被结合成一个单一原则的两个方面。参见[美]杰克·H.弗兰德泰尔等:《民事诉讼法》(第 3 版),夏登峻等译,中国政法大学出版社 2003 版,第 615-616 页。

⑥ [美]斯蒂文·N.苏本等:《民事诉讼法——原理、实务与运作环境》,傅郁林等译,中国政法大学出版社 2004 年版,第 761 页。

角度解释禁止重复起诉。[1][2]

1974 年加拿大最高法院在 Angle v. Minister of Revenue 一案的裁决中确立重复诉讼认定标准的理论依据之一，即争点禁反言（issue estoppel）规则；[3]1980 年加拿大民事上诉法庭（Court of Appeal（Civil Division））在 Hunter v Chief Constable of the West Midlands 一案的裁决中确立了滥用程序（abuse of process）原则。[4]

四、重复起诉与一事不再理

就禁止重复起诉与一事不再理之间的关系而言，从不同角度和语境出发会得出不同的结论。

实务上，作为一个法律术语，一事不再理仅见之于前述我国台湾地区"民事诉讼法"（2018 年修正）第 253 条的法条标题。[5] 从我国台湾地区"民事诉讼法"第 253 条的规定来看，即将一事不再理作为禁止重复起诉法条的标题，似乎是将一事不再理等同于禁止重复起诉，或者将禁止重复起诉作为一事不再理的体现。[6] 我国最高法院对重复起诉与一事不再理之间的关系的认识不甚明确。在前述最高法院对《最高人民法院关于确定民事侵权精神损害赔偿责任若干问题的解释》（法释〔2001〕7 号）第 6 条的解读中，似乎是将一事不再理等同于禁止重复起诉的。[7] 而在前述民二终字第 169 号案件中，最高法院又区分了重复起诉与"一事不再理"，即对不属于重复起诉的情形，

---

① ［美］斯蒂文·N.苏本等：《民事诉讼法——原理、实务与运作环境》，傅郁林等译，中国政法大学出版社 2004 年版，第 759-760 页。

② 值得注意的是，关于争点排除（issue preclusion）与间接禁反言（collateral estoppel）之间的关系，存在不同看法。一种观点认为，二者完全等同，参见汤维建主编：《美国民事诉讼规则》，中国检察出版社 2003 年版，第 379 页。另一种观点，二者之间存在一定差异。参见〔美〕斯蒂文·N.苏本等：《民事诉讼法——原理、实务与运作环境》，傅郁林等译，中国政法大学出版社 2004 年版，第 761 页。

③ Angle v. Minister of National Revenue, 1974 CarswellNat 375 (1974).

④ Hunter v Chief Constable of the West Midlands, 1980 WL 149511 (1980).

⑤ 有学者认为，法条标题，也称之为法条题目，可简称条标或条名，其英文为"Section Heading"，是指在法条正文之外，以醒目的字体、字号，放置在法条正文首部，用尽可能简练的文字和特殊的语法结构，直接揭示法条内容或类型的一种文字表述方式。参见刘风景：《法条标题设置的理据与技术》，载《政治与法律》2014 年第 1 期。另有学者认为，法条标题是指法条内容的高度概括。参见刘太刚：《法条标题——值得借鉴的立法技术》，载《法制日报》2004 年 3 月 4 日；也有学者称之为条文标题。参见张新宝：《民法典制定的若干技术层面问题》，载《法学杂志》2004 年第 2 期。本书接受法条标题的提法。

⑥ 需要指出的是，依我国台湾地区"民事诉讼法"第 253 条的规定，禁止重复起诉是诉讼系属的效力之一。这显然就又涉及一事不再理与诉讼系属之间的关系，诉讼系属的内容是多方面的，仅其对当事人的效力与一事不再理相吻合。

⑦ 最高人民法院民事审判第一庭编著：《最高人民法院〈关于确定民事侵权精神损害赔偿责任若干问题的解释〉的理解与适用》，人民法院出版社 2001 年版，第 53-54 页。

法院仍然应当依据'一事不再理'的原则裁定不予受理。这也就意味着,一事不再理不是禁止重复起诉的理论依据。2015年最高法院在《民诉解释》第247条的条文主旨中指出,《民诉解释》第247条"是关于民事诉讼中'一事不再理'原则及判断标准的规定。民事诉讼法对'一事不再理'原则的规定不很清晰,"《民诉解释》"在借鉴理论研究成果和总结审判实践经验的基础上,作出规定。"①从最高法院对《民诉解释》第247条的解读来看,其对重复起诉与一事不再理二者之间的关系的态度是非常明确的,即禁止重复起诉与一事不再理是一回事。最高法院的这一认识,显然与其在(2003)民二终字第169号案件中的认识存在明显差异。不过,最高法院在对《民诉解释》第247条的解读中又认为,《民事诉讼法》第124条第(5)项"对判决、裁定、调解书已经发生法律效力的案件,当事人又起诉的,告知原告申请再审"的规定,"是我国关于'一事不再理'原则的法律渊源"。②《民事诉讼法》第124条所规定情形与《民诉解释》第247条所规定情形显然是不完全相同的,前者仅限于前一诉讼已经结束且相关法律文书已经生效情形,后者还包括前一诉讼正在进行情形。

理论上对重复起诉与一事不再理之间关系存在不同认识。第一种观点基于对古罗马法、德国民事诉讼法和日本民事诉讼法的考察认为,一事不再理包含了禁止重复起诉(诉讼系属中)和确定判决既判力两个方面的内容。③ 第二种观点认为,禁止重复起诉与一事不再理是等同的。④

本书认为,一事不再理除见之于前述我国台湾地区"民事诉讼法"(2018年修正)第253条的法条标题,其主要是一种理念,这种理念不仅存在于诉讼程序(包括民事诉讼程序、行政诉讼程序、刑事诉讼程序)中,还存在于非诉程序(仲裁程序⑤)和其他法律程序(如行政程序⑥)中,甚至在日常社会生活中对"一事"反复处理也似有不妥。

---

① 参见最高人民法院修改后民事诉讼法贯彻实施工作领导小组编著:《最高人民法院民事诉讼法司法解释理解与适用》(上),人民法院出版社2015年版,第632页。

② 参见最高人民法院修改后民事诉讼法贯彻实施工作领导小组编著:《最高人民法院民事诉讼法司法解释理解与适用》(上),人民法院出版社2015年版,第633页。

③ 参见张卫平:《重复起诉规制研究:兼论"一事不再理"》,载《中国法学》,2015年第2期。

④ 参见李春燕:《"一事不再理"之"一事"界定标准研究》,山东大学硕士学位论文2017年。

⑤ 如有学者探讨仲裁程序中的一事不再理问题。参见丁伟:《一事不再理:仲裁制度中的"阿喀琉斯之踵"》,载《东方法学》2011年第1期;罗剑雯:《仲裁中的"一事不再理"新探》,载《广东社会科学》2014年第1期。

⑥ 《中华人民共和国行政复议法实施条例》第28条规定,申请行政复议应当符合的条件之一是,"其他行政复议机关尚未受理同一行政复议申请,人民法院尚未受理同一主体就同一事实提起的行政诉讼。"有学者认为,该内容是行政复议中的"一事不再理"规定。参见颜桂芝:《行政复议中"一事不再理"的适用》,载《资源与人居环境》2018年第10期。中华人民共和国商标法(2001年修正)第42条规定:"对核准注册前已经提出异议并经裁定的商标,不得再以相同的事实和理由申请裁定。"有学者认为,该内容是商标评审程序的"一事不再理"规定。参见周波:《"一事不再理"原则在新商标法中的适用》,载《中华商标》2017年第7期。

而禁止重复起诉是一项具体的诉讼制度。因此,禁止重复起诉与一事不再理二者是不同的。

对于一事不再理,还涉及其与既判力之间的关系。对一事不再理与既判力之间的关系,在不同的语境中,存在不同的理解。对于 res judicata 这一拉丁语,其中文翻译包括"既决事项;既判力;一事不再理";① 显然,在这一语境中一事不再理与既判力是完全等同的,均为同一拉丁语的中文翻译。作为拉丁语 res judicata 中文翻译之一种的既判力制度和理论在许多国家的地区都存在,如,《美国联邦民事诉讼规则》(*Federal Rules of Civil procedure 2014*)第 8 条。而作为一个法律术语的"既判力",如前所述,其来源于日本民事诉讼法,我国台湾地区学者与立法沿用之。由此可见,对既判力有两种解释,一种是日本法和我国台湾地区法上的既判力,另一种是拉丁语 res judicata 意义上的既判力。由于没有界定适用既判力一词的语境导致对既判力的理解不同,进而造成对一事不再理与既判力之间关系的不同认识。即学者们在讨论中提到既判力时,没有明确究竟是指日本民事诉讼法典和我国台湾地区"民事诉讼法"意义上的既判力,还是指拉丁语 res judicata 中文翻译意义上的既判力。基于两种不同语境中的既判力,产生了对既判力与一事不再理之间关系的认识不同:第一种观点认为,"在大陆法系国家,民事诉讼法学者在对判决效力理论进行研究的基础上,逐步创造出了以既判力为核心的一事不再理原则的理论体系。"② 显然,该观点没有明确其所说的既判力究竟是 res judicata 还是日本法和我国台湾法上既判力。若为前者,既判力与一事不再理是一回事,且并不仅限于大陆法系;若为后者,既判力主要是日本法的概念,在我国台湾地区立法上规定既判力是近十几年的事情,其尚不能完全代表大陆法系。第二种观点认为,一事不再理原则包括了诉讼系属的效力与判决的既判力两层含义。③ 依照这一观点,既判力仅是一事不再理的主要内容之一。第三种观点认为,一事不再理原则是大陆法系普遍适用的原则,其适用的前提是存在法院生效裁判,是维持既判力的原则;与此相对应,在刑事案件中英美法系国家采禁止双重危险原则。④ 依照这一观点,一事不再理原则几乎等同于既判力。第四种观点对一事不再理与既判力之间关系的不同看法进行了梳理,认为关于二者之间的看法有六种不同的观点:既判力是一事不再理的表现;既判力是民事诉讼的审判原则,而一事不再理是刑事诉讼的审判原则;二者效力相同;二者在效力上有交叉;二者是两个含义不

---

① 薛波主编:《元照英美法词典》,北京大学出版社 2017 年版,第 1189 页。

② 最高人民法院修改后民事诉讼法贯彻实施工作领导小组编著:《最高人民法院民事诉讼法司法解释理解与适用》(上),人民法院出版社 2015 年版,第 632 页。

③ 参见谢佑平、万毅:《一事不再理原则重述》,载《中国刑事法学杂志》2001 年第 3 期。

④ 参见宋英辉、李哲:《一事不再理原则研究》,载《中国法学》2004 年第 5 期。

同的概念;既判力包括一事不再理。该学者指出,由于既判力的含义在不断演化,对既判力的含义存在诸多不同理解,从而导致对一事不再理与既判力之间关系的不同观点的存在。本书认为,一事不再理是一种理念,由于我国台湾地区民事诉讼法与我国大陆法条同为中文,不存在语言障碍,且近几年翻译的日本民事诉讼法学方面的资料相对较多,因此我国大陆学者在谈到既判力往往参照的是日本、我国台湾区的既判力,而日本民事诉讼法和我国台湾地区民事诉讼法意义上的既判力是诉讼法上的一项具体的法律制度。既判力制度涉及其客观范围、主观范围、时间效力等;此外,在理论上,有关既判力本质存在诸多学说。① 既判力的作用包括两个方面:消极作用是当事人不能提出与确定判决相反的主张,法院也不得作出与确定判决相反的判决;积极作用是法院必须以确定判决为前提作出判决。② 由此可见,一事不再理理念仅仅是与既判力的消极作用相契合,二者是两个不同的概念。值得注意的是,2015 年《民诉解释》规定的禁止重复起诉情形,与大陆法系德国、日本和我国台湾地区不同。《民诉解释》所规定的禁止重复起诉情形,涵盖了德国、日本和我国台湾地区的诉讼系属对当事人效力情形和既判力消极作用两种情形。

五、确定重复起诉认定标准应遵循理念——法的秩序价值、效率价值与公正价值之间的平衡

如前所述,除《俄罗斯联邦民事诉讼法典》和《澳门民事诉讼法典》明确规定认定重复起诉标准外,尚未看到在立法上明确重复起诉标准。尽管在学理上对重复起诉认定标准有不同的理解,但不同国家和地区的学者在不同时期对禁止重复起诉所提出的理论均有一定的参考价值,揭示了禁止重复起诉制度背后所蕴含的理念和价值。总的看来,禁止重复起诉制度本身(包括重复起诉认定标准)蕴含了法的秩序价值、效率价值和公正价值。

秩序是法的基本价值,尽管学者们对法的秩序价值存在不同理解,但法的秩序无疑包含了法律关系的一致性、连续性、确定性、可预测性和安全性。③ 若允许重复起诉,无疑会出现两个或两个以上互相矛盾的裁判,这有违法于法的秩序价值。秩序,是确定重复起诉认定标准的首要价值。罗马法中的禁止重复起诉理论依据"既决案

---

① 参见陈荣宗、林庆苗:《民事诉讼法》(修订 9 版)(下),台北三民书局 2021 年版,第 195-202 页;张卫平:《民事诉讼:关键词展开》,中国人民大学出版社 2005 年版,第 303-309 页。

② 参见杨建华:《民事诉讼法要论》,郑杰夫增订,北京大学出版社 2013 年版,第 323 页;[日]高桥宏志:《民事诉讼法:制度与理论的深层分析》,林剑锋译,法律出版社 2007 年版,第 483 页;张卫平:《民事诉讼:关键词展开》,中国人民大学出版社 2005 年版,第 309 页。

③ 参见王国征:《侵权法中证明责任价值取向研究》,法律出版社 2018 年版,第 36 页。

件"所体现的维护判决的尊严和稳定,即是法的秩序价值的另一种说法。

法的效率价值要求在法律资源配置过程中追求社会利益最大化。^① 允许重复起诉,无疑消耗更多的法律资源,甚至是对法律资源的浪费,有违于法的效率价值。因此,学者们对禁止重复起诉制度本身(包括重复起诉认定标准)的解释,均是从法的秩序价值和效率价值出发的。如,对于我国台湾地区"民事诉讼法"第253条将禁止重复起诉作为诉讼系属的效果之一,有学者解释该规定的立法目的是为了避免因法院就同一诉讼重复审判而造成诉讼不经济和出现前后相矛盾判决,并保护被告免受重复进行诉讼。^② 又如,《美国联邦民事诉讼规则》第8条将既决事项(res judicata)作为对方主张失效或者肯定抗辩事由之一。有学者指出,既决事项禁止重复提起请求,司法资源是有限的,既决事项原则总体上起到了节约稀缺司法资源、提高司法效率的作用;对于一项请求,尽管第一次判决可能存在错误,但也没有理由说第二次或第三次判决一定比第一次判决更加正确,允许再行争讼会产生判决不一致的风险,有损判决稳定性。^③

确定重复起诉的认定标准除了考虑法的秩序价值和效率价值,还要符合法的公正价值。对此,有学者针对美国法中的既决事项指出,既决事项原则可能阻止法院审理一项正当的请求。^④ 确定重复起诉认定标准时要考虑法的公正价值,主要是程序公正,即确定重复起诉认定标准时要避免忽略对某一争议或请求的程序救济,或者忽略对某一当事人的程序保障。若某一争议或请求未获得程序救济,即不得被禁止提出。

可以说,禁止重复起诉是法的秩序价值、效率价值和公正加害者在民事诉讼起诉问题上的具体体现。值得注意的是,在重复起诉问题上,同一法的价值在不同国家和地区的立法上会有不同的表现形式。如,对于判决生效后重复起诉问题,在日本和我国台湾地区用既判力制度加以解决,即法院不得作出与确定判决相反的判决;而在同属大陆法系且均有诉讼系属制度我国澳门地区没有既判力制度,立法上明确规定对同一案件存在两个不一致的裁判时,依裁判确定的先后顺序确定其效力大小。^⑤ 无论

---

① 参见王国征:《侵权法中证明责任价值取向研究》,法律出版社2018年版,第46页。

② 参见陈荣宗、林庆苗:《民事诉讼法》(修订9版)(上),台北三民书局2020年版,第45页。

③ 参见[美]杰克·H.弗兰德泰尔等:《民事诉讼法》(第3版),夏骏峻等译,中国政法大学出版社2003版,第614、618页。

④ 参见[美]杰克·H.弗兰德泰尔等:《民事诉讼法》(第3版),夏骏峻等译,中国政法大学出版社2003版,第619页。

⑤ 我国《澳门民事诉讼法典》第580条规定:"(互相矛盾之裁判已确定之案件)一、就同一主张有两个互相矛盾之裁判时,须遵守首先确定之裁判;二、在同一诉讼程序内就诉讼关系中同一具体问题所作之两个裁判互相矛盾时,适用相同原则。"中国政法大学澳门研究中心、澳门政府法律翻译办公室编:《澳门民事诉讼法典》,中国政法大学出版社1999年版,第182页。

是日本和我国台湾地区的既判力制度,还是我国澳门地区依裁判确定先后顺序确定效力大小制度,均体现了法的秩序价值。

总的看来,重复起诉认定标准的确定,是在法的秩序价值、效率价值与公正价值之间寻找一种平衡。重复起诉认定标准过高过严,可能导致后来的起诉因不符合重复起诉标准而启动诉讼程序,进而使一些案件经历多次诉讼,有失法的秩序价值和效率价值;若重复起诉认定标准过低过松,将使后来的起诉因符合重复起诉标准而无法启动诉讼程序,可能剥夺当事人的程序保障,有失法的公正价值。

本 章 小 结

在 2015 年《民诉解释》之前,最高法院对民事案件重复起诉认定标准的做法,无论是在其审判解释和司法文件中还是在个案裁判文书中,均有不同。《民诉解释》第 247 条第一款规定了构成重复起诉 3 个积极要素,第 248 条规定了构成重复起诉 1 个消极要素。《民诉解释》第 247 条和第 248 条对重复起诉认定标准的规定,以法律规范的形式结束了之前的不同做法,有助于裁判标准的统一。

不同的法律文化背景,其重复起诉认定标准也不同。罗马法中"既决案件"理论即包含了重复起诉的认定标准。大陆法系的德国、日本和我国台湾地区、澳门地区均将禁止重复起诉作为诉讼系属的效力之一,其重复起诉的认定标准在很大程度上取决于诉讼系属的判断标准。英美法系的美国关于重复起诉认定标准依据,除了《联邦民事诉讼规则》第 8 条(c)中的既决事项规定,美国法律协会的《判决重述(第二次)》中也有规定;而加拿大法院在有关案例中将争点禁反言规则和滥用程序原则作为重复诉讼认定标准的理论依据。

禁止重复起诉不同于"一事不再理"。"一事不再"主要是一种理念;而禁止重复起诉是一项具体的诉讼制度。尽管不同国家和地区在不同时期关于禁止重复起诉的理论及认定重复起诉的标准不同,但都是法的秩序价值、效率价值与公正价值之间在某种程度上的平衡。

第二章　我国重复起诉认定标准运行现状

第一节　重复起诉认定标准运行总体情况

2021 年 12 月 17 日在中国裁判文书网对"全文检索：重复起诉""案件类型：民事案件""裁判日期：2015 年 2 月 4 日至 2021 年 12 月 1 日"进行检索，共得到 166257 份裁判文书。其中，最高法院裁判文书为 523 份，高级人民法院（以下简称"高级法院"）裁判文书为 8973 份，中级人民法院（以下简称"中级法院"）裁判文书为 71274 份，基层人民法院裁判文书为 85487 份。因最高法院审理的重复起诉案件多为二审或再审案件，其对重复起诉问题的认定一般具有终局性，故将最高法院的裁判文书作为研究样本有助于保障研究结果的稳定性与准确性；在案件复杂程度方面，最高法院审理的重复起诉案件一般较为复杂，对于重复起诉认定标准的争议较大，将其作为研究样本能够为研究目的的实现提供充分契合的素材资料；在裁判过程与裁判结果方面，最高法院审判人员的专业性与裁判结果的更具代表性，得以有效反映出司法现状，能够在一定程度上反映出总体概况。所以，本课题组将最高法院审理的 523 份裁判文书作为研究对象，经过对裁判文书内容的进一步分析发现，未涉及重复起诉认定问题以及重复案件的有 136 份，故此，本节的有效样本文书为 387 份（见附表 1）。

一、裁判文书援引法律条文情况分析

（一）裁判文书是否援引法条情况

最高法院针对是否构成重复起诉问题所作分析，既存在着援引某个或多个法律条文的情况，亦存在着未援引任何条文的情形，具体情况如图 2-1。

（二）法条援引的具体情况分析

1. 所援引的具体法律条文情况

在援引法条的 298 份文书中，存在某一文书同时援引多个条文的情形，故法条援引总数达 326 次，各法条被援引情况见图 2-2。

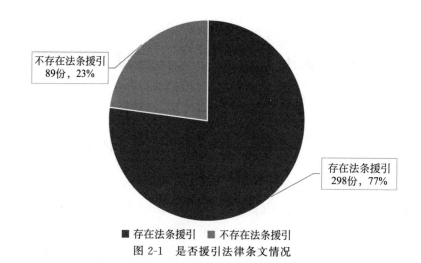

图 2-1　是否援引法律条文情况

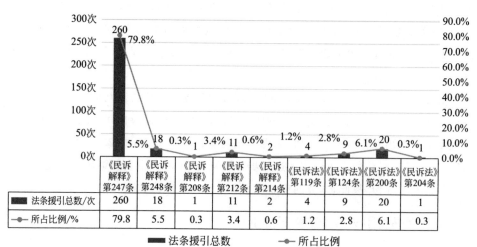

图 2-2　各法条被援引情况

　　根据图 2-2 可知,在 298 份分析样本中,对于《民诉解释》第 247 条的援引占比接近 80%,使其已然成为司法实践中处理重复起诉问题的主要法律依据,这反映出其在实践中较高的认同度与较好的实施成效,亦体现出实践运行的轨道、态势与针对重复起诉问题之法律适用的统一规范之目的相契合。

　　针对重复起诉的认定与处理问题,实践中与之相关的法律条文的类型亦是多样的,除了《民诉解释》第 247 条和第 248 条以外,较多适用的法律条文,首先即是《民事诉讼法》第 200 条,研究样本中有的将重复起诉问题作为不符合规定的再审事由情形而驳回再审申请;其次是《民事诉讼法》第 124 条,即针对生效裁判文书,得以申请再审救济,而不得另诉;再次是《民诉解释》第 212 条,即针对前诉裁定不予受理、驳回起诉的情形,再诉应当受理;最后是《民事诉讼法》第 119 条,即以是否符合起诉条件处理重复起诉问题。

2. 所援引法条在是否构成重复起诉不同情形下的分布

在援引法条的 298 份文书中,法院认定构成重复起诉的文书有 128 份;法院认定不构成重复起诉的文书有 170 份。就 326 次法条援引数量在是否构成重复起诉不同情形下的分布情况看,在法院认定构成重复起诉的文书中,法条援引次数为 146 次,所占比例为 44.8%;在法院认定不构成重复起诉的文书中,法条援引次数为 180 次,所占比例为 55.2%,法条援引(见表 2-1)。

表 2-1　不同认定结果情形下的具体法律适用情况

单位:份

法律适用　　认定结果	《民诉解释》第 247 条	《民诉解释》第 248 条	《民诉解释》第 208 条	《民诉解释》第 212 条	《民诉解释》第 214 条	《民诉法》第 119 条	《民诉法》第 124 条	《民诉法》第 200 条	《民诉法》第 204 条	总计
构成重复起诉	106	10	1	6	0	0	9	14	0	146
	72.6%	6.8%	0.7%	4.1%	0.0%	0.0%	6.2%	9.6%	0.0%	100%
不构成重复起诉	154	8	0	5	2	4	0	6	1	180
	85.6%	4.4%	0.0%	2.8%	1.1%	2.2%	0.0%	3.3%	0.6%	100%

根据表 2-1 可知,在认定构成重复起诉与认定不构成重复起诉的文书中,对《民诉解释》第 247 条、248 条的援引比例皆存在着较大的差异,针对其他法条的援引亦是如此。

3. 所援引法条在重复起诉不同认定模式下的分布

通过阅读援引法条的 298 份裁判文书发现,法院认定是否构成重复起诉的主要模式有 4 种,所援引法条在重复起诉不同模式的分布也不尽相同,具体情况见表 2-2。

观察不同重复起诉认定模式下具体法律适用情况,得以发现,司法实践中针对重复起诉之认定标准的选择适用与法律依据之间的对应与依从关系,进而作为法律实施效果的重要评价指标。根据表 2-2 可知,在主要重复起诉模式中,适用《民诉解释》第 247 条的次数皆为最多,但适用比例存在着一定的差异。其中,在适用“当事人＋诉讼标的＋诉讼请求”认定标准的裁判文书中,援引《民诉解释》第 247 条的文书有 120 份,占比为 87.0%;在适用“当事人＋诉讼标的＋诉讼请求＋新的事实”认定标准

表 2-2　主要重复起诉模式下法条适用情况

单位:份

法律适用 / 认定标准	《民诉解释》第 247 条	《民诉解释》第 248 条	《民诉解释》第 208 条	《民诉解释》第 212 条	《民诉解释》第 214 条	《民诉法》第 119 条	《民诉法》第 124 条	《民诉法》第 200 条	《民诉法》第 204 条	总计
当事人+诉讼标的+诉讼请求	120	2	0	3	0	2	3	8	0	138
	87.0%	1.4%	0.0%	2.2%	0.0%	1.4%	2.2%	5.8%	0.0%	100%
当事人+诉讼标的+诉讼请求+新的事实	13	9	0	0	0	0	0	2	0	24
	54.2%	37.5%	0.0%	0.0%	0.0%	0.0%	0.0%	8.3%	0.0%	100%
当事人+诉讼请求	14	1	0	0	0	1	0	1	0	17
	82.3%	5.9%	0.0%	0.0%	0.0%	5.9%	0.0%	5.9%	0.0%	100%
诉讼请求	18	0	1	0	0	0	2	0	0	21
	85.7%	0.0%	4.8%	0.0%	0.0%	0.0%	9.5%	0.0%	0.0%	100%

的裁判文书中,援引《民诉解释》第 247 条的文书有 10 份,占比为 54.2%;在适用"当事人+诉讼请求"认定标准的裁判文书中,援引《民诉解释》第 247 条的文书有 14 份,占比为 82.3%;在适用"诉讼请求"认定标准的裁判文书中,援引《民诉解释》第 247 条的文书有 18 份,占比为 85.7%。

(三) 没有援引法条的具体情况分析

89 份未援引法条的裁判文书中有 3 份存在前诉撤回起诉情形,[①]且并未援引与之相关的《民诉解释》第 338、410 条;其他 86 份文书中认定重复起诉标准的具体情况见图 2-3。

根据图 2-3 可知,在未援引任何法条且与重复起诉认定标准存在关联的 86 份文书中,不存在认定标准的文书有 12 份,占比为 14.0%;[②]认定标准仅为法定构成要件

---

① 参见最高法院(2015)民二终字第 188 号民事裁定书、(2018)最高法民申 852 号民事裁定书、(2017)最高法民申 4543 号民事裁定书。

② 参见最高法院(2018)最高法民申 2083 号民事裁定书、(2017)最高法民申 4764 号民事裁定书、(2019)最高法民申 663 号民事裁定书等。

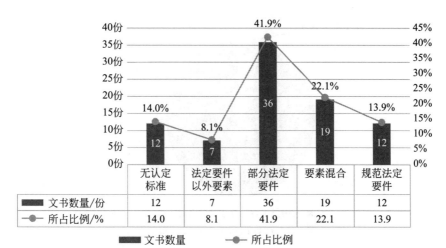

图 2-3 未援引法条映射在认定标准方面的差异性

以外之要素的文书有 7 份,占比为 8.1%;[①]认定标准仅由部分法定构成要件组成的文书有 36 份,占比为 41.9%;认定标准由法定构成要件内外之要素混合组成的文书有 19 份,占比为 22.1%;认定标准适用《民诉解释》第 247 条即"当事人+诉讼标的+诉讼请求"认定标准的文书有 12 份,占比为 13.9%。

二、前诉裁判内容对认定重复起诉的影响情况分析

(一)重复起诉类型分布情况

《民诉解释》规定的重复起诉分为前诉处于诉讼过程中重复起诉与前诉裁判生效后重复起诉,在 387 份样本中,先前案件文书已生效的裁判文书有 368 份,占比为 95%;先前案件文书未生效的裁判文书仅有 19 份,占比为 5%(见图 2-4)。

(二)前诉裁判不同内容与后诉是否构成重复起诉之比较分析

在先前案件文书已生效的 368 份裁判文书中,先前案件文书的裁判内容亦存在着不同的表现形式。先前案件仅存在单一文书的有 363 份,占比为 98.6%;而先前案件存在着双重文书的有 5 份,占比为 1.4%(见表 2-3)。

---

① 法定构成要件即当事人、诉讼标的、诉讼请求、新的事实这 4 个要素,其他要素即为法定外要素,下同。此部分的法定外要素,分别为事实、事实理由、案由、诉因、诉讼标的物。参见最高法院(2021)最高法知民终 965 号民事判决书、(2019)最高法民申 2133 号民事裁定书、(2016)最高法民终 245 号民事判决书、(2020)最高法民申 2901 号民事裁定书、(2017)最高法民申 709 号民事裁定书等。

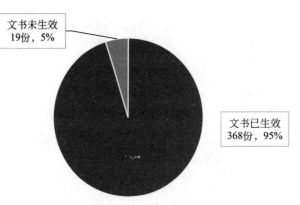

图 2-4　前诉裁判文书效力分布情况

表 2-3　前诉裁判内容分布情况

单位:份

文书数量	文书类型	裁判内容	文书		认定构成重复起诉文书	
			数量/份	比例/%	数量/份	比例/%
单一文书	判决书	存在具体判决事项	266	72.28	120	45.1
		驳回诉讼请求	7	1.90	3	42.9
	裁定书	驳回起诉	28	7.61	9	32.1
		不予受理	13	3.54	10	76.9
		准许撤回起诉	14	3.81	2	14.3
		移送公安机关	5	1.36	0	0
		仲裁条款有效	1	0.27	1	100.0
		准许拍卖、变卖	3	0.82	2	66.7
	调解书	存在具体调解事项	24	6.52	9	37.5
	仲裁裁决书	存在具体裁决事项	2	0.54	2	100.0
	裁定书	驳回起诉＋按撤诉处理	1	0.27	0	0
	裁定书	不予受理＋驳回起诉	1	0.27	0	0
双重文书	裁定书＋判决书	驳回起诉＋驳回诉讼请求	1	0.27	1	100.0
	裁定书＋判决书	驳回诉讼请求＋准许撤回起诉	1	0.27	0	0
	判决书＋调解书	存在具体判决事项＋存在具体调解事项	1	0.27	1	100.0

根据表 2-3 可知,先前案件生效文书为判决书其内容为"存在具体判决事项"情形最多,有 266 份,占比达 72.28%。

（三）不同裁判内容情形下的重复起诉认定结果情况

根据表 2-3 可知,针对不同裁判内容,其认定构成重复起诉的比例存在着较大的差异。其中,先前案件生效文书为判决书其内容为"存在具体判决事项"266 份中,认定构成重复起诉的有 120 份,文书数量是最多的,但占比并非是最高的。

三、重复起诉各要素适用情况分析

（一）裁判文书中所涉重复起诉要素情况

此处所分析的要素涉及情况,指的是法院在认定是否构成重复起诉时所考虑的要素。其中,将《民诉解释》第 247、248 条所规定的"当事人、诉讼标的、诉讼请求、新的事实"要素列入法定要素,其他要素则列为法定外要素,具体要素的涉及情况见表 2-4。

表 2-4 裁判文书中所涉要素的分布情况

单位:份

所涉要素的范围	所涉要素的内容	文书数量/份	所占比例/%
法定要素	当事人	260	67.2
	诉讼标的	201	51.9
	诉讼请求	290	74.9
	新的事实	41	10.6
法定外要素	法律关系	34	8.8
	法律事实	7	1.8
	基础事实	2	0.5
	事实	29	7.5
	理由	4	1.0
	事实理由	10	2.6
	诉讼理由	7	1.8
法定外要素	诉讼标的物	4	1.0
	案由	3	0.8
	诉因	3	0.8
	既判力	2	0.5
	请求权基础	5	1.3
	侵权产品	2	0.5
	侵权行为	1	0.3
	侵权行为的地域范围	2	0.5

根据表 2-4 可知,在全部的 387 份分析样本中,共计涉及 19 种要素。涉及 4 种法定要素的文书排名前 4 位;涉及诉讼请求要素的文书最多,有 290 份(要素内容为诉

讼请求是否相同的文书有 195 份,要素内容为诉讼请求是否实质否定前诉裁判结果的文书有 48 份,要素内容为二者组合的文书有 47 份),所占比例为 74.9%。法定外要素中较多的是法律关系、事实。

(二) 当事人对各重复起诉要素的争议情况

当事人对于重复起诉争议要素反映了各要素在重复起诉认定过程中所发挥的实质作用。因为分析样本中存在着无认定标准①以及无任何对构成要素进行识别、判断之过程而无法归纳争议要素②的情况,所以并非全部的分析样本皆存在争议要素,经过分析发现共计有 309 份裁判文书存在着争议要素,具体争议要素的情况见表 2-5。

表 2-5 裁判文书中争议要素的分布情况

单位:份

争议要素的范围	争议要素的内容	文书数量/份	所占比例/%
法定要素	当事人	117	37.86
	诉讼标的	133	43.04
	诉讼请求	233	75.40
	新的事实	26	8.41
法定外要素	法律关系	16	5.18
	事实	14	4.53
	法律事实	5	1.62
	事实理由	4	1.29
	争议实质	2	0.65
	理由	3	0.97
	案由	3	0.97
	诉因	3	0.97
	请求权基础	2	0.65
	诉讼理由	1	0.32
	侵权产品	2	0.65
	侵权行为	1	0.32

根据表 2-5 可知,在 309 份存在争议要素的裁判文书中,争议较多仍然是法定要素,且诉讼请求要素排在首位。

1. 诉讼请求要素成为法院认定重复起诉过程中最大的争议要素

表 2-5 的数据显示,有 233 份裁判文书将诉讼请求要素作为法院认定重复起诉过

---

① 参见最高法院(2015)民二终字第 287 号民事裁定书、(2015)民申字第 3548 号民事裁定书等。

② 参见最高法院(2015)民四终字第 12 号民事裁定书、(2015)民申字第 86 号民事裁定书等。

程中的争议要素,在 16 种共计 565 个争议要素当中,占比为 41.24％。诉讼请求要素争议的主要表现形式有:(1)前、后诉诉讼请求的数额差异,实践中对于纯粹金额差异皆认定诉讼请求实质相同。① (2)合同款项的二次分别主张。② (3)针对同一债权债务、合同法律关系、侵权法律关系,不同时间段的利息损失、违约损失与侵权赔偿。主要存在以下几种情形:一是前后两诉请求赔偿损失的侵权期间重合,③二是前后两诉主张的侵权损失所针对的侵权期间不同,④三是两诉针对的合同履行阶段不同,⑤四是两诉请求支付的违约金及利息的时间段不同,⑥五是本案诉请前诉判决生效之后至实际清偿期间的利息。⑦ (4)前、后诉的诉讼请求是否包含、重叠,主要有:一是本案诉求包含在前诉中,⑧二是本案诉求包含前诉诉求。⑨ (5)违约责任的不同责任承担方式,即继续履行与违约赔偿等违约责任承担方式。⑩ (6)确认之诉与给付之诉,其中又分别存在着两种不同的表现形式与认定结果,即前诉为给付之诉,本案为确认无效之诉,人民法院认为前诉包含本案诉求,构成重复起诉。⑪ 前诉为确认之诉,本案为给付之诉,人民法院认为诉讼请求不同且未实质否定,不构成重复起诉。⑫ (7)请求权竞合的情形,前诉主张违约,本案诉请侵权损害赔偿,⑬针对同一违约行为,前诉主张违约责任获支持,本案再诉主张侵权责任。⑭

2. 法院认定过程中诉讼标的内涵理解情况

通过对样本裁判文书分析发现,法院对于诉讼标的的具体内涵存在着诸多不同的理解与认识,主要具有以下几种表现形式:(1)多数采旧实体法说,认为诉讼标的为实体法上的法律关系或权利主张,且有裁判文书予以明确指出;⑮(2)案由,表述为"两

---

① 参见最高法院(2018)最高法民申 6260 号民事裁定书、(2019)最高法民申 6146 号民事裁定书、(2018)最高法民申 2812 号民事裁定书等。

② 参见最高法院(2018)最高法民终 1210 号民事裁定书。

③ 参见最高法院(2018)最高法民终 1236 号民事裁定书。

④ 参见最高法院(2015)民申字第 2163 号民事裁定书。

⑤ 参见最高法院(2016)最高法民申 543 号民事裁定书。

⑥ 参见最高法院(2020)最高法民申 5663 号民事裁定书。

⑦ 参见最高法院(2018)最高法民再 461 号民事裁定书。

⑧ 参见最高法院(2019)最高法民申 1607 号民事裁定书、(2018)最高法民终 265 号民事裁定书、(2019)最高法民申 6535 号民事裁定书等。

⑨ 参见最高法院(2019)最高法民再 290 号民事裁定书。

⑩ 参见最高法院(2016)最高法民终 711 号民事判决书、(2019)最高法民申 5492 号民事裁定书。

⑪ 参见最高法院(2017)最高法民申 286 号民事裁定书。

⑫ 参见最高法院(2017)最高法民终 417 号民事裁定书。

⑬ 参见最高法院(2018)最高法民终 860 号民事裁定书。

⑭ 参见最高法院(2018)最高法民终 860 号民事裁定书。

⑮ 参见最高法院(2017)最高法民申 3718 号民事裁定书、(2018)最高法民终 898 号民事裁定书、(2019)最高法民申 6072 号民事裁定书等。

诉为同一或不同纠纷,诉讼标的相同或不同";①(3)事实,表述为"基于相同的事实,诉讼标的相同";②(4)法律事实,表述为"针对请求权竞合的情况,同一法律事实、多个案由,构成重复起诉";③(5)事实与理由,表述为"诉讼请求基于相同的事实与理由,诉讼标的相同";④(6)事实与法律关系,表述为"基于同一事实和相同法律关系,诉讼标的相同";⑤(7)法律关系与法律事实,表述为"同一法律关系,同一法律事实,诉讼标的相同";⑥(8)法律关系、事实与理由,表述为"法律关系相同,诉求基于的事实与理由相同,诉讼标的相同";⑦(9)等同于诉讼主张,表述为"诉讼标的均为支付股权转让款的请求,只是具体金额不同"⑧与"诉讼标的相同,均为请求返还工程款及利息等费用";⑨(10)诉讼标的额,即在明确适用"当事人+诉讼标的+诉讼请求"之认定标准的情形下,认为虽然诉讼标的额相同,但当事人与诉讼请求不同,不构成重复起诉。⑩

3. 法院对诉讼标的与诉讼请求相互关系的理解情况

对诉讼标的与诉讼请求之间的关系,多数裁判文书中将诉讼标的作为提出诉讼请求的依据与基础,表述为"基于某一法律关系提出某一诉求或者提出某一诉求的基础、依据为某一法律关系"。⑪ 同时,也存在着少数裁判文书将诉讼标的与诉讼请求混同的情形:将诉讼标的与诉讼请求均理解为请求给付;⑫将诉讼标的理解为诉讼主张;⑬认为诉讼标的与诉讼请求是实质一致的,在认定诉讼标的相同后,径行认定诉讼请求亦相同。⑭

4. 法院对当事人是否相同的判断情况

在有效样本的裁判文书中,对于当事人是否相同,存在着形式判断与实质判断的不同认定方式。形式判断,即两诉的原告、被告是否完全一致,认定为当事人不相同的情形主要表现为后诉增加或更换部分当事人。此外,前诉当事人包含了后诉当事人时,亦认定当事人相同。⑮ 实质判断则表现为,后诉增加的当事人与诉讼标的或主

---

① 参见最高法院(2016)最高法民申 1070 号民事裁定书、(2019)最高法民申 658 号民事裁定书。

② 参见最高法院(2018)最高法民终 135 号民事裁定书。

③ 参见最民法院(2018)最高法民终 860 号民事裁定书。

④ 参见最高法院(2019)最高法民终 1611 号民事裁定书、(2015)民提字第 5 号民事裁定书。

⑤ 参见最高法院(2018)最高法民终 1130 号民事裁定书、(2018)最高法民申 5934 号民事裁定书。

⑥ 参见最高法院(2018)最高法民终 1333 号民事裁定书。

⑦ 参见最高法院(2018)最高法民申 6260 号民事裁定书、(2019)最高法民终 1611 号民事裁定书

⑧ 参见最高法院(2019)最高法民申 6146 号民事裁定书。

⑨ 参见最高法院(2017)最高法民申 63 号民事裁定书。

⑩ 参见最高法院(2016)最高法民终 330 号民事裁定书。

⑪ 参见最高法院(2016)最高法民申 3307 号民事裁定书、(2018)最高法民终 430 号民事裁定书等。

⑫ 参见最高法院(2020)最高法民申 2901 号民事裁定书、(2018)最高法民终 1236 号民事裁定书。

⑬ 参见最高法院(2017)最高法民终 361 号之二民事裁定书、(2020)最高法民申 5663 号民事裁定书。

⑭ 参见最高法院(2017)最高法民申 63 号民事裁定书。

⑮ 参见最高法院(2019)最高法民申 2536 号民事裁定书。

要争议事实无关联或者无须承担责任时,认定当事人实质相同。[①]

5. 法院对新的事实要素的识别情况

在涉及"新的事实"的裁判文书中,多数以"存在或不存在新的事实"为由径行判定,而未有其他说理与分析的过程。[②] 而在针对"新的事实"予以说理的文书中,法院认定理由主要存在以下几种表现形式:前诉裁判生效后又实施了新的侵权行为;[③]未举证证明属于或发生新的事实;[④]发生新的事实导致前诉生效判决无法执行;[⑤]新的证据不属于新的事实。[⑥]

(三) 法院认定构成重复起诉的模式

经分析发现共计 350 份裁判文书中存在着重复起诉的认定标准,另外 37 份裁判文书中无认定标准,具体认定模式的情况见表 2-6。

表 2-6　法院认定标准中要素数量分布情况

单位:份

认定标准	表现形式	文书		构成重复起诉文书	
		数量/份	比例/%	数量/份	比例/%
一要件	当事人	12	3.43	0	0
	诉讼标的	4	1.14	0	0
	诉讼请求	33	9.43	16	48.5
	新的事实	9	2.57	0	0
	诉讼标的物	3	0.86	0	0
	事实	4	1.14	1	25.0
	诉因	1	0.29	0	0
	案由	3	0.86	2	66.7
	事实理由	2	0.57	1	50.0

---

① 　参见最高法院(2020)最高法民申 1454 号民事裁定书、(2019)最高法民终 137 号民事裁定书、(2016)最高法民申 3307 号民事裁定书。

② 　参见最高法院(2019)最高法民终 592 号民事裁定书、(2015)民四终字第 12 号民事裁定书、(2015)民申字第 3214 号民事裁定书等。

③ 　参见最高法院(2020)最高法民申 4306 号民事裁定书、(2020)最高法民申 4321 号民事裁定书。

④ 　参见最高法院(2018)最高法民申 5058 号民事裁定书、(2019)最高法民申 3897 号民事裁定书、(2017)最高法民申 63 号民事裁定书、(2021)最高法民申 1547 号民事裁定书。

⑤ 　参见最高法院(2017)最高法民终 361 号之二民事裁定书、(2018)最高法民再 456 号民事裁定书。

⑥ 　参见最高法院(2018)最高法民终 453 号民事裁定书。

认定标准	表现形式	文书		构成重复起诉文书	
		数量/份	比例/%	数量/份	比例/%
二要件	当事人＋诉讼请求	23	6.57	9	39.1
	当事人＋诉讼标的	11	3.14	4	36.4
	当事人＋法律关系	1	0.29	0	0
	当事人＋事实	2	0.57	0	0
	当事人＋诉因	1	0.29	0	0
	诉讼请求＋诉讼标的	15	4.29	4	26.7
	诉讼请求＋新的事实	2	0.57	1	50.0
	诉讼请求＋法律关系	2	0.57	2	100.0
	诉讼请求＋事实理由	3	0.86	2	66.7
	诉讼请求＋诉讼理由	1	0.29	0	0
	诉讼请求＋请求权基础	1	0.29	0	0
	事实＋理由	2	0.57	2	100.0
	法律事实＋法律关系	1	0.29	0	0
	事实＋诉讼请求	6	1.71	5	83.3
三要件	当事人＋诉讼标的＋诉讼请求	141	40.29	65	46.1
	当事人＋诉讼标的＋法律关系	1	0.29	0	0
	当事人＋诉讼标的＋事实理由	1	0.29	1	100.0
	当事人＋诉讼请求＋事实理由	1	0.29	0	0
	当事人＋诉讼请求＋法律关系	3	0.86	2	66.7
	当事人＋诉讼请求＋法律事实	1	0.29	0	0
	当事人＋诉讼请求＋新的事实	3	0.86	3	100.0
	当事人＋诉讼请求＋诉讼理由	6	1.71	2	33.3
	当事人＋诉讼请求＋基础事实	1	0.29	0	0
	当事人＋诉讼请求＋请求权基础	3	0.86	0	0
	当事人＋诉讼请求＋既判力	1	0.29	0	0.0
	当事人＋法律事实＋法律关系	2	0.57	1	50.0
	诉讼标的＋诉讼请求＋请求权基础	1	0.29	0	0
	法律事实＋诉讼请求＋法律关系	1	0.29	1	100.0
	事实＋诉讼请求＋法律关系	6	1.71	6	100.0
	事实＋理由＋法律关系	1	0.29	1	100.0
	诉讼标的＋侵权产品＋侵权行为	1	0.29	0	0

认定标准	表现形式	文书		构成重复起诉文书	
		数量/份	比例/%	数量/份	比例/%
四要件	当事人＋诉讼标的＋诉讼请求＋新的事实	16	4.57	12	75.0
	当事人＋诉讼标的＋诉讼请求＋基础事实	1	0.29	0	0
	当事人＋诉讼标的＋诉讼请求＋事实	1	0.29	1	100.0
	当事人＋诉讼标的＋诉讼请求＋请求权基础	1	0.29	0	0
	当事人＋诉讼标的＋诉讼请求＋诉因	1	0.29	0	0
	当事人＋诉讼标的＋诉讼请求＋法律关系	1	0.29	0	0
	当事人＋诉讼标的＋诉讼请求＋案由	1	0.29	1	100.0
	当事人＋诉讼标的＋诉讼请求＋事实理由	2	0.57	2	100.0
	当事人＋法律关系＋诉讼请求＋事实理由	1	0.29	1	100.0
	当事人＋法律关系＋诉讼请求＋事实	6	1.71	5	83.3
	当事人＋法律关系＋诉讼请求＋法律事实	2	0.57	2	100.0
	当事人＋诉讼请求＋法律事实＋侵权产品	1	0.29	0	0

根据表 2-6 可知,在 350 份存在认定标准的文书中,存在着 52 种不同的重复起诉之认定模式。其中,适用"一要素"之认定标准的文书有 71 份,适用"诉讼请求"之认定标准的情形最多,有 33 份。

适用"二要素"之认定标准的文书有 71 份,其中,表现为"当事人＋诉讼请求"的文书有 23 份,表现为"当事人＋诉讼标的"的文书有 11 份,表现为"诉讼请求＋诉讼标的"的文书有 15 份。

适用"三要素"之认定标准的文书有 174 份,其中,适用"当事人＋诉讼标的＋诉讼请求"之认定标准的情形最多,有 141 份。

适用"四要素"之认定标准的文书有 34 份,其中,表现为"当事人＋诉讼标的＋诉讼请求＋新的事实"的文书有 16 份,表现为"当事人＋法律关系＋诉讼请求＋事实"的文书有 6 份。

根据表 2-6 可知,在认定标准中要素数量不同的情形下,其认定构成重复起诉的比例亦存在着差异。其中,在适用"一要素"的 71 份裁判文书中,法院认定构成重复起诉的文书比例为 28.2%;在适用"二要素"的 71 份裁判文书中,法院认定构成重复起诉的文书比例为 40.8%;在适用"三要素"的 174 份裁判文书中,法院认定构成重复起诉的文书比例为 47.1%;在适用"四要素"的 34 份裁判文书中,法院认定构成重复起诉的文书比例为 70.6%。

四、裁判文书对重复起诉说理情况分析

（一）裁判文书是否说理情况

通过对全部样本中裁判文书之具体内容的分析，以是否针对涉及重复起诉之认定的全部要素予以说理、评价为基准，得以发现，法院在认定是否构成重复起诉时存在着不同的说理情况，具体说理比例及说理程度见图2-5。

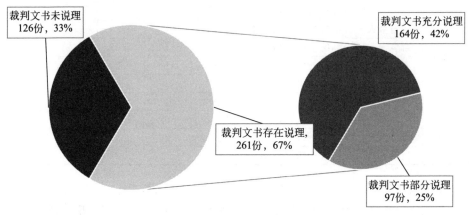

裁判文书未说理
126份，33%

裁判文书充分说理
164份，42%

裁判文书存在说理，
261份，67%

裁判文书部分说理
97份，25%

■ 裁判文书未说理　■ 裁判文书充分说理　■ 裁判文书部分说理　▨ 裁判文书存在说理

图 2-5　法院认定是否构成重复起诉时的说理情况

根据图 2-5 可知，在全部 387 份研究样本中，法院对是否构成重复起诉的问题存在说理的文书比例为 67%。其中，法院针对涉及重复起诉之认定的全部要素皆予以说理，即充分说理的文书比例为 63%；而仅对部分要素予以判断，即部分说理的文书比例为 37%。

（二）不同认定结果情形下的法院说理情况

通过对整体样本中裁判文书之具体内容的分析发现，法院在针对是否构成重复起诉作出不同认定结果时，二者之间的说理程度亦存在着差异，具体情况见图 2-6。

根据图 2-6 可知，在全部 387 份研究样本中，法院认定构成重复起诉的文书有 166 份，针对是否构成重复起诉问题存在说理的文书比例为 70.5%；法院认定不构成重复起诉的文书有 221 份，针对是否构成重复起诉问题存在说理的文书比例为 65.2%。

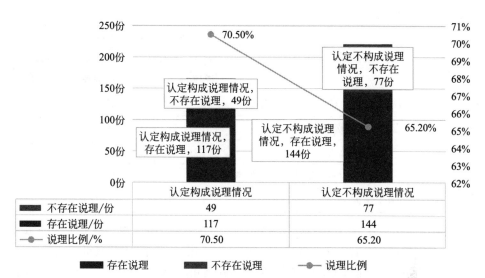

图 2-6　不同认定结果情形下的说理情况

（三）重复起诉不同认定模式下的说理情况

在 261 份说理裁判文书中,其对不同的重复起诉认定模式说理也不尽一致,具体情况见表 2-7。

表 2-7　主要认定标准情形下的说理情况

认定标准	认定标准表现形式	说理程度（份）与所占比例（%）						总计
		充分说理	充分说理比例	部分说理	部分说理比例	未说理	未说理比例	
一要素	当事人	3	25	0	0	9	75	12
	诉讼请求	12	36	0	0	21	64	33
	新的事实	3	33	0	0	6	66	9
二要素	当事人＋诉讼请求	6	26	6	26	11	48	23
	当事人＋诉讼标的	2	18	4	36	5	46	11
	诉讼请求＋诉讼标的	3	20	6	40	6	40	15
	事实＋诉讼请求	1	17	1	17	4	66	6
三要素	当事人＋诉讼标的＋诉讼请求	67	48	28	20	46	32	141
	当事人＋诉讼请求＋新的事实	2	67	0	0	1	33	3

续表

认定标准	认定标准表现形式	说理程度（份）与所占比例（%）						总计
		充分说理	充分说理比例	部分说理	部分说理比例	未说理	未说理比例	
三要素	当事人＋诉讼请求＋请求权基础	0	0	2	67	1	33	3
	当事人＋诉讼请求＋诉讼理由	1	17	3	50	2	34	6
	事实＋诉讼请求＋法律关系	1	17	4	66	1	17	6
四要素	当事人＋诉讼标的＋诉讼请求＋新的事实	5	31	8	50	3	19	16
	当事人＋法律关系＋诉讼请求＋事实	1	17	1	17	4	66	6

根据表 2-7 可知，针对不同认定标准，因为要素数量与要素内容的不同，法院在说理比例与说理程度方面亦存在着差异。其中，在适用"一要素"重复起诉模式的 54 份裁判文书中，存在说理的文书比例为 33.3%；在适用"二要素"重复起诉模式的 55 份裁判文书中，存在说理的文书比例为 52.7%；在适用"三要素"重复起诉模式的 159 份裁判文书中，存在说理的文书比例为 67.9%；在适用"四要素"重复起诉模式的 22 份裁判文书中，存在说理的文书比例为 68.2%。

五、不同审级对重复起诉认定结果分析

（一）不同审级法院认定结果的总体情况

因为样本中的案件均为由最高法院审理的二审、再审案件，故此，全部分析样本均存在着不同审级法院。此外，因为研究对象为不同审级法院之间对于同一重复起诉问题所作出的认定结果是否一致，故此，将原审裁判中未涉及重复起诉问题的 61 份文书予以剔除，故针对不同审级法院认定结果对比问题的样本数为 326（387-61）份，具体情况见图 2-7。

根据图 2-7 可知，在 326 份存在着不同审级法院皆对同一重复起诉问题作出认定的文书中，最高法院所作出的认定结论与原审法院相一致的文书有 249 份，所占比例为 76.4%，其中，完全一致的文书有 175 份，结果相同、理由不一致[①]的文书有 74 份；最高法院所作出的认定结论与原审法院相反的文书有 77 份，所占比例为 23.6%。

---

① 结论一致，即不同审级法院对于该案件是否构成重复起诉的认定结果一致；理由不一致，即不同审级法院之间得出认定结果的论据不一致。

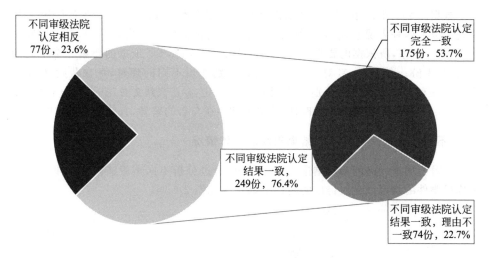

不同审级法院认定相反
77份，23.6%

不同审级法院认定
完全一致
175份，53.7%

不同审级法院认定
结果一致，
249份，76.4%

不同审级法院认定
结果一致，理由不
一致74份，22.7%

■ 不同审级法院认定相反　　　　　■ 不同审级法院认定完全一致
■ 不同审级法院认定结果一致，理由不一致

图 2-7　不同审级法院认定对比情况

（二）不同审级法院认定结果相同而理由不一致的表现形式

根据图 2-7 可知，在不同审级法院对是否构成重复起诉问题作出的认定结果一致的 249 份文书中，存在着 74 份文书不同审级法院之间的认定理由存在着差异，具体情况见图 2-8。

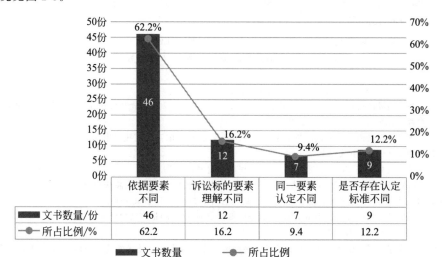

	依据要素不同	诉讼标的要素理解不同	同一要素认定不同	是否存在认定标准不同
文书数量/份	46	12	7	9
所占比例/%	62.2	16.2	9.4	12.2

■ 文书数量　　　●─ 所占比例

图 2-8　认定理由不一致的表现形式

根据图 2-8 可知,在不同审级法院之间认定理由不一致的 74 份裁判文书中,主要呈现为以下四种表现形式:第一种,认定说理时所依据的要素内容不同,存在裁判文书 46 份。其中,所依据的要素存在交叉的文书有 35 份,①所依据的要素完全不同的文书有 11 份;②第二种,针对诉讼标的要素分别作出不同的理解,存在裁判文书 12 份;③第三种,针对同一要素分别作出不同形式的认定,存在裁判文书 7 份。其中事实要素 1 份,④诉讼请求要素 6 份;⑤第四种,认定标准存在与否的差异,有裁判文书 9 份。⑥

(三)不同审级法院之间认定结果相反的具体情况

针对不同审级之间相反结论之产生原因,通过分析不同审级法院对于重复起诉之构成要件的认定差异便得以明确,⑦具体情况见图 2-9。

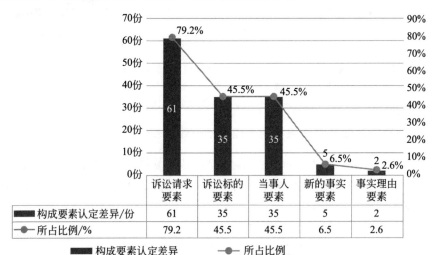

	诉讼请求要素	诉讼标的要素	当事人要素	新的事实要素	事实理由要素
■ 构成要素认定差异/份	61	35	35	5	2
● 所占比例/%	79.2	45.5	45.5	6.5	2.6

■ 构成要素认定差异　　● 所占比例

图 2-9　认定结论相反情形下要素认定差异情况

---

① 参见(2016)最高法民申 3307 号民事裁定书。

② 参见最高法院(2015)民一终字第 377 号民事判决书、(2017)最高法民申 2645 号民事裁定书、(2018)最高法民申 2083 号民事裁定书等。

③ 参见最高法院(2015)民二终字第 188 号民事裁定书、(2017)最高法民申 63 号民事裁定书、(2018)最高法民申 2812 号民事裁定书等。

④ 参见最高法院(2015)民申字第 2163 号民事裁定书。

⑤ 参见最高法院(2016)最高法民申 1446 号民事裁定书、(2018)最高法民终 135 号民事裁定书、(2018)最高法民申 5058 号民事裁定书、(2020)最高法民申 5663 号民事裁定书。

⑥ 参见最高法院(2015)民申字第 3548 号民事裁定书、(2018)最高法民终 891 号民事判决书、(2019)最高法民申 663 号民事裁定书等。

⑦ 因为存在同一份裁判文书存在着针对多种构成要素具有认定差异的情形,故此,不同构成要素之认定差异的数量与裁判文书数量并不对应。此外,针对构成要素的认定差异,即为不同审级法院之间对于同一构成要素是否相同存在着相反的认定。

根据图 2-9 可知,在不同审级法院之间认定结论相反的 77 份裁判文书中,针对诉讼请求要素存在认定差异的文书有 61 份,所占比例高达 79.2%;针对诉讼标的要素、当事人要素存在认定差异的文书皆有 35 份,所占比例同为 45.5%。

第二节　重复起诉认定标准中当事人要素适用情况分析

基于最高法院、高级法院裁判文书权威性及所涉案件较复杂因而更具有讨论价值,本课题组 2021 年 1 月 1 日以"重复起诉""二百四十七""最高人民法院"为检索关键词在"无讼案例网"中检索,获得裁判文书 148 份,经阅读发现,该 148 份裁判文书中有 58 份中最高法院未适用《民诉解释》第 247 条对重复起诉问题进行评价,有效分析样本为 90 份。以"重复起诉""二百四十七""高级人民法院""审级:二审或再审""年份:2018 年 1 月 1 日至 2021 年 1 月 1 日"为检索关键词在"无讼案例网"中检索,获得裁判文书 870 份,其中高级法院适用《民诉解释》第 247 条对重复起诉问题进行评价的有 594 份。截至 2021 年 1 月 1 日最高法院与高级法院的裁判文书合计 684(90+594)份。在本课题即将完成之际,2021 年 12 月 17 日以"重复起诉""二百四十七""最高人民法院"为检索关键词在"威科先行网"中检索,获得裁判文书 48 份,适用《民诉解释》第 247 条有 41 份;以"重复起诉""二百四十七""高级人民法院"为检索关键词在"威科先行网"中检索,获得裁判文书 362 份,适用《民诉解释》第 247 条有 286 份,二者合计 327(41+286)份。

本课题组主要以该 1011(684+327)份裁判文书(见附表 2)作为分析研究重复起诉构成要素中当事人、诉讼标的、诉讼请求的样本(有时根据该 1011 份样本所载一审或原审案号查找一审或原审裁判文书做对比研究,因而实际研究样本要高于 1011 份)。

在 1011 份研究样本中,有 139 份无法查找到前诉当事人,故本节仅以其余 872 (1011-139)份作为分析当事人要素的样本。

一、以前后诉当事人数量差为因素考察当事人要素的认定情况

(一)前后诉当事人数量变化与当事人要素满足的总体情况

1. 前后诉当事人数量变化的情况

在 872 份研究样本中,有的前诉与后诉当事人数量相同,有的则否。具体情况见图 2-10。

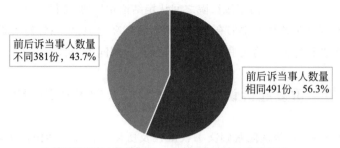

图 2-10　前后诉当事人数量变化情况

2. 法院对当事人要素的认定情况

在 872 份研究样本中,法院对于当事人要素的认定情况,见图 2-11。

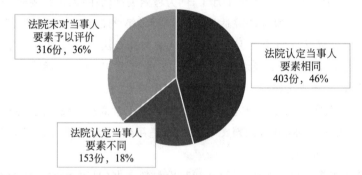

图 2-11　法院对当事人要素的认定情况

(二) 前后诉当事人数量相同的情况分析

1. 前后诉当事人数量相同的法院认定情况

图 2-10 与表 2-8 的数据显示,针对 491 份研究样本中前后诉当事人数量相同的情形,法院对于当事人要素的认定情况见图 2-12。

在法院针对前后诉当事人数量相同作出评价的文书中,法院针对当事人要素是否相同的结果分布情况见图 2-13。

在前后诉当事人数量相同的 491 份样本中,以后诉是否加入新的当事人为标准,分为两种情形,该两种情形中法院对前后诉当事人要素是否相同的认定情况见表 2-8。

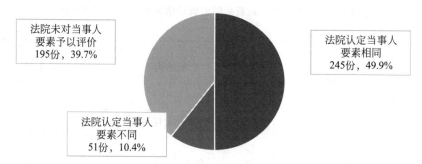

■ 法院认定当事人要素相同　■ 法院认定当事人要素不同　■ 法院未对当事人要素予以评价

图 2-12　前后诉当事人数量相同的法院认定情况

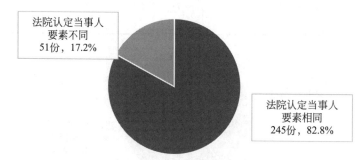

■ 法院认定当事人要素相同　　■ 法院认定当事人要素不同

图 2-13　前后诉当事人数量相同情形下法院作出评价的认定结果分布情况

根据表 2-8 可知,在前后诉当事人数量相同的情形下,后诉加入新的当事人的裁判文书样本有 84 份,法院针对当事人要素所作出的认定结果存在着较大的分歧。其中,认定当事人要素相同的文书有 24 份,认定当事人要素不同的文书有 49 份。从法院的认定理由来看,在法院予以说理的 56 份裁判文书中,法院认定当事人要素是否相同的依据与当事人的数量相关的文书仅有 2 份,绝大多数的文书是从当事人的诉讼地位、后诉加入新的当事人等因素方面进行判断。

后诉未加入新的当事人(即前后诉的当事人完全相同)的 407 份文书中,认定当事人相同的文书有 221 份,认定当事人不同的文书仅有 2 份,未对当事人要素进行评价的文书有 184 份。这一数据则表明,除了极少数案例以外,实践中对于前后诉当事人完全相同的情形,皆作出了当事人相同的认定。

2. 前后诉当事人数量相同的法院评价情况

针对 491 份文书中前后诉当事人数量相同情形时,法院对当事人要素是否做出评价的情况,见图 2-14。

表 2-8　前后诉当事人数量相同的诉讼情况及法院认定情况分析

单位:份

前后诉当事人数量相同的诉讼情况		前后诉当事人数量相同情形下法院认定情况						未对当事人作出评价
		认定当事人要素相同			认定当事人要素不同			
		认定理由与当事人数量相关①	认定理由与当事人数量无关②	未说明认定理由	认定理由与当事人数量相关	认定理由与当事人数量无关	未说明认定理由	
前后诉当事人数量相同	后诉加入新的当事人（例如:前诉 A→B;后诉 A→C）	84	2	15	7	0	39	10	11
	后诉未加入新的当事人（例如:前诉 A→B;后诉 A→B）	407	84	7	130	0	2	0	184

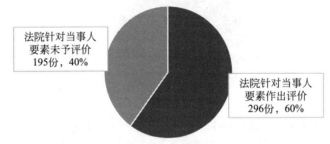

法院针对当事人要素未予评价 195份,40%

法院针对当事人要素作出评价 296份,60%

■ 法院针对当事人要素作出评价　■ 法院针对当事人要素未予评价

图 2-14　前后诉当事人数量相同的法院评价情况

3. 前后诉当事人数量相同的法院说理情况

针对前后诉当事人数量相同的情形,在法院针对当事人数量变化予以评价的 296 份文书中,法院认定当事人要素时是否予以说理的情况,见图 2-15。

从法院的认定理由来看,根据表 2-8 可知,在法院进行说理的 149 份裁判文书中,认定理由与当事人数量相关的文书有 86 份,所占比例为 57.7%。在后诉加入新的当

---

① 即以当事人数量因素作为认定当事人要素的依据,例如,在前后诉当事人数量相同且未加入新的当事人情形中,法院以前后诉当事人未发生变化为由,认定当事人要素相同。参见最高法院(2017)最高法民终 1 号民事裁定书。

② 即以当事人数量因素以外的诸如诉讼地位、新加入当事人与前诉当事人之间的法律关系等因素作为认定当事人要素的依据,例如,在前后诉当事人数量相同且加入新的当事人的情形中,法院通过对比,认为新加入的当事人与前诉当事人不同,认定前后诉当事人要素不同。参见最高法院(2019)最高法民申 660 号民事裁定书。

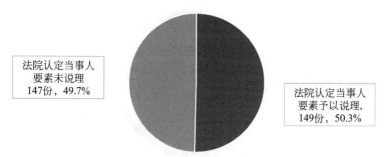

图 2-15　前后诉当事人数量相同的法院说理情况

事人与后诉未加入新的当事人情形中的相关比例则为两个极端,在后诉加入新的当事人情形下法院进行说理的 56 份文书中,相关比例仅为 3.6%;在后诉未加入新的当事人情形下法院进行说理的 93 份文书中,相关比例则为 90.3%。

(三) 前后诉当事人数量不同的情况分析

1. 前后诉当事人数量不同的法院认定情况

根据图 2-10 与表 2-9 所显示数据,在前后诉当事人数量不同的 381 份研究样本中,法院对当事人要素的认定情况如图 2-16。

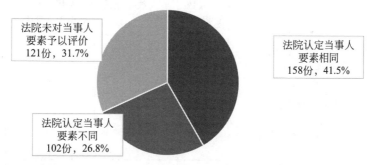

图 2-16　前后诉当事人数量不同的法院认定情况

在法院针对前后诉当事人数量不同作出评价的 260 份文书中,法院针对当事人要素是否相同的结果分布情况见图 2-17。

前后诉当事人数量不同是指较之于前诉当事人的数量,后诉当事人数量减少和后诉当事人数量增加。以是否有新的当事人加入诉讼为准,可将后诉当事人数量减少分为后诉加入新的当事人和后诉未加入新的当事人两种情形。当事人数量增加必

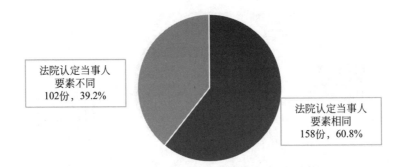

■ 法院认定当事人要素相同　　■ 法院认定当事人要素不同
图 2-17　前后诉当事人数量不同情形下法院作出评价的认定结果分布情况

然有新的当事人加入,故该类型下的数量变化不存在后诉未加入新的当事人情形。法院对前后诉当事人数量减少与增加情形的认定情况见表 2-9。

表 2-9　前后诉当事人数量不同的诉讼情况及法院认定情况分析

单位:份

前后诉当事人数量 不同的诉讼情况			前后诉当事人数量不同情形下法院认定情况						
			认定当事人要素相同			认定当事人要素不同			未对当 事人要 素作出 评价
			认定理 由与当 事人数 量相关①	认定理 由与当 事人数 量无关②	未说 明认 定理 由	认定理 由与当 事人数 量相关	认定理 由与当 事人数 量无关	未说 明认 定理 由	
前后诉当事人数量不同	后诉当事人数量减少	后诉加入新的 当事人(例如: 前诉 A→B、C; 后诉 A→D)	44	7	1	2	1	18	6	9
		后诉未加入新的 当事人(例如: 前诉 A→B、C; 后诉 A→B)	168	58	1	28	12	1	4	64
	后诉当事人数量增加	后诉加入新的 当事人(例如: 前诉 A→B; 后诉 A→B、C 或 A→C、D)	169	42	7	12	23	24	13	48

①　例如,法院认为前后诉当事人数量减少,前诉中部分当事人未参加后诉,认定前后诉当事人要素不同。参见最高法院(2016)最高法民终 189 号民事裁定书。

②　例如,法院认为,后诉增加当事人仅为增加责任主体,前后诉的当事人实质上具有同一性,认定前后诉当事人要素相同。参见最高法院(2017)最高法民申 4178 号民事裁定书。

根据图 2-10 可知,前后诉当事人数量不同的文书有 381 份,而根据表 2-9 可知,后诉当事人数量减少的文书有 212 份,所占比例为 55.6%;后诉当事人数量增加的文书有 169 份,所占比例为 44.4%。

(1)后诉当事人数量减少的情况分析

从表 2-9 可以看到,后诉当事人数量减少的裁判文书共有 212 份,法院对前后诉当事人数量减少的认定情况见图 2-18。

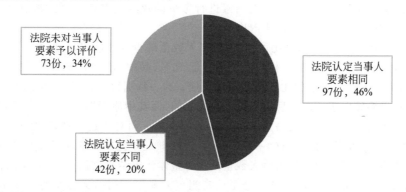

图 2-18　后诉当事人数量减少的法院认定情况

在后诉当事人数量减少且法院作出评价的 139 份的文书中,以后诉是否加入新的当事人为标准可以分为两种情形,法院对这两种情形的认定情况见图 2-19。

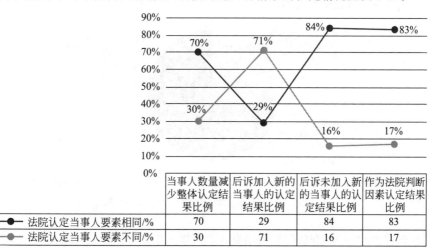

	当事人数量减少整体认定结果比例	后诉加入新的当事人的认定结果比例	后诉未加入新的当事人的认定结果比例	作为法院判断因素认定结果比例
法院认定当事人要素相同/%	70	29	84	83
法院认定当事人要素不同/%	30	71	16	17

图 2-19　法院针对当事人数量减少的认定结果情况

根据图 2-19 可知,在法院针对当事人数量减少作出评价的文书当中,因为后诉加入新的当事人这一因素的存在,法院认定当事人要素相同与不同所占比例存在着较大的差异。第一,在后诉加入新的当事人且法院作出评价的 35 份文书中,认定当事人要素相同的文书有 10 份,所占比例为 29%;第二,在后诉未加入新的当事人且法院作出评价的 104 份文书中,认定当事人要素相同的文书有 87 份,所占比例为 84%;第三,法院在当事人要素认定过程中针对当事人数量减少进行具体说理,即法院将数量减少作为认定当事人要素的影响因素进行考量的裁判文书有 78 份,其中,认定当事人要素相同的文书有 65 份,所占比例为 83%。

通过图 2-19 的数据对比可知,在当事人数量减少且法院作出评价的 139 份的文书中,法院认定当事人要素相同的比例接近 70%;其中,在后诉未加入新的当事人情形下,满足当事人要素的比例更是超过八成。这一数据得以表明,针对当事人数量减少的情形多倾向于认定前后诉当事人要素相同,而其中原因即在于,在当事人数量减少情形中有接近八成的文书并未加入新的当事人。而对于这一情形,实践中法院多以"虽然前后诉当事人不完全一致,但是后诉当事人皆包含在前诉当事人之内"为由,认定当事人要素相同。与当事人数量减少时整体认定结果比例相反的是后诉加入新的当事人的情形,法院针对这一情形认定当事人要素不同的文书比例同样超过了七成,原因即在于法院在认定过程中多以"虽然前后诉当事人存在重合,但后诉中存在新增当事人"为由,认定前后诉当事人要素不同。

(2) 后诉当事人数量增加的情况分析

从表 2-9 可以看到,后诉当事人数量增加的裁判文书共有 169 份,法院对后诉当事人数量增加的认定情况见图 2-20。

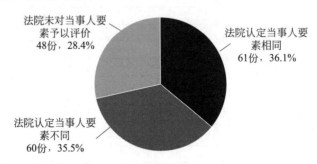

■法院认定当事人要素相同　■法院认定当事人要素不同　■法院未对当事人要素予以评价

图 2-20　后诉当事人数量增加的法院认定情况

根据图 2-20 可知,在法院针对当事人数量增加作出评价的 121 份文书中,认定当事人要素相同与不同的文书比例分别为 50.4% 与 49.6%。因为在当事人数量增加的情形中皆存在新的当事人加入的情况,上述认定结果比例即为后诉加入新的当事人时法院认定结果情况。此外,法院在当事人要素认定过程中针对当事人数量增加进行具体说理,即法院将数量增加作为认定当事人要素的影响因素进行考量的裁判文书仅有 65 份,其中,认定当事人要素相素相同的文书有 42 份,所占比例为 65％。

2. 前后诉当事人数量不同的法院评价情况

针对前后诉当事人数量不同情形时,法院对当事人要素是否做出评价的情况,见图 2-21。

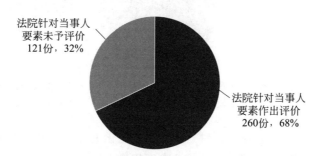

图 2-21　法院针对当事人数量变化的评价情况

3. 前后诉当事人数量不同的法院说理情况

针对前后诉当事人数量不同的情形,在法院针对当事人数量变化予以评价的 260 份文书中,法院认定当事人要素时是否予以说理的情况,见图 2-22。

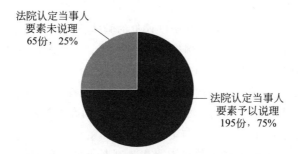

图 2-22　法院针对当事人数量变化的说理情况

根据图 2-22 显示的数据可知,实践中存在着较大比例的法院针对当事人数量发生变化的情形而径行作出当事人要素是否相同的判断,通常表现为与其他构成要件一同作出认定,即以"前后诉当事人、诉讼标的、诉讼请求皆相同或不同"为由,认定后诉构成或不构成重复诉讼。

根据表 2-9 可知,在法院针对当事人数量变化作出的认定理由中存在着与当事人数量因素相关与无关的两种情形,具体分布情况见图 2-23。

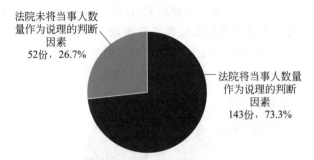

图 2-23　法院针对当事人数量变化说理的判断因素

根据图 2-23 可知,在法院针对当事人数量变化进行说理的 195 份文书中,存在 26.7％的文书未将当事人数量变化作为判断因素,其多表现为依据前后诉当事人尤其是新加入当事人与原当事人之间的诉讼地位、特殊关系等因素而认为二者之间具有同一性,进而认定前后诉当事人实质相同。

根据表 2-8 与表 2-9 可知,针对当事人数量因素的不同情形,法院对当事人要素进行评价与说理的比例不同,具体对比情况见图 2-24。

根据图 2-24 可知,针对当事人数量因素的不同情形,法院对当事人要素进行评价与说理的比例存在着较大的差异。

首先,在法院未对当事人要素予以评价的具体情形中,"当事人数量相同且未加入新的当事人"情形的未评价比例最高,为 45.2％;"当事人数量相同且加入新的当事人"情形的未评价比例最低,为 13.1％。

其次,在法院未对当事人要素的认定予以具体说理的情形中,"当事人数量相同"情形中的比例明显偏高,分别为 31.9％与 20.2％;而在"当事人数量不同"情形中,这一比例则分别为 19.0％、18.2％与 14.8％。

最后,在法院未将当事人数量因素作为判断当事人要素的认定理由之情形中,"后诉未加入新的当事人"情形中所占比例极低,分别为 2.2％与 1.2％;而"后诉加入新的当事人"情形中所占比例则较高,分别为 64.3％、43.2％与 18.3％。

(四)法院认定理由与当事人数量因素相关的具体类型分析

根据表 2-8、表 2-9 及图 2-15、图 2-22 的数据可知,法院针对当事人要素是否相同予以说理的文书有 344 份,法院认定理由与当事人数量因素的相关性情况见图 2-25。

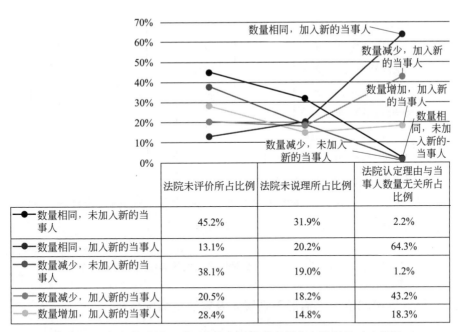

	法院未评价所占比例	法院未说理所占比例	法院认定理由与当事人数量无关所占比例
数量相同,未加入新的当事人	45.2%	31.9%	2.2%
数量相同,加入新的当事人	13.1%	20.2%	64.3%
数量减少,未加入新的当事人	38.1%	19.0%	1.2%
数量减少,加入新的当事人	20.5%	18.2%	43.2%
数量增加,加入新的当事人	28.4%	14.8%	18.3%

图 2-24 数量因素中法院对当事人要素进行评价和说理的对比情况

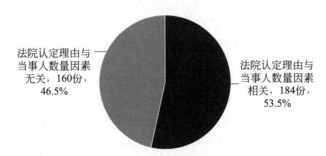

■法院认定理由与当事人数量因素相关 ■法院认定理由与当事人数量因素无关

图 2-25 法院认定理由与当事人数量因素的相关性情况

在法院认定理由与当事人数量相关的文书中,存在着多种不同的理由类型,具体分布情况见图 2-26。

从图 2-26 可以看到,在法院认定理由与当事人数量因素相关的 184 份文书当中,主要存在着"形式对比"与"后诉包含"两种理由类型。其中,"后诉的当事人是否均包含在前诉"情形的文书有 50 份,所占比例为 27.2%,通常表现为以"虽然前后诉当事人并不完全一致,但后诉当事人均包含在前诉中"为由,认定前后诉当事人要素相同;"形式上对比前后诉当事人是否相同"情形的文书有 86 份,所占比例为 46.7%。

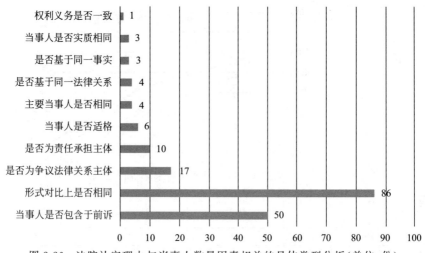

图 2-26　法院认定理由与当事人数量因素相关的具体类型分析（单位：份）

二、当事人诉讼地位变化情形下当事人要素认定情况分析

后诉是否加入新的当事人是判断当事人诉讼地位变化的一个重要因素。以后诉是否有新的当事人加入为标准，可以区分为后诉未加入新的当事人的诉讼地位变化和后诉加入新的当事人的诉讼地位变化两种情形。为了更清晰地呈现样本中涉及的诉讼地位变化情况，以上两种情形，又可进一步分为当事人数量相同和当事人数量不同下的诉讼地位变化。需要指出的是，后诉当事人数量增加的情形必然存在新的当事人加入，故后诉未加入新的当事人情形中当事人数量不同仅指后诉当事人数量减少的情形。当事人诉讼地位变化的诉讼情况及法院认定情况见表 2-10。

根据表 2-10 显示的数据，后诉是否加入新的当事人的分布情况见图 2-27。

根据表 2-10 所显示的数据，前后诉当事人诉讼地位变化情况见图 2-28。其中，因为后诉加入新的当事人的情形皆为当事人诉讼地位不同，故当事人诉讼地位相同的文书仅限于不存在新的当事人加入的情形。

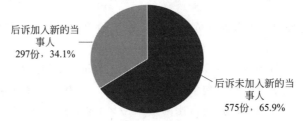

图 2-27　后诉是否加入新的当事人的情况

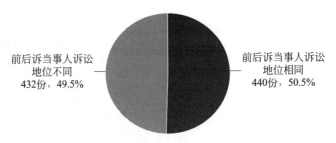

■ 前后诉当事人诉讼地位相同　　■ 前后诉当事人诉讼地位不同

图 2-28　前后诉当事人诉讼地位变化情况

表 2-10　当事人诉讼地位变化情况及法院认定情况分析

单位：份

当事人诉讼地位变化情况			当事人诉讼地位变化情形下法院认定情况						
			认定当事人要素相同			认定当事人要素不同			未对当事人要素作出评价
			认定理由与诉讼地位相关	认定理由与诉讼地位无关	未说明认定理由	认定理由与诉讼地位相关	认定理由与诉讼地位无关	未说明认定理由	
后诉未加入新的当事人	当事人数量相同	诉讼地位相同（例如：前诉 A→B；后诉 A→B）	314	22	39	105	0	0	0	148
		诉讼地位不同	原被告之间的变化（例如：前诉 A→B；后诉 B→A）	71	11	6	21	1	0	0	32
			原被告与第三人之间的变化（例如：前诉 A→B、C；后诉 A→B、第三人 C）	22	2	2	12	1	0	0	5
	当事人数量减少	诉讼地位相同（例如：前诉 A→B、C；后诉 A→B）	126	0	50	22	0	0	3	46
		诉讼地位不同	原被告之间的变化（例如：前诉 A→B、C；后诉 B→A）	29	0	2	5	1	6	0	15
			原被告与第三人之间的变化（例如：前诉 A→B、C、D；后诉 A→B、第三人 C）	13	3	4	1	1	0	1	3

续表

当事人诉讼地位变化情况			当事人诉讼地位变化情形下法院认定情况						
			认定当事人要素相同			认定当事人要素不同			未对当事人要素作出评价
			认定理由与诉讼地位相关	认定理由与诉讼地位无关	未说明认定理由	认定理由与诉讼地位相关	认定理由与诉讼地位无关	未说明认定理由	
后诉加入新的当事人	当事人数量相同	部分当事人诉讼地位相同(例如:前诉 A→B;后诉 A→C)	66	0	14	4	0	36	5	7
		交叉部分当事人诉讼地位不同 原被告之间的变化(例如:前诉 A→B;后诉 C→A)	6	0	1	1	0	0	4	0
		交叉部分当事人诉讼地位不同 原被告与第三人之间的变化(例如:前诉 A→B、C;后诉 A→D、第三人 C)	12	0	1	3	0	4	1	3
	当事人数量增加	部分当事人诉讼地位相同(例如:前诉 A→B;后诉 A→B、C)	122	1	35	9	0	34	10	33
		交叉部分当事人诉讼地位不同 原被告之间的变化(例如:前诉 A→B;后诉 B→A、C)	31	3	4	2	0	8	2	12
		交叉部分当事人诉讼地位不同 原被告与第三人之间的变化(例如:前诉 A→B、第三人 C;后诉 A→B、C、D)	16	3	1	1	2	4	1	4
后诉加入新的当事人	当事人数量减少	部分当事人诉讼地位相同(例如:前诉 A→B、C;后诉 D→B)	35	0	7	1	0	16	2	9
		交叉部分当事人诉讼地位不同 原被告之间的变化(例如:前诉 A→B、C;后诉 B→D)	4	0	0	1	0	2	1	0
		交叉部分当事人诉讼地位不同 原被告与第三人之间的变化(例如:前诉 A→B、C、D;后诉 A→E、第三人 C)	5	0	1	0	0	2	2	0

（一）法院针对当事人诉讼地位变化的整体认定情况

根据表 2-10 与图 2-28 可知，前后诉当事人诉讼地位相同的文书有 440 份，前后诉当事人诉讼地位不同的文书有 432 份，法院对这两种情形的具体认定情况见图 2-29。

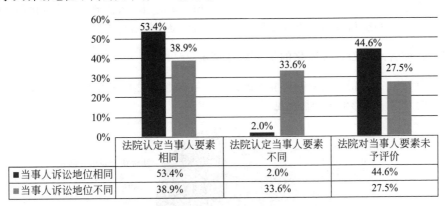

	法院认定当事人要素相同	法院认定当事人要素不同	法院对当事人要素未予评价
■ 当事人诉讼地位相同	53.4%	2.0%	44.6%
■ 当事人诉讼地位不同	38.9%	33.6%	27.5%

■ 当事人诉讼地位相同　■ 当事人诉讼地位不同

图 2-29　法院针对当事人诉讼地位因素的整体认定情况

根据图 2-29 可知，在当事人要素的认定结果方面，法院针对当事人诉讼地位因素的认定存在着较大的差异。无论是认定当事人要素相同抑或是不同，两种结果的比例差距皆在 14 个百分点以上。

根据表 2-10 与图 2-28 可知，在前后诉当事人诉讼地位不同的文书中，以后诉是否加入新的当事人可分为两种情形，法院对这两种情形的认定情况见图 2-30。

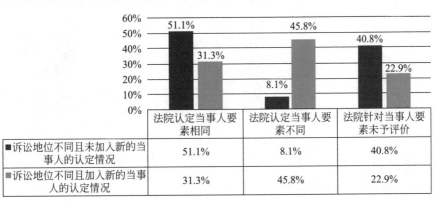

	法院认定当事人要素相同	法院认定当事人要素不同	法院针对当事人要素未予评价
■ 诉讼地位不同且未加入新的当事人的认定情况	51.1%	8.1%	40.8%
■ 诉讼地位不同且加入新的当事人的认定情况	31.3%	45.8%	22.9%

■ 诉讼地位不同且未加入新的当事人的认定情况
■ 诉讼地位不同且加入新的当事人的认定情况

图 2-30　法院针对当事人诉讼地位不同的认定情况

　　根据图 2-30 可知,新的当事人加入因素对当事人诉讼地位变化的认定结果具有较为明显的影响。与图 2-29 中当事人诉讼地位不同情形下的整体认定结果相比,在法院认定当事人相同的文书中,后诉未加入新的当事人情形下的认定比例增高了 12.2 个百分比,而后诉加入新的当事人情形下的认定比例降低了 7.6 个百分比;在法院认定当事人不同的文书中,情况则恰恰相反,后诉未加入新的当事人情形下的认定比例降低了 25.5 个百分比,后诉加入新的当事人情形下的认定比例增高了 12.2 个百分比。

(二)原被告间诉讼地位变化的法院认定情况

　　根据表 2-10 可知,前后诉当事人诉讼地位在原被告之间发生变化的文书有 141份,法院对这一情形的认定情况见图 2-31。

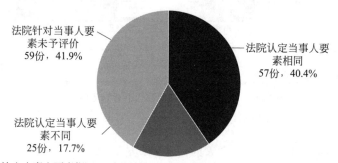

图 2-31　法院针对当事人诉讼地位在原被告间变化的认定情况

　　根据表 2-10 可知,在发生原被告之间诉讼地位变化的 141 份文书中,以后诉是否加入新的当事人为标准可分为两种情形,法院对这两种情形的认定情况见图 2-32。

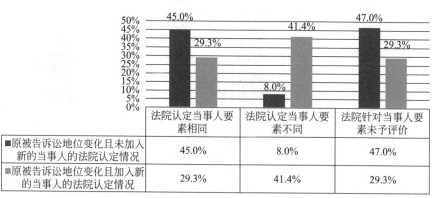

	法院认定当事人要素相同	法院认定当事人要素不同	法院针对当事人要素未予评价
■原被告诉讼地位变化且未加入新的当事人的法院认定情况	45.0%	8.0%	47.0%
■原被告诉讼地位变化且加入新的当事人的法院认定情况	29.3%	41.4%	29.3%

■原被告诉讼地位变化且未加入新的当事人的法院认定情况
■原被告诉讼地位变化且加入新的当事人的法院认定情况

图 2-32　原被告间诉讼地位变化情形下当事人变更与否的法院认定情况

根据图 2-32 可知,在原被告诉讼地位变化的情形中,法院针对后诉是否加入新的当事人所作出的认定结果存在着差异,同时,在针对当事人要素予以评价的比例方面亦存在着 18 个百分点的差距。

(三)原被告与第三人间诉讼地位变化的法院认定情况

根据表 2-10 可知,前后诉当事人诉讼地位在原被告与第三人之间发生变化的文书有 68 份,法院对这一情形的认定情况见图 2-33。

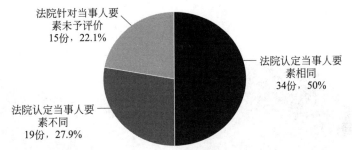

图 2-33　法院针对当事人诉讼地位在原被告与第三人间变化的认定情况

根据表 2-10 可知,在发生原被告与第三人之间诉讼地位变化的 68 份文书中,以后诉是否加入新的当事人为标准可分为两种情形,法院对这两种情形的认定情况见图 2-34。

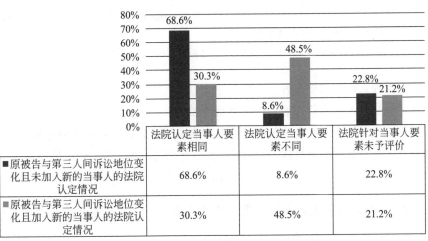

	法院认定当事人要素相同	法院认定当事人要素不同	法院针对当事人要素未予评价
■原被告与第三人间诉讼地位变化且未加入新的当事人的法院认定情况	68.6%	8.6%	22.8%
■原被告与第三人间诉讼地位变化且加入新的当事人的法院认定情况	30.3%	48.5%	21.2%

■原被告与第三人间诉讼地位变化且未加入新的当事人的法院认定情况
■原被告与第三人间诉讼地位变化且加入新的当事人的法院认定情况

图 2-34　原被告与第三人间诉讼地位变化情形下是否加入新的当事人的法院认定情况

根据图 2-34 可知,与原被告之间诉讼地位变化的情形相比,在发生原被告与第三人之间诉讼地位变化的文书中,法院针对后诉是否加入新的当事人的认定结果存在的差异更为明显,而在针对当事人要素予以评价的比例方面更为趋近。

三、新的当事人加入情形下针对当事人要素的法院认定情况

根据表 2-8 与表 2-9 显示的数据,以后诉是否存在新加入诉讼的当事人为标准,可以把当事人的诉讼情况分为后诉未加入新的当事人和后诉加入新的当事人两种情形,具体的分布情况见图 2-35。

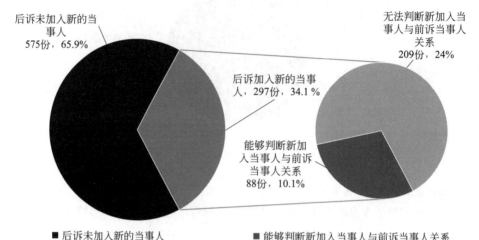

图 2-35　后诉是否加入新的当事人的诉讼情况分析

在后诉加入新的当事人的 297 份文书中,以裁判文书样本中是否显示新加入当事人与前诉当事人存在特殊的法律关系为标准,可以进一步分为无法判断新加入当事人与前诉当事人关系和能够判断新加入当事人与前诉当事人关系两种情形。无法判断新加入当事人与前诉当事人之间关系的文书有 209 份,所占比例为 70.4%;能够判断新加入当事人与前诉当事人之间关系的文书仅有 88 份,所占比例为 29.6%。

(一) 后诉新加入当事人与前诉当事人关系的类型分布情况分析

通过对图 2-35 中能够判断新加入当事人与前诉当事人关系的 88 份文书样本内容的进一步分析,得出新加入当事人与前诉当事人之间的不同关系类型,具体分布情况见图 2-36。

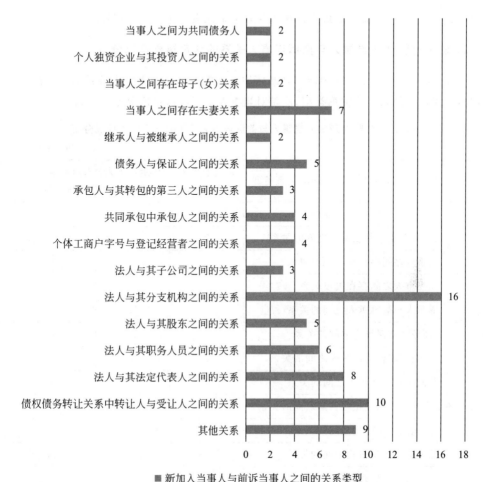

图 2-36　新加入当事人与前诉当事人之间的关系类型分布情况（单位：份）

　　根据图 2-36 可知，新加入当事人与前诉当事人之间关系类型中数量最多的是法人与其分支机构之间的关系，存在文书 16 份，例如，同一原告分别以法人与其分支机构为被告向法院提起前、后诉。[①]　此外，债权债务转让关系中转让人与受让人之间关系的文书有 10 份，例如，前诉中原债权人以债务人为被告主张偿还债务的请求经法院判决获得了支持，判决生效后原债权人将该债权予以转让，后诉中债权受让人以债务人为被告主张偿还债务；[②]法人与其法定代表人之间关系的文书有 8 份，例如，前诉

---

① 参见辽宁省高级法院(2019)辽民终 1439 号民事判决书。
② 参见最高法院(2018)最高法民再 85 号民事裁定书。

中以法人作为被告,而在后诉中以法人与其法定代表人作为共同被告。[①]

(二)法院对新加入当事人与前诉当事人关系的认定结果情况分析

针对图 2-35 与图 2-36 中能够判断新加入当事人与前诉当事人关系的 88 份文书样本中存在两份以上的关系类型,法院对当事人要素的认定情况见表 2-11。

表 2-11　法院对新加入当事人与前诉当事人关系的认定结果情况分析

单位:份

新加入当事人与前诉当事人之间的关系类型	认定当事人要素相同	认定当事人要素不同	未对当事人要素进行评价
当事人之间为共同债务人	1	1	0
个人独资企业与其投资人之间的关系	2	0	0
当事人之间存在母子(女)关系	1	0	1
当事人之间存在夫妻关系	4	1	2
继承人与被继承人之间的关系	2	0	0
债务人与保证人之间的关系	0	4	1
承包人与其转包的第三人之间的关系	0	2	1
共同承包中承包人之间的关系	1	3	0
个体工商户字号与登记经营者之间的关系	3	1	0
法人与其子公司之间的关系	0	2	1
法人与其分支机构之间的关系	2	1	13
法人与其股东之间的关系	0	3	2
法人与其职务人员之间的关系	3	1	2
法人与其法定代表人之间的关系	4	2	2
债权债务转让中转让人与受让人之间的关系	4	2	4

根据表 2-11 可知,在法人与其分支机构之间关系的 16 份文书中,法院认定当事人要素相同的文书比例为 13%,法院认定当事人要素不同的文书比例为 6%,法院未对当事人要素予以评价的文书比例为 81%;在债权债务转让中转让人与受让人之间关系的 10 份文书中,法院认定当事人要素相同的文书比例为 40%,法院认定当事人

---

① 参见陕西省高级法院(2021)陕民申 251 号民事裁定书。

要素不同的文书比例为 20％,法院未对当事人要素予以评价的文书比例为 40％;在法人与其法定代表人之间关系的 8 份文书中,法院认定当事人要素相同的文书比例为 50％,法院认定当事人要素不同的文书比例为 25％,法院未对当事人要素予以评价的文书比例为 25％。

第三节 重复起诉认定标准中诉讼标的要素适用情况分析

一、裁判文书中诉讼标的要素的适用情况分析

尽管 1011 份研究样本中法院均是依据《民诉解释》第 247 条判断是否构成重复起诉的,但有的裁判文书将诉讼标的要素作为重复起诉的要素,有的则未将诉讼标的作为重复起诉的要素。在将诉讼标的作为重复起诉要素的裁判文书中,有的对诉讼标的要素进行了说理,有的则未说理。

(一)裁判文书中诉讼标的要素的涉及情况分析

1. 是否将诉讼标的作为重复起诉要素情况分析

在 1011 份分析样本中,法院依据《民诉解释》第 247 条判断案件是否构成重复起诉时,是否考虑将诉讼标的作为重复起诉要素的情况见图 2-37。

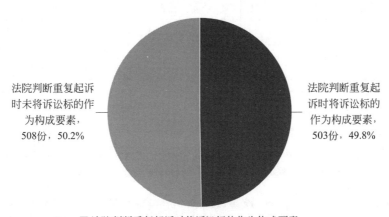

法院判断重复起诉时未将诉讼标的作为构成要素,508份,50.2%

法院判断重复起诉时将诉讼标的作为构成要素,503份,49.8%

■ 法院判断重复起诉时将诉讼标的作为构成要素
■ 法院判断重复起诉时未将诉讼标的作为构成要素

图 2-37 法院判断重复起诉时对诉讼标的要素的涉及情况

在 1011 份分析样本中,法院在适用《民诉解释》第 247 条判断是否构成重复起诉时,将诉讼标的作为重复起诉要素的有 503 份,占分析样本的 49.8％;未将诉讼标的

作为重复起诉要素的有 508 份,占比为 50.2％。① 从该数据看来,法院判断案件是否构成重复起诉时,涉及诉讼标的的要素的分析样本和未涉及诉讼标的的要素的分析样本数量大致相同,未涉及诉讼标的的要素的样本略多于涉及诉讼标的的要素的样本。

2. 作为重复起诉要素的诉讼标的的功能分析

在将诉讼标的要素作为重复起诉构成要素 503 份样本中,有 5 份样本,法院在适用《民诉解释》第 247 条时,将诉讼标的作为判断是否构成重复起诉的唯一要素;其他 498 份,则是将诉讼标的的要素作为重复起诉要素之一。具体情况如表 2-12 所示。

表 2-12　法院将诉讼标的作为构成要素的情形

单位:份

情形	裁判文书数量/份	所占比例/％
法院将诉讼标的作为重复起诉唯一构成要素	5	1％
法院将诉讼标的作为重复起诉构成要素之一	498	99％

3. 未将诉讼标的作为重复起诉要素具体情况分析

在未将诉讼标的作为重复起诉要素的 508 份样本中,依法院在认定是否构成重复起诉时所适用的要素可分三种情形或模式,具体情况见表 2-13。

表 2-13　法院未将诉讼标的作为重复起诉构成要素的情形

法院判断重复起诉的构成要素数量	法院判断重复起诉考虑的要素
一要素	诉讼请求②
	当事人
	其他要素③

---

① 如最高法院(2017)最高法民申 4617 号民事裁定书所示,案例争议焦点是否构成重复起诉,法院引用《民诉解释》第 247 条对案情进行分析后认为,"张某莲在提出的诉讼请求、事实和理由均已在前案中予以审查,构成重复起诉。"

② 如最高法院(2016)最高法民申 330 号民事裁定书所示案例争议焦点是否构成重复起诉,法院引用《民诉解释》第 247 条对案情进行分析后认为,"此次友谊商场再次以相同的事实和理由向高尔夫俱乐部行使追偿权,尽管此次诉讼请求的数额有所增加,但与前诉仍然属于同一性质的诉讼请求。友谊商场此次起诉属于重复诉讼。"

③ 如最高法院(2018)最高法民申 2437 号民事裁定书所示案例争议焦点是否构成重复起诉,法院引用《民诉解释》第 247 条对案情进行分析后认为,"在上述两份生效判决已经对房屋租赁合同的效力及损失赔偿问题作出认定的情况下,世纪鸿基公司再次就案涉合同效力及损失赔偿问题提起诉讼,已构成重复诉讼。"

续表

法院判断重复起诉的构成要素数量	法院判断重复起诉考虑的要素
二要素	当事人＋诉讼请求①
	当事人＋其他要素
	诉讼请求＋其他要素 其他要素＋其他要素
多要素	当事人＋诉讼请求＋其他要素＋(其他要素)②
	当事人＋其他要素＋其他要素＋(其他要素)
	诉讼请求＋其他要素＋其他要素＋(其他要素)③
	其他要素＋其他要素＋其他要素＋(其他要素)④

如表 2-13 所示,法院未将诉讼标的作为重复起诉要素情况下其认定标准有以下三种情形或模式。

第一种情形是仅适用一个要素判断重复起诉的。其中包含两种类型,一是适用《民诉解释》第 247 条规定的当事人要素或诉讼请求要素判断是否构成重复起诉;二是仅适用一个非《民诉解释》第 247 条规定的要素判断重复起诉,即不属于当事人要素、诉讼请求要素和诉讼标的要素中的任何一个要素判断是否构成重复起诉。

---

① 如最高法院(2017)最高法民再 143 号民事裁定书所示案例争议焦点是否构成重复起诉,法院引用《民诉解释》第 247 条对案情进行分析后认为,"本案当事人与 48 号案件当事人相同,本案的诉讼请求为判令九天公司支付 210 万元补偿款,48 号案件诉讼请求为判令九天公司赔偿心连心公司岳阳金冠店的装修、开业费用和其他经济损失共计 2300 万元,本案再审进行询问时,双方当事人均认可 48 号案件诉请的 2300 万元损失包括本案所主张的 210 万元补偿款。分析前后两个案件诉讼请求的实质均是请求九天公司赔偿损失,本案所请的 210 万元补偿款是 48 号判决未支持损失的一部分,两个案件的诉讼请求是包含关系,并无实质区别,故本案与 48 号案件实质上构成重复诉讼。"

② 如辽宁省高级法院(2020)辽民申 1356 号民事裁定书所示案例争议焦点是否构成重复起诉,法院引用《民诉解释》第 247 条对案情进行分析后认为,"现王某祥再次以同一事实、同一被告、同一诉讼请求起诉,符合重复起诉的条件,构成重复诉讼。"

③ 如最高法院(2016)最高法民申 2129 号民事裁定书所示案例争议焦点是否构成重复起诉,法院引用《民诉解释》第 247 条对案情进行分析后认为,"对于程某俊与闽安公司之间争议的法律关系、诉讼请求及其事由,二审法院已经在(2014)闽民终字第 595 号案和(2015)闽民终字 1176 号案作出了认定处理。程某俊提起本案诉讼与上述案件所涉诉讼构成重复诉讼。"

④ 如河南省高级法院(2017)豫民再 448 号民事裁定书所示案例争议焦点是否构成重复起诉,法院引用《民诉解释》第 247 条对案情进行分析后认为,"2016 年 5 月 19 日,杜某再次向灵宝市人民法院提起本案诉讼,系基于上述案件相同的事实和证据。本案构成重复起诉。"

第二种情形是适用两个要素判断重复起诉的。包含三种类型。一是适用《民诉解释》第247条规定中当事人要素和诉讼请求要素作为重复起诉的认定标准,该种情况的分析样本共有47份。二是适用当事人要素或诉讼请求要素中其中一个要素和其他要素判断重复起诉的。三是适用两个其他要素,即《民诉解释》第247条规定的当事人要素、诉讼请求要素、诉讼标的要素之外的两个要素判断重复起诉的。

第三种情况是适用多个要素判断重复起诉的,包含三个及三个以上的要素。包含三种类型。一是除了适用《民诉解释》第247条规定的当事人要素和诉讼请求要素之外,还适用了其他要素判断重复起诉的,但该要素并非诉讼标的要素,该种情况下的分析样本共有94份。二是包含当事人要素或诉讼请求要素中其中一个要素和两个或多个其他要素判断重复起诉的。三是适用三个或三个以上其他要素判断重复起诉的。

(二)裁判文书中诉讼标的要素的说理情况分析

在将诉讼标的要素作为重复起诉构成要素的503份分析样本中,法院针对诉讼标的要素的说理情况如图2-38所示。

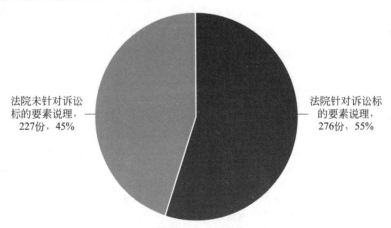

法院未针对诉讼标的要素说理,227份,45%

法院针对诉讼标的要素说理,276份,55%

■法院针对诉讼标的要素说理　■法院未针对诉讼标的要素说理
图 2-38　法院判断重复起诉时针对诉讼标的要素的说理情况分析

法院将诉讼标的作为判断重复起诉的要素,并且对何谓诉讼标的说明理由的样本共有276份,在503份样本中占比55%。法院虽然将诉讼标的作为判断重复起诉的要素,但没有表述诉讼标的内涵,即没有说明何谓诉讼标的,也没有对前诉与后诉的诉讼标的进行比较,仅对前诉与后诉的诉讼标的是否相同作出结论的样本共有227份,占样本数据的45%。

二、法院对诉讼标的所含内容的表述情况分析

（一）法院说理时对诉讼标的内涵的表述情况

1. 法院对诉讼标的的构成元素的理解情况

在将诉讼标的作为重复起诉要素并进行说理的 276 份样本中，其对诉讼标的的内涵的理解存在较大差异，具体情况见表 2-14。

表 2-14　法院针对诉讼标的说理时对诉讼标的的内容表述情况分析

	法院对诉讼标的的内容表述类型	裁判文书/份	比例/%
法院用单个元素表述诉讼标的	法律关系①	60	21.75
	问题②	20	7.26
	纠纷③	17	6.17
	诉讼请求④	12	4.36
	事实⑤	10	3.63
	主张⑥	10	3.63
	要求	8	2.91

---

①　如最高法院(2018)最高法民再 85 号民事裁定书所示案例争议焦点是否构成重复起诉，法院引用《民诉解释》第 247 条对案情进行分析后认为，"前诉诉讼标的为双方之间的借款法律关系，后诉诉讼标的为双方再次形成的欠款法律关系，两诉诉讼标的不同。"

②　如最高法院(2018)最高法民辖终 68 号民事裁定书所示案例争议焦点是否构成重复起诉，法院引用《民诉解释》第 247 条对案情进行分析后认为，"两诉原告的诉讼请求虽然基于合同地位的不同是相反的，但均涉及《资产收购合同》是否解除及解除后法律后果的问题，诉讼标的实质相同。"

③　如陕西省高级法院(2019)陕民终 267 号民事裁定书所示案例争议焦点是否构成重复起诉，法院引用《民诉解释》第 247 条对案情进行分析后认为，"诉讼标的均是因双方签订的《显示屏采购及安装合同书》的履行而产生的合同纠纷。"

④　如江苏省高级法院(2018)苏民申 5141 号民事裁定书所示案例争议焦点是否构成重复起诉，法院引用《民诉解释》第 247 条对案情进行分析后认为，"前诉中，周某果的诉讼请求为要求 L 公司支付租金，而本案中周某果的诉讼请求为要求 L 公司返还设备、赔偿损失，两案诉讼标的并不相同，本案不构成重复起诉。"

⑤　如吉林省高级法院(2019)吉民终 66 号民事裁定书所示案例争议焦点是否构成重复起诉，法院引用《民诉解释》第 247 条对案情进行分析后认为，"本案与前诉均以 2007 年 7 月 28 日股份转让协议、2009 年 10 月 24 日退伙协议书，以及 2013 年矿井股权转让所得分配协议书、W 煤矿关闭等为基本事实，本案与前案诉讼标的相同。"

⑥　如四川省高级法院(2019)川民申 2873 号民事裁定书所示案例争议焦点是否构成重复起诉，法院引用《民诉解释》第 247 条对案情进行分析后认为，"虽然其主张赔偿的金额与前诉不同，但是均是主张 Z 公司赔偿其因遗失档案造成的经济损失，即前诉与后诉的诉讼标的相同。"

续表

法院对诉讼标的内容表述类型		裁判文书/份	比例/%
法院用单个元素表述诉讼标的	争议①	8	2.91
	侵权行为	6	2.19
	请求	5	1.82
	审理对象	5	1.82
	工程款	4	1.46
	被诉侵权产品	3	1.10
法院用单个元素表述诉讼标的	协议	3	1.10
	案由	3	1.10
	款项	3	1.10
	合同	3	1.10
	工资	2	0.72
	诉讼目的	2	0.72
	请求权	2	0.72
	权属	2	0.72
	诉讼对象	2	0.72
	请求权基础	2	0.72
	债权	2	0.72
	房屋	1	0.36
	……(行为)是否构成……②	1	0.36
	物业	1	0.36
	法律关系/确认③	1	0.36
	事实依据	1	0.36
	款项以及利息	1	0.36
	法律后果	1	0.36
	商标权	1	0.36
	商标	1	0.36

---

① 如最高法院(2017)最高法民再 9 号民事裁定书所示案例争议焦点是否构成重复起诉,法院引用《民诉解释》第 247 条对案情进行分析后认为,"两诉的诉讼标的均是第三、四层房屋所有权争议。"

② 如广东省高级法院(2019)粤民申 13572 号民事裁定书所示案例争议焦点是否构成重复起诉,法院引用《民诉解释》第 247 条对案情进行分析后认为,"两案的诉讼标的均为 X 公司在其热水器产品上使用'O 公司'字样是否对 O 公司构成不正当竞争。"

③ 如广西壮族自治区高级法院(2018)桂民申 967 号民事裁定书所示案例争议焦点是否构成重复起诉,法院引用《民诉解释》第 247 条对案情进行分析后认为,"前诉诉讼标的是借款合同法律关系、担保法律关系。后诉黄某君以(2015)北民一初字第 2596 号案件判决黎某明、黎某进负担的债务产生于黎某明与覃某云、黎某进与刘某日婚姻关系存续期间,属于夫妻共同债务为由提起诉讼,诉讼标的是确认夫妻共同债务。"

续表

	法院对诉讼标的内容表述类型	裁判文书/份	比例/%
法院用单个元素表述诉讼标的	车上人员责任险	1	0.36
	……之诉	1	0.36
	补偿	1	0.36
	标的物	1	0.36
	因……发生纠纷	1	0.36
	执行标的	1	0.36
	林地①	1	0.36
	地下室	1	0.36
法院用单个元素表述诉讼标的	作品发行权	1	0.36
	围绕……②	1	0.36
	协议的依据	1	0.36
	针对……工程	1	0.36
	针对……价款	1	0.36
	针对的项目	1	0.36
	权利	1	0.36
	金额相同	1	0.36
	权益	1	0.36
	数额未超出原债权	1	0.36
	诉讼标的额	1	0.36
	诉讼请求基于……	1	0.36
	损失	1	0.36
	涉及被控侵权产品的购买地及产品数量	1	0.36
	事实+法律关系	9	3.27
	诉讼请求的依据+法律关系+要求③	2	0.72

---

① 如湖北省高级法院(2018)鄂民申75号民事裁定书所示案例争议焦点是否构成重复起诉,法院引用《民诉解释》第247条对案情进行分析后认为,诉讼标的均为"黄某因Y小区建设被占用的林地"。

② 如湖北省高级法院(2018)鄂民终997号所示案例争议焦点是否构成重复起诉,法院引用《民诉解释》第247条对案情进行分析后认为,"诉讼标的均是围绕工程款的支付"。

③ 如辽宁省高级法院(2020)辽民终211号民事裁定书所示案例争议焦点是否构成重复起诉,法院引用《民诉解释》第247条对案情进行分析后认为,"关于前两诉与后诉的诉讼标的是否相同问题。D公司前诉的诉讼请求依据是《最高额抵押合同》,基于抵押担保法律关系,按照《中华人民共和国民事诉讼法》第一百九十七规定的实现担保物权案件的特别程序,请求实现担保物权。本次诉讼中,H公司的请求依据《融资额度协议》《最高额保证合同》《最高额抵押合同》《流动资金借款合同》《上海浦东发展银行不良资产批量转让协议》《债权收益权转让协议》《债权转让合同》,基于借款担保债权转让法律关系,请求J公司偿还借款本金利息、罚息、复利、支付违约金,张某玉、李某娟对上述债务承担连带清偿责任、张某对违约金部分承担抵押担保责任。故前诉与后诉的诉讼请求的依据及诉讼标的均不同"。

续表

法院对诉讼标的内容表述类型		裁判文书/份	比例/%
法院用单个元素表述诉讼标的	基础事实/本金＋利息/诉讼请求	2	0.72
	事实＋理由	2	0.72
	法律关系性质＋合同效力的争议	1	0.36
	实体权利＋法律关系	1	0.36
	围绕……发生的争议＋房屋	1	0.36
	权利基础＋事实	1	0.36
	基础法律关系＋事由	1	0.36
	诉讼对象＋法律关系①	1	0.36
	因……引发纠纷＋主张	1	0.36
法院用多个元素表述诉讼标的	案由＋合同	1	0.36
	案由＋诉讼对象	1	0.36
	案由＋主张＋法律关系	1	0.36
	保证金＋利息＋楼号②	1	0.36
	保证金＋主张	1	0.36
	被诉行为＋法律关系	1	0.36
	贷款＋抗辩理由	1	0.36
	法律关系＋协议＋费用	1	0.36
	法律关系＋主张	1	0.36
	工程款＋……问题	1	0.36
	基础事实＋经营所得	1	0.36
	基于……＋法律关系	1	0.36
	借款＋事实	1	0.36
	纠纷＋基于……	1	0.36
	纠纷＋目的	1	0.36
	请求＋纠纷	1	0.36
	事实＋目的	1	0.36
	事实＋问题	1	0.36
	事实＋理由＋法律关系	1	0.36
	事实＋理由＋纠纷	1	0.36

---

① 如湖南省高级法院(2018)湘民终851号民事裁定书所示案例争议焦点是否构成重复起诉,法院引用《民诉解释》第247条对案情进行分析后认为,"前诉与本案诉讼所针对的并非同一诉讼对象,双方争议的法律关系也并不相同,即后诉与前诉的诉讼标的不同。"

② 如安徽省高级法院(2019)皖民终954号民事裁定书所示案例争议焦点是否构成重复起诉,法院引用《民诉解释》第247条对案情进行分析后认为,"该诉讼标的所对应的楼号、保证金数额及利息,均包含在S公司在前诉中的请求。"

续表

法院对诉讼标的内容表述类型	裁判文书/份	比例/%
事实＋理由＋请求	1	0.36
事实＋理由＋物权	1	0.36
请求权基础＋法律性质①	1	0.36
要求＋涉案商标＋涉案产品＋侵权行为	1	0.36
纠纷＋争议	1	0.36
……之诉＋问题	1	0.36
土地＋是否侵害……利益	1	0.36
主张的依据＋诉的类型＋诉讼目的	1	0.36
协议效力＋双方责任	1	0.36

表中第一列合并单元格内容："法院用多个元素表述诉讼标的"

表 2-14 中法院对诉讼标的内涵表述为裁判文书中的原文表达。如表 2-14 所示，在 276 份分析样本中，法院对诉讼标的内涵表述情况复杂多样，使用元素数量不一。以法院表述诉讼标的内涵使用的元素数量作为标准，可以将法院表述诉讼标的内涵情形分为两种类型。第一种类型为法院以单个元素表述诉讼标的内涵，如"法律关系""事实"等；第二种类型为法院以多个元素表述诉讼标的内涵，如"事实＋法律关系""事实＋理由＋纠纷"等，法院使用两个及两个以上的元素表述诉讼标的内涵。从表述种类来看，对诉讼标的表述方式共有 95 种。统计方式为"法律关系"为一种表述方式，"事实和法律关系"为一种表述方式，"事实＋理由＋纠纷"为一种表述方式，种类数量的计算不受分析样本数量的影响，也不受法院使用元素数量影响。具体表述方式的类型分布情况如图 2-39 所示。

在 95 种表述方式中，法院以单个元素表述诉讼标的内涵的表述方式共有 55 种，如"法律关系"表述方式等；法院以多个元素表述诉讼标的内涵的表述方式共有 40 种，如"事实＋法律关系"表述方式等。此外，在 95 种表述方式中，有 67 种表述方式只有一份分析样本使用，占 95 种表述方式的 70％左右，占 276 份分析样本的 24％左右，即大部分表述系该案独有的表述方式，如"林地""地下室"等。

在 276 份样本中，按其对诉讼标的内涵的表达是单个元素还是多个元素为标准，其样本数量分布情况如图 2-40 所示。

---

①　如吉林省高级法院(2018)吉民申 76 号民事裁定书所示案例争议焦点是否构成重复起诉，法院引用《民诉解释》第 247 条对案情进行分析后认为，"前诉针对的虽是封某荣发起的欠款 3.5 万元的诉讼请求，但是该 3.5 万元诉讼标的与本案盛某红 5 万元诉讼标的是一个整体，二者共同构成了 L 住宅 23 栋 3-48 号房屋价值的一半即 8.5 万元，二者不可分割，互为因果，并且二者的请求权基础及法律性质完全一致。"

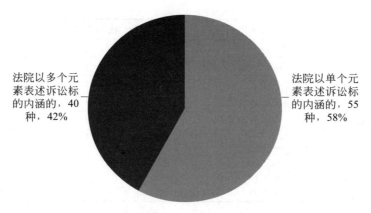

■ 以单个元素表述诉讼标的内涵的　　■ 以多个元素表述诉讼标的内涵的

图 2-39　法院以不同元素数量表述诉讼标的内涵的类型分布

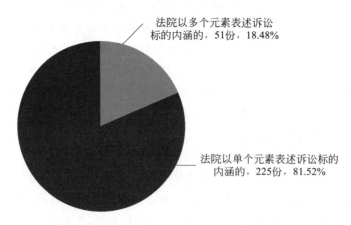

■ 法院以多个元素表述诉讼标的内涵的　■ 法院以单个元素表述诉讼标的内涵的

图 2-40　法院以不同元素数量表述诉讼标的内涵的样本数量统计

如图 2-40 所示,法院以单个元素表述诉讼标的内涵的分析样本有 225 份,占 276 份分析样本的 81.52%;法院以多个元素表述诉讼标的内涵的分析样本有 51 份,占比为 18.48%。这说明,法院采用单个元素表述诉讼标的内涵的情形居多,以多个元素表述诉讼标的内涵的情形较少,法院对诉讼标的内涵表述方式相差较大。

如表 2-14 所示,在 276 份分析样本中,法院以"法律关系"表述诉讼标的内涵的分析样本最多,有 60 份分析样本直接使用法律关系表述诉讼标的内涵,占样本数据的 21.75%。其次,法院以"问题"表述诉讼标的内涵的分析样本有 20 份,占分析样本的

7.26%。法院以"纠纷"表述诉讼标的内涵的分析样本有 17 份,占分析样本的 6.17%。法院以"诉讼请求"表述诉讼标的内涵的分析样本有 12 份,占分析样本的 4.36%。法院以"事实"和以"主张"表述诉讼标的内涵的分析样本均有 10 份,占样本数据的 3.63%。以"事实和法律关系"表述诉讼标的内涵的分析样本有 9 份,占样本数据的 3.27%。此外,用的比较多的表述方式还有"争议""侵权行为""要求""请求""审理对象"等,均有 5 份及 5 份以上的分析样本使用此类表述。其余表述的使用频率不高,均在 4 份分析样本以下。从表格数据看,法院依据《民诉解释》第 247 条判断诉讼标的并且对前诉与后诉诉讼标的说理时,对诉讼标的内涵表述多样。甚至出现同一案件,法院在认定前后诉诉讼标的时,对前诉诉讼标的使用一种表述方式,对后诉诉讼标的使用另一种表述方式的现象,例如"法律关系/确认"的表述方式,法院描述前诉诉讼标的时使用"法律关系"表述方式,而表述后诉诉讼标的时使用"确认"表述方式。

2. 法院对诉讼标的单一构成元素的理解

在以单个元素表述诉讼标的内涵的 225 份裁判文书中,法院表述诉讼标的内涵使用的元素类型分布情况见图 2-41。

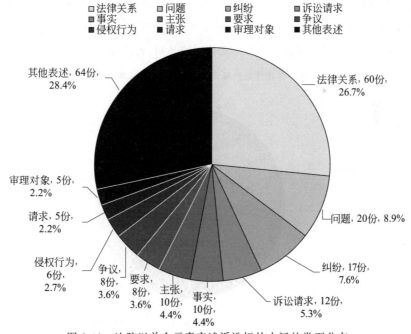

图 2-41 法院以单个元素表述诉讼标的内涵的类型分布

图 2-41 类型分布为裁判文书的原始表达。对法院以单个元素表述诉讼标的内涵的 225 份分析样本整理分析后发现,法院以"法律关系""问题""纠纷""诉讼请求""事实""主张""要求""争议""侵权行为""请求""审理对象"这十一种元素表述诉讼标的内涵的分析样本居多,其中法院以"法律关系"元素表述诉讼标的内涵的情形独占鳌头,共 60 份,占 225 份分析样本中的 26.7%。以"问题"元素表述诉讼标的内涵的情形次之,共有 20 份,占比 8.9%左右。以"纠纷"表述诉讼标的内涵的情形有 17 份,占比 7.6%左右,位居第三。以"诉讼请求"表述诉讼标的内涵的情形有 12 份,占比 5.3%左右。以"事实"和"主张"表述诉讼标的内涵的情形均有 10 份,占比 4.4%左右。以"要求"和"争议"表述诉讼标的内涵的情形均有 8 份,占比 3.6%左右。以"侵权行为"表述诉讼标的内涵的情形有 6 份,占比 2.7%左右。以"请求"和"审理对象"表述诉讼标的内涵的情形均有 5 份,占比 2.2%左右。以其他表述方式表述诉讼标的内涵的表述类型共有 44 种,共 64 份分析样本,占比 28.4%左右,这些表述元素的使用频率均在 4 份及 4 份分析样本以下,因此对此类案件作合并统计。

3. 法院对诉讼标的多个构成元素的理解

对法院使用多个元素表述诉讼标的内涵的 51 份分析样本进行整理,发现在这 51 份裁判文书中,法院共使用了 118 个元素(如"事实和法律关系"表达方式中为 2 个元素)表述诉讼标的内涵。对这 118 个元素作出统计后,得出图 2-42。

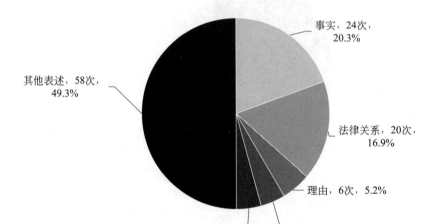

图 2-42　法院以多个元素表述诉讼标的内涵的类型分布

图 2-42 类型分布为裁判文书中的原文表达。图 2-42 为 51 份分析样本中的 118 个元素的使用情况。法院以"事实"元素表述诉讼标的内涵的有 24 次,占 118 个要素的 20.3%。以"法律关系"元素表述诉讼标的内涵的有 20 次,占比 16.9%。以"理由"元素表述诉讼标的内涵的有 6 次,占比 5.1%。以"主张"和"纠纷"元素表述诉讼标的要素的有 5 次,均占比 4.2%左右。其他元素由于使用频率较低,故在此合并统计,共有 58 次,占比 49.3%。

从图 2-42 来看,法院以多个要素表述诉讼标的内涵时,以"事实"元素表述诉讼标的的居多,其次为"法律关系"元素。而如图 2-41 所示,当法院以单个要素表述诉讼标的内涵时,以"法律关系"表述诉讼标的内涵的居多,其次为"事实"。由此看来,法院无论以单个要素表述诉讼标的内涵还是以多个要素表述诉讼标的内涵,以"事实"和"法律关系"两个元素在法院表述诉讼标的内涵的情形中均占有重要地位。

4. 法院理解诉讼标的所考虑因素情况分析

综合图 2-41 与图 2-42,对上述 276 份分析样本中法院使用的 343 个(多元素诉讼标的中 118 个元素,单个元素表述诉讼标的内涵的样本有 225 份,故单元素诉讼标的中 225 个元素)表述元素的使用频率情况作出统计,得出下图 2-43。

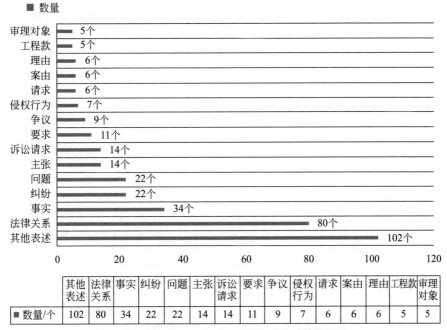

	其他 表述	法律 关系	事实	纠纷	问题	主张	诉讼 请求	要求	争议	侵权 行为	请求	案由	理由	工程款	审理 对象
■数量/个	102	80	34	22	22	14	14	11	9	7	6	6	6	5	5

图 2-43　诉讼标的内涵表述元素的适用情况统计图

图 2-43 诉讼标的内涵表述元素的适用情况为裁判文书的原文表达。如图 2-43 所示,在 276 份分析样本中,法院表述诉讼标的内涵时,共使用了 343 个表述元素。法院主要以"法律关系""事实""纠纷""问题""主张""诉讼请求""要求""争议""侵权行为""请求""案由""理由""工程款""审理对象"14 种表述元素表述诉讼标的内涵。其中,法院使用"法律关系"表述诉讼标的内涵的情形居多,占 343 个表述元素的 23.32% 左右。其次为以"事实"表述诉讼标的内涵的情形,占 343 个表述元素的 9.9% 左右。"纠纷"和"问题"元素的使用频率均在 20 次以上。从图 2-43 看出,法院倾向于使用"法律关系"或"事实"元素表述诉讼标的内涵。

虽然法院对诉讼标的内涵表述方式类型多达 95 种,且法院的表述方式较为分散。但实际上,法院对诉讼标的内涵的界定大致可以分为以下几类:第一种是法律关系,即法院实际上将诉讼标的内涵作为法律关系。例如法院将诉讼标的的表述为"侵权行为""协议""合同"等,实际上是将法律关系作为诉讼标的。第二种是实体请求权,例如法院将诉讼标的内涵表述为"请求权""请求权基础",实际上是将实体请求权作为诉讼标的。第三种是事实,类似"诉讼请求的依据"等也属于事实类别。第四种是民事法律关系客体,例如"林地""地下室""工程款"等都是法院将诉讼标的内涵界定为民事法律关系客体的表述。第五种是案由,值得一提的是,案由常常以"纠纷"形式出现在裁判文书中,但并非所有以"纠纷"表述诉讼标的内涵的均是将诉讼标的作为案由。两者之间是交叉关系,所以并非所有以"纠纷"表述诉讼标的内涵的都属于以案由界定诉讼标的。有的法院还将案由表述为"争议"。[①] 第六种是审理对象,在裁判文书中以"审理对象""诉讼对象"的形式出现,某些"争议"[②]"问题"[③]表述实际上是将诉讼标的界定为审理对象。第七种是诉讼请求,上表中如"主张""请求""要求"均为法院将诉讼标的内涵界定为诉讼请求的表述方式。第八种是理由,如"事实和理由"中的理由,以及"抗辩理由"都属于此类。第九种是诉讼目的,在裁判文书中常以"目的"形式出现。第十种是诉讼标的额,即法院将诉讼标的的认作诉讼标的额。此类情况较少。法院运用多个元素表述诉讼标的内涵时,实际上也是将上述几类组合一起界

---

① 如最高法院(2017)最高法民再 9 号民事裁定书所示案例争议焦点是否构成重复起诉,法院引用《民诉解释》第 247 条对案情进行分析后认为,"两诉的诉讼标的均是第三、四层房屋所有权争议。"

② 如最高法院(2015)民一终字第 363 号民事裁定书所示案例争议焦点是否构成重复起诉,法院引用《民诉解释》第 247 条对案情进行分析后认为,"两诉中冕里稀土公司均主张因雅砻江水电公司违规排渣引发泥石流,导致冕里稀土公司投资建设的厂房设备被损毁造成损失,要求雅砻江水电公司赔偿财产损失,两诉的诉讼标的均为雅砻江水电公司的排渣行为是否给冕里稀土公司财产造成损失的民事争议。"

③ 如最高法院(2018)最高法民辖终 68 号民事裁定书所示案例争议焦点是否构成重复起诉,法院引用《民诉解释》第 247 条对案情进行分析后认为,"其次,两诉原告的诉讼请求虽然基于合同地位的不同是相反的,但均涉及《资产收购合同》是否解除及解除后法律后果的问题,诉讼标的实质相同,诉讼请求涉及的问题也是同一的。"

定诉讼标的。例如"诉讼请求的依据＋法律关系＋要求"表述实际上是法院将诉讼标的界定为事实、法律关系和诉讼请求。

对上述总结归纳出的十种表述类型在 276 份分析样本中实际出现的频率作出统计。具体情况如图 2-44 所示,图 2-44 系对图 2-43 中法院原文表达的元素进行主观性地归纳分类后作出的统计图。

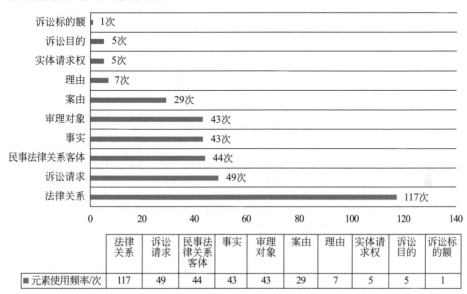

	法律关系	诉讼请求	民事法律关系客体	事实	审理对象	案由	理由	实体请求权	诉讼目的	诉讼标的额
■元素使用频率/次	117	49	44	43	43	29	7	5	5	1

图 2-44　法院界定诉讼标的内涵使用元素频率统计图

图 2-44 系对图 2-43 中法院的原文表达进行总结、归纳和分类后,对法院界定诉讼标的内涵使用元素频率的统计情况。

如图 2-44 所示,法院表述诉讼标的内涵时,法律关系元素使用频率高达 117 次,占 343 个元素的 34.11％左右。诉讼请求元素使用频率有 49 次,占 343 个元素的 14.29％左右。民事法律关系客体元素使用频率有 44 次,占 343 个元素的 12.83％左右。事实元素使用频率有 43 次,占 343 个元素的 12.54％左右。审理对象元素使用频率有 43 次,占 343 个元素的 12.54％左右。案由元素使用频率有 29 次,占 343 个元素的 8.45％左右。理由元素、实体请求权元素、诉讼目的元素、诉讼标的额元素使用频率较少,均在 10 次以下。

从图 2-44 看出,法院以实体法说表述诉讼标的内涵的频率最多,共有 122 次,符合最高法院明确《民事解释》第 247 条中的诉讼标的采实体法说的解释。[①] 但实体法

————————

① 参见最高人民法院修改后民事诉讼法贯彻实施工作领导小组编著:《最高人民法院民事诉讼法司法解释理解与适用》(上),人民法院出版社 2015 年版,第 635 页。

说也存在不同的解释。从分析样本来看,法院更偏向于法律关系而非实体请求权。其次,诉讼请求元素、民事法律关系客体元素、事实元素、审理对象元素和案由元素在法院对诉讼标的的内涵的表述中也扮演了重要的角色。

(二)法院直接使用其他元素替代诉讼标的的情况

如表 2-13 所示,在法院依据《民诉解释》第 247 条判断重复起诉时未涉及诉讼标的要素的 508 份分析样本中,有一种情况是法院适用三个及三个以上构成要素判断重复起诉时,除了适用《民诉解释》第 247 条规定的当事人要素和诉讼请求要素之外,还适用了其他要素判断重复起诉,即以"当事人+诉讼请求+其他要素"的标准判断案件是否构成重复起诉。该种情况下的分析样本共有 94 份。虽然在这种情况下,法院没有用诉讼标的的要素判断重复起诉,但法院同时适用了当事人要素、诉讼请求要素和其他要素,由此可以推测法院是用其他要素替代诉讼标的的作为重复起诉的构成要素,这从一定程度上隐含了法院对诉讼标的的内涵的表述的偏向,对这部分分析样本,法院直接用其他元素替换诉讼标的的元素使用情况统计如表 2-15。

表 2-15　法院用其他元素直接代替诉讼标的的情况分析

替代诉讼标的的元素		裁判文书/份	百分比/%
	事实和理由	55	58.52
	事实+法律关系	12	12.78
	法律关系	8	8.52
	审理对象	3	3.20
	被诉侵权产品	3	3.20
	事实+证据	1	1.06
	案由+事实	1	1.06
	理由	1	1.06
	事实+纠纷	1	1.06
	事实+请求权基础	1	1.06
	事实	1	1.06
	诉请依据	1	1.06
	请求权基础	1	1.06
	合同	1	1.06
	争议焦点	1	1.06
	诉求指向	1	1.06
	案由	1	1.06
	法律关系+请求权基础	1	1.06
	总计	94	100

在这 94 份分析样本中,法院依据《民诉解释》第 247 条认定重复起诉时,并没有用诉讼标的要素,而是用其他要素代替诉讼标的的要素,如"故本案与前案当事人相同,诉讼请求相同,事实和理由相同,本案构成重复起诉。"[①]首先,有 55 份分析样本以"事实和理由"元素替代诉讼标的的要素,占 94 份分析样本的 58.52% 左右。其次,以"事实和法律关系"元素替代诉讼标的的要素的样本有 12 份,占比 12.78%。最后,以"法律关系"元素替代诉讼标的的要素的样本有 8 份,占比 8.52%。此外,"被诉侵权产品""审理对象"表述使用频率也较多。从表 2-15 看,法院大多用"事实"元素代替诉讼标的的作为重复起诉构成要素之一。此外,"法律关系"表述方式在其中也扮演了重要角色,无论是与"事实"一同作为重复起诉的构成要素之一,还是单独作为代替诉讼标的的作为重复起诉构成要素之一,"法律关系"都占据着一定比例。

在 94 份样本中,法院用其他要素替代诉讼标的时,法院使用的要素与 276 份分析样本法院表述诉讼标的的内涵的要素有相似之处。例如,在 94 份分析样本中,有 55 份分析样本以"事实和理由"替代诉讼标的的;而在 276 份分析样本中,法院以"事实和理由"表述诉讼标的的内涵的有 2 份。在 94 份分析样本中,有 12 份分析样本以"事实＋法律关系"替代诉讼标的的;而在 276 份分析样本中,有 9 份以"事实＋法律关系"表述诉讼标的的内涵。此外,"被诉侵权产品""审理对象""法律关系""事实""请求权基础"等,均为两个分析样本用来替代或表述诉讼标的的要素的表述类型。

三、对同一案件的诉讼标的的要素不同审级法院的理解情况

在上述 276 份法院对诉讼标的的说理的分析样本中,为二审裁判文书且含一审裁判内容并一审裁判对诉讼标的的说理的分析样本有 24 份,再审裁判文书且含有原审裁判内容的并原审裁判文书对诉讼标的的说理的分析样本有 7 份,共计 31 份。由于再审裁判文书中对诉讼标的的要素认定情况较为复杂,因此对二审裁判文书和再审裁判文书对诉讼标的的要素认定情况分别统计。

(一)二审裁判文书中不同审级法院对诉讼标的的要素的认定情况

对上述的 24 份二审裁判文书中,一审法院和二审法院对诉讼标的的的内涵表述和认定结果作出统计,得出图 2-45。

---

① 如内蒙古自治区高级法院(2019)内民申 4665 号民事裁定书所示案例争议焦点是否构成重复起诉,法院引用《民诉解释》第 247 条对案情进行分析后认为,"李某虽然在本次诉讼中只要求 X 公司承担责任,但其起诉的被告与前诉生效民事裁定的相关被告竞合,其主张的诉讼请求,以及所依据的事实和理由,亦已由前诉生效民事裁定作出处理。原审认定李某再次提起民事诉讼属于重复起诉,裁定驳回其起诉并无不当。"

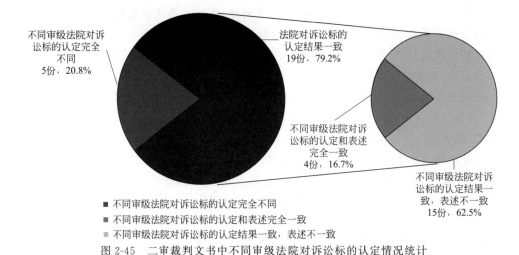

不同审级法院对诉讼标的认定完全不同
5份，20.8%

法院对诉讼标的认定结果一致
19份，79.2%

不同审级法院对诉讼标的认定和表述完全一致
4份，16.7%

不同审级法院对诉讼标的认定结果一致，表述不一致
15份，62.5%

■ 不同审级法院对诉讼标的认定完全不同
■ 不同审级法院对诉讼标的认定和表述完全一致
■ 不同审级法院对诉讼标的认定结果一致，表述不一致

图2-45　二审裁判文书中不同审级法院对诉讼标的认定情况统计

从不同审级法院对诉讼标的认定结果看,不同审级法院对诉讼标的的认定可以分为两类,第一种类型是不同审级法院对诉讼标的认定完全不同,包括不同审级法院对诉讼标的内涵的表述不同和不同审级法院对诉讼标的要素的认定结果不同,共5份分析样本,占24份分析样本的20.8%;第二种类型是法院对诉讼标的要素认定结果一致,这种情况又分为两个类型,一是不同审级法院对诉讼标的要素表述不一致,认定结果一致,该种情况有15份分析样本,占24份分析样本的62.5%,二是不同审级法院对诉讼标的要素表述和认定结果完全一致,该种情况有4份分析样本,占24份分析样本的16.7%。

从图表来看,大部分法院对诉讼标的要素的认定结果是一致的,占据样本数据的近80%,在认定一致的前提下,法院对诉讼标的表述不同的情况居多。

（二）再审裁判文书中不同审级法院对诉讼标的的认定情况

在7份再审裁判文书中,其是否存在一审法院、二审法院对诉讼标的予以评价的情况不尽相同,具体情况见图2-46。

上述7份再审裁判文书中,仅含有二审法院裁判,且二审法院对诉讼标的作出评价的分析样本有5份,占7份分析样本的71.43%左右;同时含有一审法院裁判和二审法院裁判,且一审法院和二审法院均对诉讼标的作出评价的分析样本有2份,占比28.57%左右。

在该7份再审裁判文书中,不同审级法院对诉讼标的认定结果也不相同,具体情况见图2-47。

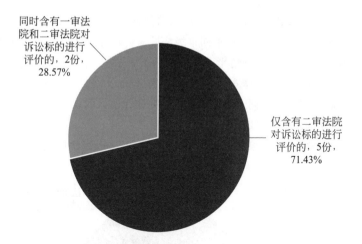

■ 仅含有二审法院对诉讼标的进行评价
■ 同时含有一审法院和二审法院对诉讼标的进行评价

图 2-46　再审裁判文书中不同审级对诉讼标的的评价情况

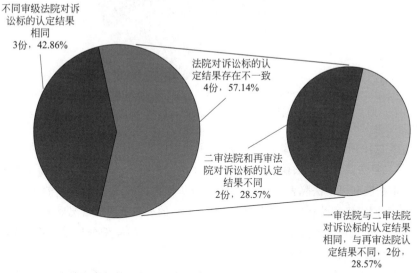

■ 不同审级法院对诉讼标的的认定结果相同
■ 二审法院和再审法院对诉讼标的的认定结果不同
■ 一审法院与二审法院对诉讼标的的认定结果相同，与再审法院认定结果不同

图 2-47　再审法院裁判文书中不同审级法院的认定结果统计

如图 2-47 所示，再审法院裁判文书中，不同审级法院对诉讼标的的认定结果可以分为两种类型。第一种类型是不同审级法院认定结果相同，该种情形下，均是二审法院

对诉讼标的的认定结果和再审法院对诉讼标的的认定结果的对比,有 3 份样本,占 7 份样本的 42.86％。第二种类型是不同审级法院对诉讼标的的认定结果存在不一致,共 4 份样本,占比为 57.14％,该种情形下又分为两类,一是二审法院与再审法院对诉讼标的的认定结果不同的,有 2 份样本,占 7 份分析样本的 28.57％,二是一审法院与二审法院对诉讼标的的认定结果相同,但均与再审法院对诉讼标的的认定结果不一致的,有 2 份样本,占 7 份分析样本的 28.57％。

在不同审级法院认定结果相同的 3 份样本中,不同审级法院对诉讼标的的表述情况见图 2-48。

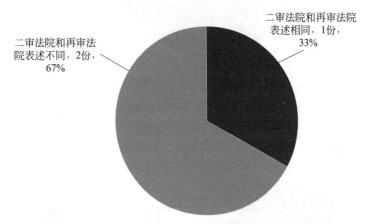

图 2-48　不同审级法院认定结果相同时,对诉讼标的的表述情况统计

如图 2-48 所示,不同审级法院认定结果相同时,对诉讼标的的表述情况分为两种,一是二审法院和再审法院表述不同,有 2 份分析样本,占 3 份分析样本的 67％。二是二审法院和再审法院表述相同,有 1 份分析样本,占 3 份分析样本的 33％。从上图看,当不同审级法院认定结果相同时,对诉讼标的表述不同的情况居多。

在不同审级法院对诉讼标的认定结果存在不一致的 4 份分析样本中,不同审级法院对诉讼标的的表述情况见图 2-49。

如图 2-49 所示,不同审级法院认定结果存在不一致时,对诉讼标的表述情况分为三种情形。第一种情形是二审法院与再审法院表述不同的有 1 份样本,占 4 份样本的 25％。第二种情形是二审法院与再审法院表述相同的有 1 份样本,占比为 25％。第三种情形是一审、二审、再审法院对诉讼标的的表述均不相同的有 2 份样本,占比为 50％。如图所示,当不同审级法院认定结果不一致时,对诉讼标的表述情况不一致的居多,有 3 份,共占 4 份分析样本的 75％。

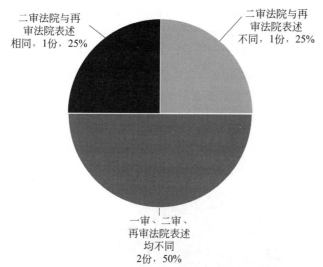

图 2-49 不同审级法院认定结果存在不一致时，对诉讼标的表述情况统计

第四节 重复起诉认定标准中诉讼请求要素适用情况分析

一、诉讼请求在认定重复起诉时所起作用情况分析

通过阅读 1011 份研究样本发现，在认定是否构成重复起诉问题时，有的法院将诉讼请求作为重复起诉的要素，有的法院没有将诉讼请求作为重复起诉的要素。具体情况见图 2-50。

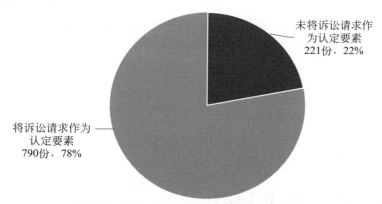

图 2-50 法院适用诉讼请求要素情况

因选取研究样本的检索词包含了"二百四十七",故法院在认定重复起诉时应将《民诉解释》第247条中的三个要素均作为重复起诉的认定标准,当然也应当包括诉讼请求。但图2-50中显示,在1011份研究样本中,法院将诉讼请求作为重复起诉要素的有790份,占比为78%;未将诉讼请求作为重复起诉要素的有221份,占比为22%。

在将诉讼请求作为重复起诉要素的790份裁判文书中,对诉讼请求在认定重复起诉时所起的作用也不尽相同,具体情况见图2-51。

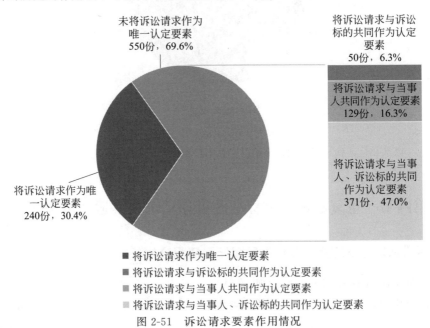

图2-51 诉讼请求要素作用情况

从图2-51中可以看出,将诉讼请求作为重复起诉唯一认定要素的占比为30.4%;将诉讼请求与当事人、诉讼标的一同作为重复起诉认定要素的裁判文书数量占比为47%。

从全部研究样本(即1011份)情况来看,将诉讼请求作为唯一认定要素占比为23.7%。将诉讼请求与当事人、诉讼标的相结合共同作为重复起诉认定要素占比为36.7%。

二、诉讼请求要素形态情况分析

(一)诉讼请求要素形态总体情况分析

根据《民诉解释》第247条规定,诉讼请求作为重复起诉要素有两种形态,即后诉与前诉的诉讼请求相同、后诉诉讼请求实质否定前诉裁判结果。本书将诉讼请求要素的这两种形态称之为法定形态。因《民诉解释》对这两种法定形态采取选择性表述，即只要符合其中之一就可满足重复起诉中的诉讼请求要素，因而同时符合这两种形态的情形当然也构成重复起诉。本研究成果将诉讼请求要素的前两种形态称之为狭义的法定形态。广义上的诉讼请求要素法定形态还包括后一种情形。为表述方便，本研究成果将后诉与前诉的诉讼请求相同称之为诉讼请求要素的第一种形态，将后诉诉讼请求实质否定前诉裁判结果称之为诉讼请求要素的第二种形态，将既满足后诉与前诉诉讼请求相同又满足后诉诉讼请求实质否定前诉裁判结果的情形称之为诉讼请求要素的第三种形态。除以上三种形态以外的情形均称之为诉讼请求要素的其他形态。

在将诉讼请求作为重复起诉要素的 790 份裁判文书中，法院认定不构成重复起诉的裁判文书有 222 份，法院认定构成重复起诉的裁判文书有 568 份。在构成重复起诉的 568 份裁判文书中，当然包括了法院认为满足了诉讼请求要素的情形。在满足诉讼请求要素的 568 份裁判文书中，诉讼请求要素形态情况见图 2-52。

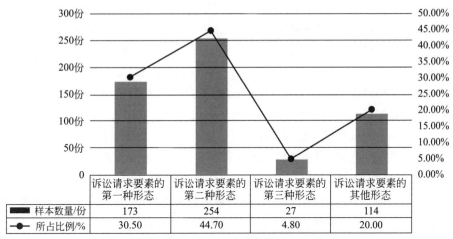

	诉讼请求要素的第一种形态	诉讼请求要素的第二种形态	诉讼请求要素的第三种形态	诉讼请求要素的其他形态
样本数量/份	173	254	27	114
所占比例/%	30.50	44.70	4.80	20.00

图 2-52　法院对诉讼请求的评价情况

从图 2-52 中显示，在认定构成重复起诉的 568 份裁判文书中，各种诉讼请求要素形态的分布不尽相同。法院除认定满足广义上的诉讼请求要素法定形态外，还有20％的裁判文书中法院认定构成诉讼请求要素的其他形态。

（二）诉讼请求要素其他形态分析

如上图 2-52 中显示，法院在进行重复起诉认定时，认为构成重复起诉的诉讼请求要素不仅存在三种法定形态，还存在其他形态。114 份法院所认为的诉讼请求要素其他形态的内容，见图 2-53。

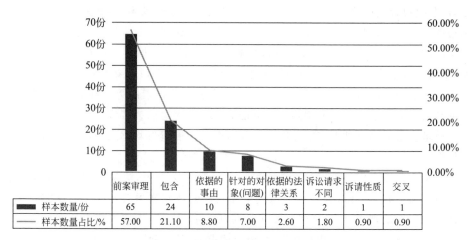

图 2-53　诉讼请求其他情形的适用情况

从分布情况来看，法院以后诉诉讼请求经历了前案审理①作为构成重复起诉的诉讼请求要素其他形态的数量最多；以后诉诉讼请求与前诉诉讼请求之间存在包含关系，②即后诉诉讼请求包含前诉诉讼请求或前诉诉讼请求包含后诉诉讼请求作为诉讼请求要素的其他形态的裁判文书数量有 24 份，占比 21.1％；此两种诉讼请求要素形态是构成重复起诉的诉讼请求要素的其他形态的两种主要形态，能够涵括约 80％的案件。同时也存在以后诉与前诉诉讼请求依据的事实与理由相同③以及两诉讼请求所针对的对象或问题相同④作为构成重复起诉的诉讼请求要素形态的裁判文书分别为 10 份与 8 份，占比为 8.8％与 7％；还有部分裁判文书中法院将两诉诉讼请求依据的法律关系相同、⑤两诉讼请求性质相同、⑥诉讼请求之间存在交叉⑦以及诉讼请求存在差异⑧也作为了构成重复起诉的诉讼请求要素其他形态。

---

① 参见甘肃省高级法院(2018)甘民申 1296 号民事裁定书等。
② 参见青海省高级法院(2020)青民申 98 号民事裁定书等。
③ 参见湖北省高级法院(2018)鄂民申 4328 号民事裁定书等。
④ 参见广西壮族自治区高级法院(2019)桂民申 4373 号民事裁定书等。
⑤ 参见四川省高级法院(2018)川民申 150 号民事裁定书等。
⑥ 参见最高法院(2016)最高法民申 330 号民事裁定书。
⑦ 参见江苏省高级法院(2017)苏民终 1613 号民事判决书。
⑧ 参见辽宁省高级法院(2018)辽民终 690 号民事判决书。

从实践的角度来看,重复起诉的诉讼请求要素的其他形态是诉讼请求要素法定形态无法涵盖的情形。

三、诉讼请求要素法定形态认定依据情况分析

本部分以法院进行认定说理的裁判文书为样本进行类型化分析,探究法院以何种标准判定诉讼请求是否相同、是否构成实质否定以及法院对"诉讼请求相同"与"实质否定"的内涵理解。

(一)诉讼请求相同情形下的内涵情况分析

1. 前后诉的诉讼请求形式相同与实质相同的分布情况

在将诉讼请求作为重复起诉要素的 790 份裁判文书中,法院对诉讼请求是否相同进行判断并说理的有 289 份裁判文书。通过对该 289 份裁判文书中的说理进行分析,可以看出法院判断诉讼请求是否相同的标准。在 289 份裁判文书中,法院主要从诉讼请求的表现形式与提出诉讼请求的依据或诉讼请求所表达的实质意思两方面来判定前后两诉诉讼请求是否相同,即法院判断前后诉诉讼请求是否相同的标准主要分为形式判断标准与实质判断标准两大类。其中,法院对前后两诉诉讼请求是否相同进行形式判断的有 132 份裁判文书,占比为 45.6%;法院对前后两诉诉讼请求是否相同进行实质判断的裁判文书有 157 份,占比为 54.3%(见图 2-54)。

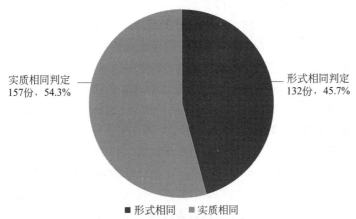

图 2-54　法院对诉讼请求相同的判断情况

2. 前后诉诉讼请求形式相同的判断标准

在法院对前后两诉诉讼请求是否存在形式相同的 132 份裁判文书中,其判断标准有多个。具体情况见表 2-16。

表 2-16　法院对诉请相同形式判断的标准

单位:份

法院评判的标准	样本数量/份	所占比例/%
表述相同	81	61.4
两诉诉讼请求存在包含关系	23	17.4
完全重合	12	9.1
两诉诉讼请求存在交叉	9	6.8
诉讼标的	5	3.8
当事人	2	1.5

　　其中法院以前后两诉诉讼请求表述相同、两诉诉讼请求存在包含关系(即后诉诉讼请求包含前诉诉讼请求或前诉诉讼请求包含后诉诉讼请求)以及后诉诉讼请求与前诉诉讼请求完全重合或互相涵盖为主要的评判标准,占比达 87.9%。认定两诉诉讼请求存在交叉关系即部分相同便可成立"相同"的裁判文书有 9 份,占比为 6.8%;其中存在 5 份裁判文书以诉讼标的作为两诉诉讼请求是否形式相同的判断标准,即认为诉讼请求是建立在诉讼标的基础上的具体声明,诉讼标的相同则诉讼请求相同;[1]还有 2 份裁判文书以当事人作为两诉诉讼请求是否形式相同的判断标准,认为前后诉当事人不同,两诉诉讼请求针对的主体不同则两诉诉讼请求不同。[2]

　　首先,将重复起诉的另外两要素即诉讼标的和当事人作为判断诉讼请求是否相同的标准,实质上就是对诉讼请求的架空。大多数案件在判断是否构成重复起诉时本就会对当事人或诉讼标的进行判断,若当事人或诉讼标的相同或不同将直接决定诉讼请求是否相同,那便只需要进行当事人或诉讼标的判断即可,对诉讼请求再进行判断便流于形式。其次,在运用形式标准进行判断的文书样本中,对于诉讼请求相同的程度也并未达成一致,较多的案件中以前诉诉讼请求包含后诉诉讼请求或后诉诉讼请求包含前诉诉讼请求作为诉讼请求相同的形式,部分案件需要前后两诉在形式上能互相涵盖或替代,即要求完全一致,还有少部分案件只需要两诉诉讼请求之间存在有部分相同即可。最后,对以形式为判断标准的案件进行深入观察发现,此类案件中还存在将诉讼请求进行拆分比较的情况,即将后诉的诉讼请求拆分为多个部分,认定部分后诉诉讼请求与前诉诉讼请求相同,另一部分后诉诉讼请求与前诉诉讼请求不同[3]或者认定部分后诉诉讼请求与前诉诉讼请求相同,另一部分后诉诉讼请求实质

---

① 参见湖南省高级法院(2019)湘民申 892 号民事裁定书。
② 参见福建省高级法院(2019)闽民终 342 号民事判决书。
③ 参见最高法院(2018)最高法民申 5914 号民事裁定书。

上否定前诉裁判结果①,以认定诉讼请求相同或部分相同。

3. 前后诉诉讼请求实质相同的判断标准

在法院对前后两诉诉讼请求是否存在实质相同的 157 份裁判文书中,也存在多个判断标准。具体情况见表 2-17。

表 2-17　法院对诉请相同实质判断的标准

单位:份

法院评判的标准	样本数量/份	所占比例/%
诉讼请求的性质	58	36.9
针对的问题(事项)	41	26.1
依据的事由	31	19.7
实质内容	19	12.1
依据的事实与法律关系	4	2.5
依据的法律关系	4	2.5

以诉讼请求的性质②为标准对两诉诉讼请求是否相同进行实质分析的裁判文书有 58 份,占比为 36.9%;以诉讼请求针对的问题或事项③是否相同为判断标准的裁判文书有 41 份,占比为 26.1%;以诉讼请求依据的事实与理由④是否相同来认定诉讼请求是否相同的有 31 份,所占比例为 19.7%;以诉讼请求实质内容即表达的意思是否相同⑤进行认定的有 19 份,占比为 12.1%;还存在约 5%的裁判文书以诉讼请求依据的法律关系或法律关系和事实理由为标准。

此外,对运用实质性标准的案件分析发现,如诉讼请求的性质、诉讼请求依据的事由或法律关系等标准,在运用时并不明确。

总的看来,无论是采形式相同标准还是采实质相同标准,对何谓前后两诉的诉讼请求相同均存在若干不同的判断标准。

(二)实质否定前诉情形下的内涵情况分析

1. 对前诉裁判结果的内涵理解情况

为明确法院对前诉裁判结果的理解运用情况,从将诉讼请求作为重复起诉要素

---

① 参见新疆维吾尔自治区高级法院(2019)新民终 24 号民事判决书。
② 参见广西壮族自治区高级法院(2019)桂民申 906 号民事裁定书。
③ 参见辽宁省高级法院(2021)辽民申 6101 号民事裁定书。
④ 参见陕西省高级法院(2018)陕民申 1205 号民事裁定书。
⑤ 参见新疆维吾尔自治区高级法院(2021)新民申 2489 号民事裁定书。

的 790 份裁判文书中筛选出法院对是否存在后诉诉讼请求实质否定前诉裁判结果形态进行判断的 353 份裁判文书,通过分析该 353 份裁判文书中法院对前诉裁判结果的内涵理解并进行归纳得出下图 2-55。

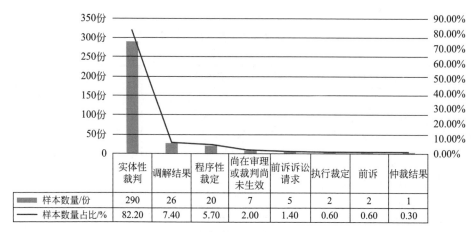

	实体性裁判	调解结果	程序性裁定	尚在审理或裁判尚未生效	前诉诉讼请求	执行裁定	前诉	仲裁结果
样本数量/份	290	26	20	7	5	2	2	1
样本数量占比/%	82.20	7.40	5.70	2.00	1.40	0.60	0.60	0.30

图 2-55　诉讼请求其他情形的适用情况

从图 2-55 中可以看到,约占 80％的案件中法院将实体性裁判(大部分为判决书,个别为涉及实体处理的再审程序中的裁定)理解为前诉裁判结果;将前诉调解书的内容理解为前诉裁判结果的占该 353 份样本数量的 7.4％;将程序性裁定(含不予受理裁定、驳回起诉裁定和中止诉讼裁定)理解为前诉裁判结果的裁判文书占比为 5.7％。此三类案件中法院作出的裁判结果虽存在形式上的差异,但皆属于由法院主导的程序所得出的确定结果。此外还存在约为 5％的案件法院将前诉裁判结果理解为尚在审理可能得出的裁判或尚未生效的裁判结果、前诉诉讼请求、执行裁定、仲裁裁决等。

2. 对后诉诉讼请求的内涵理解情况

在 353 份法院对是否成立后诉诉讼请求实质否定前诉裁判结果进行认定的裁判文书中,其对"后诉诉讼请求"的理解也不尽相同,具体情况见图 2-56。

图 2-56 所示,将后诉诉讼请求理解为"后诉"与"后诉裁判结果"的裁判文书占比为 18.4％,显然,对于何谓"后诉诉讼请求",这两种的解释是不符合文义的。

3. 对实质否定的内涵理解情况

在 353 份样本中,法院对何谓"实质上否定"进行解释说理的有 295 份;通过法院对何谓"实质上否定"解释说理,可反映出其对"实质上否定"内涵的理解。(见表 2-18)。

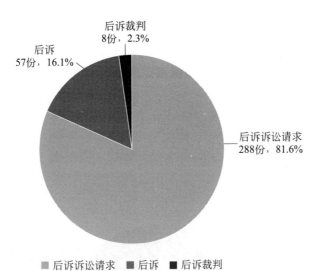

图 2-56 法院对后诉诉讼请求内涵理解情况

表 2-18 法院对实质否定的判断标准

单位:份

法院评判的标准	样本数量/份	所占比例/%
诉讼请求与裁判相反	89	30.2
两诉诉讼请求的关系	66	22.4
涉及的问题(事项)	55	18.6
依据的事由	45	15.3
诉讼请求(问题)经审理	16	5.4
两诉之间的关系	10	3.4
前诉生效实体裁判是否存在	9	3.1
诉讼标的	5	1.7

《民诉解释》第 247 条诉讼请求第二种法定形态中的"实质上否定",从文义上应当理解为后诉诉讼请求与前诉裁判结果相反或推翻前诉裁判结果,而表 2-18 显示将"实质上否定"理解为后诉诉讼请求与前诉裁判结果相反的裁判文书只占样本的约30%,另外约 70%的裁判文书均是不符合司法解释规定的判断标准。在 70%的非常态的裁判文书中,不仅有约 25%的裁判文书将两诉诉讼请求之间的关系或两诉之间的关系作为判断标准,还有约 2%的裁判文书将前后两诉的诉讼标的作为判断标准。

诉讼标的本就是重复起诉的认定要素,以诉讼标的作为"实质上否定"的判断标准是对诉讼请求要素第二种法定形态的架空。

四、同一案件不同审级法院对诉讼请求要素认定情况分析

在 1011 份研究样本中包含一审法院或原审法院将诉讼请求作为重复起诉要素的裁判文书有 155 份。在该 155 份样本中,有 15 份裁判文书中二审或再审法院未将诉讼请求作为重复起诉要素。也就是说,有 140 份样本中一审或原审与二审或再审均将诉讼请求作为重复起诉的要素。

通过对该 140 份样本进行分析发现,不同层级法院对诉讼请求认定存在差异(见图 2-57)。

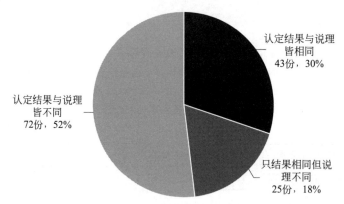

图 2-57　不同层级法院对诉讼请求认定情况

在认定结果与说理皆不同的 72 份裁判文书中,不同审级法院之间对诉讼请求要素产生差异认识的主要表现形式为:对是否成立后诉与前诉诉讼请求相同与后诉诉讼请求是否实质否定前诉裁判结果产生不同判断、对应当运用后诉与前诉诉讼请求相同还是运用后诉诉讼请求实质否定前诉裁判结果进行判断产生争议,还存在部分案件中法院对后诉诉讼请求与前诉诉讼请求或前诉裁判结果进行其他判断而造成认定差异。具体情况见表 2-19。

表 2-19 所示,不同审级法院对前后诉讼请求是否相同认定差异的原因是对诉讼请求的内涵理解不同、对后诉与前诉诉讼请求相同中的"相同"应当理解为实质相同还是形式相同存在差异以及对形式相同与实质相同的判断标准不统一。表 2-19 也显示出,产生后诉诉讼请求是否实质否定前诉裁判结果的认定差异主要原因是,不同审级法院对"前诉裁判结果"与实质否定标准的认识不同。

表 2-19　不同审级法院对诉讼请求要素产生不同认定的情况

单位:份

争议类型	存在差异的理由	案件数量/份	占该部分案件的比例/%	占同类情况案件的比例/%
是否成立后诉与前诉诉讼请求相同	对"诉讼请求"理解不同	1	22	6.3
	应当是"实质相同"还是"形式相同"的认定不同	4		25
	对于形式相同的程度要求不同	2		12.5
	对于实质相同的判断标准不一	5		31.3
	未说理	4		25
是否成立后诉诉讼请求实质否定前诉裁判结果	对实质否定的判断标准不同	5	22	31.3
	对前诉是否需要实质审理产生不同理解	4		25
	对前诉裁判结果是否应当是生效裁判产生不同理解	5		31.3
	未说理	2		12.5
应当运用诉请相同标准还是实质否定标准的差异	—	35	48.6	100
对后诉诉讼请求与前诉诉讼请求或前诉裁判结果进行其他认定	—	5	6.9	100

五、法院适用诉讼请求要素的说理情况分析

(一)对诉讼请求要素各种形态的说理情况分析

在将诉讼请求作为重复起诉要素的 790 份裁判文书中,满足诉讼请求要素第一种形态有 200 份裁判文书,符合诉讼请求要素第二种形态的裁判文书有 281 份裁判文书。其中,既满足诉讼请求要素第一种形态又满足第二种形态即第一种形态与第二种形态的叠加,也就是诉讼请求要素第三种形态的裁判文书有 27 份。因此,满足诉讼请求要素三种法定形态的样本为 454(200+281-27)。此外,对第一种形态与第二种形态的说理情况进行分析时可涵盖第三种形态的说理情形。

1. 对诉讼请求要素第一种形态的说理情况

在法院认定构成重复起诉并满足诉讼请求要素第一种法定形态的 200 份裁判文书样本中,有 58 份裁判文书中法院对诉讼请求要素的第一种法定形态认定时未进行说理,占比为 29%;法院对诉讼请求要素的第一种法定形态认定时予以说理有 142 份裁判文书,占比为 71%(见图 2-58)。与之相对应的,法院将诉讼请求作为认定要素但认定不构成重复起诉裁判文书中,涉及对是否构成重复起诉第一种法定形态进行认定的裁判文书有 201 份,其中法院进行说理的案件数量为 136 份,占比为 67.7%;法院未对是否成立诉讼请求要素第一种法定形态进行说理有 65 份裁判文书,占比为 32.3%。

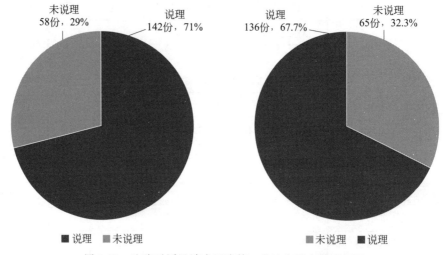

图 2-58 法院对诉讼请求要素第一种法定形态说理情况

从图 2-58 中可以看出,在认定构成重复起诉与不构成重复起诉的案件中,法院对诉讼请求要素第一种法定形态是否成立的说理情况大致相同,综合上述两种情况,法院在认定是否成立后诉与前诉诉讼请求相同时,未理的裁判文书占比为 30.7%。

2. 对诉讼请求要素第二种形态的说理情况

在法院认定构成重复起诉并满足诉讼请求要素第二种法定形态的 281 份裁判文书样本中,法院对诉讼请求要素的第二种法定形态认定时未进行说理的裁判文书数量为 48 份,占比为 17.1%;法院对成立重复起诉满足诉讼请求要素的理由予以明确的裁判文书数量为 233 份,占比为 82.9%。而法院将诉讼请求作为认定要素但认定不构成重复起诉的裁判文书中的涉及对是否构成重复起诉第二种法定形态进行认定的 72 份裁判文书中,对是否满足诉讼请求要素的第二种法定情形未予以说理有 13 份裁判文书,占比为 18%;予以说理的裁判文书数量为 59 份,占比为 82%。

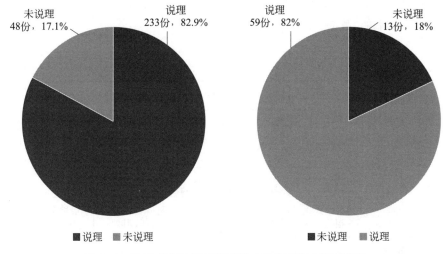

未说理
48份，17.1%

说理
233份，82.9%

说理
59份，82%

未说理
13份，18%

■说理 ■未说理

■未说理 ■说理

图 2-59　法院对诉讼请求要素第二种法定形态说理情况

从图 2-59 中可以观察得到，构成重复起诉的案件中法院认定诉讼请求要素第二种法定形态与不构成重复起诉案件中法院判断是否成立诉讼请求要素第二种法定形态的说理情况差异不大。综合以上两情形，法院认定后诉诉讼请求是否实质否定前诉裁判结果时，未说理的裁判文书占比为 17.3%。

从图 2-58 与图 2-59 可以看出，法院不管进行诉讼请求是否相同认定还是进行是否成立实质否定认定都存在不说理的情况，并且此类案件非少数。从未说理的案件数量在该两部分样本数量中所占比例可以看出，相较于诉请相同的判定法院在进行实质否定认定时更加注重说理。

（二）对当事人关于诉讼请求要素争议的说理情况分析

1. 当事人对诉讼请求要素认定的争议情况

在 1011 份裁判文书中，体现出当事人对诉讼请求要素争议的 51 份，该 51 份裁判文书为再审或二审裁判文书。通过诉讼请求要素的评价情况分析当事人对诉讼请求评价的分歧所在有助于了解当事人对诉讼请求要素理解与运用存在的缺陷与难点。同时，基于辩论原则，通常情况下当事人产生争议的焦点也是法院裁判的重点，所以从当事人对诉讼请求评价的争议点出发，观察法院对此争议焦点的认定情况也能进一步体现出法院对诉讼请求要素在重复起诉认定的适用现状以及存在的问题。为观察当事人对诉讼请求要素的争议焦点以及法院对此争议焦点的认定情况，对总样本进行选择得到二审或再审双方当事人对诉讼请求评价存在分歧的裁判文书样本 51

份,对该 51 份裁判文书中当事人对诉讼请求的争议情况以及法院的认定情况进行类型化分析,得到相关数据。(详见图 2-60)

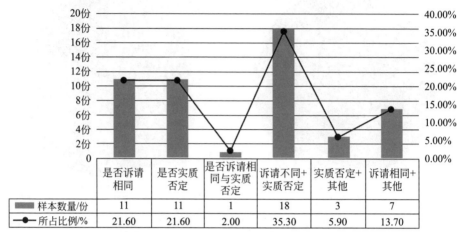

图 2-60　当事人对诉讼请求认定的争议情况

从样本数据可以看出,当事人在对诉讼请求认定时最主要的争议点在于涉案情形属于后诉与前诉诉讼请求相同的认定情形还是属于后诉诉讼请求实质否定前诉裁判结果的认定情形,即对于后诉与前诉诉讼请求相同与后诉诉讼请求实质否定前诉裁判结果的内涵界定不明确。

2. 当事人对诉讼请求要素的争议焦点情况

为进一步了解当事人对是否构成后诉与前诉诉讼请求相同与后诉诉讼请求是否实质否定前诉裁判结果存在相反认定的缘由,对上述就是否构成后诉与前诉诉讼请求相同产生争议的 12 份裁判文书(11+1)以及后诉诉讼请求是否实质否定前诉裁判结果的 12 份裁判文书(11+1)中当事人认定的理由进行分析抽象出有关的焦点。

表 2-20　当事人对诉请相同与实质否定构成与否的争议焦点

单位:份

争议类型	当事人双方认定理由	案件数量/份	所占比例/%
是否构成后诉与前诉诉讼请求相同	形式相同与实质相同	8	66.7
	未说理	4	33.3
是否构成后诉诉讼请求实质否定前诉裁判结果	裁判是否生效	1	8.3
	否定裁判结果与否定裁判说理	2	16.7
	同一问题提出	1	8.3
	其他	1	8.3
	未说理	7	58.3

从表 2-20 中可以看出,当事人对是否成立后诉与前诉诉讼请求相同产生争议的缘由在于对何为诉讼请求相同的理解差异,其中一方当事人认为应当是形式上相同而另一方当事人认为诉讼请求的实质内容相同即为相同的案件占该部分样本数量的66.7%;当事人对是否成立后诉诉讼请求实质否定前诉裁判结果产生争议的案件中,一方或双方未说理的案件数量占样本数量的一半以上,还有部分案件中当事人对应当直接否定裁判结果还是否定裁判说理以及再次以同一事项或问题的提出主张是否构成对前诉裁判结果的否定产生争议。总体来说,当事人对于后诉诉讼请求是否实质否定前诉裁判常避免说理,即便进行理由的阐述其类型也较多且较为分散。

3. 法院对当事人争议焦点认定情况分析

对该 51 份裁判文书样本中法院对当事人就诉讼请求争议的认定情况分析(见图 2-61)。

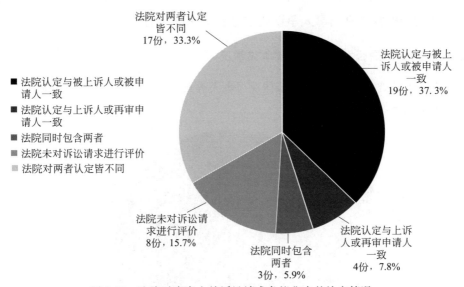

图 2-61　法院对当事人就诉讼请求争议焦点的认定情况

首先,部分案件中法院对当事人诉讼请求争议回避认定,体现法院在进行重复起诉认定时忽视当事人的意见。其次,通过对案例进行分析发现,当事人与法院对诉讼请求评价的差异化主要表现为以下情况:一方面,对于应当属于后诉与前诉诉讼请求相同评价范围还是属于后诉诉讼请求实质否定前诉裁判结果的评价范围存在差异性的看法;另一方面,《民诉解释》规定之外其他形态的适用增加了诉讼请求判断的不确定性,当事人与法院皆会运用《民诉解释》外的情形对诉讼请求进行评价,在一定程度上降低了两者认定结果相一致的概率。最后,在与法院认定一致性的方面,"被申请人或被上诉人"案件在数量上以及所占比例都高于"再审申请人或上诉人"案件,体现了法院对当事人就诉讼请求评价的偏向性采信。

第五节　重复起诉认定标准中新的事实要素适用情况分析

本课题组 2021 年 12 月 17 日在中国裁判文书网对"全文检索：重复起诉""全文检索：第二百四十八条""案件类型：民事案件""裁判日期：2018 年 1 月 1 日至 2021 年 12 月 1 日""法院审级：最高人民法院、高级人民法院、中级人民法院"①进行检索，共得到 763 份裁判文书。其中，82 份裁判文书中未涉及《民诉解释》第 248 条规定的"新的事实"要素，故予以排除，排除后得到有效文书 681 份。本节即以该 681 份裁判文书作为分析研究样本（见附表 3）。

一、对新的事实要素当事人争议和主张及法院回应情况

（一）当事人对是否发生新的事实争议情况

在 681 份研究样本中，54 份未体现当事人观点，余下 627 份中，当事人对是否发生新的事实争议情况如图 2-62。

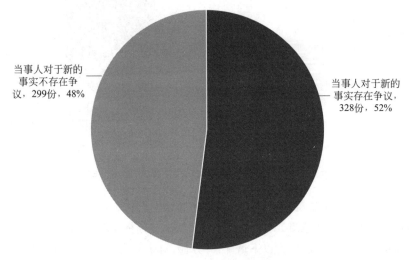

　■ 当事人对于新的事实存在争议　　■ 当事人对于新的事实不存在争议

图 2-62　当事人争议情况

---

① 基层法院所适用程序为一审程序，案件的最终结果往往尚未确定，且除基层法院以外的三级法院所审理的案件多为二审和再审案件，当事人对新的事实要素的争议较大，也更具研究价值。因此，本节研究样本选取的法院范围为除基层法院外的三级法院。

从图 2-62 可以看出,在 627 份裁判文书中,对是否发生新的事实,328 份裁判文书中的当事人存在争议,占比为 52%;299 份裁判文书中,当事人不存在争议,占比为 48%。

在当事人对于是否发生新的事实存在争议的 328 份样本中,当事人的具体争议情况如图 2-63。

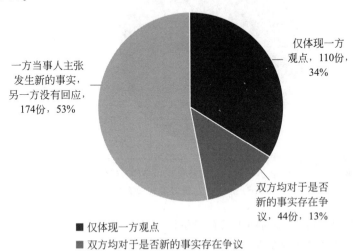

- ■ 仅体现一方观点
- ■ 双方均对于是否新的事实存在争议
- ■ 一方当事人主张发生新的事实,另一方没有回应

图 2-63　当事人对于是否发生新的事实具体争议情况

图 2-63 显示,110 份裁判文书仅体现一方观点,没有体现对方当事人的辩诉理由。该 110 份裁判文书都是二审和再审文书,上诉人或再审申请人将发生新的事实作为上诉或申请再审的理由。44 份裁判文书中,当事人双方均对于是否发生新的事实存在争议。174 份裁判文书中一方当事人主张发生了新的事实,另一方没有回应。该 174 份裁判文书都是二审和再审的。从释法说理角度看,即使只有一方提出,法院也应当回应。

在 299 份当事人对是否发生新的事实没有争议的裁判文书中,当事人对于其他事项存在争议。当事人的争议按照是否适用《民诉解释》第 247 条和 248 条为标准,具体情况如图 2-64。

图 2-64 显示,281 份样本中当事人对于是否具备《民诉解释》第 247 条规定的三个积极要素存在争议,18 份样本中当事人对于《民诉解释》第 247 条和第 248 条构成重复起诉积极要素和消极要素均不存在争议。

综合以上图 2-62、图 2-63 和图 2-64 可知,实践中,超过半数的当事人对于是否发生新的事实存在争议,且因本节研究样本多为二审和再审裁判文书,在二审和再审中

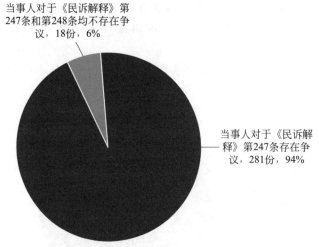

图 2-64 当事人对是否发生新的事实没有争议时，其争议内容

当事人仍然对于是否发生新的事实存在争议，说明当事人对于新的事实要素的不认可度较高，由此降低了当事人对于法院裁判的接受度。

（二）法院对是否发生新的事实争议回应情况

如图 2-62 所示，有 328 份裁判文书中当事人对于是否发生新的事实有争议，法院对于该 328 份文书中当事人争议的回应情况如图 2-65。

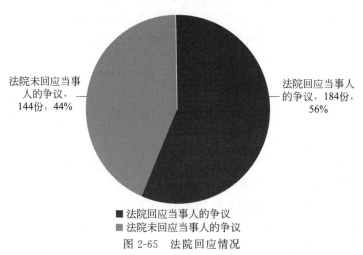

图 2-65 法院回应情况

184 份裁判文书中法院回应了当事人的争议,占比为 56％。144 份裁判文书中法院没有回应当事人的争议,占比为 44％。由图 2-65 可知,即使在当事人对于新的事实要素有争议的前提下,法院的回应情况依然不理想。

(三) 法院主动适用新的事实要素情况

如图 2-62 所示,299 份裁判文书中当事人对于是否发生新的事实没有争议,法院在当事人没有争议时主动适用的情况如图 2-66。

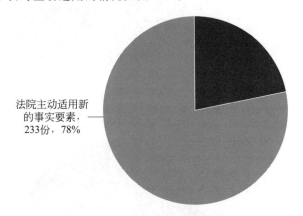

图 2-66　法院主动适用新的事实要素总体情况

如图 2-66 所示,233 份文书中,法院依职权主动审查适用新的事实要素,占比为 78％。[①]

如图 2-64 所示,281 份裁判文书中当事人对是否具备《民诉解释》第 247 条所规定的三个积极要素存在争议,法院在此条件下主动适用新的事实要素情况如图 2-67。220 份裁判文书主动审查新的事实要素,占比为 79％。这些文书在当事人仅对是否满足《民诉解释》第 247 条所规定的重复起诉要素有争议情形下,主动适用新的事实要素。

图 2-64 中 18 份裁判文书的当事人对于重复起诉构成的积极要素和消极要素均不存在争议,此时,法院的主动适用新的事实要素情况如图 2-68。

图 2-68 中,在当事人对于《民诉解释》第 247 条和第 248 条均无争议时,13 份裁判文书中法院主动审查是否发生新的事实,占比为 72％。

---

① 本节裁判文书样本的检索词包含了"重复起诉""第二百四十八条",在当事人没有提及《民诉解释》第 248 条时,只有法院适用了《民诉解释》第 248 条时有关文书才能被检索到。故法院主动适用新的事实要素的比例相对偏高,但这也能在一定程度上反映出在实践中法院主动适用新的事实要素的情况。

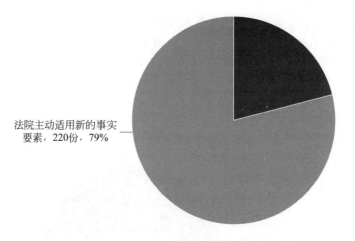

法院主动适用新的事实
要素，220份，79%

■法院主动适用新的事实要素

图 2-67　当事人对于《民诉解释》第 247 条存在争议时法院主动适用情况

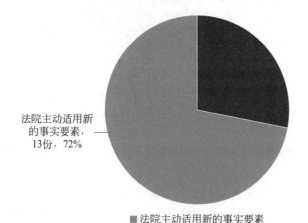

法院主动适用新
的事实要素，
13份，72%

■法院主动适用新的事实要素

图 2-68　当事人对于《民诉解释》第 247 条和 248 条均无争议时法院主动适用情况

　　图 2-67 和图 2-68 虽然都是法院主动适用新的事实要素，但图 2-67 中法院主动适用比例高于图 2-68 中的主动适用比例。也就是说，虽然都是在当事人对于要素新的事实没有争议的情况下，但在当事人对于重复起诉的积极要素存在争议情形下法院的主动适用比例高于当事人对于重复起诉的积极和消极要素均不存在争议情形。

　　综合以上两部分，法院的主动适用情况和法院的回应讨论情况形成了对比，法院对新的事实要素的适用态度不一。在当事人有争议时，法院可能会回避适用；而在当事人没有争议时，法院亦可能主动适用。实践中，法院对于适用新的事实要素存在一定程度的混乱，没有形成统一的标准。

（四）法院适用新的事实要素说理情况

本部分对于法院适用了新的事实要素的 460 份裁判文书中，法院对没有说理的行为进行考量。该 460 份裁判文书包括图 2-65 中当事人有争议时法院回应的 184 份与图 2-66 中当事人没有争议时法院主动审查适用的 233 份，以及没有体现当事人观点但法院适用新的事实要素的 43 份裁判文书。

对于法院是否说理的考量，仅分为法院进行了说理和法院未说理两种情况。说理和未说理的判断标准为法院在裁判文书中是否有说理的内容。只要文书中有说理内容，即使仅有少量篇幅，也将其认定为法院进行了说理。对于法院的说理方式、法院的说理是否充分以及法院的说理能否达到使当事人信服的程度，在本部分不做讨论。

1. 法院总体说理情况

在法院适用了新的事实要素的 460 份裁判文书中，380 份裁判文书进行了说理，80 份裁判文书没有说理，具体说理情况如图 2-69。

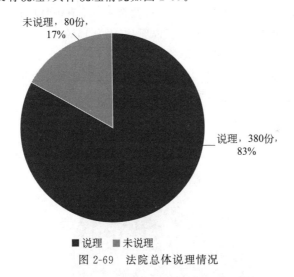

图 2-69　法院总体说理情况

在法院没有说理的 80 份裁判文书中，62 份裁判文书认为没有发生新的事实，16 份裁判文书认为发生了新的事实，2 份裁判文书认为原审法院应当审查是否发生新的事实，不能直接驳回起诉。

2. 法院回应当事人对新的事实要素争议说理情况

图 2-65 中有 184 份裁判文书在当事人对于新的事实要素有争议时，法院回应了当事人的争议或主张，法院的回应说理情况如图 2-70。

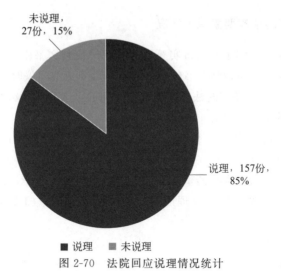

图 2-70 法院回应说理情况统计

如图所示,在 184 份裁判文书中,157 份裁判文书中有说理内容,占比为 85%。27 份裁判文书在认定新的事实要素时没有说理,占比为 15%。

在 27 份法院没有说理的裁判文书中,20 份裁判文书认为没有发生新的事实,6 份裁判文书认为发生了新的事实,1 份裁判文书未说明是否发生新的事实。

3. 法院主动适用新的事实要素情形下说理情况

如图 2-66 所示,当事人对事实要素没有争议而法院主动审查是否发生新的事实的裁判文书有 233 份。该 233 份裁判文书中的说理情况如图 2-71。

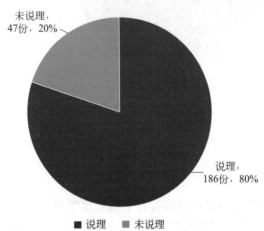

图 2-71 法院主动适用说理情况

在233份裁判文书中，186份裁判文书讨论是否发生新的事实时，进行了说理，占总数的80%。47份文书没有说理，占比为20%。法院主动适用新的事实要素时，不说理的比例高于法院回应当事人有争议的情形。

在法院未说理的47份裁判文书中，38份裁判文书认为没有发生新的事实；8份裁判文书认为发生了新的事实；1份裁判文书没有最终认定是否发生新的事实，仅认为原审法院在讨论是否构成重复起诉时，应当审查是否发生新的事实，因此撤销原审法院裁判。

通过以上对于法院是否说理的讨论，可以得出以下几个结论：

第一，法院在适用新的事实要素时，说理情况不理想。如图2-69所示，有80份裁判文书中没有说理内容，在适用新的事实要素的460份文书中占比为17%。这些文书在回应当事人对事实要素争议的裁判时，法院虽然最终认定发生了新的事实，但并未说明原因，仅是简单认定"当事人依据新的事实提起的诉讼应予支持"或直接认定"本案存在新的事实"。

第二，在当事人有争议时，法院的未说理比例比主动适用时的比例低。法院回应当事人争议时未说理的比例为15%，法院主动适用时未说理比例为20%。也就是说，在法院回应当事人争议时，其说理情况较好，这是符合《裁判文书释法说理意见》[①]中规定的，对于当事人有争议的部分，法院要加强释法说理。法院在主动适用时，因当事人没有争议，法院简略说理或是不说理。比较典型的是，在当事人对于《民诉解释》第247条构成重复起诉的三个积极要素存在争议时，法院出于适用规则的完整，附带适用第248条，在详细讨论完三个积极要素后，简要提出"本案中也没有发生新的事实"。

第三，法院在认定没有发生新的事实时，回避说理的情况更加严重。在没有发生新的事实时，法院回避对于不存在的证明，直接以"当事人提出的事实不属于新的事实""本案不存在新的事实""当事人基于同一事实起诉"简单认定没有发生新的事实。其中，亦有法院详细判断《民诉解释》第247条规定的要素后，附带提到"本案也不存在新的事实"，在当事人有争议的情况下未对于新的事实不存在的理由展开阐述。

二、法院对新的事实要素内涵阐述情况分析

如图2-69所示，法院适用新的事实要素的裁判文书有460份，其中380份中有说理。在该380份裁判文书中，230份裁判文书认定发生新的事实，148份裁判文书认

---

① 2018年6月1日最高法院印发《最高人民法院关于加强和规范裁判文书释法说理的指导意见》（法发〔2018〕10号）（自2018年6月13日起施行），简称《裁判文书释法说理意见》。

为没有发生新的事实,2份裁判文书认为原审法院应当审查是否发生新的事实,不能直接驳回起诉。

(一) 法院认定发生新的事实依据分析

在230份法院认定发生新的事实的裁判文书中,法院认定发生新的事实说理依据分散,涉及多种认定依据,具体情况见表2-21。

表 2-21 法院认定存在新的事实依据

单位:份

法院认定依据	裁判文书数量/份	占比/%
权利义务关系发生变动	64	28
新的证据是新的事实	38	17
不履行生效法律文书	32	14
出现了执行不能	19	8
产生了新的费用	16	7
前诉未解决的争议事实	13	6
前诉中当事人不知情的事实	7	3
新的侵权行为	6	3
对执行内容有争议	5	2
案件性质有了新的认定	4	2
合同履行过程中发生新的事实	4	2
新的违约行为	4	2
作出了新的自认	3	1
不履行和解协议	2	1
就解除合同达成一致	2	1
据以作出原裁判的法律文书被变更或撤销	2	1
通知对方解除协议的行为	2	1
无法通过执行程序进行救济	2	1
其他	5	2
合计	230	100

64份裁判文书中法院认为权利义务关系发生变动属于发生新的事实,占比为28%。这种情形的权利义务变动具体包括在前诉裁判生效后,前诉时存在的履行障碍消失、发生了债权的转让、形成了新的仲裁裁决、期限届满、附条件合同所附条件成就、约定期限届满、经生效法律文书确认了新的权利义务关系等事由。

38份裁判文书中法院直接将新的证据作为新的事实,混淆了证据和事实的概念,占比为17%。虽然审理中存在当事人提交新的证据以证明新的事实之情形,但这些裁判文书在说理中没有体现对证据证明内容的判断。

32 份裁判文书中法院认为,一方不履行生效法律文书,另一方的起诉不构成重复起诉。因为不履行生效法律文书属于发生新的事实,在此情况下,守约方的权利原本可以通过执行程序实现,但法院允许其另行起诉。

对于执行中的争议,19 份裁判文书将出现了执行不能认定为发生了新的事实;5 份裁判文书将当事人在执行过程中对执行内容产生争议认定为发生新的事实;2 份裁判文书认为当事人已不能通过执行程序救济属于发生新的事实。

16 份裁判文书中法院认为,虽然行为在前诉已经存在,但由于该行为前诉后产生了新的费用,因此发生了新的事实。典型情形是,在前诉判决侵权赔偿的判决书生效后,被侵权人病情恶化,产生了新的治疗费用。

13 份裁判文书将前诉已经存在但未能解决的争议认定为新的事实,占比为 6%。

除以上列举的情形之外,还存在其他法院认定发生新的事实之依据,但因其裁判文书数量均未超过 10 份,故在此不再赘述。

(二)法院认定没有发生新的事实依据分析

法院认为没有发生新的事实的依据统计如表 2-22,本部分统计的样本为法院进行了说理,且认定没有发生新的事实的 148 份裁判文书。该种情况的裁判文书数量总体较少,法院认定没有发生新的事实的依据分布更集中。

表 2-22　法院认定不存在新的事实依据

单位:份

法院未认定依据	裁判文书数量/份	占比/%
事实在前诉中已经存在	61	41
没有证明发生新的事实	39	26
新的证据不等于新的事实	22	15
证据在前诉中已经存在	8	5
可以通过执行程序实现权利	7	5
对既有事实的不同认定	4	3
没有导致已确认的权利义务事实发生变动	2	1
判决确定期间发生的费用	1	1
前诉撤诉没有生效判决	1	1
事实性质没有变化	1	1
新的证据不能否定前诉认定	1	1
与本案主张无实质关联	1	1
合计	148	100

61 份裁判文书中法院认为事实在前诉中已经存在,不属于新发生的事实,这种情况占到了 41%。

39 份裁判文书中法院认为没有证据证明,或是当事人提供的证据不足以证明,因此不能认定发生新的事实。

22 份裁判文书中法院认为当事人仅是提供新的证据,但新的证据不等于新的事实。部分法院还在裁判文书中释明,当事人可依据新的证据申请再审,而非另行起诉。

8 份裁判文书中法院认为证据在前诉中已经存在,因而不属于新的事实。1 份裁判文书中法院认为新的证据不能否定前诉认定。该 9 份文书中法院混淆了新的证据和新的事实。

7 份裁判文书中法院认为虽然在前诉后可能发生了新的事实,但当事人可以通过执行程序实现权利。

(三)法院认定新的事实对比依据分析

新的事实要素中的"新"是一个相对概念,对于何谓"新"的准确界定,需要一个对比依据。在 380 份法院进行了说理的裁判文书中,204 份裁判文书法院明确了"新"的对比依据,[1]占说理文书的 54%,这 204 份裁判文书中的对比依据如表 2-23。

表 2-23 "新"的对比依据统计表

单位:份

法院未认定依据	裁判文书数量/份	占比/%
前诉裁判文书生效后	153	75
前诉裁判文书作出后	22	11
前诉调解书生效后	8	4
前诉事实审言词辩论终结后	5	2
前诉审理结束后	4	2
前诉裁判后	4	2
前诉调解书作出后	3	1
前诉生效前诉裁判文书作出后	3	1
前诉达成和解协议后	1	0
前诉生效并执行完毕后	1	0
合计	204	98

---

① 本处对于法院有无明确对比依据看的是法院在实际运用《民诉解释》第 248 条时,有无通过和某一特定时间点对比认定,而对于仅引用法条,未通过对比认定的裁判文书,不认为其明确了对比依据。

153 份裁判文书直接依据《民诉解释》第 248 条的原文,认为裁判生效后的事实为新的事实,占比为 75%。

22 份裁判文书将范围扩大到裁判作出后的事实,占比为 11%。

8 份裁判文书中,因前诉调解结案,法院将新的事实认定为调解书生效后的事实,占比为 4%。

5 份裁判文书将新的事实扩大到事实审言词辩论终结后的事实,占比为 2%。

4 份裁判文书将时间起点定为前诉审理结束后,占比为 2%。

4 份裁判文书[①]仅笼统地界定前诉裁判后的事实,没有明确是前诉裁判作出后还是生效后,占比为 2%。

3 份裁判文书将时间提前至调解书作出后。

3 份裁判文书[②]将法条表述的"裁判发生法律效力后"更改为"生效裁判作出后"。

1 份裁判文书[③]认为前诉达成和解协议双方撤诉后发生的事实属于"新的事实"。

1 份裁判文书[④]认为前诉裁判生效且执行完毕后发生的事实才能认定为"新的事实"。

虽然《民诉解释》第 248 条明确规定,"新的事实"是裁判生效后发生的事实,但如表 2-23 所示,实践中还存在其他做法。一种情况是,法院希望通过体系解释或目的解释,探究事实要素"真正"的立法意旨,在变更时间起点时进行了详细的说理,如某法院在认定该时间点应当为"事实审言词辩论终结后",即引用了既判力等理论。第二种情况是,法院没有重视"裁判生效后"中"生效"的特定内涵。第三种情况是,法院在法条适用中疏忽大意,未能够使用准确的法律术语,如将裁判生效后变为"生效裁判作出后"或是直接变为"裁判后"。

三、不同审级法院对新的事实要素态度分析

681 样本裁判文书中,13 份为一审裁判文书,582 份为二审裁判文书,86 份为再审裁判文书。

---

① 如济南市中级法院(2019)鲁 01 民终 1970 号民事判决书中,法院认为:"R 公司与 Z 律师事务所之间《委托代理合同》所约定的律师费当时尚未产生,系判决后发生的费用,属于新的事实。"

② 如北京市第二中级法院(2019)京 02 民申 708 号民事裁定书认为:"在上述生效判决文书作出后,北京市第二中级人民法院作出的(2018)京 02 民终 7557 号民事判决书确认地中宝中心没有 95801 部队的出资权益,应视为发生了新的事实。"

③ 北京市第二中级法院(2019)京 02 民申 708 号民事裁定书认为:"在该案二审过程中,双方再次经过对账,达成和解协议,M 包装厂遂撤回起诉。之后,H 公司未依据和解协议的约定履行全部付款义务,M 包装厂又依据和解协议提起本案诉讼。因 M 包装厂起诉的前后两案系依据不同的协议提出,故不属于重复诉讼的情形。"

④ 鹤岗市中级法院(2019)黑 04 民终 151 号民事裁定书认为:"上诉人尹某义在原一审判决生效并执行完毕后,所发生的复查、调机等相关费用,应视为'发生新事实'。"

（一）一审法院和二审法院对于新的事实要素的态度

在 582 份二审裁判文书中，一、二审均适用新的事实要素的共 129 份。该 129 份文书中，一审法院和二审级法院对是否发生新的事实的认定情况如图 2-72。

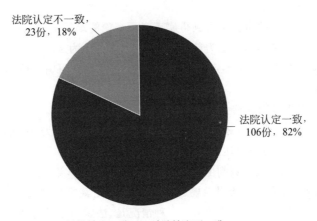

图 2-72　二审法院新的事实认定情况

如图 2-72 所示，106 份裁判文书中，一审法院和二审法院对于是否发生新的事实的认定一致，占比为 82%。23 份裁判文书中，一审法院和二审法院对于是否存在新的事实认定不一致，占比为 18%。也就是说，18% 的裁判文书中，一审法院和二审法院对于后诉是否发生新的事实，或是对于同一事实是否属于发生新的事实认定不一致。

（二）原审法院和再审法院对于新的事实要素的态度

在 86 份再审裁判文书中，19 份文书包含了原审裁判。在该 19 份文书中，2 份裁判文书原审和再审均讨论了是否发生新的事实，但这两份文书二审和再审对于是否发生新的事实的认定不一致。剩下的 17 份裁判文书中，12 份裁判文书在再审中讨论了新的事实要素，原审则在讨论重复起诉的构成要素时忽视了对于是否发生新的事实的讨论。这 12 份裁判文书原审和再审对于重复起诉的认定结果如图 2-73。

如图所示的 12 份裁判文书，在再审相较于原审增加了对于新的事实要素的考量后，10 份裁判文书再审法院对于是否构成重复起诉作出了与原审不同的认定，只有 2 份裁判文书原审和再审认定一致。这说明，新的事实要素作为重复起诉的消极要素，对于认定后诉是否构成重复起诉起着重要作用，法院对其忽视可能导致相反结果的

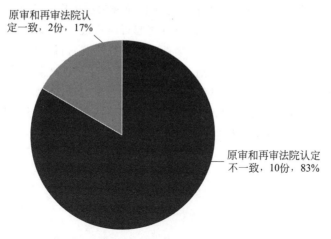

图 2-73　原审法院和再审法院对于重复起诉认定情况统计

裁判。一方面,新的事实要素的忽视适用,可能导致法院对于是否构成重复起诉的认定不同,另一方面,结合前文图 2-65 中,实践中法院回避适用新的事实要素的问题十分严重,这共同造成了新的事实要素在实践中适用之困难。

本 章 小 结

本章是对重复起诉认定标准运行情况的考察,分为总体情况考察和 4 个要素的分别考察。

在重复起诉认定标准运行总体情况的考察部分,通过对《民诉解释》施行以来最高法院关于民事案件重复起诉作出的全部裁判文书进行筛选,选出 387 份研究样本。根据该 387 份研究样本,对裁判文书援引法律条文、前诉裁判内容对认定重复起诉的影响情况、重复起诉各要素适用情况、裁判文书说理情况以及不同审级认定结果情况进行了较为详细考察。

在重复起诉认定标准 4 个要素适用情况的考察部分,以 2018 年 1 月 1 日以来最高法院和高级法院适用《民诉解释》第 247 条的 1011 份裁判文书作为研究样本,分别考察了当事人要素、诉讼标的要素、诉讼请求要素的适用情况。具体包括:(1)当事人要素适用情况部分,以前后诉当事人数量差为因素考察当事人要素的认定情况以及当事人诉讼地位和新的当事人加入情形下当事人要素认定情况。(2)诉讼标的要素适用部分,包括诉讼标的在认定重复起诉中的作用及说理、法院对诉讼标的所含内容的表述情况、对同一案件的诉讼标的要素不同审级法院的理解情况。(3)诉讼请求要素适用情况部分,包括诉讼请求在认定重复起诉时所起作用、诉讼请求要素形态、诉讼请求要素法定形态认定依据、同一案件不同审级法院对诉讼请求要素认定和法院适用诉讼请求要素的说理情况。通过对 2018 年 1 月 1 日以来最高法院、高级法院、中级法院适用《民诉解释》第 248 条的 763 份裁判文书进行筛选,选出 681 份作为分析新的事实要素适用情况的研究样本。具体包括:对新的事实要素当事人争议和主张及法院回应情况、法院对新的事实要素内涵阐述情况和不同审级法院对新的事实要素态度。

第三章 我国重复起诉认定标准存在的问题

第一节 重复起诉认定标准总体运行困境

一、法院裁判不当规避适用《民诉解释》第247条

（一）法条援引视角下的规避适用

1. "未援引法条"的直接规避

《民诉解释》第247条，作为目前仅有的规定有具体认定重复起诉内容的法律规范，其所规定的重复起诉之认定标准，理应在实践中获得广泛而统一地运用。然而，实践中的适用情况却远未达至预期，根据图2-1的数据，样本中存在着23％的裁判文书未援引任何的法条，法院在裁判文书中针对其所认定的事实与作出的理由未给出任何相关的法律依据。从其内容来看，存在着规范适用相关法律规定之构成要件进行判断而未明确援引法条的情形，[1]亦存在着径行判定而未加说理且未曾明确援引法条的情形，[2]体现出实践中法律适用的恣意性。除了整体样本以外，在针对重复起诉认定标准的各个要素的样本中，亦存在着不同程度的规避构成要素的问题。根据图2-11可知，法院未对当事人要素予以评价的文书比例为36％；根据图2-37可知，法院判断重复起诉时未将诉讼标的作为构成要素的文书比例高达50.2％；根据图2-50可知，法院未将诉讼请求作为认定要素的文书比例为22％。从未援引法条的文书内容来看，根据图2-3可知，在未援引法律条文且认定标准存在差异的86份裁判文书中，存在着高达72.1％的文书，无论是在构成要素的内容抑或是构成要素的数量方面，皆与《民诉解释》第247条、第248条所规定的重复起诉之构成要件存在着或多或少的差异，同时还存在着14％的文书则直接对重复起诉之认定标准这一问题选择了无视。质言之，法院在适用重复起诉之认定标准方面所存在的缺失，成为其未援引任何法律

---

[1] 参见最高法院（2015）民提字第5号民事裁定书、（2016）最高法民申1540号民事裁定书、（2015）民一终字第240号民事判决书、（2017）最高法民再345号民事判决书等。

[2] 参见最高法院（2018）最高法民申852号民事裁定书、（2015）民二终字第188号民事裁定书、（2015）民二终字第94号民事裁定书等。

条文的原因之一。此外,更加不能忽视的一组数据则是,存在着 13.9% 的文书,在适用"当事人＋诉讼标的＋诉讼请求"之规范构成要素的情形下,依然未援引任何的法律条文,全然搁置了与之相对应的法律依据。

上述情形显然属于失范行为,将极大幅度地减损裁判文书的权威性并使公众对其内容的公正性产生质疑,亦将妨碍当事人对裁判结果的认可与信服,阻碍案结事了之诉讼目标的实现,甚或是激化矛盾。此外,根据图 2-2 的数据,在存在法条援引的 298 份裁判文书中,针对《民诉解释》第 247 条的援引次数为 260 次。质言之,在全部的 387 份研究样本中,针对《民诉解释》第 247 条的援引适用率仅为 67%,这一数据反映出《民诉解释》第 247 条在法律实施过程中遭遇了一定的阻力与适用困境,尚未取得统一适用的实施效果。综上,无论是未援引任何法条,抑或是《民诉解释》第 247 条在实践中的低适用率,皆从源头上阻却与限制了《民诉解释》第 247 条之规范作用的完满发挥,实有必要对人民法院的法律适用行为予以规范。

2. "法条援引不一致"的间接规避

根据图 2-2 可知,在存在法条援引的裁判文书中,针对重复起诉问题,在法律适用层面并未实现完全的一致,依然存在一定比例的适用《民诉解释》第 247 条、第 248 条之外法条的裁判文书,在共计 326 次的法条援引次数中,援引其他法条的次数为 48 次。法律依据的不一致,可能在一定程度上导致法律适用的混乱,进而引发同案不同判的法律后果。这一情形乃是对《民诉解释》第 247 条的间接规避,表现为以其他法条作为替代予以认定是否构成重复起诉。虽然亦存在着针对《民诉解释》第 247 条、第 248 条与其他法条同时援引的情形,但是,绝大多数裁判文书乃是通过单独援引其他法条,用以处理重复起诉问题。例如,将认定构成重复起诉作为不符合再审情形的事由予以处理,进而仅援引《民事诉讼法》第 200 条;[1]将针对已生效裁判文书再次起诉的行为,以不符合起诉条件或得以申请再审而不得另诉为由予以处理,进而援引《民事诉讼法》第 119 条与第 124 条的规定。[2] 这些情形反映出法院在处理重复起诉问题时规避《民诉解释》第 247 条的适用,未将重复起诉作为一个独立问题,而是依附于其他制度的规定,忽视了《民诉解释》第 247 条关于重复起诉认定内容的存在。这势必对重复起诉的统一、规范认定造成不利的影响,进一步加剧实践中针对重复起诉认定问题的混乱程度。

法律适用依据不一致有着主、客观两个方面的原因。在主观方面,主要表现为审

---

[1] 参见最高法院(2015)民申字第 3546 号民事裁定书、(2016)最高法民申 1059 号民事裁定书、(2016)最高法民申 1060 号民事裁定书等。

[2] 参见最高法院(2015)民二终字第 282 号民事裁定书、(2015)民申字第 109 号民事裁定书、(2018)最高法民申 2675 号民事裁定书等。

判法官对于法律规范在理解与适用上的主观性,即通常以自身的经验与专业知识储备对法律与事实作出判断,进而体现出法律依据的不一致;在客观方面,主要表现为当前法律规范在重复起诉问题上依然存在着模糊性,亟须对相关的基础概念与具体要素的理解与适用作出进一步地明确解释。

(二)认定结果视角下的规避适用

根据表 2-1 可知,人民法院在不同认定结果的文书中,法律适用情况存在着较大差异,而针对《民诉解释》第 247 条的适用亦是如此,认定构成重复起诉的文书中援引次数仅占针对《民诉解释》第 247 条援引总次数的 40.8%,而在认定不构成重复起诉文书中对应的比例为 59.2%,适用频次之差异明显。据此可知,法院针对构成重复起诉的情形,存在着对《民诉解释》第 247 条的规避适用。究其原因,则是在于法院针对不同认定结果所作出的认定理由存在着不同的标准范式,即在认定构成重复起诉而未援引《民诉解释》第 247 条的文书中,审理法官通常是依据自身专业知识与实践经验所形成的认定要素予以认定,而这一认定标准往往脱离了《民诉解释》第 247 条的规定内容,例如,法院分别以前后两诉基于同一事实、理由和法律关系、[①]所依据的事实理由相同、[②]案由相同[③]为由,认定后诉构成重复起诉。而与之相对应的,在认定不构成重复起诉的文书中,法院更愿意依据《民诉解释》第 247 条的规定内容作出认定不构成的理由。综上,法院在认定构成重复起诉的过程中更多地倾向于脱离《民诉解释》第 247 条的规定内容而作出认定结果,导致法院的认定理由形式不一,存在着明显地个体局限性,势必使得重复起诉之认定问题进一步复杂化,最终导致重复起诉之认定标准的虚无化,因为认定标准的多样化,则等同于不存在认定标准。

(三)认定模式视角下的规避适用

1. 法律适用情形下的认定模式不同

针对《民诉解释》第 247 条的规避适用,不仅仅表现为未援引任何法条或者降低适用频次,实践中还存在着对《民诉解释》第 247 条的形式化适用,即裁判文书中虽然明确将《民诉解释》第 247 条作为认定是否构成重复起诉的法律依据,但法院的认定过程、认定理由却与《民诉解释》第 247 条的规定内容产生了偏离甚至是毫无关系。映射到认定模式层面,即表现为以《民诉解释》第 247 条所规定的部分认定要

---

① 参见最高法院(2019)最高法民申 1140 号民事裁定书。
② 参见最高法院(2019)最高法民申 2133 号民事裁定书。
③ 参见最高法院(2016)最高法民申 2900 号民事裁定书。

素、①法定外要素②或者两种要素混合③作为认定标准的情形,而这些皆发生在法院已然明确援引《民诉解释》第 247 条的情况下。根据表 2-2 可知,在主要认定模式下援引《民诉解释》第 247 条的 165 份文书中,适用"诉讼请求"与"当事人＋诉讼请求"之认定标准的文书有 32 份,所占比例为 19.4%,这也反映出实践中的法律运用与法律条文的立法原意产生了一定的偏离。毋庸置疑,实践中所存在的如此规避行为,将使得《民诉解释》第 247 条的存在变得毫无意义,因为形式上的法条援引只是披上了合法的外壳,却无法掩饰该行为对《民诉解释》第 247 条核心内容的剥离甚至是对抗。对此,实有必要对法院在重复起诉认定过程中针对《民诉解释》第 247 条规定内容进行个体性理解的行为予以规制,以避免《民诉解释》第 247 条被实质性架空。

2. 认定模式相同时的法律依据不同

在认定模式层面还存在着一种规避形式,即法院在认定依据不同时,却适用了同一认定标准。根据表 2-2 可知,在各种主要认定模式项下,皆存在着对多种不同法律条文的援引,且并非仅是在单一文书中同时存在多个法律条文的援引,④而是在适用相同认定标准情形下,在不同的文书中各自援引不同的法律条文,并给出了差异化的认定理由。⑤这一数据,反映出法院对于作为重复起诉之认定依据的同一相关条文,分别存在着不同的理解与适用,从而导致"不同法律依据'产生'相同认定标准"的异常现象。其中,尤为突出的即是法院皆适用了与《民诉解释》第 247 条规定相一致的"当事人＋诉讼标的＋诉讼请求"之认定标准,而认定依据却不尽相同。根据表 2-2 可知,在适用"当事人＋诉讼标的＋诉讼请求"之认定标准的裁判文书中,虽然援引《民诉解释》第 247 条的比例达到了 87%,但亦存在着 13% 的裁判文书在适用这一法定认定标准的同时援引的是其他法律依据。与前文所述情形恰好相反,虽然在认定标准上保持了规定范式,但亦反映出两个方面的问题,其一是针对《民诉解释》第 247 条的援引形式与核心内容的分离,二者本应时刻保持一致;其二则是认定依据与认定标准之间的关系混乱,即法院未严格依照规范内容推导与适用认定标准或者是认定依据选择适用的恣意导致法律适用的表面化,最终形成"认定标准得以脱离法律依据而存在"的不当趋势。

---

① 参见最高法院(2015)民申字第 3397 号民事裁定书、(2015)民申字第 2680 号民事裁定书、(2015)民一终字第 377 号民事判决书等。

② 参见最高法院(2015)民申字第 3105 号民事裁定书、(2016)最高法民申 1059 号民事裁定书、(2016)最高法民申 1670 号民事裁定书等。

③ 参见最高法院(2015)民申字第 1551 号民事裁定书、(2015)民申字第 2163 号民事裁定书、(2015)民申字第 3105 号民事裁定书。

④ 参见最高法院(2017)最高法民申 852 号民事裁定书、(2017)最高法民申 522 号民事裁定书。

⑤ 参见最高法院(2015)民申字第 1551 号民事裁定书、(2015)民申字第 3183 号民事裁定书。

二、重复起诉适用类型的失衡与扩张

（一）适用类型失衡情形下的诉权滥用

根据图 2-4 可知,在司法实践中,针对重复起诉问题,绝大多数案件的适用前提为"前诉裁判发生法律效力",仅存在着极少数案件的适用前提为"前诉处于诉讼过程中",所占比例仅为 5%,重复起诉适用前提在实践中的案件分布呈现出明显失衡的态势。与之形成明显对比的是,我国关于重复起诉制度的理论研究一直以"前诉处于诉讼过程中"作为重点,而且大陆法系国家皆将重复起诉限定于诉讼系属阶段,而未如我国《民诉解释》第 247 条一般同时适用于"前诉裁判已生效"的情形。然而,我国司法实践的运行现状则与理论研究相反,适用于"前诉裁判已生效"的情形占据了绝对的主流,说明绝大多数的重复起诉案件乃是针对已有生效裁判中同一问题所进行的重复审理,不仅导致有限司法资源的浪费,更有可能产生矛盾裁判。随着针对已有生效裁判的另诉案件大量涌入诉讼程序,也势必助长"诉讼侥幸"心理下不当行使诉权的权利滥用行为,进一步加剧重复起诉的严重程度。在分析样本中,就存在着未针对前诉裁判提起上诉而是待裁判生效后另行起诉[①]、后诉以重复起诉为由驳回起诉后未在前诉中主张权利而是撤诉后另行起诉[②]以及对当事人、诉讼请求与案由等进行形式变更后另行起诉[③]等诉权滥用行为,而这亦与法院与当事人针对重复起诉之认定标准所存在的理解偏差有关,理应在明确构成要件之具体内涵的基础上予以规制。

（二）适用类型扩张情形下的规范突破

1. 适用前提与认定标准的角色混同

根据表 2-3 可知,对于前诉裁判内容为"判决驳回诉讼请求""裁定驳回起诉、不予受理、移送公安机关"之存在生效裁判的情形,法院存在以"双方当事人之间的争议在前诉中未经实体审理"为由,认定后诉不构成重复起诉。由此可见,重复起诉适用前提的作用在实践运用过程中发生了异化,其已然充当了实质意义上的认定标准的角色,导致适用前提与认定标准发生角色混同。无论是将适用前提推导下的"未经实体审理"与"当事人、诉讼标的、诉讼请求"等构成要素并列组成认定标准;抑或是将"未经实体审理"作为独立的认定标准甚至于凌驾于《民诉解释》第 247 条所规定的构成

---

① 参见最高法院(2015)民二终字第 287 号民事裁定书。

② 参见最高法院(2019)最高法民申 663 号民事裁定书。

③ 参见最高法院(2016)最高法民申 3307 号民事裁定书、(2016)最高法民终 711 号民事判决书、(2018)最高法民申 6260 号民事裁定书等。

要素之上，直接认定不构成重复起诉的做法，例如，在A公司与B公司债权转让合同纠纷中前诉裁定移送公安机关处理，后诉一审法院认为两诉的当事人、诉讼标的、诉讼请求皆相同，认定构成重复起诉，进而裁定驳回起诉，而二审法院即最高法院以"前诉中未对民事责任进行实体审理"为由，认定再诉符合起诉条件，[①]皆形成了对现有规范中有关于认定标准之规定的有力冲击，实为在现有规范框架之下，以重复起诉适用前提为基础，又创设了以"未经实体审理"为内容的认定标准，尤其是忽视其他构成要素而仅以"未经实体审理"为由直接否定重复起诉的构成，这势必将导致现有认定标准被架空，亦已突破了现有规范的内容。

2. 适用前提之文书内容的类型突破

《民诉解释》第247条中所规定的"裁判文书已生效"中的文书类型应当仅为人民法院作出的判决书、裁定书、调解书，而根据表2-3可知，实践中却已然认可前一案件作出的生效文书可以为仲裁裁决，这实为对文书内容的类型突破。例如，在A与B公司合同纠纷案件中，前一案件所作出的生效文书为仲裁裁决，对此，最高法院作为二审法院，将其与生效裁判文书进行了同等对待，认为两个案件的当事人、诉讼标的相同，诉讼请求实质否定已经发生法律效力的仲裁裁决的结果，构成重复起诉，裁定驳回起诉。[②] 对此，笔者认为，不宜将重复起诉适用前提的文书类型扩张至生效仲裁裁决，因为禁止重复起诉的对象乃是存在同一争议的两个诉讼程序案件，其目的乃是阻止针对同一争议的重复性诉讼审理，避免矛盾裁判。而仲裁并非诉讼程序，仲裁裁决亦不属于人民法院作出的裁判文书类型，而实践中的这一做法，将严重侵犯当事人的合法诉权，因为仲裁裁决生效后的另诉实为该争议第一次得以进入司法诉讼程序，理应获得支持，而不得作为认定重复起诉之二次诉讼的对象。

三、认定标准构成要素替代适用普遍

（一）法院将认定标准各要素以其他内容替代情况明显

根据表2-4可知，法院所适用的重复起诉认定标准中，构成要素的内容形式各异，除了《民诉解释》第247、248条所规定的法定构成要素以外，还存在着诸多法定构成外的要素对前者的替代适用情况。根据这些法定构成外要素在重复起诉认定标准中所承担的角色与作用，可以将要素替代划分为具有构成要件身份的直接替代与作为构成要件内要素之识别标准的隐形替代。首先，具有构成要件身份的直接替代，即为将这些法定构成要件外的要素与构成要件内的四个要素等同视之，并列作为重复起

---

① 参见最高法院(2015)民二终字第282号民事裁定书。

② 参见最高法院(2018)最高法民终495号民事裁定书。

诉认定标准的组成内容,甚或是单独以构成要件外的要素直接作为重复起诉的认定标准,根据表 2-6 可知,上述由法定构成外要素作为重复起诉之认定标准的直接替代的情形,在法院所适用的"一要素""二要素""三要素""四要素"之认定模式中皆存在;其次,作为法定构成要素之识别标准的隐形替代,即在适用由法定构成要素组成的认定标准的情况下,以法定构成外要素作为其是否相同的判断标准,最为常见的情形即为,以法律关系、事实理由、法律事实等概念作为诉讼标的是否相同的判断标准,实质上替代了诉讼标的的要素的构成要件地位。根据表 2-4 可知,在当事人、诉讼标的与诉讼请求这三个要素当中,诉讼标的的要素的涉及比例偏低,这与实践中所存在的"以其他概念要素替代诉讼标的"的做法亦不无关系。

(二)不同裁判文书中认定标准所含要素数量差异显著

前文中论述了重复起诉认定标准在具体的要素构成方面所存在的明显差异,根据表 2-6 可知,裁判文书中所适用的重复起诉认定标准在所含要素的数量方面亦存在着显著差别,同时存在着"一要素""二要素""三要素""四要素"四种不同的认定标准组成形式,更遑论各种组成形式内部亦存在着由不同要素内容参差组成的具体认定标准。通过分析裁判文书的具体内容发现,在认定标准的选择适用方面,主要表现为审理法官依据自身的理解选择适用不同的构成要素,最终导致重复起诉的认定标准在表现形式上纷繁芜杂,反映出司法实践在重复起诉之认定层面的恣意性。综上,无论是裁判文书中所涉及的构成要素的内容,抑或是认定标准中所含要素的数量,皆体现出人民法院选择适用重复起诉之认定标准的恣意性,这对于本就纷繁复杂的重复起诉问题而言无疑是雪上加霜,将使得重复起诉的认定更加困难,且认定结果难以统一。

四、法院审查认定重复起诉态度轻怠

(一)最高法院审查与认定重复起诉时说理态度消极

根据图 2-5 可知,从分析样本的整体数据来看,未说理的样本比例超过了 33%,而充分说理的样本比例仅为 42%,这一数据充分体现出,实践中针对重复起诉问题的说理程度严重不足。此外,在针对重复起诉认定标准的各个要素进行分析的样本文书中亦存在着不同程度的说理不足的问题。根据图 2-15 可知,针对前后诉当事人数量相同的情形,法院认定当事人要素未说理的文书比例高达 49.7%;根据图 2-38 可知,法院未针对诉讼标的的要素进行说理的文书比例为 45%;根据图 2-69 可知,法院针对是否发生新的事实而未说理的文书比例为 17%。而通过对裁判文书具体内容的分析得知,这一问题的产生既有审判法官对于审判便利的主观选择与以自身理解为基础的裁量性法律适用的原因,亦有现有理论研究在针对重复起诉之认定标准与其构成要素,尤其是诉讼标的、诉讼请求之具体内涵与相互关系等方面的争议,难以有效指引、规范与统一司法实践的客观因素。针对重复起诉的说理在实践中具有不可或缺的重要价值,因为其不仅得以充分体现出法院对于重复起诉的判断标准、重复起诉构成要件的理解与识别,也能够最终服务于法律规范的统一适用之目标的实现;而且充分的说理得以更好地获得当事人对裁判结果的认同与信服,进而引导当事人合理行使诉权,有效避免重复起诉问题的发生。相反,实践中针对重复起诉问题之说理的缺乏与不足,不仅无法实现对后续重复起诉问题的有效预防与指导,导致重复起诉案件持续不断地涌入人民法院,亦不利于重复起诉相关法律规范的有效、统一实施,最终使得重复起诉问题成为司法实践难以根治的顽疾,因此,进一步加强针对重复起诉问题的裁判文书说理,应当作为当前司法实践的工作重点。

(二) 地方法院审查与认定重复起诉时法律效果欠佳

根据图 2-7 可知,在同一案件中,不同审级法院之间针对是否构成重复起诉的问题存在着认定差异,其中,认定结果与认定理由皆一致的文书比例仅为 53.7%,而认定结果相反的文书比例却有 23.6%。倘若以最高法院的认定作为规范基准的话,针对同一情形却产生如此差异化的结果,则得以体现出地方法院在审查与认定重复起诉时,未能实现良好的预期效果,亟须对各地方法院的认定程序与规则予以规范化、制度化。此外,以认定结果作为切入点,在不同审级法院之间认定结果相反的裁判文书中,由最高法院最终认定不构成重复起诉的文书占据了压倒性优势,所占比例竟然高达 92%,而且,根据图 2-9 可知,不同审级法院之间主要是针对诉讼请求要素的认定存在着争议甚至是作出了截然相反的认定。综上,得以体现出地方法院对于构成要素的认定存在着较大的瑕疵,且更多地倾向于认定构成重复起诉,这将不当阻却当事人合法诉权的行使。

第二节 当事人要素适用中存在的问题

一、当事人数量变化是否影响当事人要素认定的标准不一

根据图 2-11、图 2-14 与图 2-21 所显示的数据可知,针对样本案例中存在当事人数量变化的情况,法院对于当事人要素的认定存在着忽视甚至排斥的现象。无论是在前后诉当事人数量相同抑或是不同的情况下,法院在认定是否构成重复起诉时针对当事人要素未予评价的比例皆超过了 30%;而根据图 2-26 所显示的数据可知,即

便是在法院对于前后诉当事人要素是否相同作出评价的文书中,其针对类似案件所适用的认定标准并不一致。例如,部分法院在认定重复起诉时并未对当事人要素作出评价,而是仅依据诉讼请求或者诉讼标的等其他要素作出认定,甚或是在明确前后诉的当事人并不完全相同的情况下认定后诉构成重复诉讼,不当地消减了当事人要素在重复起诉认定过程中的作用;又如,针对前后两诉的当事人数量发生变化的情形,应当采用形式判断即通过对两诉当事人的简单对比即可予以认定,抑或是需要进一步作出实质判断方可予以认定,实践存在不同的做法;再如,针对前后两诉之当事人数量变化进行实质判断时,对于实质判断的具体标准,法院所适用的判断标准亦存在着较大的差异。

(一)法院在当事人数量变化情况下忽视甚至排斥当事人作为重复诉讼的判断标准

根据《民诉解释》第 247 条的规定,前后两诉的当事人相同是法院认定后诉构成重复诉讼不可或缺的认定标准之一,但实践存在直接忽视当事人要素而径行对重复起诉作出认定的情形。从图 2-21 所反映的数据来看,法院在前后诉当事人数量不同的情形中,未对当事人要素进行评价的比例高达 32%。实践中甚至还存在着明确否定或排斥将当事人要素作为重复起诉之认定标准的做法。

1. 对当事人要素未作评价,忽视当事人要素

【案例 1】[①]   2016 年赵某邦、郭某以郑某存、赵某华等 5 人为被告,向法院提起诉讼,要求确认赵某邦与郭某对 24 号房屋享有所有权。法院查明赵某章死亡后,郑某存、赵某华等 5 人依据生效判决取得了 24 号房屋按份共有所有权登记证书,故法院判决驳回赵某邦、郭某的诉讼请求。[②]

2019 年赵某邦、郭某以赵某华为被告,向法院提起诉讼,要求确认 24 号房屋归赵某邦所有。一审法院认为赵某邦、郭某就已经提起诉讼的事项在裁判生效后再次起诉,依据《民诉解释》第 247 条的规定属于重复起诉,故裁定驳回其起诉。[③]

一审裁定作出后赵某邦、郭某提起上诉。二审法院认为,在 2016 年之诉中,法院已经判决驳回赵某邦、郭某的诉讼请求,本案中其再次要求确认 24 号房屋归赵某邦所有,构成重复诉讼,故裁定驳回上诉,维持原裁定。[④]

二审裁定作出后赵某邦、郭某申请再审。再审法院认为赵某邦、郭某要求确认 24

[①] 本节案例,单独编号,共计 23 个。

[②] 参见北京市石景山区法院(2016)京 0107 民初 14693 号民事判决书。

[③] 参见北京市石景山区人民法院(2019)京 0107 民初 16701 号民事裁定书。

[④] 参见北京市第一中级法院(2019)京 01 民终 9257 号民事裁定书。

号房屋归其所有的主张,与 2016 年之诉的诉讼标的一致,构成重复诉讼,故裁定驳回赵某邦、郭某的再审申请。①

在该案中,前诉中的原告针对前诉中的部分被告再次提起诉讼,后诉的当事人数量发生了减少,针对当事人数量发生变化的这一情况,法院并未依形式判断而认定两诉的当事人不同抑或是依实质判断而作出合理评价,而是选择直接忽视当事人要件,仅以前后两诉的诉讼标的相同为由,认定后诉构成重复诉讼。

在忽视当事人要素的情况下,除了诉讼标的的认定依据以外,亦存在着以其他要素作为重复起诉认定标准的案例。在另案中,前诉原告在后诉中另外增加了其他被告,当事人数量发生了增加,对此,终审法院并未将作为重复起诉之认定标准之一的当事人要素进行评价与认定,而是以《民诉解释》第 247 条所规定的除当事人要素以外的诉讼请求与诉讼标的要素相同为由,径行认定后诉构成重复诉讼。②

2. 直接否定排斥当事人要素

【案例 2】 1995 年孙某义与 G 公司签订劳动合同并多次续订,孙某义在 G 公司享有职工股份、领取分红。2013 年孙某义从 G 公司退休,并已退股。自 1999 年 11 月至退休时,孙某义的工作地点为 K 公司的 X 煤矿。

2015 年孙某义以 K 公司为被告,向法院提起诉讼,案由为劳动争议纠纷。该案法院判决驳回孙某义的诉讼请求。③

2018 年孙某义以 K 公司 X 煤矿为被告向法院提起诉讼,案由为确认劳动关系纠纷。法院认定孙某义与 G 公司之间存在劳动关系,与 K 公司 X 煤矿之间没有劳动关系,故判决驳回孙某义的诉讼请求。④

2019 年孙某义以 K 公司为被告,K 公司 X 煤矿、G 公司为第三人向法院提起诉讼,案由为劳动合同纠纷。

一审法院认为,在 2015 年与 2018 年之诉中,法院已认定孙某义与 K 公司之间没有劳动关系,与 G 公司之间具有劳动关系,与 X 煤矿之间没有劳动关系,且已驳回孙某义要求 K 公司赔偿住房补贴等损失的诉讼请求,故孙某义再次起诉,属于重复诉讼,裁定驳回其起诉。

一审裁定作出后孙某义提起上诉。二审法院认为,孙某义以与 2015 年与 2018 年之诉相同的诉讼请求再次起诉,构成重复起诉,故裁定驳回上诉,维持原裁定。⑤

---

① 参见北京市高级法院(2020)京民申 1532 号民事裁定书。
② 参见山西省高级法院(2019)晋民申 2987 号民事裁定书。
③ 参见山东省淄博市中级法院(2016)鲁 03 民终 260 号民事判决书。
④ 参见山东省淄博市淄川区法院(2018)鲁 0302 民初 4718 号民事判决书。
⑤ 参见山东省淄博市中级法院(2019)鲁 03 民终 3230 号民事裁定书。

二审裁定作出后孙某义申请再审。再审法院认为,虽然本案当事人与 2015 年之诉的当事人不完全相同,孙某义增加了部分诉讼请求,但孙某义提起本案诉讼实质目的在于否定 2015 年之诉的民事判决,遂依据《民诉解释》第 247 条之规定裁定驳回孙某义的再审申请。[①]

在该案中,前诉原告将前两次分别起诉的被告在后诉中列为共同被告并增加了另外的第三人,相对于前两次诉讼,后诉的当事人数量发生了增加,对此,一、二审法院皆仅以前后诉的诉讼请求相同而径行认定后诉构成重复起诉,皆未对当事人的数量变化予以回应;终审法院则是在明确认可前后诉当事人不完全相同且原告在后诉中增加了部分诉讼请求的情况下,另以原告提起后诉的实质目的即在于否定前诉生效判决为由,认定后诉构成重复诉讼。在这一案件当中,不仅存在着对于当事人要素作为重复起诉认定标准的直接忽视,同时还存在着排斥当事人作为重复起诉认定标准的情形,即终审法院认为当事人不同并不影响对于构成重复起诉的认定结果。

直接否定甚或是排斥当事人要素作为重复起诉认定标准的情形并非个案,亦存在与之相似的案例。在另案中,前诉原告以前诉的部分被告作为后诉被告向法院提起诉讼,后诉的当事人数量发生减少。对此,终审法院认为,虽然前后两诉的被告不相同,但是后诉的诉讼请求系实质否定前诉的裁判结果,故后诉依然构成重复诉讼。[②]

(二) 对于前后诉当事人是否相同,有的法院采形式相同标准,有的法院采实质相同标准

在当事人数量发生变化的情形下应如何认定当事人要素,对此,现有法律规范尚未予以明确,是仅依据前后两诉之起诉状中所列明的当事人进行简单的形式对比,抑或是在形式判断以外再进行实质性的审查判断,从图 2-26"法院认定理由与当事人数量因素相关的具体类型"所反映的数据来看,目前这两种做法同时存在于法院针对当事人数量变化的认定过程中,表现为"前后诉当事人是否实质相同"与"前后诉当事人形式对比上是否相同",且往往得出截然相反的认定结果,这一差异化认定势必将对重复起诉之认定标准的统一与稳定造成不利影响。且这两种认定方式皆存在着缺陷,针对当事人要素仅作形式判断的方式,可能对恶意更换当事人以规避重复起诉之认定规则形成不当激励;针对当事人要素进行实质判断的难点即在于难以确立明确、统一的判断标准,而差异化的判断标准亦势必不利于当事人要素之认定结果的一致性。

---

① 参见山东省高级法院(2020)鲁民申 5084 号民事裁定书。
② 参见江西省高级法院(2018)赣民申 705 号民事裁定书。

1. 采形式相同标准

【案例3】 2015年A公司以S公司为被告,向法院提起诉讼,案由为侵害名誉权纠纷。针对诉讼中A公司提出的S公司存在商业诋毁的主张及诉讼请求,法院以级别管辖为由,未进行审理。

2016年A公司以S公司、D公司、马某彪为被告,向法院提起诉讼,案由为商业诋毁纠纷。一审裁判后A公司作为上诉人提起上诉,二审法院以本案与2015年之诉的诉讼标的相同为由,认定构成重复起诉,裁定驳回A公司的起诉。

二审裁定作出后A公司申请再审,再审法院认为,2015年之诉的被告为S公司,但在本案中的被告为S公司、马某彪和D公司,故前后诉的当事人不相同。再审法院以两诉的当事人、诉讼请求不同,且2015年之诉中未对商业诋毁问题进行审理为由,认定本案不构成重复起诉,裁定指令再审。[①]

在该案中,针对当事人数量增加的情况,二审法院在认定过程中并未予以评价,而是仅以前后诉的诉讼标的相同为由,认定后诉构成重复诉讼;再审法院则是推翻了二审法院的认定结果,认为前后诉当事人在形式上并不相同,且诉讼请求亦不同,认为后诉不构成重复诉讼。本案中,再审法院以形式判断的方式所作出的认定结果否定了二审法院仅以前后诉的诉讼标的相同为依据所作出的认定结果,而在案例1中,再审法院却是忽视当事人的数量变化而以诉讼标的相同为依据作出了最终的认定结论。

在上述案例3中,作为终审法院的最高法院亦采用了简单的形式判断的方式对当事人要素进行认定,该做法为实践中的普遍现象,根据图2-26可知,在法院认定理由与当事人数量因素相关的文书当中,"形式上对比前后诉当事人是否相同"情形的文书所占比例高达46.7%。此外,在地方法院中亦存在着同样的情况,在地方高院审理的案件中,前诉原告以前诉被告以及其他新增当事人作为共同被告提起后诉,即当事人数量发生了增加,一、二审法院皆未对当事人要素进行评价,而是以前后诉所争议的法律关系相同为由径行认定构成重复诉讼。再审法院则是通过对前后诉的原、被告进行罗列与对比,进而认为两诉的当事人并不相同。[②]

2. 采实质相同标准

【案例4】 2005年鸿元公司与新产业公司签订《有关新华人寿公司股份转让之协议》,约定鸿元公司同意受让新产业公司持有的新华人寿公司9%股份。同年,鸿元公司与博智公司签订《委托投资及托管协议》,约定鸿元公司根据博智公司的要求并

---

① 参见最高法院(2018)最高法民申1107号民事裁定书。
② 参见黑龙江省高级法院(2019)黑民再444号民事裁定书。

代表博智公司与新产业公司签订《股份转让之协议》，博智公司将为此股份转让向鸿元公司支付公关和顾问费。博智公司进一步要求鸿元公司于股份转让完成后作为博智公司的托管人并代表博智公司持有该新华人寿公司股份，而博智公司将为此向鸿元公司支付年托管费。2010 年博智公司与鸿元公司、德仁公司签订《关于新华人寿公司之股份及权益转让协议》（以下简称《股份及权益转让协议》），约定德仁公司收购鸿元公司持有的新华人寿公司 9％股份。

2011 年博智公司以鸿元公司为被告，欣鸿公司、宏邦公司、昊盛公司、德仁公司为第三人向法院提起诉讼，案由为股权转让合同纠纷。该案经二审法院审理，判决驳回博智公司的诉讼请求。

2014 年博智公司以鸿元公司为被告，欣鸿公司、宏邦公司、昊盛公司作为第三人向法院提起诉讼，案由为委托合同纠纷。该案二审认为，博智公司提起的该案诉讼与 2011 年之诉除案由不同，诉讼当事人相同，诉讼标的，诉讼请求均相同，违反了一事不再理原则，遂裁定驳回博智公司的起诉。

2015 年博智公司以鸿元公司、欣鸿公司、宏邦公司、昊盛公司、陈嘉伟、章文青、俞立珍为被告，向法院提起诉讼，案由为不当得利纠纷。

一审法院认为，本案的被告除了鸿元公司、欣鸿公司、昊盛公司、宏邦公司外，还包括陈嘉伟、章文青、俞立珍，前两案的当事人并未包括这三个人，故本案中的当事人与前两案中案件当事人并不完全相同，且前后诉的法律关系亦不相同。一审法院认定博智公司的起诉不构成重复诉讼。二审过程中未涉及重复起诉问题，二审法院判决驳回上诉。[①]

2017 年博智公司以德仁公司、鸿元公司、欣鸿公司、宏邦公司、昊盛公司、陈嘉伟、章文青、俞立珍为被告，向法院提起诉讼，案由为确认合同无效及侵权责任纠纷。法院认为虽然本案与前三次诉讼各次诉讼的当事人不尽相同，但本案的被告涵盖了前三次诉讼的全部当事人，且未增加其他新的当事人，故应认定本案当事人与前三次诉讼当事人相同，且诉讼标的相同、诉讼请求实质否定前诉裁判结果，法院遂以博智公司起诉构成重复起诉为由，裁定驳回其起诉。[②]

2018 年博智公司以鸿元公司、欣鸿公司、昊盛公司、宏邦公司、冠爵公司为被告，向法院提起诉讼，案由为财产损害赔偿纠纷。

一审法院依据《民诉解释》第 247 条认为，"本案的被告中除了鸿元公司、欣鸿公司、昊盛公司、宏邦公司外，还增加了新的当事人冠爵公司，故本案与前述案件的当事

---

① 参见上海市高级法院（2016）沪民终 245 号民事判决书。
② 参见河北省高级法院（2017）冀民初 35 号之二民事裁定书。

人并不完全相同,博智公司提起本案诉讼从形式要件上并不构成重复起诉。"①

一审判决后当事人提起上诉。关于本案与前诉的当事人是否相同的问题,二审法院认为,"本案和前四次诉讼的原告均为博智公司,被告均为鸿元公司,而本案其他被告欣鸿公司、昊盛公司、宏邦公司在前四次诉讼中,或被列为被告,或被列为须承担责任的第三人即实质意义上的被告,故本案前述当事人与前四次诉讼的当事人完全相同。本案中,博智公司增加与本案主要争议事实不存在实质性关联的冠爵公司为被告,亦不影响对当事人相同的认定。一审法院认为增加新的当事人冠爵公司就构成当事人不相同的情形,未审查博智公司是否存在虚增被告以绕开禁止重复起诉的法定限制,属于法律适用有误,本院予以纠正。"②

在该案中,在提起后诉之前已经存在着四次相关诉讼,而从第二次诉讼开始即涉及重复起诉的问题,但是法院在针对当事人数量变化进行认定时所依据的认定标准、所运用的判断方式皆存在明显差异。在第二次诉讼中,法院以当事人、诉讼标的、诉讼请求皆相同为由,认定违反一事不再理原则;在第三次诉讼中,法院通过形式判断,认为前两次诉讼中未包含第三次诉讼的全部当事人,认为当事人并不相同,诉讼请求亦不同,故不构成重复诉讼;在第四次诉讼中,法院认为虽然第四次诉讼与前三次诉讼的当事人不完全相同,但包含前三次诉讼的全部当事人,且未增加新的当事人,故认定当事人要素相同;而本案中,一审法院认为增加了新的当事人,从形式上判断不符合重复起诉的构成要件。二审法院则将承担责任人的第三人视为实质意义上的被告,针对新增加的当事人则认为与本案主要争议事实并无实质性关联,并不影响对当事人相同的认定。可以发现,在本案与一系列的前诉案件审理过程中,针对当事人数量变化情况,不仅在认定理由方面分别存在着不予回应、为前诉当事人所包含、后诉增加新的当事人之差异,在认定方式层面亦存在着形式判断与实质判断的明显分歧,本案终审法院更是直接指出一审法院针对当事人数量变化仅进行形式判断的不当之处在于未能审查原告是否存在虚增被告以恶意规避禁止重复起诉的规则限制。而形式判断与实质判断之差异化认定的并存,也直接导致针对相同的当事人数量变化情况,同一案件的不同审级法院作出了截然相反的认定结果。

结合案例3的情况来看,在前述案例中,针对当事人数量变化的情形,终审法院皆采取的是形式判断的方式,而在案例4中,终审法院则是以实质性关联之标准直接否定了原审法院依据形式判断所作出的认定结论。值得注意的是,案例3和案例4的终审法院皆为最高法院,却也分别适用了形式判断与实质判断的认定方式,得以体

---

① 参见上海市高级法院(2018)沪民初7号民事判决书。
② 参见最高法院(2019)最高法民终137号民事裁定书。

现出这一问题在司法实践中普遍存在，且始终难以妥当调处。

法院在针对当事人数量发生变化进行实质地关联性判断时，通常会以如同案例 4 中"前后诉当事人实质相同"的概念作为认定理由，同时，亦存在着与之含义相近的几组概念，皆用以作为实质判断的认定依据，例如，"前后诉的主要当事人"或者"前后诉的核心当事人"相同。在适用"主要当事人"之概念的另案中，前诉原告以前诉部分被告作为后诉被告向法院提起诉讼，即在后诉未加入新的当事人的情形下后诉当事人数量减少，对此，法院以前后诉的主要当事人相同为由认定前后诉的当事人要素相同。[①]

在适用"核心当事人"之概念的另案中，法院认为后诉当事人包括原告李某花、林某发，被告朴某活、王某强、石某祥、J 公司，以及第三人 H 公司、朱某钊、朱某明；前诉当事人包括原告朴某活、王某强，被告李某花、林某发，以及第三人 J 公司。前后诉相比，除第三人外，核心当事人仍然是李某花、林某发与朴某活、王某强、石某祥（后退出股权），即 J 公司股权转让合同的双方当事人，故应当认定前后诉的当事人相同。[②] 值得注意的是，上述两个案例中所提出的"主要当事人""核心当事人"并非现有法律规范中所明确规定的术语，而是由审理法院自身所提出的概念，且审理法院为最高法院，这则体现出最高法院自身对于何谓当事人实质相同的模糊性理解，恐将无法对地方法院的统一审理提供有效的案例指导意见。

（三）数量变化情形下法院判断当事人实质相同的标准存在差异

根据图 2-26 所反映的法院认定理由与当事人数量因素相关的具体类型来看，针对当事人数量变化的情形，法院在对当事人要素进行实质判断时，所依据的判断标准存在着较大差异，分别表现为以当事人提起诉讼时所依据的法律关系、增加的当事人与原当事人之间所存在的法律关系、前后诉案件的责任承担主体等不同标准，反映出法院针对当事人要素进行实质判断时具有一定程度的恣意性。

【**案例 5**】　聂某顺与杨某、N 公司代表人周某峰签订《股东合作协议》及《补充协议》《补充协议（二）》，约定了主要内容为聂某顺出资金、杨某出技术的商业合作关系。之后，聂某顺与杨某签订《补充协议（三）》和《补充协议（四）》，约定解除商业合作关系。《补充协议（四）》约定，杨某需向聂某顺支付 800 万元；付款之前，杨某无权对外进行技术转让，否则视为违约，应承担 500 万违约金；而且，在付款宽限期内仍未支付，协议所涉技术归聂某顺所有。

---

① 参见最高法院(2015)民二终字第 315 号民事裁定书。
② 参见最高法院(2018)最高法民申 3879 号民事裁定书。

2016 年因杨某未履行支付款项等合同义务,聂某顺以杨某、刘某(杨某的配偶)为被告,向法院提起诉讼。经法院调解终结,对 800 万元支付纠纷予以处理。调解书约定,调解协议履行完毕后,聂某顺与杨某、刘某之间的合伙、投资合同全部终止,双方无其他纠葛,任何一方皆不得向对方提出其他主张。

2017 年聂某顺以杨某、刘某、S 公司(自杨某处受让案涉技术)为被告,向法院提起诉讼,案由为合同纠纷和专利权权属、侵权纠纷。

一审法院以杨某在本案提出的诉讼请求与杨某未履行 2016 年之诉中达成的调解书所约定的 800 万元支付义务系同一法律关系为由,认定构成重复起诉,裁定驳回聂某顺的起诉。

一审裁定作出后聂某顺提起上诉。二审法院认为,聂某顺对增加的被告 S 公司的起诉也是基于杨某对于 2016 年之诉的调解书的违约,认定两诉的当事人相同,构成重复起诉,裁定驳回上诉,维持原裁定。①

在该案中,针对后诉中当事人数量增加的情形,法院在进行当事人要素的认定过程中运用了实质判断的方式,法院认为后诉与前诉系基于同一法律关系,进而认定前后诉的当事人相同。

根据图 2-26 可知,在同一法律关系之实质判断标准中,除了"基于同一法律关系"这一表现形式以外,亦存在着"不属于争议的法律关系主体"之表现形式。在另案中,针对后诉中增加的被告,法院即认为不属于本案所诉垄断纠纷争议的法律关系主体,进而认为前后诉当事人相同,构成重复诉讼。② 无独有偶,在"争议的法律关系主体"之形式项下,前诉案例中以否定新增被告之争议法律关系主体的形式认定前后诉当事人相同,而在另案中则是以肯定原当事人作为争议法律关系主体的形式认定前后诉当事人相同,即针对后诉增加被告的情况,法院以针对前后诉中同一合同效力之问题存在争议的当事人均为原当事人为由,认为前后诉的当事人相同。③ 由此可见,即便是在"同一法律关系"之判断标准项下,依然存在着诸多不同的判断形式。

【案例 6】 2012 年尹某与李某红开始同居生活,2015 年李某红通过尹某的建设银行储蓄卡账户向王某玉转账 1 万元。

2018 年尹某以李某红为被告,向法院提起诉讼,案由为同居关系纠纷,主张李某红自 2014 年至 2017 年 9 月持有其建设银行储蓄卡,并花费转移银行卡中的存款,诉请李某红返还不当得利 10 万元。该案经法院调解,双方达成调解协议,由李某红返

---

① 参见广东省高级法院(2018)粤民终 1577 号民事裁定书。
② 参见北京市高级法院(2018)京民终 221 号民事裁定书、(2018)京民终 222 号民事裁定书、(2018)京民终 448 号民事裁定书。
③ 参见福建省高级法院(2018)闽民申 2752 号民事裁定书。

还尹某 1 万元并已履行完毕。①

2019 年尹某以李某红、王某玉为被告,向法院提起诉讼,案由为民间借贷纠纷,主张李某红、王某玉偿还借款 1 万元。一审法院查明尹某在 2019 年之诉中主张李某红返还不当得利 10 万元提供的证据中包含本案主张的借款 1 万元,遂判决驳回尹某的诉讼请求。

一审判决作出后尹某提起上诉,二审法院认为本案尹某以民间借贷纠纷诉请的事项,已在 2018 年之诉中经法院调解处理完毕,并经生效的民事调解书确认,故尹某诉请的事项属重复诉讼,裁定撤销原审判决,驳回尹某的起诉。②

二审裁定作出后尹某申请再审。再审法院认为尹某虽增加王某玉为本案被告,但因王某玉系李某红女儿,在本案所涉事实及法律关系中二人具有同一性,故本案与 2018 年之诉的当事人相同。再审法院裁定驳回尹某的再审申请。③

在该案中,针对后诉中增加新的被告的情形,法院作出实质判断的标准为增加的当事人与原当事人之间的法律关系,本案中新增被告与原被告为母女关系,法院认为二者具有同一性,遂认定前后诉当事人相同。该案中仅以新增当事人与原当事人之间所存在的特殊的人身关系即认可二者在当事人要素认定过程中的同一性,而忽视了其作为独立民事诉讼主体的差异性,可能导致重复诉讼之认定结果的偏差,而且仅仅以新增当事人与原当事人之间的法律关系作为实质判断的依据亦不具有普适性,难以保障类案认定结果的一致性。

【案例 7】 2012 年 L 公司注册了 1 号注册商标,2014 年张某娟、H 公司销售印有 1 号商标字样的同类商品,该商品由 Z 公司生产。

2015 年 L 公司以张某娟、Z 公司为被告向法院提起诉讼,案由为侵害商标权纠纷。该案中法院认定张某娟与 Z 公司侵害了 L 公司的商标专用权。④

2017 年 L 公司以 Z 公司、H 公司、T 公司(L 公司主张 Z 公司与 T 公司人格混同)为被告向法院提起诉讼,案由为侵害商标权纠纷。

一审法院认为,2015 年之诉与本案的原告虽然相同,但 2015 年之诉的被告是张某娟与 Z 公司,而本案的被告是 H 公司、Z 公司、T 公司,当事人不相同,故 L 公司的起诉不属于重复起诉。

一审判决作出后 Z 公司提起上诉。二审法院认为,本案与 2015 年之诉的当事人相同,即两案原告均为 L 公司,被告均为 Z 公司。虽然本案中 L 公司还请求判令 T 公

---

① 参见甘肃省嘉峪关市城区法院(2018)甘 0271 民初 1580 号民事调解书。
② 参见甘肃省嘉峪关市中级法院(2019)甘 02 民终 289 号民事裁定书。
③ 参见甘肃省高级法院(2020)甘民申 459 号民事裁定书。
④ 参见浙江省杭州市拱墅区法院(2015)杭拱知初字第 47 号民事判决书。

司对 Z 公司的赔偿承担连带责任,但被诉侵权行为的直接行为人为 Z 公司,应当承担责任的主体亦是 Z 公司。①

在该案中,前后诉的原告相同,被告则存在着更换与新增。对此,一审法院通过形式判断的方式认定前后诉当事人不相同;而二审法院则认为,在前后诉中被诉侵权行为主体与实质责任承担主体皆一致,故前后诉当事人相同。本案中终审法院针对当事人数量变化进行实质判断的标准即为前后诉案件的责任承担主体是否一致。本案的不同审级法院之间针对当事人数量变化时分别运用了形式判断与实质判断的认定标准,所作出的认定结果则是完全相反,这一现象亦充分反映出明确前后诉当事人是否相同之判断标准的紧迫性。

在"责任承担主体"项下,亦存在着其他不同的认定理由。在另案中,原告在后诉中增加了被告,对此,法院认为,虽然原告在本次起诉中增加被告,但其在一审中明确表示不要求新增被告承担责任,故从诉讼主体的角度来看,前后诉的当事人并无实质差别。② 与之相对应的是,针对后诉中减少被告的情形,法院认为后诉中只是减少了责任主体,与前诉的当事人实质上具有同一性。③

二、诉讼地位变化情形下前后诉当事人是否相同认定不一

除当事人数量因素的变化以外,当事人诉讼地位的变化亦为当事人要素认定过程中的重要影响因素。根据图 2-28 可知,在全部的研究样本当中,前后诉当事人诉讼地位不同的文书所占比例为 49.5%。当事人诉讼地位发生变化,又存在着原被告之间的诉讼地位变化以及原被告与第三人之间的诉讼地位变化这两种情形。针对仅存在着原被告之间诉讼地位变化的情形,最高法院的权威观点对此作出了明确的解释,其认为当事人是否相同的认定不受诉讼地位变化的影响,虽然实践中绝大多数案例遵循了这一观点,但也存在着少数案例,对于前后诉当事人诉讼地位相反而认定当事人不同的情形;此外,针对第三人诉讼地位变化的情形,对于当事人要素是否相同的认定亦存在明显分歧。

(一)对前后诉原被告诉讼地位相反的情形作出不同认定结论

根据图 2-31"法院针对当事人诉讼地位在原被告间变化的认定情况"所显示的数据可知,法院针对原被告间诉讼地位变化的认定结果存在着较大的差异,在法院作出

---

① 参见广东省高级法院(2018)粤民终 710 号民事判决书。
② 参见天津市高级法院(2019)津民申 1291 号民事裁定书。
③ 参见内蒙古自治区高级法院(2019)内民申 2057 号民事裁定书。

评价的文书中,认定当事人要素相同与不同的比例分别占 69.5% 与 30.5%。而具体到后诉未加入新的当事人的文书中,在未加入新的当事人而仅为前后诉当事人诉讼地位发生变化的情形下,根据最高法院的权威观点,当事人相同不应受当事人在起诉与后诉中的诉讼地位的影响,即使前后诉原告和被告地位完全相反,仍然应当认定当事人为同一。① 通过对样本案例的分析得以发现,存在少数法院将当事人相同要素的认定必须限定原被告诉讼地位相同,进而以前后诉当事人诉讼地位不同为由而认定前后诉当事人不相同的情形。限定原被告诉讼地位相同的做法,不当地缩小了当事人要素认定的范围,这在很大程度上影响了重复起诉制度的正常运用,为当事人滥诉提供了滋长的空间,导致诉讼资源的浪费,对诉讼程序的安定性与前诉生效裁判的稳定性造成不利冲击。

【**案例 8**】 1997 年及 1998 年,W 总公司分次向 N 银行借款 100 万元及 180 万元。因到期不能偿还,W 总公司 M 分公司先后向 N 银行出具了《展期还款协议书》及《还款计划》,W 总公司均作为担保人在该《还款计划》中加盖公章。

2001 年 N 银行以 W 总公司、W 总公司 M 分公司为被告向法院提起诉讼,要求 W 总公司 M 分公司偿还 280 万元欠款本金及利息,W 总公司承担连带责任。法院判决支持了 N 银行的诉讼请求。②

2014 年 W 总公司以 N 银行为被告向法院提起诉讼,案由为财产损害赔偿纠纷。一、二审法院皆以 W 总公司的起诉违反一事不再理原则为由,分别裁定驳回了 W 总公司的起诉与上诉。③

二审裁定作出后 W 总公司申请再审,再审法院认为,本案与 2001 年之诉的当事人均为 N 银行和 W 总公司,虽然两案当事人互易其位,所处诉讼地位不同,但应视为两案当事人相同。诉讼标的相同、诉讼请求实质否定 2001 年之诉的裁判结果,遂认定 W 总公司的起诉构成重复诉讼。④

在该案中,针对前后诉当事人诉讼地位相反的情形,法院明确指出,当事人诉讼地位不同并不影响对于当事人要素作出同一认定。因为本案的终审法院为最高法院,这一现象充分体现出最高法院的实践做法与其针对司法解释所提出的观点保持了一致,亦充分肯定了其权威解读的正确性与实用性,对于各级法院的审理具有显著的指导意义,有利于保障类案裁判结果的一致性。

---

① 参见最高人民法院修改后民事诉讼法贯彻实施工作领导小组编著:《最高人民法院民事诉讼法司法解释理解与适用》(上),人民法院出版社 2015 年版,第 635 页。

② 参见内蒙古自治区满洲里市法院(2001)满经初字第 79 号民事判决书。

③ 参见内蒙古自治区高级法院(2014)内民一终字第 00245 号民事裁定书。

④ 参见最高法院(2015)民申字第 1401 号民事裁定书。

与之同样明确当事人诉讼地位不影响当事人要素是否相同之观点的案例在实践中占有较大比例。在相似的另案当中,当事人同为 Z 银行与 G 银行,作为前诉被告的 Z 银行在后诉中以 G 银行为被告向法院提起诉讼,对此,法院认为,前后诉的当事人均为 Z 银行与 G 银行,尽管双方当事人在前后诉中的诉讼地位不同,但《民诉解释》第247条仅规定"后诉与前诉的当事人相同",并未限定当事人诉讼地位必须相同。故此,应当认定前后诉的当事人相同。[①]

【案例 9】 2013 年 D 公司和谭某签订《粉刷分项工程劳务承包协议》,由谭某承包内墙粉刷工程。协议签订后,施工出现质量问题,D 公司多次向谭某发出整改通知,谭某在被多次通知之后仍未整改。2014 年 D 公司与程某保签订协议,由程某保对谭某的施工工程重新翻工维修,D 公司支付工人工资共计 20 万元。

2014 年谭某以 D 公司为被告向法院提起诉讼,案由为建设工程施工合同纠纷,要求 D 公司偿还劳动报酬款 28 万元,D 公司提出质量问题抗辩,要求扣减维修返工费用共计 20 万元。该案经一审、二审判决支持了谭某的诉讼请求。

2016 年 D 公司以谭某为被告向法院提起诉讼,案由为建设工程施工合同纠纷,要求谭某赔偿工程质量不合格的返工费及损失 20 万元。

一审法院认为工程质量存在问题,系违约行为,谭某应当承担违约责任,判决谭某赔偿 D 公司损失 20 万元。

一审判决作出后谭某提起上诉。二审法院认为,本案与 2014 年之诉系基于同一事实,当事人、诉讼标的均相同,诉讼请求实质否定 2014 年之诉的裁判结果,构成重复起诉,故裁定撤销原判,驳回 D 公司的起诉。

二审裁定作出后 D 公司申请再审,再审法院认为本案与 2014 年之诉的当事人不一致,2014 年之诉的原告为谭某,而本案的原告为 D 公司;诉讼请求、诉讼标的亦不相同,D 公司的起诉不构成重复起诉,故裁定撤销二审裁定。[②]

在该案中,前后诉的当事人完全相同,只是原被告的诉讼地位发生了调换。对此,二审法院认为前后诉当事人相同;而再审法院却以前后诉的原告不同为由认定前后诉的当事人不同,即法院针对前后诉相同当事人在两诉中的诉讼地位相反的情形,作出了当事人要素不同的认定结果。这明显与最高法院所提出的诉讼地位变化不影响当事人的同一性认定之观点是相悖的,与案例 8 中最高法院的做法亦是完全相反。

(二) 对第三人诉讼地位变化情形的当事人要素认定不一

根据图 2-33 所反映的数据可知,法院针对原被告与第三人间诉讼地位变化的认

---

① 参见最高法院(2017)最高法民终 1 号民事裁定书。
② 参见河南省高级法院(2018)豫民再 758 号民事裁定书。

定结果存在着一定分歧。在法院作出评价的文书中,法院认定当事人要素相同与不同的文书所占比例分别为64.2%与35.8%。通过对样本案例内容的具体分析得以发现,在重复起诉的实践认定过程中,法院通常并未严格区分第三人与原被告,而多将第三人作为实质意义上的原告或被告予以认定,进而针对第三人诉讼地位变化的情形作出前后诉当事人相同的认定。

1. 法院针对"前诉第三人在后诉中作为原告"情形的当事人要素认定不一

【案例10】　2010年F公司、J公司和Z公司签订《合作开发合同书》,约定J公司在项目建成后向F公司提供写字楼地上1.2万平方米建筑面积和地下0.3万平方米建筑面积。2012年J公司与R公司签订《土地开发建设补偿协议》约定,项目土地开发补偿费约为18.6亿元,R公司无偿予以还建5万平方米的办公及商业用房,其中F公司为1.5万平方米(其中地下0.3万平方米)。2015年3月10日F公司与R公司签订《协议书》,约定F公司与项目的一级开发单位J公司签订的有关还建事宜的全部协议,其中约定了J公司的责任义务,因R公司通过招拍挂方式成为项目的二级开发单位,按照挂牌文件规定,由R公司履行还建义务。

2015年F公司以J公司、Z公司为被告,R公司为第三人向法院提起诉讼,案由为合资、合作开发房地产合同纠纷,要求J公司赔偿各项损失及违约金5亿元,Z公司为此承担连带责任。一审法院判决驳回F公司的诉讼请求。[①] 一审判决作出后F公司提起上诉,案件正在审理过程中。

2016年R公司以F公司为被告向法院提起诉讼,案由为合同纠纷。

一审法院认为,根据《民诉解释》第247条规定,本案与正在审理的2015年之诉实际上系同一争议,故构成重复起诉,裁定驳回R公司的起诉。

一审裁定作出后R公司提起上诉,二审法院认为,本案与法院正在审理的2015年之诉的原被告不同,诉讼请求不同,不构成《民诉解释》第247条规定的重复起诉,一审裁定驳回R公司的起诉,适用法律不当。因本案与法院正在审理的2015年之诉的法律事实相同、涉及的实体问题相同,故法院裁定撤销原审裁定,两诉合并审理。[②]

在该案中,前诉第三人以前诉原告作为后诉被告向法院提起诉讼。对此,一审法院在进行重复诉讼的认定过程中直接忽视了当事人要素,并未对当事人要素所存在的第三人诉讼地位之变化情况予以评价,而仅以前后诉系同一争议为由,认定后诉构成重复起诉。二审法院则认为前后诉的原被告不同,认定当事人要素不同。在本案中,二审法院将第三人与原被告进行了区分,认为第三人并非当事人要素认定过程中

---

① 参见北京市第二中级法院(2015)二中民初字第13141号民事判决书。
② 参见最高法院(2017)最高法民终326号民事裁定书。

所需判断的因素。

【案例 11】 2011 年 H 公司与 Y 公司签订装修工程施工合同,H 公司将该工程发包给 Y 公司施工。同年,马某明与张某刚合伙,挂靠 Y 公司对该工程进行了施工。2012 年张某刚与马某明签订协议书,约定二人在工程项目中投资股份各占 50%。2012 年,张某刚、H 公司及 Y 公司、马某明签订抹账协议,约定"装修工程施工合同在履约过程中 H 公司未能将工程款全部拨付给 Y 公司,形成部分欠款,经三方友好协商,现 Y 公司同意将应收 H 公司工程款部分债权让渡给张某刚、马某明两个自然人所共有,让渡债权金额为 430 万元。"

2014 年张某刚以 H 公司为被告、马某明与 Y 公司为第三人向法院提起诉讼,案由为建设工程施工合同纠纷。一、二审法院判决支持了张某刚的诉讼请求。①

二审判决作出后 H 公司申请再审。法院认为 H 公司的再审请求成立,判决撤销原判,驳回张某刚的诉讼请求。②

2018 年张某刚、马某明以 H 公司为被告、Y 公司为第三人向法院提起诉讼,案由为装饰装修合同纠纷,要求 H 公司继续履行 430 万元的未付工程款。一审、二审、再审法院皆依据《民诉解释》第 247 条的规定,认为本案与 2014 年之诉的当事人、诉讼标的、诉讼请求皆相同,构成重复起诉。③

在该案中,前诉原告与第三人作为后诉的共同原告,其他当事人未发生变化。针对由第三人转变为原告的诉讼地位变化,法院认为前后诉当事人相同。在存在相同的第三人诉讼地位变化情况的另案当中,债权受让人以第三人的身份参加了原债权人以债务人为被告所提起的前诉,后诉中则是债权受让人作为原告,原债权人与债务人作为共同被告,对此,法院亦认为前后诉当事人实质相同。④ 与案例 10 中的做法不同,上述两个案例中的审理法院在认定当事人要素时,并未区分第三人与原被告,而是将第三人与原被告一并作为实质当事人予以认定,进而认为前后诉的当事人并未发生变化。值得注意的是,案例 10 与上述两个案例的终审法院皆为最高法院,这则意味着针对第三人诉讼地位变化时当事人要素应当如何认定的问题,在最高法院内部依然尚未达成一致意见,地方各级人民法院的具体做法则更为混乱,体现出这一问题的复杂性与普遍性。

2. 针对"前诉第三人在后诉中作为被告"情形的当事人要素认定不一

【案例 12】 2013 年彭某龙以罗某三为被告,孙某珍、董某华、盛某云为第三人向

---

① 参见黑龙江省大庆市中级法院(2015)庆民二民终字第 189 号民事判决书。
② 参见黑龙江省高级法院(2016)黑民再 232 号民事判决书。
③ 参见最高法院(2019)最高法民申 1484 号民事裁定书。
④ 参见最高法院(2018)最高法民辖终 68 号民事裁定书。

法院提起诉讼,案由为房屋买卖合同纠纷,请求确认房屋买卖合同无效。

2018年彭某龙以董某华为被告向法院提起诉讼,案由为返还原物纠纷,返还房屋一间以及院落面积100平方米。法院认为2013年之诉的被告为罗某三,第三人为孙某珍、董某华、盛某云。本案被告为董某华。前后诉的被告或者第三人均有董某华,故前后诉的当事人相同。①

在该案中,前诉原告以前诉第三人作为后诉被告向法院提起诉讼,法院以前后诉的被告或者第三人皆有后诉被告为由,认定前后诉的当事人相同,即法院在针对当事人要素进行认定的过程中将第三人与被告等同视之。在与之存在着相同的第三人诉讼地位变化的另案当中亦作出当事人要素相同的认定结果,法院作出认定的理由为虽然前后诉的当事人不完全一致,后诉中的被告为前诉中的第三人,但前诉当事人中包含了后诉中的当事人,故前后诉当事人相同。② 除此之外亦存在着其他的认定理由,如在另案当中,针对前诉中的第三人在后诉中作为被告的当事人,法院认为虽然这一当事人在前后诉中的诉讼地位不同,但同样承受作为诉讼结果判决的既判力约束,不能就相同的诉讼标的或审理对象再次提起诉讼。③

【案例13】 2003年鲁某明将其与伍某荣夫妻共同所有的房屋出售给鲁某生,并将该房屋以及房屋产权证书一并交付给鲁某生。2008年鲁某生与李某和签订房屋买卖契约,将房屋出售给李某和并交付房屋产权证书。

2016年李某和以鲁某生为被告,以鲁某明、伍某荣为第三人向法院提起诉讼,要求办理房屋过户手续。案件审理期间,鲁某生因病去世,鲁某生的妻子唐某林及女儿鲁俊、鲁方、鲁婷作为法定继承人参加了诉讼。一、二审法院均驳回了李某和的诉讼请求。

2018年唐某林、鲁俊、鲁方、鲁婷以鲁某明、伍某荣为被告向法院提起诉讼,案由为房屋买卖合同纠纷,要求办理房屋过户手续。一、二审法院判决鲁某明、伍某荣将涉案房屋过户至买受人名下。

二审判决作出后鲁某明、伍某荣申请再审。再审法院认为,虽然本案与2016年之诉的诉讼标的相同,但当事人并不完全相同且其诉讼地位各不相同,诉讼请求亦不同,遂认定不构成重复诉讼。④

在该案中,前诉被告以前诉第三人作为后诉被告向法院提起诉讼。对此,本案终审法院作出了前后诉当事人不相同的认定。与前述案例12相比,终审法院皆为湖北

---

① 参见湖北省高级法院(2019)鄂民申2923号民事裁定书。
② 参见广西壮族自治区高级法院(2019)桂民申4177号民事裁定书。
③ 参见吉林省高级法院(2020)吉民申1057号民事裁定书。
④ 参见湖北省高级法院(2019)鄂民申3711号民事裁定书。

省高级法院,而针对同为第三人诉讼地位变化的类似案例却作出相反的认定结果,反映出同一法院且为高级法院在第三人诉讼地位变化时当事人要素的认定问题方面亦存在着明显差异。

3. 针对"前诉被告在后诉中作为第三人"情形的当事人要素认定不一

【**案例 14**】 C 公司与 G 公司、F 公司签订《风情港项目投资框架协议》及补充协议,确认 F 公司系 G 公司就风情港项目指定的项目公司。2012 年 F 公司的母公司 L 公司与 J 公司签订《抵押担保合同》,约定 L 公司向 X 公司贷款 10 亿元,J 公司以房屋为 L 公司提供抵押担保。2013 年 L 公司、F 公司和 J 公司签订《抵押担保合同补充协议一》,约定 L 公司自该补充协议签订后注册成立 Y 公司;L 公司和 F 公司承诺将《风情港项目投资框架协议》及补充协议中约定的应由 F 公司享有的对风情港项目的权利转由 Y 公司享有。同年,F 公司以公证方式向 C 公司送达了《关于指定 Y 公司作为风情港项目的项目公司的函》,告知 C 公司已将其在风情港项目中享有的权利转让给 Y 公司。2014 年,F 公司在已将风情港 B 地块在建工程项目转让给 Y 公司之后,未经 Y 同意,指示 C 公司向 Z 公司转让风情港 B 地块中的建筑物。同年,C 公司在已接收合同权利转让通知且 Y 公司并未撤销通知的情况下,就将已转让给 Y 公司的在建工程项目中的部分建筑物与 Z 公司签订了 85 份《商品房买卖合同》,并办理商品房预售登记。

2015 年 Y 公司以 C 公司与 Z 公司为被告、F 公司为第三人向法院提起诉讼,案由为合同纠纷,请求撤销 C 公司与 Z 公司于 2014 年签订的 85 份《商品房买卖合同》,如果上述合同不能撤销,则请求 C 公司赔偿其经济损失 3 亿余元。该案经法院二审,裁定驳回 Y 公司的起诉。[①]

2016 年 Y 公司以 C 公司为被告、Z 公司与 F 公司为第三人向法院提起诉讼,案由为合同纠纷,请求判令 C 公司、Z 公司协助办理其于 2014 年签订的 85 份《商品房买卖合同》预售登记的注销手续,并请求判令 C 公司将风情港 B 地块写字楼及商场预售备案登记至 Y 公司名下;如 C 公司不能将风情港 B 地块写字楼及商场预售备案登记至 Y 公司名下,则请求判令 C 公司赔偿 Y 公司经济损失 3 亿元。

一审法院认为,Y 公司在本案中虽将 Z 公司列为第三人,但诉讼请求第一项则请求判令 C 公司、Z 公司协助办理注销商品房预售登记并办理至自己名下,Y 公司在本案中主张 Z 公司承担义务,实质是将 Z 公司作为被告地位进行诉讼,因而本案的被告与 2015 年之诉的被告完全相同。同时,诉讼标的与诉讼请求亦相同,Y 公司的起诉属于重复诉讼,故裁定驳回 Y 公司的起诉。[②]

---

① 参见最高法院(2016)最高法民终 416 号民事裁定书。
② 参见广西壮族自治区高级法院(2016)桂民初 24 号民事裁定书。

一审裁定作出后 Y 公司提出上诉,二审法院认为,Y 公司在本案中虽将 Z 公司列为第三人,但诉讼请求第一项则是要求 Z 公司协助办理有关商品房买卖合同预售登记的注销手续,Z 公司须承担实体权利义务,实际上具有被告的诉讼地位。即使将 Z 公司列为第三人,第三人也属于当事人,故本案当事人与 2015 年之诉相同。但诉讼标的与诉讼请求不同,不构成重复诉讼。故裁定撤销原审裁定,指令原审法院审理。①

在该案中,前诉被告在为后诉中第三人。对此,一审法院认为原告要求第三人承担义务,则实质是将其作为被告进行诉讼,因此即便发生了由被告变为第三人的诉讼地位变化,亦应当认定前后诉当事人相同;二审法院则认为,虽在后诉中被转列为第三人,但因其需承担实体权利义务,实际上具有被告的诉讼地位,第三人亦具有当事人的诉讼地位,故前后诉的当事人相同。

在与前述案例 14 相似的另案当中,前诉原告以前诉部分被告作为后诉被告、以前诉部分被告作为后诉第三人向法院提起诉讼,一审法院直接以后诉第三人亦为前诉被告为由而认定前后诉当事人相同;二审法院则认为,雷某声、冯某云在前诉中将王某东、王某宝列为一审被告,在后诉中将王某东列为一审被告,将王某宝列为第三人,前后诉当事人并无实质不同。② 在这一案件中,法院并未针对后诉中的第三人是否需要承担责任而进行区分,而是直接将所有的第三人皆与被告进行等同认定。

【案例 15】 2010 年谷某超与袁某辉签订《工矿产品购销合同》,X 公司在见证人处加盖了该公司的财务印章。2011 年签订《建设工程施工合同》一份,其中甲方为 D 公司,乙方为 Y 公司,施工负责人为王某刚(Y 公司的负责人)。同年,甲方王某刚与乙方袁某辉签订协议书,约定乙方完成甲方与 D 公司签订的路面施工协议中的工程项目。

2015 年 D 公司以 X 公司为被告,王某刚、袁某辉为第三人向法院提起诉讼,案由为买卖合同纠纷。该案经法院二审,认为 D 公司的原告身份不适格,裁定驳回其起诉。③

2017 年袁某辉以王某刚、Y 公司、D 公司为被告向法院提起诉讼,案由为劳务分包合同纠纷,要求王某刚支付工程款。

2019 年王某刚以 D 公司为被告、Y 公司为第三人向法院提起诉讼,案由为建设工程施工合同纠纷,要求 D 公司支付工程款。对此,法院认为 2017 年之诉的原告为袁某辉,被告为王某刚、Y 公司、D 公司,而本案的原告为王某刚,被告为 D 公司,第三人为 Y 公司,遂认为本案与 2017 年之诉的当事人不相同。④

---

① 参见最高法院(2018)最高法民终 430 号民事裁定书。
② 参见最高法院(2018)最高法民终 1333 号民事裁定书。
③ 参见青海省高级法院(2016)青民终 4 号民事裁定书。
④ 参见青海省高级法院(2019)青民终 124 号民事判决书。

在该案中,针对前诉被告在后诉中作为第三人的诉讼地位变化的情况,法院作出了前后诉当事人不同的认定结果。虽然法院作出认定的理由仅为前后诉当事人形式上的不同,但是在认定结果层面,针对同为第三人诉讼地位变化的情况,与案例14的认定结果存在着较大的差异,反映出实践中法院对于前诉被告在后诉中作为第三人的诉讼地位变化情况的认定存在着一定的分歧。

三、法院对存在特殊关系的当事人是否相同的认定不一

通过图 2-36"新加入当事人与前诉当事人之间的关系类型分布情况"所反映的数据可知,样本案例中前后诉当事人之间所存在的特殊关系表现为多种不同的具体类型,而通过表 2-11"法院对新加入当事人与前诉当事人关系的认定结果情况分析"所反映的法院针对不同类型特殊关系的认定情况可知,法院所作出的关于当事人要素是否相同的认定结果存在着较大的分歧。

(一)法院针对法人与其分支机构是否为同一当事人的认定不一

【案例 16】 2011 年 1 号《著作权登记证书》记载,H 公司对美术作品《熊大》《熊二》《光头强》依法享有著作权。2014 年 H 公司授权 M 公司在毛绒类衍生产品上专有使用《熊出没》作品集作品中的卡通形象(包括熊大、熊二、光头强等)的著作权的权利,并有权以自己的名义维权,包括诉讼要求停止侵权并获得赔偿等。2016 年 M 公司在公证人员的陪同下,在 J 百货公司 D 店购买了"熊二毛绒玩具"。

2016 年 M 公司以 J 百货公司与 J 百货公司 D 店为被告向法院提起诉讼,要求停止销售侵权玩具并赔偿损失,法院判决支持其诉讼请求。①

2019 年 M 公司以 J 百货公司为被告向法院提起诉讼,案由为侵害作品发行权纠纷。

一审法院认为,M 公司在 2016 年之诉中主张的是 J 百货公司 D 店销售了侵犯 M 公司享有的《熊大》美术作品的著作权发行权,本案 M 公司主张的是 J 百货公司 D 店销售了侵犯原告享有的《熊二》美术作品的著作权发行权,两个案件原告主张的侵权的客体不同,故不属于重复起诉。②

一审裁定作出后 J 百货公司提起上诉,二审法院认为,2016 年之诉中侵权主体为 J 百货公司 D 店,当事人为 J 百货公司 D 店和 J 百货公司,其中 J 百货公司是基于 J 百货公司 D 店作为分公司不能独立承担民事责任而加入诉讼,本案中侵权主体为 J 百

---

① 参见辽宁省朝阳市中级法院(2016)辽 13 民初 54 号民事判决书。
② 参见辽宁省锦州市中级法院(2019)辽 07 民初 35 号民事判决书。

货公司,J 百货公司为当事人,故两诉的当事人不同,诉讼请求、诉讼标的不相同,不属于重复诉讼。[①]

在该案中,前诉中法人及其分支机构作为共同被告,后诉中仅有法人作为被告。对此,后诉的一、二审法院虽然皆认定后诉不构成重复诉讼,但是其所依据的理由却有所不同。一审法院并未针对前后诉被告之间的特殊关系作出评价,而是以前后诉中原告所主张的侵权的客体不同为由认定后诉不构成重复诉讼。二审法院则是从被诉侵权的主体切入分析,认为前诉的侵权主体为法人的分支机构,而法人在前诉中乃是基于其分支机构不能独立承担责任而加入诉讼,当事人为法人及其分支机构,后诉中侵权主体为法人,当事人亦为法人,故前后诉的当事人不同。由此可以看出,本案中审理法院将法人与其分支机构在当事人要素认定过程中区分为不同的诉讼主体。

【案例 17】 2008 年陈某英通过 Q 县中国银行渠道投保 X 保险公司 H 支公司的产品红双喜新 C 款两全保险(分红型),保险期间为 2008 年至 2018 年,年交 4 万元,交费期间为 2008 年至 2013 年。陈某英按约交满 5 年保险费,共计 20 万元。X 保险公司 H 支公司按年度寄给陈某英红利通知单。2014 年陈某英因对保单的现金价值不满,向 X 保险公司 H 支公司申请退保。同年双方就退保事宜达成协议,由 X 保险公司 H 支公司退还陈桂英保险费与红利共计 22 万元,并于同年转入陈某英在中国银行的账户。

2014 年陈某英以 X 保险公司 H 支公司为被告向法院提起诉讼,案由为人身保险合同纠纷。经法院二审,判决驳回诉讼请求。[②]

2016 年陈某英以 X 保险公司 H 支公司为被告向法院提起诉讼,案由为人身保险合同纠纷,要求支付剩余红利 1.8 万元。一审法院认为,陈某英再次以与 2014 年之诉相同的事实、相同的法律关系起诉 X 保险公司 H 支公司,系重复诉讼,故裁定不予受理。[③]

一审裁定作出后陈某英提起上诉,二审法院以相同的理由认定构成重复诉讼,裁定驳回上诉,维持原裁定。[④]

2019 年陈某英以 X 保险公司 Q 县营销服务部为被告向法院提起诉讼,案由为合同纠纷,要求支付红利差额 1.8 万元并补偿 2 万元。一审法院认为,陈某英再次以同一事实重复起诉,有违民事诉讼一事不再理的原则,故裁定驳回陈某英的起诉。[⑤]

---

① 参见辽宁省高级法院(2019)辽民终 1439 号民事裁定书。
② 参见湖南省衡阳市中级法院(2014)衡中法民二终字第 93 号民事判决书。
③ 参见湖南省衡阳市蒸湘区法院(2016)湘 0408 民初 1481 号民事裁定书。
④ 参见湖南省衡阳市中级法院(2016)湘 04 民终 1502 号民事裁定书。
⑤ 参见湖南省祁东县人民法院(2019)湘 0426 民初 1659 号民事裁定书。

一审裁定作出后陈某英提起上诉,二审法院认为,2014 年与 2016 年之诉的当事人为 X 保险公司 H 支公司,本案的当事人为 X 保险公司 H 支公司 Q 县营销服务部,二者均为 X 保险公司的分支机构,且为隶属关系,其权利义务最终均由 X 保险公司承受,故当事人要素具有同一性。[①]

二审裁定作出后陈某英申请再审,再审法院认为,本案与 2014 年、2016 年之诉的当事人、诉讼标的及诉讼请求实质均相同,构成重复起诉,故裁定驳回陈某英的再审申请。[②]

在该案中,原告分别以存在隶属关系的法人的两个分支机构作为被告向法院提起诉讼。对此,法院以两个分支机构的权利义务最终均由法人承受为由,认定前后诉当事人相同。值得注意的是,前后诉的被告为法人的两个不同的分支机构,与前述案例 16 中法院直接认定法人与其分支机构为不同当事人的做法不同,本案中法院采用了与前述案例 7 中相同的实质判断标准,即责任承担主体的标准。在本案中,法院认为,鉴于两个分支机构的权利义务皆应当由法人承担,进而对前后诉当事人进行了实质判断,认定当事人要素相同。与前述案例 16 相比,本案法院则是认可了法人与其分支机构在当事人要素认定过程中的同一性。

(二) 法院针对债权受让人与原债权人是否为同一当事人的认定不一

【案例 18】 2001 年 J 公司向刘某春、杨某、王某才、魏某琴借款 940 万元,期限 1 年。2007 年刘某春、杨某、王某才、魏某琴以 J 公司为被告向法院提起诉讼,案由为民间借贷纠纷,最终法院调解结案。[③]

2010 年刘某春的配偶郭某平、儿子刘某天作为继承人与杨某、王某才、魏某琴向法院申请执行前述调解书。2017 年法院认为因调解书中各债权人的债权没有履行方式和期限,即给付内容不明确,裁定驳回执行申请,并告知各申请人另行起诉确定债务给付时间。[④]

2018 年郭某平、刘某天、杨某、王某才、魏某琴 5 人将基于 2010 年之诉的执行裁定书对 J 公司全部债权转让给周某霖。

2018 年周某霖以 J 公司为被告向法院提起诉讼,案由为民间借贷纠纷。一审法院认为周某霖在庭审中明确陈述其主张的 800 万元包含在 2007 年之诉中原债权人起诉的 940 万元之中,该案生效的民事调解书对此 800 万元债权已进行了确认。现

---

① 参见湖南省衡阳市中级法院(2019)湘 04 民终 2791 号民事裁定书。
② 参见湖南省高级法院(2019)湘民申 5607 号民事裁定书。
③ 参见吉林省长春市朝阳区法院(2007)朝民初字第 3121 号民事调解书。
④ 参见吉林省长春市朝阳区法院(2010)朝法执字第 1967 号执行裁定书。

周某霖对此 800 万元债权再次提起诉讼,根据《民事诉讼法》第 124 条的规定,周某霖主张债权不应通过本案诉讼程序解决,故裁定驳回周某霖的起诉。①

一审裁定作出后周某霖提起上诉,二审法院认为,周某霖作为债权承继者应当受 2007 年之诉的生效判决约束,其实现债权的途径应当是申请执行判决。如果法院对周某霖提起的诉讼进行审理并作出判决,将导致对同一诉讼标的作出两次生效判决的结果,违背"一事不再理"的诉讼原则。故裁定驳回上诉,维持原裁定。②

在该案中,前诉中原债权人与债务人达成调解协议,因调解协议未明确履行方式与期限而被驳回执行申请,告知另诉。后诉中,债权受让人向债务人提起诉讼,法院认为受让人提起后诉的依据仍然是原债权人与债务人之间的债权债务关系,受让人应当受前诉生效判决的约束,再次起诉违反一事不再理原则。本案中,法院即认为债权受让人作为债权继受者,在这一债权债务关系中与原债权人具有同一性,故此,应当认定前后诉当事人相同。

【案例 19】　2003 年 J 银行以 S 公司为被告向法院提起诉讼,案由为欠款纠纷。同年,法院判决 S 公司向 J 银行偿还本金 3900 万元,利息 800 万元。③

2004 年 J 银行与 S 公司共同签订《协议书》,内容为:截至 2004 年,S 公司在 J 银行借款余额 3900 万元,积欠利息 1300 万元,本息合计 5200 万元。2005 年政府批复,由新组建的 C 公司整体承接 S 公司全部债权债务。同年,J 银行与 D 公司签订《债权转让协议》,将 S 公司的上述债权转让给 D 公司。2010 年 D 公司与 H 公司签订《资产转让协议》,将 S 公司的上述债权转让给 H 公司。

2012 年 H 公司以 C 公司为被告、G 公司与 Z 公司为第三人向法院提起诉讼,案由债权转让合同纠纷。一审法院判决 C 公司向 H 公司偿还本金及利息。④

一审判决作出后 C 公司提起上诉。二审法院认为,J 银行与 S 公司签订的《协议书》中所约定的债务系 2003 年之诉的民事判决所确定的债务。《协议书》是双方当事人为履行生效判决自行达成的和解协议,是对生效判决判定的债务的清偿时间和方式作出的约定,并不产生消灭生效判决确定的债权、债务的法律后果,亦未在当事人之间产生新的债权、债务。因此,2003 年之诉的民事判决对双方当事人及其权利、义务承继者仍具有约束力。H 公司作为该债权承继者应当受该生效判决约束,其实现债权的途径应当是申请执行判决。如果法院对 H 公司提起的诉讼进行审理并作出判决,将导致对同一诉讼标的作出两次生效判决的结果,违背"一事不再理"的诉讼原

---

①　参见吉林省长春市中级法院(2018)吉 01 民初 404 号民事裁定书。

②　参见吉林省高级法院(2019)吉民终 111 号民事裁定书。

③　参见湖北省高级法院(2003)鄂民二初字第 19 号民事判决书。

④　参见湖北省武汉市中级法院(2012)鄂武汉中民商初字第 00336 号民事判决书。

则。故 H 公司的起诉构成重复诉讼,裁定撤销原判,驳回 H 公司的起诉。

二审判决作出后 H 公司申请再审。再审法院认为,J 银行因与 S 公司达成和解协议而未向法院申请执行,并由 H 公司最终承继剩余债权,2003 年之诉的诉讼主体为 J 银行与 S 公司,本案的诉讼主体为 H 公司与 C 公司,故本案诉讼是在确认 2003 年之诉的生效判决基础上,发生了新的事实,与 2003 年之诉在当事人、诉讼标的、诉讼请求等方面均有不同,不构成重复起诉,裁定撤销二审裁定。[1]

在该案中,前诉判决后原债权人因与债务人达成和解协议而未申请执行判决,在债务人履行部分还款义务后,原债权人将债权予以转让,债权受让人即就同一债权债务关系以债务人为被告另行提起诉讼。在后诉审理过程中,一审法院判决支持了受让人的诉讼请求;二审法院则否定了一审法院的受理行为,认为受让人应当受前诉生效判决约束,受让人作为债权承继者与原债权人相同,故后诉构成重复诉讼;再审法院则再次否定了二审法院所作出的重复诉讼之认定结果,其通过对前后诉当事人的形式对比,认为原债权人提起的前诉与债权受让人提起的后诉的诉讼主体并不相同,进而认为后诉不构成重复诉讼。由此可见,本案与前述案例 18 中的认定即存在着分歧,本案认为原债权人与债权受让人在当事人要素认定过程中并不具有同一性。

(三)法院针对诉讼担当人与被担当人是否为同一当事人的认定不一

诉讼担当,是指本来不是民事权利或法律关系主体的第三人,因对他人的权利或法律关系有管理权,而以当事人的地位,就该法律关系所产生的纠纷而行使诉讼实施权,所受判决的效力及于原民事法律关系的主体。其中,担当诉讼的第三人,成为担当人;民事权利或法律关系主体,称为被担当人。[2]

1. 担当人为提起股东代表诉讼的股东

股东代表诉讼是指当公司的利益受到侵害而公司拒绝或者怠于起诉时,具备法定资格的股东为了公司利益依据法定程序以自己名义提起的民事诉讼。[3] 根据 2018 年《公司法》第 151 条的规定,针对董事、高级管理人员侵害公司利益的行为,在监事会、董事会拒绝提起诉讼时,符合条件的公司股东有权为了公司的利益以自己的名义直接向人民法院提起诉讼。据此,股东代表诉讼中,提起诉讼的股东即符合上述关于诉讼担当的条件,且其诉讼实施权产生的依据来源于法律规定,因此,其应为法定诉讼担当。此外,针对作为被担当人的公司在股东代表诉讼中的法律地位问题,在 2020

---

[1] 参见最高法院(2018)最高法民再 85 号民事裁定书。

[2] 参见王福华:《民事诉讼学》(第 2 版),清华大学出版社 2015 年版,第 127 页。

[3] 参见王国征:《民事诉讼法专题研究——以 2012 年〈民事诉讼法〉与 2015 年〈民诉解释〉为主要视角》,湘潭大学出版社 2017 年版,第 51 页。

年《〈公司法〉司法解释（四）》中作出了明确规定,应当将公司列为第三人。^① 具体到当事人要素的认定层面,股东代表诉讼的判决对原告股东、公司以及其他股东均产生法律效力,不仅其他股东不得就同一诉因再次提起股东代表诉讼,而且公司机关也不得再就同一诉因以公司名义提起诉讼,即提起股东代表诉讼的股东与公司在当事人层面具有同一性,就同一诉因而另诉的行为则构成重复诉讼。

【案例20】　宁垦公司成立于2000年,经营期限至2015年6月8日,法定代表人为王某平。宁垦公司的股东持股比例为:农垦公司占约40%、刘某弟占26%、尹某岑占19%、王某平占约4%、郭某宁占2%、邢某贵等18位自然人合计占约9%。2006年王某平因涉嫌犯罪被采取强制措施后,宁垦公司由尹某岑、郭某宁、刘某弟、龚某等人实际控制及经营。2015年因宁垦公司未能自行清算,法院指定王某德、周某生等五位律师成立清算组,全面接管宁垦公司。2016年7月刘某弟向宁垦公司清算组发出《督促函》,内容为请清算组履行职责,向法院提起诉讼要求农垦公司返还抢夺的全部财务账册、经营资料及现金。宁垦公司清算组向刘某弟回函,内容为请刘某弟在15日内提供证据材料证明农垦公司尚未移交材料并制作清单,以供清算组向农垦公司主张,刘某弟也可以自行向人民法院诉讼要求农垦公司移交,以维护刘某弟作为公司出资人的合法权益。

2016年8月刘某弟以农垦公司为被告向法院提起诉讼,请求判令农垦公司返还宁垦公司全部经营资料、财务账册及数十万现金,后该案移送至江苏省南京市中级法院审理。经法院审理,判决驳回诉讼请求。^②

2016年12月宁垦公司(诉讼代表人为王某德,该公司清算组组长)以农垦公司、王某国(农垦公司法定代表人)、尹某岑、郭某宁、刘某弟、龚某为被告向江苏省南京市中级法院提起本案诉讼。

一审法院认为,尹某岑、郭某宁、刘某弟、龚某、农垦公司对宁垦公司的账册等财务资料均有保管、返还义务,应当将相关财务资料及时返还宁垦公司。^③

一审判决作出后,尹某岑、刘某弟、农垦公司提起上诉。二审法院认为,本案起诉

---

①　《最高人民法院关于适用〈中华人民共和国公司法〉若干问题的规定(四)》(2016年12月5日最高人民法院审判委员会第1702次会议通过,根据2020年12月23日最高人民法院审判委员会第1823次会议通过的《最高人民法院关于修改〈最高人民法院关于破产企业国有划拨土地使用权应否列入破产财产等问题的批复〉等二十九件商事类司法解释的决定》修正)(简称《公司法司法解释(四)》)第24条规定:"符合公司法第151条第1款规定条件的股东,依据公司法第151条第2款、第3款规定,直接对董事、监事、高级管理人员或者他人提起诉讼的,应当列公司为第三人参加诉讼。一审法庭辩论终结前,符合公司法第151条第1款规定条件的其他股东,以相同的诉讼请求申请参加诉讼的,应当列为共同原告。"

②　参见江苏省南京市中级法院(2016)苏01民初1312号民事判决书。

③　参见江苏省南京市中级法院(2016)苏01民初2315号民事判决书。

之前,刘某弟已经依法提起股东代表诉讼,诉讼请求为要求判令农垦公司向宁垦公司返还财务资料等,与本案宁垦公司的诉讼请求部分重合,但是由于宁垦公司在本案中将宁垦公司的股东、高级管理人员和财务人员均作为被告,诉讼内容更加全面,而刘某弟提起股东代表诉讼的诉讼利益归于宁垦公司,虽然宁垦公司在接到刘某弟的督促函后未及时起诉,但之后又就财务资料返还等事项诉至一审法院,一审法院对此也作出裁判,为了便于全面彻底处理宁垦公司财务资料返还等纠纷,减少当事人讼累,前述纠纷在本案中处理更为适当。二审法院判决驳回上诉,维持原判。①

在该案中,前诉为适格股东所提起的股东代表诉讼,后诉为公司以自己名义就同一诉因所提起的诉讼,且前后诉系由同一法院的同一审判组织在同一天作出的判决,即针对担当人与被担当人先后提起的诉讼,法院皆予以受理并进行了实质审理。换言之,法院对于担当人与被担当人并未在当事人层面作出同一性认定,而是认可了二者可以分别提起诉讼的做法。

在另案中,法院针对前诉中公司以自己名义起诉,后诉中股东就同一诉因提起代表诉讼的情形予以了支持。前诉中 X 公司以 D 公司为被告确认某一土地使用权归其 X 公司所有,后诉中 X 公司的适格股东以 D 公司为被告提起代表诉讼,亦要求确认前诉所争议的土地使用权归 X 公司所有。对此,法院以上述土地被政府有偿回收,客观情况发生巨大变化为由,认为在 X 公司及其他股东决定不予起诉的情况下,应当支持原告的起诉。② 从重复诉讼的角度来看,该案法院采用了与案例 20 相一致的做法,即认为前后诉中的公司与其股东并非同一当事人,进而肯定了后诉的正当性。

【案例 21】 2008 年 F 公司副董事长兼副总经理吴某志以 F 的名义与黄某、黄某东、吴某、刘某华、吴某璇、黄某友、甘某绕、吴某生、唐某浩签订《民用爆破器材业务经营承包合同》(以下简称《承包合同》),约定公司对爆破器材的特许经营权承包事宜,承包人除吴某璇(吴某志的女儿)不是公司股东,其余人员均是公司的股东、董事及管理人员。

2008 年 F 公司以唐某浩等 9 人为被告向法院提起诉讼,请求确认 F 公司与唐某浩等 9 人于 2008 年签订的《承包合同》无效。该案经二审法院审理,判决确认《承包合同》无效。③

2015 年 7 月 F 公司股东蓝某研等 18 人向 F 公司的董事会和监事会申请对吴某志、唐某浩等 10 人提起诉讼,但在法定期限内未依法提起诉讼,为此,2015 年 11 月蓝

---

① 参见江苏省高级法院(2017)苏民终 1613 号民事判决书。
② 参见浙江省平原县法院(2017)浙 0326 民初 1731 号民事判决书。
③ 参见广西壮族自治区防城港市中级法院(2018)桂 06 民终 10 号民事判决书。

某研、李某生（该二人为诉讼代表人）等 17 人以吴某志、唐某浩等 10 人为被告、F 公司为第三人向法院提起诉讼，案由为损害公司利益纠纷。该案经法院二审，以超出诉讼时效为由，判决驳回蓝某研等人的诉讼请求。①

2018 年 F 公司以唐某浩等 9 人为被告向法院提起诉讼，案由为损害公司利益纠纷。一审法院认为，2015 年之诉的原告为 F 公司蓝某研等 17 名股东，被告为唐某浩等 10 人，F 公司作为第三人，而本案的原告为 F 公司，被告为唐某浩等 9 人，前诉的当事人已包含本诉的当事人，且请求承担权利义务的当事人均为 F 公司和唐某浩等人，遂认定本案与 2015 年之诉的当事人相同。②

一审裁定作出后 F 公司提起上诉，二审法院认为，F 公司在本案中所提出的诉求在 2015 年之诉中已经生效判决作出处理，故 F 公司的起诉构成重复诉讼。③

二审裁定作出后 F 公司申请再审，再审法院认为，2015 年之诉的原告为蓝某研等 17 名股东，被告为唐某浩等 10 人，F 公司作为第三人，而本案的原告为 F 公司，被告为唐某浩等 9 人，前诉的当事人虽然与本案当事人不完全一致，但是都包含本案的当事人，两个案件的当事人存在重合，遂认定本案与 2015 年之诉的当事人相同。④

在该案中，前诉为适格股东针对侵害公司利益的董事、高级管理人员所提起的股东代表诉讼，后诉则为公司以自己名义针对前诉被告所提起的诉讼。对此，虽然法院作出了前后诉当事人相同的认定结果，但是在认定理由方面，法院并未涉及股东代表诉讼中股东与公司之间的当事人同一性问题，仅仅是采用的与案例 3 相同的形式判断方式，而且认为虽然前后的当事人不完全一致，但是后诉的当事人为前诉所包含，遂认定前后诉当事人要素相同。通过本案可以发现，实践中针对股东代表诉讼中担当人与被担当人在当事人要素认定过程中的识别问题容易被忽视，法院亦尚未理解这一问题的具体概念与适用。

在另案中，公司股东在前诉中提起股东代表诉讼，请求返还案涉车辆，在前诉审理过程中，公司就同一涉案车辆，以自己的名义，以前诉被告作为被告提起案由为损害公司利益责任纠纷的后诉，法院认为，基于前诉股东代表诉讼的胜诉利益归属于公司，在前案尚未审结的情况下，公司就同一涉案车辆再次起诉属于重复诉讼。⑤ 虽然本案中法院并未针对前后诉当事人是否相同而作出直接判断，但是，基于当事人要素的相同作为构成重复诉讼的必要条件，法院作出构成重复诉讼的认定即表明其认可

---

① 参见广西壮族自治区高级法院(2017)桂 06 民终 128 号民事判决书。

② 参见广西壮族自治区防城港市防城区法院(2018)桂 0603 民初 789 号民事裁定书。

③ 参见广西壮族自治区防城港市中级法院(2018)桂 06 民终 845 号民事裁定书。

④ 参见广西壮族自治区高级法院(2019)桂民申 4373 号民事裁定书。

⑤ 参见山东省淄博市博山区法院(2019)鲁 0304 民初 3842 号民事裁定书。

前后诉中公司与其股东在当事人认定过程中的同一性,即在股东代表诉讼中,作为担当人的公司股东与作为被担当人的公司股东具有同一性。

2. 担当人为注册商标许可使用合同的被许可人

【**案例 22**】 X 公司某注册商标的商标权人,2016 年 Z 公司自 X 公司处受让取得该注册商标的商标专用权。

2016 年 X 公司以 L 金行为被告向法院提起诉讼,案由为侵害商标权纠纷。该案经一审认定 L 金行侵害了 X 公司的注册商标专用权,判决支持了 X 公司的诉讼请求。[①]

2019 年 Z 公司以 L 金行为被告向法院提起诉讼,案由为侵害商标权纠纷。

一审法院认为,2016 年之诉的当事人为 X 公司和 L 金行,本案当事人为 Z 公司和 L 金行,虽然 2016 年之诉中原告 X 公司和本案原告 Z 公司是两个不同的独立主体,但是,本案原告 Z 公司系通过受让的方式从 2016 年之诉的原告 X 公司取得涉案商标的所有权并获得诉讼担当,且两公司法定代表人为同一人,因而两公司作为原告,是具有同一性的当事人,应认定 2016 年之诉原告与本案原告实质相同。因 2016 年之诉与本案当事人相同、诉讼标的、诉讼请求亦相同,故 Z 公司的起诉构成重复诉讼。[②]

一审裁定作出后 Z 公司提起上诉,二审法院认为,2016 年之诉的原告 X 公司与本案原告 Z 公司虽然法定代表人相同,但系两个独立的公司,故并不能因此认定为系同一民事主体。诉讼标的、诉讼请求亦不相同,Z 公司的起诉不构成重复诉讼,遂裁定撤销原裁定。[③]

在该案中,前诉为注册商标权利人以侵权人为被告提起诉讼,后诉则为商标权的受让人以同一侵权人为被告提起诉讼,对此,一、二审法院在当事人要素以及重复诉讼的认定方面分别作出了不同的认定结果。一审法院认为,虽然商标权利人与受让人为不同的独立主体,但是受让人基于涉案商标的受让取得而获得了诉讼担当,进而认为前后诉的原告乃是具有同一性的当事人。二审法院则是否定了一审法院的认定结果,认为商标权利人与受让人乃是两个独立的公司而非同一民事主体。可以发现,在认定理由方面,一审法院充分肯定了担当人与被担当人在当事人要素认定过程中所具有的同一性关系,而二审法院虽然在本案中否定了一审法院所作出的前后诉构成重复诉讼的结论,但是其并未针对前后诉原告之间所存在的任意诉讼担当的特殊

---

① 参见陕西省西安市中级法院(2016)陕 01 民初 1420 号民事判决书。
② 参见陕西省商洛市中级法院(2019)陕 10 民初 2 号民事裁定书。
③ 参见陕西省高级法院(2020)陕民终 604 号民事裁定书。

关系予以评价,仅以前后诉原告在公司主体方面的独立性作为否定理由。不过,针对二审法院的这一做法,可以认为其是对担当人与被担当人之当事人同一性的间接否定。

【案例 23】　N 公司法定代表人玉某司系甲商标的商标权利人,2013 年玉某司与N 公司签订一份商标使用许可合同,许可 N 公司使用甲商标。Z 公司系乙商标的专用权人。

2011 年 Z 公司以玉某司为被告向法院提起诉讼,案由为确认不侵犯注册商标专用权纠纷。该案经法院再审,判决确认 Z 公司使用乙注册商标的行为不构成对玉某司甲注册商标的侵权。[①]

2014 年 N 公司以 Z 公司为被告向法院提起诉讼,案由为侵害商标权纠纷。一审法院认为 2011 年之诉为确认之诉,本案为给付之诉,遂认为本案与 2011 年之诉的诉讼标的不同,N 公司的起诉不构成重复诉讼。[②]

一审判决作出后 Z 公司提起上诉。二审法院认为,虽然 2011 年之诉的被告玉某司与本案原告 N 公司是两个主体,但是,N 公司经甲注册商标权利人玉某司的授权,作为普通被许可人以利害关系人的身份提起本案诉讼,N 公司在法律规定的范围内,通过授权的方式产生了诉讼担当,实际是玉某司的任意诉讼担当人,N 公司作为本案当事人符合法律规定,且是与玉某司具有"同一性"的当事人,故 2011 年之诉与本案的当事人实质相同,均需承受作为诉讼结果的判决的既判力约束。诉讼标的相同、诉讼请求实质否定 2011 年之诉的裁判结果,故 N 公司的起诉构成重复诉讼。[③]

在该案中,前诉中原告以商标权利人为被告提起确认不侵犯注册商标专用权的诉讼,后诉中注册商标普通被许可人以前诉原告为被告提起侵害商标权的诉讼。对此,一审法院以前后诉的诉讼标的不同而认定后诉不构成重复诉讼;二审法院则认为后诉原告作为注册商标的普通被许可人通过授权的方式产生了诉讼担当,其实质为前诉被告的任意诉讼担当人,即与前诉被告为具有同一性的当事人,认定前后诉当事人实质相同。在本案中,一审法院的做法与前述案例 1 相同,即直接忽视了当事人要件在重复诉讼认定过程中的基准作用,而仅以诉讼标的的要件作为认定依据;二审法院在当事人要素的认定过程中,则是采用了实质判断的方式,并且认为基于任意诉讼担当关系的注册商标权人与被许可人在当事人要素层面具有同一性。与案例 22 相比,针对当事人要素认定过程中注册商标权人与被许可人之间的关系认定问题,分别作

---

① 参见最高法院(2013)民申字第 237 号民事裁定书。
② 参见新疆维吾尔自治区乌鲁木齐市中级法院(2014)乌中民三初字第 273 号民事判决书。
③ 参见新疆维吾尔自治区高级法院(2015)新民三终字第 16 号民事裁定书。

出了当事人同一与当事人不同的差异化认定结果,体现出实践中对于这一问题的处理尚存在着较大的分歧。

第三节　诉讼标的要素适用中存在的问题

一、法院认定重复起诉时存在诉讼标的要素弱化淡化问题

根据《民诉解释》第 247 条的规定,诉讼标的为构成重复起诉要素之一,但从研究样本来看,存在对诉讼标的要素重视不够的问题,具体表现为对诉讼标的要素不说理、在判断是否构成重复起诉时不考虑诉讼标的要素甚至明确否认诉讼标的作为重复起诉的认定标准之一。

(一)法院在判断重复起诉时对诉讼标的要素不说理

法院在判断是否构成重复起诉时尽管依据《民诉解释》第 247 条的规定将诉讼标的作为重要的认定标准之一,但存在诉对讼标的要素不予说理的现象。法院在认定是否构成重复起诉时,应当将前诉的诉讼标的与后诉的诉讼标的进行比较,对何谓前诉的诉讼标的、何谓后诉的诉讼标的进行解释,但实际上有的裁判文书显示,法院仅表达前后诉的诉讼标的是否相同,并没有作任何解释和说理。

【案例 1】[①]　2007 年王某丽依据其 2002 年 7 月与 L 公司签订的《商品房买卖合同》向法院提起诉讼,请求法院判令:(1)确认王某丽与 L 公司之间签订的购房合同合法有效;(2)判决购房合同中的房屋产权归王某丽;(3)L 公司在所购房屋能够实际使用时立即交付房屋并办理产权过户手续。[②] 以下称之为 2007 诉即前诉。该案经历了一审、二审、再审,再审法院判决驳回了王某丽的诉讼请求。

2016 年王某丽再次依据其 2002 年 7 月与 L 公司签订的《商品房买卖合同》向法院提起诉讼,请求法院判令被告 L 公司按购买同地段、同位置、同面积的房屋现行价值约 1700 万元赔偿原告,并支付给原告逾期交付房屋期间租金损失 400 万元,合计约 2100 万元。[③] 以下称之为后诉。该案经历一审、二审。二审法院依据《民诉解释》第 247 条认为,"王某丽本次起诉的诉讼请求与前次诉讼虽略有不同,但均以双方房屋买卖关系存在为事实基础,即在认定双方签订房屋购销合同合法有效的基础上,要求 L 公司履行房屋交付义务,并承担违约责任,王某丽此次起诉的诉讼请求实质上否

---

① 本节案例,单独编号,共计 26 个。
② 参见吉林省高级法院(2014)吉民一终字第 178 号民事判决书。
③ 参见吉林省通化市中级法院(2016)吉 05 民初 44 号民事裁定书。

定前诉裁判结果,且前后两次诉讼的当事人、诉讼标的均相同,王某丽就已经提起诉讼的事项在裁判生效后再次起诉,构成重复起诉。"[1]

在该案中,后诉的二审法院依据《民诉解释》第 247 条的规定认定王某丽 2016 年的起诉构成重复起诉,但对诉讼标的的要素法院仅简单地说 2016 年之诉与 2007 年之诉的诉讼标的相同,对 2016 年之诉和 2007 年之诉的诉讼标的各是什么并没有说明,更没有将二者进行比较。诉讼标的的要素与当事人要素、诉讼请求要素不同,原告的起诉状中一般不直接说明案件的诉讼标的,需要法官根据案件的具体情况认定案件的诉讼标的究竟是什么。在认定是否构成重复起诉时,法院直接对前后的诉讼标的是否相同作出结论,裁判的可接受性低。

如图 2-38 所显示,在将诉讼标的的作为重复起诉要素的 503 份裁判文书中,有高达 227 份裁判文书中对待诉讼标的的做法与案例 1 中 2016 年之诉二审法院做法相类似。即高达 45% 的裁判文书中对重复起诉中的诉讼标的的要素不说理。裁判文书释法说理过程是为裁判结论形成提供正当性理由,为裁判结论提高可接受性和提升司法公正性。在这 227 份裁判文书中,法院对诉讼标的的要素的不说理导致法院对诉讼标的的要素认定情况可信度降低,导致重复起诉认定结论可接受度降低,从而使得法院裁判过程透明度减弱。

(二)法院在判断重复起诉时不考虑诉讼标的的要素

【案例 2】 2013 年 T 公司依据其 2003 年与 L 社、Q 社签订的《租赁协议书》向法院起诉 L 社、Q 社,诉讼请求包括:L 社、Q 社赔偿 T 公司"D 东街"物业的剩余价值及自 L 社、Q 社收回"D 东街"的场地之日起计算至 L 社、Q 社向 T 公司赔偿"D 东街"物业的剩余价值履行完毕之日止的物业租赁收益。以下称为前诉。该案判决后,L 社、Q 社不服一审判决,上诉至二审法院,二审法院裁定发回重审,一审法院作出民事判决,L 社、Q 社上诉至二审法院,二审法院再次裁定发回重审。

2016 年 T 公司依据其 2003 年与 L 社、Q 社签订的《租赁协议书》提起诉讼,诉讼请求包括:L 社向 T 公司支付上盖物使用费;Q 社对 L 社的上述债务承担连带责任。以下称为后诉。该案经历一审、二审、再审,再审法院依据《民诉解释》第 247 条认为,"T 公司在本案中主张的'上盖物使用费'和 T 公司在前案中所主张的'物业租赁收益'属于同一诉讼请求。且在上述两案中,T 公司主张费用的起算时间和截止时间均相同。本案和前案的当事人相同,均为 T 公司和 L 社、Q 社,且 T 公司均是认为在 L 社、Q 社未就"D 东街"的上盖物向其支付剩余价值之前,应向其支付租金或者上盖物

---

[1] 参见吉林省高级法院(2019)吉民终 545 号民事裁定书。

使用费,构成重复起诉。"①

该案中,对 2016 年之诉即后诉再审法院在判断 2016 年之诉是否属于重复起诉时依据《民诉解释》第 247 条的规定,将 2016 年之诉中的当事人、诉讼请求与 2013 年之诉即前诉中的当事人、诉讼请求进行了解释和比较,得出后诉属于重复起诉的结论。法院在认定是否构成重复起诉问题时唯独将《民诉解释》第 247 条所规定的 3 个要素中的诉讼标的排除在外。如图 2-37 所示,在 1011 份分析样本中,有 508 份裁判文书没有将诉讼标的作为认定是否构成重复起诉的认定标准,占分析样本的 50% 以上,说明法院在判断案件是否构成重复起诉时,诉讼标的并非必要的构成要素,50% 以上的分析样本在没有适用诉讼标的要素时,也可以对案件是否构成重复起诉作出判断。其中,如表 2-13 所示,与案例 2 情形类似的,排除诉讼标的,将当事人和诉讼请求作为重复起诉构成要素的有 47 份。与当事人要素、诉讼请求要素相比,法院明显地忽略了诉讼标的要素。

(三)法院在判断重复起诉时明确将诉讼标的排除在认定标准之外

【案例 3】 2000 年 B 公司与 G 工行支行之间签订借款合同。2005 年 G 工行支行将该债权转让给 S 公司。2014 年 S 公司将该债权转让给 J 公司。在此期间,B 公司经两次改制为 H 公司。H 公司系 T 公司的母公司。

2015 年 J 公司依据其 2014 年与 S 公司签订的债权转让协议诉诸法院请求判令:T 公司偿还借款 1700 余万元。以下称之为 2015 年诉,即前诉。该案经历了一审、二审。二审驳回 J 公司的起诉。②

2017 年 J 公司再次依据其与 S 公司签订的债权转让协议向法院起诉,诉讼请求包括:(1)判令 T 公司对 H 公司的借款本金 1700 余万元、利息 1200 余万元承担连带清偿责任;(2)判令 T 公司在接收 H 公司的财产范围内对 H 公司的借款本金 1700 余万元、利息 1200 余万元承担连带清偿责任。以下称之为 2017 年诉,即后诉。该案经历了二审、再审。再审法院依据《民诉解释》第 247 条认为,"本案与前案所依据的事实理由相同,诉讼标的虽有所不同但诉讼请求均为要求偿还 H 公司所借借款 1700 余万元,J 公司在本案的诉讼请求实质上是否定前案的生效裁判结果,本案系重复起诉。"③

2017 年诉即后诉再审法院依据《民诉解释》第 247 条规定认定 2017 年诉系重复

---

① 参见广东省高级法院(2018)粤民申 5675 号民事裁定书。
② 参见山东省高级法院(2016)鲁民终 694 号民事裁定书。
③ 参见山东省高级法院(2018)鲁民终 623 号民事裁定书。

起诉。法院在对诉讼标的要素说理时认为,2015 年的诉讼标的与 2017 年诉的诉讼标的"有所不同"。依照《民诉解释》第 247 条规定,诉讼标的为认定重复起诉的构成要素之一,法院在认定重复起诉时,必须同时满足当事人相同、诉讼请求相同、诉讼标的相同的条件。但 2017 年诉再审法院认定前后诉诉讼标的不相同,仍认定 2017 年诉构成重复起诉,实际上是否定了诉讼标的作为重复起诉的要素之一。

案例 2 仅是法院不将诉讼标的作为判断是否构成重复起诉的构成要素之一,从侧面反映出法院对诉讼标的要素的忽视;而案例 3 是法院明确地否认诉讼标的作为判断是否构成重复起诉的要素之一,明确将诉讼标的排除在重复起诉的认定标准之外。

二、不同法院对诉讼标的内涵存在不同理解

通过分析样本发现,法院对诉讼标的内涵存在不同理解、表述模糊等问题。如表 2-14 所示,在 276 份分析样本中,法院对诉讼标的内涵表述方式多达 95 种,其中 67 种表述方式为该案例独有的表述方式。如图 2-39、图 2-40 所示,以法院表述诉讼标的内涵使用的元素数量,可以将法院的表述方式分为以单个元素表述诉讼标的内涵的、以多个元素表述诉讼标的内涵的两种模式,法院以单个元素表述诉讼标的内涵的模式和以多个元素表述诉讼标的内涵的模式相差的样本数量较大,说明法院对诉讼标的内涵可否分为多个元素有不同理解,但从数据上看,法院明显偏向于以单个元素表述诉讼标的内涵。在上述两种模式下,法院对诉讼标的内涵表述方式的类型数量相差不大,这说明在以多个元素表述诉讼标的内涵的模式下,法院对诉讼标的内涵的表述相差较大,在该种模式下,50％左右的分析样本采用的表述方式为该案例独有的表达。如图 2-41、图 2-42 所示,在两种模式下,法院表述诉讼标的内涵使用的元素类型也存在巨大差异,以单个元素表述诉讼标的内涵的分析样本常用的元素共有 11 种,而以多个元素表述诉讼标的内涵的分析样本常用的元素共有 5 种。这说明选择不同模式表述诉讼标的内涵时,法院使用的元素也存在巨大的差异。如图 2-44 所示,对裁判文书的原始表达进行总结归纳后,发现法院共使用 10 种元素表述诉讼标的内涵,这 10 种元素的使用频率相差较大,有使用频率达 100 次以上的元素,也有使用频率仅 1 次的元素,元素的使用频率差异高达百倍。如表 2-15 所示,法院直接用其他元素替换诉讼标的时,使用的元素也从一定程度上反映了法院对诉讼标的内涵的理解。

以上数据均表明法院对表述诉讼标的内涵存在极大的差异,说明部分法院无法总结归纳诉讼标的内涵,也就导致在对诉讼标的解释说理时,无法精准地对诉讼标的进行比较。从统计的内容看,部分法院对诉讼标的要素进行认定时,直接将在案件中容易比较的要素作为诉讼标的内涵,例如"林地"等,不考虑该要素是否真正能表述诉

讼标的内涵,从而导致实践中对诉讼标的的内涵的表述方式多样且杂乱的现状。这使得法院对诉讼标的的认定缺乏专业性和权威性。

(一)法院对诉讼标的的内涵存在多种理解

在实践中,法院对诉讼标的的内涵存在不同理解,出现频率较高和问题较大的主要有以下几种情形:一是法院以实体法说界定诉讼标的;二是将审理对象作为诉讼标的;三是将民事法律关系客体作为诉讼标的;四是将事实作为诉讼标的;五是将案由和纠纷作为诉讼标的;六是将事实和法律关系作为诉讼标的。

1. 实体法说

【案例4】 2017年谢某林依据其与廖某华的借条起诉廖某华、黄某甫,诉讼请求包括:判令廖某华、黄某甫夫妇共同偿还谢某林借款本金120万元及其利息。以下称之为2017诉,即前诉。该案经历了一审、二审。二审判决驳回谢某林诉讼请求。[①]

2018年因廖某华去世,谢某林依据其与廖某华的借条起诉廖某华的妻子黄某甫,诉讼请求包括:请求判令黄某甫在占有和继承廖某华财产范围内偿还廖某华向谢某林借款的本金140万元及其利息。[②] 以下称之为2018年诉,即后诉。该案经历了二审、再审。再审法院依据《民诉解释》第247条认为,"关于谢某林提起本案诉讼是否构成重复起诉的问题。就案涉借款本息清偿事宜,在前诉中,谢某林基于其与黄某甫、廖某华存在民间借贷法律关系起诉,而本次诉讼是基于黄某甫在占有、继承廖某华财产范围内承担借款偿还义务提起诉讼,二者不属于同一法律关系,本次诉讼与前诉的诉讼标的不同,本案不构成重复起诉。"[③]

在该案,2018年诉即后诉再审法院依据《民诉解释》第247条的规定,认定2018年诉不构成重复起诉。在对2017年诉的诉讼标的与2018年诉的诉讼标的进行比较时,法院将前后诉的法律关系对比,认为2017年诉的诉讼标的为谢某林与廖某华、黄某甫夫妇之间的民间借贷法律关系,2018年诉的诉讼标的为谢某林与黄某甫在继承廖某华财产范围内的返还借款法律关系,法院因此判断2017年诉的诉讼标的与2018年诉的诉讼标的不同,由此得出2018年诉不构成重复起诉的结论。因此,本案中,2018年诉再审法院认为诉讼标的的内涵是法律关系。如图2-44所示,法院表述诉讼标的内涵时,法律关系元素使用频率高达117次,占343个元素的1/3以上。这说明,法院界定诉讼标的的内涵考虑最多的元素是法律关系。

---

① 参见四川省宜宾市中级法院(2018)川15民终168号民事判决书。
② 参见四川省宜宾市中级法院(2018)川15民终2165号民事判决书。
③ 参见四川省高级法院(2019)川民申2575号民事裁定书。

【案例 5】　2005 年安某文的父亲安某滢因 W 村民委员会、张某玲侵犯其承包经营权,将 W 村民委员会、张某玲诉至法院,请求撤销 W 村民委员会、张某玲的签订《土地有偿转让合同书》,并返还案涉土地及赔偿损失。以下称之为 2005 年诉,即前诉。法院以超过诉讼时效为由,驳回安某滢的诉讼请求。

2017 年安某文因安某革、W 村民委员会以及张某玲侵犯其承包经营权,向法院起诉,诉讼请求包括:(1)要求判决确认安某革和 W 村民委员会签订的还款抵押协议无效及判决 W 村民委员会与张某玲签订的土地有偿转让合同无效;(2)判决三被告返还原告的土地 230 亩及更名登记回原告名下;(3)判决 W 村民委员会与张某玲赔偿占用原告土地期间的承包费损失及返还原告土地补贴款,合计 15 万元。以下称之为 2017 年诉,即后诉。该案经历了二审、再审。再审法院认为,"虽然两案诉讼目的相同,均为请求返还案涉土地及赔偿损失,但两案请求权基础不同,即诉讼标的不同。"[①]

在该案中,2017 年诉即后诉再审法院依据《民诉解释》第 247 条规定,认定 2017 年诉不构成重复起诉。法院对诉讼标的要素说理时认为,2005 年诉的请求权基础与 2017 年诉的请求权基础不同,即 2005 年诉的诉讼标的与 2017 年诉的诉讼标的不同,由此得出 2017 年诉不构成重复起诉的结论。从法院的分析说理来看,法院在认定前后诉诉讼标的是否相同时,以"请求权基础"表述诉讼标的,即法院认为诉讼标的系实体法上的权利主张。此种表述方式明显采用了实体请求权说。如图 2-44 所示,实体请求权要素在法院表述诉讼标的内涵使用的要素中占比不多,使用频率较低。

案例 4 和案例 5 均属于实体法说,符合最高法院在《民事解释》第 247 条对诉讼标的作实体法说的解释。[②]如图 2-44 所示,民事法律关系说使用频率高达 117 次,而实体请求权说适用频率仅 5 次,二者差异较大。在实践中,采实体法说界定诉讼标的内涵时,法院明显偏向于采民事法律关系说。以实体法说表述诉讼标的内涵的频率高达 122 次,占 343 个要素的 36% 左右,但只占 1011 份分析样本的 12% 左右。换言之,有近 90% 的裁判文书没有按照最高法院对《民事解释》第 247 条中诉讼标的的解释,即以实体法说作为诉讼标的内涵的表述方式,实体法说在实践中并未得到严格遵守。

2. 审理对象

【案例 6】　2017 年马某红依据 G 公司给其出具的股东出资证明书,以 G 公司为被告,刘某莎为第三人,诉至法院,请求确认马某红享有 G 公司的股东资格,持有 2% 的股权。法院判决确认马某红为 G 公司股东。[③]以下称之为 2017 年诉,即前诉。

---

①　参见黑龙江省高级法院(2019)黑民申 4012 号民事裁定书。

②　参见最高人民法院修改后民事诉讼法贯彻实施工作领导小组编著:《最高人民法院民事诉讼法司法解释理解与适用》(上),人民法院出版社 2015 年版,第 635 页。

③　参见吉林省敦化市法院(2017)吉 2403 民初 2492 号民事判决书。

2019 年马某红再次依据 G 公司给其出具的股东出资证明书，以刘某莎为被告，诉至法院，请求判令被告刘某莎终止侵权行为，刘某莎退还非法持有的马某红在 G 公司的 2% 股份，并协助马某红办理工商股东名册登记。[①] 以下称之为 2019 年诉，即后诉。该案经历了二审、再审。再审法院依据《民诉解释》第 247 条认为，"刘某莎虽然在两诉中诉讼地位不同，但同样承受作为诉讼结果判决的既判力约束，不能就相同的诉讼标的或审理对象再次提起诉讼。"[②]

在该案中，2019 年诉即后诉再审法院依据《民诉解释》第 247 条规定，认定 2019 年诉构成重复起诉。法院在对 2017 年的诉讼标的与 2019 年的诉讼标的进行比较时，认为诉讼标的也可以被称作审理对象。但对于 2019 年诉的审理对象是什么，法院并没有作出解释，仅简单地说前后诉的审理对象相同，即诉讼标的相同。从该案例看，法院虽然认为诉讼标的即审理对象，但并未说明前后诉的审理对象是什么，更没有将二者进行比较，仅简单地得出前后诉诉讼标的相同的结论。由此看来，即使法院认为诉讼标的也可以被称之为审理对象，也难以对前后诉诉讼标的进行比较。

【案例 7】 2018 年 W 公司依据其与 T 公司签订的协议，以 T 公司为被告，提起诉讼，请求：(1)判令 T 公司赔偿 W 公司垫付建设费用 8304 万余元、停工损失 1294 万余元以及投入资金的占用利息；(2)判令 T 公司赔偿 W 公司代为支付的工程款 420 万余元及利息。以下称之为 2018 年诉，即前诉。法院判决驳回诉讼请求。

2019 年 W 公司基于其与 T 公司的投资合作开发关系，以 T 公司为被告，T 公司股东张某林为第三人，提起诉讼，请求：(1)依法确认 T 公司出具的《解除合同通知书》及 W 公司《关于对 T 公司解除合同通知书的回复》有效；(2)判令 T 公司赔偿 W 公司 4000 万元。以下称之为 2018 年诉，即后诉。该案经历了一审、二审。二审法院依据《民诉解释》第 247 条认为，"本诉与前诉的诉讼标的相同。前后两诉中，W 公司均系以该公司及张某林与 T 公司及其股东之间因《合作开发协议》《股权转让协议》等形成的合同关系主张权利，两次诉讼的诉讼标的或诉讼对象均具有同一性。"[③]

在该案中，2019 年诉即后诉二审法院依据《民诉解释》第 247 条规定，认定 2019 年诉是否构成重复起诉时，对前后诉诉讼标的要素进行了比较。在对比 2018 年诉的诉讼标的与 2019 年诉的诉讼标的时，认为诉讼标的可以称为诉讼对象。同时，法院也对何谓诉讼标的即诉讼对象作出了解释。法院认为 2018 年诉与 2019 年诉中，均是"因合同关系主张权利"，由此得出 2018 年诉的诉讼标的与 2019 年诉的诉讼标的相同

---

① 参见吉林省敦化市法院(2019)吉 2403 民初 34 号民事判决书。
② 参见吉林省高级法院(2020)吉民申 1057 号民事裁定书。
③ 参见湖北省高级法院(2019)鄂民终 1028 号民事裁定书。

的结论。根据法院的说理解释能够推测出,法院认为诉讼对象是基于某项法律关系而主张,即判断前后诉是否相同,需要判断前后诉基于同一法律关系提出的诉讼请求是否相同。此处,法院将法律关系和诉讼请求与诉讼标的和诉讼对象两组概念联系在一起。

【案例8】　2016年7月W公司依据2011年与L公司签订的《资产收购合同》,向法院起诉,请求:(1)判令L公司继续履行《资产收购合同》,并向W公司支付违约金3500万元及赔偿迟延履行付款义务遭受的经济损失。(2)如L公司不能履行第一项诉讼请求,则请求解除《资产收购合同》,L公司已付1.5亿元定金归W公司所有。法院判决:《资产收购合同》未成立;W公司向第三人G公司返还资产收购款11500万元;L公司向W公司赔偿3500万元经济损失。以下称之为前诉。

2016年7月G公司与L公司签订《债权、债务转让协议》,受让L公司基于《资产收购合同》对W公司的债权。2016年11月G公司依据受让债权向法院提起诉讼,请求:(1)W公司向G公司返还2亿元资产收购款;(2)L公司对W公司返还给G公司的收购款不足5039万余元(利息暂计算至2016年11月30日)部分承担补充偿还责任。该案经历了一审、二审。以下称之为后诉。二审法院依据《民诉解释》第247条认为,"两诉原告的诉讼请求虽然基于合同地位的不同是相反的,但均涉及《资产收购合同》是否解除及解除后法律后果的问题,诉讼标的实质相同,诉讼请求涉及的问题也是同一的。"①

在该案中,后诉二审法院依据《民诉解释》第247条规定认定前诉与后诉的诉讼标的的实质相同。法院对诉讼标的的要素说理时,认为前诉与后诉诉讼标的的"均涉及《资产收购合同》是否解除及解除后法律后果的问题",因此认定前诉与后诉诉讼标的的相同。从表述上看,法院将诉讼标的的表述为"问题",但从具体内容上看,合同是否解除及解除后的法律后果是法院在案件中需要根据案件事实作出裁判的对象,从这方面说,本案诉讼标的的实际上是法院在本案中需要审理的对象。因此,后诉二审法院实际上将诉讼标的的内涵界定为审理对象。

在案例6、案例7、案例8中,法院依据《民诉解释》第247条认定重复起诉时,将诉讼标的的界定为审理对象。但审理对象是什么,法律也未对此作出规定,仍然需要法院对此作出解释说明。在案例6法院并未对何谓审理对象作出解释,相当于未对何谓的诉讼标的的作出解释。案例7和案例8均对何谓审理对象作出了解释,但案例7认为审理对象为是基于某项法律关系的主张,即审理对象由该案的法律关系来判断;案例8认为审理对象是法院在本案需要作出裁判的对象,法院裁判的对象根据当事人的诉

---

① 参见最高法院(2018)最高法民辖终68号民事裁定书。

讼请求来判断,此时,审理对象即该案的诉讼请求。上述两个案件对前诉与后诉的审理对象有不同的理解,这说明审理对象并非是一个固定的概念。

如图 2-44 所示,审理对象元素使用频率有 43 次,占 343 个元素的 12% 左右,位居第四。这说明审理对象元素在法院认定诉讼标的标准中占有一定地位,但采用审理对象元素表述诉讼标的内涵也带来了另外的问题。法律对审理对象的概念并未作出界定,而学界对审理对象的概念应当如何界定也存在争议。由此看来,法院将诉讼标的内涵表述为审理对象,只是给诉讼标的套上一个空荡荡的外壳,并没有对诉讼标的内涵作出解释,实际上还需要以其他元素界定诉讼标的的内涵。

3. 民事法律关系客体

【案例 9】 2013 年陈某力等人依据其与 S 公司的商品买卖合同,起诉 S 公司,请求判令 S 公司履行合同义务,交付业主购买的地下室为业主共有、共管。以下称之为 2013 年诉,即前诉。该案经历了二审、再审。再审法院裁定驳回诉讼请求。

2018 年陈某力等人再次依据其与 S 公司的商品买卖合同起诉 S 公司,请求确认 Y 楼内的地下室所有权为业主共有。以下称之为 2018 年诉,即后诉。再审法院认为,"现陈某力等人以该住宅楼的地下室为诉讼标的提起诉讼,要求确认该住宅楼地下室的所有权。虽然再审申请人陈某力等人前诉与后诉诉讼请求有所不同,但其后诉诉讼请求实质上是对前诉生效裁判结果的否定。且本案当事人与已生效判决相同。再审申请人陈某力等人提起的本案诉讼已构成重复诉讼。"[1]

在该案中,2018 年诉即后诉再审法院依据《民诉解释》第 247 条认定 2018 年诉构成重复起诉。法院认为陈某力等人"以该住宅楼的地下室为诉讼标的提起诉讼",由此推测,法院认为 2018 年诉的诉讼标的为该住宅楼的地下室,即民事法律关系客体。2013 年诉陈某力等人请求法院判决 S 公司履行义务,交付地下室所有权,2018 年诉陈某力等人要求确认地下室的所有权归业主所有。2013 年诉和 2018 年诉的权利义务均指向该地下室。

【案例 10】 2005 年 F 建筑公司依据其 2004 年与 J 集团 Q 项目部签订的《协议书》起诉 J 集团及 Q 项目部,诉讼请求包括:判令 J 集团及 Q 项目部支付工程款 120 万余元。以下称之为 2005 年诉,即前诉。该案经历了二审、再审。

2015 年 F 建筑公司依据其 2004 年与 J 集团 Q 项目部签订的《协议书》起诉 J 集团及 Q 项目部请求:请求判令 J 集团支付多扣 F 公司的工程款 120 万余元并支付利息。[2] 以下称之为 2015 年诉,即后诉。该案经历了二审、再审。再审法院认为,"前后

---

[1] 参见新疆维吾尔自治区高级法院(2019)新民申 889 号民事裁定书。
[2] 参见江苏省徐州市中级法院(2016)苏 03 民终 3079 号民事裁定书。

诉诉讼标的均是 Q 项目部的工程款,诉讼标的相同。"①

在该案中,2015 年诉即后诉再审法院依据《民诉解释》第 247 条规定认定 2015 年诉是否构成重复起诉时,对 2005 年诉的诉讼标的和 2015 年诉的诉讼标的进行了比较。法院认为 2005 年诉的诉讼标的和 2015 年诉的诉讼标的均是工程款,由此得出前后诉诉讼标的相同的结论。2005 年诉 F 建筑公司请求判令 J 集团及 Q 项目部支付工程款,2015 年诉 F 建筑公司请求 J 集团支付工程款及利息。前后诉均针对工程款提出诉讼请求,当事人的权利义务也均指向该工程款,即工程款为 2005 年诉和 2015 年诉的民事法律关系客体。

案例 9 和案例 10 中法院依据《民诉解释》第 247 条规定认定重复起诉时,均将诉讼标的内涵表述为民事法律关系客体。如图 2-44 所示,以民事法律关系客体表述诉讼标的内涵的使用频率有 44 次,占 343 个要素的 13% 左右。但民事法律关系客体明显不能够作为重复起诉中诉讼标的的内涵表述方式。民事法律关系客体是实体法概念,是实体法上的标的,而诉讼标的是诉讼法上的概念。这些分析样本明显将实体法上的标的与诉讼法上的标的混同,将实体法上的标的作为诉讼法上的标的。并且民事法律关系客体使用频率位居第四,说明法院认定诉讼标的时,也常考虑到民事法律关系客体。由此看来,法院对诉讼标的内涵理解存在误差,导致诉讼标的的要素没有正确被法院界定,从而致使诉讼标的的要素实际上没有参与重复起诉的认定中。

4. 事实

【案例 11】 2017 年曲某波依据其 2007 年与李某森、姚某庆及姜某君签订的股权转让协议,以李某森和 W 煤矿股东赵某明为被告,向法院提起诉讼,请求:(1)确认曲某波与李某森、姚某庆及姜某君签订的股权转让协议有效;(2)确认曲某波对 W 煤矿拥有 80% 的股份;(3)曲某波对国家拨付给 W 煤矿的淘汰落后产能奖励资金中 480 万元拥有财产分配权。以下称之为 2017 年诉,即前诉。法院判决该 2007 年签订的股权转让协议有效,驳回了曲某波其他诉讼请求。②

2018 年曲某波的继承人肖某英依据其丈夫曲某波 2007 年与李某森、姚某庆及姜某君签订的股权转让协议,以赵某明为被告,向法院提起诉讼,请求:(1)确认肖某英对被继承人曲某波在 W 煤矿 60% 的合伙财产份额享有继承权;(2)按肖某英占 60% 的合伙财产份额比例分配 W 煤矿获得的 1700 万余元奖励资金即 1020 万余元。③ 以下称之为 2018 年诉,即后诉。该案经历了一审、二审。二审法院依据《民诉解释》第

① 参见江苏省高级法院(2017)苏民申 461 号民事裁定书。

② 参见吉林省白山市江源区法院(2017)吉 0605 民初 553 号民事判决书。

③ 参见吉林省白山市中级法院(2018)吉 06 民初 147 号民事判决书。

247 条认为,"本案与前案均以 2007 年股份转让协议、2009 年退伙协议书,以及 2013 年矿井股权转让所得分配协议书、万达煤矿关闭等为基本事实,本案与前案诉讼标的相同。"①

在该案中,2018 年诉即后诉二审法院依据《民诉解释》第 247 条规定,认定前后诉诉讼标的相同。在对 2017 年诉的诉讼标的与 2018 年诉的诉讼标的进行比较时,法院认为前后诉均以相同的基本事实提起诉讼,因此前后诉的诉讼标的相同。由此看来,法院将诉讼标的内涵表述为事实。如图 2-41 和图 2-42 所示,无论是法院以单元素表述诉讼标的内涵的,还是以多元素表述诉讼标的内涵的,事实元素均在诉讼标的内涵界定中占有重要地位,尤其是法院以多元素表述诉讼标的内涵时,事实占比最多。如表 2-15 所示,以事实元素作为替代诉讼标的的要素或者将事实元素与其他元素替代诉讼标的有 72 份分析样本,占 94 份分析样本的 50% 以上,即大部分法院都以事实替代诉讼标的的要素,这也隐含法院对事实和诉讼标的的关系的看法,在一定程度上反映法院使用事实元素界定诉讼标的。如图 2-44 所示,以事实表述诉讼标的内涵的样本有 43 份,位居第四。这说明,事实在诉讼标的内涵界定中扮演了重要角色,这有可能是因为事实要素容易判断,在原告的诉状中能够体现。

5. 案由和纠纷

【案例 12】 2008 年祁某彪依据其 2004 年与闫某胜签订的合伙协议,以闫某胜为被告诉诸法院,请求:(1)判令双方的合伙协议有效;(2)闫某胜继续履行合同并承担违约金。以下称之为 2008 年诉,即前诉。该案经历了一审、二审、再审。

2012 年因闫某胜拒绝履行生效裁判,祁某彪再次依据其 2004 年与闫根胜签订的合伙协议,以闫某胜和闫某胜的个人独资企业 H 矿业公司为被告,诉至法院,请求:(1)依法确认祁某彪享有铁矿采矿权的共有权益;(2)判令二被告先行支付原告建选矿厂所支付的投资费用共计 437 万元左右;(3)判令二被告给付截至起诉之日铁矿已开采利益的 70%。② 以下称之为 2012 年诉,即后诉。该案经历了二审、再审。再审法院依据《民诉解释》第 247 条认为,"前诉诉讼请求为确认双方签订的协议有效以及要求闫某胜继续履行合同并承担违约金,案由为合伙协议纠纷。由于闫某胜未履行生效判决,祁某彪向法院起诉,诉讼请求为确认采矿权的共有权益、要求闫某胜支付矿厂所支付的投资费用和铁矿的已开采利益,案由为物权保护纠纷。两次诉讼的诉讼请求和诉讼标的均不相同,不构成《民诉解释》第 247 条规定的重复诉讼的要件。"③

---

① 参见吉林省高级法院(2019)吉民终 66 号民事裁定书。
② 参见内蒙古自治区高级法院(2015)内民一终字第 00143 号民事判决书。
③ 参见最高法院(2016)最高法民申 534 号民事裁定书。

在该案中,2012年诉即后诉再审法院依据《民诉解释》247条规定认定2012年诉不构成重复起诉。法院在说明解释时,虽然对诉讼标的和诉讼请求没有分开论理,但是能够将诉讼请求和诉讼标的一一对应。从法院的行文说理来看,法院认为2008年诉的案由为合伙协议纠纷,2012年诉的案由为物权保护纠纷,前后诉的案由不同,因而诉讼标的不同。从法院说理来看,法院将诉讼标的的表述为案由。

【案例13】　2017年粟某斌以凌某志未按照2016年与其签订《存量房买卖合同》的约定支付首期款为由,以凌某志为被告起诉,请求:(1)解除粟某斌与凌某志签订的《存量房买卖合同》;(2)凌某志支付违约金42万元。以下称之为2017年诉,即前诉。该案经历了一审、二审。一审法院判决驳回原告诉讼请求。二审法院判决驳回上诉,维持原判。[①]

2018年粟某斌以凌某志2016年与其签订《存量房买卖合同》时故意隐瞒其已拥有一套房子和负债事实为由,提起诉讼,请求:(1)撤销2016年签订的《存量房买卖合同》及网签登记;(2)被告凌某志向原告粟某斌赔偿损失。[②] 该案经历了二审、再审。再审法院依据《民诉解释》第247条认为,"两案针对同一合同的签订及履行,审理的诉讼标的均为粟某斌与凌某志之间的同一房屋买卖合同纠纷。"[③]

在该案中,2018年诉即后诉再审法院依据《民诉解释》第247条认为,2017年诉的诉讼标的与2018年诉的诉讼标的均为房屋买卖合同纠纷。依据《民事案由规定》,房屋买卖合同纠纷为民事案由。虽然法院在对前后诉诉讼标的作比较时,未提到案由,以纠纷形式表述诉讼标的的内涵,但法院实际上仍是将诉讼标的的内涵表述为案由,以前后诉的案由判断前后诉诉讼标的的是否相同。

【案例14】　2015年东某堂依据其与S公司工程分包合同,以G镇政府为被告,诉诸法院,请求法院判令G镇政府支付工程款51万余元及利息损失。以下称之为2015年诉,即前诉。该案经历了一审、二审。二审法院裁定驳回其诉讼请求。

2017年东某堂再次依据其与S公司工程分包合同,以G镇政府为被告,诉至法院,请求法院判令G镇政府支付所欠工程款。以下称之为2017年诉,即后诉。该案经历了二审、再审。再审法院依据《民诉解释》第247条认为,"诉讼标的均系东某堂与G镇政府之间因同一案涉工程发生的工程款给付纠纷。"[④]

在该案中,2017年诉即后诉再审法院依据《民诉解释》第247条认定前后诉诉讼标的相同。法院认为2015年诉的诉讼标的与2017年诉的诉讼标的均为"同一案涉工

---

①　参见广东省广州市中级法院(2017)粤01民终14494号民事判决书。

②　参见广东省广州市白云区法院(2018)粤0111民初2822号民事判决书。

③　参见广东省高级法院(2019)粤民申6787号民事裁定书。

④　参见江苏省高级法院(2018)苏民申1064号民事裁定书。

程发生的工程款给付纠纷",即法院认为前后诉诉讼标的为工程款给付纠纷,但2017年诉案由为建设工程分包合同纠纷,并且根据《民事案由规定》,工程款给付纠纷并非规定的案由。因此,在该案中,法院虽然以纠纷判断前后诉的诉讼标的,但并非以案由作为诉讼标的的内涵。而法院判断前后诉是何种纠纷时,没有具体说明解释,只能推测法院可能是根据东某堂在2015年诉和2017年诉诉讼请求均为请求G镇政府支付工程款,确认前后诉的纠纷类型,此时判断纠纷类型与案由无关。

从案例12、案例13和案例14来看,法院以案由表述诉讼标的的内涵时,以"纠纷"的形式体现案由,但部分以纠纷表述诉讼标的的内涵的,并非是以案由界定诉讼标的的内涵,而是直接将纠纷理解为诉讼标的的内涵。所以案由表述和纠纷表述之间系交叉关系,并非等同关系。如图2-44所示,以案由表述诉讼标的的内涵的分析样本有29份,位居第六,由此说明在实践中法院将案由作为表述诉讼标的的要素内涵的方式较多。案例12以诉讼请求确定案由,案例13以法律关系确定案由,实际上是通过诉讼请求、法律关系等将诉讼标的与案由联系在一起,说明对案由不同的理解,有可能也会影响到对诉讼标的的内涵的理解。

6. 事实和法律关系

【案例15】 2014年韩某洪依据其2005年与H公司签订的承包合同向法院起诉,请求法院依法撤销该院A号民事判决书,判令C学院立即支付尚欠其工程款1500万余元及其利息和违约金。以下称之为2014年诉,即前诉。该案经历了一审、二审。一审裁定驳回韩某洪的起诉。二审法院裁定维持一审裁定。[①]

2015年韩某洪依据其2005年与H公司签订的承包合同,以C学院为被告,请求法院依法撤销B号民事裁定、A号民事判决书,并判令被告支付拖欠的工程款1800万余元及利息和违约金。以下称之为2015年诉,即后诉。该案经历了一审、二审。二审法院认为,"前诉与本诉,具有相同的诉讼标的,即本案所涉案件事实与前诉所涉及的案件事实一致,即两案所争议的法律关系均是以韩某洪提出的第三人撤销之诉为基础而形成的法律关系。"[②]

在该案中,2015年诉即后诉二审法院依据《民诉解释》第247条规定认定2014年诉的诉讼标的与2015年诉的诉讼标的相同。在比较前后诉的诉讼标的时,法院认为2014年诉的案件事实与2015年诉的案件事实一致,且2014年诉的法律关系与2015年诉的法律关系一致,因此得出前后诉诉讼标的一致的结论。换言之,法院将诉讼标的内涵表述为事实和法律关系,即法院适用事实和法律关系两种因素的界定诉讼标

---

① 参见重庆市高级法院(2015)渝高法民终字第00044号民事裁定书。
② 参见最高法院(2015)民一终字第362号民事裁定书。

的内涵。如表 2-14 所示,法院使用多个元素表述诉讼标的内涵时,"事实和法律关系"为使用最多的表述方式。且如图 2-44 所示,事实元素和法律关系元素相加占据着法院表述诉讼标的内涵要素的一半。这充分说明了这两个元素在认定诉讼标的中的重要作用。

(二)不同审级法院对同一案件诉讼标的内涵理解存在差异

【案例 16】 2011 年 H 公司依据其 2009 年与 G 公司签订的《工程承包合同》和《补充协议》,以 G 酒店、C 旅行社、B 酒店为被告,向法院提起诉讼,请求法院依法判令三被告支付原告工程欠款 392 万余元,延期付款违约金 66 万余元,确认原告工程款债权的优先权利并判令三被告负担本案诉讼费。以下称为 2011 年诉,即前诉。①该案经历了一审、二审。一审法院裁定驳回 H 公司起诉。二审法院判决驳回上诉,维持原判。

2014 年 H 公司依据其 2009 年与 G 公司签订的《工程承包合同》、《补充协议》以及前案裁判再起提起诉讼,请求判令张某强与 C 旅行社对前案民事判决书确认的 422 万余元债务及逾期付款违约金承担连带给付责任。以下称之为 2014 年诉,即后诉。一审法院判决认为,后诉的诉讼请求为前诉的诉讼请求所涵盖,构成重复起诉。H 公司不服一审判该,提起上诉。二审法院认为,"本案诉讼标的即双方之间所争议的民事法律关系与前案判决所确定的因装饰装修合同纠纷引发的债权债务关系并无任何变化,故本案应为装饰装修合同纠纷。一审认定 H 公司属重复诉讼,驳回 H 公司的起诉处理正确。"②H 公司申请再审。对于后诉与前诉的诉讼标的是否相同问题,再审法院认为,"诉讼标的是指当事人之间发生争议并请求法院依法作出裁判的民事权利义务关系,是法院审理和判断的对象,也是确定民事案由的基础。前案的诉讼标的为装饰装修合同法律关系,相应的案由为装饰装修合同纠纷。本案中,H 公司根据《公司法》有关规定以及相关事实,请求判令 C 旅行社的股东张某强对前案判决所确认的 C 旅行社的债务承担连带责任。由此,本案的诉讼标的应为公司股东与公司债权人之间损害赔偿法律关系,相应的案由应为股东损害公司债权人利益责任纠纷,二审裁定将本案案由确定为装饰装修合同纠纷有误,本院予以纠正。"③

在该案中,2014 年诉即后诉二审法院依据《民诉解释》第 247 条规定,认定 2011 年诉的诉讼标的和 2014 年诉的诉讼标的均为"因装饰装修合同纠纷引发的债权债务

---

① 参见新疆维吾尔自治区乌鲁木齐市中级法院(2014)乌中民四初字第 42 号民事裁定书。
② 参见新疆维吾尔自治区高级法院(2014)新民一终字第 216 号民事裁定书。
③ 参见最高法院(2016)最高法民再 249 号民事裁定书。

关系",即将诉讼标的内涵表述为法律关系,同时将法律关系和案由联系在一起,并且认为民事法律关系性质决定案件案由。2014 年诉即后诉再审法院依据《民诉解释》第 247 条规定,认定 2011 年诉的诉讼标的为装饰装修合同法律关系,2014 年诉的诉讼标的为公司股东与公司债权人之间损害赔偿法律关系,前后诉法律关系不同,因此得出前后诉诉讼标的不同的结论。再审法院同样将法律关系与案由联系在一起,认为法律关系性质决定案件案由。但同样是将诉讼标的内涵表述为法律关系。二审法院和再审法院对 2011 年诉的诉讼标的与 2014 年诉的诉讼标的内涵有不同的解释,导致对诉讼标的是否相同的认定出现了不同结果。该案例说明,即使不同审级法院对诉讼标的要素内涵表述相同,但也有可能出现说理不同,结论不同的情形。对于诉讼标的要素的认定,由于诉讼标的要素内涵不明确,对诉讼标的要素的说理必须一环扣一环,逻辑紧密,才能得出可信的结论。

【案例 17】 2013 年雷某声、冯某云以王某东故意隐瞒重要事实与原告签订《合作开采协议》为由,以王某东和王某宝为被告,向法院提起诉讼,请求:(1)王某东、王某宝共同返还雷某声、冯某云煤矿转让费 2000 万元;(2)王某东、王某宝共同赔偿雷某声、冯某云开采投入损失 1900 万元。以下称之为 2013 年诉,即前诉。该案经历了一审、二审,二审法院裁定撤销一审判决,驳回原告诉讼请求。①

2018 年雷某声、冯某云以王某东故意欺诈隐瞒矿区重要事实与原告签订《合作开采协议》为由,以王某东为被告诉诸法院,请求:王某东赔偿原告损失 5897 万余元,第三人王某宝承担连带责任。以下称之为 2018 年诉,即后诉。该案经历了一审、二审。一审法院认为,"两案的诉讼请求都是针对《合作开采协议》的效力及王某东应否返还 2000 万元转让费和赔偿雷某声、冯某云的损失,王某宝应否承担连带责任,属于诉讼标的相同。"②二审法院认为,"关于本案与前案诉讼标的是否相同的问题。2011 年雷某声、冯某云与王某东就煤矿签订的《合作开采协议》确立了雷某声、冯某云与王某东之间采矿权承包合同关系的权利义务,雷某声、冯某云与王某东之间据此形成采矿权承包法律关系。雷某声、冯某云在前案和本案中都是基于双方之间就煤矿形成的采矿权承包法律关系,提起的转让款返还和开采损失赔偿之诉。因此,本案与前案系基于同一法律事实、同一个法律关系提起的诉讼,两案的诉讼标的相同。"③

在该案中,2018 年诉即后诉一审法院依据《民诉解释》第 247 条规定认定诉讼标的相同。一审法院在对诉讼标的要素说理时,认为 2013 年诉和 2018 年诉的诉讼请求

---

① 参见最高法院(2015)最高法民一终字第 75 号民事裁定书。
② 参见宁夏回族自治区高级法院(2018)宁民初 93 号民事裁定书。
③ 参见最高法院(2018)最高法民终 1333 号民事裁定书。

相同,所以前后诉的诉讼标的相同。一审法院实际上将诉讼标的与诉讼请求等同,将诉讼标的表述为诉讼请求。2018 年诉即后诉二审法院在依据《民诉解释》第 247 条规定认定诉讼标的相同。二审法院在对诉讼标的的要素说理时,认为 2013 年诉和 2018 年诉均依据 2011 年的《合作开采协议》,基于采矿权承包法律关系提起转让款返还和开采损失赔偿之诉,即 2013 年诉和 2018 年诉的法律事实和法律关系相同,因此前后诉的诉讼标的相同。二审法院将诉讼标的的内涵表述为法律事实和法律关系。一审法院和二审法院对诉讼标的的内涵表述不同,但均认定前后诉的诉讼标的相同。而如图 2-45 和图 2-48 所示,不同审级法院对诉讼标的的内涵表述不同,但对诉讼标的的判断结果相同的分析样本共有 17 份,占 31 份分析样本的 50% 以上,即大部分案件,不同审级法院对诉讼标的的内涵的理解都不相同,结论却相同。由此带来的问题是,为何不同审级法院对诉讼标的的内涵表述不同,说理不同,但得出结论却相同呢? 这将导致法院对诉讼标的的要素说理过程与对诉讼标的的要素的结论之间的联系度降低,法院对诉讼标的的要素的认定过程的可信度降低。

【案例 18】 2007 年 L 公司、J 集团签订《建设工程施工合同》,施工过程中,J 集团将 L 公司起诉至法院,请求判令 L 公司向 J 集团支付工程款 1332 万元,后经调解,双方达成一致确认 L 公司给付 J 集团欠款 1381 万元并承担违约金。

2011 年 J 集团依据其 2007 年与 L 公司签订的《建设工程施工合同》诉至法院,请求判令:(1)被告 L 公司立即给付工程款 1253 万元;(2)J 集团对已完工程地下室部分享有优先受偿权。① 以下称之为 2011 年诉,即前诉。该案发回重审后经一审、二审。一审法院部分支持原告诉讼请求。二审法院判决驳回上诉,维持原判。②

2018 年 L 公司依据其 2007 年与杨某田签订的《代收售房款协议书》以及杨某田私自占有 L 公司给付 J 集团工程款的事实,请求法院判令:(1)杨某田返还 L 公司 1310 万元及利息;(2)杨某田返还 L 公司所有的 L 综合楼中共计五套房屋销售价款及利息,价款暂估为 211 万元,利息按照同期同类银行贷款利率计算,起算点及数额以司法审理结果为准,应计算至实际给付之日。以下称之为 2018 年诉,即后诉。该案经历了一审、二审、再审。一审法院认为,前诉与后诉均"针对同一标的即'杨某田代收售房款'"。③ 二审法院认为,"本诉中 L 公司主张的其已支付给杨某田的售房款,与 L 公司在前诉中主张的其已支付给 J 集团的工程款,均系基于 L 公司与 J 集团之间存在建设工程合同关系这一基础法律事实而产生的给付行为,故可以认定本诉与前

---

① 参见吉林省长春市中级法院(2012)长民一重字第 1 号民事判决书。
② 参见吉林省高级法院(2014)吉民一终字第 86 号民事判决书。
③ 参见吉林省长春市中级法院(2018)吉 01 民初 633 号民事判决书。

诉诉讼标的相同"。① 再审法院认为,"本案与前诉的诉讼标的不同。《民诉法司法解释》第 247 条规定的'诉讼标的',主要以实体法上的请求权作为界定依据,指的是原告在诉讼上所为一定具体实体法之权利主张。本案中,L 公司系以杨某田非法占有 L 公司支付给 J 集团的工程款构成不当得利为由提起诉讼。L 公司提起诉讼的请求权基础在于,杨某田无正当理由占用 L 公司向 J 集团支付的工程款构成不当得利。而前诉则是 J 集团作为原告,因 L 公司欠付工程款而提起的诉讼。前诉中,J 集团提起诉讼的请求权基础,系其与 L 公司之间的建设工程施工合同关系。据此,本案与前诉当事人之间的法律关系不同,原告据以提起诉讼的请求权基础不同,故本案的诉讼标的与前诉的诉讼标的并不相同。"②

在该案中,2018 年诉即后诉一审法院依据《民诉解释》第 247 条规定,判断前诉与后诉的诉讼标的时,将诉讼标的的表述为"房款",即民事法律关系客体,认为前诉与后诉均针对同一房款,因此前诉的诉讼标的与后诉的诉讼标的相同。二审法院依据《民诉解释》第 247 条规定,认定前诉与后诉的诉讼标的相同,二审法院对前诉与后诉的诉讼标的说理时,认为前诉与后诉均系基于"存在建设工程合同关系的法律事实而产生的给付行为",虽然法院将诉讼标的的表述落在"法律事实"上,但从内容上看,法院实际将诉讼标的的内涵界定为法律关系,即二审法院采民事法律关系说。再审法院依据《民诉解释》第 247 条规定,认定前诉与后诉的诉讼标的不相同,再审法院认为诉讼标的主要以实体法上的请求权作为界定依据,即再审法院采实体请求权说,再审法院认为前诉的诉讼标的是 J 集团提起 2011 年诉的请求权基础,即 L 公司与 J 集团之间的建设工程施工合同关系,后诉的诉讼标的是 L 公司提起 2018 年诉的请求权基础,即杨某田无理由占有 L 公司向 J 集团给付的工程款构成不当得利。前诉与后诉的请求权基础不同,因此前诉与后诉的诉讼标的不同。再审法院在说理过程中,即使认为诉讼标的为请求权,但仍然提到了法律关系,因此再审法院对请求权和法律关系的关系可能有两种看法,一是法律关系等同于请求权,二是请求权包含法律关系。

在本案中,2018 年诉即后诉一审法院、二审法院、再审法院对诉讼标的的内涵表述均不相同,一审法院和二审法院均认为前诉与后诉诉讼标的相同,再审法院认为前诉与后诉的诉讼标的不相同。这说明法院对诉讼标的的内涵界定差异较大,同一案例,一审法院、二审法院、再审法院对诉讼标的的内涵均有不同看法。而一审法院和二审法院对诉讼标的的内涵表述不同但均认为 2011 年诉与 2018 年诉的诉讼标的相同,再审法院与一审法院、二审法院内涵表述不同的同时,对前诉与后诉诉讼标的的判断结果也

---

① 参见吉林省高级法院(2020)吉民终 30 号民事裁定书。
② 参见最高法院(2021)最高法民再 55 号民事裁定书。

不同。再审法院认为 2011 年诉的诉讼标的与 2018 年诉的诉讼标的不相同。同一案例不同审级法院对诉讼标的内涵界定出现了三种情况,并且最终判断结果也出现了差异。这表明,诉讼标的实际上是法院使用其他元素判断前诉与后诉是否构成重复起诉的躯壳。

(三)法院对诉讼标的内涵表述模糊

【案例 19】 2004 年潘某依据其与 Z 公司签订的《委托投资协议书》,以 Z 公司和 Z 公司资金账户委托监管人 H 公司为被告,向法院提起诉讼,请求法院判令 Z 公司归还 3500 万元、委托理财款 418 万余元及利息。以下称之为 2004 年诉,即前诉。该案经历了一审、二审。二审法院判决确认 Z 公司账户委托监管人 H 公司将 Z 公司账户的 3500 万元归还潘某。

2015 年 Z 公司以 H 公司超出 2002 年 Z 公向 H 公司出具的《授权委托书》的范围,将 Z 公司委托 H 公司监管的账户内资金转出为由,向法院起诉,请求:判令 H 公司、H 公司营业部返还股票资金款 3500 万元及利息。以下称之为 2015 年诉,即后诉。该案经历了一审、二审。二审法院认为,"本诉系 Z 公司诉求 H 公司营业部应承担侵权责任的侵权之诉,前诉则是潘某诉求 Z 公司承担合同责任的合同之诉,并不符合《民诉解释》第 247 条关于'后诉与前诉的当事人相同''后诉与前诉的诉讼标的相同'之规定。"①

在该案中,2015 年诉即后诉二审法院依据《民诉解释》第 247 条规定,认定前诉与后诉的诉讼标的相同。法院在对前后诉诉讼标的要素说理时,认为 2004 年诉的诉讼标的为"潘某诉求 Z 公司承担合同责任的合同之诉",2015 年诉的诉讼标的为"Z 公司诉求 H 公司营业部应承担侵权责任的侵权之诉"。法院的说理并没有明确何谓 2004 年诉的诉讼标的和 2015 年诉的诉讼标的。从法院的说理来看,法院对 2004 年诉的诉讼标的与 2015 年诉的诉讼标的的内涵可有以下三种解释:第一种理解是法院将诉讼标的内涵表述为诉讼请求,2004 年诉的诉讼标的则为"诉求 Z 公司承担侵权责任",而 2015 年诉的诉讼标的则为"诉求 H 公司应当承担侵权责任";第二种理解是法院将诉讼标的内涵表述为旧实体法说,依照民事法律关系说,则 2004 年诉的诉讼标的为 Z 公司和潘某之间的合同法律关系,2015 年诉的诉讼标的为 Z 公司与 H 公司之间的侵权赔偿法律关系;第三种理解是法院将诉讼标的内涵表述为案由,2004 年诉的诉讼标的为合同纠纷,2015 年诉的诉讼标的为侵权责任纠纷。

该案中,2015 年诉即后诉二审法院对诉讼标的内涵表述模糊,使得诉讼标的内涵

---

① 参见福建省高级法院(2018)闽民终 468 号民事裁定书。

拥有多种解释,无法明确诉讼标的是什么,也无从知晓法院如何比较前后诉的诉讼标的。

【案例 20】 1995 年 S 市教育局建筑开发公司为 S 市教师进修学校建综合楼时,因其在施工过程中给陶某秋的房屋造成损害,S 市教师进修学校同意赔偿对陶某秋所造成的损失,后把此款转由 S 市教育局建筑开发公司偿还,S 市教育局建筑开发公司经理张某柏以个人名义给陶某秋出具 5.8 万元欠据一枚。

2016 年张某柏以其依据生效判决对陶某秋支付了赔偿款为由,以 S 市教育局为被告向法院提起追偿权之诉,要求 S 市教育局给付本金 5.8 万元、利息 7 万余元、两审诉讼费 6 千余元,合计 13 万余元。法院判决驳回原告的诉讼请求。[①]

2017 年张某柏以其依据生效判决对陶某秋支付了赔偿款为由,以 S 市教师进修学院为被告向法院起诉,请求:张某柏向 S 市教师进修学校追偿支付给陶某秋的各项赔偿款 13 万余元,并按照银行同期贷款利率给付利息。以下称之为后诉。该案经历了二审、再审。再审法院认为,"前诉案由虽确定为合同纠纷,但张某柏系基于与本案相同的基础事实,即张某柏依据生效判决承担了向陶某秋支付 5 万余元赔偿款的义务,但张某柏主张其不负有赔偿义务,因与 S 市教育局和 S 市教育进修学校协商一致而同意垫付,故起诉要求 S 市教师进修学校返还。本案张某柏主张的追偿权是以前诉中的合同约定为依据,且前后两诉均为给付之诉,诉讼目的也是相同的,张某柏提起本案之诉仅是将诉讼理由变更为追偿不当得利,两案诉讼标的在本质上是相同的。"[②]

在该案中,2017 年即后诉再审法院依据《民诉解释》第 247 条规定,认定 2016 年诉的诉讼标的与 2017 年诉的诉讼标的本质上相同。法院对诉讼标的的要素说理时,并未明确前诉与后诉的诉讼标的是什么。在说理过程中,法院认为前诉与后诉基础事实相同,均为给付之诉、诉讼目的相同,结论为两案的诉讼标的在本质上是相同的,故推测法院对诉讼标的的内涵的界定有以下几种情况。一是法院认为前诉与后诉的诉讼标的是前诉与后诉的事实,即前诉与后诉均基于"张某柏依据生效判决承担了向陶某秋支付 5 万余元赔偿款的义务"的基础事实,因此认定前诉的诉讼标的与后诉的诉讼标的相同。二是认为前诉与后诉的诉讼标的为前诉与后诉的诉的类型,即前诉与后诉均为给付之诉,因此认定前诉与后诉的诉讼标的相同。三是将诉讼标的内涵表述为诉讼目的,即认为前诉与后诉的诉讼目的相同,因此前诉与后诉的诉讼标的相同。四是,法院认为判断前诉的诉讼标的与后诉的诉讼标的是否相同,需要共同考虑前诉

[①] 参见吉林省吉林市中级法院(2017)吉 02 民终 2221 号民事裁定书。

[②] 参见吉林省高级法院(2018)吉民申 1434 号民事裁定书。

与后诉的事实、诉的类型和诉讼目的,只有这三个元素都相同时,前诉与后诉的诉讼标的才相同。

法院在对诉讼标的要素说理过程中,还对 2016 年诉的案由以及 2017 年诉的诉讼理由进行了评价,认为前诉与后诉的案由和诉讼理由虽然并不相同但不影响其对前诉与后诉的诉讼标的的认定。但为何要对案由和诉讼理由进行评价,法院也没有作出说明。这使得法院对诉讼标的的说理过程更加混乱,无法判断法院认定前诉与后诉诉讼标的相同的依据。该案例,法院没有明确诉讼标的是什么,更没有将前诉与后诉的诉讼标的进行比较,所以前诉与后诉为何"本质上相同"也无从知晓,使得法院对重复起诉的认定可信度降低,使司法裁判的法律认同度降低,使人民群众对司法裁判的接受度降低。

【案例 21】　2015 年 Q 公司与 D 公司签订了《股权转让协议一》,A 公司与 D 公司签订了《股权转让协议二》,Q 公司、A 公司与 D 公司三方达成《股权转让补充协议》,就 Q 公司、A 公司将各自持有的目标公司股权转让给 D 公司的相关事宜进行约定。2016 年,Q 公司与 D 公司签订《解除协议一》,A 公司与 D 公司签订《解除协议二》。

2016 年 Q 公司以 D 公司为被告提起股权转让纠纷,请求:(1)确认 Q 公司与 D 公司签订的《股权转让协议一》已解除;(2)判决 D 公司返还 Q 公司 1000 万元。以下称之为 2016 年诉。一审判决协议有效并确认解除,D 公司需返还 Q 公司 1000 万。D 公司提起上诉,二审在后诉提起时仍处于在审理过程中。

2017 年 D 公司以 A 公司为被告,向法院提起诉讼,请求撤销 A 公司与 D 公司签订的《解除协议二》,法院立案受理。以下称之为 2017 年诉。

2017 年 D 公司以 Q 公司、A 公司签订合同时故意隐瞒和虚构事实行为为由向法院提出诉讼,请求:(1)判令《股权转让补充协议》、《股权转让协议一》和《股权转让协议二》无效;(2)判令二被告连带返还原告支付的上述合同项下的款项共计 4200 万元。[①] 该案经历了一审、二审。以下称之为后诉。二审法院认为,"关于诉讼标的是否相同的问题。所涉案件的案由均为股权转让纠纷。2016 年诉,Q 公司的诉讼请求之一为确认 Q 公司与 D 公司签订的《股权转让协议一》已解除;2017 年之前诉的诉讼请求为,D 公司请求撤销《解除协议二》。上述的诉讼请求均涉及 D 公司分别与 Q 公司、A 公司签订的《股权转让协议一》、《解除协议一》和《股权转让协议二》、《解除协议二》以及三方当事人签订的《补充协议》,且在本案中,D 公司在本案诉讼请求中已经包含各上述所涉案件中的主张和各方当事人之间法律关系的审理,诉讼标的相同。"[②]

---

①　参见四川省成都市中级法院(2017)川 01 民初 3863 号民事裁定书。
②　参见四川省高级法院(2018)川民终 340 号民事裁定书。

在该案中,后诉二审法院依据《民诉解释》第 247 条规定,认定前诉与后诉的诉讼标的相同。法院对诉讼标的要素说理时,对涉及的三个诉讼的案由、诉讼请求以及法律关系进行了比较。法院虽然大篇幅地对前诉与后诉诉讼标的是否相同说理,但仍未明确诉讼标的究竟是什么。从法院说理来看,对诉讼标的内涵的界定可能包含四种情形。第一种情形是法院认为前诉与后诉的诉讼标的为案由,即前诉与后诉均为股权转让纠纷,因此法院认定前诉与后诉的诉讼标的相同。第二种情形是法院将诉讼标的理解为诉讼请求,即前诉与后诉的诉讼请求均涉及 D 公司分别与 Q 公司、A 公司签订的协议,后诉的主张包含前诉的主张。第三种情形是法院将诉讼标的内涵界定为法律关系,前诉与后诉的诉讼请求均涉及 D 公司、Q 公司和 A 公司各方之间的法律关系的认定。第四种情形是法院认为由前诉与后诉的案由、诉讼请求和法律关系共同决定前诉与后诉诉讼标的是否相同。这样的说理过程虽然显得充实,但实际上模糊重点,导致法院认定前诉与后诉诉讼标的相同的结论失去信服力,无法回应公众对公正司法的期待和要求,无法提高人民群众对司法裁判的满意度。

从案例 19、20、21 来看,法院对案件的诉讼标的的表述模糊时,多是以多元素表述诉讼标的内涵的情况,如表 2-14 所示,法院以多个元素表述诉讼标的内涵时,在 51 份分析样本中,有 37 份分析样本的表述方式为该案件独有的表述方式,占 51 份分析样本的 70% 以上。如图 2-42 所示,法院以多个元素表述诉讼标的内涵时,使用元素类型分布较散,有近 50% 以上的元素的使用频率在 4 次及 4 次以下。以上数据说明,法院以多个元素表述诉讼标的内涵时,存在部分法院无法正确界定诉讼标的的范围,用多个元素堆砌诉讼标的内涵的情况。

三、法院对诉讼标的与诉讼请求关系认知存在差异

依据《民诉解释》第 247 条规定,诉讼标的与诉讼请求之间系并列关系,但最高法院认为《民事解释》中的诉讼标的内涵应当采实体法说,在该种学说下,诉讼标的实际包含诉讼请求内容。因此在实践中,法院对诉讼标的与诉讼请求之间的关系也出现分歧。

如表 2-14 所示,法院对于诉讼标的与诉讼请求之间的关系理解各有不同。在 276 份分析样本中,有 12 份分析样本直接将诉讼标的内涵表述为诉讼请求,还有将诉讼标的内涵表述为"主张""要求""请求",实际上是将诉讼标的界定为诉讼请求,这种情况也占有一定比例,也有将诉讼请求作为判断诉讼标的内涵标准之一的裁判文书,例如"法律关系+主张"表述,实际上是将诉讼标的内涵表述为法律关系和诉讼请求。如图 2-44 所示,诉讼请求元素在法院界定诉讼标的内涵时使用的频率仅次于法律关系元素,占 343 个元素的 14% 左右,说明诉讼请求元素在法院界定诉讼标的内涵中扮演着重要角色。

实践中法院对诉讼标的与诉讼请求之间关系的理解大致分为三种情形:第一种情形是诉讼标的等同于诉讼请求;第二种情形是诉讼标的包含诉讼请求;第三种情形是法院不区分诉讼请求与诉讼标的的概念,也不说明二者之间的关系,而是将二者混同进行认定。

(一)诉讼标的与诉讼请求之间系等同关系

【案例 22】 2014 年姚某德以 Z 公司丢失其档案导致其无法证明工龄申请应得的养老金为由提起诉讼,要求被告 Z 公司赔偿其因遗失档案造成的经济损失共 6 万元。法院判决驳回原告的诉讼请求。以下称之为 2014 年诉。[①]

2015 年姚某德向 D 市劳动人事争议仲裁委员会申请仲裁,要求 Z 公司为其补办人事档案。仲裁委员会以该争议不属于劳动仲裁受案范围为由决定不予受理。

2015 年原告姚某德以因 Z 公司丢失其档案导致姚某德无法证明工龄申请应得的养老金为由,向法院提起诉讼,请求被告 Z 公司为其补办 1974 年以来的人事档案。法院判决被告 Z 公司为姚某德补办在被告处工作期间的档案。以下称之为 2015 年诉。[②]

2018 年姚某德以 2015 年诉执行未成功,已穷尽救济手段为由起诉 Z 公司,请求:判决被告赔偿原告因丢失其原始档案造成的损失 8 万元。[③] 以下称之为 2018 年诉即后诉。该案经历二审、再审。再审法院认为,"姚某德再次以相同的当事人、相同的基础事实提起诉讼,虽然其主张赔偿的金额与前诉不同,但是均是主张 Z 公司赔偿其因遗失档案造成的经济损失,即前诉与后诉的诉讼标的相同,后诉的诉讼请求实质上否定前诉裁判结果。"[④]

在该案中,2018 年诉即后诉再审法院依据《民诉解释》第 247 条规定,认定前诉与后诉诉讼标的相同。法院在对诉讼标的说理时认为,2014 年诉的诉讼标的与 2018 年诉的诉讼标的均是"主张 Z 公司赔偿其因遗失档案造成的经济损失",即法院将诉讼标的的内涵表述为"主张"。换言之,法院虽然没有提及诉讼请求,但从内容上看,法院实际上将诉讼标的表述为诉讼请求,即法院将诉讼标的等同为诉讼请求。在对前诉与后诉的诉讼标的的要素评价后,法院仍然对前诉与后诉的诉讼请求作出了评价。因此,在本案中,法院实际上对诉讼请求要素评价了两次,诉讼标的的要素在重复起诉的认定中并未真正作为构成要素适用。

[①]　参见德阳市旌阳区法院(2014)旌民初字第 856 号民事判决书。
[②]　参见德阳市旌阳区法院(2016)川 0603 民初 2686 号民事判决书。
[③]　参见德阳市旌阳区法院(2018)川 0603 民初 3466 号民事裁定书。
[④]　参见四川省高级法院(2019)川民申 2873 号民事裁定书。

【案例 23】 2014 年周某果依据 2011 与 L 租赁公司签订的机械设备租赁合同，以 L 租赁公司为被告诉至法院，请求依法判令被告给付自 2011 年 5 月 19 日至 2013 年 9 月 20 日的租金 112 万元。以下称之为 2014 年诉，即前诉。法院判决 L 租赁公司支付周某果租金 5 万余元，驳回其他诉讼请求。①

2015 年周某果依据 2011 与 L 租赁公司签订的机械设备租赁合同，以 L 租赁公司为被告诉至法院，请求：(1)返还承租的设备；(2)赔偿 2011 年 8 月 19 日至 2015 年 5 月 19 日期间的损失 120 万元。② 以下称之为 2015 年诉，即后诉。该案经历了二审、再审。再审法院认为，"前诉中，周某果的诉讼请求为要求 L 公司支付租金，而后诉周某果的诉讼请求为要求 L 租赁公司返还设备、赔偿损失，两案诉讼标的并不相同，本案不构成重复起诉。"③

在该案中，2015 年诉即后诉再审法院依据《民诉解释》第 247 条规定认为，2014 年诉的诉讼标的与 2015 年诉的诉讼标的不同，2015 年诉不构成重复起诉。法院在对比前诉与后诉的诉讼标的时，认为"前诉诉讼请求为要求 L 公司支付租金""后诉周某果的诉讼请求为要求 L 租赁公司返还设备、赔偿损失"，因此得出前诉与后诉诉讼标的不同的结论，与案例 21 不同的是，本案例法院在对比诉讼标的时，明确提及了诉讼请求，表明诉讼标的的内涵为诉讼请求。由此看来，本案，法院将诉讼标的等同于诉讼请求。

如表 2-14 所示，法院以"诉讼请求""主张""请求""要求"等表述诉讼标的，实际上将诉讼标的界定为诉讼请求的分析样本共有 35 份，占 276 份分析样本的 12% 左右。这说明在法院对诉讼标的的说理的情况下，10% 以上的法院认为诉讼标的与诉讼请求之间系等同关系。

（二）诉讼标的包含诉讼请求

【案例 24】 2017 年莫某奇以王某川违反《合伙合同》约定，单方经营酒店为由，以王某川为被告，向法院提起诉讼，请求：(1)判令被告立即向原告归还投资款 750 万元；(2)判令被告按照年利率 24% 承担自 2015 年 7 月 1 日起至实际归还全部投资之日资金占用费。以下称之为 2017 年诉，即前诉。法院判决驳回原告诉讼请求。④

2018 年莫某奇以王某川违反《合伙合同》约定，单方经营酒店为由，以王某川、王某川母亲韦某兰为被告，向法院起诉，请求：(1)解除原、被告合伙投资经营 D 假日酒店的合伙合同；(2)判令王某川退还原告合伙投资款 750 万，并赔偿投资款占用经济

---

① 参见徐州市云龙区法院(2014)云商初字第 1331 号民事判决书。
② 参见江苏省徐州市中级法院(2016)苏 03 民终 3792 号民事判决书。
③ 参见江苏省高级法院(2018)苏民申 5141 号民事裁定书。
④ 参见贵州省黔南布依族苗族自治州中级法院(2017)黔 27 民初 17 号民事判决书。

损失 500 万余元;(3)被告韦某兰对被告王某川赔偿原告经济损失承担连带赔偿责任。① 以下称之为 2018 年诉,即后诉。该案二审法院认为,"诉讼标的即为当事人在实体法上的权利义务或法律关系,诉讼请求是诉讼标的的具体声明。莫某奇在前诉直接主张返还投资款及支付资金占用费,而在本案中系主张解除与王某川的合伙协议,同时要求返还投资款及支付资金占用费。两案虽都有返还投资款、支付资金占用费的诉讼请求,但在本案中是基于要求解除合伙关系而起诉,两案诉讼标的不完全相同,诉讼请求的基础也不同,不宜认定为重复诉讼。"②

在该案中,2018 年诉即后诉二审法院依据《民诉解释》第 247 条规定,认定 2017 年诉的诉讼标的与 2018 年诉的诉讼标的不同,2018 年诉不构成重复起诉。法院在对诉讼标的的说理时,认为"诉讼请求是诉讼标的的具体声明",即诉讼请求是诉讼标的的一部分,诉讼标的包含诉讼请求。本案中,法院认为前诉与后诉的诉讼请求虽然形式上相同,但是由于前诉与后诉的诉讼标的不同,而诉讼请求系诉讼标的的具体声明,故前诉与后诉的诉讼请求也不应相同。

如表 2-14 所示,部分法院将诉讼请求作为诉讼标的的内涵的构成元素,如"法律关系＋主张",如图 2-42 所示,法院以多个元素表述诉讼标的的内涵时,"主张"元素使用频率为 5 次。如图 2-44 所示,法院以诉讼请求表述诉讼标的的内涵的使用频率有 49 次,仅次于法律关系元素的运用。

(三)法院对诉讼标的和诉讼请求混同认定

【案例 25】　2014 年李某因张某、沈某侵权行为,起诉张某、沈某,请求拆除违章建筑,恢复房屋的原有结构和使用状态。以下称之为 2014 年诉,即前诉。该案经历了一审、二审。前诉达成调解协议并履行完毕。

2018 年李某因张某、沈某侵权行为,起诉张某、沈某依法判令二被告立即拆除遮挡其通风窗的棚子并依法判令二被告赔偿申请人 8000 元。以下称之为 2018 年诉,即后诉。该案经历了二审、再审。再审法院认为,"本案中,上诉人李某起诉请求拆除遮挡其通风窗的棚子位置在前诉的请求拆除范围。上诉人提出其曾经将该棚子拆除,后被上诉人又盖起来,但是公安机关出具的有关结论告知书记载被损毁的部位为临建厨房房顶、临建杂物间房顶。被上诉人又进行了修复,但是经一审法院现场勘验比对该棚子现状与前诉中的状况并无变化,结合以上情况,应认定前诉与后诉的诉讼标的和诉讼请求相同。"③

---

① 参见贵州省黔南布依族苗族自治州中级法院(2018)黔 27 民初 94 号民事裁定书。
② 参见贵州省高级法院(2019)黔民终 267 号民事裁定书。
③ 参见天津市高级法院(2019)津民申 41 号民事裁定书。

在该案中,法院依据《民诉解释》第 247 条规定,认定诉讼标的和诉讼请求相同,但法院在说理过程中,仅表达 2014 年诉的诉讼标的与 2018 年诉的诉讼标的相同,但没有对何谓前诉的诉讼标的与后诉的诉讼标的作出解释,也没有对前诉的诉讼标的与后诉的诉讼标的进行对比。同时,法院也没有对前诉与后诉的诉讼请求作出为何相同的解释。但法院将诉讼标的与诉讼请求混同说理,最后得出前诉与后诉的诉讼请求和诉讼标的均相同的结论。实际上,法院对诉讼标的和诉讼请求两个要素均未解释和比较,也无法看出法院如何看待诉讼标的和诉讼请求之间的关系。

【案例 26】 2016 年 S 公司依据《借款协议》向法院提起诉讼,以 J 公司及 J 西藏分公司为被告,请求判令 J 公司及其 J 西藏分公司偿还借款本金并支付利息(利息从 2015 年 1 月 22 日至还清该本金日止按年利率 48％计算)。以下称之为前诉。一审判决 J 公司、J 西藏分公司共同向 S 公司偿还借款本金 960 万元,并支付利息 309 万余元。二审法院裁定驳回上诉,维持原判。

2016 年 S 公司依据《借款协议》向法院提起诉讼,以 J 公司及 J 西藏分公司为被告,请求判令 J 公司及其 J 西藏分公司偿还借款本金并支付利息(利息从 2015 年 1 月 22 日至起诉之日止按年利率 48％计算)。以下称之为后诉。二审法院依据《民诉解释》第 247 条认为,"在诉讼请求方面,前案诉讼中,S 公司除主张借款本金 960 万元外,还明确主张了起诉之前(即 2016 年 5 月 25 日)借款利息,并已由生效判决予以确认。而本案中被上诉人 S 公司所主张的是上述本金产生的自起诉之日(2016 年 5 月 26 日)至前案生效之日(2018 年 8 月 10 日)止期间所产生的利息。对此,本院认为,两个案件的诉讼请求虽同属于 960 万元借款本金所产生的利息债权,但诉讼标的数额不同,产生的时间段也不同。S 公司对其合法享有的利息债权按照时间段进行分割并分别主张权利,先后形成了前案诉讼以及本案诉讼。虽然客观上会增加法院诉讼成本,但并不违反法律规定。因此,两个案件的诉讼请求并非同一诉讼标的。不构成重复诉讼。"[①]

在该案中,后诉二审法院依据《民诉解释》第 247 条规定,认定后诉不构成重复起诉。在对诉讼标的说理时,法院认为"两个案件的诉讼请求并非同一诉讼标的",从法院说理看来,法院没有明确诉讼标的与诉讼请求之间的关系,法院的表达有两种情况:第一种情况是法院直接将诉讼请求与诉讼标的等同,认为诉讼标的就是诉讼请求。与案例 20、案例 21 不同的是,前两个案例对比前诉与后诉诉讼标的时,以前诉与后诉诉讼请求的内容对比结果作为前诉与后诉的诉讼标的的对比结果,但本案例直接将诉讼标的与诉讼请求作为一个概念。第二种情况是,法院认为诉讼标的包含诉讼

---

① 参见西藏自治区高级法院(2019)藏民终 18 号民事裁定书。

请求,诉讼标的的内涵包含诉讼请求内容。但本案例诉讼标的与诉讼请求的关系究竟是等同关系还是包含关系,法院并未作出结论,属于诉讼标的与诉讼请求的混同认定。

第四节　诉讼请求要素适用中存在的问题

一、对诉讼请求在重复起诉认定标准中的地位存在不同认识

如前所述,依据《民诉解释》第247条规定认定重复起诉的三个积极要素中包括诉讼请求,但从图2-50、图2-51中可以看出实践中法院在对重复起诉进行认定时,对于诉讼请求在重复起诉认定标准中所处的地位存在不同做法。

(一)将诉讼请求作为唯一要素降低了重复起诉的认定标准

按照《民事解释》第247条的规定,法院对案件是否构成重复起诉进行判断时应将诉讼请求要素与当事人、诉讼标的一并考虑,而图2-51显示实践中约30%的案件是仅以诉讼请求作为认定重复起诉的唯一标准。相较于将诉讼请求与其他要素共同作为认定重复起诉的要素,以诉讼请求作为重复起诉的唯一要素往往会降低成立重复起诉的标准而扩大成立重复起诉的范围。

【案例1】①　2013年赵某因与李某平发生土地承包经营权纠纷向法院提起诉讼,请求法院判令李某平返还宽约6米、长120米的承包地,赔偿经济损失7000元。该案经历了一审、二审(以下简称前诉)。法院判决驳回了赵某的诉讼请求。

2018年赵某双以李某平为被告向法院提起诉讼,赵某双的诉讼请求为:要求被告李某平返还原告的承包地宽约6米、长120米的土地经营权,并赔偿损失4000元(以下简称后诉)。该案经历了一审、二审和再审。法院经审理查明,赵某、赵某双、李某平所承包地为相邻地,依次为李某平与赵某双相邻、赵某双与赵某相邻,赵某双的承包地由赵某耕种。2019年再审法院裁定认为,"本案与之前赵某诉李某平土地承包经营权纠纷一案原告分别为赵某与赵某双,本案基础事实及诉讼请求均与前案相同,构成重复起诉"。②

后诉即2018年之诉的再审法院仅以"后诉与前诉诉讼请求相同"作为判断重复起诉的唯一标准。其虽未明确后诉与前诉当事人不同,但法院提出前后两诉的原告分别为赵某与赵某双,即实质上认为前后两诉当事人不同。再审法院在当事人不同

---

① 本节案例,单独编号,共计32个。
② 参见吉林省高级法院(2019)吉民申1710号民事裁定书。

的情况下,仍仅因后诉与前诉诉讼请求相同便认定构成重复起诉。不仅是忽视了"后诉与前诉诉讼标的相同"要素,更将"后诉与前诉诉讼当事人相同"排除认定要素之列。在另案中,法院裁判认为,"虽然后诉与前诉当事人不同,后诉增加了部分诉讼请求,但其提起后诉实质目的在于否定前诉的民事判决,构成重复起诉。"[①]即将诉讼请求要素第二种法定形态作为认定是否构成重复起诉的唯一判断标准。

(二)将诉讼请求排除在重复起诉认定标准之外

【案例 2】 2018 年 3 月 H 公司因与童某龙的劳动纠纷向法院提起诉讼,诉讼请求包括:(1)确认 H 公司与被告童某龙之间不存在劳动关系;(2)H 公司无须为童某龙补缴 2017 年 1 月至 2017 年 11 月期间的养老保险、医疗保险、失业保险、工伤保险及生育保险;(3)H 公司无须向被告童某龙支付 2017 年 7 月至 2017 年 11 月期间的工资约 2 万元;(4)不支持被告童某龙在劳动仲裁过程中提出的赔偿其 7 万元医疗费的请求(以下简称前诉)。2018 年 8 月法院作出判决确认 H 公司与童某龙劳动关系存续。[②]

2019 年 2 月法院立案受理童某龙对 H 公司提起的劳动纠纷案,原告童某龙的诉讼请求包括:(1)要求法院判决被告 H 公司为原告童某龙补办工伤认定申请并依法享受工伤保险待遇,若未能补办,依法判决由被告承担原告相应的工伤保险待遇;(2)判决被告向原告支付已产生的医疗费 8 万元(以下简称后诉)。该案经历了二审、再审。2020 年 4 月再审法院依据《民诉解释》第 247 条规定认定童某龙的起诉属于重复起诉。再审法院裁定认为:"本案与前诉涉及的当事人相同、诉讼标的相同,童某龙本次起诉属于当事人就已经提起诉讼的事项在裁判生效后再次起诉的情形。故本次起诉已经构成重复起诉。"[③]

该案属于图 2-50 中法院未将诉讼请求作为重复起诉认定要素的情况。从裁判文书所显示的诉讼请求来看,前诉即 2018 年之诉的诉讼请求有 4 项,后诉即 2019 年之诉的诉讼请求有 2 项,但后诉再审法院依据《民诉解释》第 247 条在认定是否构成重复起诉仅考虑当事人要素与诉讼标的要素,完全忽视了诉讼请求要素。该案再审法院的做法与案例 1 中再审法院将诉讼请求要素作为认定构成重复起诉唯一标准的做法,均属于对诉讼请求要素的极端错误做法。

---

① 参见山东省高级法院(2020)鲁民申 5084 号民事裁定书。
② 参见西安市莲湖区法院(2018)陕 0104 民初 2814 号民事判决书。
③ 参见陕西省高级法院(2020)陕民申 275 号民事裁定书。

（三）法院适用诉讼请求要素时说理态度消极

依据《裁判文书释法说理意见》规定，法院认定重复起诉时适用"后诉与前诉诉讼请求相同"应当阐明事理，说明认定是否构成"后诉与前诉诉讼请求相同"的事实根据与理由。而如图 2-58 显示实践中存在约 30.7％的案件中法院在适用"后诉与前诉诉讼请求相同"时回避说理。

【案例 3】　2018 年 7 月徐某茹因与 L 省电力有限公司的 A 公司产生劳动纠纷向法院起诉，要求法院判令：(1)确认徐某茹在籍固定工的劳动关系；(2)判决 A 公司给徐某茹移转保险档案手续；(3)判决补缴社会保险，补发欠工资，补发欠退休金，补发欠城市职工社会保险退休金；(4)判决 A 公司给徐某茹工伤待遇，补发欠工伤保险费，赔偿精神损失；(5)判决被告 A 公司违法扣留原告徐某茹档案负连带赔偿责任。[①]（以下简称 2018 年 7 月之诉）

2018 年 9 月徐某茹就劳动纠纷向法院起诉公司 L 省电力有限公司，提出诉讼请求：(1)要求确认徐某茹在籍固定工的劳动关系；(2)判决 L 省电力有限公司转移徐某茹保险档案手续；(3)判决给徐某茹补缴社会保险、补发欠发工资、退休金和城市职工社会养老保险退休金；(4)判决 L 省电力有限公司徐某茹工伤保险待遇，赔偿精神损失；(5)判决 L 省电力有限公司违法扣留徐某茹档案赔偿造成损失。[②]（以下简称 2018 年 9 月之诉）

之后，徐某茹再次就劳动争议向法院起诉 A 公司与 G 公司（以下简称后诉），该案历经了二审、再审。徐某茹不服二审裁定，认为"前后两诉诉讼请求不同，不构成重复起诉。"因此向法院申请再审。2019 年 8 月再审法院作出裁定认为，"徐某茹曾于 2018 年 7 月 23 日、2018 年 9 月 4 日起诉至法院，该院分别作出民事裁定书与民事判决书。此次诉讼与前诉的诉求相同，原审法院以重复诉讼为由驳回原告徐某茹的起诉符合法律规定。"[③]

从裁判文书所显示的情况来看，在徐某茹以 A 公司、G 公司为被告所提出之诉即后诉中，再审法院认为存在两个前诉即 2018 年 7 月之诉与 2018 年 9 月之诉，并作出了后诉与前诉诉讼请求相同，构成重复起诉的认定结果。一方面，从形式上看 2018 年 9 月之诉与 2018 年 7 月之诉的诉讼请求并不完全一致。两诉诉讼请求中承担义务的主体并不相同，2018 年 9 月之诉诉讼请求也未主张补发所欠的工伤保险费，而法院

---

①　参见沈阳市和平区法院(2018)辽 0102 民初 10559 号民事裁定书。
②　参见沈阳市和平区法院(2018)辽 0102 民初 13232 号民事判决书。
③　参见辽宁省高级法院(2019)辽民申 3871 号民事裁定书。

在进行认定时未对"后诉与前诉诉讼请求相同"的理由予以阐明,因此也无法得知法院认定后诉诉讼请求与两前诉诉讼请求皆相同还是与其中 2018 年 7 月之诉或 2018 年 9 月之诉的诉讼请求相同。若是与两前诉的诉讼请求皆存在一致性,因两前诉的诉讼请求形式上并非完全相同,则存在逻辑上的矛盾;若是只与某一前诉的诉讼请求相同则会产生后诉诉讼请求是与 2018 年 7 月之诉的诉讼请求相同还是与 2018 年 9 月之诉的诉讼请求相同的疑问,对裁判文书的确定性造成了影响。不论裁判者内心对"后诉与前诉诉讼请求相同"认定属于上述的哪种情形,未对结果形成过程与依据进行说明则无法明确,同时也不能让当事人理解何为相同,不利于重复起诉认定时对诉讼请求要素的适用。另一方面,依据《裁判文书释法说理意见》第 10 条,再审裁判文书对申请再审的理由应强化释法说理。本案例中徐某茹以"前后两诉诉讼请求不同,不构成重复起诉"作为再审申请的理由,再审法院本应当对成立"两诉诉讼请求相同"进行强化说理而未说理有违规定。

同样依据《裁判文书释法说理意见》在对"后诉诉讼请求实质否定前诉裁判结果"进行认定时,应当针对当事人提出的诉讼主张以及诉讼争点,对前诉裁判结果以及后诉诉讼请求的内涵予以阐明,并表明形成"后诉诉讼请求是否实质否定前诉裁判结果"结论的过程以及理由。在图 2-59 中约 17% 的案例在认定"后诉诉讼请求实质否定前诉裁判结果"时,只是简单陈述结论而未明确结论得出的依据及理由。不利于提高当事人对"重复起诉"裁判结果的接受度。

【案例 4】 2010 年郭某英因与王某 1、王某 2、王某秦产生继承纠纷向法院提起诉讼,诉请为涉案房屋由其受赠,分割继承王某奇遗产(以下简称前诉)。[①]

2017 年郭某英因与王某 1、王某 2、王某秦产生继承纠纷向法院起诉,提出诉讼请求为:要求按照郭某英占有该房屋房产份额的 79.35% 分割房屋,被告王某 1、王某 2、王某秦向郭某英支付相应的房屋补偿款,具体数额待房屋评估后确定(以下简称后诉)。一审法院裁定认为:"前诉与后诉的诉请一致,认定后诉构成重复起诉"[②]郭某英不服一审裁定提起上诉称,其上诉的主要理由之一是"前诉与后诉的诉讼请求并不相同,不符合重复诉讼的构成条件。"而王某 1、王某 2、王某秦提出的主要抗辩理由为"前后两诉诉讼请求相同,构成对该生效判决结果的实质性否定。因而郭某英的上诉请求不成立。"二审法院裁定认为:"前诉与后诉的诉讼请求、标的和当事人一致,构成重复起诉。"[③]郭某英不服二审裁定,申请再审,再审法院裁定认为,"郭某英本次诉讼

---

① 参见陕西省西安市中级法院(2017)陕 01 民终 13494 号民事裁定书。
② 参见西安市碑林区法院(2017)陕 0103 民初 1300 号民事裁定书。
③ 参见陕西省西安市中级法院(2017)陕 01 民终 13494 号民事裁定书。

虽然与之前的诉讼不同,但其本次诉讼请求实质上是否定前诉裁判结果,仍属于重复诉讼。"①

从裁判文书中可知,后诉即 2017 年之诉的一审、二审与再审法院对成立"后诉与前诉诉讼请求相同"或"后诉诉讼请求实质否定前诉裁判结果"的理由都未阐明。首先,裁判文书中只作出认定结果而未对认定理由进行明确不符合《裁判文书释法说理意见》的规定。其次,原告因对一审法院所认定的"前后两诉诉讼请求相同"不服提出上诉与被告就后诉诉讼请求与前诉诉讼请求或裁判结果所成立的情形产生争议,虽二审未进行改判,但对于上诉人所提出的上诉请求以及当事人争议的焦点属于法院应当重点予以说理的情形。最后,再审案件本就属于应当加强说理的案件范畴,同时再审法院对二审法院所认定的情形予以变更,为提高当事人对诉讼请求要素认定结果的接受度,更应对成立"后诉诉讼请求实质否定前诉裁判结果"的理由予以阐明。本案与案例 2 都属于法院对构成重复起诉的诉讼请求要素所成立的情形回避说理或不充分说理情况,体现出法院在对重复起诉认定时对诉讼请求要素重视程度不高,不利于当事人对裁判结果的接受。本案例与案例 3 法院适用诉讼请求要素时回避说理表明法院对诉讼请求要素在重复起诉认定过程中的地位存在轻视。

二、对何谓前后两诉诉讼请求相同存在不同做法

(一)对诉讼请求相同要素中的前诉诉讼请求扩大理解

表 2-19 中体现出因法院对诉讼请求理解不一致是造成不同审级法院对不同案件做出不同判定的原因之一。

1. 将前诉诉讼请求扩大至包含前诉抗辩中的主张

【案例 5】 2017 年高某 1 因发生继承纠纷向法院起诉其兄弟姐妹高某 2、高某 3、高某 4、高某 5、高某 6,要求判令高某 1 继承某房屋母亲全部份额和父亲部分份额。高某 1 的兄长高某 2 提出抗辩称:"涉案的房屋是在父母的其他子女高某 1、高某 3、高某 4、高某 5、高某 6 明确表示不买的情况下,高某 2 买下该房,并归高某 2 所有的(以下简称前诉)。"②该案经历了二审、再审。法院判决认为高某 1 对该房屋享有 1/6 份额。

2018 年高某 2 向法院起诉高某 1、高某 3、高某 4、高某 5、高某 6,主张继承权,具体的诉讼请求为:(1)要求确认案涉房屋所有权归原告高某 2 所有。(2)要求房款利息约 4 万元和购房本金 8 千元从拆迁补偿款中扣除后返还原告高某 2,剩余款项作为

---

① 参见陕西省高级法院(2018)陕民申 590 号民事裁定书。
② 参见吉林省白山市浑江区法院(2017)吉 0602 民初 1261 号民事判决书。

遗产由高某1、高某2、高某3、高某4、高某5、高某6六人平均分配(以下简称后诉)。① 经过一审与二审法院审理后,2019年再审法院作出裁定认为:"在前诉的抗辩中,高某2已主张涉案房屋是其出资购买、其母生前同意涉案房屋归高某2所有。法院已经作出民事判决对上述纠纷进行过事实认定与评析判决,且判决已发生法律效力。本案与上述继承纠纷诉讼诉讼请求相同。"②

从形式上看,后诉即2018年之诉与前诉2017年之诉的诉讼请求数量并不相同,虽两诉诉讼请求中皆含有就涉案房屋主张权利的请求,但主张权利的主体不同,因而该项请求也并不相同,即后诉中原告提出的诉讼请求与前诉原告提出的诉讼请求并不存在一致性。后诉的再审法院以后诉诉讼请求在前诉的抗辩中提出认定后诉与前诉诉讼请求相同,实质上是将诉讼请求解读为抗辩过程中提出的主张。

诉讼请求是原告提起诉讼的必要条件,抗辩是另一方当事人针对原告提出诉讼请求所依据的事由所提出的排斥事由。首先,从提出的时间来看,诉讼请求是在起诉的时候所提出,抗辩是在诉讼的过程中所提出;其次,当事人提出抗辩与提出诉讼请求在诉讼费用的缴纳存在一定的差异,当事人提出抗辩并不需要缴纳相应的诉讼费用;最后,就证明对象方面两者存在不同点,抗辩只需提供证明其事实主张成立的证据而原告起诉提出诉讼请求则需提供符合起诉条件的材料。③ 由此当事人所提出的抗辩并不等同当事人提出的诉讼请求,而本案例中法院将前诉的抗辩作为判断"后诉与前诉诉讼请求相同"的对象,体现法院对"诉讼请求"的内涵在当事人起诉状所提出的诉讼请求的基础上进行了扩张。

【案例6】 2006年Z大学依据《合建协议》及《合建补充协议》向法院起诉Y公司、C公司,请求法院判令解除《合建协议》及《合建补充协议》等。该案经历了二审、再审。

2008年Y公司、C公司依据《合建协议》及《合建补充协议》向法院起诉Z大学,请求法院判令继续履行《合建协议》及《合建补充协议》并支付相应的款项等。该案经历了二审、再审。2016年再审法院裁定认为,"Y公司作为前诉的被告虽然提起反诉,但法院未予受理,后Y公司、C公司在该案中以抗辩方式主张Z大学存在违约行为应承担违约责任。反诉与抗辩本质不同。前者是一种独立的诉,是本诉的被告以本诉的原告为被告提出的具有对抗性的独立的诉讼请求。后者不是诉,是被告提出证据或者理由反对原告诉讼请求的防御方法。故Y公司、C公司在本案中以独立的诉的形式提出Z大学存在违约行为应承担违约责任的诉讼请求,不符合重复诉讼的构成要件。"④

---

① 参见吉林省白山市浑江区法院(2018)吉0602民初851号民事裁定书。
② 参见吉林省高级法院(2019)吉民申1273号民事裁定书。
③ 参见刘学在、倪培根:《关于民事诉讼中抗辩与反诉的辨别标准》,载《理论探索》2016年第6期。
④ 参见最高法院(2016)最高法民终189号民事裁定书。

本案例中后诉即 2008 年之诉的再审法院与案例 5 中的法院对抗辩是否属于诉讼请求的范畴存在不同的态度。本案例中再审法院将抗辩与反诉相对比，在抗辩中提出的主张并不能等同起诉时所提出的诉讼请求。因此即便后诉诉讼请求在前诉的抗辩过程中被提出也不能成为后诉诉讼请求相比较的对象，不成立"后诉与前诉诉讼请求相同"，因此不成立重复起诉。

2. 将上诉请求纳入诉讼请求范畴

【案例 7】　2014 年孟某仁、代某英以谢某慧为被告提出同居析产、继承纠纷案，诉讼请求包括：1. 由孟某仁、代某英继承价值约 88 万元房屋；2. 由孟某仁、代某英继承孟某海购买总价值约 8.8 万元的家具；3. 由孟某仁、代某英继承价值 1.5 万元的轿车；4. 由孟某仁、代某英继承孟某海对房屋的装修费用 10 万元；5. 由孟某仁、代某英继承价值约 4 万元生活用品；6. 谢某慧限期腾让房屋、返还遗产（以下简称前诉）。该案经历了一审、二审。孟某仁、代某英不服一审判决，向法院提出上诉。孟某仁、代某英提出上诉请求为：如果认定谢某慧对房屋有一半的共有权，就应认定其有 25 万元偿债义务，但原审法院遗漏了此笔债务。[①]

在孟某仁、代某英以谢某慧为被告提出同居析产、继承纠纷案之后，孟某仁、代某英向法院起诉谢某慧以主张追偿权，请求法院判令谢某慧向孟某仁、代某英偿付共同债务款项约 25 万元（以下简称后诉）。该案经历了二审、再审。一审法院认为，"前诉中孟某仁、代某英在二审中提出'原审法院已认定孟某海 50 万元债务，如果认定谢某慧对房屋有一半的共有权，就应认定其有 25 万元偿债义务'的上诉请求，但在一审中并未提出，且二审亦未作出实体处理，两诉诉讼请求不相同。"孟某仁、代某英不服一审判决，向法院提起上诉。二审法院裁定认为，"前诉判决对代某英、孟某仁要求谢某慧承担孟某海 50 万元债务的上诉主张不予支持。两诉诉讼请求相同，是否定前诉判决结果，构成重复起诉。"孟某仁、代某英不服二审裁定，向提出再审申请。2020 年再审法院裁定认为，"孟某仁、代某英前诉的一审诉讼请求是继承孟某海名下的房屋和钱款，上诉请求中提出'如果认定谢某慧对房屋有一半的共有权，就应认定其有 25 万元偿债义务'，但该请求在一审中并未提出，且二审亦未作出实体审理。本案诉讼请求是对孟某海为购买争议房屋借款产生的债务按共同债务处理，即要求谢某慧承担共同债务。本诉与前诉的诉讼请求并不相同。"[②]

本案例中，后诉的一审法院与二审法院以及二审法院与再审法院对后诉与前诉诉讼请求是否相同作出了不同的认定，从法院的说理中可以看出产生争议的原因在

---

①　参见黑龙江省哈尔滨市中级法院(2015)哈民一民终字第 1323 号民事判决书。
②　参见黑龙江省高级法院(2020)黑民再 165 号民事裁定书。

于上诉请求是否属于《民诉解释》第 247 条第 1 款"后诉与前诉诉讼请求相同"中"诉讼请求"范畴。对此二审法院的态度是将其纳为"前诉诉讼请求"而一审法院与再审法院所主张的"该请求在一审中并未提出,且二审亦未作出实体审理"即表明其不认为上诉请求也属于前诉请求。上诉请求是不服一审裁判向上级法院提出的请求,其与诉讼请求存在区别:首先,上诉请求与诉讼请求提出的主体存在差异;其次,提出上诉请求与诉讼请求的程序不同,上诉请求是建立在存在一审裁判的基础上,即诉讼请求要先于上诉请求存在;再次,上诉请求的审理法院是诉讼请求的审理法院的上级法院;最后,两者针对的对象也并不完全相同。从对规范的文义理解,诉讼请求与上诉请求是民事诉讼法领域的两个概念,而本案例中因对"上诉请求"是否属于"诉讼请求"的内涵理解不同从而造成对重复起诉认定结果的差异化。

3. 将劳动仲裁请求错误解读为诉讼请求

【案例 8】 2018 年王某义向仲裁委员会申请劳动仲裁,请求裁决 S 公司支付 2018 年 4—12 月未签劳动合同赔偿金 4.6 万元与加班费约 1.8 万元、离职经济补偿金 4000 元。仲裁委员会已作出仲裁裁决并已履行。

2019 年王某义再次向仲裁委员会申请劳动仲裁,请求裁决 S 公司支付其 2018 年 12 月 1—19 日期间工资 2129.3 元、未签劳动合同双倍工资差额约 6.3 万元、拖欠工资经济补偿金 1000 元。仲裁委员会作出裁决支持了王某义未签劳动合同的双倍工资差额约 2.1 万元。S 公司不服仲裁裁决,于 2019 年向法院提起诉讼,请求法院判令:请求确认其与被告签订了书面劳动合同,不支付被告未签劳动合同双倍工资差额 2.1 万元。[1] 该案经历了二审、再审。再审法院认为案件的焦点为因未签订劳动合同申请两次劳动仲裁的请求是否构成重复起诉。再审法院于 2020 年裁定认为:"本案中的未签订劳动合同的双倍工资差额与前仲裁请求中未签订劳动合同的赔偿金,本质属于同一诉讼标的重复请求,故本诉与前生效的仲裁裁决构成重复起诉。"[2]

劳动争议仲裁请求是当事人就劳动争议向仲裁机构提出的请求,而后起诉所提出的诉讼请求是对仲裁裁决不服向法院提出的主张,提出仲裁请求与诉讼请求的程序以及针对的对象皆不同。因此仲裁请求与诉讼请求的概念内涵并不重合,而本案例中是将"劳动仲裁请求"视为重复起诉认定要素中的"诉讼请求"。从裁判文书记载的情况可见,双方当事人未对第一次仲裁提出不服而向法院提出诉讼,S 公司因不服第二次仲裁提出了 2019 年之诉,即本案例中只存在一个诉讼即 S 公司提出的 2019 年之诉。只存在一个诉即意味着 2019 年之诉的诉讼请求没有比较的对象,本无法进行

---

① 参见西安市未央区法院(2019)陕 0112 民初 6002 号民事判决书。

② 参见陕西省高级法院(2020)陕民申 1402 号民事裁定书。

重复起诉的比较评价,也理应不会存在《民诉解释》第 247 条的"后诉与前诉诉讼请求相同"情形,而再审法院认为两次仲裁请求是针对同一诉讼标的重复请求,即成立"后诉与前诉诉讼请求相同",意为将劳动仲裁请求解读为重复起诉中的"诉讼请求"。而劳动仲裁请求与诉讼请求性质本不同,本案例将仲裁申请理解为诉讼请求体现法院对"诉讼请求"的概念内涵的理解与理论的差异,实质上将"诉讼请求"的概念内涵进行了扩张。

上述几个案例中法院对诉讼请求的内涵存在多种解读,其中案例 5 与案例 6 就类似的抗辩中所提出的请求是否属于"后诉与前诉诉讼请求相同"中的诉讼请求范畴产生了相反的意见,从而对是否构成重复起诉作出了相反的认定。案例 7 中不同层级的法院也因对上诉请求是否属于"诉讼请求"要素的内涵而对重复起诉产生了不同判断。法院对诉讼请求内涵的理解直接影响诉讼请求标准的高低,进而影响到对重复起诉的认定。综合来说,从字面含义、提出的程序以及针对的对象等方面,不管是将前诉抗辩、上诉请求抑或是劳动仲裁的请求原本皆不属于诉讼请求概念所包含的范畴,而上述几个案例中法院对其是否属于"前诉诉讼请求"产生争议,体现司法实践对诉讼请求这一概念内涵的模糊与扩张。

(二)前后诉的诉讼请求相同的判断标准不一

从图 2-54 与表 2-16、表 2-17 中可以看出,法院进行"后诉与前诉诉讼请求相同"认定的主要争议点在于应当进行实质认定还是形式认定。在采形式认定的法院中对形式上相同的程度存在不同,在采实质相同的法院中对何谓实质相同也有不同的标准。

1. 对前后诉诉讼请求相同是形式相同抑或是实质相同存在不同做法

图 2-54 显示实践中约 45% 的案件中法院认为前后诉诉讼请求相同是形式相同,约 54% 的案件中法院认为前诉诉讼请求相同是实质相同。

【案例 9】 2011 年 11 月陈某忠与 L 村村民小组就委托合同纠纷向法院起诉 H 法律服务所,要求被告 H 法律服务所退还代理费 2800 元(简称为前诉)。

2018 年 6 月 L 村村民小组再次因委托合同纠纷向法院起诉 H 法律服务所,要求 H 法律服务所赔偿原告 L 村村民小组诉讼费及其他费用损失共计 1.2 万元(简称为后诉)。该案经一审与二审法院审理后,再审法院裁定:"L 村村民小组以同一事实和理由要求 H 法律服务所赔偿损失,诉讼请求实质相同。"①

本案例中后诉即 2018 年之诉与前诉即 2011 年之诉的诉讼请求所主张的费用的

---

① 参见湖南省高级法院(2019)湘民申 54 号民事裁定书。

名目并不相同,所提出的费用的数额也并不相同。后诉的再审法院以前后两诉的诉讼请求是基于同一事实与理由提出因而认定后诉与前诉诉讼请求相同。由此,本案例中后诉的再审法院对"后诉与前诉诉讼请求相同"认为应当是"实质相同"而非"形式相同",并将事实与理由作为实质相同的评价标准。

【案例 10】 2018 年江某华、何某依据 2014 年签订的《转让协议》向法院起诉何某雄,请求法院判令:(1)请求判令解除江某华、何某与何某雄签订的房屋转让协议;(2)判令何某雄向江某华、何某返还购房款 13 万元,支付违约金约 2.2 万元,以上共计约 15.2 万元(以下简称前诉)。该案经历了一审、二审。法院不予支持江某华与何某的请求。

2019 年江某华、何某再次依据 2014 年签订的《转让协议》向法院起诉闫某、何某雄。请求法院判令:(1)请求依法确认原告江某华、何某与被告何某雄签订的《转让协议》无效;(2)判令被告向原告返还购房款 13 万元(以下简称后诉)。该案经历了二审、再审。2020 年再审法院裁定认为:"前诉的诉讼请求为:(1)判令解除江某华、何某与何某雄签订的房屋转让协议;(2)判令何某雄向江某华、何某返还购房款 13 万元,并支付违约金约 2.2 万元。江某华、何某再次向法院提起诉讼,请求为:(1)确认江某华、何某与何某雄签订的《转让协议》无效;(2)判令闫某、何某雄向江某华、何某返还购房款 130 000 元。诉讼请求不同。"[①]

案例中后诉即 2019 年之诉与前诉即 2018 年之诉的诉讼请求在形式上存在一定的差异,但两诉诉讼请求均是基于被告将房屋过户给他人,因此原告向其主张购房款而提出的。后诉的再审法院将两诉的诉讼请求予以形式比较认定两者在形式上存在差异,因而两诉的诉讼请求不同。上述案例 9 中的前后两诉诉讼请求在形式上也存在差异,但后诉的再审法院因前后两诉诉讼请求基于的事实与理由相同则认为相同。本案例与案例 9 的法院对就类似情况产生相反的认定的原因在于对"后诉与前诉诉讼请求相同"应当是形式相同还是应当是实质相同产生差异。因法院对"后诉与前诉诉讼请求相同"中实质判断与形式判断的不统一造成了对重复起诉认定时出现"类案不同判",影响当事人对重复起诉认定结果的接受程度,不利于重复起诉制度的顺利运行。

2. 对前后诉诉讼请求形式相同存在不同的判断标准

表 2-16 显示实践中法院对前后诉诉讼请求形式相同也存在多种不同的判断标准,有要求诉讼请求完全重合才能认定为相同的,也有要求两者存在包含关系便成立相同,还有认为只需要存在部分交叉便成立相同的,法院对前后诉诉讼请求形式相同的

---

① 参见甘肃省高级法院(2020)甘民申 667 号民事裁定书。

标准不同,将直接影响重复起诉认定范围。

【案例 11】　2019 年 4 月法院立案受理了冯某良诉 T 市公证处一般人格权纠纷案,冯某良请求法院判令:(1)请求失效(2000)192 号公证书;(2)判令被告支付原告交通费、住宿费 3 万元,误工费 4 万元,精神抚慰金 3 万元(以下简称前诉)。该案经历了二审、再审。法院驳回了冯某良的起诉。①

2019 年 9 月法院再次立案受理了冯某良诉 T 市公证处损害责任纠纷案,冯某良请求法院判令:被告 T 市公证处支付原告冯某良交通费、住宿费 3 万元,误工费 4 万元,精神抚慰金 3 万(以下简称后诉)。该案经历了二审、再审。二审法院裁定认为,"本次诉讼请求与前诉第二项相同,构成重复起诉。"冯某良不服二审裁定,申请再审。再审法院裁定认定:"本案的诉讼请求为:(1)判令被告支付原告交通费、住宿费 3 万元,误工费 4 万元,精神抚慰金 3 万元。前案的诉讼请求为:(1)请求失效(2000)192 号公证书;(2)判令被告支付原告交通费、住宿费 3 万元,误工费 4 万元,精神抚慰金 3 万元。本案与前案诉讼请求相同,说明本次诉讼实质上是为了否定前诉裁判结果。"②

本案例中,前诉即 2019 年 4 月之诉的诉讼请求存在失效文书与请求赔偿两项,后诉即 2019 年 9 月之诉的诉讼请求为请求赔偿一项,前后两诉诉讼请求所主张项目的数量并不相同;在内容方面,后诉诉讼请求与前诉诉讼请求的第二项相一致,即前诉诉讼请求包含了后诉诉讼请求。后诉的二审法院以后诉诉讼请求与前诉第二项诉讼请求相同,认定构成重复起诉,即将前诉诉讼请求包含后诉诉讼请求认定为诉讼请求要素中"后诉与前诉诉讼请求相同",再审法院虽未明确将前诉诉讼请求包含后诉诉讼请求作为认定"后诉与前诉诉讼请求相同"的标准,但其将两诉诉讼请求予以列明并得出后诉与前诉诉讼请求相同的结论,体现出将两诉诉讼请求是否存在包含关系作为"后诉与前诉诉讼请求相同"的标准。

【案例 12】　2016 年王某彬因共有物分割纠纷向法院起诉王某华、王某秋,并将邰某英、王某邦列为第三人。请求法院判令:王某彬、王某华、王某秋三人之间平均分割王某彬与王某华、王某秋按份共有的国有土地使用权和该土地上的房屋、王某华名下 98 平方米的房屋、王某秋名下 134.4 平方米和 106.4 平方米的房屋。该案经一审、二审。③

2017 年 12 月法院立案受理了王某彬、王某华、王某秋、王某邦对刘某春、D 支行共有物分割纠纷案,原告王某彬、王某华、王某秋、王某邦的诉讼请求包括:1. 请求人

① 参见吉林省通化市东昌区法院(2019)吉 0502 民初 978 号民事裁定书。
② 参见吉林省高级法院(2020)吉民申 2083 号民事裁定书。
③ 参见吉林省德惠市法院(2016)吉 0183 民初 3653 号民事判决书。

民法院依法判决刘某春、D支行配合原告履行土地使用权及土地上房屋所有权的权属变更手续;2.请求人民法院依法将土地使用权及土地上的房屋所有权变更为由王某彬享有1/3份额,王某华享有1/3份额,王某秋享有1/9份额,王某邦享有1/18份额;该案经历了一审、二审与再审。2018年3月一审法院裁定认为,"部分诉讼请求相同,并实质上部分否定了前诉民事判决结果,构成重复起诉。"①王某彬、王某华、王某秋、王某邦不服一审裁判,提出上诉。2018年6月二审法院审理后认为,"部分诉讼请求相同,构成重复起诉。"②王某彬、王某华、王某秋、王某邦不服二审裁定,提出再审申请。2018年12月再审法院裁定认为,"诉讼请求不完全相同,不构成重复起诉。"③

从裁判文书的内容显示,前诉即2016年之诉的诉讼请求与后诉2017年之诉的诉讼请求中皆含有"按份共有的国有土地使用权和该土地上的房屋"的主张。因两诉诉讼请求中还包含其他主张,所以两诉诉讼请求之间存在的是交叉关系,即部分相同。而本案例中后诉的二审法院与再审法院就重复起诉产生争议的主要原因在于对后诉与前诉诉讼请求部分相同是否属于认定重复起诉的"后诉与前诉诉讼请求相同"标准存在争议,即二审法院认为后诉与前诉诉讼请求存在交叉即部分相同即可成立重复起诉,再审法院认为后诉与前诉诉讼请求应完全一致才能成立后诉与前诉诉讼请求相同。

从概念外延的逻辑关系来看,"后诉与前诉诉讼请求相同"中的"相同"与案例11中的"包含"以及案例12中的"交叉"都属于两诉诉讼请求间相容关系的三种情形。"相同"要求两概念的外延完全重合,"包含"是指两者的从属关系,即一个概念的外延包含另一个的外延,但两者未达到重合,"交叉"是部分外延相重合而部分不相重合。三者并非是统一的概念逻辑关系。而上述两案例对诉讼请求要素中"相同"标准的不同解读是其概念内涵模糊的体现。

3. 对前后诉诉讼请求实质相同存在不同的判断标准

【案例13】 2014年H公司依据与B公司签订的《采矿权转让合同书》向法院起诉S国土资源规划与评审中心、Z公司、B公司,请求法院判令三被告承担约5.9亿元的连带赔偿责任(以下简称前诉)。该案经一审法院审理后裁定驳回起诉。

而后,H公司再次向法院起诉S国土资源规划与评审中心、Z公司、B公司,要求其承担侵权责任,诉讼请求为:请求法院判令三被告连带赔偿H公司的损失约6.3亿元(以下简称后诉)。该案经历了一审、再审。一审法院裁定认为,"前诉即2014年之

---

① 参见吉林省德惠市法院(2017)吉0183民初8489号民事裁定书。
② 参见吉林省长春市中级法院(2018)吉01民终2662号民事裁定书。
③ 参见吉林省高级法院(2018)吉民再350号民事裁定书。

诉是基于 B 公司的违约行为而请求其承担违约责任。后诉则是基于 Z 公司和 S 国土资源规划与评审中心的勘察、评审行为请求其承担侵权赔偿责任。由此可见，诉讼请求均不相同。"Z 公司与 S 国土资源规划与评审中心不服一审裁判，向法院申请再审。2017 年再审法院裁定认为，"前诉中 H 公司请求法院判令 B 公司承担 5.9 亿余万元的连带赔偿责任，后诉中 H 公司请求法院判令 B 公司承担 6.3 亿余万元的连带赔偿责任，诉讼请求基本相同。"①

从裁判文书所显示的情况可以看出，后诉与前诉诉讼请求虽均是主张 B 公司承担连带赔偿责任，但两诉所主张的金额不同。从形式上看前后两诉诉讼请求并不相同。后诉的一审与再审法院因对"后诉与前诉诉讼请求相同"主张的标准不同而就两诉诉讼请求是否相同产生不同的争议。一审法院因前诉诉讼请求与后诉诉讼请求基于的事实不同认定两诉诉讼请求不同，再审法院从形式上认为虽两诉诉讼请求在数额上并不完全相同，但两诉诉讼请求皆是主张连带赔偿责任，诉讼请求的性质相同而认定两诉诉讼请求基本相同。两法院虽对后诉与前诉诉讼请求是否相同做出了实质判断，但因对何谓"实质相同"未形成统一的标准而造成对认定结果的相反，进而影响重复起诉的认定范围。

在上述体现了法院判断前后两诉诉讼请求是否相同的多种标准的案例中，法院对前后两诉诉讼请求是否相同的判断主要存在两类情形，即进行形式判断与进行实质判断。在对诉讼请求相同进行形式判断的案例 11 与案例 12 中，法院对于两诉诉讼请求相同的程度也产生了一定的分歧，即诉讼请求相同是完全相同还是部分相同的分歧。案例 13 体现出法院对于何谓实质相同也存在多种理解。司法实践中，法院对实质相同的理解并非仅限于案例 13 中的情形，还有以两诉诉讼请求针对的对象或两诉诉讼请求的性质作为实质相同的判断标准的情形。同时案例 9 与案例 10 也体现出不同法院对于同一标准如"事实与理由"存在不同的理解，即是以一个界限不明的概念作为衡量两诉诉讼请求是否相同的标准，因而对诉讼请求是否相同进行实质判断存在不确定性，不同法院对之存在不同的理解，从而造成对重复起诉认定范围的不明确。

（三）法院对部分请求的态度影响诉讼请求相同的认定

【案例 14】　2003 年 H 办事处依据其与 K 酒店的债权债务关系三次向法院起诉，要求 K 酒店偿还其所欠债务约 8 千万元中的 3 千万元，每次起诉的标的额为 1 千万元，法院于 2003 年分别作出判决，支持了 H 办事处的请求。

---

① 参见最高法院(2016)最高法民辖终 220 号民事裁定书。

在 H 办事处向法院提出三次诉讼后,受让债权的张某蔚为实现债权以 K 酒店为被告向法院起诉,主张 8 千万债权中的 2 千万债权。该案经过一审、二审后,2015 年 7 月再审法院作出裁定认为:"后诉仅就约 8 千万债权其中的 2 千万元提出主张,此诉讼标的数额并没有超出原债权,因此,后诉与前诉并不重复。"①

【案例 15】 2011 年 10 月 H 公司因建设工程施工合同纠纷向法院起诉 B 公司、康某、康某文、P 公司,要求 B 公司支付工程款 600 万元并支付利息 342 万元,康某、康某文、P 公司承担连带责任(以下简称前诉)。该案经历了二审、再审。法院作出判决支持了 A 公司的主张。②

2016 年 H 公司再次就建设工程施工合同纠纷向法院起诉 B 公司、康某、康某文、P 公司,提出主张要求:(1)B 公司、康某支付工程款约 153 万元及利息约 51 万元;(2)判令康某文、P 公司在 B 公司与康某不能履行付款义务时,承担一般保证责任。该案经一审、二审后,2019 年 12 月再审法院作出裁定认为:前诉中生效民事判决认定,B 公司所欠付工程款约 753 万元,H 公司在前诉仅主张 600 万元及利息。再次提出的主张依据前诉中未诉工程款约 153 万元,H 公司在前诉中仅主张工程款 600 万元系对自己工程款债权的自愿处分,未主张部分视为自愿放弃。据此,本案与前诉的诉讼请求相同,构成重复起诉。③

案例 14 中后诉再审法院对部分请求持肯定态度,故认定后诉不构成重复起诉;案例 15 中后诉再审法院对部分请求持否定态度,故认定后诉构成重复起诉。

三、对后诉诉讼请求实质否定前诉裁判结果存在不同理解

从图 2-55、图 2-56 以及表 2-18 中可以看出,法院对何为后诉诉讼请求实质否定前诉裁判结果存在多种不同的理解。

(一) 对后诉诉讼请求出现偏差性认知

从图 2-56 法院对后诉诉讼请求的理解情况可以看出,法院在运用"后诉诉讼请求实质否定前诉裁判结果"标准时对后诉诉讼请求的偏差性认知,其中约 2% 的案件中法院将后诉诉讼请求解读为裁判结果,约 16% 的案件将后诉等同为后诉诉讼请求。

【案例 16】 2018 年 7 月朱某以裴某东为被告向法院提起诉讼,要求裴某东返还不当得利,具体诉讼请求为裴某东返还朱某欠款 20 万元及利息(以下简称前诉)。该

---

① 参见最高法院(2015)民申字第 879 号民事裁定书。
② 参见新疆维吾尔自治区高级法院(2015)新民一终字第 27 号民事判决书。
③ 参见新疆维吾尔自治区高级法院(2019)新民再 161 号民事裁定书。

案经历一审后结案。2018 年 8 月法院作出判决认为,"现有证据无法证明不当得利数额,可在证据充分后再行解决双方间关于不当得利的纠纷。"①

2018 年 11 月朱某再次以裴某东为被告就合伙协议纠纷向法院起诉,要求解除裴某东与朱某之间的合作关系,并对合作期间的利润进行清算,同时裴某东立即向朱某返还合作款项约 20 万元(以下简称后诉)。该案经历了二审、再审。再审法院于 2020 年作出裁定,认为"本案的裁判结果并未否定不当得利一案的裁判结果,因此本案不构成重复起诉。"②

本案例中后诉即 2018 年 11 月之诉的再审法院进行的是后诉裁判结果与前诉裁判结果。将后诉裁判结果理解为《民诉解释》中"后诉诉讼请求实质否定前诉裁判结果"中的"后诉诉讼请求",是对后诉诉讼请求概念内涵理解存在偏差。

在本节案例 11 中,裁定认定:"本案与前案的被告相同、诉讼请求相同,说明本次诉讼实质上是为了否定前诉裁判结果。"③该案法院以"后诉"替代"后诉诉讼请求"。

(二) 实质否定缺乏统一标准

从规定中的"实质"两字便体现出不应局限于形式上的否定,更要深入案情进行判断,而案情的多样化以及实质相对于形式的主观化共同造就了法院对"实质否定"内涵理解的多样化,因而如表 2-19 以及表 2-20 所示的"后诉诉讼请求实质否定前诉裁判结果"在当事人之间、法院之间以及当事人与法院之间所产生的争议并不如"后诉与前诉诉讼请求相同"中集中于对实质相同还是形式相同的争论。理解的多样化意味着对"实质否定"认定标准的主观分散,提高了当事人对法院对后诉诉讼请求实质否定前诉裁判认定结果的预测难度,以至于无法判断是否构成重复起诉。当事人就构成重复起诉的请求多次主张,不仅增加了当事人的诉讼成本,法院对之进行审查也不利于对司法资源的合理配置。

表 2-18 所体现的法院对"实质否定"所进行的主观解读也体现出法院在判断后诉诉讼请求是否实质否定前诉裁判结果时缺乏相应的约束,图 2-52 所显示出成立重复起诉的案件中后诉诉讼请求实质否定前诉裁判结果的案件数量超越前后两诉诉讼请求相同的案件数量,意味着对其运用的泛化。综合来看,后诉诉讼请求实质否定前诉裁判结果内涵的不明确使得法院对其的运用过于随意。

1. 后诉诉讼请求实质否定前诉裁判结果标准的多样性

【案例 17】　2018 年寇某燕因与赵某军签订的《房屋租赁合同》向法院提起诉讼,

---

① 参见长春市宽城区法院(2018)吉 0103 民初 2490 号民事判决书。
② 参见吉林省高级法院(2019)吉民申 3178 号民事裁定书。
③ 参见吉林省高级法院(2020)吉民申 2083 号民事裁定书。

请求法院判令:1.解除双方于 2015 年 10 月签订的《房屋租赁合同》,责令赵某军腾退租赁房屋;2.判令赵某军立即向寇某燕支付至实际腾退房屋之日欠下的房屋租金;3.判令赵某军立即交清租赁房屋期间的水、电、气、物业管理费;4.判令赵某军立即按照合同约定的合同租金总额的 10% 标准支付违约金约 104 万元;5.责令赵某军在腾退房屋时不得毁坏租赁房屋内外不可搬离的一切财产和装饰(以下简称前诉)。该案经历了一审、二审。法院判决支持了寇某燕的诉讼请求。①

2019 年寇某燕再次以赵某军为被告就房屋租赁合同纠纷向法院提起诉讼,请求法院判令被告赵某军向原告寇某燕补偿房屋装修残值 200 万元(以下简称后诉)。经一审、二审后,2020 年再审法院作出裁定认为:"认定寇某燕在本案的起诉,是基于同一事实,本案的诉讼请求本质上是否定生效判决结果。"②

案例中,后诉即 2019 年之诉的再审法院判定后诉诉讼请求实质否定前诉裁判结果所运用的标准为"事实",即认为后诉诉讼请求的提起与前诉是基于同一事实。虽然法院表明了其认定成立"后诉诉讼请求实质否定前诉裁判结果"的理由,其也符合"实质否定"判定不应拘于形式,应深入案件具体情况,但是其展现出的标准仍过于抽象,让人无法明确知晓"实质否定"的内涵,即何种情形下成立"实质否定"。

【案例 18】 2014 年 6 月刘某田、王某林、贺某亮、贾某生、孙某群、徐某金、顾某河、任某柱就劳动纠纷起诉 Y 管理局,要求确认其与 Y 管理局之间存在劳动关系(以下简称前诉)。法院于 2014 年 9 月作出判决认定双方不存在劳动关系。

2016 年刘某田、王某林、贺某亮、贾某生、孙某群再次因与 Y 管理局的劳动纠纷向法院提起诉讼,要求 Y 管理局为刘某田、王某林、贺某亮、贾某生、孙某群办理人事档案、社会保险关系等移转手续、支付相应生活费、办理退休申报手续、办理解除劳动关系书面证明等(以下简称后诉)。③ 该案经历了二审、再审。2018 年再审法院作出裁定认为:刘某田、王某林、贺某亮、贾某生、孙某群起诉要求 Y 管理局为其办理人事档案、社会保险关系转移手续等的前提是双方之间存在劳动关系,所以,其后诉诉讼请求实质上构成了对前诉民事判决中确认双方不存在劳动关系的裁判结果的否定。④

从形式上看,本案例中后诉即 2018 年之诉的再审法院进行的是后诉诉讼请求与前诉裁判结果的比较判断,并未将后诉诉讼请求理解为后诉的裁判结果。但是就其说理的内容来看,法院认为成立后诉诉讼请求实质否定前诉裁判结果的原因在于后

---

① 参见四川省南充市中级法院(2018)川 13 民终 3386 号民事判决书。
② 参见四川省高级法院(2019)川民申 6834 号民事裁定书。
③ 参见河南省商丘市中级法院(2017)豫 14 民终 1028 号民事裁定书。
④ 参见河南省高级法院(2017)豫民申 984 号民事裁定书。

诉诉讼请求成立的前提条件与前诉裁判结果相悖,即将后诉诉讼请求成立的前提否定前诉裁判结果作为后诉诉讼请求实质否定前诉裁判结果的标准。

2. 否定范围应为裁判主文还是裁判理由的理解差异

裁判文书中包含的内容一般包括案情发展、裁判理由以及裁判主文等,而后诉诉讼请求应当否定裁判文书何部分才能达到《民诉解释》第 247 条规定中的"后诉诉讼请求实质否定前诉裁判结果"效果,不同的法院产生了不同的理解。

【案例 19】 2014 年 Q 公司依据与 P 公司于 2013 年 1 月 22 日签订《商品房买卖合同》向法院起诉 P 公司与担保人 G 公司,请求法院判令:(1)解除《商品房买卖合同》;(2)P 公司与 G 公司承担违约金 5050 万元(以下简称前诉)。该案经历了二审、再审。[①]

2015 年 P 公司依据 2013 年 1 月 22 日其与 Q 公司签订《商品房买卖合同》向法院提起诉讼,主张 Q 公司违约(以下简称后诉)。该案经历了二审、再审。2016 年再审法院裁定认为,"前诉法院在判决说理部分明确认定'双方当事人实际上已通过各自行为变更合同履行方式,故 Q 公司未交付对应已付购房款价值的房屋并不构成违约'、'P 公司未支付剩余购房款构成违约,应当承担相应的违约责任',据此判决 P 公司向 Q 公司支付违约金。可见,P 公司虽未明确提出 Q 公司违约的反诉主张,但法院对 Q 公司是否违约均进行了实质审查,且已明确认定 Q 公司不构成违约。P 公司基于同一事实和相同法律关系,在本案提出 P 公司违约的诉讼请求,该请求在实质上否定了前诉的裁判结果。"[②]

【案例 20】 韩某林、刘某因与隋某华合伙纠纷向法院提起诉讼:(1)解除原告韩某林、刘某与被告隋某华的合伙关系;2、按投资比例分配利润及剩余财产,原告均暂定 60 万元(以下简称前诉)。该案经一审终结,法院判决解除了两方的合伙关系并对财产进行了划分。[③]

2018 年韩秀林、刘义向法院起诉隋建华分割合伙财产,请求法院判令其中约 95 万元应为韩秀林、刘义共同分得的利润。该案经历了二审、再审。2019 年 再审法院裁定认为,"本案的诉讼请求与 189 号判决的主文相悖,构成重复起诉。"[④]

从裁判文书中可以看出,案例 19 中后诉即 2015 年之诉的再审法院认为后诉诉讼请求所提出的违约主张在前诉裁判的说理部分已经予以确定并不构成违约,因而后诉诉讼请求否定前诉裁判的说理即成立后诉诉讼请求实质否定前诉裁判结果。而

---

① 参见江苏省高级法院(2015)苏民终字第 00019 号民事判决书。
② 参见最高法院(2017)最高法民申 210 号民事裁定书。
③ 参见吉林省磐石市法院(2009)磐民二初字第 189 号民事判决书。
④ 参见吉林省高级法院(2019)吉民再 283 号民事裁定书。

案例 20 中后诉即 2018 年之诉的再审法院是以后诉诉讼请求与前诉的裁判主文相悖,认定构成重复起诉。从两案例中看出法院对前诉裁判结果的范围产生了不同的理解,即前诉裁判结果仅指裁判主文还是应当囊括裁判理由的差异。若像案例 20 中只是将前诉裁判结果理解为裁判主文,那案例 19 中后诉诉讼请求实质否定前诉裁判理由将不属于重复起诉约束的范围,重复起诉所约束的范围与囊括前诉裁判说理部分解读相比缩小。由此可以看出,因法院对后诉诉讼请求实质否定前诉裁判结果的范围理解不一致而造成在两范围之间所存在的规制的不确定地带,从而影响重复起诉标准的运用。

(三) 对前诉裁判结果含义认定不一

从字义理解前诉裁判结果应当是前诉中法院在诉讼程序中所作出的判决或裁定,同时从重复起诉认定的确定性出发,前诉裁判结果应当是已经实际作出并生效的裁判结果,而不是仍在审理可能作出的裁判。而图 2-55 中显示部分案件将前诉诉讼请求、未生效的裁判、执行裁定以及程序性裁定理解为前诉裁判结果,实质上是对前诉裁判结果的不当扩张。

1. 将前诉裁判结果理解为前诉诉讼请求

【案例 21】 2017 年 N 公司依据 2012 年签订的《施工总承包合同》起诉 M 公司,请求法院判令:(1)判令 M 公司支付 N 公司工程款约 2 亿元;(2)判令 M 公司支付 N 公司所欠付工程款利息;(3)确认 N 公司对案涉工程享有建设工程价款优先受偿权。(4)判令 M 公司支付 N 公司停工损失费及复工费 2000 万元及利息;(5)判令 M 公司支付 N 公司工期奖励 140 万元(以下简称前诉)。该案经历了一审、二审。2020 年 9 月,二审法院作出判决支持了原告的部分请求。

2018 年 N 公司再次依据 2012 年签订的《施工总承包合同》起诉 M 公司,请求法院判令:(1)判令 M 公司就改造工程(一期)的 8 某、9 某、10 某及地下车库与 N 公司进行结算,并支付 N 公司 8—10 某及地下车库的结算款以及 11 某、S5、S6 的工程进度款共计约 1.6 亿元及利息;(2)确认 N 公司对案涉工程享有建设工程价款优先受偿权(以下简称后诉)。该案经历了一审、二审。2018 年 12 月,再审法院裁定认为,"N 公司前后两诉诉讼请求的总和是其主张的整个建设项目所欠工程款,故不存在后诉的诉讼请求实质上否定前诉诉讼请求的情况,N 公司在本案的起诉不构成重复诉讼。"[①]

本案例中法院对后诉诉讼请求是否实质否定前诉裁判结果判断时,以前诉诉讼请求替代前诉裁判结果与后诉诉讼请求进行同类性比较,即后诉诉讼请求实质否定

---

① 参见最高法院(2018)最高法民终 1210 号民事裁定书。

前诉诉讼请求,即认定属于构成重复起诉的情形。虽然前诉裁判结果是在对前诉诉讼请求予以回应的基础上作出的,但后诉诉讼请求实质否定前诉诉讼请求并不必然会导致后诉诉讼请求实质否定前诉裁判结果。并非所有前诉请求都会受到前诉裁判的支持,即便前诉诉讼请求被法院支持时,后诉诉讼请求否定了前诉诉讼请求也不一定会对前诉诉讼请求产生实质否定的结果。扩张后诉诉讼请求实质否定前诉裁判结果的运用范围,可能影响重复起诉的认定。

2. 将执行复议裁定认定为前诉裁判结果

【案例 22】　2019 年 D 公司提出确认合同效力之诉,请求法院判令:(1)确认 D 公司与 J 公司双方于 2017 年 11 月就(2017)粤 19 民终 4755 号调解协议及民事调解书的付款期限及违约责任变更达成的口头和解协议有效;(2)确认 D 公司已经全面履行了变更和解协议约定的义务,D 公司无须再向 J 公司支付逾期付款后续违约金。

经过一审、二审法院审理后,2019 年 10 月再审法院就该诉是否构成重复起诉进行裁定认为,"D 公司的本次起诉与(2018)粤 19 执复 103 号案的当事人相同,诉讼标的相同,本案诉讼请求实质否定已生效的(2018)粤 19 执复 103 号执行裁定认定的事实,因此,D 公司的本次起诉构成重复诉讼。"[①]

案例中法院将执行复议裁定所认定的事实也纳入的"前诉裁判结果"的内涵之中。执行程序并不解决实体问题,法院所作出的执行复议裁定也不同于诉讼裁判结果。所以将规范中与后诉诉讼请求相比较的对象由诉讼裁判结果理解为执行裁定所认定的事实是错误地扩张了"前诉裁判结果"的范围。

3. 将前诉裁判结果扩张至程序性裁判结果

在司法实践中,裁判包括判决与裁定,法院解决实体性问题常采用"判决",解决程序性问题常采用"裁判",因而相应的裁判结果也有实体性结果与程序性结果之分。司法实践对重复起诉认定标准的"后诉诉讼请求实质否定前诉裁判结果"中"前诉裁判结果"的性质应当是实体性结果还是程序性结果产生了不同理解。

【案例 23】　2015 年 C 公司以张某学为被告提出诉讼,请求法院判令:张某学支付货款本金 155 万元及违约金约 74 万元,共计 229 万元。该案经历了一审、二审。法院以当事人约定了仲裁条款,裁定驳回了 C 公司的起诉。

2016 年 C 公司因买卖合同纠纷向法院起诉张某学,要求张某学支付货款本金约 36.5 万元及承担资金利息约 22.2 万元,共计人民币约 58.7 万元。该案经历了二审、再审。二审法院认为后诉诉讼请求未否定前诉裁判;张某学不服二审裁定,提出再审申请。2018 年再审法院作出裁定认为:"因双方签订的《购销合同》约定了仲裁条款,

---

① 参见广东省高级法院(2019)粤民申 10710 号民事裁定书。

前诉法院于 2015 年 12 月作出民事裁定,驳回 C 公司的起诉。本案将前诉中后二次供货产生的欠款为依据提起本案诉讼。C 公司本案诉讼请求实质上否定了前诉的裁判结果。"①

从裁判文书记载的情况来看,前诉即 2015 年之诉的法院以当事人约定了仲裁条款而驳回了原告的起诉,因而前诉中法院并未对原告的诉讼请求进行实体审理。后诉即 2016 年之诉的再审法院以两次诉讼的依据相同,并且前诉已驳回了原告的起诉为由认定后诉诉讼请求实质否定前诉裁判结果,意为认定前诉裁判结果包括程序性结果。

【案例 24】 2011 年王某以 T 公司为被告诉至一审法院,请求:(1)确认《合作协议书》无效;(2)判令 T 公司返还转让金 15 万元;(3)判令 T 公司赔偿损失 10 万元(以下简称前诉)。一审支持了原告的前两项诉讼请求,原告不服一审判决,向法院上诉,二审法院发回重审,再次开庭审理的一审法院则认定案件为合伙纠纷案,并在释明而王某不同意变更诉讼请求的条件下,驳回了原告王某的诉讼请求。

2013 年王某再次依据《合作协议书》以 T 公司为被告向法院起诉,请求法院判令:(1)确认《合作协议书》采矿权转让及合伙无效;(2)T 公司返还王某转让金 15 万元;(3)T 公司赔偿损失 10 万元(以下简称后诉)。该案经历了二审、再审。2015 年再审法院裁定认为,"一事不再理原则,是当事人就已经提起诉讼的事项在诉讼过程中或者裁判生效后,如果后诉与前诉的当事人相同、诉讼标的相同、诉讼请求相同,或者后诉的诉讼请求实质上否定前诉裁判结果,属于重复起诉。一事不再理原则的适用,应该以实体审理过为原则,就本案而言,两级法院作出多次裁判,但并未对本案有过生效实体判决。"②

本案例中,前诉即 2011 年之诉虽然经历了一审、二审后发回重审,两级法院作出多次裁判,但并未对前诉的诉讼请求有过生效实体判决。因而后诉即 2013 年之诉的再审法院认为适用一事不再理原则应当以实体审理过为原则,即不属于重复起诉,也不能成立后诉诉讼请求实质否定前诉裁判结果。根据本案中后诉的再审法院即最高法的这一界定,《民诉解释》第 247 条中的"前诉裁判结果"应是对案件进行实体审理的结果,而不应是程序性裁决。本案例中法院对前诉裁判结果应当是实体性还是程序性理解与案例 23 中法院对前诉裁判结果的理解相反,因而体现出司法实践对前诉裁判结果的理解不一,造成前诉裁判结果的内涵范围不明确,从而影响重复起诉的认定。

---

① 参见四川省高级法院(2018)川民再 458 号民事裁定书。
② 参见最高法院(2015)民提字第 5 号民事裁定书。

四、对诉讼请求相同与后诉诉讼请求实质否定前诉裁判结果界定不明

（一）将诉讼请求要素中的一种法定形态作为另一种法定形态的判断标准

从逻辑上看，"后诉诉讼请求实质否定前诉裁判结果"与"后诉与前诉诉讼请求相同"分别对应不同的成立情形，不可能同时符合两种情况，从《民诉解释》第 247 条对两种情形规定时运用的"或"字也体现出不应同时成立两种情形。司法实践，不仅存在认定同时成立后诉与前诉诉讼请求相同与后诉诉讼请求实质否定前诉裁判结果的情况，还有将后诉与前诉诉讼请求相同作为后诉诉讼请求实质否定前诉裁判结果的成立条件或将后诉诉讼请求实质否定前诉裁判结果作为后诉与前诉诉讼请求相同的判断标准的情况。

【案例 25】　2017 年孙某因与崔某建、于某的劳务合同纠纷向法院提起诉讼，请求法院判令：(1)崔某建、于某给付拖欠孙某的劳务费 2.4 万元；(2)请求确认该工资结算协议无效。该案经历了一审、二审（以下简称前诉）。法院判决认定，"不予支持孙某协议无效的主张，崔某建给付孙某劳务费 1449 元。"

2019 年孙某再次因与崔某建、于某的劳务合同纠纷向法院提起诉讼。诉讼请求包括：(1)撤销孙某与崔某建签订的工资结算协议；(2)崔某建、于某连带给付拖欠的劳务费约 2.2 万元；(3)崔某建、于某支付因拖欠工资导致生病住院治疗支出的医药费、误工费、护理费、精神损失费共计 50 万元（以下简称后诉）。2020 年再审法院裁定认为，"孙某在前诉并未提出撤销工资结算协议的诉讼请求，因可撤销合同在撤销权人行使撤销权前处于有效的状态，该项诉讼请求与前诉判决确认工资结算协议有效并不矛盾，故本案后诉与前诉的诉讼请求不相同，且后诉的诉讼请求实质上亦未否定前诉裁判结果。"①

在上述案例中后诉即 2019 年之诉的再审法院认为"因该项诉讼请求与前诉判决确认工资结算协议有效并不矛盾，故后诉与前诉诉讼请求不相同"，由此可以得出法院是将后诉诉讼请求是否实质否定前诉裁判结果当作后诉与前诉诉讼请求是否相同的成立条件。

【案例 26】　2017 年王某花等 3 人因委托合同纠纷起诉穆某瑞等人，要求确认穆某瑞等人与 D 村民委员会于 2001 年签订的《协议书》未有起诉人王某花等人的委托（以下简称前诉）。该案经历了一审、二审。法院裁定不予受理王某花等 3 人的起诉。②

---

① 参见黑龙江省高级法院(2020)黑民申 620 号民事裁定书。
② 参见江苏省连云港市中级法院(2017)苏 07 民终 4442 号民事裁定书。

2018 年王某花等 45 人再次以委托合同纠纷起诉穆某瑞等人,请求法院判令确认穆某瑞等人与 D 村村民委员会于 2001 年签订《协议书》未有起诉人的委托(以下简称后诉)。① 该案经一审、二审后,2020 年再审法院认为:前诉对该项诉讼请求作了生效裁定,现再次提起相同诉讼请求,属于后诉的诉讼请求实质上否定前诉裁判结果。②

根据裁判文书的记载,后诉即 2018 年之诉的再审法院认为因前诉即 2017 年之诉的法院已经作出了生效裁判,后诉提出与前诉相同的诉讼请求,属于后诉诉讼请求实质否定前诉裁判结果的情形。本案例与上述案例都是将诉讼请求要素的一种情形作为另一种情形的判断标准。从对重复起诉认定范围的角度来看,若成立后诉与前诉诉讼请求相同即成立后诉诉讼请求实质否定前诉裁判结果或是成立后诉诉讼请求实质否定前诉裁判结果即成立后诉与前诉诉讼请求相同都不会影响重复起诉的范围,但不成立后诉与前诉诉讼请求相同并不当然会不成立后诉诉讼请求实质否定前诉裁判结果,同理不成立后诉诉讼请求实质否定也不必然会不成立后诉与前诉诉讼请求相同。因此将诉讼请求要素的一种形态作为另一种形态的判断标准会对重复起诉的认定造成影响。同时将一种形态作为另一种形态的成立条件,实质意义上是对另一种形态的架空。

(二)认定同时成立诉讼请求相同与实质否定的情形

【案例 27】 2014 年果某成、梁某琴、果某涛以宋某玉为被告向法院提起诉讼,请求法院判令解除原告与被告签订的耕地转包协议(以下简称前诉)。该案经历了一审、二审。法院判决驳回果某成、梁某琴、果某涛的诉讼请求。

2018 年法院受理了果某成、梁某琴、果某涛与被告宋某玉、徐某峰、S 村民委员会土地承包经营权纠纷一案,诉讼请求包括:(1)请求解除原告果某成和被告宋某玉签订的土地转包合同;(2)由被告宋某玉返还原告土地补偿费约 29 万元及利息,由被告徐某峰返还原告土地补偿费约 21 万元,三被告承担连带返还责任;(3)被告宋某玉返还被征收后的剩余土地约 1.1 亩(以下简称后诉)。该案经历了二审、再审。2019 年再审法院裁定认为,"后诉即 2018 年之诉与前诉即 2014 年之诉的诉讼请求一致,且再次起诉的请求实质上否定前诉的生效判决,构成重复诉讼。"③

本案例中,后诉即 2018 年之诉的再审法院将诉讼请求相同与实质否定视为成立重复起诉应当同时具备的条件。法院认定不仅构成后诉诉讼请求实质否定前诉裁判

---

① 参见江苏省东海县法院(2018)苏 0722 民初 4229 号民事裁定书。
② 参见江苏省高级法院(2020)苏民申 51 号民事裁定书。
③ 参见黑龙江省高级法院(2019)黑民申 692 号民事裁定书。

结果,还成立后诉与前诉诉讼请求相同,并将后者还作为前者成立的条件。从两形态的定位来看,本案例在形式上既属于两诉诉讼请求相同又属于后诉诉讼请求实质否定前诉裁判结果的案件,法院将之归为后诉诉讼请求实质否定前诉裁判结果是对后诉与前诉诉讼请求相同运用范畴的挤压。

(三) 成立诉讼请求相同抑或是实质否定的差异理解

【案例 28】　1999 年吴某赢以 B 农场为被告向法院提起侵权纠纷诉讼,诉讼请求为赔偿吴某赢投入资金的利息损失约 8 万元、设备折旧费损失约 4 万元、四人工资损失约 7 万元,合计约 19 万元(以下简称前诉)。2004 年 8 月法院作出判决,"B 农场给付吴某赢设备折旧费约 3.4 万元,给付利息约 6.5 万元,合计约 9.9 万元,驳回吴某赢其他诉讼请求。"

2016 年吴某赢再次以 B 农场为被告向法院提起诉讼,要求其承担侵权责任,具体诉讼请求为:判令 B 农场赔偿吴某赢经营损失 320 万元(以下简称后诉)。该案经历了一审、二审与再审。2017 年 12 月一审法院裁定认为,"吴某赢于 2016 年提出的诉讼请求,即后诉的诉讼请求实质上否定前诉的判决结果,构成重复起诉。"[①]吴某赢不服一审裁定,提出上诉。2018 年 4 月二审法院裁定认为,"2016 年之诉即后诉与 1999 年之诉即前诉的诉讼请求虽然从字面上看是不同的赔偿数额请求,但是种类是相同的,即是因侵权行为而引起的赔偿请求,在同为侵权诉讼种类相同仅是具体的要求不同的情况,可以确认本次诉讼与前诉诉讼请求相同。"[②]吴某赢不服二审裁定,提出再审申请。2018 年 11 月再审法院裁定认为,"前诉的诉讼请求是吴某赢基于其主张遭受的直接损失提出的,而后诉的诉讼请求是吴某赢基于其主张遭受的间接损失即经营损失提出的,后诉与前诉的诉讼请求不同,且后诉的诉讼请求实质上亦未否定前诉裁判结果。故吴某赢的本案起诉不属于重复诉讼。"[③]

三级法院对应属于前后两诉诉讼请求相同的情形还是后诉诉讼请求实质否定前诉裁判结果的情形产生争议并对说理的回避,不仅表明法院在认定重复起诉时对说理的忽视,还体现出法院对"前后两诉诉讼请求相同"以及"后诉诉讼请求实质否定前诉裁判结果"内涵与区分理解不明,还同时一审、二审与再审之间就诉讼请求要素也产生了不同的认定。因此,将直接影响当事人对法院作出的重复起诉认定的接受程度。

---

①　参见黑龙江省红兴隆农垦法院(2016)黑 8103 民初 179 号民事裁定书。
②　参见黑龙江省农垦中级法院(2018)黑 81 民终 279 号民事裁定书。
③　参见黑龙江省高级法院(2018)黑民再 477 号民事裁定书。

五、构成重复起诉的诉讼请求要素其他形态的认定

从图 2-52 中可以发现,虽《民诉解释》第 247 条对成立重复起诉的诉讼请求要素只规定了后诉与前诉诉讼请求相同以及后诉诉讼请求实质否定前诉裁判结果,即法定的诉讼请求要素形态。但是在司法实践中,法院认定重复起诉时对诉讼请求要素评价的情况包括此两种情形,但不限于此两种情形,约 20% 的案件认为构成重复起诉的诉讼请求要素还存在其他形态。其他形态的存在不仅是忽视规范适用,而且是对现有规范的冲击,也从侧面体现出法院认为现有的两类诉讼请求要素形态无法囊括司法实践的全部情形。从图 2-53 法院对诉讼请求其他情形的适用具体情况结合表 2-16、表 2-17、表 2-18 法院对诉讼请求法定形态的认定标准可知,一方面,在诉讼请求要素的法定形态外增加其他形态必然会对导致成立重复起诉的范围扩张;另一方面,其他形态的存在势必会对法定形态运用的范围造成一定的挤压。

(一) 其他形态的认定造成重复起诉认定的肆意扩张

【案例 29】 2014 年 Q 支行依据借款合同向法院起诉 X 公司、杨某中、成某武、宋某侠,要求其偿还借款,具体诉讼请求为:(1)要求 X 公司偿还借款本金人民币约 1.8 亿元及实际还清之日止的利息、罚息和复利(暂计至 2014 年 4 月 20 日为人民币约 2803 万元);(2)判令杨某中、成某武、宋某侠对《房地产借款合同》项下本金及利息、罚息、复利承担连带责任;Q 支行对 X 公司提供的抵押物享有优先受偿权(以下简称前诉)。后 Q 分行对 X 公司所享有的债权被转让为给 C 公司。[①]

2017 年 C 公司就借款合同纠纷向法院起诉 X 公司,请求法院判令:(1)判令 X 公司偿还利息约 3819 万元(自 2015 年 10 月 6 日起计算至 2017 年 11 月 6 日,此后的利息按《房地产借款合同》的约定计算至清偿之日);(2)判令 C 公司对 X 公司抵押的土地使用权、在建工程享有优先受偿权(以下简称后诉)。该案经历了二审、再审。2019 年再审法院裁定认为:前诉已对欠款本息作出处理。C 公司在前诉判决已处理有关利息诉请的情况下,再次提起本案诉讼,构成重复诉讼。[②]

上述案例中,后诉即 2017 年之诉的再审法院在认定成立重复起诉时将后诉诉讼请求与前诉裁判结果进行了比较,并未作出后诉诉讼请求实质否定前诉裁判结果的认定,而是以后诉诉讼请求所包含的内容已经前诉处理。此种情况是对相异客体所进行的比较过程,因而不能为"后诉与前诉诉讼请求相同"所包含;从形式上,后诉诉

---

① 参见山东省高级法院(2014)鲁商初字第 29 号民事判决书。
② 参见最高法院(2018)最高法民再 461 号民事裁定书。

讼请求所包含的内容已经前诉裁判结果所审理也并未体现出后诉诉讼请求对前诉裁判结果的否定。因此,该情况是对构成重复起诉的诉讼请求要素的情形予以扩张。

【案例 30】　2016 年 W 公司因与 L 公司就《资产收购合同》发生纠纷向法院提起诉讼,请求法院判令:(1)L 公司继续履行 2011 年 12 月 29 日签订的《资产收购合同》,并向 W 公司支付违约金 3500 万元及赔偿迟延履行付款义务遭受的经济损失;(2)如 L 公司不能履行第 1 项诉讼请求,则请求解除《资产收购合同》,L 公司已付 1.5 亿元定金归 W 公司所有(以下简称前诉)。

2016 年 7 月 G 公司与 L 公司签订《债权、债务转让协议》,受让 L 公司基于《资产收购合同》对 W 公司的债权,2016 年 11 月 G 公司向法院提起诉讼,诉讼请求包括:(1)W 公司向 G 公司返还 2 亿元资产收购款;(2)L 公司对 W 公司返还给 G 公司的收购款不足约 504 万元部分承担补充偿还责任(以下简称后诉)。该案经历了一审、再审。2018 年再审法院裁定认为,"两诉原告的诉讼请求虽然基于合同地位的不同是相反的,但均涉及《资产收购合同》是否解除及解除后法律后果的问题,诉讼请求涉及的问题也是同一的,构成重复起诉。"[1]

本案例中,后诉的再审法院是将后诉诉讼请求与前诉诉讼请求进行比较,认为两诉诉讼请求所涉及的问题同一即成立重复起诉,是以"后诉与前诉诉讼请求涉及的问题同一"替代"后诉与前诉诉讼请求相同"进行同一性比较。一方面,后诉与前诉诉讼请求相同内在的包含后诉与前诉诉讼请求涉及的问题同一,但两诉诉讼请求涉及的问题同一并不必然等同于两者相同。另一方面,后诉的再审法院认为后诉与前诉诉讼请求相反,但因涉及的问题相同,所以构成重复起诉。从概念的含义来看,相同与相反本是相排斥的一组概念,后诉与前诉诉讼请求相反的情形无法被认定为后诉与前诉诉讼请求相同,从而构成重复起诉。因而不论从上述哪方面来看,皆是对成立重复起诉的范围进行了扩张。

(二) 其他形态的存在压缩了法定形态的适用空间

【案例 31】　2015 年 X 公司以 J 公司为被告提起诉讼,要求 J 公司承担违约责任,具体诉讼请求为要求 J 公司赔偿 X 公司 Y 店的装修、开业费用和其他经济损失共计 2300 万元(以下简称前诉)。

2015 年 3 月 X 公司再次以 J 公司为被告就租赁合同纠纷向法院起诉,要求判决 J 公司承担支付业主补偿款 210 万元的赔偿责任(以下简称后诉)。[2] 本案经一审、二审法院审理后,2017 年再审法院裁定认为:前后两个案件诉讼请求的实质均是请求 J 公

---

[1]　参见最高法院(2018)最高法民辖终 68 号民事裁定书。
[2]　参见湖南省岳阳市中级法院(2015)岳中民一初字第 18 号民事判决书。

司赔偿损失,本案所诉请的 210 万元补偿款是前诉判决未支持损失的一部分,两个案件的诉讼请求是包含关系,并无实质区别,故本案构成重复诉讼。①

本案例中后诉即 2015 年 3 月之诉的再审法院将后诉诉讼请求与前诉诉讼请求进行比较认为两者存在包含关系,因而认定后诉构成重复起诉。从上述图 2-53 与表 2-16 所体现的内容中发现,两图表中皆有两诉诉讼请求存在包含关系情形。可以看出,不同法院对于前后两诉诉讼请求存在包含关系是否属于前后两诉诉讼请求相同存在争议,同时部分案例中法院认为两诉诉讼请求之间存在包含关系虽不属于诉讼请求相同,但也属于构成重复起诉的诉讼请求的情形。这不仅是对成立重复起诉的诉讼请求要素情形的增加,也是对规则所规定的情形的适用范围的挤压。

【案例 32】 2010 年 C 公司依据 1998 年签订的《协议书》起诉 R 医院,请求法院判令:(1)解除协议,R 医院返还合作款 300 万元及给付违约金 12.6 万元;(2)R 医院承担资金利息损失 360 万元。

2017 年 C 公司再次依据与 R 医院 1998 年签订的《协议书》起诉 R 医院,请求法院判令:(1)解除双方基于《协议书》建立的买卖合同关系;(2)返还 C 公司支付的货款 300 万元。该案经历了二审、再审。2018 年再审法院裁定认为,"虽然两案诉请解除合同、返还货款的理由不同,但均是基于 1998 年签订的《协议书》所产生的权利义务关系。"②

从裁判文书的情况来看,后诉即 2017 年之诉的再审法院是将权利义务关系即法律关系作为"诉讼请求"的判断标准,即前后两诉诉讼请求依据的法律关系相同便成立重复起诉。实质上就是用前后两诉诉讼请求依据的法律关系相同来替代重复起诉认定要素中的后诉与前诉诉讼请求相同。从后诉与前诉诉讼请求相同成立的标准来看,后诉与前诉诉讼请求基于的法律关系相同本就属于成立重复起诉的标准之一,用后诉与前诉诉讼请求基于的法律关系相同来替代后诉与前诉诉讼请求虽未对重复起诉的认定范围造成影响,但是会挤压"后诉与前诉诉讼请求相同"判断标准的适用空间,同时也是对重复起诉制度稳定性的破坏。

第五节　新的事实要素适用中存在的问题

一、法院对适用新的事实要素态度不一

(一)法院回避适用《民诉解释》第 248 条

如前所述,《民诉解释》第 248 条将"发生新的事实"作为认定重复起诉的消极要

---

① 参见最高法院(2017)最高法民再 143 号民事裁定书。
② 参见四川省高级法院(2018)川民申 150 号民事裁定书。

素。因此,在当事人对是否发生新的事实产生争议时,法院应当进行回应解释并作出结论。但实践中,面对当事人对新的事实要素的争议,法院存在未回应当事人争议,回避适用新的事实要素的情形。如图 2-65 所示,在 328 份当事人对是否发生新的事实有争议的裁判文书中,只有 184 份裁判文书对当事人的争议进行了回应说理,即 44% 裁判文书中法院没有回应。

【案例 1】① 　2017 年叶某斯因房屋买卖合同纠纷将梁某娟、尤某达诉至法院(以下简称前诉),请求梁某娟、尤某达继续履行与叶某斯于 2017 年签订的《二手房买卖及居间服务合同》(以下简称 2017 年《合同》),并协助办理过户,支付各项费用共计约 5 万元。法院判决梁某娟、尤某达继续履行 2017 年《合同》,梁某娟、尤某达收到叶某斯支付剩余购房款 75 万元后,协助叶某斯办理房屋所有权登记并交付房屋给叶某斯。叶某斯提起上诉,二审法院驳回上诉,维持原判。②

2018 年梁某娟、尤某达因 2017 年《合同》纠纷将叶某斯诉至法院(以下简称后诉),请求解除 2017 年《合同》,叶某斯支付违约金约 21 万元。一审法院认为后诉与前诉构成重复起诉,驳回梁某娟、尤某达的起诉。③ 梁某娟、尤某达不服,提起上诉,二审法院驳回上诉,维持原判。④ 梁某娟、尤某达申请再审。梁某娟、尤某达再审申请中主张不构成重复起诉,其理由为叶某斯在前诉"判决规定的时间内仍未履行支付义务,实质上已产生新的违约事实。"再审法院认为"两案当事人相同,并不受当事人在两案中诉讼地位的影响;两案诉讼标的相同,均是针对叶某斯与梁某娟、尤某达之间的房屋买卖合同关系;生效民事判决已经判令叶某斯与梁某娟、尤某达继续履行合同,梁琼娟、尤兴达在本案中又起诉叶某斯要求解除合同,诉讼请求实质上否定前诉裁判结果,因此,梁某娟、尤某达提起的本案诉讼构成重复起诉。"据此再审法院裁定驳回梁某娟、尤某达再审申请。⑤

该案争议的焦点之一是 2018 年之诉即后诉与 2017 年之诉即前诉是否构成重复起诉问题。梁某娟、尤某达认为,叶某斯未在 2017 年之诉判决规定的时间内履行支付剩余购房款的义务,属于《民诉解释》248 条规定的"发生新的事实",因而 2018 年之诉不属于重复起诉。而再审法院绕开回避《民诉解释》248 条,使用大量篇幅对《民诉解释》第 247 条所规定的当事人相同、诉讼标的相同、后诉的诉讼请求实质上否定前诉裁判结果进行论述。再审法院的做法,实质上是将《民诉解释》第 247 条作为重复

---

① 本节案例,单独编号,共计 13 个。
② 参见广东省江门市中级法院(2017)粤 07 民终 3631 号民事判决书。
③ 参见广东省江门市江海区法院(2018)粤 0704 民初 953 号民事裁定书。
④ 参见广东省江门市中级法院(2018)粤 07 民终 3193 号民事裁定书。
⑤ 参见广东省高级法院(2019)粤民申 341 号民事裁定书。

起诉的唯一法律规定,否定了《民诉解释》第 248 条也属于重复起诉的规定。再者,再审法院将当事人对于新的事实要素的争议弃之不顾,回避当事人提出的争议,即叶某斯未在 2017 年之诉判决规定的时间内履行支付剩余购房款的义务是否属于"发生新的事实",加剧了当事人对于裁判文书的不信任。

(二)法院主动审查新的事实要素

对新的事实要素是否属于法院应当主动审查之事项,法律没有明确规定。实践中,当事人对新的事实要素没有争议时,法院存在主动适用的情形。如图 2-66 所示,在 299 份当事人对是否发生新的事实没有争议的裁判文书中,233 份裁判文书中法院主动适用新的事实要素,占比 78%。

【**案例 2**】 2016 年因买卖合同纠纷,M 公司将 S 公司诉至法院(以下简称前诉),请求 S 公司继续履行双方于 2008 年签订的《设备采购供货合同》(以下简称 2008 年《合同》),S 公司一次性向 M 公司支付剩余设备款 1050 万元及利息、罚息,S 公司承担 M 公司损失 680 万元。法院判决 S 公司与 M 公司继续履行 2008 年《合同》;M 公司交付货物,同时 S 公司向 M 公司支付货款 1050 万元。[①]

2019 年因 2008 年《合同》纠纷,S 公司将 M 公司诉至法院(以下简称后诉),请求法院判决解除 2008 年《合同》,M 公司向 S 公司返还已经预付的设备货款 450 万元。一审法院认为,争议焦点之一为 S 公司对本案是否有诉权;因"本案系前诉民事判决书做出后,双方在继续履行合同过程中就新的事实发生的争议,与前诉的诉请不同,对前诉判决结果亦不产生否定的作用,故本案与前案并非重复诉讼,S 公司对本案具有诉权。"一审法院认为,S 公司不具有解除权,判决驳回 S 公司的全部诉讼请求。[②]

S 公司不服,提起上诉,上诉的主要理由为 M 公司履行合同不符合合同约定,S 公司有权解除合同。二审法院认为,后诉和前诉当事人、诉讼标的相同,后诉诉讼请求构成对前诉判决结果的否定。"S 公司在本案中主张其享有解除权的事实依据,与其在前诉审理过程中对涉案设备进行清点和查验后提出涉案设备存在的问题基本相同,并未提出存在前诉判决生效后发生新的事实及相应证据。故 S 公司并非基于新的事实再次提起诉讼。"二审法院以 S 公司重复起诉为由裁定撤销一审判决,驳回 S 公司的起诉。[③]

---

① 参见北京市石景山区法院(2016)京 0107 民初 524 号民事判决书。
② 参见北京市石景山区法院(2019)京 0107 民初 21 号民事判决书。
③ 参见北京市第一中级法院(2020)京 01 民终 4523 号民事裁定书。

在本案后诉中,一审法院以 S 公司不具有合同解除权,判决驳回其诉讼请求。双方对于 S 公司是否享有合同解除权存在争议,S 公司上诉至二审法院。依据《民事诉讼法》第 168 条之规定,二审法院的审查范围为与"上诉请求的有关事实和适用法律"。本案中,S 公司上诉及 M 公司抗辩的争议焦点为 S 公司是否享有合同解除权,二审法院应当对此进行审查。S 公司和 M 公司的争议中均不涉及对于是否发生新的事实的讨论,但二审法院着重讨论了是否发生新的事实。二审法院在详细讨论新的事实要素后,提出了与一审法院不同的观点,以 S 公司构成重复起诉,裁定驳回 S 公司的起诉。

一般来说,法院应当对于当事人的争议逐项回应并说明理由,对于争议不大的事实,可以适当简化释法说理。案例 1 和案例 2 采取的都是不符合一般认知的做法,但又展现了法院的两种截然相反的态度。在案例 1 中,当事人对于是否发生新的事实存在较大争议,而对于构成重复起诉的积极要素没有争议,法院将释法说理的重点放在重复起诉积极要素的论述上,而未对于是否发生新的事实的争议进行回应;在案例 2 中,当事人在上诉中未涉及对于是否发生新的事实的争议,而法院主动讨论,并以未发生新的事实,推翻了一审的判决,以构成重复起诉为由驳回当事人的起诉。案例 1 和案例 2 中,前者在当事人有争议的时候回避争议,后者在当事人没有争议的时候主动适用,这实质上反映了法院对于发生新的事实的态度不一,无论哪种做法,都难以使当事人信服。

(三) 法院对新的事实要素说理不足或不说理

如图 2-69 所示,在法院适用了新的事实要素的 460 份裁判文书中,有 80 份没有说理,占比 17％,法院不说理情况严重。综合图 2-65 和图 2-79 可知,在当事人对于新的事实要素有争议时,44％的裁判文书没有回应当事人的回应。即使回应了,在回应了当事人争议的 184 份裁判文书中,还有 15％的裁判文书没有说理。

【案例 3】　2010 年 L 公司作为买方与 T 公司签订了《采购合同》(以下简称 2010《L 合同》),后 T 公司作为买方与 J 公司签订了《采购合同》(以下简称 2010 年《T 合同》)。2012 年 11 月,T 公司又作为买方 J 公司签订了《采购合同》(以下简称 2012 年《T 合同》),对合同单价重新约定。2015 年因 2010 年、2012 年《T 合同》纠纷,J 公司将 T 公司诉至法院(以下简称 2015 年之诉),请求 T 公司支付货款约 392 万元及利息。法院判决 T 公司给付 J 公司货款约 91 万元。①

2016 年因 T 公司怠于行使对 L 公司的到期债权,J 公司将 T 公司和 L 公司诉至

---

①　参见北京市大兴区法院(2015)大民(商)初字第 630 号民事判决书。

法院(以下简称 2016 年之诉),欲行使债权人代位权,请求 L 公司支付货款约 300 万元及利息。法院认为 2016 年之诉与 2015 年之诉构成重复起诉。① J 公司不服,提起上诉,二审法院裁定驳回上诉,维持原判。②

2018 年 J 公司欲再行使债权人代位权,将 L 公司诉至法院,T 公司作为第三人(以下简称 2018 年之诉),请求 L 公司支付货款约 300 万元及利息。J 公司起诉的主要理由之一为,2016 年之诉裁定生效后,J 公司致函 T 公司要求其履行付款义务,T 公司回函不承认对 J 公司存在欠款,其回函行为属于发生新的事实。L 公司答辩称 T 公司的回函仅再次强调与 J 公司之间的债权债务已全部履行完毕,不是新的事实。法院认为,本案的争议为本诉与 2016 年之诉是否构成重复起诉。"本次起诉与 2016 年之诉当事人相同,诉讼标的相同,诉讼请求相同,J 公司向 T 公司发送《催款函》及 T 公司回复的行为亦不属于《民诉解释》第 248 条规定的'新的事实'。"法院裁定驳回 J 公司的起诉。③

J 公司不服,提起上诉。J 公司认为 T 公司回函的行为违背了双方的约定,对 J 公司实现自身权益构成阻碍,属于 2016 年之诉裁定书生效后发生的新的事实。L 公司和 T 公司辩称本案没有发生新的事实。二审法院认为"现 J 公司再次持与 2016 年之诉相同的当事人、诉讼标的、诉讼请求发起本次诉讼,且其向 T 公司发送《催款函》及 T 公司回复的行为亦不属于《民诉解释》第 248 条规定的'新的事实'。"二审法院以重复起诉裁定驳回 J 公司的上诉。④

J 公司不服,申请再审。再审法院认为"J 公司于 2017 年向 T 公司发送《催款函》及 T 公司回函的行为,不属于《民诉解释》第 248 条规定的'新的事实'。"法院裁定驳回 J 公司的再审申请。⑤

2018 年之诉中,J 公司起诉的理由之一为,T 公司回函不承认对 J 公司存在欠款,是发生新的事实。L 公司答辩称,T 公司的回函行为仅是对已有事实的再次强调,不属于发生新的事实。J 公司和 L 公司对于是否发生新的事实产生较大分歧。依据《裁判文书释法说理意见》中之规定,法院对于争议焦点应当回应,并说明理由。本案 2018 年之诉中,一审法院面对当事人对于是否发生新的事实的争议,仅回应"J 公司向 T 公司发送《催款函》及 T 公司回复的行为亦不属于《民诉解释》第 248 条规定的'新的事实'",未对于不属于发生新的事实的原因进行分析,难以达到说理的目的。

---

① 参见北京市东城区法院(2016)京 0101 民初 11664 号民事裁定书。
② 参见北京市第二中级法院(2017)京 02 民终 10302 号民事裁定书。
③ 参见北京市东城区法院(2018)京 0101 民初 6423 号民事裁定书。
④ 参见北京市第二中级法院(2019)京 02 民终 8809 号民事裁定书。
⑤ 参见北京市高级法院(2020)京民申 799 号民事裁定书。

J公司在上诉中再次阐述 T 公司回函的行为的性质，主张其属于发生新的事实，这表明了一审法院的说理难以使 J 公司认可。二审中当事人对于 T 公司回函的行为是否属于发生新的事实仍存在争议。在此情况下，二审法院对此的说理仅是对于一审法院的简单重复，未能真正解决当事人的争议。在当事人申请再审后，再审法院对于回函行为是否属于"发生新的事实"的讨论亦是对于一审、二审法院的简单重复。本案 2018 年之诉经历了一审、二审和再审，但从一审开始，法院就没有对于"发生新的事实"进行释法说理，二审和再审中重复一审中的观点，亦对于阐明本案 2018 年之诉是否"发生新的事实"无益。本案法院的不说理行为导致"发生新的事实"要素在实践中的适用更加困难。

二、法院不当扩大发生新的事实的范围

《民诉解释》第 248 条规定，"新的事实"指的是裁判生效后发生的事实，对于新的事实的范围进行了明确阐释，限制在"裁判发生法律效力后"。但是实践中，存在不当扩大新的事实范围的情形。如表 2-21 所示，部分裁判文书将前诉未解决的争议、前诉中当事人不知情的事实、据以作出原裁判的法律文书被变更或撤销等不是裁判生效后才发生的事实也认定为新的事实。表 2-23 中，25% 的裁判文书不是以法律规定的裁判生效后作为新的事实的时间起点，其中 22 份裁判文书将时间起点前移到裁判作出后，4 份裁判文书前移到前诉审理结束后，3 份裁判文书进一步前移到事实审言词辩论终结后，通过前移发生新的事实的时间起点，扩大新的事实的范围。

（一）将未经审理的事实作为新的事实

【案例 4】　2013 年，X 建筑公司因与 T 房地产开发公司的建设工程施工合同纠纷将其诉至法院（以下简称前诉），请求 T 公司支付拖欠的工程款 400 万元，并支付违约金。法院判决 T 公司支付工程款约 35 万元，鉴定费约 3 万元。[①] X 公司和 T 公司均提起上诉，二审法院经审理判决 T 公司支付工程款约 166 万元，鉴定费约 3 万元。[②] 2018 年 8 月，前诉生效民事判决书确定的内容全部执行完毕。[③]

2018 年 12 月，T 公司向法院起诉（以下简称后诉），请求 X 公司返还 T 公司多支付的以房抵账款约 89 万元及利息。一审法院认为 T 公司的诉讼请求实质上否定了前诉的裁判结果，且两次诉讼均是基于建设工程施工合同法律关系，构成重复起诉，

---

① 参见长春市宽城区法院(2013)宽民初字第 333 号民事判决书。
② 参见吉林省长春市中级法院(2015)长民一终字第 110 号民事判决书。
③ 参见吉林省长春市宽城区法院(2018)吉 0103 执 120 号通知书。

驳回 T 公司起诉。①

T 公司不服,提起上诉,认为本案中主张的以房抵债款,另案判决提出可另行起诉。二审法院认为"T 公司本案诉请的约 89 万元以房抵账工程款在其他案件中未经审理,且前诉判决生效后,另案民事判决已明确 T 公司就约 89 万元以房抵账工程款可另案主张权利,X 公司亦未对此提出上诉",依据《民诉解释》第 248 条之规定,本案不构成重复起诉。②

该案例中,以房抵账的事实在前诉中已经存在,但法院未进行审理。2018 年 T 公司提起后诉,再次对以房抵账款提出主张,后诉一审法院通过讨论 2015 年《民诉解释》第 247 条的三个构成要件,以重复起诉裁定驳回 T 公司的起诉。后诉二审法院认为,T 公司诉请的以房抵账工程款在其他案件中未经审理,属于发生新的事实,不构成重复起诉。二审法院将未经审理的事实认定为发生新的事实,扩大了发生新的事实的范围,模糊了发生新的事实的概念。法院的出发点为,未经审理的事实未经过实体裁判,如果不能认定为发生新的事实,是对当事人的权利的侵害。但对于未经审理的事实起诉,可以通过其他路径救济;法院以此随意地扩大发生新的事实裁判的范围,会导致其内涵不确定,增加适用难度。

(二) 将前诉中当事人不知情的事实作为新的事实

【案例 5】 2016 年 1 月,为公司人员团购 R 公司房屋,J 公司与 R 公司签订《团购销售服务合同》。2016 年 4 月,J 公司员工贾某和 R 公司签订《商品房买卖合同》(以下简称 2016 年《合同》)约定:房屋总价款约 66 万元,首付款约 16 万元,剩余 50 万元办理银行按揭贷款。逾期还款,银行扣取 A 公司保证金和其他损失。2017 年 2 月起贾某停止向银行偿还按揭本息。

2017 年 4 月,R 公司因 2016 年《合同》纠纷将贾某和 J 公司诉至法院(以下简称前诉),请求贾某和 J 公司共同清偿房屋首付款约 16 万元,及逾期付款违约金。法院判决贾某支付拖欠房屋首付款约 11 万元及逾期支付违约金。③

2018 年,R 公司因 2016 年《合同》纠纷再次将贾某和 J 公司诉至法院(以下简称后诉),请求法院判令解除 2016 年《合同》。法院认为 R 公司的起诉与前诉当事人相同,诉讼标的一致均为商品房销售合同纠纷,且本案的诉讼请求实质上是前诉的裁判结果,构成重复起诉。④

---

① 参见长春市宽城区法院(2018)吉 0103 民初 5042 号民事裁定书。
② 参见吉林省长春市中级法院(2019)吉 01 民终 1551 号民事裁定书。
③ 参见陕西省宝鸡市金台区法院(2017)陕 0303 民初 1606 号民事判决书。
④ 参见陕西省宝鸡市金台区法院(2018)陕 0303 民初 1290 号民事裁定书。

R 公司不服,提起上诉。二审法院认为,两诉基于的案件事实不完全一致。R 公司前诉仅基于贾某迟延支付房屋首付款的事实,本诉除了房屋首付款一直持续未支付以外,还有贾某停止偿还房屋按揭贷款,银行扣划上诉人 R 公司保证金的事实。R 公司在前诉审庭结束后方被银行告知贾某停止还贷和被划扣保证金的事,故本次起诉事实属于"新的事实"。据此,二审法院裁定撤销一审判决,指令一审法院重新对本案进行审理。①

本案中,贾某停止向银行偿还按揭本息的事实发生在 2017 年 2 月,在 R 公司提起前诉之前。前诉中,R 公司对于该事实不知情,起诉请求继续履行合同。前诉庭审结束后,R 公司方被银行告知贾某以自己的行为表示不会继续履行商品房买卖合同。二审法院认为,R 公司在前诉庭审结束后才知道贾某的违约事实,故本次起诉事实属于"新的事实"。首先,二审法院将新的事实的时间截点认定为"庭审结束后",而非"裁判生效后",将发生新的事实的时间前移。其次,二审法院对于新的事实的判断不是看其有无"发生",而是看其有无被当事人"知情",将"发生"与"发现"混淆。裁判发生法律效力后,发生新的事实,应当是在裁判生效前,该事实不存在,裁判生效后方出现。将前诉中已经存在,当事人不知情的事实认定为新的事实,扩大了新的事实的边界,对于主观状态的判断,增加了新的事实要素的适用难度。

(三)将不履行前诉生效裁判作为新的事实

【**案例 6**】 2013 年,J 公司与 L 公司签订《Y 小区 4—10 号楼外墙涂料工程施工合同书》(以下简称 2013 年《施工合同》),约定由 L 公司承建 Y 小区 4—10 号楼外墙涂料工程施工。李某辉为涉案工程实际施工人。

2017 年,J 公司因 2013 年《施工合同》纠纷,将 L 公司和李某辉诉至法院(以下简称前诉),请求解除 2013 年《施工合同》,L 公司和李某辉支付工程违约金约 122 万元。一审法院判决 L 公司和李某辉于判决生效后 60 日内将 Y 小区 4—8 号楼间网点房墙体涂料掉粉现象等质量问题维修完毕并验收合格,驳回 J 公司其他诉讼请求。J 公司和李某辉不服,提起上诉,二审法院判决驳回上诉,维持原判。②

2020 年,因 2013 年《施工合同》纠纷,J 公司再次将 L 公司和李某辉诉至法院(以下简称后诉),请求 L 公司和李某辉支付维修费用共计约 2 万元以及诉讼费、鉴定费等费用。一审法院判决 L 公司和李某辉共同支付维修费约 2 万元,鉴定费 2000 元。L 公司不服,提起上诉,认为后诉与前诉系重复诉讼。二审法院认为"后诉系 L 公司

---

① 参见陕西省宝鸡市中级法院(2018)陕 03 民终 955 号民事裁定书。
② 参见辽宁省沈阳市中级法院(2018)辽 01 民终 10173 号民事判决书。

和李某辉拒不履行前诉生效判决所引发的诉讼,系出现了新的事实。"因此不构成重复起诉。①

本案中,前诉法院判决 L 公司和李某辉承担维修义务,因 L 公司和李某辉不履行生效判决,J 公司提起后诉,要求 L 公司和李某辉支付维修金,后诉二审法院将 L 公司和李某辉不履行生效裁判确定的义务认定为"发生新的事实",因而认定不构成重复起诉。前诉生效判决要求 L 公司和李某辉履行的义务是,承担墙体维修责任。2015年《民诉解释》第 494 条规定,对于特定物的执行,若特定物毁损灭失,且双方对于折价赔偿无法达成一致的,可以另行起诉,不构成重复起诉。依据《民诉解释》第 503 条之规定,被执行人不履行生效法律文书确定的行为义务,该义务可由他人完成的,可以通过法院选定或申请执行人推荐代履行人,由代履行人代为履行。也就是说,执行中被执行人不履行生效裁判规定的义务应当分为两种情况讨论,如果该义务是交付特定物,特定物毁损灭失的,可以另行起诉,不构成重复起诉;如果被执行人义务是为特定行为,被执行人拒不履行义务的,可以通过他人代履行,不能够另行起诉。本案中,L 公司和李某辉不履行前诉生效判决确定的维修义务时,J 公司的权利可以通过执行程序中的行为代履行实现,后诉法院直接以发生新的事实受理 J 公司的起诉,不当地扩大了发生新的事实的范围。

(四)将前诉一审庭审辩论终结后发生的事实作为新的事实

【案例 7】 2014 年,因侵害商标权及不正当竞争纠纷,G 公司将 S 公司和 Z 公司诉至法院(以下简称前诉),请求 S 公司和 Z 公司停止使用含有"广美"字号的企业名称及简称,立即停立侵害第 4013906 号"广美"注册商标(以下简称"广美"商标)的行为,赔偿经济损失 500 万元和为制止侵权行为所支付的合理开支 12 万元,公开赔礼道歉。2015 年 8 月 31 日,一审法院判决,S 公司、Z 公司立即停止侵害 G 公司"广美"商标权行为,S 公司立即停止使用带有"广美"字号的企业名称,S 公司、Z 公司共同赔偿 G 公司经济损失及合理支出费用人民币 50 万元。S 公司和 Z 公司不服,提起上诉,2016 年 7 月 31 日,二审法院判决维持原判。

2016 年 1 月 28 日,G 公司因持续性侵权行为在诉讼期间产生的新的经济损失将 S 公司和 Z 公司诉至法院(以下简称后诉),请求 S 公司、Z 公司立即停止使用含有"广美"字号的企业名称及简称;停止侵害"广美"商标权的行为;连带赔偿 G 公司约 160万元;赔礼道歉以消除影响。一审法院认为,本诉并非基于新的侵权事实,"S 公司、

---

① 参见辽宁省沈阳市中级法院(2021)辽 01 民终 13532 号民事判决书。

Z公司在一审判决尚未发生法律效力之时未主动停止侵权行为,并未违反民事诉讼法的相关规定,若二审维持发生法律效力后S公司、Z公司仍未停止,则属于生效判决的执行内容。"2018年,一审法院以重复起诉裁定驳回G公司的起诉。G公司不服,提起上诉,称"前诉一审指向该案起诉日之前的侵权行为,本案则指向前诉一审起诉之后至本案起诉日的侵权行为。"二审法院认为"'裁判发生法律效力后,发生新的事实',并不是仅仅指该案一审生效判决或者二审生效判决之后发生的事实,应当是指该案一审庭审辩论终结之后发生的事实。……虽然本案侵权行为系前诉一审侵权行为的延续,但是,前诉一、二审审理的事项为前诉一审庭审辩论终结所确定的侵权事实,对于前诉一审庭审辩论终结后至本案起诉前的侵权事实并未包含在内。"二审法院认为本案不构成重复起诉。[①]

　　本案中,G公司因S公司、Z公司的商标侵权行为于2014年提起前诉,在前诉二审法院作出判决前,G公司又提起了后诉,后诉针对的是S公司、Z公司在前诉一审起诉后至后诉一审起诉前的持续侵权行为。后诉一审法院认为,前诉二审判决发生效力后,若S公司、Z公司的侵权行为仍在持续,则属于发生新的事实。后诉二审法院认为,发生新的事实的时间点应当是在前诉一审庭审辩论终结后,因此,后诉存在新的事实,不构成重复起诉。后诉二审法院与一审法院判断发生新的事实的时间节点不同,导致了相反的裁判结果。一审法院认为,发生新的事实的时间起点为裁判生效后,二审法院将时间起点前移到了一审庭审辩论终结后。二审法院观点的依据是,发生既判力的判决只确认特定时刻双方当事人之间实体法律关系的状态,"特定时刻"应当是指双方当事人在诉讼进行中能够提起新的事实主张的截止时刻,也即是一审庭审辩论终结后。二审法院希望通过对于立法目的的考量,探究发生新的事实"真正"的时间截点。但2015年《民诉解释》第248条明确将发生新的事实的范围限定在"裁判发生法律效力后"。前诉一审庭审辩论终结后,法院还未作出生效判决,双方的权利义务关系处于不确定的状态,裁判生效后的权利人难以在此时就要求义务人为或不为某种行为。"发生新的事实"时间截点的前移会扩大其适用范围,提高重复起诉的判断标准。

三、混淆了"发生新的事实"与其他概念的区别

　　司法解释起草者对《民诉解释》第248条规定的"新的事实"作出了进一步解释,认为新的事实是"生效裁判发生法律效力后发生的事实,而不是原生效裁判未查明或未涉及的事实,亦不是当事人在原审中未提出的事实;原审结束前就已经存在的事

---

① 参见广州知识产权法院(2018)粤73民终2237号民事裁定书。

实,当事人应当主张而未主张的事实也不属于新的事实。"①②司法解释起草者的阐述较为具体,明确指出几种不属于发生新的事实的情形,但对于何谓"发生新的事实",其仅是简单地重复以上阐述。实践中,法院存在对于"发生新的事实"和其他概念的混淆。

(一)新的事实要素与新的证据混淆

《民诉解释》第248条规定,裁判生效后,发生新的事实法院应当受理起诉,其是重复起诉的例外情形。2017年《民事诉讼法》第200条规定,当事人可以依据新的证据申请再审,发现新的证据是当事人申请再审的事由之一。前诉裁判生效后,"发生新的事实"时,当事人可以再次向法院起诉。当事人发现了足以推翻原判决、裁定的新的证据,可以通过再审寻求救济。这两条途径是从两个不同角度提供的救济,事实和证据亦是两个概念。但是,司法实践中在认定新的事实时,存在将其与新的证据混淆的误区,在不考虑证据的证明内容时,直接将新的证据认定为新的事实。如表2-21所示,在认定发生新的事实且说理的230份裁判文书中,38份裁判文书直接将新的证据作为新的事实,混淆了新的事实与新的证据,占比为17%。

【案例8】 2014年Q公司向Y经营部购买了标称截面分别为$2.5mm^2$和$4mm^2$的H公司生产的H牌电线(以下简称涉案电线)。2015年,Q公司认为涉案电线不符合质量要求,将Y经营部和H公司诉至法院(以下简称前诉),请求Y经营部返还电线款13万元及损失约11万元。法院认为,C研究院对于涉案电线的检测报告不能证明涉案电线存在质量问题。法院判决驳回Q公司全部诉讼请求。③ Q公司不服,申请再审,法院以超过再审期限驳回Q公司的再审申请。④

2016年,Q公司因涉案电线纠纷,再次向法院起诉(以下简称后诉),一审法院以重复起诉,裁定驳回Q公司起诉,二审法院维持原裁定。Q公司不服,申请再审。再审法院认为,本案中,前诉民事判决发生法律效力后Q公司"委托C研究院对涉案电线进行检测,作出了新的检测报告,属于裁判发生法律效力后发生新的事实。"再审法

---

① 参见最高人民法院修改后民事诉讼法贯彻实施工作领导小组编著:《最高人民法院民事诉讼法司法解释理解与适用》(上),人民法院出版社2015年版,第637页。

② 实践中,法院在阐释"发生新的事实"的含义时,多直接引用此表述,即使对于部分措辞有修改,但其表达的意思基本与司法解释的解释相同。但在辽宁省高级法院(2018)辽民终690号民事判决书中,该法院认为作为重复起诉消极要素的新的事实包括:原生效裁判未查明或未涉及的事实,当事人在原审中应当主张而未主张的事实。该法院的观点与司法解释起草者的观点相悖。

③ 参见云南省景洪市法院(2015)景民一初字第652号民事判决书。

④ 参见云南省西双版纳傣族自治州中级法院(2017)云28民申48号民事裁定书。

院以存在新的事实,不构成重复起诉,裁定撤销一审和二审裁定,指令一审法院重新审理。①

前诉中,法院认为 Q 公司提供检测报告不能证明涉案电线存在质量问题,驳回了 Q 公司的诉讼请求。后诉中,Q 公司对于同样的涉案电线,由同样的检测机构,作出了新的检测报告。后诉再审法院认为作出新检测报告的行为属于"发生新的事实",因此不构成重复起诉。首先,裁判生效后新作出的检测报告属于证据的范畴。2008年《民诉法审判监督程序解释》②第 10 条第一款中规定,原审庭审结束后原作出鉴定结论者重新鉴定,推翻原结论的证据,属于再审中新的证据。参照本条的规定,本案后诉中,原作出检测报告的 C 研究院作出的新检测报告,虽然形成于前诉裁判生效后,但应当属于新的证据,而不是新的事实。其次,新的检测报告作为新的证据,未能证明"发生新的事实"。Q 公司在前诉裁判生效后提起后诉之前委托 C 研究院对于涉案电线进行重新检测,C 研究院作出新检测报告是对既有事实的不同认定,其证明的并非新的事实。后诉二审法院直接以 C 研究院作出新的检测报告属于"发生新的事实",混淆了新的事实和新的证据。

【案例 9】　2014 年,宋某凤申请劳动仲裁(以下简称 2014 年仲裁),要求确认与 X 公司存在劳动关系。F 市劳动人事争议仲裁委员会裁决驳回了宋某凤的诉讼请求。2015 年,宋某凤不服仲裁裁决诉至法院,后申请撤诉。确认劳动关系无效的仲裁裁决生效。

宋某凤于 2015 年撤诉后的同年,再次向法院起诉(以下简称 2015 年之诉),请求确认其与 X 公司之间存在劳动关系纠纷。一审法院以宋某凤以同一事实再次起诉为由裁定不予受理。宋某凤提起上诉,二审法院认为宋某凤要求确认与 X 公司存在劳动关系,业经生效的仲裁裁决处理,据此依据《民诉解释》第 248 条裁定驳回上诉,维持原裁定。③

2018 年,宋某凤再次起诉(以下简称 2018 年之诉),请求确认和 X 公司之间存在劳动关系。一审法院从"重复诉讼的法律构成要件"和"一事不再理原则的制度设置、价值冲突"等方面分析论证,认为本案不构成重复起诉。一审法院判决宋某凤在涉案工程劳动期间与 X 公司具有劳动关系。④

---

① 参见云南省高级法院(2018)云民再 72 号民事裁定书。
② 2008 年通过的最高人民法院关于适用《中华人民共和国民事诉讼法》审判监督程序若干问题的解释(法释[2018]14 号)(以下简称 2008 年《民诉法审判监督程序解释》)第 10 条第一款规定了再审程序中"新的证据"的情形,该规定在 2020 年《民诉法审判监督程序解释》中被删去,但该案后诉二审判决作出的时间是 2019 年,应当适用 2008 年司法解释。
③ 参见山东省泰安市中级法院(2016)鲁 09 民终 1318 号民事裁定书。
④ 参见山东省肥城市法院(2018)鲁 0983 民初 670 号民事判决书。

X公司不服,提起上诉。二审法院认为,2014年仲裁是基于"宋某凤没有证据证明C项目部的存在,进而认定双方不存在事实劳动关系,该仲裁裁决实际上并未查明涉案工地的承包情况,现根据2014年仲裁时未出现的新证据,可以认定涉案工地承包情况的新事实",因此,宋某凤依据新的事实起诉,不构成重复起诉。①

该案中,宋某凤提起2018年之诉依据的是新的证据,一审法院从"重复诉讼的法律构成要件"和"一事不再理原则的制度设置、价值冲突"出发,讨论是否构成重复起诉,掺杂无关因素,模糊了重复起诉的认定标准。二审法院认为,2014年仲裁中,存在宋某凤不能提供证据证明的事实。二审法院认可宋某凤依据新的证据起诉,但依据2017年《民事诉讼法》第200条之规定,有新的证据,足以推翻原判决、裁定的,应当申请再审,而不是另行起诉。二审法院在认为宋某凤提出了新的证据后,进而认为该证据"可以认定涉案工地承包情况的新事实"。二审法院使用"新事实"的表述,按照二审法院判决后的表述"申请人依据新的事实重新提起仲裁,并不违反一事不再理的原则,亦不构成重复诉讼"可以得知,"涉案工地承包情况的新事实"中的"新事实",实为《民诉解释》第248条规定的作为重复起诉构成消极要件的"发生新的事实"。二审法院没有依据《民诉解释》第248条的规定,依据新的事实发生的时间判断,而简单地认为,宋某凤提供的新的证据,证明了新的事实,将新的事实定义为新的证据证明的事实,从新的证据出发认定新的事实,忽视了新的事实的独立价值和真正内涵。

(二) 新的事实要素与诉讼请求要素混同

《民诉解释》第247条规定了重复起诉3个积极要素,第248条规定了新的事实这一消极要素,即例外情形。从法条上看,新的事实要素和当事人、诉讼标的、诉讼请求之间不存在交叉,但实践中存在新的事实与诉讼请求、诉讼标的混同的情形。

【案例10】 2015年,D公司和Y公司签订《协议书》(以下简称2015年《协议书》),约定Y公司收购D公司的收购价为50万元。50万元包括D公司的两辆跃进牌货车、两辆叉车以及所有现有设备。2017年,D公司因2015年《协议书》纠纷向法院起诉(以下简称前诉),请求Y公司支付42万元,违约金约20万元。Y公司提起反诉,请求判决2015年《协议书》无效,D公司向Y公司返还不当得利款约7万元,赔偿损失约5000元,一审法院判决驳回D公司和Y公司的诉讼请求。② D公司提起上诉,二审法院驳回上诉,维持原判。③ D公司申请再审,再审法院裁定驳回再审申请。④

---

① 参见山东省泰安市中级法院(2018)鲁09民终2691号民事判决书。
② 参见新疆维吾尔自治区克拉玛依市克拉玛依区人民法院(2017)新0203民初1155号民事判决书。
③ 参见新疆维吾尔自治区克拉玛依市中级法院(2017)新02民终476号民事判决书。
④ 参见新疆维吾尔自治区高级法院(2018)新民申899号民事裁定书。

2019 年,D 公司因 2015 年《协议书》纠纷,再次将 Y 公司诉至法院(以下简称后诉),请求 Y 公司支付两辆跃进车车款约 16 万元,支付两辆叉车车款约 14 万元,支付利息约 6 万元。一审法院认为 D 公司的诉讼请求属于重复起诉,判决驳回 D 公司的诉讼请求。①

D 公司一审判决不服提起上诉。二审法院认为"尽管两案的诉讼请求在形式和数额上不同,但 2015 年《协议书》中约定转让价款包括两辆跃进牌货车、两辆叉车及所有现有设备,因此,D 公司在本案中主张的车款不属于新的事实,本案的诉讼请求已经被生效裁判结果所覆盖。"二审法院以重复起诉为由裁定驳回 D 公司的起诉。②

本案中,二审法院认为 D 公司后诉成立重复起诉,其依据是 D 公司后诉中的诉讼请求已经被前诉生效裁判结果所覆盖,不属于新的事实。法院在说理中,将新的事实和诉讼请求混淆,认为经前诉审理的 2015 年《协议书》约定的收购款包含了后诉请求主张的车款,诉讼请求不是新的事实,因此构成重复起诉。诉讼请求和发生新的事实,分别构成重复起诉的积极要素和消极要素,承担着不同的功能,有其独立的价值,后诉中二审法院在说理时,将两者混淆,难以明确此处法院讨论的是诉讼请求要素还是新的事实要素。

(三)新的事实要素与诉讼标的要素混同

【案例 11】 1997 年,E 公司将 X 公司某工程(以下简称 97 年工程)分包给 K 公司下属单位 C 公司工程部(改制后并入 T 公司,后并入 K 公司),李某福作 C 公司工程部经理兼总工程师,为该工程实际施工人。2009—2012 年,T 公司通过三次签订转让协议将 97 年工程款及利息债权转让给李某福。2014 年,李某福将 E 公司、X 公司、K 公司诉至法院,请求支付工程款约 95 万元,利息约 70 万元,交通费 1 万元。法院认为,李某福主体不适格,裁定驳回李某福的起诉。③

2016 年,李某福以同一事实和理由向法院起诉 T 公司、E 公司、X 公司,请求支付工程款约 95 万元,利息约 70 万元,交通费 1 万元。法院认为,原告主体不适格,且构成重复起诉,裁定驳回李某福的起诉。④

2018 年,李某福再次将 E 公司诉至法院,K 公司作为第三人,请求支付工程款约 95 万元,利息约 70 万元,交通费 1 万元。一审法院以 E 公司明知涉诉工程项目债权转让事实为由认定李某福作为债权受让人起诉符合法律规定,不属于重复起诉。李

---

① 参见新疆维吾尔自治区克拉玛依市白碱滩区人民法院(2019)新 0204 民初 204 号民事判决书。
② 参见新疆维吾尔自治区克拉玛依市中级法院(2019)新 02 民终 523 号民事裁定书。
③ 参见新疆维吾尔自治区乌鲁木齐市新市区法院(2014)新民三初字第 775 号民事裁定书。
④ 参见新疆维吾尔自治区乌鲁木齐市新市区法院(2016)新 0104 民初 900 号民事裁定书。

某福和 E 公司均上诉。二审法院认为,依据《民诉解释》第 248 条,"本案李某福虽然仍是向 E 公司主张给付涉案工程款,但李某福是以债权受让人的身份提起的诉讼,其与 E 公司就涉案工程发生的诉讼标的是原建设工程的权利义务关系,因此本案案由仍确定为建设工程施工合同纠纷,但李某福的主张不属于重复起诉。"二审法院判决驳回上诉,维持原判。① 李某福不服,申请再审,再审法院裁定驳回李某福的再审申请。②

本案中,二审法院认为,李某福起诉基于的法律关系发生变化,其是以债权人受让人的身份提起的诉讼,虽然诉讼标的仍然是原建设工程的权利义务关系,但不属于重复诉讼。仅依照法院的认定依据来看,其依据的是诉讼标的的实体法律关系说,因实体法律关系不同,所以不构成重复起诉。但法院在此处认定前引用了《民诉解释》第 248 条,后文又并未对该规定进行其他阐述,可以推知,法院将实体法律关系的变动看作发生新的事实,因而混淆了新的事实要素与诉讼标的要素。

四、相同情形是否属于"发生新的事实"不同审级法院存在不同做法

实践中,存在不同审级法院对于事实是否是新的事实认定不同。如图 2-72,在一二审均适用新的事实要素的 129 份裁判文书中,23 份对于是否发生新的事实认定不一致,占比 18%。也就是说,18% 的裁判文书中,一审法院和二审法院对于后诉是否发生新的事实,或是对于同一事实是否属于发生新的事实认定不一致。法院一审和二审矛盾的认定,反映了新的事实要素在实践中适用的困难,亦影响当事人对于裁判文书的认可。

【案例 12】 2017 年,杨某滨因房屋买卖合同纠纷将 J 公司诉至法院(以下简称前诉),请求解除双方于 2013 年签订的《商品房买卖合同》(以下简称 2013 年《合同》),J 公司退还购房款 17 万元及贷款利息约 1 万元,赔偿装修款 6 万元,法院于 2017 年 3 月 2 日作出判决,驳回杨某滨的诉讼请求。

2019 年,杨某滨因 2013 年《合同》纠纷将 J 公司诉至法院(以下简称后诉),请求解除 2013 年《合同》,J 公司返还杨某滨购房款 17 万元及购房按揭利息约 5 万元,赔偿装修款 6 万元,赔偿因房屋漏水造成的损失约 1 万元。一审法院认为,"对于增加的诉讼请求,仍然在前诉的赔偿理由及判决涉及的范围内,不属于新的事实。"一审法院裁定驳回杨某滨的起诉。

杨某滨不服提起上诉,二审法院认为"杨某滨的一审诉讼请求与前诉诉讼请求相

---

① 参见新疆维吾尔自治区乌鲁木齐市中级法院(2018)新 01 民终 3430 号民事判决书。
② 参见新疆维吾尔自治区高级法院(2021)新民申 1093 号民事裁定书。

比并不相同,新增了赔偿款这一在前诉中并未实体处理过的请求,且该请求依据的系被 J 公司逾期未办理房屋产权证以及双方在 2017 年 3 月 7 日达成的新的协议,这一在前诉判决中并未审查的新的事实。"二审法院撤销一审法院裁定,指令一审法院继续审理。①

在该案例中,对于后诉是否构成重复起诉,一二审法院作出了不同的认定。一审法院认为,后诉相对于前诉,仅增加了"赔偿因房屋漏水造成的损失"一项诉讼请求,增加的诉讼请求仍然在前诉判决涉及的范围内,因此不属于发生新的事实。一审法院从诉讼请求出发,认定发生新的事实,混淆了诉讼请求和发生新的事实分别作为积极要素和消极要素的独立价值。二审法院未对于一审法院的错误进行更正,但讨论了诉讼请求的依据,新增赔偿款这一诉讼请求的依据是双方在前诉判决作出后达成的新的协议。但二审法院认为达成新的协议属于新的事实并非依据"裁判发生法律效力后"这一时间点,而是认为当事人达成的新的协议在前诉判决中未被审查。二审法院的做法将未经审理的事实认定为新的事实。一审法院和二审法院虽然对于是否发生新的事实作出了不同的认定,但又各自存在对于发生新的事实的认识偏差,一二审法院对于《民诉解释》第 248 条规定的"发生新的事实"概念不清晰。

【案例 13】　2013 年,X 公司和 D 公司签订《消防工程施工合同》(以下简称 2013 年《合同》)。2016 年,X 公司因 2013 年《合同》纠纷向法院提起诉讼(以下简称前诉),请求 D 公司支付剩余合同价款 16 万元及利息。D 公司提起反诉,请求判令 X 公司完成消防工程,赔偿损失 30 万元。法院判决 D 公司给付 X 公司工程款 4 万元及利息,X 公司立即向 D 公司交付检测报告,D 公司在 X 公司交付检测报告后支付工程款 12 万元。② D 公司不服,提起上诉。法院改判为 D 公司给付 X 公司工程款 4 万元及利息,X 公司立即向 D 公司交付检测报告。③

2018 年,D 公司因 2013 年《合同》纠纷向法院提起诉讼(以下简称后诉),请求法院解除 2013 年《合同》,X 公司返还 D 公司支付的 14 万元工程款。X 公司主张 D 公司的起诉成立重复起诉。一审法院认为,X 公司拒不履行前诉二审裁判确定的义务,属于新的事实发生,不构成重复起诉。一审法院判决解除 2013 年《合同》。④

双方均不服,提起上诉。二审法院认为前诉和后诉当事人、诉讼标的均相同,后诉请求实质否定了前诉裁判结果,应当成立重复起诉。且"原判认为 X 公司拒不履行生效判决中确定的义务,属新的事实发生,但该结论尚未通过执行程序予以确认,不

---

①　参见新疆维吾尔自治区喀什地区中级法院(2020)新 31 民终 714 号民事裁定书。

②　参见吉林省农安县法院(2016)吉 0122 民初 1292 号民事判决书。

③　参见吉林省长春市中级法院(2017)吉 01 民终 4611 号民事判决书。

④　参见吉林省农安县法院(2018)吉 0122 民初 790 号民事判决书。

能认定有新的事实发生;故原判适用法律有误,应予更正。"二审法院以重复起诉撤销一审判决,驳回 D 公司的起诉。①

在该案例中,前诉二审法院判决,D 公司立即给付 X 公司工程款,X 公司立即向 D 公司交付检测报告,法院判决对于 X 公司和 D 公司履行义务的时间点要求是一致的,都是在判决生效后立即履行,不存在先后履行抗辩的问题。后 D 公司因 2013 年《合同》再次向法院起诉,一审法院认为不构成重复起诉的依据是"X 公司拒不履行前诉二审裁判确定的义务,属于新的事实发生"一审法院将 X 公司拒不履行生效裁判确定的义务作为发生新的事实,未进行深入讨论。首先,在前诉判决生效后,X 公司和 D 公司均未履行生效判决所确定的义务,并非只有 X 公司未履行。其次,前诉生效判决要求 X 公司履行的义务是,交付具有法律依据的检测报告。依据 2022 年《民诉解释》第 501 条之规定,被执行人不履行生效法律文书确定的行为义务,该义务可由他人完成的,可以通过法院选定或申请执行人推荐代履行人,由代履行人代为履行。本案中,X 公司不履行交付检测报告的行为时,D 公司的权利可以通过执行程序中的代履行实现,后诉一审法院直接以发生新的事实受理 D 公司的起诉,不当地扩大了发生新的事实的范围。后诉二审法院对于一审法院的裁判进行了否定,以不存在新的事实,本案构成重复起诉驳回了 D 公司的起诉。二审法院的理由是,一审法院对于 X 公司拒不履行生效裁判的结论未通过执行程序予以确认,不能认定发生了新的事实。二审法院的判决避开了对于一审法院观点的讨论,即拒不履行生效判决所确定的义务是否属于发生新的事实。本案经过一审法院和二审法院的两次审理,得到了不同的结果,一二审法院从两个不同的切入点进行判断,对于发生新的事实仍然没能作出清晰的界定。

本 章 小 结

本章是在第二章对重复起诉认定标准运行现状描述的基础上,归纳出司法实践中所存在的问题。

就总的情况看,重复起诉认定标准所存在的问题主要包括:法院未严格适用有关重复起诉认定标准、法条援引不一致、绝大多数重复起诉属于前诉裁判生效后重复起诉类型、适用类型扩张情形下的规范突破、认定标准构成要素替代适用普遍以及法院审查认定重复起诉态度轻怠。

当事人要素适用中存在的问题包括:法院判断当事人数量变化是否影响当事人

---

① 参见吉林省长春市中级法院(2018)吉 01 民终 3135 号民事裁定书。

要素认定的标准不一、诉讼地位变化情形下前后诉当事人是否相同认定不一与法院对存在特殊关系的当事人是否相同的认定不一。

诉讼标的要素适用中存在的问题包括：法院认定重复起诉时存在诉讼标的要素弱化淡化问题、不同法院对诉讼标的的内涵存在不同理解以及法院对诉讼标的的与诉讼请求关系认知存在差异。

诉讼请求要素适用中存在的问题包括：对诉讼请求在重复起诉认定标准中的地位存在不同认识、对何谓前后两诉诉讼请求相同存在不同做法、对何谓后诉诉讼请求实质否定前诉裁判结果存在不同做法、对诉讼请求相同与后诉诉讼请求实质否定前诉裁判结果界定不明以及存在构成重复起诉的诉讼请求要素的其他形态。

新的事实要素适用中存在的问题包括：法院适用新的事实要素态度不一、法院不当扩大发生新的事实的范围、混淆了"发生了新的事实"与其他概念的区别以及相同情形是否属于"发生新的事实"不同审级法院存在不同做法。

第四章　我国重复起诉认定标准存在问题的原因分析

实践中存在的重复起诉认定标准问题,其原因是多方面的。既有相关规定不完善的原因,也有法官未严格依法裁判的原因。既有实务方面的原因,也有理论方面的原因。

第一节　法官未严格依法裁判和有关理论混乱

一、法官未严格适用有关重复起诉标准的规定

虽然《民诉解释》第247条、第248条对重复起诉认定标准作出了明确的规定,但实践中依然存在着法官仅凭自身理解对是否构成重复起诉予以认定,未严格遵守有关重复起诉标准的规定。法官对于有关重复起诉标准之规定的偏离主要包括形式援引的不当回避与标准适用之实质理解的偏离。

一方面,法官对于有关规定的忽视甚或是主观规避。如图2-1、图2-2、表2-2所示,法官未援引任何的法条或者援引《民诉解释》第247条与第248条以外的规定以及在援引《民诉解释》第247条与第248条时所适用的认定标准未与规定标准相一致,直接限制了《民诉解释》第247条与第248条所规定的重复起诉认定标准在实践中的有效适用。

另一方面,以法官自身的理解作为认定是否构成重复起诉的依据与标准。如表2-6所示,在存在重复起诉认定标准的文书中,适用《民诉解释》第247条与第248条所规定的"当事人+诉讼标的+诉讼请求"与"当事人+诉讼标的+诉讼请求+新的事实"这两个认定标准的文书比例之和尚且不足45%,此外还存在着50种不同的重复起诉认定标准,法官对于重复起诉标准之规定的偏离程度可见一斑。如图2-8所示,在不同审级法院认定结果相同但认定理由不同的文书中,法官认定说理时所依据的要素内容不同的文书比例高达62.2%;此外,根据图2-9可知,不同审级法院认定结果相反的主要原因即在于法官对于认定重复起诉的具体标准的理解存在着较大差异。法官的个性化理解也进一步加剧了重复起诉之认定标准的实践混乱。

二、法官释法说理意识有待提高

裁判文书是彰显司法公正、弘扬法治精神、维护社会公平正义的载体。其中,理

由是判决的灵魂,是将案件事实和判决结果联系在一起的纽带。[①]《裁判文书释法说理意见》第 1 条亦明确指出,裁判文书释法说理的目的在于提高裁判的可接受性,实现法律效果和社会效果的有机统一,主要价值在于提升司法公信力和司法权威,发挥裁判的定分止争作用。而根据图 0-5 可知,重复起诉案件的上诉率一直居高不下,甚至达到了全部民事案件上诉率的 4 倍至 5 倍,说明当事人之间针对重复起诉问题的争议较大,且对于法院所作出的认定结果并不接受,这就要求法官针对重复起诉问题予以充分、明确地释法说理,以回应当事人之间的争议与切实提高重复起诉认定结果的可接受性。然而,法官在认定重复起诉的实践中,无论是针对是否构成重复起诉的认定结果抑或是针对重复起诉认定标准各要素,皆存在着不同程度的不予说理的情况,法官在释法说理的主观意识方面依然有待进一步提高。

实践中法官针对重复起诉问题予以释法说理的现状较为堪忧。在说理程度方面,在各个研究样本中,法官皆存在着较大比例未说理的情况。根据图 2-5 可知,总体运行现状样本中,因为皆为最高法院审理的二审、再审案件,根据《裁判文书释法说理意见》第 10 条的规定,二审或者再审裁判文书应当针对上诉、抗诉、申请再审的主张和理由强化释法说理,然而依然存在着 33% 的裁判文书未说理;根据图 2-15 可知,前后诉当事人数量相同的样本中,法官未说理的文书比例为 49.7%;根据图 2-38 可知,诉讼标的要素样本中,法官未说理的文书比例为 45%;根据图 2-58 可知,在法院认定构成重复起诉并满足诉讼请求要素第一种法定形态的样本中,法官未说理的文书比例为 29%;根据图 2-69 可知,新的事实要素样本中,法官未说理的文书比例为 17%。

在说理的规范性方面,法官针对重复起诉问题的释法说理并不符合《裁判文书释法说理意见》的要求。根据《裁判文书释法说理意见》第 2 条的要求,释法说理时需要说明裁判所依据的法律规范以及适用法律规范的理由,而根据图 2-1 可知,在重复起诉总体运行现状的样本中,存在着 23% 的文书并未援引任何的法律条文;根据《裁判文书释法说理意见》第 7 条的要求,诉讼各方对案件法律适用存有争议或者法律含义需要阐明的,法官应当逐项回应法律争议焦点并说明理由,而根据图 2-61 可知,存在着 15.7% 的文书,法官未就当事人对诉讼请求的争议进行回应。根据图 2-65 可知,存在着 44% 的文书,法官未就当事人之间所存在的是否发生新的事实之争议予以回应。

三、有关重复起诉的理论混乱

实践中之所以会出现适用重复诉讼认定标准不一致甚至混乱的现象,很大程度

---

① 参见最高人民法院司法改革领导小组办公室编:《最高人民法院关于加强和规范裁判文书释法说理的指导意见理解与适用》,中国法制出版社 2018 年版,第 9 页。

上是由于在理论上对相关基本概念的理解不一,将学理上的争议带入了司法实践。这其中最为典型的是一定程度上滥用既判力理论。不少法官运用目前民事诉讼法并未引入的既判力理论对重复起诉认定标准进行解读。如第一章中所述,对既判力有两种理解:一种是《日本民事诉讼法典》和我国台湾地区民事诉讼法意义上的既判力,另一种是指拉丁语 res judicata 中文翻译意义上的既判力。由于我国台湾地区民事诉讼法与我国大陆法条同为中文,不存在语言障碍,且近几年翻译的《日本民事诉讼法典》方面的资料相对较多,因此我国大陆学者在谈到既判力时往往参照的是日本、我国台湾地区的既判力。将在域外各立法内容不尽相同且理论上存在诸多争议的既判力,未经充分论证,也未进行系统化,就直接用来解释我国民事诉讼实践中的问题,难免造成司法混乱。不同的司法者,基于不同的考量,总可以从海量的理论库找到自己所需要的,并将之作为裁判的理论依据。实践中针对既判力理论的运用亦不一致,存在着将既判力作为认定是否构成重复起诉之标准的情形,即认为前后诉当事人不同、诉讼请求不同、前诉并未产生既判力,故而后诉不构成重复起诉,[①]或者以前诉生效裁判一经作出即产生既判力为由,认定后诉构成重复起诉;[②]亦存在着将既判力理论适用于针对是否发生新的事实之认定,即认为"法院判决是对特定时间当事人之间的实体法律关系状态的判断,故仅对基准时(事实审言词辩论终结时)之前发生的事项具有既判力,对基准时之后的事项没有既判力,基准时后发生新的事实,并未被生效判决所确认,不受既判力的拘束。"[③]

第二节　重复起诉认定标准各要素概念不明确

一、当事人相同标准不明确

《民诉解释》第 247 条将"后诉与前诉的当事人相同"作为认定重复起诉的标准之一,但对于何谓"当事人相同",无论是该司法解释起草者之间还是学者之间都存在不同的认识。

---

① 参见最高法院(2016)最高法民申 1670 号民事裁定书。
② 参见最高法院(2018)最高法民申 2083 号民事裁定书。
③ 参见陕西省宝鸡市中级法院(2018)陕 03 民终 1037 号民事裁定书、陕西省西安市中级法院 2018 陕 01 民终 709 号民事裁定书、广州知识产权法院(2018)粤 73 民终 2237 号民事裁定书、北京市高级法院(2018)京民终 448 号民事裁定书、北京市第一中级法院(2020)京 01 民终 2469 号民事判决书、陕西省宝鸡市中级法院(2018)陕 03 民终 1037 号民事裁定书等。

（一）当事人的外延不明确——无独立请求权的第三人是否属于当事人不明确

我国民事诉讼中的第三人包括有独立请求权的第三人与无独立请求权的第三人两种。有独立请求权的第三人是以起诉的方式参加到他人正在进行的诉讼中去的，并以正在进行的原告、被告为被告，其属于当事人是没有异议的。通常所说的第三人仅指无独立请求权的第三人。可以说，广义上的第三人包括有独立请求权的第三人与无独立请求权的第三人两种，狭义上的第三人仅指无独立请求权的第三人。理论上多从广义上理解第三人，实务上多从狭义上理解第三人。

将当事人相同作为重复起诉认定标准要素之一，涉及当事人的外延问题，主要是无独立请求权的第三人是否为当事人。无独立请求权的第三人是否属于当事人问题一直存在争议。2012 年《民事诉讼法》之后甚至在 2015 年《民诉解释》之后关于无独立请求权的第三人是否属于当事人的争议仍然存在。2015 年《民诉解释》将《最高人民法院关于适用〈中华人民共和国民事诉讼法〉若干问题的意见》（法发〔1992〕22 号，已废止）（简称 1992 年《民诉意见》）第 66 条[①]修改为第 82 条[②]。最高法院认为，"无独立请求权的第三人参加诉讼后也是当事人"[③]。不过在理论上，有的认为，无独立请求权的第三人是不具有完全独立的当事人。[④] 有的认为，无独立请求权的当事人属于广义上的当事人。[⑤] 有的认为，无独立请求权的第三人是其所参加之诉中的当事人。[⑥] 也有的认为，应区分情形确定无独立请求权的第三人是否属于当事人。无独立请求权的第三人分为准独立的第三人和辅助参加的第三人，在前者中无独立请求权的第三人是当事人，在后者中无独立请求权的第三人不是当事人。[⑦] 还有的认为，无独立请求权的第三人分为辅助型第三人和被告型第三人，辅助型第三人不是诉讼当事人，被告型第三人一定是当事人。[⑧]

---

① 1992 年《民诉意见》第 66 条规定："在诉讼中，无独立请求权的第三人有当事人的诉讼权利义务，判决承担民事责任的无独立请求权的第三人有权提出上诉。但该第三人在一审中无权对案件的管辖权提出异议，无权放弃、变更诉讼请求或者申请撤诉。"

② 2015 年《民诉解释》第 82 条规定："在一审诉讼中，无独立请求权的第三人无权提出管辖异议，无权放弃、变更诉讼请求或者申请撤诉，被判决承担民事责任的，有权提起上诉。"

③ 最高人民法院修改后民事诉讼法贯彻实施工作领导小组编著：《最高人民法院民事诉讼法司法解释理解与适用》（上），人民法院出版社 2015 年版，第 291 页。

④ 参见田平安主编：《民事诉讼法原理》，厦门大学出版社 2019 年版，第 128 页。

⑤ 参见齐树洁主编：《民事诉讼法》（第 13 版），厦门大学出版社 2019 年版，第 180 页。

⑥ 参见刘家兴、潘剑锋主编：《民事诉讼法学教程》（第 5 版），北京大学出版社 2018 年版，第 113-114 页。

⑦ 参见江伟、肖建国主编：《民事诉讼法》（第 7 版），中国人民大学出版社 2015 年版，第 148-149 页。

⑧ 参见张卫平：《民事诉讼法》（第 5 版），法律出版社 2019 年版，第 163-167 页。

就作为重复起诉认定标准的当事人而言,其是否包括无独立请求权的第三人?对于该问题,司法解释起草者认为,我国的无独立请求权的第三人包括辅助当事人诉讼与独立进行诉讼两种情形;前者不属于作为重复起诉认定标准要素的当事人范围,后者则属于当事人范围。① 但是在针对这一解读的具体理解与实践操作方面,最高法院自身即存在着分歧。例如,最高法院的法官撰文指出,无独立请求权第三人在诉讼中仅为辅助地位,并没有提出独立诉讼请求,故不属于一事不再理约束范围。② 该法官的这一观点即未遵循上述解读中的区分做法,而是将无独立请求权第三人一概认定为不属于当事人的范围。而在本书第三章第二节由最高法院审理的案例 14 中则明确指出,承担实体权利义务的无独立请求权第三人,实际上具有被告的诉讼地位,即便被列为第三人亦属于当事人。③ 最高法院的这一裁判亦未采用上述解读中"独立进行诉讼"之区分标准,而是以是否需要承担实体权利义务作为划分当事人范围之依据。同时,也有学者对最高法院的这一解读提出质疑,认为尽管无独立请求权的第三人在前诉中独立参加诉讼,但前诉判决并未判令其承担责任,不宜将其列为当事人,只有在前诉中被判决承担责任的无独立请求权的第三人才属于当事人。④ 有学者对这一观点表示赞同并认为,前诉被告之一在后诉中作为无独立请求权的第三人情形也属于"当事人相同"。⑤ 在此基础之上,针对后诉中增加或减少第三人的情形,有学者认为,如若诉讼中的其他主体未向其主张权利,即其权益并未受到诉讼影响,则对前后诉讼主体同一性的判断并不产生实质上的影响。⑥

理论上对于无独立请求权的第三人是否为当事人存在诸多不同看法,实践中针对是否应当将无独立请求权第三人纳入当事人范围的问题亦存在着较大的分歧。从前文中法院针对第三人诉讼地位发生变化情形中的认定所存在的问题部分即可知晓,无论是"前诉第三人在后诉中作为原告或被告"的情形,抑或是"前诉被告在后诉中作为第三人"的情形中,皆存在着认定当事人要素相同与不同的差异化结果。

---

① 参见最高人民法院修改后民事诉讼法贯彻实施工作领导小组编著:《最高人民法院民事诉讼法司法解释理解与适用》(上),人民法院出版社 2015 年版,第 634 页。

② 参见肖峰:《第一审普通程序中若干问题的完善》,载《法律适用》2015 年第 4 期。

③ 参见最高法院(2018)最高法民终 430 号民事裁定书。

④ 参见王亚新、陈晓彤:《前诉裁判对后诉的影响——〈民诉法解释〉第 93 条和第 247 条解析》,载《华东政法大学学报》2015 年第 6 期。

⑤ 参见卜元石:《重复诉讼禁止及其在知识产权民事纠纷中的应用——基本概念解析、重塑与案例群形成》,载《法学研究》2017 年第 3 期。

⑥ 参见郑涛:《民事诉讼禁止重复起诉研究》,武汉大学博士学位论文 2017 年。

（二）"当事人相同"是否包括当事人不完全相同不明确

1. 司法解释起草者对"当事人相同"的解读

第一种解读认为，当事人相同并非是指前后诉中当事人的诉讼地位完全相同，即使在前后诉中当事人互为原被告，也属于当事人相同。"相同"的当事人包括通常当事人、诉讼担当人、诉讼参加人、当事人的继受人、为当事人或者其继受人占有请求标的物的人、既判力效力所及的一般第三人。[①]

第二种解读认为，当事人相同，不受在前后诉中当事人诉讼地位的影响。原告和被告数量增加以及第三人变化均不会改变诉讼当事人的一致性。实践中的当事人包括通常当事人、诉讼担当人、诉讼参加人、当事人的继受人、既判力效力所及的一般第三人。[②]

显然，对于当事人数量变化是否影响当事人相同认定与当事人是否包括"为当事人或者其继受人占有请求标的物的人"两个问题，上述两种解读是不同的。上述两种解读在一定程度上均代表司法解释制定者即最高法院的意见，其对司法解释执行者法官的影响之大是不言而喻的。

2. 学者对"当事人相同"的解读

第一种观点认为，重复起诉认定标准中，凡受判决效力影响的主体，即既判力主观范围所及的主体，即使不是前诉的主体，也视为相同的当事人。[③]

第二种观点认为，针对前后诉当事人不完全重合的情形，只要后诉的当事人少于前诉，原则上都应视为"当事人相同"；反之则未必如此，需要结合诉讼标的与诉讼请求具体分析。[④]

第三种观点认为，前后两诉当事人相同包括前后诉原被告相同或互换地位与诉讼担当等主体实质相同两种情形。[⑤]

司法解释起草者与学者们对作为重复起诉认定标准之一的"当事人相同"的不同理解，是造成司法实践中对"当事人相同"标准认定不同的主要原因。

---

① 参见最高人民法院修改后民事诉讼法贯彻实施工作领导小组编著：《最高人民法院民事诉讼法司法解释理解与适用》（上），人民法院出版社 2015 年版，第 633-635 页；杜万华主编：《最高人民法院民事诉讼法司法解释实务指南》，中国法制出版社 2015 年版，第 395-397 页。

② 参见江必新主编：《最高人民法院民事诉讼法司法解释专题讲座》，中国法制出版社 2015 年版，第161-162 页。

③ 参见张卫平：《重复诉讼规则研究：兼论"一事不再理"》，载《中国法学》2015 年第 2 期；张卫平：《民事诉讼法》（第 5 版），法律出版社 2019 年版，第 304-305 页。

④ 参见王亚新、陈晓彤：《前诉裁判对后诉的影响——〈民诉法解释〉第 93 条和第 247 条解析》，载《华东政法大学学报》2015 年第 6 期。

⑤ 参见郑涛：《禁止重复起诉之本土路径》，载《北方法学》2019 年第 3 期。

实际上，"当事人相同"包括当事人完全相同与当事人不完全相同两种情况。当事人完全相同仅指当事人数量相同且当事人的诉讼地位也完全相同。对此并无异议。问题出在什么情况下的当事人不完全相同是否属于"当事人相同"。当事人不完全相同包括以下三种情形。

第一种是前后诉中当事人数量相同，根据前文中表2-8、表2-10的数据可知，针对前诉为A诉B后诉为A诉C、前诉为A诉B后诉为C诉A以及前诉为A诉B并C为第三人，后诉为D诉A并B为第三人这三种情形中，法院针对前后诉当事人要素所作出的认定结果则皆存在着分歧。

第二种是后诉中当事人数量增加，其中又可以分为三种类型：其一是前诉为A诉B，后诉为A诉B、C；其二是前诉为A诉B，后诉为B诉A、C；其三是前诉为A诉B，C为第三人，后诉为A诉B、C，D为第三人。根据前文中表2-9、表2-10的数据可知，法院对于当事人要素的认定，在这三种类型中皆存在着差异，且认定当事人相同与不同的文书比例相近。

第三种是后诉中当事人数量减少，其中又可以分为六种类型：其一是前诉为A诉B、C，后诉为A诉B；其二是前诉为A诉B、C，后诉为B诉A；其三是前诉为A诉B、C为第三人，后诉为C诉A；其四是前诉为A诉B、C，后诉为A诉D；其五是前诉为A诉B、C，后诉为D诉A；其六是前诉为A诉B，C为第三人，后诉为D诉C。根据表2-9、表2-10的数据可知，法院对于当事人要素的认定，在六种类型中皆存在着认定当事人要素相同与不同的差异化结果。

（三）当事人相同是实质相同还是形式相同不明确

根据第三章第二节的案例3和案例4可知，实践中对于前后诉当事人是否相同，有的法院采形式相同标准，有的法院采实质相同标准，导致针对前后诉当事人要素是否相同的认定不一致。其中，形式相同的标准并无争议，即表现为对前后诉当事人的形式对比；而对于实质相同的标准，根据第三章第二节的案例5、案例6及案例7可知，实践中存在着不同的实质判断标准，存在较大争议的即为后诉新加入的当事人与前诉当事人之间是否存在着当事人要素层面的同一性，根据图2-36与表2-11可知，针对存在着特殊关系的前后诉当事人之间是否具有同一性的认定并不一致。

1. 法人与其分支机构是否具有同一性不明确

针对法人分支机构的诉讼主体资格问题，根据《民事诉讼法》第48条的规定，其他组织可以作为民事诉讼的当事人，[①]即其他组织可以自己的名义独立地进行民事活

---

① 《民事诉讼法》第48条第一款规定："公民、法人和其他组织可以作为民事诉讼的当事人。"

动,承担相应的民事责任。[①] 根据《民诉解释》第52条第5项的规定,《民事诉讼法》第48条规定的其他组织即包括"依法设立并领取营业执照的法人的分支机构",即法人的分支机构具有诉讼主体资格。但根据《民法典》第102条第二款对于非法人组织的类型化列举,[②]法人的分支机构并不在非法人组织的范围之内,从而使得法人的分支机构的诉讼主体资格进一步存疑。

在肯定法人的分支机构的诉讼主体资格的前提下,在民事诉讼主体与民事责任主体之间时常发生冲突。因为根据《民法典》第74条第二款的规定,法人与其分支机构在民事责任的承担问题上具有可选择性与补充性的特征,[③]从而导致能否以法人的分支机构不能独立承担民事责任为由而否认其被告适格、能否在确认分支机构的被告适格之前提下由法人承担民事责任以及法人与其分支机构共同承担责任时的诉讼主体资格问题[④]无法明确。反映到前后诉当事人是否相同的认定问题上,即在前后诉分别以法人与其分支机构作为被告时,法人与其分支机构的诉讼主体同一性的问题不明确,导致前后诉当事人要素的认定结果存在分歧。根据表2-11可知,针对法人与其分支机构之间的关系,法院分别存在着认定前后诉当事人相同、当事人不同以及未作评价这三种不同的情形;而在第三章第二节的案例16和案例17中,亦分别存在着肯定与否定法人与其分支机构在当事人要素认定过程中的同一性的分歧做法。

2. 裁判效力及于诉讼继受人的标准不同

《民诉解释》第249条针对诉讼过程中,争议的民事权利义务转移的情形,确立了以当事人恒定原则为基础,以诉讼承继原则为例外的模式。至于裁判效力能否扩张及于继受人的问题,《民事诉讼法》第150条第一款第(1)项和第(3)项规定了一般继受的情形,[⑤]理论与实践皆一致认可裁判效力的扩张。例如,司法解释起草者认为,对于一般继受情形,无论发生在诉讼系属中,还是诉讼系属后,判决既判力均对一般

---

① 全国人民代表大会常务委员会法制工作委员会编:《中华人民共和国民事诉讼法释义》(最新修正版),法律出版社2012年版,第86页。

② 《民法典》第102条第二款规定:"非法人组织包括个人独资企业、合伙企业、不具有法人资格的专业服务机构等。"

③ 《民法典》第74条第二款规定:"分支机构以自己的名义从事民事活动,产生的民事责任由法人承担;也可以先以该分支机构管理的财产承担,不足以承担的,由法人承担。"

④ 参见最高人民法院修改后民事诉讼法贯彻实施工作领导小组编著:《最高人民法院民事诉讼法司法解释理解与适用》(上),人民法院出版社2015年版,第228页。

⑤ 《民事诉讼法》第150条第一款所规定中止诉讼的情形中包括:第(1)项"一方当事人死亡,需要等待继承表明是否参加诉讼的";第(3)项"作为一方当事人的法人或者其他组织中止,尚未确定权利义务承受人的"。

继受人产生拘束力,一般继受人属于既判力主体范围之列。① 有学者认为,因一般继受人实际上与当事人处于同一法律地位,故而应为既判力所及,在既判力理论上并无疑义,在实践中也不会出现问题。②

针对特定继受的情形,由于《民诉解释》第 249 条仅原则性的规定了诉讼过程中争议权利义务的转让这一情形,故此,理论上对于裁判效力扩张的具体条件存在着不同主张,亟须在规范层面予以明确回应并细化。首先,在时间条件方面,即针对诉讼过程以外的转让,裁判效力能否及于继受人。对此,《德国民事诉讼法》第 325 条第(1)项规定,诉讼系属发生后当事人的承继人受确定判决的效力所及。③《日本民事诉讼法典》第 115 条第 1 款第(3)项规定,口头辩论终结后的承继人受确定判决的效力所及。④ 我国台湾地区"民事诉讼法"第 401 条第(1)项规定,确定判决,除当事人外,对于诉讼系属后为当事人之继受人者,亦有效力。由此可见,大陆法系国家和地区皆在民事诉讼法中对于判决效力所及之继受人的时间条件进行了明确规定,而非如我国《民诉解释》第 249 条一般仅有"诉讼过程中"之原则性规定。其次,在特定继受的类型方面,有学者将受让人分为自享有实体权利的当事人处为受让与自负有实体义务的当事人处为受让的特定继受人,前者应当一概受既判力所及,而后者则应当视债务转让是否合法成立而定。⑤ 也有学者则是基于受让的客体将特定继受分为四种情形,即受让权利、受让单纯债务、由债权人(胜诉原告)受让请求标的物、自债务人(败诉被告)受让请求标的物的特定继受人。⑥ 最后,在主观条件方面,即针对善意取得请求标的物所有权的第三人,理论上对于该第三人是否属于特定继受人并为裁判效力所及的问题存在着分歧。⑦

相关法律规定的原则性与理论研究中所存在的较大争议,导致实践中针对诉讼继受的适用与认定存在着分歧。根据表 2-11 可知,在法院针对债权债务转让中转让人与受让人之间的关系作出评价的文书中,认定当事人相同的文书比例为 67%,认定当事人不同的文书比例为 33%;根据第三章第二节的案例 18 和案例 19 可知,法院针对债权受让人与原债权人是否为同一当事人的认定不一致。

---

① 参见最高人民法院修改后民事诉讼法贯彻实施工作领导小组编著:《最高人民法院民事诉讼法司法解释理解与适用》(上),人民法院出版社 2015 年版,第 644 页。

② 参见翁晓斌:《论既判力和执行力向第三人的扩张》,载《浙江社会科学》2003 年第 3 期。

③ 《德国民事诉讼法》,丁启明译,厦门大学出版社 2016 年版,第 80 页。

④ 《日本民事诉讼法典》,曹云吉译,厦门大学出版社 2017 年版,第 40 页。

⑤ 参见翁晓斌:《论既判力和执行力向第三人的扩张》,载《浙江社会科学》2003 年第 3 期。

⑥ 参见常廷彬:《民事既判力主观范围研究》,中国人民公安大学出版社 2010 年版,第 72-73 页。

⑦ 参见常廷彬:《民事既判力主观范围研究》,中国人民公安大学出版社 2010 年版,第 66 页。

3. 诉讼担当人与被担当人是否具有同一性不明确

（1）裁判效力是否及于被担当人的实践做法

针对诉讼担当制度以及诉讼担当时裁判效力能否及于被担当人的问题，我国民事诉讼法中并没有明确规定，仅在司法解释起草者针对《民诉解释》第 247 条中"当事人相同"的解读中有所涉及。该解读认为诉讼担当人与被担当人应当视为相同当事人，虽然这一解读并不具有法律效力，但对于司法实践的运行却具有较大的影响。在研究样本中的诸多裁判文书中均明确指出，当事人既包括通常当事人即判决效力所及的直接主体，也包括诉讼担当人、诉讼参加人、当事人的继受人等。[①] 这一做法的正当性值得思考，针对诉讼担当人是否具有正当当事人资格的问题，理应在立法层面予以明确。

囿于相关法律规定的缺失，在诉讼担当人以自己名义提起诉讼时，其诉讼地位如何以及裁判效力是否及于被担当人的问题，在实践中存在着不同的做法。其一，认可诉讼担当人的原告主体资格和诉讼地位，基于当事人恒定原则，认为诉讼担当人得以继续诉讼，且裁判效力应当扩张至被担当人。[②] 其二，否认诉讼担当人的适格主体资格，认为诉讼担当只是理论对法律具体规定的归纳和总结，而不是法律创设。在法律没有规定的情况下，禁止采用诉讼担当方式替代真正权利人进行诉讼，进而认为诉讼担当人的起诉缺乏法律依据。[③] 根据第三章第二节的案例 20 至案例 23 可知，在担当人为提起股东代表诉讼的股东或者担当人为注册商标许可使用合同的被许可人时，法院针对诉讼担当人与被担当人是否为同一当事人的认定皆不一致。

（2）关于诉讼担当效力的理论争议

鉴于诉讼担当人基于法律规定或法律关系主体授权而享有诉讼实施权，理论上对于诉讼担当人的正当当事人的主体地位与诉讼资格皆予以认可，而在诉讼担当的具体类型以及诉讼担当时裁判效力能否及于被担当人方面则存在着不同的观点。在法定诉讼担当中，大陆法系国家和地区通过明确立法的形式对法定诉讼担当制度予以确立并在理论上形成一致观点。例如，《德国民事诉讼法》第 327 条规定，在遗嘱执行人与第三人之间关于属于遗嘱执行人管理的权利所作出的判决，不论对继承人有利或不利，均对继承人发生效力；[④]《日本民事诉讼法典》第 115 条第（2）项规定，确定

---

① 参见最高法院（2019）最高法民申 1607 号民事裁定书、四川省高级法院（2019）川民终 109 号民事裁定书。

② 参见最高法院（2020）最高法民再 161 号民事裁定书。

③ 参见最高法院（2019）最高法民终 1502 号民事裁定书。

④ 参见《德国民事诉讼法》，丁启明译，厦门大学出版社 2016 年版，第 81 页。

判决对于当事人为了他人利益而成为原告或被告情形中的该他人具有效力；①我国台湾地区"民事诉讼法"第 401 条第(2)项规定,确定判决,对于为他人而为原告或被告者之确定判决,对于该他人亦有效力。由于我国现行法律并未对法定诉讼担当时的判决效力主体作出针对性规定,故我国大陆学者多从理论层面对我国现行法律中所存在的法定诉讼担当类型予以列举。有的学者列举的类型包含了破产管理人、遗嘱执行人、遗产管理人以及当事人恒定主义中原当事人对受让人的担当等;②有的学者列举的类型包含了破产管理人、提起股东代表诉讼的股东、申请宣告婚姻无效的利害关系人、代位债权人、失踪人的财产代管人以及公开募集资金的基金管理人。③ 其中,对于债权人提起代位权诉讼是否属于法定诉讼担当以及裁判效力是否及于债务人的问题,学者之间存在着争议。有学者认为,债权人代位诉讼并不属于诉讼担当,而是一种独立的诉讼实施权让与制度,④债权人获得的判决既判力不扩张及于债务人。⑤也有学者认为代位权人属于法定诉讼担当人,⑥主张裁判效力应当一概及于被担当人。⑦

对任意诉讼担当的类型,学界存在不同的观点。第一种观点认为,任意诉讼分为法定的任意诉讼担当和扩大适用的任意诉讼担当。⑧ 第二种观点以德国的诉讼实施权理论分类⑨为基础,将任意诉讼担当划分为排他性的任意诉讼担当和竞合性的任意诉讼担当。⑩ 第三种观点主张单纯授予诉讼实施权的任意诉讼担当和授予实体管理权时一并授予诉讼实施权的任意诉讼担当的分类。⑪ 第四种观点将任意诉讼担当区

---

① 参见《日本民事诉讼法典》,曹云吉译,厦门大学出版社 2017 年版,第 40 页。

② 参见常廷彬:《民事判决既判力主观范围研究》,中国人民公安大学出版社 2010 年版,第 85 页。

③ 参见王国征:《民事诉讼法专题研究——以 2012 年〈民事诉讼法〉与 2015 年〈民诉解释〉为主要视角》,湘潭大学出版社 2017 年版,第 49-67 页。

④ 肖建华:《论判决效力主观范围的扩张》,载《比较法研究》2002 年第 1 期。

⑤ 参见王亚新等:《中国民事诉讼法重点讲义》,高等教育出版社 2017 年,第 117 页。

⑥ 参见黄忠顺:《诉讼实施权配置的模式构建》,载《比较法研究》2016 年第 4 期。

⑦ 参见翁晓斌:《我国民事判决既判力的范围研究》,载《现代法学》2004 年第 6 期。

⑧ 参见肖建华:《诉权与实体权利主体相分离的类型化分析》,载《法学评论》2002 年第 1 期。

⑨ 德国学者将诉讼实施权分为排他性的诉讼实施权和竞合性的诉讼实施权。前者指权利人不能通过自己起诉或者应诉,而只能通过诉讼实施权人实施诉讼,对诉讼实施权人作出的裁判对权利人产生拘束力;后者指诉讼实施权人与权利人都拥有诉讼实施权,对诉讼实施权人作出的裁判对权利人没有拘束力。参见[德]罗森贝格等:《德国民事诉讼法》,李大雪译,中国法制出版社 2007 年版,第 295-296 页。

⑩ 参见肖建国、黄忠顺:《任意诉讼担当的类型化分析》,载《北京科技大学学报(社会科学版)》2009 年第 1 期,第 54 页。

⑪ 参见刘学在:《论任意的诉讼担当》,载江伟教授执教五十周年庆典活动筹备组编:《民事诉讼法学前沿问题研究》,北京大学出版社 2006 年版,第 264-267 页。

分为代理型任意诉讼担当、拟制型任意诉讼担当和代表型任意诉讼担当。①

二、诉讼标的相同标准不明确

（一）理论上对诉讼标的旧实体法说表达不一

尽管诉讼标的的理论有诸多，但最高法院明确《民事解释》第 247 条中的诉讼标的采旧实体法说，②即传统诉讼标的理论。

我国大陆学者对旧实体法说的理解并不相同。我国大陆学者一般认为，旧实体法说的基本特征是以实体法上的请求权为根据确定诉讼标的。"识别诉讼标的的多寡，就应当以原告所享有的实体法上所规定的实体请求权为标准。在实体法有多少个实体请求权，则在诉讼上就存在着多少个诉讼标的。"③④暂称之为实体请求权说。不过，我国还有观点认为，诉讼标的是指当事人之间发生争议的要求法院裁判或者调解的民事法律关系。⑤ 暂称之为民事法律关系说。有学者将诉讼标的的实体请求权说称之为传统旧说，而民事法律关系说称之为国内旧说，并指出实体请求权说与民事法律关系说是存在区别的。⑥

值得注意的是，我国台湾地区民事诉讼学者对诉讼标的旧实体法说的表达也不尽相同。

陈荣宗教授对诉讼标的旧实体说的论述为，"诉讼标的乃原告在诉讼上所为一定具体的实体法上之权利主张。原告起诉时，必须在诉状上具体表明其所主张之实体法上之权利或法律关系。换言之，此说区别诉讼标的异同之标准，系以实体法所规定之权利多寡为标准。因此，凡同一事实关系，在实体法上按其权利构成要件，能产生

---

①　参见纪格非：《功能论视角下任意诉讼担当的类型研究》，载《东方法学》2020 年第 2 期。

②　参见最高人民法院修改后民事诉讼法贯彻实施工作领导小组编著：《最高人民法院民事诉讼法司法解释理解与适用》（上），人民法院出版社 2015 年版，第 635 页。

③　参见张卫平：《民事诉讼：关键词展开》，中国人民大学出版社 2005 年版，第 175-176 页。

④　相同或类似的表达另见江伟主编：《中国民事诉讼法专论》，中国政法大学出版社 1998 年版，第 68 页；刘家兴、潘剑锋主编：《民事诉讼法学教程》（第 5 版），北京大学出版社 2018 年版，第 26 页；李浩：《民事诉讼法学》（第 3 版），法律出版社 2016 年版，第 118 页；齐树洁主编：《民事诉讼法》（第 13 版），厦门大学出版社 2019 年版，第 52 页；蔡虹：《民事诉讼法学》（第 4 版），北京大学出版社 2016 年版，第 81-82 页；王福华：《民事诉讼法学》（第 2 版），清华大学出版社 2015 年版，第 182 页。

⑤　参见柴发邦主编：《民事诉讼法学》，法律出版社 1987 年版，第 190 页；柴发邦主编：《民事诉讼法学新编》，法律出版社 1992 年版，第 60 页；常怡主编：《民事诉讼法学》（第 2 版），中国政法大学出版社 1996 年版，第 133 页；周道鸾主编：《民事诉讼法教程》（第 2 版），法律出版社 1992 年版，第 46 页；谭兵主编：《民事诉讼法学》，法律出版社 1997 年版，第 80 页。

⑥　任重：《论中国民事诉讼的理论共识》，载《当代法学》2016 年第 3 期；卜元石：《重复诉讼禁止及其在知识产权民事纠纷中的应用——基本概念解析、重塑与案例群形成》，载《法学研究》2017 年第 3 期。

多数不同之请求权时,每一请求权均能独立形成一诉讼标的。"①②显然,陈荣宗教授采诉讼标的的实体请求权说。

陈计男教授认为,依照诉讼标的旧实体说,"诉讼标的以实体法上之请求权作为识别基准,故一个实体法之请求权即构成一个诉讼标的。"③④陈计男教授在介绍诉讼标的旧实体说时没有提及法律关系。

杨建华教授认为诉讼标的旧实体说主张,"诉讼标的乃原告(或反诉原告)以诉所主张或否认之权利义务关系,亦即为法律关系。"杨建华教授在论述诉讼标的旧说时并没有涉及实体法上的请求权。⑤ 与陈荣宗教授不同,杨建华教授采法律关系说。

《民事解释》第 247 条中作为判断重复起诉标准之一的诉讼标的旧实体说,既指实体请求权说,也指民事法律关系说。⑥ 司法解释起草者将两种不同含义的诉讼标的旧说解读为等同。在理论上,对诉讼标的旧实体法说理解不同,对同样情形下其诉讼标的是否同一存在不同的看法。如,有的认为,就合同的主给付义务履行起诉后再就合同的从给付义务履行提起诉讼,前后两诉的诉讼标的是不同的,不构成重复起诉。就本金给付提起的诉讼与就利息提起的诉讼,其请求权基础也是不同的,两诉的诉讼标的也就不同,不属于重复起诉。⑦ 与之相反的观点认为,本金与利息是基于同一请求权,诉讼标的同一;就合同主义务和附随义务提起诉讼的,其也是基于同一请求权,诉讼标的也是同一的。⑧

受到理论上对实体法说的不同理解,在司法实践中,对实体法说的理解也存在差异。第一种理解是将诉讼标的界定为实体请求权。如,吉林省高级法院(2019)吉民申 1882 号民事裁定书将诉讼标的的内涵表述为请求权,认为前诉与后诉的诉讼标的均为赔偿请求权。第二种理解将诉讼标的界定为法律关系。如,在最高法院(2018)最高法民再 85 号民事裁定书中,最高法认为前诉的诉讼标的为借款合同法律关系,后诉的诉讼标的为双方再次形成的欠款法律关系,即将诉讼标的界定为法律关系。第

---

① 陈荣宗:《民事程序法与诉讼标的理论》,台湾大学法律学系法学丛书编辑委员会 1977 年版,第 336 页。

② 对诉讼标的旧实体法说类似的表述另见姜世明:《民事诉讼法基础论》,台湾元照出版公司 2014 年版,第 91 页。

③ 陈计男:《民事诉讼法论》(修订 4 版)(上),台北三民书局 2007 年版,第 230 页。

④ 对诉讼标的旧实体法说类似的表述另见刘明生:《民事诉讼法实例研习》(第 2 版),台湾元照出版公司 2013 年版,第 48 页。

⑤ 参见杨建华:《民事诉讼法要论》,郑杰夫增订,北京大学出版社 2013 年版,第 191-192 页。

⑥ 参见最高人民法院修改后民事诉讼法贯彻实施工作领导小组编著:《最高人民法院民事诉讼法司法解释理解与适用》(上),人民法院出版社 2015 年版,第 635 页。

⑦ 参见袁琳:《部分请求的类型化及合法性研究》,载《当代法学》2017 年第 2 期。

⑧ 参见陈巍:《重复起诉认定标准之重构》,载《中外法学》2020 年第 6 期。

三种理解认为民事法律关系说与实体请求权说等同,这种理解与司法解释起草者的解读一致。如,最高法院(2021)最高法民再55号民事裁定书中,最高法认为诉讼标的为实体法上的请求权,但也认为后诉的请求权基础是双方的建筑工程施工合同法律关系,并认为前诉与后诉法律关系不同,请求权基础不同,因此诉讼标的不同。从该案来看,法院认为实体请求权说和民事法律关系说是等同的。

不仅如此,即使是采用同一学说,也会有不同理解。如,在最高法院(2016)最高法民再249号民事裁定书中,即使二审法院与再审法院均将诉讼标的内涵表述为法律关系,即二审法院与再审法院均采民事法律关系说,但由于二审法院与再审法院对法律关系的理解不同,导致二审法院认为前后诉诉讼标的相同,而再审法院认为前后诉诉讼标的不同,最终对案件是否构成重复起诉也作出了不同结论。

总的来说,实体法说包含民事法律关系说和实体请求权说。如图2-44所示,在276份裁判文书中,法院使用了343个元素表述诉讼标的内涵,实体法说的使用频率达122次,其中法律关系元素使用频率高达117次,而实体请求权元素使用频率仅为5次,法律关系和实体请求权两个元素使用频率相差高达几十倍。以上数据表明,即使对诉讼标的要素述采用旧实体法说,不同法院对旧实体法说也存在不同的理解。从样本数据来看,大部分法院采民事法律关系说,实体请求权说在实践中使用极少。两种理解使用的频率差异巨大。说明在司法实践中,法院对旧实体法说的理解相差甚远。这些现象的产生主要源于理论上对诉讼标的旧实体法学说的表达不一。司法解释起草者与学界对诉讼标的旧实体法说不同理解,这是造成民事诉讼实践中在以诉讼标的同一标准作为判断重复起诉时任意、混乱现象的主要原因之一。

(二)诉讼标的旧实体法说未被严格遵守且诉讼标的学说众多

因诉讼标的旧实体法说表述不一,因而民事诉讼实践有的法官在认定是否构成重复起诉时放弃诉讼标的旧实体法说,采用诉讼标的的其他学说,甚至根据自己对诉讼标的的感性认识进行判决。

在德国,关于诉讼标的的理论,除了旧实体法说还有二分肢说、一分肢说、三分肢说、新实体法说、诉讼标的统一概念否认说等。二分肢说由罗森贝克(Rosenberg)创立,该说认为诉讼标的的构成要素包括事实理由与诉的声明,事实理由与诉的声明中任何一种要素为多数,则诉讼标的即为多数。一分肢说,又称为诉的声明说,由伯特赫尔(Bötticher)和施瓦布(Schwab)倡导,该说认为诉讼标的与诉的声明或原告起诉的目的密切相关,在以同一给付为目的请求时,即使存在着若干不同的事实理由,仍只有一个诉讼标的,诉讼标的是在诉的声明中向法院提出的要求法院加以裁判的请求。三分肢说由哈布斯切德(Habscheid)提出,该说认为诉讼标的的要素除了事实理由、诉的声明外,还包括了一个新的要素——程序主张,以事实理由、诉的声明和程序主张三者共同构成诉讼标的识别标准。新实体法说,其中又有尼克逊(Nikisch)说、亨克尔(Henckel)说等。诉讼标的统一概念否认说中也有不同的分支学说,如 Blomeyer 主张,诉讼类型不同,其诉讼标的也不同,即按照确认之诉、给付之诉、形成之诉分别确定其诉讼标的。① 在日本,三月章、小山升等学者对诉讼标的问题也表达了自己的看法,且有不少人正越来越怀疑诉讼标的统一的必要性和可能性。② 当代日本理论界和实务界已经放弃了唯一的统一的诉讼标的概念,转而分别讨论与诉的合并、诉的变更、禁止重复系属、既判力客观范围等四个问题相关的诉讼标的概念。③ 此外,日本学界还提出了受给权说。④ 我国台湾地区还有学者认为,确认之诉的诉讼标的是双方当事人争执的法律关系、书证或为法律关系基础之事实;而关于形成之诉的诉讼标的有形成权说、形成判决请求权说、形成原因(形成要件)说。⑤

我国大陆民事诉讼法学者对诉讼标的的认识也不统一。有学者提出修正二分肢说,主张只有事实理由与诉的声明二者均为多数时诉讼标的才为多数。⑥ 有学者接受二分肢说,⑦有学者接受诉的声明说,⑧也有学者接受诉讼标的统一概念否认说,⑨也有学者提出了相对的诉讼标的理论,⑩也有学者结合最高法院的做法认为诉讼标的的等

---

① 参见陈荣宗:《民事程序法与诉讼标的理论》,台湾大学法律学系法学丛书编辑委员会 1977 年版,第 337-356 页。

② 参见陈荣宗:《民事程序法与诉讼标的理论》,台湾大学法律学系法学丛书编辑委员会 1977 年版,第 359-362 页;张卫平:《民事诉讼:关键词展开》,中国人民大学出版社 2005 年版,第 196 页。

③ 参见史明洲:《日本诉讼标的理论再认识——一种诉讼哲学观的转向》,载《法学论坛》2017 年第 6 期。

④ 参见陈杭平:《诉讼标的理论的新模式——"相对化"与我国民事审判事务》,载《法学研究》2016 年第 4 期。

⑤ 参见陈计男:《民事诉讼法论》(修订 4 版)(上),台北三民书局 2007 年版,第 233-235 页。

⑥ 参见江伟、韩英波:《论诉讼标的》,载《法学家》1997 年第 2 期。

⑦ 参见田平安主编:《民事诉讼法原理》,厦门大学出版社 2019 年版,第 48 页。

⑧ 李浩教授认为,"我国的诉讼标的是指原告请求法院裁判的具体的实体法上的权利和法律关系的主张。诉讼标的是通过原告的起诉而特定化。"见李浩:《民事诉讼法学》(第 3 版),法律出版社 2016 年版,第 121 页。李浩教授将诉讼标的界定为原告的向法院提出的权利主张,而原告向法院提出的权利主张的形式只能是诉讼请求。因此,本书将李浩教授对诉讼标的的看法归入诉的声明说。

⑨ 张卫平教授认为,"从我国民事诉讼的实际情况出发,对诉讼标的的问题的认识应当从诉的不同类型来考虑,对不同诉的类型,其诉讼标的的识别标准有所不同。"见张卫平:《民事诉讼法》(第 5 版),法律出版社 2019 年版,第 200 页。

⑩ 陈杭平博士主张,依据不同情形分别确定不同的诉讼标的标准。参见陈杭平:《诉讼标的理论的新模式——"相对化"与我国民事审判事务》,载《法学研究》2016 年第 4 期。本书认为,陈杭平博士的观点仍然属于诉讼标的统一概念否认说,且其所构建的理论中存在我国并不存在主要是德日法学中的术语,如诉讼系属、既判力遮断效。

于法律关系加法律事实。① 此外,还有学者将最高法院的一些做法称之为纠纷说(即将诉讼标的界定为当事人之间的纠纷),将美国在类似诉讼标的上的做法称之为事件说(即以引发诉讼的整个事件为诉讼标的),并主张接受事件说。②

有关诉讼标的的理论学说如此众多,法官在民事诉讼实践中将诉讼标的作为认定重复起诉标准要素之一,采取不同的诉讼标的理论学说均有一定的道理。

在实践中,受到众多学说的影响,法院对诉讼标的的内涵理解也存在差异。

虽然最高法院在《民事解释》中,认为对于《民诉解释》第 247 条的诉讼标的应当采旧实体法说,但在司法实践中,旧实体法说并未被严格遵守。如图 2-44 所示,虽然法院表述诉讼标的的内涵时考虑最多的是实体法说,实体法说总共使用频率 122 次,占 343 个元素中 1/3 以上;但换言之,在 343 个元素中,还有 66% 左右的元素并非属于实体法说。在所有 1011 份分析样本中,采用实体法说的 122 份分析样本也仅占 1011 份样本的 12% 左右,即近 90% 的分析样本没有采用实体法说界定诉讼标的的内涵。实体法说在实践中并未得到严格地遵守。

实践中,法院对诉讼标的的内涵的界定深受理论界的影响。

第一种理解认为诉讼标的的内涵为诉讼请求,即将诉讼标的等同于诉讼请求。该种理解是受到一分肢说的影响,如表 2-14 所示,部分法院将诉讼标的表述为"诉讼请求""请求""要求""主张",即将诉讼标的界定为诉讼请求。例如江苏省高级法院(2018)苏民申 5141 号民事裁定书中,法院认为前诉与后诉诉讼请求不同,得出前诉与后诉的诉讼标的的不同的结论,即将诉讼标的等同于诉讼请求。最高法院(2015)民申字第 661 号民事裁定书中,法院认为,"经审查卷宗材料,迟某军在本案的诉讼请求是要求停止查封涉案 104 号房屋,而其于 2010 年 5 月 14 日起诉所提出的诉讼请求是请求确认其与延兴公司之间签订的商品房买卖合同有效,即前诉。可见,本次诉讼与前诉的诉讼请求以及诉讼标的并不相同。"该案中,最高法院将诉讼标的和诉讼请求混同说理,但说理过程中仅对前后诉的诉讼请求进行对比,也隐含法院将诉讼标的等同诉讼请求的理解。

第二种理解认为诉讼标的的内涵为事实和诉讼请求。该种理解受到二分肢说的影响,如表 2-14 所示,有法院将诉讼标的内涵表述为"事实+理由+请求",实际上就是将诉讼标的理解为事实理由与诉的声明,如内蒙古自治区高级法院(2019)内民申 2057 号民事裁定书中,再审法院认为,"前案为财产损害赔偿纠纷,李某在本案中所主

---

① 参见卜元石:《重复诉讼禁止及其在知识产权民事纠纷中的应用——基本概念解析、重塑与案例群形成》,载《法学研究》2017 年第 3 期。

② 参见严仁群:《诉讼标的之本土路径》,载《法学研究》2013 年第 3 期。

张赔偿损失的请求权,系基于与前案相同的事实和理由,前案与本案均请求赔偿损失,故诉讼标的也具有同一性。"该案认为前后诉事实理由相同,请求相同,因此前后诉的诉讼标的相同。从对诉讼标的内涵的说理上看,法院实际上将诉讼标的内涵表述为事实理由和诉讼请求。

第三种理解认为诉讼标的的内涵为事实和法律关系。该种理解是受到有学者结合最高法院的做法认为诉讼标的的等于法律关系加法律事实的影响。如表 2-14 所示,法院将诉诉讼标的的直接表述为"事实+法律关系"的共有 9 份裁判文书,该表述方式在法院以多个元素表述诉讼标的内涵的裁判文书中占据比例最多。如,最高法院(2015)民一终字第 362 号民事裁定书中,最高法院将诉讼标的界定为事实加法律关系。

第四种理解认为诉讼标的内涵为纠纷。该种理解受到纠纷说的影响。如,江苏省高级法院(2018)苏民申 1064 号民事裁定书中,法院认为前诉与后诉的诉讼标的的均为工程款给付纠纷。值得一提的是,如第三章第三节第二部分案例 12、案例 13、案例 14 所示,以纠纷表述诉讼标的内涵时,根据纠纷与案由之间的交叉关系,部分法院以纠纷表述诉讼标的的时,实际上是以案由界定诉讼标的的,也有部分法院以纠纷表述诉讼标的的时,实际上是将诉讼标的界定为审理对象。

如表 2-14 所示,在 276 份分析样本中,法院对诉讼标的内涵的表述方式多达 95 种,其中能够看出理论上存在众多诉讼标的的学说对法院判断诉讼标的内涵的影响。如图 2-44 所示,实体法说虽然占比最大,但并未得到严格遵守,其他学说对法院判断诉讼标的的内涵的影响依旧深远。

(三)诉讼标的与民事案件案由之间关系认识模糊

案件案由制度是一项独具中国特色的诉讼制度。依案件性质不同,案由可分为民事案件案由、刑事案件案由与行政案件案由。[①]

就民事案件案由而言,新中国第一个单独的民事诉讼规范文件即 1956 年《各级人民法院民事案件审判程序总结》第四部分"裁判"中就明确规定案由为判决书的必备内容之一。新中国第一部民事诉讼法典即 1982 年《民事诉讼法(试行)》第 105 条、第 106 条、第 120 条、第 146 条中均提到案由这一术语。2000 年 10 月 30 日最高法院印发《民事案件案由规定(试行)》(法发〔2000〕26 号)(自 2001 年 1 月 1 日起试行),这

---

① 《最高人民法院关于行政案件案由的暂行规定》(法发〔2020〕44 号)(2020 年 12 月 7 日最高人民法院审判委员会第 1820 次会议讨论通过,2020 年 12 月 25 日印发,自 2021 年 1 月 1 日起施行)规定了 22 种二级案由。

是最高法院第一次专门针对民事案件案由作的系统性规定。2008 年最高法院印发《民事案件案由规定》①，后经 2011 年、2020 年两次修改。② 但对于何谓民事案件案由则存在不同的理解。最高立法机关认为，"案由是什么种类的案件，案由一般是按照诉讼请求的内容划分，如继承、离婚、合同纠纷等案件。"③而最高法院认为，"民事案件案由应当依据当事人诉争的民事法律关系的性质来确定"，但"对少部分案由也依据请求权、形成权或者确认之诉、形成之诉等其他标准进行确定，对少部分案由的表述也包含了争议焦点、标的物、侵权方式等要素。"④⑤显然，在确定民事案件案由标准问题上，立法机关主张以诉讼请求为标准，司法机关以多标准并以当事人诉争民事法律关系性质为主。学者们对民事案件案由的理解可谓众说纷纭。⑥ 至于民事案件案由与诉讼标的之间的关系，大致存在以下两种看法：

一种看法认为民事案件案由等同于或大致等同于诉讼标的，具体表述不尽相同。有的认为，民事案件案由"是指民事诉讼法对法院判决中体现当事人请求与法院裁判事项的概括性描述。案由实际上是诉讼标的在判决上的宣示。"⑦宣示有显示、展示的意思。该表述的意思应当是在判决中显示的案由实际上就是诉讼标的，进而可以得出民事案件案由与诉讼标的基本是相同的结论。也有的认为，"当事人向人民法院提出的案由就直接体现了民事诉讼的诉讼标的，或者说在我国民事诉讼中，民事诉讼的案由就是当事人讼争的诉讼标的。"⑧该表述明确表达了民事案件案由与诉讼标的等同的意思。还有的认为，依传统诉讼标的理论，诉讼标的是原告主张的实体法权利或

---

① 法发〔2008〕11 号。2007 年 10 月 29 日最高人民法院审判委员会第 1438 次会议讨论通过，2008 年 2 月 4 日印发，自 2008 年 4 月 1 日起施行。

② 《最高人民法院关于印发修改后的〈民事案件案由规定〉的通知》（法发〔2011〕42 号）（2011 年 2 月 18 印发，自 2011 年 4 月 1 日起施行）；《最高人民法院关于修改〈民事案件案由规定〉的决定》（法〔2020〕346 号）（2020 年 12 月 29 日，自 2021 年 1 月 1 日起施行）。

③ 全国人民代表大会常务委员会法制工作委员会编：《中华人民共和国民事诉讼法释义》，法律出版社 2007 年版，第 215 页；全国人民代表大会常务委员会法制工作委员会编：《中华人民共和国民事诉讼法释义》（最新修正版），法律出版社 2012 年版，第 362 页。

④ 《最高人民法院关于修改〈民事案件案由规定〉的决定》（法〔2020〕346 号）。

⑤ 2000 年最高人民法院《关于印发〈民事案件案由规定（试行）〉的通知》中指出，第一、二、三部分（即一级案由）案由确定标准是当事人诉争的法律关系及其争议，第四部分（即一级案由）案由是当事人诉讼请求的直接表达。由此可见，最高人民法院关于确定民事案件案由的标准也是在不断变化的。

⑥ 如，有的认为，民事案件案由"是民事法律关系的内容提要，它集中反映各种民事案件的性质和特征"。见周道鸾等：《关于民事案件案由问题的探讨》，载《法学杂志》1981 年第 12 期，第 42 页；有的认为，民事案件案由是"案件名称的重要组成并反映了民事法律关系性质"。见宋旺兴：《论民事案由确定制度的完善》，载《法律适用》2012 年第 2 期，第 66 页。

⑦ 江伟、韩英波：《论诉讼标的》，载《法学家》1997 年第 2 期。

⑧ 李龙：《民事诉讼标的理论研究》，法律出版社 2003 年版，第 88 页。

法律关系,而民事案件案由是双方当事人争议的主要的实体法律关系。从这个意义上说,民事案件案由就是诉讼标的。①

另一种看法认为民事案件案由不同于诉讼标的,具体表述也不尽相同。有的认为,无论是按传统诉讼标的理论还是按新诉讼标的理论,所得出的诉讼标的的概念均与民事案件案由不同,主要理由是民事案件案由不构成法院裁判的对象。② 也有的认为,民事案件案由不同于诉讼标的,不具备诉讼标的的功能。③ 还有的认为,民事案件案由与诉讼标的的划分依据具有相似性与重合性,但二者的程序特征明显不同。④ 该表述同样表达了民事案件案由与诉讼标的不同的意思。

在实践中,法院对诉讼标的与案由之间的关系的理解也存在不同。

第一种理解认为诉讼标的等同于案由,如表 2-14 所示,以案由直接表述诉讼标的内涵的分析样本有 3 份,如最高法院(2016)最高法民申 534 号民事裁定书,最高法院认为前诉案由为合伙协议纠纷,后诉案由为物权保护纠纷,由此得出前诉与后诉诉讼标的不同的结论。该案法院将诉讼标的等同于案由。还有部分"纠纷""争议"表述实际上也是以案由界定诉讼标的内涵的。

第二种理解认为诉讼标的包含案由。如表 2-14 所示,部分法院将案由元素作为表述诉讼标的内涵的元素之一,例如"案由十合同""案由十诉讼对象"等表述。如(2018)川民终 1035 号民事裁定书中,二审法院认为"关于诉讼标的是否相同的问题。所涉案件的案由均为商品房销售合同纠纷,诉讼请求指向标的均系《商品房买卖合同》,法律关系、诉讼标的相同"。在该案中,法院表述较为模糊,法院对诉讼标的内涵的解释可以有多种理解,其中一种理解方式便是法院认为诉讼标的内涵包含案由。

第三种理解认为诉讼标的与案由无关。如,(2019)最高法民终 137 号民事裁定书,最高法院认为,"博某公司将案由从委托合同纠纷变更为委托合同项下的财产损害赔偿纠纷,并不影响诉讼标的的同一性的认定。"在该案中,法院认为案由的变更不会影响诉讼标的的认定,因此,本案中,法院认为案由与诉讼标的的无关。

第四种理解认为诉讼标的与案由一并作为判断案件是否构成重复起诉的依据。如,(2021)最高法民申 2000 号民事裁定书中,法院认为,"两个案件当事人和诉讼标

---

① 参见宋旺兴:《民事案由制度研究》,武汉大学博士学位论文 2012 年。

② 参见段厚省:《民事诉讼标的论》,中国人民公安大学出版社 2004 年版,第 18-19 页。

③ 参见马凳科、廖浩:《民事案由制度的检讨与重构》,载《厦门大学学报(哲学社会科学版)》2012 年第 2 期。

④ 参见曹建军《民事案由的功能:演变、划分与定位》,载《法律科学(西北政法大学学报)》2018 年第 5 期。

的均相同,虽两次主张金额不完全一致,但两起诉讼的案由、案件性质、诉讼请求、诉讼标的并无实质差异,追求的法律效果本质并无不同,符合《民诉解释》第 247 条规定的情形。"在本案中,法院认为案由和诉讼标的之间为并列关系,二者均为判断案件是否构成重复起诉的构成要素之一。

从以上案例能够看出,司法实践中,法院对案由和诉讼标的之间的关系作出了不同的理解,其中最高法院对不同案件也作出了不同的理解,一是认为案由等同于诉讼标的,二是认为案由与诉讼标的无关,三是认为案由和诉讼标的并列,共同作为判断重复起诉的依据。这三种理解截然相反,均是最高法院对案由和诉讼标的之间关系的理解,足以得知实践中法院对于民事案件案由与诉讼标的之间的关系认识模糊且多样。

从最高法院法〔2020〕346 号关于确定民事案件案由标准的规定来看,目前我国绝大部分民事案件案由的确定标准是争议民事法律关系的性质,这与诉讼标的旧实体法说中法律关系说并无本质不同。也就是说,民事案件案由——争议法律关系——诉讼标的,通过争议法律关系这一媒介,将民事案件案由与诉讼标的联系起来了。这是导致实践中在认定重复起诉时有的法院放弃诉讼标的标准而改用案件案由标准的主要原因之一。

三、诉讼请求要素不明确

(一)对何谓诉讼请求存在不同的理解

诉讼请求是《民事诉讼法》中法律术语,在《民事诉讼法》中多次出现。其中第一次出现在第 51 条,[①]并在第 119 条中作为起诉条件中的重要术语。不过,对于何谓诉讼请求,无论立法机关还是学界都存在不同的认识。

立法机关认为,诉讼请求是指起诉人通过法院对被告主张的实体权利。诉讼请求因诉的种类不同而不同。[②]

学界对诉讼请求的理解并不相同。有学者对相关文献进行了梳理,认为学术界对诉讼请求至少有 6 种不同的解释。[③] 在该学者所梳理的文献之外,还有其他文献对诉讼请求进行了不同的解释。如,早期的权威民事诉讼法学教材中表述为"所谓具体的诉讼请求,即要指明通过人民法院向被告具体请求什么,是请求人民法院判令被告

---

① 《民事诉讼法》第 51 条规定:"原告可以放弃或者变更诉讼请求。被告可以承认或者反驳诉讼请求,有权提起反诉。"

② 参见全国人民代表大会常务委员会法制工作委员会编:《中华人民共和国民事诉讼法释义》(最新修正版),法律出版社 2012 年版,第 90 页。

③ 参见卜元石:《重复诉讼禁止及其在知识产权民事纠纷中的应用——基本概念解析、重塑与案例群形成》,载《法学研究》2017 年第 3 期。

履行一定民事义务,还是仅请求人民法院确定他与被告之间是否存在一定的民事法律关系。"①相同内容类似的说法为,具体诉讼请求是指原告"向人民法院提出的保护自己民事权益的具体内容。"②有学者指出,诉讼请求是一个多义词,一般情况下是指要求法院裁判的请求。依旧诉讼标的概念,诉讼请求与诉讼标的之间存在明显区别;但依新诉讼标的概念,二者的区别不那么明显。③ 也有学者认为诉讼请求指当事人起诉所要达到的具体的法律效果,即诉讼标的理论中所说的诉的声明。④

由于立法机关与学界对诉讼请求内涵理解的差异化,法院在进行重复起诉认定时对诉讼请求的内涵也出现多样化的解读。如图 2-56 中,法院在对诉讼请求要素的第二种法定形态进行判断的 353 份裁判文书中,除将后诉诉讼请求解读为诉讼请求的 288 份裁判文书外,还存在约占 20% 的裁判文书将后诉诉讼请求解读为后诉或后诉裁判结果等,且在 288 份解读为诉讼请求的裁判文书中也存在解读差异。法院不仅在诉讼请求要素第二种法定形态认定过程中对诉讼请求存在多种解读,在对诉讼请求要素的第一种法定形态的认定过程也存在对诉讼请求内涵产生不同理解的情况,如第三章第四节中案例 5 与案例 6 对诉讼请求内涵是否包括抗辩产生争议,第三章第四节的案例 7 中一审、二审与再审法院也对上诉请求是否属于诉讼请求的范畴作出了不同的认定。不仅如此,在第三章第四节的案例 8 中将仲裁请求认定为诉讼请求。即便在法院对诉讼请求解读为原告提出主张的案件中,对诉讼请求的内涵解读也存在一些差异,在(2019)湘民申 892 号民事裁定书中将诉讼请求解读为诉讼请求是建立在诉讼标的基础上的具体声明,而(2019)闽民终 342 号中法院将诉讼请求解读为对被告主张的权益。从司法实践对诉讼请求理解的差异可以反映出官方与学术界对何谓诉讼请求未形成统一的认定。

(二)诉讼请求要素第一种法定形态中"相同"不明确

1. 对何谓"相同"标准不同

有观点认为,后诉诉讼请求与前诉诉讼请求之间虽存有稍微区别但实际上是一回事,或者后诉的诉讼请求在前诉曾作为反诉或近似于抵销的抗辩,也应理解为前后诉的诉讼请求相同。⑤ 也有观点认为,"前诉原告向法院请求的判决内容与后诉原告

---

① 柴发邦等著:《民事诉讼法通论》,法律出版社 1982 年版,第 278 页。
② 参见柴发邦主编:《民事诉讼法学》,法律出版社 1987 年版,第 264 页;柴发邦主编:《民事诉讼法学新编》,法律出版社 1992 年版,第 294 页。
③ 参见张卫平:《民事诉讼法》(第 5 版),法律出版社 2019 年版,第 305 页。
④ 参见段厚省:《重复诉讼判断标准检讨——以法释(2015)5 号第 247 条为分析对象》,载《甘肃政法学院学报》2019 年第 5 期。
⑤ 参见王亚新、陈晓彤:《前诉裁判对后诉的影响——〈民诉法解释〉第 93 条和第 247 条解析》,载《华东政法大学学报》2015 年第 6 期。

向法院请求的判决内容相同、相反或可以替代的情形皆属于同一。"①

从图 2-54、表 2-16、表 2-17 法院对后诉与前诉诉讼请求相同标准运用情况中可以看出,157 份裁判文书对后诉诉讼请求与前诉诉讼请求是否相同进行了实质判断,即前后两诉诉讼请求稍有区别,但实质上基于的事实、法律关系相同或所表达的实质内容相同便认为相同。虽上述文书中法院判断后诉与前诉诉讼请求是否相同并不拘泥于形式上的一致,但是不同的法院对何为"实际相同"也有不同的认定标准。据表 2-17 中统计,法院对实质相同的判断标准大致有 6 种,其中约有 37% 与 20% 的裁判文书分别以诉讼请求的性质与诉讼请求依据的事实理由作为实质相同的判断标准,此两者在第三章第四节的案例 13 中得以体现。该案中后诉的一审法院与再审法院对后诉与前诉诉讼请求是否相同作出不同认定的原因是两法院对实质相同的判断不一,其中一审法院以两诉诉讼请求基于的事实作为判断标准而认定两诉诉讼请求不同,再审法院以诉讼请求性质为判断标准而认定两诉诉讼请求基本相同。此外,还分别有 41 份、19 份、4 份裁判文书以诉讼请求针对的问题、诉讼请求实质表达的意思、依据的事实和法律关系以及依据的法律关系作为实质相同的判断标准。

在此之外还有 132 份裁判文书显示法院要求后诉与前诉诉讼请求形式上存在相同性,但各法院对后诉诉讼请求与前诉诉讼请求形式相同的程度也存在差异。如表 2-16 显示,约 9% 裁判文书中法院认为成立后诉与前诉诉讼请求相同应当两诉诉讼请求完全重合,而 17.4% 的裁判文书中法院认为两诉诉讼请求之间存在包含关系即可,约 7% 的裁判文书中法院认为两诉诉讼请求有部分相同便成立。(2015)民申字第3397 号案件中体现出法院要求前后两诉诉讼请求要完全一致才能成立后诉与前诉诉讼请求相同,而在第三章第四节的案例 11 体现法院认为后诉诉讼请求包含前诉诉讼请求即成立后诉与前诉诉讼请求形式上相同,第三章第四节的案例 12 中法院提出前后两诉诉讼请求交叉即存在相同的部分便成立两诉诉讼请求相同。

对"相同"的标准不同还反映在具体案件对前诉抗辩中提出的主张态度,第三章第四节中案例 5 与案例 6 对于后诉的诉讼请求与前诉抗辩提出的主张相同是否可认定为后诉的诉讼请求与前诉诉讼请求相同也存在不同观点。在案例 5 中,法院因后诉诉讼请求所提出的事项与前诉抗辩中主张的事项相同,认定后诉诉讼请求与前诉诉讼请求相同,即后诉的诉讼请求与前诉抗辩提出的主张相同可认定为两诉诉讼请求相同。与之相反,在案例 6 中法院认为抗辩不是诉,是被告提出证据或者理由反对原告诉讼请求的防御方法。所以在抗辩中提出的主张并不能等同于起诉时所提出的诉讼请求。因此即便后诉诉讼请求在前诉的抗辩过程中被提出也不能成为后诉诉讼

---

① 陈启垂:《重复起诉的效果》,载《月旦法学教室》第 19 期(2004 年)。

请求相比较的对象,后诉的诉讼请求与前诉抗辩提出的主张相同不成立后诉与前诉诉讼请求相同。

诉讼请求要素第一种法定形态中"相同"的不明确直接影响了司法实践对后诉与前诉诉讼请求相同判断,造成对何谓"相同"存在多种标准。

2. 对部分请求的态度存在差异

关于后诉与前诉的诉讼请求是否相同,涉及对部分请求所采取的态度。对部分请求不同的态度造成不同审级法院在认定后诉的诉讼请求与前诉的诉讼请求是否同一问题上的结论不同,从而影响不同审级法院在认定是否重复起诉问题上得出的结论完全相反。部分请求,也有的称之为一部请求,是大陆法系德日和我国台湾地区民事诉讼法学者对实务存在的一种现象进行探讨,[①][②]尚未看到专门的定义。[③] 我国大陆民事诉讼法学者对部分请求的定义也不尽相同。第一种观点认为,部分请求,"是指对于以在数量上具有可分性的金钱或其他替代物为给付内容的债权,债权人将其在数量上任意加以分割而分别就其中的部分债权进行请求的情形。"[④]第二种观点认为,部分请求"指的是当事人对一个在数量上可分的金钱或其他代替物的债权,将其分割后,先请求其中一部分,待判决确定后,再另行请求剩余部分的请求方式。"[⑤]第三种观点认为,"部分请求是指原告对基于同一诉讼标的的完整给付进行切分并分次向法院提出权利主张。"[⑥]

在重复起诉认定问题上,是否承认部分请求也存在不同观点。有的主张排除部分请求。[⑦] 有的主张有条件地承认部分请求。[⑧] 其中第三章第四节的案例15体现出法院对部分请求持否定态度,认为原告在第一次诉讼请求仅就部分债权提出主张实为对其实体权利的处分,未主张的部分视为自愿放弃。与之相对应,第三章第四节的

---

① 我国台湾地区"民事诉讼法"(2018年修正)第436条之16规定:"(得为适用小额程序一部请求)当事人不得为适用小额程序而为一部请求。但已向法院陈明就其余额不另起诉请求者,不在此限。"由此可见,一部请求在我国台湾地区是一个法律术语。

② 根据《美国联邦民事诉讼规则》第54(d),对席的胜诉判决视为给予了当事人充分的诉讼救济,甚至包括了当事人在诉答状中没有提出的救济。据此,在美国是不存在一部请求问题的。

③ 参见[德]奥特马·尧厄尼希:《民事诉讼法》(第27版),周翠译,法律出版社2003年版,第325-326页;[日]高桥宏志:《民事诉讼法:制度与理论的深层分析》,林剑锋译,法律出版社2007年版,第84-101页;陈荣宗:《民事程序法与诉讼标的理论》,台湾大学法律学系法学丛书编辑委员会1977年版,第305-325页;陈荣宗、林庆苗:《民事诉讼法》(修订9版)(上),台北三民书局2020年版,第322-327页。

④ 浦菊花:《部分请求理论的理性分析》,载《现代法学》2005年第1期。

⑤ 黄毅:《部分请求之再检讨》,载《中外法学》2014年第2期。

⑥ 袁琳:《部分请求的类型化及合法性研究》,载《当代法学》2017年第2期。

⑦ 参见陈巍:《重复起诉认定标准之重构》,载《中外法学》2020年第6期。

⑧ 参见袁琳:《部分请求的类型化及合法性研究》,载《当代法学》2017年第2期。

案例 14 体现出法院对部分请求予以完全肯定,认为只要再次起诉主张的部分与前诉主张的部分总和不超过总债权便可。(2016)浙民终 122 号案件则体现法院有条件地承认部分请求,要求出于保护被告欲在该次诉讼中使得整个纠纷得以解决的期待,原告若未在前诉即第一次诉讼中明确其提出的为部分请求,则其部分请求将不被承认。

我国法律、司法解释对部分请求制度没有规定,理论上对部分请求存在不同的理解,造成实践中不同法院对是否承认部分请求所抱态度不同,进而影响对后诉的诉讼请求与前诉的诉讼请求是否相同的判断。

(三)"后诉的诉讼请求实质上否定前诉裁判结果"模糊

司法解释起草者认为,作为重复起诉认定标准要素之一的"'后诉的诉讼请求实质上否定前诉裁判结果的'主要是指后诉提起相反请求的情况。"[1]司法解释起草者的这一解读,似乎与司法解释条文本身的字面意思有出入。按照司法解释条文的文字本身来解读,在判断后诉是否属于重复起诉时要将后诉的诉讼请求与前诉的裁判结果进行比较,以判断后诉的诉讼请求是否实质上否定了前诉的裁判结果。而司法解释起草者的解读,似乎是将后诉的诉讼请求与前诉的诉讼请求进行比较。将后诉的诉讼请求与前诉的裁判结果相比较,前提是前诉已经审结存在一个生效的裁判,而将二者的诉讼请求进行比较并不要求前诉已经审结。表 2-18 中显示,在 295 份裁判文书中,约 30% 的案件中法院将两诉诉讼请求是否存在相同或相反关系作为判断是否成立诉讼请求要素第二种法定形态的标准以及第三章第四节的案例 21 中法院将"前诉诉讼请求"理解为"前诉裁判结果"均是受到司法解释起草者解读的影响,将本应当在后诉诉讼请求与前诉裁判结果进行的比较过程转变为后诉诉讼请求与前诉诉讼请求相比较。此外,从司法解释起草者的解读中还可以看出,其"在实质上否定"的认定标准是后诉的诉讼请求与前诉的诉讼请求相反。

尽管有司法解释起草者的上述解读,但对重复起诉认定的这一要素仍然存在争议,主要有:

1. 适用诉讼请求要素第二种法定形态对前诉所处的诉讼阶段不明确

尽管从文义解释角度看,诉讼请求要素第二种法定形态仅适用于前诉审结后的情形,且为保障后诉诉讼请求实质否定前诉裁判结果标准运用的确定性,前诉的裁判应当是生效的,但司法解释起草者的解读包括前诉处于诉讼过程中和裁判生效后两个诉讼阶段。学者们的理解也不同。如,有学者认为,"后诉的诉讼请求否定前诉裁

---

[1]　最高人民法院修改后民事诉讼法贯彻实施工作领导小组编著:《最高人民法院民事诉讼法司法解释理解与适用》(上),人民法院出版社 2015 年版,第 635 页。

判结果"是指后诉声称的权利主张否定前诉判决已经确定的权利义务内容。[①] 该主张显然是将该适用要素的诉讼阶段仅限于前诉终结之后。也有学者主张,应当摆脱文义解释的束缚,通过漏洞填补的补充性解释,将该要件理解为"后诉诉讼请求实质否定了前诉诉讼请求或前诉裁判结果"。[②] 显然,该观点与司法解释起草者的解读是一致的,即该要件适用不以前诉诉讼终结为前提。类似的观点是将《民诉解释》第247条中裁判结果理解为前诉已经诉讼终结,但若前诉尚未终结则将前后两诉的诉讼请求进行比较,看后诉的诉讼请求是否实质上否定前诉的诉讼请求。[③]

因未有明确规定在适用诉讼请求要素第二种法定形态时前诉所处的诉讼阶段,学者对之看法也未统一,从而导致裁判者对前诉应当处于的诉讼阶段产生争议。如表 2-19,同一案件中不同审级法院对是否成立后诉的诉讼请求实质上否定前诉裁判结果产生相异认定的重要原因是对前诉裁判结果是否应当确定、生效产生不同理解。

2. "前诉裁判结果"不明确

有的认为,前诉裁判结果仅限于前诉判决主文部分。[④] 也有学者主张,应该通过扩张性解释,将前诉裁判结果理解为既包括前诉判决的主文,也包括前诉判决的理由。[⑤] 类似的观点认为,此处的裁判结果应当由判决主文延伸到判决理由。[⑥] 还有学者认为,前诉裁判结果包括判决主文和核心判决理由。[⑦]

司法解释的模糊以及学术观点的不统一直接影响法院对"前诉裁判结果"的理解,在图 2-55 的 353 份裁判文书中,除了约 82% 的裁判文书中法院将前诉裁判结果理解为前诉实体性裁判结果,还有 26 份裁判文书中法院将前诉裁判结果理解为前诉调解结果,20 份裁判文书中法院将程序性裁定理解为前诉裁判结果的以及约为 5% 的裁判文书中法院将前诉裁判结果理解为尚在审理可能得出的裁判或尚未生效的裁

---

① 参见袁琳:《"后诉请求否定前诉裁判结果"类型的重复诉讼初探》,载《西南政法大学学报》2017 年第 1 期。

② 参见卜元石:《重复诉讼禁止及其在知识产权民事纠纷中的应用——基本概念解析、重塑与案例群形成》,载《法学研究》2017 年第 3 期。

③ 参见范卫国:《重复起诉规则中"裁判结果"的理论诠释与实践路径》,载《甘肃政法学院学报》2019 年第 5 期。

④ 参见袁琳:《"后诉请求否定前诉裁判结果"类型的重复诉讼初探》,载《西南政法大学学报》2017 年第 1 期。

⑤ 参见卜元石:《重复诉讼禁止及其在知识产权民事纠纷中的应用——基本概念解析、重塑与案例群形成》,载《法学研究》2017 年第 3 期。

⑥ 参见郑涛:《实质否定型重复起诉的构造与实践》,载《法律科学(西北政法大学学报)》2020 年第 6 期。

⑦ 参见范卫国:《重复起诉规则中"裁判结果"的理论诠释与实践路径》,载《甘肃政法学院学报》2019 年第 5 期。

判结果、前诉诉讼请求、执行裁定、仲裁裁决的。因对尚在审理可能得出的裁判或尚未生效的裁判结果是否属于前诉裁判结果的产生理解差异,第三章第四节案例23与案例24对前诉裁判结果是否可以理解为前诉程序性裁定也产生了不同的观点。由此可以看出,司法实践对何谓前诉裁判结果存在不同理解,从司法实践的乱象中又可反映出现有规范的不明确。

3. 诉讼请求要素第二种法定形态中"实质上否定"不明确

有学者认为,诉讼请求要素第二种法定形态包括3种类型:后诉的诉讼请求直接否定前诉的判决主文;后诉的诉讼请求直接否定前诉的实体性先决问题,进而否定前诉的判决主文;后诉的诉讼请求间接否定前诉的实体性先决问题,进而否定前诉的判决主文。其中后两种类型是通过否定前诉的先决问题进而否定前诉的裁判结果。[①]也有学者认为,当后诉诉讼请求否定前诉部分诉讼请求时是否构成重复起诉应区分不同情形来认定。[②]还有学者认为,"否定"包含对立和矛盾两种情形,后诉的诉讼请求与前诉的裁判结果相对立情形属于重复起诉,而后诉的诉讼请求与前诉的裁判结果相矛盾情形是否属于重复起诉应作具体分析。[③]

诉讼请求要素第二种法定形态中"实质上否定"不明确在上表2-18中得以体现。在295份裁判文书中,法院对实质上否定的判断标准符合文义解释的裁判文书仅有约30%,而在另外70%的裁判文书中,法院对"实质上否定"也存在多种解读。在此70%的裁判文书中,约22%的裁判文书将"实质否定"理解为前后两诉诉讼请求相同或相反;约18%的裁判文书以后诉诉讼请求与前诉裁判结果涉及的问题或事项作为判断"实质否定"的标准;此外,还有裁判文书以提出后诉诉讼请求与作出前诉裁判结果所依据的事实理由是否相同、以后诉诉讼请求是否经前诉审理、以前后两诉之间存在的关系以及诉讼标的为判断标准的情况。法院对何谓"实质上否定"存在多种判断标准与诉讼请求要素第二种法定形态中"实质上否定"不明确存在直接关联。

(四) 现有规定无法涵盖司法实践中诉讼请求要素的全部形态

虽然《民诉解释》第247条第一款的第(3)项规定了成立重复起诉的诉讼请求要素的法定形态,即诉讼请求要素第一种法定形态和诉讼请求要素第二种法定形态。但因其无法涵盖司法实践的全部形态,有学者提出对《民诉解释》第247条第一款的

---

① 参见袁琳:《"后诉请求否定前诉裁判结果"类型的重复诉讼初探》,载《西南政法大学学报》2017年第1期。

② 参见范卫国:《重复起诉规则中"裁判结果"的理论诠释与实践路径》,载《甘肃政法学院学报》2019年第5期。

③ 参见郑涛:《实质否定型重复起诉的构造与实践》,载《法律科学(西北政法大学学报)》2020年第6期。

第（3）项进行漏洞填补的补充性解释，将其理解为"前后两诉诉讼请求相同与后诉诉讼请求实质否定了前诉诉讼请求或前诉裁判结果"。[①]

从第三章第四节案例 29 至案例 31 中可以看出，法院认定构成重复起诉的案件中，诉讼请求要素的形态并不限于"后诉与前诉诉讼请求相同""后诉的诉讼请求实质上否定前诉的裁判结果"以及"既成立后诉与前诉诉讼请求相同，又成立后诉的诉讼请求实质上否定前诉裁判结果"这三种法定形态。在图 2-52 构成重复起诉的 568 份裁判文书中，约 114 份裁判文书中法院认为诉讼请求要素存在其他形态。从诉讼请求要素其他形态的具体情况图，即图 2-53 中可以发现，在上述 114 份裁判文书中，57％的裁判文书中法院以后诉诉讼请求经前诉审理作为成立重复起诉的诉讼请求其他形态，21％的裁判文书中法院以两诉诉讼请求存在包含关系作为成立重复起诉的诉讼请求要素其他形态，还有如第三章第四节的案例 30、案例 32 以及（2018）辽民申502 号案件等以后诉与前诉诉讼请求涉及的问题、基于的法律关系以及两诉诉讼请求不同等作为成立重复起诉的诉讼请求要素其他形态的情况。以上成立重复起诉的诉讼请求要素其他形态的存在，实质上就是现有规范无法涵盖司法实践中诉讼请求要素全部形态所导致的结果。

四、新的事实要素不明确

（一）"新的事实"内涵界定不明确

新的事实要素作为重复起诉的消极要件，规定在《民诉解释》第 248 条，其作为《民诉解释》第 247 条例外情形在重复起诉的判断中发挥重要作用。但对于何谓"新的事实"，理论和实践均没有明确界定，对于"新的事实"的不同界定会导致不同裁判结果。如，在表 2-21 中，32 份裁判文书认为，不履行生效法律文书属于新的事实，不构成重复起诉；而在表 2-22 中，部分裁判文书认为一方不履行生效法律的文书，另一方可以通过执行程序实现权利，不属于新的事实，构成重复起诉。对于不履行生效法律文书是否属于"新的事实"的不同观点，导致了相反的认定结果。

司法解释起草者只是对《民诉解释》第 248 条中的"新的事实"进行了限制性解读，[②]并未作出明确界定。该解读为多份裁判文书引用，且多为机械引用，没有进一步

---

① 参见卜元石：《重复诉讼禁止及其在知识产权民事纠纷中的应用——基本概念解析、重塑与案例群形成》，载《法学研究》2017 年第 3 期。

② "新的事实为生效裁判发生法律效力后发生的事实，而不是原生效裁判未查明或涉及的事实，亦不是当事人在原审中未提出的事实。应当指出的是，原审结束前就已经存在的事实，当事人应当主张而未主张的事实，也不属于新的事实。"见最高人民法院修改后民事诉讼法贯彻实施工作领导小组编著：《最高人民法院民事诉讼法司法解释理解与适用》（上），人民法院出版社 2015 年版，第 637 页。

明确"新的事实"内涵,也没有结合案件实际进行说理。① 对《民诉解释》第248条中的"新的事实"存在不同的理解:第一观点认为,"新的事实"属于诉讼要件,在起诉阶段仅需审查其是否有证据支撑。② 第二种观点认为,"新的事实"属于实体问题,应当先确定"新的事实"存在,才能受理起诉。③ 这两种观点争议的实质在于,当事人在起诉阶段对于"新的事实"需要达到何种程度的证明。第三种观点认为,"新的事实"是指裁判生效后新发生的引起当事人之间权利义务发生、变更或消灭的要件事实,包括实体要件事实和诉讼要件事实,这种观点将新的事实限定在主要事实中。④⑤ 第四种观点认为,《民诉解释》第248条中的"新的事实"类似于我国台湾地区"民事诉讼法"第397条中的"情势变更"。⑥⑦

学者在讨论何谓"新的事实"时,倾向于通过使用既判力来进行解读。司法解释起草者在解释《民诉解释》第248条时提出该条是在既判力缺位的情况下,对于不适用一事不再理原则的情况进行规定,"发生新的事实"不属于重复起诉是因为既判力基准时之后的事项不受既判力拘束。⑧ 有观点认为"新的事实"不受既判力的约束是因为其对后诉没有既判力的遮蔽效。⑨ 有观点在解释"新的事实"时,将其与大陆法系

---

① 如,在西安市中级法院2018陕01民终709号民事裁定书中,二审法院认为:"第248条规定所称'新的事实'是指生效裁判发生法律效力之后,即其既判力基准时之后发生的事实,而不是原生效裁判未查明或涉及的事实或者当事人在原审中未提出的事实。……上诉人张某萍在二审中所提出的补充事实主张不符合《民诉解释》第248条关于'新的事实'的规定。"二审法院虽然引用了司法解释起草者的解读,但未结合案件事实说理。

② "人民法院的审查仅是一种形式审查,仅审查'新的事实'是否有证据,至于该'新的事实'是否属实,在起诉受理阶段无需审查。"见最高人民法院修改后民事诉讼法贯彻实施工作领导小组编著:《最高人民法院民事诉讼法司法解释理解与适用》(上),人民法院出版社2015年版,第638页。

③ "在审理顺序上,应当是首先存在新事实,进而使得'一事可再理',然后再根据诉之利益等诉讼要件来判断该诉是否应当被受理。"见曹云吉:《论裁判生效后之新事实》,载《甘肃政法学院学报》2016年第3期。

④ 参见史思梦:《论民事诉讼中"新的事实"及其程序处理》,华东政法大学硕士学位论文2020年,第30页。

⑤ 如上所述,表2-22中,2份裁判文书认为新发生的事实没有导致已确认的权利义务关系发生变动,不是新的事实,也将"新的事实"的范围限定在主要事实中。

⑥ 参见郑涛:《民事诉讼禁止重复起诉研究》,社会科学文献出版2019年版社,第151页。

⑦ 我国台湾地区既判力规定于"民事诉讼法"(2018年修正)第397条:"(情事变更法则)确定判决之内容如尚未实现,而因言词辩论终结后之情事变更,依其情形显失公平者,当事人得更行起诉,请求变更原判决之给付或其他原有效果。但以不得依其他法定程序请求救济者为限。前项规定,于和解、调解或其他与确定判决有同一之效力者准用之。"

⑧ 最高人民法院修改后民事诉讼法贯彻实施工作领导小组编著:《最高人民法院民事诉讼法司法解释理解与适用》(上),人民法院出版社2015年版,第637页。

⑨ 参见郑涛:《民事诉讼禁止重复起诉研究》,社会科学文献出版社2019年版,第42页。

中的"既判力标准时之后的新事由"进行对比。[①] 也有观点认为,《民诉解释》第 248 条是我国民事诉讼法中对于既判力遮断效的规定,而非重复起诉的消极要素。[②] 但如前所述,既判力制度没有在我国确立,学界对于既判力的适用相对混乱,既判力是否能够用于阐述重复起诉还有待讨论,将既判力制度作为界定"新的事实"的前提降低了"新的事实"内涵的明确性。

(二)"新的事实"外延界定不明确

如上所述,"新的事实"内涵界定不明确,导致其外延扩大有了解释空间。如第三章第五节案例 4 和案例 5 所示,法院将未经审理的事实、前诉中当事人不知情的事实作为新的事实,不当扩大了"发生新的事实"的范围。表 2-21 中,前诉未解决的争议、作出了新的自认等法院认定发生新的事实的依据也反映了法院对于"新的事实"外延的扩大。若对《民诉解释》第 248 条的解释限制在文义解释,则"新的事实"仅指裁判生效后发生的事实,其内涵是明确的。但理论界将既判力制度以及其他学说引入对于"新的事实"的解释,反而模糊了"新的事实"之内涵,使其外延的扩大有理论支撑。比如说,法院引入既判力进行讨论,认为未经审理的事实不受既判力的拘束,属于"新的事实"。

禁止重复起诉程序设置不清晰加剧了"新的事实"外延的模糊。按照《民诉解释》第 247 条和第 248 条的规定,判断是否构成重复起诉的逻辑是先判断《民诉解释》第 247 条规定的三个积极要件是否符合,若均符合,再判断新的事实要素这一消极要件。对于《民诉解释》第 247 条的优先判断符合第 247 条和第 248 条的逻辑关系,《民诉解释》第 248 条作为例外情形,只有在三项积极要件全部符合的情形下,才具有判断价值,也就是说,新的事实要素是制定者为构成重复起诉"留口子"。这种做法符合禁止重复起诉规则避免矛盾判决的立法目标。但也正是这种规则的设定逻辑,加之第 247 条对于积极要件设定不明确,实践中存在法院运用法理,或是心中的正义感,将"新的事实"作为"兜底条款"。部分案件中,法院认为本案若认定构成重复起诉显然是不公平的,但按照《民诉解释》第 247 条的规定的确符合重复起诉的构成要件,便将新的事实要素作为兜底规定,将原本不属于新的事实的情形认定为新的事实。如,部分法院认为,虽然当事人在前诉中不知情的事实不是前诉裁判生效后发生的,但如果认定构成重复起诉,则当事人的权利难以得到保障,故应当将其认定为"新的事实"。

---

① 参见曹云吉:《论裁判生效后之新事实》,载《甘肃政法学院学报》2016 年第 3 期。
② 参见闫宾:《重复诉讼遮蔽下的既判力遮断效——以民诉法解释第 248 条为中心》,载《西部法学评论》2020 年第 3 期。

　　新的事实外延不明确集中反映在新的事实与新的证据的混淆。如表 2-21 中,38份裁判文书认为新的证据是新的事实,本书第三章第五节案例 8 认为作出了新的检测报告属于发生新的事实。对于新的事实和新的证据混淆的原因可以从两方面来看。一方面,新的事实和再审中新的证据存在时间可能存在重合。在刑事诉讼中,再审中新的证据一般认为是原审结束前就已经存在的证据。① 但是,在民事诉讼中,《民诉解释》第 388 条将再审中新的证据的范围扩展到"原审结束后形成的证据",②导致这一部分新的证据和新的事实时间范围存在极大重合。另一方面,事实和证据密不可分。诉讼中认定的事实需要相应证据予以证明,证据如果也是在前诉庭审之后形成的,就会导致新的事实和再审中新的证据同时存在。

(三)"发生新的事实"时间起点不明确

　　"发生新的事实"中的"新"是一个相对概念,应当为其设定明确的时间起点。也就是说,在这个时间点之前就存在的事实,不属于新的事实;在这个时间点之后出现的事实,才能认定为新的事实。《民诉解释》第 248 条将时间起点设置为"裁判发生法律效力后"。虽然司法解释有明确的规定,但"发生新的事实"时间起点在实践中未能达到完全一致。如表 2-23 所示,在明确了"发生新的事实"时间起点的 204 份裁判文书中,36％的裁判文书没有将"裁判发生法律效力"作为时间起点,而以"裁判作出后""言词辩论终结后"代替。

　　司法解释已经有明确规定,且"裁判发生法律效力"是一个相对具体的表述,解释空间较小。但法院在实践中将理论学说引入实践,而理论学说又各有不同,致使实践中"发生新的事实"时间起点不明确。理论界对于"发生新的事实"时间起点的确定,与司法解释的规定存在较大区别。如前所述,学界有观点认为,既判力是判断是否发

---

　　① 《刑事诉讼法》第 253 条第一款将新的证据作为再审的事由之一,2021 年《刑诉解释》第 458 条对于再审中"新的证据"作了进一步规定,限定在原裁判生效前就已经存在的证据,但刑事诉讼也肯定了原审已经存在的证据发生变化的情形。《刑诉解释》第 458 条:"具有下列情形之一,可能改变原判决、裁定据以定罪量刑的事实的证据,应当认定为刑事诉讼法第 253 条第(1)项规定的'新的证据':(1)原判决、裁定生效后新发现的证据;(2)原判决、裁定生效前已经发现,但未予收集的证据;(3)原判决、裁定生效前已经收集,但未经质证的证据;(4)原判决、裁定所依据的鉴定意见,勘验、检查等笔录被改变或者否定的;(五)原判决、裁定所依据的被告人供述、证人证言等证据发生变化,影响定罪量刑,且有合理理由的。"

　　② 2008 年《民诉法审判监督程序解释》第 10 条(后被删除)规定再审中"新的证据"包括新发现的证据,新取得的证据,原作出鉴定结论、勘验笔录者重新鉴定、勘验三种。2015 年《民诉解释》第 388 条在 2008年《民诉法审判监督程序解释》第 10 条的基础上将重新作出的鉴定和勘验扩大到所有原审结束后形成的证据,作为再审中"新的证据"。

生新的事实的前提,《民诉解释》第 248 条规定了既判力的时间范围,①而"发生新的事实"是既判力时间范围的例外。② 受到理论界学说的影响,司法解释起草者在解释《民诉解释》第 248 条时使用大量篇幅论述既判力制度,并且明确既判力的基准时是"事实言辞辩论终结时"。③ 虽然其又在后文中将时间起点明确在"生效裁判发生法律效力后",但其对于既判力基准时的论述,依然成为诸多法院将"发生新的事实"的时间起点确定为"事实言辞辩论终结时"之依据,部分法院对于司法解释者的论述照搬原文引用。④

一般而言,法律用语具有其特定的意义,对法律用语不规范的使用也可能会导致意思的变化。《民诉解释》第 248 条规定的是"裁判发生法律效力后"。而如表 2-23 所示,4 份判决书将其"简洁"为"裁判后",3 份裁判文书在论述中,将法条中的原文更改为"生效裁判作出后",虽只是调换了语序,但意思已经发生了改变。诸如此类的情况甚多,法院对于法律术语使用的不规范加剧了"发生新的事实"时间起点的混乱。

(四) 新的事实要素适用态度不明确

实践中对于新的事实要素适用态度主要围绕两个问题,第一,在当事人有争议时,法院是否必须回应;第二,在当事人没有争议的时候,法院能否主动适用。对于第一个问题,在应然层面没有争议,在诉讼中,法院必须充分回应当事人的争议,这也是民事诉讼解决纠纷的应有之义。《裁判文书释法说理意见》第 8 条规定,对于诉讼各方争议较大的案件,法院应该强化释法说理。但是,如图 2-65 所示,44% 的裁判文书没有回应当事人对于新的事实要素的争议。在实然层面,法院存在不回应当事人争议的问题,适用态度不明确。

对于第二个问题,新的事实要素是否属于法院主动适用事项,存在争议。该问题

---

① 参见刘文勇:《我国债务人异议之诉的证立及其构建——以〈民诉解释〉第二百四十八条的规定展开》,载《河南财经政法大学学报》2018 年第 4 期。

② 参见史思梦:《论民事诉讼中"新的事实"及其程序处理》,华东政法大学硕士学位论文 2020 年。

③ "既判力的时间范围,即既判力的基准时或标准时,是法院确定终局判决所判断的当事人之间诉争事实状态或权利状态存在的特定时间点。"见最高人民法院修改后民事诉讼法贯彻实施工作领导小组编著:《最高人民法院民事诉讼法司法解释理解与适用》(上),人民法院出版社 2015 年版,第 637 页。

④ 如在宝鸡市中级法院(2018)陕 03 民终 1037 号民事裁定书中,法院认为"法院判决是对特定时间当事人之间的实体法律关系状态的判断,故仅对基准时(事实审言词辩论终结时)之前发生的事项具有既判力,对基准时之后的事项没有既判力,基准时后发生新的事实,并未被生效判决所确认,不受既判力的拘束。"类似的还有广州知识产权法院(2018)粤 73 民终 2237 号民事裁定书、北京市高级法院(2018)京民终 448 号民事裁定书、北京市第一中级法院(2020)京 01 民终 2469 号民事判决书、宝鸡市中级法院(2018)陕 03 民终 1037 号民事裁定书等多份裁判文书,均照搬司法解释起草者的阐释。

可分为两种情况:第一种情况是,当事人对于新的事实没有争议,仅对于重复起诉的三项积极要件存在争议时,法院是否能主动适用新的事实要素。对这种情况,理论中鲜有涉及,实践中如图 2-67 所示,220 份裁判文书中,当事人对于《民诉解释》第 247条存在争议时,法院主动适用新的事实要素较为普遍。第二种情况是,将新的事实要素这一消极要素和其他三项积极要素看作一个整体,这四项要素共同组成了重复起诉的判断标准,此时,应当讨论的是法院能否主动适用重复起诉,或者说,法院是否对重复起诉有主动审查的义务。对此,法律没有明确规定。实践中,大部分法院对于是否构成重复起诉都是被动审查,只有在当事人以重复起诉为抗辩理由时,法院才会审查。但也存在法院主动审查是否构成重复起诉的情形,如第三章第五节案例 2 中,法院在当事人对于是否构成重复起诉没有争议的时候,法院主动审查作为重复起诉消极要素的新的事实要素。理论上有的认为,主动审查是否构成重复起诉可以遏制当事人恶意重复起诉。[1] 也有的认为,法律没有规定对于重复起诉的主动审查,主动审查在实践中难度较大,也会加重法院的负担。[2]

(五) 起诉程序与其他程序衔接不畅

1. 起诉程序与执行程序

我国遵循审执分离的原则,审判程序和执行程序直接目的、基础和适用范围均存在区别,[3]就立法旨意而言两者不存在混淆。但是《民诉解释》第 248 条将"发生新的事实"的时间起点设定为"裁判发生法律效力后",按照这一规定,在裁判生效后执行程序终结前的这段时间,起诉程序和执行程序存在重合,此时当事人如何选择以实现权利,成为司法实践中亟待解决的问题。如表 2-21 所示,32 份裁判文书认为,不履行生效法律文书属于新的事实,这些裁判文书允许当事人将原本可以通过申请强制执行实现的权利另行起诉。而表 2-22 中,7 份裁判文书认为,虽然存在债务人不履行的情形,但当事人可以通过执行程序实现权利,不属于"发生新的事实"。

法律对于重合期内起诉程序与执行程序的选择没有明确规定,学术界亦未能达成共识。有的将时间点进一步细分认为,裁判生效后执行程序终结前,当事人另行起诉时,法院是否受理取决于后诉是否具有诉之利益;裁判生效后执行程序终结产生执行结果时,当事人如果对于执行过程中执行机关的"裁量行为"有争议,应当提起执行

---

①　参见詹丽杨:《民事诉讼中的重复起诉问题研究》,华侨大学硕士学位论文 2017 年。

②　参见彭碧霞:《关于南宁市基层法院民事诉讼禁止重复起诉制度适用情况的调研报告》,广西大学硕士学位论文 2018 年。

③　参见张卫平:《民事诉讼法》(第 5 版),法律出版社 2019 年版,第 540 页。

异议。① 有的认为,《民诉解释》第 248 条是债务人异议之诉的根据,在执行程序中对实体权利义务产生争议,可以提起债务人异议之诉。② 有观点主张区分新的事实发生的原因,如果是被执行人主观上不履行生效判决,只能申请强制执行,通过执行程序解决;如果是客观上的妨碍事由,则可以另行起诉。③

起诉程序和执行程序的矛盾在持续侵权纠纷中较为突出。如第三章第五节案例 7 中,在知识产权侵权中,法院作出停止侵权的判决,但是一方仍然实施侵权行为,此时该新的侵权行为能否作为"新的事实"提起诉讼,则存在不同看法。有的提出,新的侵权行为如果都需要通过新诉解决,必然造成资源的浪费。④ 有的认为,该判决原则上不受执行期限限制,即使期限届满,申请执行人仍然可以申请执行,只有在被执行人提出执行异议且法院驳回申请执行人的执行申请时,才需要就新的事实再次起诉。⑤ 这一观点认为在这种情况下执行程序具有优先性,只有无法通过执行程序实现权利时,才可以发生新的事实另行起诉。对持续侵权行为是否属于发生新的事实的不同认定,可能导致不同的裁判结果。理论中对持续侵权行为是否能够作为新的事实另行起诉存在的争议加剧了实践适用的困难。如表 2-21 中,有裁判文书认为裁判生效后持续的侵权行为属于新的侵权行为,应认定为发生了新的事实;而表 2-22 中,有裁判文书认为可以通过执行程序实现权利或是事实在前诉中已经存在,则会得出持续侵权行为不属于新的事实的结论。

2. 起诉程序与再审程序

再审程序是一种对已经作出生效裁判的案件重新进行审理的程序。⑥ 在裁判生效后,当事人可以通过再审程序突破确定裁判的效力。《民诉解释》第 248 条规定的新的事实,是指裁判生效后发生的事实,因其出现在裁判生效后,已生效的裁判不可能对其进行处理,因此,当事人可基于"发生新的事实"再次起诉。再审事由和发生新的事实在时间上可能存在重合,因二者都是在裁判生效后对当事人权利的救济程序,但其也存在本质上的区别。

当事人选择起诉程序而不是再审程序主张权利的理由有三。其一,再审启动相

---

① 参见曹云吉:《论裁判生效后之新事实》,载《甘肃政法学院学报》2016 年第 3 期。

② 参见刘文勇:《我国债务人异议之诉的证立及其构建——以〈民诉解释〉第二百四十八条的规定展开》,载《河南财经政法大学学报》2018 年第 4 期。

③ 郑涛:《民事诉讼禁止重复起诉研究》,社会科学文献出版社 2019 年版,第 159-160 页。

④ 参见曹志勋:《停止侵害判决及其强制执行——以规制重复侵权的解释论为核心》,载《中外法学》2018 年第 4 期。

⑤ 参见卜元石:《重复诉讼禁止及其在知识产权民事纠纷中的应用——基本概念解析、重塑与案例群形成》,载《法学研究》2017 年第 3 期。

⑥ 参见虞政平主编:《再审程序》,法律出版社 2007 年版,第 3 页。

对困难。再审程序作为一种非通常性补救措施,就其立法目的而言,"再审难"是再审制度构建的应有之义。在当事人提出申请后,由法院通过对当事人的申请进行审查再决定是否启动再审。因此,相较于起诉程序,再审程序启动难度更大。其二,另行起诉的审级利益更大。如果生效裁判是二审裁判,即使法院审查当事人的申请后决定启动再审程序,也只能按照二审程序审理,当事人对于裁判不能上诉;而如果以发生新的事实另行起诉,则当事人对于法院作出的一审裁判还能够提起上诉。起诉程序相对再审程序更能实现当事人的审级利益。其三,"新的事实"解释空间较大。如前所述,相较于《民事诉讼法》第 200 条对于再审事由较为清晰的规定,"新的事实"内涵和外延都尚不明确,导致"新的事实"解释空间较大。因此,若当事人没有再审事由,又希望案件能再一次得到法院审理,则希望通过对于"新的事实"的解读实现权利。综合以上三种原因,实践中存在部分当事人将本该通过再审主张的权利另行起诉的情况。

除当事人对再审程序和起诉程序的随意选择外,法院识别不清也加剧了两种程序的衔接不畅。如表 2-21 所示,38 份裁判文书认为新的证据是新的事实,2 份裁判文书认为据以作出前诉的法律文书被变更或撤销是新的事实,以上两种法院认定"发生新的事实"的依据均属于法院再审事由。《民事诉讼法》第 124 条第(5)项一直被认为是我国"一事不再理"的依据,但该条款忽略了在出现《民诉解释》第 248 条规定的"发生新的事实"时,可以提起另案主张权利。有观点认为,在《民诉解释》第 248 条出现之前,《民事诉讼法》第 124 条第(5)项没有规定判决效力时间范围,难以与再审制度很好的衔接。因为我国规定的再审事由都出现在裁判生效前,对于裁判生效后发生的"新事由"进行救济只能将其解释为依职权再审的事项。[①] 也就是说,在《民诉解释》第 248 条出现以前,长期以来,我国司法实践倾向于将裁判生效后的"新事由"作为再审事项,通过再审程序实现当事人的权利。《民诉解释》第 248 条之后,判决效力的时间范围得以确定,但对于"新的事实"对应程序的混乱未能完全改变。

第三节　对重复起诉认定标准各要素之间关系存在不同认识

一、诉讼标的与诉讼请求

如图 2-44 所示,诉讼请求元素在诉讼标的内涵表述中占所有表述元素的 14％左右,位列第二。说明诉讼请求与诉讼标的之间的关系紧密而复杂。如第三章第三节所述,法院对诉讼标的与诉讼请求之间的关系存在不同的理解,主要分为诉讼标的与

---

① 参见曹云吉:《论裁判生效后之新事实》,载《甘肃政法学院学报》2016 年第 3 期。

诉讼请求之间的等同关系,诉讼标的包含诉讼请求的关系以及诉讼标的与诉讼请求的混同认定关系。这主要是因为理论上对诉讼标的与诉讼请求之间的关系存在不同的认识。

此外,《民诉解释》第247条的规定与最高法院对《民事解释》第247条的解读之间也存在矛盾。《民诉解释》第247将诉讼请求与诉讼标的作为重复起诉的构成要件,虽然未对诉讼标的和诉讼请求之间的关系作出明确规定,但从文义角度看,诉讼标的与诉讼请求之间系并列关系。而最高法院对《民事解释》第247条的解读认为,"诉讼请求是当事人以诉讼标的为基础而提出的具体权利声明,在采旧实体法说理解诉讼标的的前提下,具体的请求内容对于诉讼标的的识别及厘清其范围具有重要意义。"诉讼标的则是"从实体法上的请求权出发来界定诉讼标的,认为诉讼标的乃是原告在诉讼上所为一定具体实体法之权利主张。"①从该解读中可以看出,最高法院对诉讼标的和诉讼请求的认定是参照实体法说,即诉讼标的与诉讼请求之间系包含关系,诉讼标的包含诉讼请求。最高法院该解读与司法解释矛盾。依照旧实体法说,诉讼标的是实体法律关系或民事实体权利,诉讼请求是诉讼标的的声明;但《民诉解释》第247条将诉讼请求与诉讼标的并列作为重复起诉的构成要素。这一矛盾也在司法实践中体现出来。

(一)诉讼标的与诉讼请求区别说

1. 二者之间存在区别但不明确

关于诉讼标的与诉讼请求之间的关系,较早的民事诉讼法教材尽管没有明确,但其对诉讼标的与诉讼请求作了不同的定义。有的指出,诉讼标的是指原告请求法院通过审判加以保护的法律关系和实体权利。在民事诉讼中不允许变更诉讼标的,但允许诉讼请求在一定范围内进行变更。② 从该论述来看,诉讼标的与诉讼请求是不同的,至于二者之间的关系并不明确。也有的指出,诉讼请求与诉讼标的均为诉的要素。③ 至于二者之间的关系同样也没有明确。

体现这一观点做法的,如天津市高级法院(2019)津民申41号民事裁定书中,法院对诉讼标的与诉讼请求混同说理,没有对诉讼标的和诉讼请求的内涵进行界定,更没有阐述二者之间的关系。在这种情况下,法院对诉讼标的与诉讼请求之间的区别并没有说明,无法判断二者之间的关系。

---

① 参见最高人民法院修改后民事诉讼法贯彻实施工作领导小组编著:《最高人民法院民事诉讼法司法解释理解与适用》(上),人民法院出版社2015年版,第635页。

② 参见柴发邦等:《民事诉讼法通论》,法律出版社1982年版,第193、278页。

③ 谭兵主编:《民事诉讼法学》,法律出版社1997年版,第79-80页。

2. 诉讼标的决定诉讼请求

第一种说法认为,诉讼标的与诉讼请求既有区别又有联系。诉讼标的是当事人之间争议的法律关系,而诉讼请求是原告通过法院对被告主张的权利。法律关系决定诉讼请求。原告是基于法律关系提出诉讼请求。诉讼标的与诉讼请求是两个不同的概念。既不能把诉讼标的与诉讼请求混为一体,也不能将其互相代替,尤其是不能以诉讼请求代替诉讼标的。[①]

第二种说法为,"诉讼标的决定诉讼请求,即根据法律关系中的权利提出诉讼请求。"[②]

第三种说法认为,"在我国立法上和实务中,诉讼标的不同于诉讼请求,但是两者之间存在着一致性。诉讼请求(或诉的声明、请求旨意)是原告以诉讼标的为基础提出的具体实体请求。"[③][④]

第四种说法认为,"诉讼请求是当事人通过法院向对方当事人所主张的具体权利,而诉讼标的是当事人请求保护的法律关系,前者是具体的,后者是概括的。"[⑤]

此外,还有学者认为,"诉讼请求构成判断诉讼标的的必要条件。"[⑥]

这一观点在实践中也有所体现,具体体现为诉讼标的包含诉讼请求。如表 2-14 所示,法院使用多个元素表述诉讼标的的内涵时,多次使用了"要求""请求""主张"表述,即诉讼请求。从表格数据看,部分法院认为诉讼标的包含诉讼请求。例如贵州省高级法院(2019)黔民终 267 号民事裁定书中,法院认为诉讼请求是诉讼标的的具体声明,即认为诉讼标的能够决定诉讼请求,诉讼标的包含诉讼请求。

(二)诉讼标的与诉讼请求同一说

有学者认为,"在德国和日本,诉讼标的和诉讼请求是同一个概念。""我国民事诉讼中也应当把诉讼标的理解为原告向法院主张的请求权。"[⑦]

也有学者认为,"诉讼标的即诉讼请求。实际上,在英美法系和大陆法系各国民事诉讼中,诉讼标的与诉讼请求基本上是同义的。"[⑧]

---

① 参见周道鸾主编:《民事诉讼法教程》(第 2 版),法律出版社 1992 年版,第 47 页;常怡主编:《民事诉讼法学》(第 2 版),中国政法大学出版社 1996 年版,第 135 页。

② 柴发邦主编:《中国民事诉讼法学》,中国人民公安大学出版社 1992 年版,第 356 页。

③ 江伟、肖建国主编:《民事诉讼法》(第 7 版),中国人民大学出版社 2015 年版,第 25 页。

④ 相同的意思不完全相同的表达方式另见邵明:《民事诉讼法学》(第 2 版),中国人民大学出版社 2016 年版,第 43 页。

⑤ 江伟主编:《中国民事诉讼法专论》,中国政法大学出版社 1998 年版,第 110 页。

⑥ 王福华:《民事诉讼法学》(第 2 版),清华大学出版社 2015 年版,第 181 页。

⑦ 李浩:《民事诉讼法学》(第 3 版),法律出版社 2016 年版,第 117 页。

⑧ 齐树洁主编:《民事诉讼法》(第 13 版),厦门大学出版社 2019 年版,第 52 页。

还有学者根据我国《民事诉讼法》中关于诉讼标的与诉讼请求的条文,得出应将诉讼标的与诉讼请求作统一性理解的结论。即对诉讼标的与诉讼请求采一元论。[①]该学者在考察新中国民事诉讼司法文件和立法有关规定的基础上认为,在 1982 年《民事诉讼法(试行)》之前我国民事诉讼司法文件采诉讼请求等同于诉讼标的的一元模式,1982 年《民事诉讼法(试行)》之后我国民事诉讼立法采诉讼请求与诉讼标的相区分的二元模式,并主张我国应当重新应回归到《民事诉讼法(试行)》之前的一元模式,即诉讼请求与诉讼标的具有相同内涵与外延。[②]

这一观点司法实践中也有所体现,即诉讼标的等同于诉讼请求。如表 2-14 所示,依据法院的表述,法院将诉讼标的内涵直接表述为诉讼请求的分析样本有 12 份,还有表述为主张、请求、要求等的分析样本,均占一定比例。说明在司法实践中,法院将诉讼标的等同于诉讼请求的分析样本占据不少比例。如四川省高级法院(2019)川民申 2873 号民事裁定书中,法院通过对前诉与后诉的诉讼请求的对比,得出前诉与后诉诉讼标的不同的结论,即法院认为诉讼标的与诉讼请求之间系等同关系。

(三) 有条件的区别说或有条件的同一说

张卫平教授指出,"诉讼标的在许多学者的认识中与诉讼请求或诉讼上的请求是等值的,因为诉讼请求就是原告通过法院向对方提出的权利主张。""无论是德国,还是日本、奥地利、意大利等大陆法系国家的民事诉讼中都没有使用诉讼标的的概念,而多数情况下是使用诉讼请求的说法。"[③]张卫平教授认为,"在旧诉讼标的的概念下,诉讼请求与诉讼标的有明显的区别。但在新诉讼标的的概念下,这种区别往往就不那么明显了。"[④]

正是因为在理论上诉讼标的与诉讼请求之间的关系错综复杂,也导致了在实践中法院对诉讼标的与诉讼请求之间的关系理解不一。

二、诉讼标的与案件事实

依据表 2-14 可以看出,在实践中法院对于诉讼标的与事实之间的关系存在不同的理解,有将诉讼标的内涵直接等同于事实的裁判文书,也有认为诉讼标的包含事实的裁判文书。如图 2-44 所示,事实元素在 276 份分析样本使用的 343 个元素中占12％左右,位列第四。说明司法实践中,事实元素在诉讼标的内涵的界定中也扮演着

---

① 参见任重:《论中国民事诉讼的理论共识》,载《当代法学》2016 年第 3 期。
② 参见任重:《论我国民事诉讼标的与诉讼请求的关系》,载《中国法学》2021 年第 2 期。
③ 张卫平:《民事诉讼:关键词展开》,中国人民大学出版社 2005 年版,第 174 页。
④ 张卫平:《民事诉讼法》(第 5 版),法律出版社 2019 年版,第 305 页。

重要的角色。

按照诉讼标的的二分肢说,诉讼标的的要素包括事实理由与诉的声明。[①] 显然,诉讼标的是包含事实的。就目前我国学界对诉讼标的与事实二者之间关系的看法而言,大致存在以下三种情况:

(一)包含关系

该观点认为,诉讼标的包括案件事实。其具体表达方式不尽相同。一种表达方式认为,诉讼标的"是指诉讼主体通过诉讼活动所解决的事项,即当事人的审判要求和案件事实。"[②]另一种表达方式认为,"诉讼理由(原因事实)则是诉讼标的的组成部分。"[③]

该种观点在司法实践中也有所体现。如图 2-42 所示,法院使用多个元素表述诉讼标的时,"事实"元素所占比例为 20% 左右,即法院使用多个元素表述诉讼标的时,有 20% 的分析样本认为诉讼标的包含事实。例如"事实+法律关系""事实+理由"等表述方式。这些表述方式均是法院认为诉讼标的包含案件事实的体现。如最高法院(2015)民一终字第 362 号民事裁定书中,法院将诉讼标的界定为事实和法律关系。

(二)等同关系

有学者主张应将《民诉解释》第 247 条第一款中的"诉讼标的"解释为范围更加宽泛的"生活事实或纠纷事实"。[④] 即认为诉讼标的等同于案件事实。

该种观点在司法实践中也有所体现。如表 2-14 所示,有 10 份分析样本直接将诉讼标的内涵表述为事实,占 276 份分析样本的 3.6% 左右。如吉林省高级法院(2019)吉民终 66 号民事裁定书中,法院认为前诉与后诉的基本事实相同,因此前诉与后诉的诉讼标的相同,实际上,法院认为诉讼标的等同于事实。

(三)并列关系

该观点认为案件事实与诉讼标的均为诉的要素,案件事实与诉讼标的是并列关系。其具体表达方式也不尽相同。

---

① 陈荣宗:《民事程序法与诉讼标的理论》,台湾大学法律学系法学丛书编辑委员会 1977 年版,第 337 页;张卫平:《民事诉讼:关键词展开》,中国人民大学出版社 2005 年版,第 179 页。

② 江伟主编:《中国民事诉讼法专论》,中国政法大学出版社 1998 年版,第 95 页。

③ 李浩:《民事诉讼法学》(第 3 版),法律出版社 2016 年版,第 111 页。

④ 参见王亚新、陈晓彤:《前诉裁判对后诉的影响——〈民诉法解释〉第 93 条和第 247 条解析》,载《华东政法大学学报》2015 年第 6 期。

　　有的认为,诉的要素包括当事人、诉讼标的和案件实体事实。[①] 有的认为,诉的要素包括诉的主体、诉讼标的和诉的理由。诉的理由又包括权利义务发生、变更、消灭的事实与权利受到侵犯或发生争议的事实。[②] 也有的认为,诉的要素包括诉讼当事人、诉讼标的、诉讼理由。诉讼理由是指当事人提起诉讼和进行诉讼的事实上和法律上的根据。[③] 还有的认为,诉的要素包括诉的主体、诉讼标的与诉讼请求的结合、案件事实。案件事实的作用之一是用来支持诉讼标的。[④]

　　这种观点在司法实践中也有所体现。例如吉林省人民法院(2019)吉民申 58 号民事裁定书中,法院认为"现杨某海在本案中的诉讼请求实质上否定了该案的裁判结果,两起案件的当事人、诉讼标的及基础法律事实均相同。"在该案中,法院判断重复起诉时,认为重复起诉构成要素包含当事人、诉讼标的、诉讼请求与事实,将诉讼标的与事实并列,即认为诉讼标的与事实之间是并列关系。

　　理论上对诉讼标的与案件事实之间关系的认识不统一,造成实践中不同做法的。

第四节　纠纷一次性解决机制容量不足

一、纠纷一次性解决机制与重复起诉认定标准

(一)纠纷一次性解决机制的含义

　　"纠纷一次性解决"已成为我国司法实践中经常使用的术语。[⑤] 2021 年 5 月以"全文:纠纷一次性解决"为检索词在中国裁判文书网中检索,共得到裁判文书 8000份左右(尽管裁判文书网显示共检索到 8038 篇文书,显示前 600 条,但按照所显示裁判年份、法院层级、案由进行统计,得出的是 3 个不同数据,且均不是 8038 或者 600)。从裁判年份来看,2009 年 2 份,2010 年 2 份,2011 年 1 份,2012 年 9 份,2013 年 42 份,2014 年 327 份,2015 年 344 份,2016 年 533 份,2017 年 1059 份,2018 年 1242 份,2019年 1589 份,2020 年 2358 份,2021 年 529 份。由此看来,"纠纷一次性解决"一词在我国诉讼实践中的使用频率呈上升趋势。从作出所得裁判文书的法院层级看,最高法

[①] 参见齐树洁主编:《民事诉讼法》(第 13 版),厦门大学出版社 2019 年版,第 40 页。

[②] 参见蔡虹:《民事诉讼法学》(第 4 版),北京大学出版社 2016 年版,第 81-83 页。

[③] 参见刘家兴、潘剑锋主编:《民事诉讼法学教程》(第 5 版),北京大学出版社 2018 年版,第 23-24 页。

[④] 参见王福华:《民事诉讼法学》(第 2 版),清华大学出版社 2015 年版,第 171 页。

[⑤] 《全国法院民商事审判工作会议纪要》(法〔2019〕254 号)(2019 年 9 月 11 日最高人民法院审判委员会民事行政专业委员会第 319 次会议原则通过,2019 年 11 月 8 日印发)第 36 条中采"尽可能一次性解决纠纷"提法。

院 13 份,高级法院 102 份,中级法院 1136 份,基层法院 6777 份。可见,各级法院中均使用"纠纷一次性解决"一词。从案由分布来看,刑事案由 40 份,民事案由 6055 份,执行案由 1647 份,国家赔偿案由 3 份,行政案由 32 份。"纠纷一次性解决"一词多在民事案件中使用。

通过阅读了最高法院使用"纠纷一次性解决"一词的 13 份裁判文书,并未看到其对何谓"纠纷一次性解决"的解读。在理论上,美国有学者将纠纷一次性解决原则作为美国民事诉讼的三个特征之一。纠纷一次性解决原则是指一项纠纷的所有方面都集中在一个统一的程序进行审理。纠纷一次性解决原则包括请求合并规则和当事人合并规则。请求合并规则,又称为全部请求合并规则,是指某一当事人在向其他当事人提出请求时,应当提出与双方之间的纠纷有关的全部诉讼请求,对于没有提出的部分,将视为放弃。当事人合并规则,又称为全部当事人合并规则,是指对某项纠纷有请求或义务的人都应当作为本案的诉讼当事人。从历史发展角度看,纠纷一次性解决原则产生于衡平法之前,但美国法上现行请求合并规则和当事人合并规则均来源于衡平法。① 可见,纠纷一次性解决原则在美国法语境中是有其特定含义的。《美国联邦民事诉讼规则》第 18 条规定了请求合并规则(Joinder of Claims),第 19 条和第 20 条规定了当事人合并规则(Joinder of Parties)(包括强制性合并和任意性合并)。

就我国目前学界对纠纷一次性解决的理解而言,大致有以下三种情形:第一情形是从诉讼标的理论发展历史的角度理解纠纷一次性解决,认为纠纷一次性解决最先在新旧诉讼标的论争中被提出,是指由当事人确定的诉讼标的应当在一次诉讼中加以解决,且对此诉讼标的不能再次进行实体审理。② 第二情形是案结事了角度理解纠纷一次性解决,具体表述不尽相同。有的认为,纠纷一次性解决是指通过一次审判做到纠纷的全盘、彻底解决,实现案结事了。③ 也有的认为,纠纷一次性解决是指通过一次诉讼全盘彻底解决当事人之间的纠纷,实现案结事了的实际效果。④ 第三情形是在借鉴前述美国学者杰弗里·C.哈泽德对纠纷一次性解决论述的基础提出了民事纠纷一次除尽原则,即将若干具有牵连关系的案件合并成一个案件或者在同一程序中审

① 参见〔美〕杰弗里·C.哈泽德:《国际贸易纠纷和民事诉讼一体化——美国民事诉讼的特质和意义》,载〔日〕小岛武司等著《司法制度的历史与未来》,法律出版社 2000 年版,第 45-46、54 页。

② 参见任重:《民事纠纷一次性解决的限度》,载《政法论坛》2021 年第 3 期。

③ 参见北京市第一中级人民法院课题组:《关于建立民事审判"纠纷一次性解决机制"的调研报告》,载《法律适用》2013 年第 1 期。

④ 参见龚浩鸣等:《民事案由制度适用与纠纷一次性解决目标之冲突与衡平》,载胡云腾主编《司法体制综合配套改革与刑事审判问题研究——全国法院第 30 届学术讨论会获奖论文集》(下),人民法院出版社 2019 年版,第 1022 页。

理,一次性解决关联案件的所有纠纷。该原则包括全部诉讼请求合并规则和全部当事人合并规则。[①]

纠纷一次性解决为一种诉讼理念,其含义及其所包含的机制在不同国家和地区的不同时代有所不同。就我国目前情况看,宜从案结事了角度理解纠纷一次性解决,即一个纠纷通过一个诉讼程序应得到彻底解决。当然,对于一个纠纷的理解,并不能仅限于一个诉。纠纷一次性解决机制主要包括但不限于诉的合并规则。

(二)纠纷一次性解决机制与重复起诉认定标准

在中国裁判文书网上检索到的 8000 份左右使用"纠纷一次性解决"一词的裁判文书中,进一步全文检索"重复起诉",共检索到 116 份文书。纠纷一次性解决机制与重复起诉均具有法的秩序价值和效率价值。

较大容量的纠纷一次性解决机制,可以减少重复起诉问题,进而可避免适用重复起诉认定标准的混乱;相反,较小容量的纠纷一次性解决机制,可能逼迫当事人重复起诉,增加适用重复起诉认定标准混乱的可能性。

二、诉的预备合并制度的缺失

诉的预备合并制度是德、日和我国台湾地区法中的制度。诉的预备合并,又称诉的顺序性合并,是指原告同时提出主诉(先位之诉)和预备之诉(后位之诉)两个诉,法院应先审理主诉,若主诉成立则就不需要再审理预备之诉,若主诉因无理被驳回则需对预备之诉进行审理。[②][③] 诉的预备合并包括主观的预备合并和客观的预备合并。主观的预备合并是指原告分别向两个没有共同关系的被告提出主诉和预备之诉;客观的预备合并是指原告针对同一被告提出主诉和预备之诉。[④] 诉的预备合并规则存在的原因是多方面的,其中包括原告起诉时对纠纷事实的性质及由其所产生的法律效果(诉讼中的诉讼请求)缺乏清晰的判断。[⑤]

---

① 参见姜耀庭、周强:《试论民事纠纷一次除尽原则的设立》,载《法律适用》2013 年第 7 期。

② 参见李浩:《民事诉讼法学》(第 3 版),法律出版社 2016 年版,第 122 页。

③ 对于诉的预备合并的概念,德日学者间尚存在不同认识。参见陈荣宗:《预备合并之诉》,载杨建华主编:《民事诉讼法论文辑》(下),台北五南图书出版公司 1984 年版,第 518-519 页。我国大陆民事诉讼法学界对诉的预备合并概念的表述也不同。如,邵明教授认为,诉的预备合并是指在一个诉讼程序中原告提起主位(或先位)之诉,同时提起或追加提起备位(或后位)之诉,若法院对主位之诉作出胜诉判决,则无须审判备位之诉;若法院对主位之诉作出败诉判决,则应对审判备位之诉进行审判。参见邵明:《民事诉讼法学》(第 2 版),中国人民大学出版社 2016 年版,第 64 页。

④ 参见张卫平:《民事诉讼法》(第 5 版),法律出版社 2019 年版,第 202 页。

⑤ 参见李仕春:《诉之合并制度研究》,载陈光中、江伟主编:《诉讼法论丛》(第 5 卷),法律出版社 2000 年版,第 369-370 页。

值得注意的是根据《美国联邦民事诉讼规则》(2014)第 8 条(d)，原告起诉时可以提出两个及其以上的诉讼请求，这些诉讼请求之间的关系可以是选择性的（alternative），也可以是相排斥的（inconsistent）。该规则已涵盖了诉的预备合并规则的内容。

毫无疑问，承认诉的预备合并规则，可以更充分地体现纠纷一次性解决理念，避免重复诉讼。如，卖方甲与买方乙签订买卖合同后甲将买卖标的物交付给乙，乙尚未支付货款，此时因买卖合同的有效性产生争议。甲欲向法院起诉，但其不能确定法院对买卖合同有效性的认定。若承认诉的预备合并规则（客观），甲就可以提起主诉（要求乙支付货款）和预备之诉（要求乙返还买卖标的物）。即若法院认定买卖合同有效，则审理主诉要求乙支付货款；若法院认定买卖合同无效驳回要求乙支付货款，则审理预备之诉要求乙返还买卖标的物。若不承认诉的预备合并规则，因要求乙支付货款请求与要求返还买卖标的物请求之间存在相互排斥关系，[①]甲有可能起诉两次。即在要求乙支付货款之诉被驳回后再次起诉要求乙返还买卖标的物之诉。对于甲提起的要求乙返还买卖标的物之诉，法院就可能认为属于重复起诉。[②]

诉的主观预备合并规则也具有类似功能，如甲以乙公司的名义与丙签订一份合同，丙履行合同义务后对方却拒不履行合同义务。在此情形下，丙欲起诉，但不能确定甲与乙之间的代理关系是否成立从而不能确定究竟是起诉甲还是起诉乙。

由于我国《民事诉讼法》与司法解释未明确对诉的预备合并制度予以肯定，引发当事人将原本可通过诉的预备合并制度在同一诉讼程序中提出的主诉之请求与预备诉之请求，或可在同一诉讼程序中起诉的几个被告，而被迫拆分到两个诉讼程序提出或起诉，即在前诉中提出主诉之请求或起诉主诉之被告后，再在后诉中提出预备诉之请求或起诉预备诉之被告。因两诉的提出是基于同一事实的，实质针对的是同一纠纷，若法院认定当事人提出的预备之诉不构成重复起诉，则有违纠纷一次性解决，若据此认定构成重复起诉，而不予受理或驳回起诉，不利于当事人诉讼权利的行使与实体权利的保障。[③]

【案例 A】　2013 年 L 商场依据《委托贷款垫资合同》起诉 X 房产管理所、F 公司，要求被告返还垫付费用约 39 万元及利息（以下简称前诉）。该案经历了一审、二审，2015 年法院判决对 L 商场的诉讼请求不予支持。

2016 年 L 商场再次以构成不当得利为由向法院起诉 X 房产管理所、F 公司，要求

---

① 参见胡振玲、刘学在：《略论诉之预备合并》，载《政治与法律》2000 年第 3 期。

② 参见李丽峰、浦欣：《预备合并之诉若干问题研究》，载《环球法律评论》2012 年第 3 期。

③ 参见袁琳：《基于"同一事实"的诉的客观合并》，《法学家》2018 年第 2 期。

X 房产管理所、F 公司返还所垫付费用约 39 万元及利息（以下简称后诉）。该案经历了一审、二审、再审。2018 年再审法院作出裁定认为，两诉诉讼请求系基于同一事实提起的相同诉讼请求，构成重复起诉。①

【案例 B】 2015 年 X 公司依据协议向法院起诉 T 公司与肖某文，请求法院判令 T 公司、肖某文偿还 X 公司欠款 300 万元及利息（以下简称前诉）。该案经历了二审、再审。法院判决认为，无法认定 300 万元汇款系本案债权转让款，不支持当事人的诉讼请求。

2019 年 X 公司再次提起诉讼，以不当得利为由向 T 公司主张 300 万元汇款及利息。该案经历了一审、二审、再审。2020 年再审法院裁定认为，X 公司在前诉主张的是合同债权，在后诉主张的是不当得利债权，此系两种不同性质的实体法律关系，且在前诉判决中，法院并未就 X 公司与 T 公司之间是否成立不当得利法律关系进行实质审查和裁判，故本案不属于重复起诉。②

上述案例 A 与案例 B 均为原告就纠纷事实的性质以及产生的法律效果认识不明确，先依据合同向被告主张欠款，在法院未予以支持该主张后，再以不当得利为由主张被告返还同一款项，而两案例中后诉的再审法院对后诉是否成立重复起诉作出了不同的认定。

在案例 A 中后诉的再审法院认为两诉诉讼请求是基于同一事实而提出的，实质上相同，构成重复起诉。在该案中，原告在后诉中提出的诉讼请求并未得到法院的裁判，原告所主张的不当得利纠纷争议未能得以解决。虽然法院认定后诉构成重复起诉，避免了重复审理与矛盾裁判的作出，但是当事人之间的纠纷未能有效解决，不利于当事人程序权利与实体权利的保障。

在案例 B 中，首先，从前后两诉诉讼请求成立的前提来看，两者存在冲突；其次，两诉诉讼请求针对的对象均为 300 万元汇款；最后，两诉诉讼请求基于的事实理由皆相同。因此，后诉的再审法院认定后诉与前诉不构成重复起诉，则违背了禁止重复起诉制度，可能产生矛盾裁判，造成纠纷的反复。

【案例 C】 2015 年 K 公司因 M 药店销售侵犯 K 公司商标权的伪劣药品向法院提起诉讼起诉 M 药店的投资经营者付某军，诉讼请求包括：停止侵犯原告商标专用权、赔礼道歉、消除影响以及赔偿原告经济损失（以下简称前诉）。法院判决驳回了原告的诉讼请求。

2017 年 K 公司再次因 M 药店销售侵犯 K 公司商标权的伪劣药品向法院起诉 M

---

① 参见陕西省高级法院(2018)陕民申 42 号民事裁定书。
② 参见湖南省高级法院(2020)湘民申 240 号民事裁定书。

药店,诉讼请求包括:M 药店停止侵犯原告注册商标专用权、赔礼道歉、消除影响以及赔偿原告经济损失(以下简称后诉)。该案经历了一审、二审、再审。再审法院认为,"基于同一侵权事实,基本相同的诉讼请求、起诉相同的民事责任承担主体,构成重复起诉。"①

原告起诉时对被告的选择也常会出现此类情况,在上述案例 C 中,结合《民诉解释》第 59 条第一款规定②与《民法典》第 56 条规定③来看,因付某军是 M 药店债务的实际承担者,两者存在紧密关系,同时对 M 药店的字号存在与否不明确,导致了当事人重复起诉。一方面增加了当事人的诉讼成本;另一方面,意味着原告只能选择两者中的一者,增加了其败诉的风险,不利于当事人权利的保障。

综合来看,由于诉的预备合并制度的缺失,当事人因对纠纷事实的性质认识不明确或对责任承担者的认定不明确而提出前后两诉,皆是针对同一事项的重复起诉,就审理法院而言,在此类案件中,不管认定后诉成立重复起诉还是不成立重复起诉均存在难以避免的缺陷。

三、强制反诉制度的缺失

强制性反诉(Compulsory Counterclaim)制度是《美国联邦民事诉讼规则》所规定的制度,是指根据法律规定,针对被诉被告所提出的符合相关条件的请求,必须在本诉中作为反诉提出,而不得另行起诉。④

《民诉解释》第 247 条关于重复起诉的规定,实际上隐含了强制反诉制度的内容。此从司法解释起草者对《民诉解释》第 247 条解读中可以明显看出来。如,甲向法院起诉乙,请求确认某法律关系有效;后乙也向法院起诉甲,请求确认该法律关系无效。又如,甲起诉乙请求乙依法某法律关系履行给付义务,后乙也向法院起诉甲请求确认该法律关系无效。对于这两种情形,最高法院都认为符合《民诉解释》第 247 条规定的重复起诉条件。⑤ 显然,上述两种情形均符合反诉的条件。反诉,是指在诉讼程序进行中,本诉被告针对本诉原告向法院提出的独立的反请求。对于反诉的条件,各国

---

① 参见湖北省高级法院(2018)鄂民终 220 号民事裁定书。

② 《民诉解释》第 59 条第一款规定:"在诉讼中,个体工商户以营业执照上登记的经营者为当事人。有字号的,以营业执照上登记的字号为当事人,但应同时注明该字号经营者的基本信息。"

③ 《民法典》第 56 条第一款规定:"个体工商户的债务,个人经营的,以个人财产承担;家庭经营的,以家庭财产承担;无法区分的,以家庭财产承担。"

④ 参见刘学在:《美国民事诉讼中的反诉、交叉诉讼与引入诉讼介评》,载《华东政法学院学报》2003年第 6 期。

⑤ 参见最高人民法院修改后民事诉讼法贯彻实施工作领导小组编著:《最高人民法院民事诉讼法司法解释理解与适用》(上),人民法院出版社 2015 年版,第 635 页。

做法不同,我国理论界也存在不同看法。①《民诉解释》第 233 条②规定了我国反诉的条件。提起反诉是被告的一项重要的诉讼权利,③在符合反诉条件的情形下,是否提起反诉应由被告决定,被告可以在本诉进行中提起反诉,也可以另行起诉。但是依据《民诉解释》第 247 条的规定,在符合反诉条件的情形下,被告若不在本诉进行中提出反诉而是另行起诉就可能构成重复起诉,法院将裁定不予受理或者裁定驳回起诉。④在我国缺乏明确的强制反诉制度情况下,若完全机械地适用《民诉解释》第 247 条所规定重复起诉条件,可能损害《民事诉讼法》所规定的被告提起反诉的权利。以下 3 种情形中后诉被认定构成重复起诉,主要原因是缺乏强制反诉制度:

(一) 前后诉分别请求肯定与否定法律关系的效力

如,在同一合同的双方当事人之间,前诉中一方当事人请求确认合同有效,后诉中另一方当事人请求确认合同无效。实践中多以前后诉当事人、诉讼标的相同,后诉诉讼请求实质否定前诉裁判结果为由,认为后诉构成重复起诉,进而否定后诉的正当性,如下述案例所示。

1999 年 12 月 5 日,韩某善与 H 镇人民政府(后更名为 H 镇街道办事处)签订《浅海滩涂有偿使用合同》。合同载明:发包方为 H 镇人民政府;承包方为韩某善。合同面积为 500 亩,使用用途主要有滩涂养殖、浅海底播养殖和筏式养殖。

2017 年,韩某善以 H 镇街道办事处为被告向法院提起诉讼,案由为确认合同效力纠纷,请求确认双方于 1999 年签订的《浅海滩涂有偿使用合同》有效。该案经法院一审判决认定合同依法成立并合法有效。⑤

2021 年,H 镇街道办事处以韩某善为被告向法院提起诉讼,案由为渔业承包合同纠纷,请求确认《浅海滩涂有偿使用合同》部分无效。一审法院判决确认 H 镇街道办事处(原名为 H 镇人民政府)与韩某善于 1999 年 12 月 5 日签订的《浅海滩涂有偿使用合同》部分合同内容于 2005 年 4 月 25 日起无效。⑥

---

① 参见王国征:《完善我国反诉制度之构想》,载《法学评论》1997 年第 5 期。

② 《民诉解释》第 233 条第一款规定:"反诉的当事人应当限于本诉的当事人的范围。"第二款规定:"反诉与本诉的诉讼请求基于相同法律关系、诉讼请求之间具有因果关系,或者反诉与本诉的诉讼请求基于相同事实的,人民法院应当合并审理。"第三款规定:"反诉应由其他人民法院专属管辖,或者与本诉的诉讼标的及诉讼请求所依据的事实、理由无关联的,裁定不予受理,告知另行起诉。"

③ 《民事诉讼法》第 51 条中规定,"被告可以承认或者反驳诉讼请求,有权提起反诉。"

④ 已有学者倾向于《民诉解释》第 247 条隐含了强制反诉的规定。参见严仁群:《既判力客观范围之新进展》,载《中外法学》2017 年第 2 期。

⑤ 参见青岛海事法院(2017)鲁 72 民初 1138 号民事判决书。

⑥ 参见青岛海事法院(2021)鲁 72 民初 77 号民事判决书。

一审判决作出后韩某善提起上诉,二审法院认为,本案与前诉当事人相同,诉讼标的相同,本案诉讼请求与前诉诉讼请求相反,实质上否定了前诉的裁判结果,因此,本案构成重复起诉。[①]

在韩某善与 H 镇人民政府之间的合同纠纷案件中,前诉中韩某善请求确认其与 H 镇人民政府所签订的《浅海滩涂有偿使用合同》有效,并获得生效判决的支持;针对这一合同效力的问题,H 镇人民政府在后诉中请求确认合同无效,前后诉的诉讼请求之间显然符合反诉的条件,当 H 镇人民政府未在前诉中将该请求作为反诉提出而是另行起诉时,却被后诉法院以构成重复起诉为由予以驳回。实践中的这一做法,得以反映出《民事诉讼法》所规定的被告提起反诉的权利存在着无法实现的制度风险,亦体现出确立强制反诉制度的现实需求。

(二) 后诉诉讼请求否定前诉诉讼请求所依据的法律关系

针对前诉中争议法律关系的一方依据该法律关系请求对方履行约定义务,后诉中该争议法律关系的另一方对该法律关系存在与否提出质疑的情形,实践中亦多认定后诉构成重复起诉的案件。如下述所示案例:

2015 年,T 厂通过 R 物流公司先后向李某坤发送饲料 22 000 公斤,价值 132 000 元。

2016 年,T 厂以李某坤为被告向法院提起诉讼,案由为买卖合同纠纷。一审庭审中,李某坤认可其收到了 T 厂提供的上述发货单上的货物,并对金额及数量均无异议,但认为上述货物系 T 厂工作人员杨某成向李某坤提供,且已向杨某成付清货款。T 厂提供其与李某坤签订的《饲料购销协议》一份,用于证实其与李某坤签订的合同约定了饲料价格及违约责任。李某坤对该购销协议上"李某坤"签字不予认可,认为不是李某坤本人所签。该案二审判决,认定李某坤与 T 厂之间存在买卖合同关系,李某坤应当向 T 厂支付货款。[②]

2021 年,李某坤以 T 厂为被告向法院提起诉讼,案由买卖合同纠纷,主张确认与 T 公司之间不存在买卖合同关系,并要求 T 公司返还已经执行的案款和损失。本案再审法院认为,本案的诉讼请求,实质否定前诉裁判结果,构成重复起诉。[③]

在 T 厂与李某坤之间买卖合同纠纷案件中,前诉中 T 厂依据其与李某坤之间的买卖合同请求李某坤支付货款,并获得生效判决的支持;后诉中,李某坤主张前诉中所涉的买卖合同关系不存在。本案后诉中李某坤所提之诉亦符合反诉的条件,而对

---

① 参见山东省高级法院(2021)鲁民终 1241 号民事裁定书。
② 参见新疆维吾尔自治区乌鲁木齐市中级法院(2018)新 01 民终 1036 号民事判决书。
③ 参见新疆维吾尔自治区高级法院(2021)新民申 1788 号民事裁定书。

李某坤所提之另诉,法院亦认为后诉的诉讼请求实质否定前诉裁判结果,认定构成重复起诉进而否定后诉的正当性。实践中的这一做法将"迫使"前诉被告在前诉的诉讼过程中即提出反诉,避免选择另诉时被认定为构成重复起诉。在当前我国并未规定强制反诉制度的情形下,将前诉被告通过另诉的方式所提出之诉径行认定为重复起诉的做法,亦与《民事诉讼法》中将提起反诉作为被告的一项诉讼权利之规定违背。

(三) 前后诉针对同一法律关系项下给付义务的争议

针对前后诉基于同一法律关系所产生的给付义务,对其履行数额分别提出截然相反的诉讼请求之情形,当法律关系主体未在前诉中提起反诉而是另行起诉时,实践中亦存在着径行认定后诉构成重复起诉的情形。如下述所示案例:

2014 年,Z 公司与 S 公司签订《装饰工程施工专业分包合同》,约定 Z 公司将某装饰工程发包给 S 公司施工。

S 公司于 2013 年底进场施工,2016 年完工后交付使用。Z 公司已支付给 S 公司工程款约 17 000 万元。

2018 年,Z 公司以 S 公司为被告向法院提起诉讼,案由为建设工程施工合同纠纷,主张 S 公司向 Z 公司返还超额支付的工程款;S 公司提起反诉后又撤回反诉。法院判决认定,系争工程造价为约 16 000 万元,Z 公司已经支付给 S 公司工程款约 17 000 万元,故 S 公司应当返还给 Z 公司工程款约 1000 万元。[①]

2020 年,S 公司以 Z 公司为被告,案由为建设工程施工合同纠纷,主张 Z 公司少付 S 公司工程款。一审法院认为,S 公司在本案中的诉讼请求是要求 Z 公司向其支付剩余工程款,而前诉的判决结果为 S 公司向 Z 公司返还多付的工程款,故本案的诉讼请求实质上系对前诉判决结果的否定;本案与前诉的当事人、诉讼标的亦相同,故本案构成重复起诉。[②] 一审裁定作出后 S 公司提起上诉,二审法院亦认为构成重复起诉。[③] 二审裁定作出后 S 公司申请再审,再审法院认为,S 公司在本案中的诉讼请求,实质上意图否定已经生效的前诉判决的裁判结果,遂认定后诉构成重复起诉。[④]

在 Z 公司与 S 公司之间的建设工程施工合同纠纷案件中,针对 Z 公司基于其与 S 公司所签订的建设工程施工合同而向 S 公司支付的工程款,前诉中 Z 公司主张 S 公司向 Z 公司返还超额支付的工程款;后诉中针对同一合同法律关系项下的工程款,S

---

① 参见上海市浦东新区法院(2018)沪 0115 民初 12565 号民事判决书。
② 参见上海市第一中级法院(2020)沪 01 民初 134 号民事裁定书。
③ 参见上海市高级法院(2020)沪民终 434 号民事裁定书。
④ 参见最高法院(2021)最高法民申 1163 号民事裁定书。

公司主张 Z 公司向其支付剩余工程款。在该案中,作为前诉被告的 S 公司在前诉中提出了反诉之后又将其撤回,其后又将前诉中撤回的反诉请求通过另行起诉的方式提出。针对这一情形,最高法院亦以"后诉诉讼请求实质上意图否定已经生效的前诉判决的裁判结果"为由,认定后诉构成重复起诉。

四、中间判决制度的缺失

(一) 中间判决的定义

中间判决是英美法系[①]和大陆法系国家德、法、日和我国台湾地区民事诉讼法上的一项制度。如,《德意志联邦民事诉讼法》第 303 条和第 304 条[②]、《日本民事诉讼法典》第 245 条[③]以及我国台湾地区"民事诉讼法"(2018 年修正)第 383 条[④]均明确规定了中间判决。

关于中间判决的定义,尚存在不同的表达。在我国台湾地区,有学者认为,依是否具有终结审级程序效力为标准可将判决分为终局判决和中间判决。中间判决是指仅对诉讼过程中的中间争点所作的判决,并不针对诉讼标的本身,其仅供进行终局判决之用,不能终结审级程序。[⑤] 也有学者认为,中间判决是指在诉讼过程中对不涉及诉讼标的的中间争点作出的不发生终结审级效力的判决。[⑥] 在我国大陆地区,张卫平教授认为,中间判决是指诉讼过程中法院对某些事项作出的判决,其目的是为终结判

---

① 有学者指出,英美法系国家也存在中间判决制度,其适用的事项为双方当事人争议并动议法庭回应的所有实体事项。但由于英美法系国家的判决与我国判决在定义、种类、适用范围、救济途径等方面没有太多的可比性,因此我国学者研究中间判决多是从大陆法系视角出发的。参见傅郁林:《先决问题与中间裁判》,载《中国法学》2008 年第 6 期。也有学者认为,《美国联邦民事诉讼规则》第 52 条(c)关于部分事实认定的判决包含了与大陆法系中间判决相类似的内容,参见谢阿桑:《关于确立我国民事诉讼中间判决制度的思考》,载《现代法学》2004 年第 3 期。

② 《德意志联邦民事诉讼法》第 303 条规定:"〔中间判决〕中间争点达到可以裁判的时候,可以中间判决作出裁判。"第 304 条规定:"〔对于原因的终局判决〕(1)对于请求的原因和数额都有争执的,法院可以先就原因进行裁判。(2)这种判决,关于上诉,视为终局判决;但法院认为请求有理由时,可以依申请命令就数额进行辩论。"见《德意志联邦民事诉讼法》,谢怀栻译,中国法制出版社 2001 年版,第 73-74 页。

③ 《日本民事诉讼法典》第 245 条规定:"【中间判决】裁判所对于独立的攻击或防御方法以及其他中间争议,认为适于作出裁判的,可作出中间判决。对于请求原因以及数额存在争议时,关于请求原因也可作出中间判决。"见《日本民事诉讼法典》,曹云吉译,厦门大学出版社 2017 年版,第 77 页。

④ 我国台湾地区"民事诉讼法"(2018 年修正)第 383 规定:"(中间判决)各种独立之攻击或防御方法,达于可为裁判之程度者,法院得为中间判决。请求之原因及数额有争执时,法院以其原因为正当者,亦同。诉讼程序上之中间争点,达于可为裁判之程度者,法院得先为裁定。"

⑤ 参见陈荣宗、林庆苗:《民事诉讼法》(修订 9 版)(下),台北三民书局 2021 年版,第 170 页。

⑥ 参见姜世明:《民事诉讼法基础论》,台湾元照出版有限公司 2006 年版,第 147 页。

决做准备,不具有终结诉讼程序的效力。① 傅郁林教授认为,中间判决是指对诉讼标的以外的事项作出的不能在本审级内终结诉讼审理的判决。② 中间判决的概念涉及中间判决适用范围和效力,上述关于中间判决的几种定义的区别在于对中间判决适用范围的不同表达。相比较而言,傅郁林教授对中间判决的定义更简洁一些。不过,需要指出的是,并非诉讼标的以外的一切事项均可适用中间判决。

(二)中间判决与纠纷一次性解决理念

中间判决与纠纷一次性解决理念之间的介体是中间判决的适用对象。

关于中间判决的适用范围,根据上述《德意志联邦民事诉讼法》第 303 条、《日本民事诉讼法典》第 245 条和我国台湾地区"民事诉讼法"第 383 条,其包括独立的攻击或防御方法、中间争点、请求原因及数额。③ 其中,作为中间判决适用对象的请求原因有其特定含义。

所谓独立的攻击防御方法,是指可以独立直接使特定权利或义务发生、变更或消灭的攻击防御方法。④ 如,原告基于所有权所生物上请求权请求被告返还某物,并主张其取得该物的所有权是根据买卖合同,该主张即为独立的攻击方法。被告抗辩,其占有该物是基于租赁合同,该主张即为独立的防御方法。⑤ 所谓中间争点,是指涉及诉讼程序的开始、进行、终结等事项。请求原因是指作为诉讼标的的权利本身是否存在的事项。⑥ 如,黄某因与廖某互殴受伤住院治疗花费 1.5 万元医疗费,黄某向法院起诉廖某要求赔偿医疗费。诉讼过程中,廖某否认有打伤黄某的事实,同时认为黄某的请求数额过高。若法院经审理认为不存在廖某有打伤黄某的事实,则应当作出终局判决驳回黄某的诉讼请求;若法院经审理认为存在廖某有打伤黄某的事实,只是赔偿数额大小需要确定,则可以作出中间判决认定黄某的损害赔偿请求的原因正当。⑦

当独立的攻击防御方法、中间争点、请求原因达到可以裁判的程序,但诉讼没有到此程度,⑧法院可以作出中间判决。法院对该部分的中间判决可以增加诉讼的层次

---

① 参见张卫平:《民事诉讼法》(第 5 版),法律出版社 2019 年版,第 438 页。
② 参见傅郁林:《先决问题与中间裁判》,载《中国法学》2008 年第 6 期。
③ 不过,在理论上也有学者将中间判决适用范围概括为实体性先决事项、程序性先决事项和攻击防御事项。参见傅郁林:《先决问题与中间裁判》,载《中国法学》2008 年第 6 期,第 155 页。
④ 参见《日本民事诉讼法典》,曹云吉译,厦门大学出版社 2017 年版,第 77 页。
⑤ 参见杨建华:《民事诉讼法要论》,郑杰夫增订,北京大学出版社 2013 年版,第 307 页。
⑥ 参见《日本民事诉讼法典》,曹云吉译,厦门大学出版社 2017 年版,第 77 页。
⑦ 参见林家祺、刘俊麟:《民事诉讼法》(7 版),台北书泉出版社 2008 年版,第 511 页。
⑧ 参见杨建华:《民事诉讼法要论》,郑杰夫增订,北京大学出版社 2013 年版,第 306-307 页。

性,帮助纠纷一次性解决。若中间判决的事项是当事人无争议的事项,则中间判决以判决的形式将其固定下来,提高诉讼效率;若中间判决的事项是当事人存在争议的事项,则中间判决对其先行作出判决,以便当事人及时调整诉讼策略,保障当事人充分行使辩论权。

本 章 小 结

本章针对第三章所述司法实践中重复起诉认定标准所存在的问题,进行原因剖析。

司法实践中存在的重复起诉认定标准问题,既有相关规定不完善的原因,也有法官未严格依法裁判的原因。既有实务方面的原因,也有理论方面的原因。主要原因有:第一,法官未严格依法裁判和有关理论混乱;第二,重复起诉认定标准各要素概念不明确;第三,对重复起诉认定标准个要素之间关系存在不同认识;第四,我国现行纠纷一次性解决机制容量不足。

第五章 我国重复起诉认定标准的完善

第一节 重构我国重复起诉认定标准

一、我国关于重复起诉认定标准的理论和实践

（一）我国学界关于重复起诉认定标准的争议

在导言部分已经谈到,尽管许多国家和地区的法律规定均禁止重复起诉,但除了《俄罗斯联邦民事诉讼法典》和我国《澳门民事诉讼法典》对认定重复起诉标准有明确规定外,其他国家和地区都将重复起诉认定标准交由学理去解释。即便是对重复起诉认定标准有明确规定的《俄罗斯联邦民事诉讼法典》和我国《澳门民事诉讼法典》,其对重复起诉认定标准的规定也不相同。重复起诉,前提条件是存在前诉和后诉,如何判断前诉和后诉是否相同,从比较法角度看,是不存在固定模式的。不仅不同国家和地区之间理解不同,即使是同一国家和地区内部,不同学者的理解也不尽相同。

尽管《民诉解释》第247条、第248条将重复起诉认定标准的要素界定为当事人、诉讼标的、诉讼请求、新的事实等4项,但在理论上对重复起诉认定标准要素究竟应当包括哪些是有争议的。

1. 一要素说

有学者对《民诉解释》第247条中将当事人和诉讼请求也列为重复起诉认定标准要素提出质疑,认为当事人要素对于判断前后两诉是否构成重复起诉并无太大实益,而诉讼请求是诉讼标的的构成要素之一,被包含在诉讼标的之中。因而,应以诉讼标的作为重复诉讼判断标准的唯一要素。[1][2]

2. 准一要素说

有学者主张我国重复起诉的认定标准原则应当仅以诉讼标的作为唯一的要素,例外情形也要考虑当事人要素、主要事实和理由要素、诉讼请求要素。具体而言,判

---

[1] 参见段厚省：《重复诉讼判断标准检讨——以法释(2015)5号第247条为分析对象》,载《甘肃政法学院学报》2019年第5期。

[2] 相同观点类似表述的另见陈巍：《重复起诉认定标准之重构》,载《中外法学》2020年第6期。

断重复起诉的标准是一项原则加四种例外。[①]

3．二要素说

该观点主张认定重复起诉的标准要素包括当事人与诉讼标的。具体理由不尽相同。

有学者对二要素说与三要素说进行比较研究，认为将诉讼请求作为重复起诉认定标准要素不合理，不符合诉讼标的概念的本意，即重复起诉认定标准要素仅包括当事人与诉讼标的。[②] 也有学者主张我国应当以诉的要素作为重复起诉认定的标准，即重复起诉认定标准要素包括当事人与诉讼标的。[③]

4．三要素说

有学者主张，重复起诉认定的标准要素包括起诉处于诉讼系属中与案件的同一性；其中案件的同一性主要是指前诉案件与后诉案件的当事人同一与诉讼标的同一。[④]

（二）我国实践中对重复起诉认定标准的做法

正如在第一章第一节中所述，《民诉解释》之前无论是在审判解释和司法文件中还是在个案中最高法院对重复起诉认定标准均有不同看法。《民诉解释》第247条和第248条统一了重复起诉的认定标准。

根据《民诉解释》第247条和第248条，重复起诉认定标准的应然模式为"当事人＋诉讼标的＋诉讼请求＋新的事实"模式，即重复起诉具备四项要素，但在实践中仍存在诸多重复起诉的认定标准。如表2-6所示，在350份存在认定标准的最高法院裁判文书中，存在着52种不同的重复起诉认定模式，其中采"当事人＋诉讼标的＋诉讼请求＋新的事实"模式文书仅有16份，占比为4.57％；即使是采"当事人＋诉讼标的＋诉讼请求"模式文书也仅有141份，占比约40％。根据表2-4来看，在260份样本中最高法院认定是否构成重复起诉所考虑的要素达19种，法定要素仅有4种，而法定外要素占比接近80％。

二、域外关于重复起诉认定标准讨论

在导言部分对域外关于重复起诉认定标准的考察中已经指出，仅在《俄罗斯联邦民事诉讼法典》与我国《澳门民事诉讼法典》中明确了重复起诉的认定标准，其他立法

---

① 参见陈巍：《重复起诉认定标准之重构》，载《中外法学》2020年第6期。

② 参见严仁群：《既判力客观范围之新进展》，载《中外法学》2017年第2期。

③ 参见夏璇：《论民事重复起诉的识别及规制——对〈关于适用〈中华人民共和国民事诉讼法〉的解释〉第247条的解析》，载《法律科学（西北政法大学学报）》2016年第2期。

④ 参见张卫平：《民事诉讼法》（第5版），法律出版社2019年版，第304页。

均是抽象地规定禁止重复起诉,并无具体的认定重复起诉标准的规定,学理上不同学者对重复起诉认定标准理解不尽相同。

(一) 大陆法系学者对重复起诉认定标准的看法

针对《德意志联邦民事诉讼法》第261条所规定的禁止重复起诉,有学者认为,德国法上重复起诉认定标准包括:当事人同一和诉讼标的同一。就当事人同一而言,不仅包括前后两个诉的当事人双方相同(包括当事人角色互换),还包括前后诉中的权利继受和诉讼担当。① 也有学者认为,德国法中重复起诉的构成要件包括主观要件和客观要件,主观要件即指当事人同一;客观要件,就是诉讼标的同一。②

针对《日本民事诉讼法典》第142条所规定的禁止重复起诉,学者们对构成重复起诉的要件的认识也不一。③ 早期以兼子一教授为代表的学者认为,判断是否重复起诉唯一标准就是诉讼标的,即诉讼标的是重复起诉的唯一构成要件。也就说,只有前后两诉的诉讼标的相同,即前后两诉的实体权利完全一致,才构成重复起诉。因按照这一标准构成重复起诉的情形十分有限,该观点遭到摒弃。当代日本学界在重复起诉构成要件问题上存在弱化诉讼标的的重要性的倾向。如,伊藤真教授虽然也认为诉讼标的是重复起诉的唯一构成要件,但其所说的诉讼标的指的是社会生活关系、主要的要件事实,即只有前后两诉的诉的诉讼标的所依据的社会生活关系相同、主要的要件事实共通时才构成重复起诉。新堂幸司教授将主要争点的共通性作为判断前后两诉诉讼标的是否相同的标准。④ 中村英郎教授认为,重复起诉的构成要件包括两诉同时系属于法院、当事人相同与诉讼对象相同。⑤⑥ 高桥宏志教授认为,重复起诉的构

---

① 参见[德]奥特马·尧厄尼希:《民事诉讼法》(第27版),周翠译,法律出版社2003年版,第222页。

② 参见廖浩:《德国法上重复起诉禁止制度评析》,载张卫平、齐树洁主编:《司法改革评论》(第21辑)厦门大学出版社2016年版,第302页。

③ 对于《日本民事诉讼法典》第142条,前述白绿铉教授、曹云吉博士均将该法条的标题译为"禁止提起重复诉讼",且所针对的是"案件";而史明洲博士将《日本民事诉讼法典》第142条解释为是关于禁止重复系属的规定,且所针对是"事件",参见史明洲:《日本诉讼标的理论再认识——一种诉讼哲学观的转向》,载《法学论坛》2017年第6期。本书接受前一种译法。

④ 参见史明洲:《日本诉讼标的理论再认识——一种诉讼哲学观的转向》,载《法学论坛》2017年第6期。

⑤ 参见[日]中村英郎:《新民事诉讼法讲义》,陈刚等译,法律出版社2001年版,第141页。

⑥ 需要指出的是,中村英郎教授认为,"禁止重复诉讼的原因在于防止既判力的抵触,因而是否构成重复起诉也要看前诉的既判力是否及于再诉的诉讼对象。当前诉判决的既判力及于再诉的诉讼对象时,再诉就会因前诉诉讼系属的效力而成为不适法诉讼。"见[日]中村英郎:《新民事诉讼法讲义》,陈刚等译,法律出版社2001年版,第141-142页。本书认为,中村英郎教授该论述并没有做到逻辑自洽,理由为其在承认判断重复起诉的前提是前诉处于诉讼系属之中,同又用前诉的判决既判力来判断后诉的诉讼对象与前诉的诉讼对象是否相同,而任何一个诉的诉讼系属与既判力都是不能同时存在的。

成要件包括：当事人相同、审判对象（诉讼上的请求、诉讼标的）的相同与近似、主要争点（攻击防御方法）的共通性。[①]

针对我国台湾地区"民事诉讼法"第 253 条所规定的禁止重复起诉，学者们对重复起诉认定标准除诉讼系属要素相同外，对还需具备哪些要素的认识不尽相同，第一种观点认为，重复起诉的认定标准为：同一当事人和同一诉讼标的。[②] 第二种观点认为，重复起诉的认定标准包括：当事人同一性、诉讼标的同一性和诉之声明同一性。其中，诉之声明同一性包括两诉的声明相同、相反或可代用。[③] 依第一种观点，重复起诉的认定标准要素除了诉讼系属，包括当事人和诉讼标的，而第二种观点在第一种观点要素基础上增加了诉之声明。两种观点的分歧在于诉之声明是否属于认定重复起诉标准的要素。

（二）英美法系学者对重复起诉认定标准的看法

有美国学者认为，《美国联邦民事诉讼规则》第 8 条(c)中的既决事项构成要素包括："(1)已进行到对实质性问题作出终局和生效判决承担的前次诉讼；(2)现在的诉讼是基于与前次诉讼相同的请求而提出的；(3)两个诉讼的当事人相同或者有'相互关系'(in privity)。"[④]也有美国学者认为，重复诉讼的构成要件包括相同管辖、相同当事人、相同诉因(cause of action)；如果在后诉(second action)主张(assert)的诉讼请求(claim)与前诉不同，则后诉不能被终止，而且终止诉讼的效果只有在诉由(cause)完全相同时才会产生，即便是接近一致(approximate identity)也不行。[⑤]

由此可见，关于重复起诉的认定标准的认识，不仅大陆法系与英美法系之间存在不同，即使在大陆法系内部不同国家、地区之间也存在不同，甚至在大陆法系的同一国家、地区内部也存在不同。

---

① 参见［日］高桥宏志：《民事诉讼法：制度与理论的深层分析》，林剑锋译，法律出版社 2007 年版，第 107-115 页。

② 参见陈荣宗、林庆苗：《民事诉讼法》(修订 9 版)(上)，台北三民书局 2020 年版，第 406-408 页；吴明轩：《禁止重诉规定效果之变化》，载《月旦法学教室》第 184 期(2018 年)。

③ 参见陈计男：《民事诉讼法论》(修订 4 版)(上)，台北三民书局 2007 年版，第 274 页；杨建华：《民事诉讼法要论》，郑杰夫增订，北京大学出版社 2013 年版，第 193-194 页；刘明生：《民事诉讼法实例研习》(2版)，台湾元照出版公司 2013 年版，第 157-163 页。

④ ［美］斯蒂文·N. 苏本等：《民事诉讼法——原理、实务与运作环境》，傅郁林等译，中国政法大学出版社 2004 年版，第 762 页。

⑤ Allan D. Vestal, Repetitive Litigation，45 IOWA L. REV. 525(1960).

（三）反对引入日本法和我国台湾地区法中既判力理论的理由

本书第四章第一节与第二节中已经指出，我国重复起诉认定标准混乱的原因之一是实践中法官运用既判力理论来解释重复起诉认定标准。

在本书第一章第二节四中已经提到，既判力有拉丁语 res judicata 意义上的既判力与日本法和我国台湾地区法上的既判力两种解释。我国民事诉讼法上重复起诉认定标准的确立，不宜引入日本法和我国台湾地区法上的既判力理论。理由如下：

1. 重复起诉所针对问题不同于既判力

从法的体系解释角度看，无论我国台湾地区"民事诉讼法"还是日本民事诉讼法其关于禁止重复起诉规定与既判力规定都在不同的部分和法律条款中，禁止重复起诉针对的是起诉的效力，而既判力针对的是判决效力，[①]禁止重复起诉与既判力是两个问题。

2. 日本法和我国台湾地区法对既判力的立法规定不尽相同

就既判力的客观范围而言，《日本民事诉讼法典》第114条将既判力的客观范围限定于确定判决的主文；而我国台湾地区"民事诉讼法"第400条将其限定于确定判决的主文经裁判的诉讼标的。就既判力的主观范围而言，除了当事人、为他人利益成为原告或被告两种情形相同外，其他情形均不尽相同。如，《日本民事诉讼法典》第115条规定的既判力的主观范围包括在口头辩论终结后成为当事人或者为他人利益成为原告或被告之人的诉讼承继人；相应的内容在我国台湾地区"民事诉讼法"第401条中为"诉讼系属后为当事人之继受人者"。不仅诉讼继受人的范围不同，而且成为诉讼继受人的时间也不同。

3. 重复起诉与既判力所处诉讼阶段不同

从逻辑上看，无论是从《日本民事诉讼法典》第142条与我国台湾地区"民事诉讼法"第253条的字面解释，还是从学者们的论述来看，讨论重复起诉的前提是前诉处于诉讼系属之中，此时不存在前诉的既判力问题。既判力是从判决效力来理解的，其虽然可解释一个案件经过法院审判并作出判决后，就不允许对该案件再次起诉审理，

---

① 关于判决的法律效力，学者间还存在不同认识。如，有学者认为，确定判决的法律效力包括既判力、执行力、形成力。参见陈荣宗、林庆苗：《民事诉讼法》（修订9版）（下），台北三民书局2021年版，第194页。也有学者认为，判决的效力包括判决的羁束力、判决的确定力和其他判决效力。其中判决的确定力又可分为形式上的确定力与实质上的确定力，判决实质上的确定力即既判力。判决的其他效力包括判决的形成力、判决的执行力、判决的附随效、判决的反射效、判决的波及效。参见陈计男：《民事诉讼法论》（修订4版）（下），台北三民书局2007年版，第51-87页。

但既判力的前提是存在一个生效的判决,此时前诉的诉讼系属已终结,[①]不存在讨论重复起诉的前提。

4. 理论上对日本法和我国台湾地区法上既判力存在不同理解

就既判力的概念而言,在我国翻译的日本著作中,有的翻译为既判力"是指确定判决对后诉的拘束力"。[②] 有的翻译为"确定判决之判断被赋予的共有性或拘束力就是既判力";"简而言之,不允许对该判断再起争执的效力就是既判力。"[③]

对于具有既判力的终局确定判决范围,日本学界也未形成统一看法。如,对形成判决和诉讼判决是否具有既判力,日本学界尚存在争议。[④]

对于既判力的客观范围,日本学者新堂幸司教授于 1963 年提出了争点效理论,对该理论日本学界存在诸多不同看法。[⑤]

就既判力的时间效力而言,我国台湾地区有的学者将判决发生既判力效力的时间节点称之为基准时,[⑥]也有的学者称为既判力标准时点。[⑦] 日本有学者将判决发生既判力效力的时间节点称之为标准时;[⑧]也有日本学者同时适用基准时与标准时。[⑨]对于既判力对其时间节点之前的事实主体和证据所产生的法律效力,日本有学者称之为遮断效或失权效。不过,对于遮断效或失权效,在日本学界是存在争议的。[⑩]

5. 我国民事诉讼法中重复起诉不同于日本法和我国台湾地区法上的重复起诉

日本法和我国台湾地区法上的禁止重复起诉是作为诉讼系属的效力之一,既判力理论可用来解释前诉诉讼系属终结后的当事人再次争议问题。而我国民事诉讼法

---

① 诉讼系属终结的事由包括终局判决的确定、诉之撤回、诉讼上的和解、当事人死亡无人承受诉讼以及法律规定视为当然终结等。参见陈计男:《民事诉讼法论》(修订 4 版)(上),台北三民书局 2007 年版,第271 页。

② [日]中村英郎:《新民事诉讼法讲义》,陈刚等译,法律出版社 2001 年版,第 229 页。

③ [日]高桥宏志:《民事诉讼法:制度与理论的深层分析》,林剑锋译,法律出版社 2007 年版,第 478 页。

④ 参见[日]中村英郎:《新民事诉讼法讲义》,陈刚等译,法律出版社 2001 年版,第 230 页。

⑤ 参见[日]高桥宏志:《民事诉讼法:制度与理论的深层分析》,林剑锋译,法律出版社 2007 年版,第516-548 页;张卫平:《重复诉讼规则研究:兼论"一事不再理"》,载《中国法学》2015 年第 2 期。

⑥ 参见杨建华:《民事诉讼法要论》,郑杰夫增订,北京大学出版社 2013 年版,第 329 页。

⑦ 参见陈计男:《民事诉讼法论》(修订 4 版)(下),台北三民书局 2007 年版,第 60 页。

⑧ 参见[日]高桥宏志:《民事诉讼法:制度与理论的深层分析》,林剑锋译,法律出版社 2007 年版,第490 页。

⑨ 参见[日]中村英郎:《新民事诉讼法讲义》,陈刚等译,法律出版社 2001 年版,第 234、236 页。

⑩ 参见[日]高桥宏志:《民事诉讼法:制度与理论的深层分析》,林剑锋译,法律出版社 2007 年版,第490 页。

中重复起诉包括前诉处于诉讼过程中重复起诉与前诉裁判生效后重复起诉,对两种情形下的重复起诉认定标准应采用统一的理论。①

6. 引入日本法和我国台湾地区法上的既判力理论将造成重复起诉认定标准不确定

对于既判力问题,在日本和我国台湾区,立法上存在不同规定,理论上存在不同理解。若在重复起诉认定标准上引入既判力理论,既判力理论本身的不统一加之诉讼标的的多义性,必将产生逻辑上的混乱。既判力客观范围是诉讼标的,因诉讼标的的含义有若干,既判力的客观范围也相应有若干。且既判力对第三人的效力,有的称之为既判力效力的扩张,有的称之为既判力的折射力,加上既判力的客观范围扩张,最后究竟既判力是什么无人能准确定义。若既判力的功能包括禁止重复起诉,既判力的客观范围是诉讼标的,诉讼标的又作为认定重复起诉的要素之一,必将因诉讼标的的和既判力的含义不确定导致重复起诉认定标准不确定甚至不存在。甚至还会存在重复起诉、诉讼标的、既判力三者之间循环定义的逻辑错误。

三、诉讼标的不应成为重复起诉认定标准

(一)实践中许多法院在判断是否构成重复起诉时未考虑诉讼标的的要素

诉讼标的在实践中并非法院判断重复起诉的必要要素,许多案件在没有对诉讼标的作出判断的情形下,能够对重复起诉作出判断。即禁止重复起诉制度的适用也可以不考虑诉讼标的的因素。

在《民诉解释》之前,重复起诉问题在司法实践中已经存在,诉讼标的并非判断案件是否构成重复起诉的要素。如表1-1所示,在《民诉解释》前,在5份最高法院重复起诉认定标准的中,仅有1份将诉讼标的作为重复起诉判断标准,占比20%。这一情况说明在《民诉解释》之前,最高法院在判断案件是否构成重复起诉时,也基本不考虑诉讼标的的因素。如,最高法院(2003)民二终字第169号民事裁定书中,即采"当事人+事实"模式。相关审判解释和司法文件在确定禁止重复起诉时,也未将诉讼标的作为判断重复起诉的要素,详见第一章第一节所述。

从重复起诉认定标准的总体运行情况看,如表2-4所示,在《民诉解释》后,最高法

---

① 基于类似的理由,本书也不赞同采用日本和我国台湾地区法中的诉讼系属理论来解释我国重复起诉认定标准,对于前诉裁判生效后重复起诉情形,根本就不存在诉讼系属问题。此外,关于诉讼系属问题,日本和我国台湾地区内部也存在不同看法。如,关于诉讼系属发生的时间,日本学界有认为自向法院提出诉状时起发生诉讼系属,有主张自诉状送达给被告时起发生诉讼系属。我国台湾学者多主张因起诉发生诉讼系属。参见陈荣宗、林庆苗:《民事诉讼法》(修订9版)(上),台北三民书局2020年版,第403页;陈计男:《民事诉讼法论》(修订4版)(上),台北三民书局2007年版,第271页。

院在判断是否构成重复起诉时将诉讼标的作为构成要素的样本有 201 份,占 387 份样本的 52%左右,即 50%左右的样本在判断是否构成重复起诉时没有将诉讼标的作为判断依据。从诉讼标的要素的运行状况来看,如图 2-37 所示,在 1011 份样本中,有 508 份样本未将诉讼标的作为重复起诉的判断标准之一,即超过 50%的样本法院在判断案件是否构成重复起诉时,未将诉讼标的作为重复起诉的判断依据。该数据与重复起诉认定标准的总体运行情况相差无几。以上数据共同说明,在司法实践中,约半数法院在判断重复起诉时不考虑诉讼标的的因素,即诉讼标的在大部分法院判断重复起诉的过程中并不是一个判断依据,法院在未适用诉讼标的要素时,也能够对是否构成重复起诉作出判断。

不仅如此,如表 2-13 所示,在上述 508 份法院未考虑诉讼标的要素的样本中,还存在 47 份样本法院在判断重复起诉时,适用“当事人＋诉讼请求”认定标准,即仅排除适用诉讼标的要素的情况。例如最高法院(2017)最高法民再 143 号民事裁定书中,最高法院依据《民诉解释》第 247 条规定认为,“本案当事人与 48 号案件当事人相同……两个案件的诉讼请求是包含关系,并无实质区别,故本案与 48 号案件实质上构成重复诉讼。”在该案中,法院认定重复起诉时仅未考虑诉讼标的要素,实际上隐含法院认为诉讼标的并非判断重复起诉的构成要素的态度,相比当事人要素和诉讼请求要素,诉讼标的要素明显被法院忽视。

甚至还有的法院明确将诉讼标的排除在重复起诉认定构成要素外,例如山东省人民法院(2018)鲁民终 623 号民事裁定书,法院依据《民诉解释》第 247 条规定,认为前诉与后诉的“诉讼标的有所不同”,但法院最终认为该案构成重复起诉,明确表示诉讼标的不是法院判断重复起诉的依据。

以上情形均表明,诉讼标的在重复起诉的判断中并非是必要的认定标准,法院在没有判断前后诉的诉讼标的是否相同的情况下也能够对后诉是否构成重复起诉作出判断。因此,诉讼标的可以排除在重复起诉认定标准之外。

(二)诉讼标的的内容不确定

对于诉讼标的,有点类似一千人眼中有一千个哈姆雷特情形。如表 2-14 所示,在 276 份分析样本中,法院对诉讼标的内涵的表述方式多达 95 种,不同法院对于诉讼标的内涵有不同理解,导致法院对诉讼标的表述复杂多样。一方面,法院对诉讼标的的元素构成数量有不同理解。部分法院以单元素表述诉讼标的内涵,部分法院以多元素表述诉讼标的内涵。另一方面,法院对诉讼标的内涵表述的元素类型也存在差异。如图 2-41 和图 2-42 所示,法院以单元素和以多元素表述诉讼标的内涵时,采用的元素类型也有巨大的差异。如图 2-44 所示,在 276 份分析样本中,法院对诉讼标的内涵的界定可以归纳为 10 种,而这 10 种类型的样本数量也有巨大的差异。可见,不同法院对诉讼标的内涵有不同理解,而不同理解的根源在于诉讼标的内容并不确定。

不仅不同法院对不同案件的诉讼标的内涵理解存在差异,即使同一案件不同审级法院对诉讼标的内涵理解也存在不同之处。综合图 2-45、图 2-47、图 2-48 所示的情况,不同审级法院对诉讼标的表述不同的分析样本有 20 份,占 31 份分析样本的 64%左右。这说明大部分案件,不同审级法院对同一案件的诉讼标的内涵表述不一样。在该 20 份分析样本中,有 17 份分析样本,不同审级法院对诉讼标的表述不同,但对前诉与后诉的诉讼标的是否相同作出的认定结果相同,如最高法院(2018)最高法民终 1333 号民事裁定书中,一审法院认为诉讼标的内涵为诉讼请求,二审法院认为诉讼标的内涵为事实和法律关系,一审法院和二审法院对同一案件的诉讼标的内涵表述不相同,在该案中,一审和二审法院对诉讼标的内涵表述不同,但针对前诉与后诉的诉讼标的是否相同作出的结论相同,说理不同能够得出相同的结论,这使得法院对诉讼标的是否相同作出的认定可信度降低;有 3 份分析样本,不同审级法院对前诉与后诉的诉讼标的是否相同作出的判断相反,如最高法院(2021)最高法民再 55 号民事裁定书中,一审法院认为诉讼标的内涵为民事法律关系客体,二审法院认为诉讼标的内涵为法律关系,再审法院认为诉讼标的内涵为请求权,一审法院、二审法院与再审法院之间对诉讼标的内涵的理解均不相同,在该案中,一审、二审法院对诉讼标的内涵表述不同,但均认为前诉与后诉诉讼标的相同,再审法院与一审、二审法院表述均不同,且认为前诉与后诉的诉讼标的不同,推翻了一审法院、二审法院的结论,在该案中,对诉讼标的内涵表述不同产生了两种完全相反的结论,对同一案件的诉讼标的,不同审级法院作出了三种不同的解释,最后对诉讼标的的认定结果也完全颠覆,这体现出诉讼标的内涵的空虚和无用,诉讼标的的要素的存在反而加大了法院对重复起诉认定的难度。

以上情况充分说明,诉讼标的内容极为不确定,这导致其作为重复起诉认定构成要素之一时,不但没有起到制度的规制作用,反倒给重复起诉的认定增加难度。法院对诉讼标的内涵的不同表述,更像是法院借用"诉讼标的"这个空壳,实际上是使用其他元素判断重复起诉。

(三)诉讼标的的实体法说不能解释第三人撤销之诉与执行程序中的异议之诉

依诉讼标的的实体法说,第三人撤销之诉与执行程序中的异议之诉①中将不存在诉讼标的。

---

① 依据最高法院 2020 年 12 月 29 日印发《关于修改〈民事案件案由规定〉的决定》(法〔2020〕346 号),第五十三个二级案由"第三人撤销之诉"仅包括一个三级案由,即第三人撤销之诉。第五十四个二级案由"执行程序中的异议之诉"包括的三级案由有执行异议之诉(含案外人执行异议之诉与申请执行人执行异议之诉);追加、变更被执行人异议之诉;执行分配方案异议之诉。

　　第三人撤销之诉是我国 2012 年修改《民事诉讼法》新增加的制度。[1][2][3]　关于第三人撤销之诉的诉讼标的,我国学者尚存在不同的看法:第一种观点认为,第三人撤销之诉属于形成之诉,但不同于一般形成之诉。第三人撤销之诉的诉讼标的是诉讼法上的请求权,该请求权针对的是法院。就此而言,第三人撤销之诉的诉讼标的类似于再审之诉的诉讼标的。[4]　第二种观点认为,应当按照新诉讼标的理论即诉讼声明说确定形成之诉的诉讼标的,形成之诉诉讼标的是原告诉的声明。第三人撤销之诉是一种诉讼法上形成之诉,其诉讼标的是第三人要求法院撤销原审确定判决的诉讼权利主张。[5]

　　执行程序中的异议之诉的诉讼标的不尽相同。执行异议之诉包括含案外人执行异议之诉与申请执行人执行异议之诉。执行异议之诉是我国《民事诉讼法》上的制度。[6][7]　执行异议之诉的诉讼标的是关于是否排除或继续对特定执行标的的执行行为。追加、变更被执行人异议之诉并非我国《民事诉讼法》上的制度,而是由司法解释

---

　　①　2012 年《民事诉讼法》增加第 56 条第三款:"前两款规定的第三人,因不能归责于本人的事由未参加诉讼,但有证据证明发生法律效力的判决、裁定、调解书的部分或者全部内容错误,损害其民事权益的,可以自知道或者应当知道其民事权益受到损害之日起 6 个月内,向作出该判决、裁定、调解书的人民法院提起诉讼。人民法院经审理,诉讼请求成立的,应当改变或者撤销原判决、裁定、调解书;诉讼请求不成立的,驳回诉讼请求。"

　　②　我国台湾地区"民事诉讼法"2003 年修改新增第三人撤销制度,规定于第 507 条之一至之五。其中,我国台湾地区"民事诉讼法"第 507 条之一规定:"有法律上利害关系之第三人,非因可归责于己之事由而未参加诉讼,致不能提出足以影响判决结果之攻击或防御方法者,得以两造为共同被告对于确定终局判决提起撤销之诉,请求撤销对其不利部分之判决。但应循其他法定程序请求救济者,不在此限。"见元照编辑委员会:《民事诉讼法》(第 6 版),台湾元照出版有限公司 2004 年版,第 401 页。

　　③　《法国民事诉讼法》第 582 条至第 592 条对第三人撤销之诉作了专章规定。参见《法国新民事诉讼法典》,罗结珍译,中国法制出版社 1999 年版,第 117-119 页。

　　④　参见张卫平:《中国第三人撤销之诉的制度构成与适用》,载《中外法学》2013 年第 1 期。

　　⑤　参见肖建华:《论第三人撤销之诉——兼论民事诉讼再审制度的改造》,载《云南大学学报(法学版)》2006 年第 4 期。

　　⑥　《民事诉讼法》第 227 条规定:"执行过程中,案外人对执行标的提出书面异议的,人民法院应当自收到书面异议之日起 15 日内审查,理由成立的,裁定中止对该标的的执行;理由不成立的,裁定驳回。案外人、当事人对裁定不服,认为原判决、裁定错误的,依照审判监督程序办理;与原判决、裁定无关的,可以自裁定送达之日起 15 日内向人民法院提起诉讼"此外,2020 年《民诉解释》第十五部分即第 304 条至 316 条专门规定了执行异议之诉。

　　⑦　"案外人执行异议之诉,是指案外人就执行标的享有足以排除强制执行之权利,请求法院不许对该标的实施执行之诉讼。"申请执行人执行异议之诉,"是指申请执行人对人民法院中止对特定标的的执行的裁定不服,认为案外人不享有足以排除强制执行之权利,请求法院继续对该执行标的的进行执行的诉讼。执行异议之诉的目的是请求人民法院排除或者继续对特定执行标的的执行行为。"见最高人民法院修改后民事诉讼法贯彻实施工作领导小组编著:《最高人民法院民事诉讼法司法解释理解与适用》(下),人民法院出版社 2015 年版,第 813 页。

所规定的一项制度。① 从相关司法解释的规定来看,追加、变更被执行人异议之诉的诉讼标的是关于人民法院作出的变更、追加裁定或驳回申请裁定的争议。执行分配方案异议之诉②也并非我国《民事诉讼法》上的制度,而是由司法解释所规定的一项制度。③ 按照司法解释起草者的解读,执行分配方案异议之诉的"目的在于解决争议当事人之间关于分配方案的争议"。④ 显然,执行分配方案异议之诉的诉讼标的是关于人民法院作出的执行分配方案的争议。综上,尽管执行程序中的异议之诉的诉讼标

---

① 《最高人民法院关于民事执行中变更、追加当事人若干问题的规定》(2016 年 8 月 29 日最高人民法院审判委员会第 1691 次会议通过,根据 2020 年 12 月 23 日最高人民法院审判委员会第 1823 次会议通过的《最高人民法院关于修改〈最高人民法院关于人民法院扣押铁路运输货物若干问题的规定〉等十八件执行类司法解释的决定》修正)第 32 条规定:"被申请人或申请人对执行法院依据本规定第 14 条第 2 款、第 17 条至第 21 条规定作出的变更、追加裁定或驳回申请裁定不服的,可以自裁定书送达之日起 15 日内,向执行法院提起执行异议之诉。被申请人提起执行异议之诉的,以申请人为被告。申请人提起执行异议之诉的,以被申请人为被告。"第 33 条规定:"被申请人提起的执行异议之诉,人民法院经审理,按照下列情形分别处理:(1)理由成立的,判决不得变更、追加被申请人为被执行人或者判决变更责任范围;(2)理由不成立的,判决驳回诉讼请求。诉讼期间,人民法院不得对被申请人争议范围内的财产进行处分。申请人请求人民法院继续执行并提供相应担保的,人民法院可以准许。"第 34 条规定:"申请人提起的执行异议之诉,人民法院经审理,按照下列情形分别处理:(1)理由成立的,判决变更、追加被申请人为被执行人并承担相应责任或者判决变更责任范围;(2)理由不成立的,判决驳回诉讼请求。"

② 执行分配方案异议之诉,是指在多个债权人对同一被执行人申请执行或者对执行财产申请参与分配的案件中,对分配方案提出异议的债权人或被执行人以对其异议提出反对意见的债权人、被执行人为被告,向执行法院提起诉讼。参见王国征:《民事诉讼法专题研究——以 2012 年〈民事诉讼法〉与 2015 年〈民诉解释〉为主要视角》,湘潭大学出版社 2017 年版,第 182 页。

③ 2020 年《民诉解释》第 512 条规定:"债权人或者被执行人对分配方案提出书面异议的,执行法院应当通知未提出异议的债权人、被执行人。未提出异议的债权人、被执行人自收到通知之日起 15 日内未提出反对意见的,执行法院依异议人的意见对分配方案审查修正后进行分配;提出反对意见的,应当通知异议人。异议人可以自收到通知之日起 15 日内,以提出反对意见的债权人、被执行人为被告,向执行法院提起诉讼;异议人逾期未提起诉讼的,执行法院按照原分配方案进行分配。诉讼期间进行分配的,执行法院应当提存与争议债权数额相应的款项。"《最高人民法院关于适用〈中华人民共和国民事诉讼法〉执行程序若干问题的解释》(2008 年 9 月 8 日最高人民法院审判委员会第 1452 次会议通过,根据 2020 年 12 月 23 日最高人民法院审判委员会第 1823 次会议通过的《最高人民法院关于修改〈最高人民法院关于人民法院扣押铁路运输货物若干问题的规定〉等十八件执行类司法解释的决定》修正)第 17 条规定:"多个债权人对同一被执行人申请执行或者对执行财产申请参与分配的,执行法院应当制作财产分配方案,并送达各债权人和被执行人。债权人或者被执行人对分配方案有异议的,应当自收到分配方案之日起 15 日内向执行法院提出书面异议。"第 18 条规定:"债权人或者被执行人对分配方案提出书面异议的,执行法院应当通知未提出异议的债权人或被执行人。未提出异议的债权人、被执行人收到通知之日起 15 日内未提出反对意见的,执行法院依异议人的意见对分配方案审查修正后进行分配;提出反对意见的,应当通知异议人。异议人可以自收到通知之日起 15 日内,以提出反对意见的债权人、被执行人为被告,向执行法院提起诉讼;异议人逾期未提起诉讼的,执行法院依原分配方案进行分配。诉讼期间进行分配的,执行法院应当将与争议债权数额相应的款项予以提存。"

④ 参见最高人民法院修改后民事诉讼法贯彻实施工作领导小组编著:《最高人民法院民事诉讼法司法解释理解与适用》(下),人民法院出版社 2015 年版,第 1349 页。

的各不相同,但都与法院的执行行为有关,或者是对是否排除或继续法院执行行为的争议(执行异议之诉),或者是对法院作出的变更、追加裁定或驳回申请裁定的争议(追加、变更被执行人异议之诉),或者是对法院作出的执行分配方案的争议(执行分配方案异议之诉),均不是民事实体法律关系争议或实体法上的请求权。

实体法说无法对执行异议之诉中的诉讼标的作出解释这一点在实践中也有体现。在1011份研究样本中,从案由来看,共有3份样本案由为执行异议之诉,有5份样本案由为案外人执行异议之诉。在这8份样本中,有5份样本没有将诉讼标的作为判断案件是否构成重复起诉的构成要素;有2份样本将诉讼标的作为判断案件是否构成重复起诉的构成要素之一,但未解释说明何谓诉讼标的;有1份样本将诉讼标的作为判断案件是否构成重复起诉的构成要素之一,在该案中法院将诉讼标的与诉讼请求混同说理,并且法院更偏向于将诉讼标的表述为诉讼请求。① 从以上数据看,在实践中,大部分法院会回避对执行异议之诉中诉讼标的的内涵作出界定,即使法院对诉讼标的的内涵作出界定也并非采实体法说。

在司法实践中,法院界定第三人撤销之诉中的诉讼标的的内涵时,也并非采用实体法学说。如(2020)最高法民终753号民事裁定书中,最高法院认为,"本案中J公司、刘某云、洪某祥起诉撤销(2019)苏民再230号调解书,主张其对案涉房产有所有权,但这一问题,已在上述另案生效判决中作出了处理,故前诉与后诉诉讼标的相同。"在该案中,法院将诉讼标的的内涵表述为"主张",即认为诉讼标的等同于诉讼请求,法院并非以实体法说界定诉讼标的的内涵。部分法院在作出判断时,不将诉讼标的作为判断重复起诉的标准之一,如湖北省高级法院(2019)鄂民终128号民事裁定书,二审法院认为,"廖某炳第三项诉讼请求为确认政府关闭S煤厂合法矿井配套奖补每矿800万元归廖某炳所有。该项诉请已经荆门中院95号生效判决作出裁判,廖某炳就同一事项再次起诉,符合《民诉解释》第247条规定的构成重复起诉的情形",在该案中,法院在判断重复起诉时未考虑诉讼标的的要素。部分法院在判断重复起诉时,回避对诉讼标的的内涵作出解释,如湖北省高级法院(2019)鄂民终1111号民事裁定书,二审法院认为前诉与后诉的诉讼标的相同,但未对诉讼标的的内涵作出解释,也未对前诉的诉讼标的与后诉的诉讼标的进行比较。② 以上案例表明,法院判断第三人撤销之诉中的

---

① 参见最高法院(2015)民申字第661号民事裁定书。

② 参见湖北省高级法院(2019)鄂民终1111号民事裁定书,"案中X公司向湖北省竹山县人民法院提起的执行异议之诉,虽然W公司的诉讼地位是第三人(被执行人),与本案第三人撤销之诉中作为共同被告的诉讼地位不同,但两案中当事人是相同的,即均为X公司、H书店、W公司;同时,X公司在两次诉讼中的诉讼标的相同,诉讼请求实质上也是相同的,故一审认定X公司就已经提起诉讼的事项在诉讼过程中再次起诉,构成重复起诉,事实和法律依据充分。"

重复起诉时,部分法院会不考虑诉讼标的作为重复起诉的判断依据;即使将诉讼标的作为重复起诉的判断标准之一,部分法院也会回避对诉讼标的的内涵作出说明解释;即便法院对诉讼标的的内涵作出了解释,也并非使用实体法说界定诉讼标的的内涵。

因此最高法院对《民事解释》第 247 条中的诉讼标的的内涵采实体法说,无法概括所有民事案件中判断重复起诉的情况。

(四) 与重复起诉相类似的重复仲裁认定标准中不存在类似诉讼标的的概念

仲裁程序与诉讼程序具有相似性,在仲裁程序中,也规定了类型重复起诉的重复仲裁制度。我国《仲裁法》第 9 条第一款[①]的规定实际上是仲裁中的"一事不再理"原则的体现。在仲裁中,重复仲裁的认定标准为"同一纠纷",并没有使用与"诉讼标的"相类似的概念作为认定标准。

法院通过《仲裁法》第 9 条认定重复仲裁的案例在司法实践中也有不少,本课题组以"全文:《中华人民共和国仲裁法》第 9 条,时间:2018 年 1 月 1 日起至 2022 年 1 月 1 日"为检索条件,在中国裁判文书网搜索到 681 份裁判文书。例如,最高法院(2019)最高法民再 46 号民事判决书中,法院依据《仲裁法》第 9 条第一款认为,"庹某伟据此于 2013 年 7 月 10 日向成都仲裁委员会提出仲裁申请,该仲裁委已于 2013 年 9 月 27 日作出(2013)成仲裁字第 239 号裁决书,裁决邓某军所持有的 L 公司 2100 股(占 L 公司股份总额 10.5%)股份属庹某伟所有。故庹某伟关于确认邓某军代持的 L 公司 2100 股股份(占股份总数 10.5%)属庹某伟所有的诉讼请求,不属于人民法院的受案范围,本院不予审理。"在该案中,法院判断案件是否属于同一纠纷的依据为诉讼请求,并未将纠纷与诉讼标的的类似概念联系在一起。最高法院(2021)最高法民申 42 号民事裁定书从三个方面对重复仲裁作出解释说明,[②]在该案中也并未以诉讼标的的类似概念作为重复仲裁的认定标准。

可见,无论是法条的设置还是司法实践的运行,对于重复仲裁的认定标准均未出现与"诉讼标的"相类似的要素。从类似制度的设置说明,重复起诉的判断也并非必须考量诉讼标的的因素。

(五) 诉讼请求要素和新的事实要素可以取代诉讼标的的要素的功能

诉讼标的的要素的内容可以被其他要素概括。诉讼请求要素和新的事实要素的内容足以概括诉讼标的的要素。诉讼标的的一分肢说认为诉讼标的为诉的声明,即诉讼

---

① 《中华人民共和国仲裁法》第 9 条第一款规定:"仲裁实行一裁终局的制度。裁决作出后,当事人就同一纠纷再申请仲裁或者向人民法院起诉的,仲裁委员会或者人民法院不予受理。"

② 参见最高法院(2021)最高法民申 42 号民事裁定书。

标的等同于诉讼请求;二分肢说认为诉讼标的系事实理由与诉的声明,即诉讼标的为诉讼请求和事实理由。从上述学说来看,诉讼请求与事实能够概括诉讼标的的内涵。

司法实践中有部分法院将诉讼请求与事实元素表述为诉讼标的的内涵。如图 2-44 所示,事实元素的使用频率达 43 次,诉讼请求元素使用频率达 49 次,二者共占 343 个元素的 27％左右,即 1/4 以上的表述元素属于该二元素。且在司法实践中,事实元素常用来代替诉讼标的作为重复起诉的判断依据,如表 2-15 所示,在法院代替诉讼标的的使用的 166 个元素中,事实元素的使用频率达 73 次,占 166 个元素的 44％左右,接近一半。多数情况下,法院在判断重复起诉时,仅以诉讼请求作为判断依据。如图 2-50 和图 2-51 所示,近 80％的分析样本将诉讼请求作为判断标准,在这 789 份分析样本中,有 30％左右的分析样本仅以诉讼请求要素判断案件是否构成重复起诉。以上数据均说明,诉讼标的的内容基本能被诉讼请求和事实两个要素所覆盖,因此诉讼标的没有必要作为重复起诉的认定标准之一。

此外,从比较法角度看,在《日本民事诉讼法典》第 142 条对重复起诉的规定中,更是有意地回避使用"诉讼标的"概念,而是使用"案件"概念。[1]

综上,诉讼标的不应该成为重复起诉的认定标准之一。

第二节　完善当事人要素的建议

一、当事人的范围明确——无独立请求权第三人不属于当事人

我国民事诉讼法学界一般认为广义上的当事人包括原告、被告、共同诉讼人、诉讼代表人、第三人。事实上,原告或被告本身已包含了共同诉讼人和诉讼代表人,共同诉讼人也是原告或被告,诉讼代表人也只能是原告方或被告方的代表人;至于有独立请求权第三人,在参加之诉中是原告。因此,广义上的当事人只能是原告、被告、无独立请求权的第三人,无独立请求权的第三人自然是当事人。本书认为,严格地说,无独立请求权的第三人不是当事人。[2] 理由如下:首先,根据 2021 年《民事诉讼法》第 59 条[3]与 2022 年《民诉解释》第 82 条[4]规定的无独立请求权第三人具有当事人的诉

---

① 参见《日本民事诉讼法典》,曹云吉译,厦门大学出版社 2017 年版,第 50 页。

② 参见王国征:《论无独立请求权的第三人》,载《法学家》1998 年第 4 期。

③ 2021 年《民事诉讼法》第 59 条第二款规定:"对当事人双方的诉讼标的,第三人虽然没有独立请求权,但案件处理结果同他有法律上的利害关系的,可以申请参加诉讼,或者由人民法院通知他参加诉讼。人民法院判决承担责任的第三人,有当事人的诉讼权利义务。"

④ 2022 年《民诉解释》第 82 条规定:"在一审诉讼中,无独立请求权的第三人无权提出管辖异议,无权放弃、变更诉讼请求或者申请撤诉,被判决承担民事责任的,有权提起上诉。"

讼权利义务判断无独立请求权第三人是当事人的理由并不充分,因为无论如何无独立请求权第三人既不能像原告一样有权变更、放弃诉讼请求,申请撤诉,也不能像被告一样有权提出管辖权异议和反诉。有当事人的某些权利义务与是当事人属两个不同问题,故此,从当事人的诉讼权利义务来看,无独立请求权第三人并不符合。其次,对于主张被判决承担责任的无独立请求权第三人属于当事人的观点,本书认为这一观点与禁止重复起诉的基本法理相冲突。因为在这一观点下,无独立请求权第三人成为当事人的前提乃是被判决承担责任,这则意味着法院已然受理并作出实体裁判,如果因将无独立请求权第三人视为当事人而导致前后诉当事人要素相同并进而被认定构成重复起诉,则意味着这一案件自始就不应当受理,无独立请求权第三人被判决承担责任而成为当事人的情形更是无从判断。故此,这一观点自身即存在着互相矛盾之处。再次,针对辅助型第三人或辅助当事人诉讼的无独立请求权第三人,大陆法系称之为辅助参加人,其诉讼地位亦仅为准当事人或从当事人,其在诉讼过程中完全依赖于原当事人一方的意志,且不得与被参加人的利益与主张相抵触,并不具有如当事人一般的独立的诉讼地位。最后,在认定前后诉当事人要素是否相同乃至认定后诉是否构成重复起诉的过程中,针对前诉原告将前诉部分被告在后诉中列为第三人与后诉增列第三人的情形,上述将无独立请求权第三人视为当事人的观点,可能引发当事人虚列第三人以规避重复起诉认定规则的滥用行为。而针对这两种情形,在"无独立请求权第三人不属于当事人"的观点之下,前者可以"后诉未加入新的当事人,后诉当事人数量减少且为前诉所包含"为由,认定前后诉当事人要素相同;后者可以"无独立请求权第三人不属于当事人,前后诉当事人未发生变化"为由,认定前后诉当事人要素相同,从而阻却重复起诉行为的发生。

二、作为重复起诉要素的当事人相同仅指实质相同

根据图 2-26 可知,实践中针对前后诉当事人是否相同的认定同时存在着形式相同与实质相同的判断标准。根据第三章第二节的案例 3 可知,形式相同的判断标准即通过对前后诉起诉状中所列明的当事人的简单对比,以此判断前后诉当事人是否相同;实质相同的判断标准即需在考量前后诉当事人之间所存在的特殊法律关系基础之上,方可对前后诉当事人是否相同做出判断。在实质相同的判断标准的内部,亦存在着不同的实质判断标准。根据第三章第二节的案例 5、案例 6 与案例 7 可知,实践中同时存在着以当事人提起诉讼时所依据的法律关系、增加的当事人与原当事人之间所存在的法律关系、前后诉案件的责任承担主体等差异化的实质判断标准。

针对前后诉当事人是否相同的判断标准,应当坚持实质相同的判断标准,理由如下:

首先,形式相同之判断标准的主观规避。在形式相同的判断标准下,只要后诉增加新的当事人则应当认定前后诉当事人不同。鉴于形式相同标准的表面性,将大幅度增加虚列当事人以规避重复起诉认定标准的滥用行为,导致重复起诉的不当行为进一步加剧。实践中即存在着通过"在后诉中增加被告以使前后诉当事人数量外观表相不同"以规避重复起诉认定过程中前后诉当事人形式相同的判断标准,[①]而所增加的被告与诉争法律关系无关,所增加的被告并非本案的适格被告。[②]

其次,形式相同之判断标准的容量不足。当后诉新增加的当事人与原当事人之间存在着诉讼担当、诉讼继受等特殊法律关系时,新增加的当事人与原当事人应当作同一性认定,进而认定前后诉当事人相同。然而,形式相同的判断标准则对此无法适用。

再次,实质相同之判断标准的准确性。针对前后诉当事人是否相同的判断,尤其是后诉新增加的当事人的判断,实质相同之判断标准得以综合考察当事人与案件争议之间的关联性以及当事人之间的特殊性,由此作出的认定结果较之于形式相同之判断标准更为准确,得以有效识别虚列当事人的恶意规避与诉权滥用的行为。

最后,实质相同之判断标准的合目的性。禁止重复起诉的目的即在于避免针对同一争议的重复审理、诉讼资源的浪费以及矛盾裁判的产生,实质相同标准得以有效识别前后诉当事人之间是否存在着同一争议、与案件争议是否存在实质关联,即确保重复起诉之识别对象的一致性,而形式相同标准则无此功能亦无此要求,因为其仅为针对前后诉当事人是否相同的形式判断。

三、前后诉当事人实质相同中"相同"的界定

(一)前后诉当事人相同的表现类型

前后诉当事人实质相同包括完全相同与部分相同两种情形。针对前后诉当事人完全相同的情形,即前后诉当事人数量、诉讼地位皆相同,毋庸置疑,应当认定前后诉当事人相同。而针对前后诉当事人部分相同的情形,则不宜一概给予肯定或者否定性评价,因为其中存在着当事人数量变化、诉讼地位变化以及后诉是否加入新的当事人的不同影响因素,对于前后诉当事人要素是否相同的认定应当在对上述因素予以综合考量的基础之上进行。在上述影响因素中,针对"后诉是否加入新的当事人"之因素的判断至关重要,因为该因素得以作为判断前后诉当事人要素在形式上是否相

---

① 参见新疆维吾尔自治区高级法院(2018)新民申 1972 号民事裁定书。
② 参见北京市高级法院(2018)京民终 221 号民事裁定书、广东省高级法院(2021)粤民申 5815 号民事裁定书。

同的根本性依据。在通常情况下,在后诉加入新的当事人的情形中,一般应当认定前后诉当事人要素不同。与此同时,为避免恶意增加新的当事人以规避禁止重复起诉之认定规则的诉权滥用行为,针对后诉新加入的当事人亦应当进行实质审查。故此,根据表 2-10"当事人诉讼地位变化的诉讼情况及法院认定情况分析"所示的分类方法,以后诉是否加入新的当事人为分类标准,将前后诉当事人不完全相同的情形分为两种类型,并对此分别制定针对前后诉当事人要素是否相同的审查判断规则。

(二)后诉未加入新的当事人情形下的"相同"界定

针对后诉未加入新的当事人的情况,根据表 2-10 可知,分别存在着前后诉当事人数量相同与当事人数量减少两种情形。其中,当前后诉当事人数量相同时,前后诉当事人不完全相同即意味着从形式上来看,前后诉的当事人并未发生变化,而只是当事人的诉讼地位发生调换。其一,如果是原被告之间的诉讼地位调换,这一变化并不影响当事人的认定,仍然应当认定前后诉当事人要素为同一;其二,如果是原被告与第三人之间的诉讼地位调换,根据前文所述,无独立请求权第三人并不属于当事人,这一诉讼地位的调换则意味着前后诉当事人发生了"前诉原被告在后诉中被列为第三人或者前诉第三人在后诉中作为原被告"的变化,故此,应当认定前后诉当事人要素不同。

当前后诉当事人数量减少时,即意味着后诉当事人皆为前诉当事人所包含,但也不宜一概认定前后诉当事人要素同一。在前后诉当事人诉讼地位完全相同以及仅发生原被告之间的诉讼地位调换的情形中,得以认定前后诉当事人要素同一。而在发生原被告与第三人之间的诉讼地位调换的情形中,则应当认定前后诉当事人要素不同。

(三)后诉加入新的当事人情形下的"相同"界定

针对后诉加入新的当事人的情况,根据表 2-10 可知,则分别存在着前后诉当事人数量相同、当事人数量减少以及当事人数量增加三种情形。针对"后诉加入新的当事人"情形,为防止针对禁止重复起诉之认定规则的恶意规避行为,应当先对新加入的当事人是否为正当当事人予以审查,即当事人适格的问题。如果新加入的当事人不具有当事人的资格,则应当将其剔除,而不纳入当事人要素的认定范围。此外,鉴于诉讼担当人得以根据立法的特别规定或当事人的授权而成为正当当事人,而诉讼担当人所参加诉讼的裁判效力及于被担当人,即二者在诉讼中具有同一性关系,故针对前后诉中所发生的诉讼担当人与被担当人之间的变化时,应当认定前后诉当事人要素同一。

在后诉加入新的当事人的情形下,在前后诉当事人数量相同时,即意味着存在后诉新加入当事人对前诉当事人的替换,如果是对无独立请求权第三人的替换,因为其并不属于当事人,则前后诉的当事人并未发生变化,应当认定当事人要素相同。如果是对原被告的替换,因为发生了当事人的变化,通常应当认定前后诉当事人要素不同。如果后诉新加入当事人与前诉当事人之间存在上文中述及的同一性关系时,则应当认定前后诉当事人要素同一。

在前后诉当事人数量减少时,即意味着同时存在前诉当事人的减少与后诉新加入当事人对前诉当事人的替换,如果皆是针对原被告的减少与替换,通常应当认定前后诉当事人要素不同。如果皆是针对无独立请求权第三人的减少与替换,则应当认定前后诉当事人相同。如果是针对原被告的减少与无独立请求权第三人的替换,因为无独立请求权第三人不属于当事人,而针对原被告的减少将使得后诉当事人为前诉当事人所包含,故应当认定前后诉当事人要素相同。如果是针对原被告的替换与无独立请求权第三人的减少,在当事人要素认定层面即表现为后诉新加入当事人对前诉当事人的替换,通常应当认定前后诉当事人要素不同。

在前后诉当事人数量增加时,如果仅增加无独立请求权第三人,则应当认定前后诉当事人要素相同。除此之外,在后诉新加入的当事人适格的前提下,应当认定前后诉当事人要素不同。

四、前后诉当事人实质相同的判断标准

诉讼当事人应当与案件争议存在着实质关联,一方当事人为权利主体,另一方当事人为义务主体,而权利义务的产生依据即为实体法的相关规定。因此,前后诉当事人实质相同的判断标准即是否为同一实体法上争议法律关系的权利义务主体,当事人实质相同要求前后诉当事人皆为依据同一法律关系主张权利与承担责任。在抽象性判断标准以外,针对前后诉当事人之间存在特殊法律关系的不同情形,亦应当进一步作出具体的判断标准。

(一)法人与其分支机构的独立性

1. 明确法人的分支机构具有诉讼当事人的资格

根据立法机关对于赋予公民、法人与其他组织之诉讼当事人资格的解读,作为民事诉讼当事人的条件在于能够以自己的名义独立地进行民事活动并承担相应的民事责任;[①]而根据《民法典》第 74 条规定,法人的分支机构得以自己的名义从事民事活

---

① 参见全国人民代表大会常务委员会法制工作委员会编:《中华人民共和国民事诉讼法释义》(最新修正版),法律出版社 2012 年版,第 85-86 页。

动,并能够以其所管理的财产承担由此所产生的民事责任,符合上述关于民事诉讼当事人的资格条件。故此,依法设立并领取营业执照的法人的分支机构具有诉讼当事人的资格,得以独立地参加民事诉讼。

2. 明确法人分支机构与法人分别属于不同的当事人

明确能够独立承担民事责任的法人分支机构与法人分别属于不同的当事人,进而否定当事人要素的同一性。司法解释起草者亦认为,民事诉讼法对法人的分支机构的诉讼主体地位的规定,是对其在作为被告情况下的程序处理,这一规定与实体法中规定的民事责任主体的规定并不冲突。如果能够独立承担民事责任的法人分支机构具有较强的偿付能力,则应当以法人的分支机构为被告,而不能以法人为被告,①即将法人与其分支机构作为不同的诉讼当事人予以对待。因此,对于能够独立承担民事责任的法人分支机构,应当将其与法人予以区分,针对二者之间的当事人同一性应当予以否定。此外,对于不能独立承担民事责任的法人分支机构,应当由法人承担全部责任或者补充责任,此时法人与其分支机构之间存在着责任从属关系,针对二者之间的当事人要素的同一性应当予以认可。

(二) 特定继受之适用要件的明确

首先,针对特定继受的发生时间问题,根据 2022 年《民诉解释》第 249 条的规定,对诉讼过程中权利义务的转让所秉持的是当事人恒定原则,故受让人并非诉讼当事人,而是作为权利义务的继受人并受裁判效力的拘束。对于未作出规定的诉讼过程以外的权利义务转让,受让人是否亦受裁判效力所及,应当在规范层面予以明确,以对司法实践形成准确指引。诉讼启动前的权利义务转让,并不存在裁判效力的扩张问题,因为受让人得以基于自让与人处所受让的实体权利义务而作为正当当事人参加诉讼,裁判效力自然及于受让人;诉讼终结后的权利义务转让情形在实践中较为常见,且如前文所述,针对"受让人以债务人为被告另行提起诉讼"之情形是否构成重复起诉的问题,实践中亦存在着分歧认定。对此,应当认为,裁判效力扩张及于受让人的目的在于纠纷一次性解决、提高诉讼效率并避免针对同一争议的矛盾裁判,故而应当认可前诉生效裁判及于裁判生效后的受让人,以此阻却受让人针对相同的争议法律关系再行起诉。只是针对实践中所存在的"径行援引 2022 年《民诉解释》第 249 条的规定作为裁判效力扩张及于裁判生效后的受让人之依据"的示范做法,②其正当性

---

① 参见最高人民法院修改后民事诉讼法贯彻实施工作领导小组编著:《最高人民法院民事诉讼法司法解释理解与适用》(上),人民法院出版社 2015 年版,第 228 页。

② 参见(2018)最高法民再 461 号民事裁定书。

存疑,应增加"裁判生效后的权利义务转让,其效力亦及于受让人"之规定,以为审判实践提供正当法律依据。

其次,针对特定继受的客体问题,2022年《民诉解释》第249条仅概括性地规定了权利义务的转让,不仅对当事人为实体权利主体抑或是实体义务主体以及所受让的为实体权利抑或是实体义务未予以区分,对于权利义务之外的单纯的请求标的物的转让亦未有规定。对此,应认为,针对自当事人处受让权利与由债权人(胜诉原告)受让请求标的物的特定继受人应当受裁判效力的约束,因为判决实为对受让人权利的确定与保障,基于此,特定继受人不必另行主张,得以避免诉讼资源的浪费以及针对同一争议的矛盾裁判的产生。同时,裁判效力的扩张亦不会损害对方当事人的利益,只是义务履行的对象主体发生了变更,义务履行的内容并无变化;针对自当事人处受让单纯债务的特定继受,应认为,裁判效力是否扩张及于特定继受人,应当视债务转让行为是否合法而定,而非一概予以肯认或否定。因为实际承担债务的人是否有能力履行债务,关系到债权人的权利能够实现,故而《民法典》第551条第1项规定,债务的转让须经债权人同意。① 因此,债务转让经债权人同意的,裁判效力则及于特定继受人,债务转让未经债权人同意的,裁判效力则不必及于特定继受人;②针对自债务人(败诉被告)处受让请求标的物的特定继受人是否受裁判效力所及的问题,应当视原、被告之间的法律关系而定。若原告与被告间的诉讼依据为物权请求权,基于物权的对世效力,裁判效力应当及于特定继受人。若原告与被告间的诉讼依据为债权请求权,基于债权的相对性,裁判效力不应及于特定继受人。而在请求权竞合的情形当中,应当根据《民法典》第186条的规定,③赋予当事人选择权,如选择基于物权请求权,裁判效力及于特定继受人,选择基于债权请求权,裁判效力不及于特定继受人。

最后,针对善意受让人得以不受裁判效力所及的问题,根据《民法典》第331条的规定,针对无权处分行为,受让人受让不动产或动产时为善意的,得以取得该不动产或动产的所有权。因此,当善意受让人已然善意取得所有权时,有关于物权变动的裁判效力不应及于受让人,否则将导致实体法与程序法的冲突,进而对实体法上的善意取得制度造成不利冲击。此外,针对善意受让人得以不受裁判效力所及的条件范围应当予以明确与限制。对于受让人之"善意"的判断标准问题,应当确立双重善意的标准,即受让人应当对让与人就系争标的物无处分权以及有关争议正处于诉讼过程

① 《民法典》第551条第1项规定:"债务人将债务的全部或者部分转移给第三人的,应当经债权人同意。"

② 参见翁晓斌:《论既判力和执行力向第三人的扩张》,载《浙江社会科学》2003年第3期。

③ 《民法典》第186条规定:"因当事人一方的违约行为,损害对方人身权益、财产权益的,受损害方有权选择请求其承担违约责任或者侵权责任。"

中的事实皆为善意,唯此,善意受让人方可不受裁判效力所及。因为如果受让人明知关于系争标的物的争议正处于诉讼过程中,而诉讼结果既可能有利也可能不利,则说明受让人理应具有面临不利结果之心理预期,那么受让人就应当受裁判效力的拘束。与"善意"相对应的则是非善意的情形,如果受让人明知或因重大过失而不知让与人就系争标的物无处分权或者有关争议正处于诉讼过程中,理应认定受让人缺乏善意,则应当受裁判效力的拘束。

(三)诉讼担当规范的确立

首先,规范层面明确诉讼担当的正当性,认可诉讼担当人与被担当人之间的同一性。针对重复起诉之认定过程中所涉及的诉讼担当问题,司法解释起草者即认为,我国破产法规定的破产管理人、合同法中的代位权人属于法定诉讼担当人,2021 年《民事诉讼法》第 56 条、第 57 条规定的代表人诉讼中的诉讼代表人属于任意诉讼担当人。诉讼担当人的诉讼结果对被担当人具有约束力,在判断"一事不再理"的构成时,诉讼担当人与被担当人具有同一性。[①] 在司法解释起草者针对《民诉解释》第 247 条所规定的"当事人相同"之解读中,明确肯认了诉讼担当人与被担当人在重复起诉认定过程中所具有的当事人要素之同一性,这一解读对于司法实践亦产生了相应的推动作用。亦如前文所述,实践中已然存在着明确援引这一解读以判断前后诉当事人是否相同的裁判文书,但是,司法解释起草者的这一解读并不具有法律效力,为了因应实践需求,理应在立法层面对这一问题予以明确,以为司法裁判提供正当法律依据。

其次,明确债权人代位诉讼属于法定诉讼担当,裁判效力一概及于债务人。根据《民法典》第 535 条的规定,符合条件的债权人可以自己的名义代位行使债务人对相对人的权利,[②]符合法定诉讼担当的定义,学术界亦一致认可债权人代位诉讼的法定诉讼担当之属性,亟须在立法层面对此予以确立。对于债权人代位诉讼之裁判效力的扩张及其限度的问题,应当遵循法定诉讼担当的一般原理,无论裁判结果如何,裁判效力应当一概及于被担当人即债权人代位诉讼中的债务人,而非基于裁判效力片面扩张的观点,仅在胜诉时的裁判效力方才及于债务人,理由如下:其一,倘若债权人败诉判决效力不及于债务人,则意味着债务人得以同一争议法律关系再次向次债

---

① 参见最高人民法院修改后民事诉讼法贯彻实施工作领导小组编著:《最高人民法院民事诉讼法司法解释理解与适用》(上),人民法院出版社 2015 年版,第 634 页。

② 《民法典》第 535 条规定:"因债务人怠于行使其债权或者与该债权有关的从权利,影响债权人的到期债权实现的,债权人可以向人民法院请求以自己的名义代位行使债务人对相对人的权利,但是该权利专属于债务人自身的除外。"

务人予以主张,有违禁止重复起诉之基本诉讼法理的同时,也势必将加重次债务人的诉讼负担;其二,债权人得以提起代位诉讼的诉权即来源于债务人与次债务人之间所争议的债权债务法律关系,乃是为了保护债权人的合法权益,通过法律的明确规定而将本属于债务人的诉权交由债权人行使,以惩罚债务人怠于行使其到期债权的行为。因此,在债权人提起代位诉讼之后,则意味着债务人的诉权亦被消耗而不得再次起诉,否则将导致针对同一争议法律关系而存在两个诉权的情况,与基本的诉讼法理相违背;其三,《民法典》第 537 条确立了债权人"直接受偿原则",[①]则意味着在代位诉讼中,法院理应同时审查债权人与债务人、债务人与次债务人之间的债权债务法律关系,因此法院判决对上述两个实体法律关系皆具有拘束力。而在裁判效力的主体范围方面,无论裁判结果如何,亦自然应当及于债务人。

最后,明确任意诉讼担当的基准类型与形成标准。任意诉讼担当指的是第三人依据民事权利或法律关系主体的授权行使诉讼实施权。[②]对于任意诉讼担当的进一步分类,应当以是否存在明确的法律规定为标准,即划分为法律规定的任意诉讼担当和扩大适用的任意诉讼担当。[③] 法律规定的任意诉讼担当指的是依据法律的规定,对某些特定类型的诉讼可以由实体利害关系人授权他人实施诉讼,典型形式如我国 2021 年《民事诉讼法》第 56 条、第 57 条所规定的代表人诉讼;扩大适用的任意诉讼担当是民事诉讼法解决多数人诉讼这一诉讼担当形式以外的其他形式的任意的诉讼担当。

第三节　完善诉讼请求要素的建议

一、诉讼请求的界定

诉讼请求在很大程度上可以由民事实体法所决定。在《民事案件案由规定》所规定的 11 种一级案由中,除了第 10 种一级案由(非讼程序案件案由)与第 11 种一级案由(特殊诉讼程序案件案由,其中的二级案由公益诉讼除外),其余案由所涉事项多为民事实体法律关系争议(个别案由所涉事项为程序事项,如第 5 种一级案由"知识产权与竞争纠纷"中的第 170 种三级案由"因申请知识产权临时措施损害责任纠纷")。在案由所涉事项为民事实体法律关系争议的案件中,诉讼请求可以从民事实体法角

---

① 《民法典》第 537 条规定:"人民法院认定代位权成立的,由债务人的相对人向债权人履行义务,债权人接受履行后,债权人与债务人、债务人与相对人之间相应的权利义务终止。债务人对相对人的债权或者与该债权有关的从权利被采取保全、执行措施,或者债务人破产的,依照相关法律的规定处理。"

② 参见江伟、肖建国主编:《民事诉讼法》(第 7 版),中国人民大学出版社 2015 年版,第 114-115 页。

③ 参见肖建华:《诉权与实体权利主体相分离的类型化分析》,《法学评论》2002 年第 1 期。

度进行界定。确认之诉和变更之诉中的诉讼请求应有明确的法律依据。如,请求确认合同无效的诉讼中,原告应说明其诉讼请求符合《民法典》第 144 条、第 146 条第一款、第 153 条、第 154 条、第 497 条、第 506 条所规定的合同无效情形之一。又如,行使合同解除权的诉讼中,原告应说明其诉讼请求符合《民法典》第 562 条、第 563 条所规定的合同解除权事由之一。再如,离婚诉讼中,原告应说明其诉讼请求符合《民法典》第 1079 条所规定的判决离婚法定理由之一。在给付之诉中,诉讼请求可以从民事责任的承担方式(也有的称之为民事责任形式①)进行界定。民事责任的形式,是指违法行为人不履行自己的义务或侵害他人的权利,权利人得请求违法行为人承担相应的责任,以保护自己的权利。因此,从权利人方面说,违法行为人承担民事责任的方式,就是对其受侵害的权利的补救方法,是法院保护民事权利的具体方法和制裁不法行为的具体措施。需要指出的是,《民法典》在总则编第 179 条规定了民事责任的承担方式,②《民法典》第 179 条的规定并没有包含民事责任形式的全部,在《民法典》分则中也有规定,如第 582 条规定的履行合同义务不符合约定时的退货、减少价款或者报酬的违约责任。如果说民事责任承担方式是民事责任的具体体现,③那么民事责任承担方式在诉讼程序中的表现形式就是诉讼请求。

图 2-56 显示的法院在对诉讼请求要素的第二种法定形态进行判断的 353 份裁判文书中,将后诉诉讼请求解读为后诉或后诉裁判结果的裁判文书约占 20%。在具体案件(2019)湘民申 892 号与(2019)闽民终 342 号中将诉讼请求解读为在诉讼标的基础上的具体声明或原告对被告主张的权益等。上述情形的出现均源于对何谓诉讼请求存在不同的理解。从民事实体法与程序法的联系来看,诉讼请求在很大程度上可以由民事实体法所决定,因而不管是在确认之诉、给付之诉还是变更之诉中,将诉讼请求与民事实体法相关联,提出诉讼请求应以实体法为依据,通过民事实体法来规范当事人提出诉讼请求。明确何谓诉讼请求,是避免出现图 2-56 中法院对诉讼请求理解偏离文义和具体案件中显示的对诉讼请求理解不统一的有效途径。

二、明确部分请求制度

部分请求制度涉及两次诉讼,只有在存在先后两个诉讼的情形下才存在讨论部

---

① 参见王利明等:《民法学》(第 4 版),法律出版社 2015 年版,第 156 页。

② 《民法典》第 179 条规定:"承担民事责任的方式主要有:(1)停止侵害;(2)排除妨碍;(3)消除危险;(4)返还财产;(5)恢复原状;(6)修理、重作、更换;(7)继续履行;(8)赔偿损失;(9)支付违约金;(10)消除影响、恢复名誉;(11)赔礼道歉。法律规定惩罚性赔偿的,依照其规定。本条规定的承担民事责任的方式,可以单独适用,也可以合并。"

③ 参见黄薇主编:《中华人民共和国民法典总则编释义》,法律出版社 2020 年版,第 469 页。

分请求问题,且该制度的目的是要判断后诉是否属于重复起诉问题。尽管我国现行法律、司法解释没有部分请求的明确规定,但在民事审判实务中最高法院对该问题先后表达了自己的观点。

2004 年 8 月 17 日 G 公司与 X 支行签订 2004 年北字第 0456 号《流动资金借款合同》,约定由 X 支行向 G 公司提供借款 5000 万元、借款期限自 2004 年 8 月 17 日至 2005 年 8 月 16 日、借款利率为月息 4.425‰、逾期按日 2.1‰计收利息等。同日,X 支行依据该《流动资金借款合同》向 G 公司提供了 5000 万元借款。2005 年 7 月 22 日,X 支行与 C 办事处签订《债权转让协议》,将 X 支行对 G 公司享有的债权转让给 C 办事处。2005 年 8 月 11 日,C 办事处在《新疆日报》上就债权转让事宜向 G 公司发布公告。C 办事处受让本案债权后,G 公司向 C 办事处返还借款约 147 万元。2007 年 6 月 21 日 C 办事处向新疆维吾尔自治区高级法院提起诉讼,其诉讼请求包括请求判令 G 公司给付借款本金约 4853 万元、利息约 581 万元。诉讼过程中,G 公司对 C 办事处受让本案所涉债权无异议,且对本案所涉借款在 2005 年 3 月 20 日至 2005 年 5 月 27 日期间的利息约 751 万元也无异议。新疆维吾尔自治区高级法院认为,因 C 办事处只就约 581 万元利息交纳了案件受理费,故对其未交纳案件受理费部分的约 170 万元利息,该院不予审理,C 办事处可以另案提起诉讼。新疆维吾尔自治区高级法院判决,G 公司在判决生效之日起 15 日内向 C 办事处返还借款约 4853 万元,G 公司在判决生效之日起 15 日内向 C 办事处支付 2005 年 3 月 20 日至 2005 年 5 月 27 日期间的利息约 581 万元。对于新疆维吾尔自治区高级法院判决有关内容,二审中最高法院予以维持。[①]

在本案中,G 公司欠 C 办事处约 4853 万元的本金以及 2005 年 3 月 20 日至 2005 年 5 月 27 日期间约 751 万元的利息,而 C 办事处仅对本金和部分利息(约 581 万元)提起诉讼,一审法院新疆维吾尔自治区高级法院认为 C 办事处可以就另一部利息(7 508 803−5 808 622=1 700 181 元)另案提起诉讼。从最高法院维持相关判决中可以推断,最高法院是默认高级法院这种做法的。不仅借款合同纠纷中本金和利息可以分别起诉,而且对借贷双方无异议的利息也可以分两次起诉。可以说,是承认部分请求的。

2004 年 2 月 18 日 H 公司以《审核报告》为依据向法院起诉 L 县政府、L 县交通公路建设指挥部,请求支付工程款 1506 万元。诉讼过程中,H 公司依据某工程造价咨

---

① 参见《中国长城资产管理公司乌鲁木齐办事处与新疆华电工贸有限责任公司、新疆华电红雁池发电有限责任公司、新疆华电苇湖梁发电有限责任公司等借款合同纠纷案(最高人民法院(2008)民二终字第 79 号民事判决书)》,载《中华人民共和国最高人民法院公报》2009 年第 2 期。

询公司作出的《鉴定报告》，增加了工程款本金 450 万元及利息的诉讼请求，后又以不能支付诉讼费为由撤回了增加的诉讼请求。法院依据《审核报告》，扣除双方当事人在诉讼过程中重新确定的已支付工程款等，判令 L 县政府支付工程款 1479 万元及其利息。该判决生效后，H 公司又以《鉴定报告》起诉 L 县政府，请求判令 L 县政府支付工程款 450 万元及利息。最高法院认为，H 公司提出诉讼请求并经人民法院作出生效裁判后，又以实际争议标的额超出原诉讼请求为由，就超出的数额另行提起诉讼，是对同一争议事实再次起诉，违反一事不再理原则。①

在该案中，H 公司的诉讼请求本来可以是 1956（1506＋450）万元，且 H 公司也知道该诉讼请求标的额，但考虑到诉讼费用因素 H 公司只主张了 1506 万元的诉讼请求标的额。最高法院认为，法院针对 1506 万元工程款诉讼请求的判决效力及于 450 万元的请求，即不承认部分请求。这与（2008）民二终字第 79 号案件中的态度显然是不同的。在（2008）民二终字第 79 号案件中，最高法院认可对同一笔借款利息约 751 万元，可以分割为约 581 万元和约 170 万元两次起诉的做法。

2013 年 11 月张某尧、刘某虎、孙某向法院起诉 Q 公司、Y 公司、X 公司，要求 Q 公司支付工程款约 446 万元及利息，Y 公司、X 公司承担连带给付责任。其主要理由为 2010 年 5 月 26 日张某尧、刘某虎、孙某与 Q 公司签订《工程施工内部承包合同》，约定 Q 公司将其承包的 Y 公司与 X 公司的工程以内部承包的形式交给张某尧等 3 人进行具体施工。合同签订后，张某尧等 3 人作为具体施工人即组织人员设备对该项工程进行施工，且该工程经验收合格并交付使用。而被告无故拖欠工程款。2014 年 4 月 1 日昌吉回族自治州中级法院作出判决，判决 Q 公司向张某尧、刘某虎、孙某支付工程款约 446 万元。② 新疆维吾尔自治区高级法院（2014）新民一终字第 144 号判决维持了一审判决的该内容。

后张某尧、刘某虎、孙某向法院起诉 Q 公司，其诉讼请求之一为请求 Q 公司向张某尧等 3 名原告支付工程款约 457 万元。一审法院裁定认为张某尧、刘某虎、孙某属于重复起诉。张某尧等 3 名原告不服一审裁定提起上诉，新疆维吾尔自治区高级法院（2016）新民终 282 号民事裁定仍认为张某尧等 3 人的起诉属于重复起诉。张某尧等 3 人向最高法院申请再审。最高法院认为，张某尧等 3 人在前一诉讼程序中请求的工程欠款金额为 446 万元，而前一诉讼生效判决认定 Q 公司尚欠的工程款金额为 903 万元，大于当事人主张给付的金额，当事人又未在前诉中变更诉讼请求，故当事人

① 参见《河源市劳动服务建筑工程公司与龙川县人民政府建设工程施工合同纠纷案（最高人民法院（2011）民再申字第 68 号民事裁定书）》，载《中华人民共和国最高人民法院公报》2013 年第 6 期。
② 参见昌吉回族自治州中级法院（2013）昌中民一初字第 85 号民事判决书。

提起本案诉讼,请求给付 903 万元减去前诉中已获支持的 446 万元后的金额,即 457 万元的工程欠款,在诉讼请求上有别于前诉。二审裁定仅以此为由,即认定构成重复诉讼,有欠妥当。但《工程施工内部承包合同》属于无效合同,依据《最高人民法院关于审理建设工程施工合同纠纷案件适用法律问题的解释》第 2 条规定,参照合同约定支付工程价款,张某尧等 3 人应获得的工程款数额应以双方签订的合同约定为依据进行计算。张某尧等 3 人在本案中提出的诉讼请求,实质上已为前诉请求所包含。因此,其诉讼请求在实质上构成与前诉请求的同一。①

在该案中,最高法院对部分请求的态度不甚明了。一方面,最高法院认为张某尧等 3 人明知 Q 公司所欠其工程款金额为 903 万元,仍坚持 446 万元工程款的诉讼请求,在判决生效后在提起 457(903－446)万元诉讼请求,前后两诉的诉讼请求不同,法院不得据此认定为重复诉讼;另一方面,最高法院又认为张某尧等 3 人后诉中的 457 万元的诉讼请求在实质上构成与前诉请求的同一。这与最高法院在(2011)民再申字第 68 号民事裁定书中态度有所不同。若依最高法院在(2011)民再申字第 68 号民事裁定书中逻辑,针对张某尧等 3 人 446 万元工程款诉讼请求判决,其效力及于 457 万元的工程款,即张某尧等 3 人对 457 万元的工程款违反了一事不再理原则,属于重复起诉。显然,与(2011)民再申字第 68 号案件相比,在(2016)最高法民申 3307 号案件中最高法院对部分请求制度采取了模糊的态度。

从司法解释角度看,2020 年《诉讼时效司法解释》②第 9 条③基于诉讼时效中断制度的价值取向是保护债权人权利,明确了在可分给付之债中债权人主张部分债权的,其所产生的诉讼时效中断效力并不仅限于该部分债权,而是产生全部债权诉讼时效中断的效力。④ 当然,此处的"主张权利"是特定的,属于"权利人向义务人提出履行请求"。2020 年《诉讼时效司法解释》第 14 条规定:"义务人作出分期履行、部分履行、提供担保、请求延期履行、制定清偿债务计划等承诺或者行为的,应当认定为民法典第 195 条规定的'义务人同意履行义务'。"(该内容在 2008 年《最高人民法院关于审理民

①　参见最高法院(2016)最高法民申 3307 号民事裁定书。

②　《最高人民法院关于审理民事案件适用诉讼时效制度若干问题的规定》(2008 年 8 月 11 日由最高人民法院审判委员会第 1450 次会议通过,根据 2020 年 12 月 23 日最高人民法院审判委员会第 1823 次会议通过的《最高人民法院关于修改〈最高人民法院关于在民事审判工作中适用《中华人民共和国工会法》若干问题的解释〉等二十七件民事类司法解释的决定》修正),简称 2020 年《诉讼时效司法解释》。

③　2020 年《诉讼时效司法解释》第 9 条规定:"权利人对同一债权中的部分债权主张权利,诉讼时效中断的效力及于剩余债权,但权利人明确表示放弃剩余债权的情形除外。"该内容在 2008 年《最高人民法院关于审理民事案件适用诉讼时效制度若干问题的规定》中的编号为第 11 条。

④　参见最高人民法院民事审判第二庭编著:《最高人民法院关于民事案件诉讼时效司法解释理解与适用》,人民法院出版社 2008 年版,第 229-231 页。

事案件适用诉讼时效制度若干问题的规定》中的编号为第 16 条)司法解释起草者对此解读为,基于债务的整体性,义务人作出部分履行,应推定其认可全部债务的存在,部分履行所产生的诉讼时效中断效力及于剩余债务。[①] 司法解释对部分债权提起诉讼所产生的诉讼时效中断效力没有规定,"权利人提起诉讼或者申请仲裁"与"权利人向义务人提出履行请求""义务人同意履行义务"并列同属《民法典》第 195 条所规定的诉讼时效中断事由,其应遵循同样的价值取向。按照这一思路,若权利人向法院起诉主张部分债权,该起诉所产生的诉讼时效中断效力及于剩余债务。据此,可进一步推定出是允许权利人就剩余债权再次提起诉讼,即承认部分请求的。因此,从司法解释的角度出发,对部分请求应当予以承认。

三、后诉诉讼请求比较对象的统一

《民诉解释》第 247 条规定了诉讼请求要素第一种法定形态与诉讼请求要素第二种法定形态两种形态。虽未明确适用两种形态的前诉所处的诉讼阶段,但是从文义及学界的解读可知[②],诉讼请求要素第二种法定形态应当适用于前诉裁判生效后阶段,而诉讼请求要素第一种法定形态既可适用于前诉裁判生效后也可适用于前诉处于诉讼过程中。由此可知,一方面,在前诉裁判生效后,对诉讼请求要素是否符合重复起诉的标准不一致;另一方面,在前诉处于诉讼过程中与前诉裁判生效后的标准也不一致。

后诉诉讼请求的比较对象不一致所导致的标准不一致,从而造成了表 2-19 的 72 份不同审级法院对诉讼请求要素认定结果与说理不同的裁判文书,约 50% 的裁判文书中不同审级法院对应适用诉讼请求要素第二种法定形态还是后诉与前诉诉讼请求相同产生争议,在第三章第四节案例 28 中,不同审级法院因对适用后诉与前诉诉讼请求相同进行认定还是应当适用诉讼请求要素第二种法定形态产生争议而导致对重复起诉的认定不同。也造成了图 2-60 中当事人对诉讼请求要素认定的争议。而反观我国台湾地区通过判决明确后诉就同一诉讼标的请求与前诉内容相同、内容相反以及可代用是成立重复起诉的诉之声明同一的三种形态,[③]即认定重复起诉过程中是将

---

① 参见最高人民法院民事审判第二庭编著:《最高人民法院关于民事案件诉讼时效司法解释理解与适用》,人民法院出版社 2008 年版,第 289 页。

② 参见袁琳:《"后诉请求否定前诉裁判结果"类型的重复诉讼初探》,载《西南政法大学学报》2017 年第 1 期,第 32 页与卜元石:《重复诉讼禁止及其在知识产权民事纠纷中的应用——基本概念解析、重塑与案例群形成》,载《法学研究》2017 年第 3 期,第 97 页,皆认为前诉裁判结果已经作出后才能适用"后诉诉讼请求实质上否定前诉裁判结果"。

③ 参见蒋玮:《我国台湾地区禁止重复起诉原则之理论与实务》,载《人民法院报》2020 年 11 月 27 日第 8 版。

前诉诉之声明作为后诉诉之声明唯一的比较对象,便不会产生在不同阶段之间以及同一阶段之内对诉讼请求认定标准的不一致。所以可以借鉴我国台湾地区的做法,将后诉诉讼请求的比较对象限缩为一个。

根据《民诉解释》第247条的规定,后诉诉讼请求的比较对象为前诉诉讼请求与前诉裁判结果。相较于将后诉诉讼请求的比较对象限缩为前诉裁判结果而言,后诉诉讼请求的比较对象限缩为前诉诉讼请求更可取。首先,因为在第五章的第二节中,已经明确诉讼请求的提出应当以民事实体法为基础,通过实体法角度对何谓诉讼请求予以明确。而对于何谓前诉裁判结果现有规范未有明确,学界未形成统一的认定,实践中对诉讼请求要素第二种法定形态也存在不同的解读。在第三章第四节的案例23以及案例18与案例19可以看出司法实践中对"前诉裁判结果"应当是实然性还是应然性、程序性还是实体性以及裁判主文与裁判理由都存在较大争议。因实体性裁判与一部分程序性裁定均会对当事人的实体权利产生影响、裁判主文与裁判理由的界限不清晰,所以要明确前诉裁判结果的内涵存在一定的难度。所以前诉诉讼请求较前诉裁判结果更为明确。其次,司法解释起草者将诉讼请求要素第二种法定形态解读为后诉的诉讼请求与前诉的诉讼请求相反,[①]实质上是将后诉的诉讼请求与前诉裁判结果的冲突性比较转化为后诉诉讼请求与前诉诉讼请求之间的比较。因此,将后诉诉讼请求的比较对象限缩为前诉诉讼请求是符合司法解释起草者想法的解读。最后,如表2-18所示,在353份裁判文书中,约22%的裁判文书中法院通过对后诉诉讼请求与前诉诉讼请求进行对比来判断是否满足后诉的诉讼请求实质上否定前诉的裁判结果。在第三章第四节案例21中,后诉的再审法院更是将前诉裁判结果解读为前诉诉讼请求。因而,将前诉诉讼请求作为后诉诉讼请求唯一的比较对象是符合司法实践要求的。

四、明确前后两诉诉讼请求实质性比较标准

如第三章第四节的案例9与案例10中显示,实践中法院对诉讼请求要素第一种法定形态中"相同"的判断应当进行实质判断还是形式判断产生了争议,在图2-54的289份裁判文书中,157份裁判文书对后诉与前诉的诉讼请求是否相同进行了实质判断,占比为54.3%,132份裁判文书显示法院要求后诉与前诉诉讼请求形式上存在相同,占比为45.7%。

虽未形成一种判断方式在裁判文书数量与所占比例上大幅超越另一判断方式的

---

① 参见最高人民法院修改后民事诉讼法贯彻实施工作领导小组编著:《最高人民法院民事诉讼法司法解释理解与适用》(上),人民法院出版社2015年版,第635页。

情形,但不管从对两诉诉讼请求相同实质判断与形式判断的裁判文书数量,还是所占比例来看,进行实质判断的皆略胜一筹。这一情况反映出实践中法院稍倾向于对后诉与前诉的诉讼请求是否相同进行实质判断。从禁止重复起诉制度的设立角度来看,实质判断也更符合制度目的。形式相同标准相对于实质相同标准更为严苛,若适用形式相同的判断标准,则会偏离制度设置的目的,造成"一事多再理"。当事人可以通过随意改变诉讼请求的内容,来达到提出新的诉讼的目的,如第三章第四节的案例10所示,实体权利并未发生改变,而当事人只需要稍稍改变主张的数额便可造成诉讼请求形式不同,诉讼请求的变更造成诉的变更,实际上是混同了诉讼请求与诉讼标的。对于适用形式相同所形成的理论与实践的困境,可以通过适用实质判断方式来解决。由此,可以类比推定在后诉诉讼请求与前诉诉讼请求比较的过程中,均应当进行实质性比较。

五、成立重复起诉的诉讼请求要素的形态

(一) 前后两诉诉讼请求之间关系的类型

前诉诉讼请求与后诉诉讼请求之间的关系可以转化为前诉诉讼请求所涵盖的范围与后诉诉讼请求所涵盖的范围之间相容关系与不相容关系,可再进一步将前诉诉讼请求与后诉诉讼请求之间的相容关系与不相容关系具化为同一关系、包含关系、交叉关系以及矛盾关系、反对关系。

1. 同一关系

如下图所示,同一关系是指两者外延完全重合、所指向的是同一事物。前诉诉讼请求与后诉诉讼请求的同一关系即为两者形式上完全重合或实质上所表达的意思相同。在表 2-16 显示的 132 份裁判文书中,约 61% 的裁判文书中法院以两诉诉讼请求表述相同、9% 的裁判文书中法院以后诉诉讼请求与前诉诉讼请求完全重合作为认定成立"后诉与前诉诉讼请求相同"的标准;以及表 2-17 显示,157 份裁判文书中约 12% 的裁判文书中法院以两诉讼请求的实质内容是否相同作为判断标准。虽然法院在运用上述三种标准进行判断时,侧重点有所不同,但均为对前后两诉诉讼请求是否存在同一关系进行判断。

2. 包含关系

前诉诉讼请求与后诉诉讼请求之间的包含关系是指，前诉诉讼请求包含后诉诉讼请求的全部意思或后诉诉讼请求包含前诉诉讼请求的全部意思，并且为其组成部分。如表 2-16 的 132 份裁判文书中约 17％的文书将后诉诉讼请求与前诉诉讼请求之间存在包含关系作为"后诉与前诉诉讼请求相同"的判断标准，在图 2-53 的 114 份裁判文书中，约 21％的裁判文书将两诉诉讼请求存在包含作为构成重复起诉的诉讼请求要素的其他形态。

3. 交叉关系

由图显示，前诉诉讼请求与后诉诉讼请求的交叉关系，即两诉诉讼请求存在部分相同。与包含关系不同，存在交叉关系的两诉诉讼请求并不存在一者是另一者的组成部分。如表 2-16 所示，在 142 份裁判文书中，约 7％裁判文书中法院以两诉诉讼请求存在交叉关系作为认定后诉与前诉诉讼请求相同的标准。在第三章第四节的案例 113 以及最高法院(2018)最高法民申 5914 号案件中，法院以前诉诉讼请求与后诉诉讼请求存在部分重合，而认定该部分构成重复起诉，均体现出了前诉诉讼请求与后诉诉讼请求之间的交叉关系。

4. 矛盾关系

(2015)民申字第 1551 号案件中，法院因后诉诉讼请求抵销前诉诉讼请求而认定成立诉讼请求要素第二种法定形态。这体现出法院对前诉诉讼请求与后诉诉讼请求之间的矛盾关系进行认定。所谓前诉诉讼请求与后诉诉讼请求的矛盾关系意为前诉诉讼请求所涵盖的范围与后诉诉讼请求所涵盖的范围是相互排斥的，且从图中可以看出，两者的范围之和可涵盖所有范围。

5. 反对关系

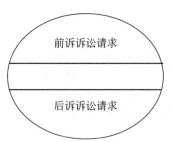

如图中所示，前诉诉讼请求与后诉诉讼请求的反对关系是指，两诉诉讼请求的范围相互排斥。与两者的矛盾关系相比，存在反对关系的两诉诉讼请求的范围之和无法涵盖全部范围。如，前诉诉讼请求主张合同有效与后诉诉讼请求主张合同无效，即体现出前诉诉讼请求与后诉诉讼请求之间的反对关系。

（二）重复起诉中诉讼请求要素形态的内涵界定

成立重复起诉的诉讼请求要素的形态应为"后诉与前诉的诉讼请求相同"与"后诉诉讼请求实质上否定前诉诉讼请求"。

1. 诉讼请求要素第一种法定形态中"相同关系"的内涵

从文义解释的角度，前诉诉讼请求与后诉诉讼请求存在同一关系是与《民诉解释》第 247 条中的"后诉与前诉诉讼请求相同"中"相同"的文义解释相契合。在图中，前诉诉讼请求与后诉诉讼请求之间的同一关系与前诉诉讼请求与后诉诉讼请求之间包含关系与交叉关系明显存在差异。在表 2-16 的 132 份裁判文书中，约 25％的裁判文书将两诉诉讼请求之间的包含关系与交叉关系作为是否成立后诉诉讼请求实质上否定前诉裁判结果的判断标准，即对两诉诉讼请求相同扩张解读为包含两诉诉讼请求的同一关系、包含关系以及交叉关系。此外，图 2-53 的 114 份裁判文书中，约 22％的裁判文书也将前诉诉讼请求与后诉诉讼请求之间的包含关系与交叉关系纳为了成立重复起诉的诉讼请求要素其他形态。实践中，除了将前诉诉讼请求与后诉诉讼请求之间的同一关系作为重复起诉的两诉诉讼请求关系之外，还存在大量案件中法院将两诉诉讼请求之间的包含关系与交叉关系也作为了成立重复起诉的两诉诉讼请求关系。

由此可知,若依据文义解释,将后诉与前诉诉讼请求相同仅解读为两诉诉讼请求之间所存在同一关系必然会产生法律规定与实践脱节。因此,一方面应当从司法实践出发,对现有规范中"后诉与前诉诉讼请求相同"中"相同"的内涵进行必要的扩张;另一方面在对规范内涵进行扩张解读时,不能只关注理论与实践的衔接而忽视规范制定的目的,应当立足于规范制定的目的并以实践为导向,从而实现理论与实践的融合。

有学者提出,学界现有研究实质上隐含了将规定中诉讼请求要素的两种形态类型化区分,即客体要素相同的实质一诉以及客体要素不完全相同的实质两诉。① 因此,"后诉与前诉诉讼请求相同"认定所要达到的目的是"实质一诉"。因两诉诉讼请求的包含关系与交叉关系中存在不重叠的部分,所以不能简单地将两诉诉讼请求之间的包含关系与交叉关系完全认定为成立重复起诉。从上述的示意图的比较可以看出,三种关系中两诉诉讼请求的范围皆可划分为重叠部分与不重叠部分(同一关系中的不重叠部分为零),因此通过将两诉诉讼请求拆分比较,将三种关系中重叠的部分认定为"相同",以实现规范与实践的衔接。

其一,《民诉解释》第 247 条将诉讼请求与当事人、诉讼标的相结合作为重复起诉的认定要素,实质上是肯定了诉讼请求独立于诉讼标的的地位,同时因诉讼标的理论的混乱,导致法院认定重复起诉过程中常将重点放在诉讼请求上,如图 2-37 与图 2-50 所示,在 1011 份裁判文书中,将诉讼标的作为认定要素的样本不到 50%,而将诉讼请求作为认定要素的裁判文书约占 80%。因此,理论上诉讼请求的独立地位以及实践中对诉讼请求的重视为将诉讼请求拆分比较,为部分相同提供基础。

其二,将诉讼请求进行拆分比较符合司法实践对部分请求所持的肯定态度。根据部分请求的理论基础与实践认定,对后诉诉讼请求进行拆分,将拆分后的后诉诉讼请求与前诉诉讼请求进行对比。

其三,从民事实体法与程序法相联系的角度来看,以民事实体法对诉讼请求的提出进行一定的限制,要求诉讼请求以实体法为依据,实质上是明确了案件中提出诉讼请求的性质类型,有利于对拆分后的每项主张进行类型化比较。

2. "后诉诉讼请求实质上否定前诉诉讼请求"中"否定关系"的内涵

"后诉诉讼请求实质上否定前诉诉讼请求"中的否定关系并非仅前诉诉讼请求与后诉诉讼请求的反对关系,因为前诉诉讼请求与后诉诉讼请求之间的矛盾关系是在反对关系的基础上,两诉诉讼请求的更进一步的"排斥",构成矛盾关系比构成反对关系的条件更为严格。若只将"后诉诉讼请求实质上否定前诉诉讼请求"中的否定关系

---

① 参见袁琳:《民事重复起诉的识别路径》,载《法学》2019 年第 9 期。

认定为两诉诉讼诉讼请求的反对关系,便会使得"实质上否定"的内涵未涵盖全部情况,造成概念的不周延。因而"后诉诉讼请求实质上否定前诉诉讼请求"中的否定关系应当包括两诉诉讼请求的反对关系与矛盾关系。

综上,对成立重复起诉的诉讼请求要素的"后诉与前诉的诉讼请求相同"与"后诉诉讼请求实质上否定前诉诉讼请求"两种形态认定时,应当对诉讼请求进行拆分比较,将存在同一关系、包含关系以及交叉关系的两诉诉讼请求的重合部分认定为后诉与前诉的诉讼请求相同,将两诉诉讼请求之间存在矛盾关系与反对关系的部分认定为后诉诉讼请求实质上否定前诉诉讼请求。

第四节 完善新的事实要素的建议

一、"新的事实"的提法优于"事实相同"

2021年《民事诉讼法》第122条规定的起诉条件包括具体的诉讼请求、事实和理由。[①] 在《民诉解释》第248条将"新的事实"确定为重复起诉的消极要素之前,没有具体规定重复起诉中事实要素的制度,实践中法院认定是否构成重复起诉时对事实要素的表述为"事实相同"。[②③] 但是,事实相同本身是一个相对难以判断的概念。首先,对于事实相同的范围,存在不同观点。有的认为,事实相同应是自然意义上的事实本身,与"一事不再理"原则中的"一事"内涵相一致。[④] 有的将事实相同与法律关系相同等同,认为"一事不再理"中的"一事"是指同一当事人,基于同一法律关系(同一事实)而提出的同一诉讼请求。[⑤] 其次,"相同"的判断亦存在主观性。"相同"在现代汉语中的意思为"彼此一样,没有区别",[⑥]前诉和后诉事实"没有区别"的要求较严苛,

---

① 该规定在1982年《民事诉讼中》表述为"有明确的被告、具体的诉讼请求和事实根据",后在1991年修改为"有具体的诉讼请求和事实、理由"固定下来,之后《民事诉讼法》的几次修改均没有改变。

② 参见张卫平:《重复诉讼规制研究:兼论"一事不再理"》,载《中国法学》2015年第2期。

③ 如第一章所述,在2015年以前,最高人民法院在(2003)民四终字第2号裁定书、(2003)民二终字第169号裁定书、(2007)民三终字第4号裁定书、(2012)民提字第44号裁定书中认定重复起诉时,均将"同一事实"作为考虑要素。

④ 参见王家永、原楠楠:《刑民交叉案件中同一事实的认定》,载《人民司法·案例》2018年第29期,第61页。

⑤ 最高人民法院民事审判第一庭编著:《最高人民法院〈关于确定民事侵权精神损害赔偿责任若干问题的解释〉的理解与适用》,人民法院出版社2001年版,第53-54页。

⑥ 参见中国社会科学院语言研究所词典编辑室编:《现代汉语词典》(第7版),商务印书馆2016年版,第1429页。

按此要求,重复起诉难以成立。因此,在实践中对"相同"认定就其语义本身进行了放宽,但放宽的尺度难以统一。

《民诉解释》第248条明确将"发生新的事实"作为重复起诉的例外情形,将事实要素的表述由"事实相同"变为"新的事实"。相较于"事实相同"的提法,"新的事实"提法有诸多优点。一方面,新的事实内涵相对确定。何谓"新的事实"在《民诉解释》第248条有规定,虽然实践中仍然存在诸多问题,但因为有法律明文规定为基础,适用"新的事实"作为事实要素的主观性比"事实相同"小,降低了类案不同判的概率。另一方面,"新的事实"仅指裁判生效后新发生的事实,以此区分当事人另行起诉与申请再审。若前诉和后诉满足《民诉解释》第247条规定的三个积极要素,则只有在前诉裁判生效后发生新的事实,当事人才可以通过另行起诉主张权利。若事实在前诉中已经存在,只是由于当事人未主张或未发现等原因在前诉未能得到解决,当事人只能通过再审主张权利。

二、"新的事实"的内涵界定

民事法律关系并非一成不变,法院作出的裁判文书亦只能约束裁判作出当时的情况,不可能考虑到未来的所有情况。因此,《民诉解释》第248条明确规定,若发生新的事实,不构成重复起诉,当事人可以基于新发生的事实起诉。然而,如本书第三章第五节所述,新的事实要素在实践适用中还存在很多问题,包括法院混淆了"发生新的事实"和其他概念的区别,以及法院不当扩大发生新的事实的范围。存在这些问题的原因,正如在本书第四章第二节中所指出的是因为"新的事实"内涵界定不明确。

新的事实在我国是一个立法上的术语。作为一个立法术语,新的事实出现于《民事诉讼法》第169条①与《行政诉讼法》第86条,②而在2018年《刑事诉讼法》以及《民法典》《刑法》(2020年修正)均未出现。就三大诉讼法的审判解释而言,2018年《行诉解释》虽然在第106条规定了重复起诉的三项积极要素,但并未出现"新的事实"提法。在《民诉解释》中也仅在第248条出现一次。反而是未出现"新的事实"提法的2018年《刑事诉讼法》的审判解释,即《最高人民法院关于适用〈中华人民共和国刑事诉讼法〉的解释》(法释〔2021〕1号)(简称2021年《刑诉解释》)第219条、第232条、第

---

①　《民事诉讼法》第169条第一款规定:"第二审人民法院对上诉案件,应当组成合议庭,开庭审理。经过阅卷、调查和询问当事人,对没有提出新的事实、证据或者理由,合议庭认为不需要开庭审理的,可以不开庭审理。"

②　2017年《行政诉讼法》第86条规定:"人民法院对上诉案件,应当组成合议庭,开庭审理。经过阅卷、调查和询问当事人,对没有提出新的事实、证据或者理由,合议庭认为不需要开庭审理的,也可以不开庭审理。"

286 条、第 288 条、第 297 条、第 391 条中均有"新的事实"的提法。不过,2021 年《刑诉解释》中"新的事实"多为指被发现或提出的,并未像《民诉解释》第 248 条中是"发生新的事实"。

尽管"新的事实"是一个立法上的术语,但并未看到立法机关对"新的事实"的解读。司法解释起草者对《民诉解释》第 248 条中的"新的事实"的解读也仅是再次强调新的事实是指新发生的事实。《民诉解释》第 248 条中的"新的事实"不同于《民事诉讼法》第 169 条第一款中的"新的事实",后者没有对"新的事实"的发生时间进行限制,且仅从字面意思看"发生新的事实"也是不同于"提出新的事实"的。

上述法律条文中出现的"新的事实"与《民诉解释》第 248 条作为重复起诉消极要素的"新的事实"不同。从法律条文规定来看,《民事诉讼法》第 124 条第(7)项①和《民诉解释》第 218 条②中"新情况、新理由"属于《民诉解释》第 248 条中的"新的事实"。

本书认为,"新的事实"是指在特定的时间起点后才出现的、能够引起当事人权利义务关系变动的事实。首先,"新的事实"是在特定时间起点后才出现的。也就是说,在这一时间起点前已经存在的事实不是《民诉解释》第 248 条规定的"新的事实"。事实的出现时间是一种客观现象,不需要裁判者的价值判断。新的事实起点的客观性减少了法院在认定发生"新的事实"的主观性,降低适用难度。其次,"新的事实"指的是能够引起当事人权利义务变动的事实。法院的审理是围绕确定权利义务关系展开的,因此,"新的事实"只有在能够引起当事人之间权利义务关系变动时,才能被法律"关注"。实践中,部分法院也认为新的事实是能够引起权利义务关系变动的事实,表 2-21 中,64 份裁判文书以权利义务关系发生变动认定发生了新的事实;反之,表 2-22 中,2 份裁判文书以权利义务关系没有变动认定没有发生新的事实。这 66 份裁判文书都认为新的事实是指能够引起当事人权利义务变动的事实。

三、"新的事实"的外延明确

司法实践中,"新的事实"外延的界定存在诸多问题。在界定"新的事实"外延时首先需明确其是具有"新的事实"所反映的本质特征的对象,根据"新的事实"内涵予以确定。但如第三章第五节案例 4 至案例 6 所示,实践中不当扩大"新的事实"外延的问题突出。为此,本书拟将实践中争议较多的几种情况予以讨论。

---

① 《民事诉讼法》第 124 条第(7)项规定:"判决不准离婚和调解和好的离婚案件,判决、调解维持收养关系的案件,没有新情况、新理由,原告在 6 个月内又起诉的,不予受理。"

② 《民诉解释》第 218 条规定:"赡养费、扶养费、抚育费案件,裁判发生法律效力后,因新情况、新理由,一方当事人再行起诉要求增加或者减少费用的,人民法院应作为新案受理。"

（一）"新的证据"不等于"新的事实"

"新的证据"与"新的事实"不同，虽然事实需要通过证据加以证明，但民事诉讼法为二者设置了不同的路径，应当严格加以区分。"新的证据"是我国《民事诉讼法》以及有关司法解释的用语，指的是在民事诉讼的前一阶段未发现或因客观因素未提供，在民事诉讼的后一阶段因符合法定条件允许提交的证据材料。[①] 2022年《民诉解释》第386条对于再审中"新的证据"作了规定，包括新发现的证据、新取得的证据、新形成的证据、未质证的证据。从该条规定可以看出，司法解释对于新的证据的认定标准较低。[②] 新的事实的认定比新的证据严苛，新的事实的范围限定在裁判生效前不存在、裁判生效后才出现的事实。虽然事实和证据密不可分，新的事实与新的证据出现时间可能存在重合，但新的证据不会直接引起当事人权利义务变动。因此，若案件存在新的证据，法院需探究该证据之证明内容。若"新的证据"证明的是前诉裁判生效前已经存在的事实，且符合再审事由之规定，则当事人应通过再审程序主张权利；若"新的证据"证明的是裁判生效后发生的事实，当事人可以另行起诉。

（二）未经审理的事实不属于"新的事实"

将未经审理的事实界定为"新的事实"实质上忽视了《民诉解释》第248条对于新的事实时间起点的规定。该做法是将事实是否经过审理作为新的事实的判断标准，经过审理不是新的事实，未经过审理则属于新的事实。该做法的逻辑是，未经审理的事实没有被实体裁判过，如果法院不认定其属于新的事实，当事人的权利难以得到保护。如第三章第五节案例4中的法院就采此种做法。但是，随意地改变新的事实的认定标准会导致新的事实要素滥用。况且当事人并非完全不能对未经审理的事实主张权利。若当事人能够提供证据证明前诉存在未经审理的事实，或是法院对于未经审理事实的忽略导致诉讼请求遗漏等，导致出现了能够申请再审的事由，则当事人可以通过再审程序获得救济。

（三）当事人不知情的事实不属于"新的事实"

新的事实要素强调的是，裁判生效后才出现，裁判生效前不存在的事实。因此，在前诉中已存在，只是当事人不知情的事实显然难以认定为"新的事实"。如果将当

---

① 参见王国征：《民事证据法学》，湘潭大学出版社2015年版，第15页。

② 参见吴俊：《适时提出主义——以"新的证据"与证据失权的关系为中心》，载《北方法学》2019年第1期。

事人是否知情主观因素囊括在对"新的事实"的判断标准中,无疑会增加新的事实要素适用难度,易导致类案不同判。实践中,将当事人在前诉中不知情的事实作为"新的事实",其出发点在于,如果当事人在前诉中对该事实知情,可能会提出不同的诉讼请求。如,第三章第五节案例5中,前诉庭审结束后,R公司方被银行告知贾某以自己的行为表示不会继续履行商品房买卖合同。如果在提起前诉时R公司已经知悉该事实,则不会在前诉中主张继续履行合同。在这种情况下,法院认为当事人在前诉中不知情的事实属于新的事实。

不将当事人在前诉中不知情的事实认定为新的事实,当事人的权利也能得到救济。若当事人对于该事实不知情符合再审事由之规定,则可以通过申请再审主张权利。

四、明确"发生新的事实"的时间起点

《民诉解释》第248条规定的"发生新的事实"中的"发生"在现代汉语中的意思为"原来没有的事出现了",[①]强调新出现的事实。就其语义而言,新的事实应当为特定时间起点前尚不存在,时间起点后才出现的事实。"发生新的事实"时间起点的确定对于"新的事实"的界定至关重要。如前所述,在阐释新的事实要素时,有的法院将学说和理论引入实践,导致在《民诉解释》第248条已经有明确规定的前提下,"发生新的事实"的时间起点依然不明确,新的事实要素适用困难。因此,应当明确"发生新的事实"的时间起点。本书认为,"发生新的事实"时间起点的界定应当和《民诉解释》第248条保持一致,即"裁判发生法律效力后"。

首先,时间起点是"裁判发生法律效力后",而不是"事实审言词辩论终结后"。将事实审言词辩论终结后认定为时间起点的法院,引用既判力理论的时间范围,认为发生既判力的判决只确认特定时刻双方当事人之间实体法律关系的状态,"特定时刻"应当是指双方当事人在诉讼进行中能够提起新的事实主张的截止时刻,也即是事实审言词辩论终结后。[②]自这一时间往后发生的所有事实都应当属于新的事实;否则,事实审言词辩论终结后至裁判生效前,将出现权利保护的"真空地带"。但是,如果该事实发生在一审裁判前,可以在二审程序中提出,我国并未禁止在二审中提出新的事实;如果当事人认为在二审程序中提出该事实将侵害其审级利益,则可以通过再审程

---

① 中国社会科学院语言研究所词典编辑室编:《现代汉语词典》(第7版),商务印书馆2016年版,第351页。

② 参见最高人民法院修改后民事诉讼法贯彻实施工作领导小组编著:《最高人民法院民事诉讼法司法解释理解与适用》(上),人民法院出版社2015年版,第637页。

序主张权利；如果该事实发生在二审法庭辩论终结后，二审法院裁判生效后，则也可以通过再审实现权利。同时，如上文所述，我国在讨论重复起诉时不应该引入既判力理论；相应地，将既判力的时间效力作为"发生新的事实"的时间起点也就失去了其理论根基，因特定的具体制度只能在特定的完整的制度体系中，方能彰显其价值。此外，持续侵权行为中，仅在裁判生效后还持续存在的侵权行为能以新的事实另行起诉。如第三章第五节案例 7 中，持续侵权行为权利人能以新的事实提起新诉的时间起点是裁判生效后，而不是事实审言词辩论终结后。因事实审言词辩论终结后裁判生效前，双方的权利义务关系处于不确定的状态，义务人在该期间不履行生效裁判确定的义务不属于发生新的事实。[①]

其次，这一时间起点是"裁判生效后"，而不是"裁判作出后"。裁判生效和作出应该是两个概念。诚然，裁判作出是裁判生效的前提，但却不是其充分条件，并不是裁判作出后就一定能够生效的。裁判的生效时间应当分情况讨论。一审程序中，一审法院作出裁判并送达当事人后，开始计算上诉期限，上诉期届满且当事人不上诉该裁判生效；二审程序中，裁判自公开宣判时生效，若没有公开宣判，则以送达最后一位当事人的时间为生效时间。[②] 综上，从裁判作出和裁判生效存在本质上的不同，不能将"裁判生效后"提前为"裁判作出后"。

最后，"裁判"应当理解为生效法律文书，不仅包括判决、裁定，而且还包括调解书和特定情况下的和解协议。按照文理解释，一般对"裁判"的理解就是判决和裁定的总称。但仅作如此解释显然是难以适应实践的。实践中，并非所有的案件都是裁判结案，如表 2-23 所示，8 份裁判文书认为前诉调解书生效后发生的事实属于"新的事实"，3 份裁判文书将时间前移到前诉调解书作出后，这 11 份裁判文书都将"裁判"理解为调解书。值得注意的是，前诉双方达成和解协议后原告撤诉的情况下，该和解协议是否属于"裁判"所包含的生效法律文书范围内，应当分情况讨论。根据 2022 年《民诉解释》第 214 条第一款之规定，原告撤诉后再起诉的，法院应当受理。据此，在一审程序中，当事人达成和解协议后，原告撤诉后还可以就同一诉讼请求再次起诉，不存在重复起诉的问题，因而也没有讨论新的事实要素之必要。2022 年《民诉解释》第 336 条第二款与第 408 条第二款均规定，一审原告在二审程序或者再审程序撤回起诉后再次起诉属于重复起诉。据此，二审和再审中双方达成的和解协议是对当事

---

① 此处仅讨论在事实审言词辩论终结后到裁判生效前这段时间侵权方的持续侵权行为能否构成新的事实，而不讨论在这一期间侵权行为赔偿的问题。

② 参见王亚新等：《中国民事诉讼法重点讲义》，高等教育出版社 2017 年版，第 258-259 页。

人之间权利义务关系的终局确定。① 因此,应当将二审和再审中双方达成的和解协议作为本部分的生效法律文书,在该和解协议生效后发生的新的事实,当事人可以另行起诉。

五、明确新的事实要素的适用条件

(一) 法院充分回应当事人的争议

民事诉讼应当保障当事人行使诉讼权利、保护当事人的合法权益。② 当事人在产生民事纠纷时,向法院提出诉讼,希望通过诉讼解决纠纷,对于当事人在诉讼过程中有争议的事实,法院应当回应。法院在当事人对于是否发生新的事实有争议时的回避讨论,减损了新的事实要素的实践价值。

《裁判文书释法说理意见》规定,对当事人有争议的案件,以及上诉、抗诉、申请再审的理由,法院应当加强释法说理。也就是说,当事人对于是否发生新的事实存在争议时,或是当事人将本案发生了新的事实作为上诉和申请再审的理由时,法院不仅需要予以回应当,还需要通过释法说理使当事人信服。如第三章第五节中案例 3 中,法院对于是否构成重复起诉,仅陈述"J 公司向 T 公司发送《催款函》及 T 公司回复的行为不属于《民诉解释》第 248 条规定的'新的事实'。"且一审、二审、再审中,在讨论本案是否发生新的事实时,都仅简单以该句话回应当事人,难以真正解决当事人的争议。当事人对裁判文书的接受是因其对裁判文书中法院说理的认同。当事人对是否发生新的事实存在争议时,法院的判断必须有充足的理由支持,展示法官如此判断的出于理性和良知,而不是滥用判断权的结果。③

(二) 法院应当将新的事实要素作为主动审查事项

法院在审理案件时,对于案件事实存在依当事人申请审查和依职权主动审查两种方式。通常来说,法院的审理应当围绕当事人的争议焦点展开,对于当事人没有争议的事实不予审查,充分尊重当事人在民事诉讼中的主体地位,这也是处分原则的要求。④ 但对于涉及社会公共利益或他人利益的特殊事项,法院可以主动审查。对于法

---

① 我国台湾地区有学者认为,和解协议与确定判决具有同一效力。见陈计男:《民事诉讼法》(修订 4 版)(下),台北三民书局 2007 年版,第 121 页。

② 参见田平安主编:《民事诉讼法原理》,厦门大学出版社 2015 年版,第 19 页。

③ 最高人民法院司法改革领导小组办公室编:《最高人民法院关于加强和规范裁判文书释法说理的指导意见理解与适用》,中国法制出版社 2018 年版,第 136 页。

④ 张卫平:《转换的逻辑:民事诉讼体制转型分析》,法律出版社 2007 年版,第 161 页。

院依职权主动审查事项和其审查界限,没有明确的法律规定,通常是在司法实践中积累的经验。[①]

如图 2-67 和图 2-68 所示,在当事人对于《民诉解释》第 248 条没有争议时,法院主动适用情况包括两种,一是当事人对《民诉解释》第 247 条有争议法院主动适用情况,二是当事人对于《民诉解释》第 247 条和第 248 条都没有争议时法院主动适用情况。因此,在讨论法院是否应当主动适用新的事实要素时,也应当从两个方面考虑。

对第一种情况,若当事人对是否构成重复起诉有争议,即使其争议集中在《民诉解释》第 247 条规定的三个积极要素,也应当将新的事实要素作为法院主动适用事项。如前所述,重复起诉的认定标准是由当事人要素、诉讼标的要素、诉讼请求要素三个积极要素和新的事实要素这一消极要素构成的。如图 2-52、图 2-69 和第三章第五节案例 1、案例 3 所示,实践中只讨论三个积极要素而对新的事实要素回避适用,以及适用后不说理的情况十分严重。但是新的事实要素作为构成重复起诉的消极要素,在重复起诉的认定中发挥着不可或缺的作用。如图 2-73 中的 12 份再审裁判文书,在再审相较于原审增加了对新的事实要素的考量后,有 10 份裁判文书对于是否构成重复起诉作出了与原审不一致的认定。由此可知,对于新的事实要素的忽视,可能会导致作出对重复起诉相反的认定。因此,即使在当事人对于新的事实要素没有争议,仅对积极要素有争议时,法院也应当将新的事实要素纳入法院主动适用的范围。

对第二种情况,法院可以依职权主动适用新的事实要素。在当事人对于重复起诉的积极要素和消极要素均不存在争议时,法院是否能够主动适用新的事实要素,实质是法院能否主动适用重复起诉。对此,我国法律没有相关规定。对于重复起诉是否为法院职权调查之事项,日本学者认为"尽管禁止二重起诉需要被告的援用"与"争点效需要当事人的援用"形成整合,但是,在禁止二重起诉中还存在着诉讼经济的考量,故可以将其理解为依职权调查的事项。[②] 本书亦同意此观点。因我国民事诉讼法设置"禁止重复起诉"制度,除保障当事人程序权利外,也包括有效利用司法资源和避免法院矛盾判决。允许当事人将已经经过实体审理的纠纷不断提出异议,要求法院

---

① 如,2020 年《保险法司法解释三》第 3 条中,将投保人订立合同时是否具有保险利益,以及以死亡为给付保险金条件的合同是否经过被保险人同意并认可保险金额,作为了法院审理人身保险合同纠纷案件时,应当主动审查的事项。又如,法院在审理当事人合同纠纷时,会主动审查是否存在合同无效的情形,因合同只有在违反法律的强制性规定时无效,其涉及国家、社会公共利益,且一般来看,合同纠纷案件审理的前提是存在一个合法有效的合同,因而首先审查是否存在合同无效的情形亦是出于避免对司法资源的浪费。

② 参见[日]高桥宏志:《民事诉讼法制度与理论的深层分析》,林剑锋译,法律出版社 2003 版,第 107 页。

对相同争议多次审理,难以实现禁止重复起诉制度设置的立法初衷。① 如图 2-68 和第三章第五节案例 2 所示,实践中亦有法院支持此观点。

六、完善起诉程序与其他程序的衔接

(一)起诉程序与执行程序衔接

执行程序,是指民事执行机关根据生效法律文书,通过执行措施使债务人履行义务,以实现债权人权利的程序。② 当事人可以通过向执行机关申请执行,实现其为生效法律文书所确定的权利。在裁判生效后权利人申请执行前,或者是在执行程序开始后终结前,发生了新的事实,③导致当事人的权利义务关系变动,此时应该通过执行程序还是起诉程序实现权利,法律没有明确规定。如第四章第二节中所述,因为执行程序和起诉程序衔接不畅,导致实践中程序的选择也存在诸多难题,第三章第五节案例 13 中,在执行程序可以实现权利人的权利时,法院直接以债务人未履行义务属于发生新的事实为依据,受理权利人的起诉,混淆了执行程序和起诉程序,不当扩大发生新的事实的范围。对于法院裁判生效后权利人申请执行前,以及权利人申请执行后执行终结前,这段时间新发生的事实能否认定为新的事实,不能一概而论,应该分情况作不同处理。

其一,在裁判生效后权利人申请执行前,当事人拒不履行生效法律文书所确定的义务的,应当通过申请执行主张权利;但如果造成了新的损失,可以对该部分损失另行起诉。给付之诉中,在法院对当事人的纠纷进行裁判并形成生效法律文书后,该生效法律文书可以作为执行根据。④ 因此,在当债务人不履行义务时,权利人可以通过申请执行实现权利。如果仅以当事人不履行生效法律文书作为新的事实另行起诉,无疑会造成案件重复审理。且在审执分离的背景下,即使有新的生效法律文书再次确认权利人的权利,其权利也依然难以得到实现,还会造成执行程序的空置。但是,正是因为我国审执分离的制度,执行机关不会再对当事人之间的权利义务关系进行实质审查,⑤如果债务人不履行生效裁判的行为导致新的损失出现,执行机关难以判断该损失是否真实存在以及损失范围为何,此时,如果不允许权利人就该部分损失另

---

① 参见夏璇:《民事重复起诉研究——司法控制与诉权保障的博弈》,厦门大学出版社 2020 版,第 37-38 页。

② 参见谭秋桂:《民事执行法学》(第 2 版),北京大学出版社 2010 年版,第 166-167 页。

③ 此处"新的事实"是在前文已经明确界定的意义上使用的,即指在裁判生效后才出现的、能够引起当事人权利义务关系变动的事实。

④ 参见董少谋:《民事强制执行法学》(第 2 版),法律出版社 2016 年版,第 61 页。

⑤ 参见谭秋桂:《民事执行法学》(第 2 版),北京大学出版社 2010 年版,第 120-121 页。

行起诉,显然有违公平。值得注意的是,持续侵权行为如果造成了新的损失,也能够以发生新的事实为由另行起诉。虽然持续侵权行为中没有新的行为,但是因为法院裁判的作出,将持续侵权行为分为两段,第一段已为生效法律文书所确认,但这不意味着权利人不能就第二段行为及新的损失起诉。

其二,如果在执行过程中出现了客观执行不能,应当以发生新的事实为由另行起诉。执行不能,一般指法院穷尽一切执行措施,债权人权利仍然不能完全实现的一种执行状态。但是,只有出现客观执行不能时,才可以另行起诉。如果是因为债务人没有财产可供执行等原因而导致的执行不能,即使为债权人提供另行起诉的救济,债权人权利也无法实现。这里的客观执行不能指的是因为客观上的妨碍事由,导致执行不能继续。① 如果存在法律上或事实上的障碍导致不能执行,权利人的权利难以通过执行程序实现,此时,若不为权利人设置救济手段显然是不恰当的。② 实践中亦有法院采此观点,如表2-21中,19份裁判文书将出现了执行不能作为认定发生新的事实的依据;表2-22中,因不存在执行不能,仅是执行过程中就其他问题发生的争议,7份裁判文书中权利人可以通过执行程序实现权利。比较典型的执行不能的情景就是2022年《民诉解释》第492条规定的,对特定物执行而特定物毁损灭失,此时,该条规定也明确当事人可以另行起诉。

(二) 起诉程序与再审程序衔接

再审程序,是指法院对于已经发生法律效力的裁判,在出现了再审事由时,再次进行审理,其目的是为了纠正生效裁判中的错误,使已经终结的案件重新审判。③《民诉解释》第248条规定的新的事实,是指裁判生效后发生的事实,在发生新的事实时当事人可以再次起诉,不受重复起诉的影响。如前所述,出现再审事由和发生新的事实时间存在极大重合,都是在裁判生效后。当事人倾向于将再审事由作为新的事实另行起诉,法院对此也识别不清,因此,实践中再审程序和起诉程序混淆的现象十分严重。

就立法规范而言,再审程序和起诉程序存在本质上的差别。再审程序是一种纠错程序,其是在原审裁判确有错误的情况下对当事人权利的救济,通过对案件再次审理纠正原裁判中的错误。但是,裁判生效后发生新的事实不等于原审裁判有错误。

---

① 参见郑涛:《民事诉讼禁止重复起诉研究》,社会科学文献出版 2019 年版社,第 159-160 页。

② 最高法院亦持此观点。最高法院[2009]执监字第 217 号函中提出:"如果本案确实存在法律上或事实上的障碍而不能执行,应当努力促成执行和解。如和解不成,应当告知当事人可以另行提起诉讼。"

③ 参见江伟、肖建国主编:《民事诉讼法》(第 7 版),中国人民大学出版社 2015 年版,第 333 页;张卫平:《民事诉讼法》(第 5 版),法律出版社 2019 年版,第 390 页。

裁判生效后发生新的事实不构成重复起诉的原因在于,原审裁判只能对当时已经存在事实进行审理,裁判生效后发生的新的事实不受原审拘束。因为发生新的事实,导致当事人之间形成了新的权利义务关系,若仅仅因为符合构成重复起诉的积极要素,就对新发生的事实不予审理,则显然是有失公平的。综上,发生新的事实的后果是提起新诉,其指向的是当事人之间新形成的权利义务关系,而再审程序指向的是原生效裁判确定的权利义务关系。因此,当再审程序和起诉程序的选择难以辨别时,应当考虑提起该程序的目的为何。

因再审程序和起诉程序的混淆主要体现在,实践中将再审事由作为发生新的事实提起新诉,因此,若要区分这两种程序,则必须要明确界定再审事由和新的事实之关系。2021年《民事诉讼法》第207条为当事人申请再审设置了13项事由,我国对于再审事由采取的是封闭式列举。也就是说,如果存在该13项再审事由,就可以申请再审;如果不存在,则不能通过再审主张权利。但是,发生新的事实不是为再审事由之外的事实提供"兜底"作用的规定。如前所述,其指的是在裁判生效后出现的,能够引起当事人权利义务关系的事实。因此,再审事由和新的事实的适应范围分别再审程序和起诉程序。实际上,再审事由和新的事实之混淆集中体现在新的事实和新的证据,对这两者的区分在上文新的事实外延界定部分已有详细论述。如表2-22中,22份裁判文书明确提出,新的证据不等于新的事实,前者属于再审事由的范畴,很好地区分了再审程序和起诉程序。

第五节 建立与重复起诉认定标准相适宜的纠纷一次性解决机制

一、纠纷一次性解决的含义

我国现行法律、司法解释和司法文件的一些规定,体现了纠纷一次性解决理念。如,2021年《民事诉讼法》第143条、[1]2022年《民诉解释》第221条、[2]《最高人民法院关于印发修改后的〈民事案件案由规定〉的通知》(法〔2020〕347号)[3]等。但由于相关

---

[1] 2021年《民事诉讼法》第143条规定:"原告增加诉讼请求,被告提出反诉,第三人提出与本案有关的诉讼请求,可以合并审理。"

[2] 2022年《民诉解释》第221条规定:"基于同一事实发生的纠纷,当事人分别向同一人民法院起诉的,人民法院可以合并审理。"

[3] 《最高人民法院关于印发修改后的〈民事案件案由规定〉的通知》第五部分中规定:"存在多个法律关系时个案案由的确定。同一诉讼中涉及两个以上的法律关系的,应当根据当事人诉争的法律关系的性质确定个案案由;均为诉争的法律关系的,则按诉争的两个以上法律关系并列确定相应的案由。"

规定模糊或者赋予法院自由裁量权过大,导致实务适用中的不确定性,[①][②]进而影响纠纷一次性解决理念的实现。

二、引入诉的预备合并制度

(一) 诉的预备合并与合并审理

虽然我国现有规范并未规定诉的预备合并制度,但从第四章第四节的案例中可以看出,引入诉的预备合并制度可以在一定程度上减少当事人重复起诉问题。

从主诉与预备诉两者关联与差异来看,不管是诉的客观预备合并还是诉的主观预备合并,两诉的提起均是基于同一事实,同时两者互相排斥,因此为避免重复起诉以及矛盾裁判的作出,当事人应当向同一法院一并提出两诉,并明确两诉的顺序。由于两诉之间的统一与矛盾,造成学界对主诉与预备之诉的审理应为合并审理抑或是分案审理产生了争议。主张合并审理的学者认为,为了提高司法效率、保障后诉的审级利益,应允许当事人同时就两个诉进行辩论,除非判决先位诉胜诉,否则需要对两个诉一并审理和作出判决。[③] 主张不合并审理的学者认为,为避免诉讼程序过于复杂,增加法院的负担,应当按照先主诉后预备诉的顺序,只有在主诉因无理由败诉时,法院才能对预备诉进行审理,而在主诉获得有理由胜诉时,则不需要对预备诉再行审理。

本书认为,主诉与预备诉不应合并审理,理由有:首先,诉的预备合并制度设立的目的是为当事人提出的主诉不成立时,以预备诉来为其提供保障,因此预备诉的存在就是为主诉提供补救,两者本就存在审理的先后次序,不应合并审理。其次,虽然主诉和预备诉之间存在一定的牵连关系,审理主位请求时会涉及对预备请求的调查,但是两诉的侧重点并不同,提出的证据并不完全相同;若对其进行合并审理需耗费大量的时间精力,且在主诉有理由胜诉时则无必要对预备诉进行审理,因而开始就对预备

---

① 关于合并审理,最高法院曾认为,某三个案件应按照《民诉解释》第 221 条规定将相关案件合并审理,并撤销了有关判决。参见中华人民共和国最高人民法院(2017)最高法民终 747 号民事裁定书。而依据《民诉解释》第 221 条的字面解释,是"可以"合并审理,并非必须合并审理。原审法院没有合并审理并不无不当。

② 关于案由合并问题,最高法院认为,"虽然同一诉讼中可以并列多个案由,但并非所有案由均可在同一诉讼中确立。"见中华人民共和国最高人民法院(2019)最高法民终 665 号民事裁定书。至于哪些案由不可以在同一诉讼程序中确立,缺乏明确的规定。

③ 参见杨建华:《民事诉讼实务问题研究》,台北三民书局有限公司 1981 年版,第 219 页,转引自肖华林:《程序效益视角下客观预备之诉合并的制度设计》,载《法律适用》2016 年第 3 期。

请求进行审判,造成了司法资源的浪费。总之,应当先对主诉进行审理,待主诉无理由败诉时,才开始对预备诉审理。即法院先对主诉进行审理,如判决主诉有理由胜诉,则不再对预备诉进行审理,审判程序即告结束。如判决主诉无理由败诉时,再行对预备诉审理,待法院对预备请求审理完毕后,就主诉与预备诉做出全部判决。①

(二)引入诉的预备合并的现实需要

2021 年 6 月 5 日以"案件类型:民事案件""全文:诉的预备合并"为检索词在中国裁判文书网中检索,共得到 11 份裁判文书。在该 11 份裁判文书来看,中级法院作出的有 5 份,基层法院作出的有 6 份。中级法院作出的 5 份裁判文书均属于二审判决书。就中级法院的作出的该 5 份裁判文书来看(在中级法院作出的 5 份裁判文书中,其中有 1 份裁判中法院对诉的预备合并没有表达自己的观点;中级法院作出相对更权威,故本书不分析基层法院作出的 6 份裁判文书),对诉的预备合并的态度有肯定和否定:

对诉的预备合并持肯定态度:如,G 公司向法院起诉周某,诉讼请求包括:(1)解除 G 公司与周某之间的《商铺租赁合同》,周某将系争房屋返还 G 公司;(2)周某支付 G 公司自 2016 年 1 月 1 日起至系争房屋实际返还之日止的租金及使用费及逾期支付租金违约金;(3)周某支付 G 公司 2016 年度、2017 年度管理服务费约 13 万元及逾期支付管理服务费违约金。若合同解除不能获得支持,则将诉讼请求变更为:(1)周某支付 G 公司自 2016 年 1 月 1 日起至 2017 年 12 月 31 日止的租金及逾期支付租金违约金;(2)周某支付 G 公司 2016 年度、2017 年度管理服务费约 13 万元及逾期支付管理服务费违约金。该案的争议焦点之一为,G 公司要求在其合同解除的诉讼请求未获支持的情况下,主张租金、管理服务费及相应违约金是否具有依据。对于该争议焦点,法院认为,该诉讼行为属诉的预备合并,并不违反民事诉讼程序。② 即承认诉的客观预备合并。又如,吴某驾车(该车在 T 公司投保交强险和第三者商业责任险)将董某撞伤,吴某与董某在交警部门主持下达成《交通事故损害赔偿调解书》协议。后董某向法院起诉,要求依法撤销吴某与其达成《交通事故损害赔偿调解书》协议,并主张由吴某与 T 公司共同赔偿损失。此案争议焦点之一是,赔偿协议撤销之诉与机动车交通事故责任纠纷之诉能否合并审理。对此,法院认为,诉的合并,是指法院将两个

---

① 参见刘田玉:《诉之预备合并的比较与借鉴》,载《环球法律评论》2004 年夏季号。
② 参见上海市第一中级法院(2018)沪 01 民终 750 号民事判决书。在类似租赁合同纠纷中对诉的预备合并采肯定态度的还有上海市第一中级法院(2017)沪 01 民终 8427 号民事判决书。

或两个以上彼此之间有牵连的诉合并到一个诉讼程序中审理和裁判。诉的合并的条件是彼此独立的几个诉在主体或客体上具有关联性。诉的合并的意义在于提高诉讼的效率,防止在相互关联的问题上作出相互矛盾的裁判。本案当事人所提交通事故赔偿问题虽然涉及撤销之诉和侵权之诉两个不同法律关系的诉讼,但两者是有牵连关系的诉。其中的对赔偿协议撤销之诉是侵权之诉的先决问题,此为诉的预备合并,法院则应先审理该诉,然后才有可能进一步审理侵权之诉。原审将上述两诉合并审理并无不当,T公司提出原审判决将赔偿协议撤销之诉与机动车交通事故责任纠纷之诉合并审理错误的上诉理由不能成立,不予采纳。[①] 尽管在该案中法院表达了对诉的预备合并的态度,但该案的此种情形是否属于诉的预备合并是值得讨论的。因为在诉的预备合并情形,只有在先位之诉得不到法院支持的情况下才需要审理后位之诉;而此案中反而是在赔偿协议撤销之诉得到法院支持的情况下才需要审理机动车交通事故责任纠纷之诉。

对诉的预备合并持否定态度:如,T公司将其承建的某工程承包给李某施工,孙某受雇于李某从事室内装修工作,孙某在工地施工时受伤住院治疗。孙某向法院起诉T公司,孙某的诉讼请求包括:(1)请求判决确定孙某与T公司存在劳动关系;(2)若法院认定孙某与T公司之间存在劳动关系,则请求T公司参照《工伤保险条例》规定承担赔偿责任。法院认为,孙某提起的是诉的预备合并,而诉的预备合并仅是学理上的解释,现行法律未有明确规定,判决驳回的孙某的诉讼请求。[②] 即否定诉的客观预备合并。

此外,地方法院的规范性文件中对诉的预备合并规则的态度也不一致。有承认诉的预备合并规则的,如《重庆市高级人民法院关于当前民事审判若干法律问题的指导意见》第52条明确承认诉的客观预备合并规则。[③] 也有否定诉的预备合并规则的,如上海市高级法院印发的《关于审理涉及债权转让纠纷案件若干问题的解答》第2条

---

① 参见湖北省黄石市中级法院(2017)鄂02民终1204号民事判决书。

② 参见内蒙古自治区赤峰市中级法院(2019)内04民终5791号民事判决书。

③ 《重庆市高级人民法院关于当前民事审判若干法律问题的指导意见》(2007年11月22日重庆市高级人民法院审委会第564次会议通过)第52条规定:"关于补充性诉讼请求的处理。补充性诉讼请求,又称预备性诉讼请求,是指当事人提出两个或两个以上的诉讼请求,为了防止第一位的主要请求不被承认,事先就提出如果第一位的主要请求不被承认就要求审理第二位次要请求,如果第一位的主要请求被承认就不用审理第二位次要请求的情形。人民法院应当允许当事人提出补充性诉讼请求,在未评议确定第一个请求能否支持前,对当事人的多个请求均应予以审理。诉讼中不必要求原告必须选择一个请求提交法院审判,但判决必须确定具体。"见最高人民法院民事审判第一庭编:《民事审判指导与参考》(2008年第2集·总第34集),法律出版社2008年版,第213、223页。

明确否定诉的主观预备合并规则。[①]

最高法院在具体案件中表达了对诉的预备合并的看法：

B农场向法院起诉J公司，B农场的诉讼请求包括主张J公司2014年10月22日股东会决议无效，又请求确认其享有J公司增资的2404.2922万元的对应股权。一审法院认为，B农场的诉讼请求相互矛盾，裁定驳回B农场的起诉。

B农场提起上诉，二审法院认为，B农场向一审法院提出截然相反的诉讼请求，导致人民法院无法确定B农场的具体诉讼请求，B农场的起诉不符合法定的受理条件。二审法院裁定驳回上诉，维持原裁定。

再审法院最高人民法院认为，B农场在提起股东会决议无效之诉的同时，又请求确认该股东会决议增资对应的股东权益归其所有，两个诉讼请求虽然是相互矛盾的，但B农场提起的两个诉，诉讼要素齐全，均符合《民事诉讼法》规定的立案标准，当事人可以在前一个诉的请求不被支持时，退一步选择主张后一个诉的诉讼请求，对当事人的两个诉，人民法院均应立案受理。最高法院裁定，撤销一审裁定和二审裁定，指令一审法院审理本案。[②]

在该案中，最高法院明确肯定了诉的预备合并。

本书建议，我国应以法律的方式明确承认诉的预备合并规则，既可以扩大一次性纠纷解决机制的容量降低重复起诉的概率，也可以避免实践中的做法不一。

三、建立强制反诉制度

（一）强制反诉制度可扩大纠纷一次性解决机制的容量

强制反诉制度有利于全面解决原告与被告之间的纠纷，促使被告将与本诉诉讼

[①] 2006年6月23日上海市高级法院印发的《关于审理涉及债权转让纠纷案件若干问题的解答》（沪高法民二[2006]13号公布）第2条规定："债权受让人以债务人为被告提起诉讼，要求债务人履行债务，债权让与人作为第三人参加诉讼的，在债权受让人对债务人的诉请不能成立的情形下，债权受让人能否变更诉请，直接要求债权让与人承担民事责任或在诉讼中提出预备诉讼主张？鉴于债权受让人对债务人提起的诉请是基于债权受让人与债务人之间的法律关系，与债权转让关系不属于同一法律关系，且债权转让人仅处于诉讼第三人地位，故债权受让人不能在诉讼中直接变更诉请，要求债权让与人承担民事责任，应通过另行起诉解决。在此种情形下也不宜由债权受让人对债权让与人提起预备诉讼。预备诉讼是在同一诉讼中，同一原告针对同一被告在主要诉讼请求得不到满足时的备位诉讼请求。如果预备诉讼的被告与主要诉讼的被告非同一对象，将导致当事人诉讼地位、诉讼请求及争点、审理范围等发生较大变化，将会给案件审理带来诸多不便。因此，在债权受让人起诉债务人履行债务的纠纷案件中，不应准许债权受让人将债权让与人列为预备诉讼的被告提起备位诉讼。"摘自上海律师法律咨询网：http://www.teamlaw.cn/HTZW/1545.html.，最后访问日期：2021年6月5日。

[②] 参见最高法院（2019）最高法民再152号民事裁定书。

请求有牵连关系的事实主张在同一诉讼程序中一并解决。若法官在诉讼过程中对符合强制反诉条件的案件已经对被告进行释明，但被告仍没有及时提起反诉，则不再允许被告另行起诉。强制反诉将与原告提出的本诉产生于同一事项或事件之反诉强制性地合并入本诉中，在一个程序中解决所有争议。强制反诉制度中合并审理的规定是强制性的，不仅要求被告提出的反请求在本诉的诉讼过程中提出，更是要求法官在判定某项反请求符合强制反诉规定后，必须合并审理一并判决，得以保障在最低限度上实现一次性解决纠纷原则。通过对具有牵连关系的事实主张的合并审理，强制反诉得以在最大限度范围内扩大纠纷一次性解决机制的容量，有利于案结事了之纠纷解决的终极目标的实现。本诉被告被要求在诉讼过程中提出反诉，而不得通过另行起诉的方式提出，亦得以避免反诉主张在另诉中被认定为重复起诉的风险。如第四章第四节第三部分的案例中，[①]在确立强制反诉制度之后，本诉被告得以在本诉中提起反诉，无须另行起诉而被认定构成重复起诉。

强制反诉制度产生失权后果定，力求在一个诉讼程序中解决多个诉，将案件合并审理，得以避免矛盾判决的出现。针对本诉被告故意不在本诉中提起反诉而是选择另行起诉的情形，强制反诉有利于保护本诉原告的合法权益，得以阻止本诉被告恶意滥用程序，亦有助于督促本诉中的被告及时行使权利。

我国《民事诉讼法》所规定的反诉乃是任意性反诉，作为一项诉讼权利，本诉被告享有是否提起反诉的选择权。正是基于这一原因，即导致未在本诉中提起的反诉而在另行提诉被法院认定为重复起诉的现象。故此，为了避免反诉请求在后诉中被认定为重复起诉的风险，以合理保障本诉被告的正当权益，本书建议引进强制反诉制度。

（二）强制反诉制度与重复起诉认定标准的协调

强制反诉制度的构建可以有效降低重复起诉的发生风险。正如前文第四章第四节所述，在司法实践当中，针对本诉被告未在前诉中提起反诉而是通过另行起诉的方式予以主张的情形，人民法院多将其认定为重复起诉而予以驳回，既损害了本诉被告提起反诉之选择权利，亦增加了重复起诉的发生概率，强制反诉制度的确立得以有效化解这一实践困境。

根据强制反诉的制度要求，针对符合条件的诉讼主张，本诉被告必须在本诉的诉讼过程中提出，否则将面临失权的不利后果，即不得寻求另诉救济。强制反诉制度的

---

①　参见山东省高级法院(2021)鲁民终 1241 号民事裁定书、新疆维吾尔自治区高级法院(2021)新民申 1788 号民事裁定书、最高法院(2021)最高法民申 1163 号民事裁定书。

存在,得以避免针对反诉主张的另行起诉,进而构成重复起诉的情形。强制反诉中的当事人与本诉相同、诉讼请求可能与本诉诉讼请求相反,符合《民诉解释》第247条所规定的关于构成重复起诉的认定标准。根据2022年《民诉解释》第233条的规定可知,在反诉的主体条件方面,反诉的当事人应当限于本诉的当事人的范围。这也就意味着反诉、本诉的当事人必须相同,反诉的原告只能是本诉的被告,反诉的被告只能是本诉的原告,反诉的当事人和本诉的当事人不增加也不减少,只是诉讼地位互换,[①]这也是我国理论界的通说。根据前文所述,针对"前后诉当事人数量相同且后诉未加入新的当事人,当事人诉讼地位在原、被告之间发生变化"的情形,应当认定前后诉当事人相同,即强制反诉情形下的本诉与反诉符合认定重复起诉的当事人要件;在反诉的客观构成要件方面,要求反诉与本诉之间必须具有牵连关系。主流观点认为,反诉与本诉的牵连关系包括反诉的诉讼请求和本诉的诉讼请求基于同一法律事实或者属于同一法律关系,由于这种牵连,反诉与本诉就可以相互排斥、抵消、吞并。[②] 故此,强制反诉情形下的本诉与反诉符合认定重复起诉的诉讼请求要件。根据本书的观点,认为前后诉是否构成重复起诉,满足前后诉当事人相同、诉讼请求相同或者后诉诉讼请求实质否定前诉诉讼请求即可,而诉讼标的不应成为重复起诉的认定标准。因此,强制反诉情形下的本诉与反诉同时符合认定构成重复起诉的当事人要素与诉讼请求要素。强制反诉制度要求在本诉中提起反诉而不得另诉的做法,得以有效降低重复起诉的发生概率。

四、确立中间判决制度

(一) 引入中间判决的现实基础

虽然我国还没有引入中间判决制度,但我国司法实践中亦出现了"中间判决"的提法。本课题组于2021年6月8日以"案件类型:民事案件""全文:中间判决"为检索词在中国裁判文书网中检索,共得到16份裁判文书。其中,1份裁判文书中的"中间判决"不具有中间判决的意思,[③]不具有分析的价值。在其他15份裁判文书中,有9份是在人民法院进行民事诉讼过程中涉及域外法院的中间判决,所涉及的国家和地

---

① 参见房保国:《论反诉》,载《比较法研究》2002年第4期。

② 参见最高人民法院修改后民事诉讼法贯彻实施工作领导小组编著:《最高人民法院民事诉讼法司法解释理解与适用》(上),人民法院出版社2015年版,第610页。

③ 朝阳县法院(2018)辽1321民初1116号民事裁定书中"该判决书第3页中间判决主文部分",不具有中间判决意思。

区,均属英美法系国家和地区。①

在我国法院作出的含有"中间判决"字样的 6 份裁判文书中,有 2 份裁判文书中的"中间判决"是对中间判决这一法律术语的误解误用。如,有的将两个价值进行相加平均作出的判决叫做中间判决。② 另外有 4 份裁判文书中的"中间判决",实际上是先行判决,具体情况如下:

2018 年 3 月 12 日 X 公司和冯某国向法院起诉 L 公司,诉称 2017 年 4 月 5 日 L 公司所有的 V 轮与冯某国所有、X 公司光船承租的 X 轮发生碰撞事故,V 轮在事故发生后肇事逃逸,自行驶离事故现场,使其遭受巨额经济损失;V 轮对事故的发生承担全部责任,且应无权享受海事赔偿责任限制。2018 年 4 月 28 日,L 公司提起反诉。L 公司辩称:就涉案碰撞事故,X 轮应当承担 40% 的赔偿责任,V 轮承担 60% 的赔偿责任;同时,两船因驾驶人员的过失造成碰撞事故,船舶所有人对过失不存在故意或明知的情况,不应丧失限制赔偿责任的权利。一审法院依据《民事诉讼法》第 153 条等判决,对碰撞事故,X 轮承担 15% 的责任,V 轮承担 85% 的责任。一审法院认为,该判决"属碰撞责任比例中间判决,L 公司是否可以在本案中限制赔偿责任不属本次判决事项,故不在本次审理范畴之内。"③④

显然,(2018)沪 72 民初 1130 号民事判决并非法律意义上中间判决,而是针对部分诉讼请求的先行判决。

上海市徐汇区人民法院(2020)沪 0104 民初 2133 号民事判决书中明确"本院对本案依法作出中间判决,业已生效"。其情况为:徐汇区人民法院 2020 年 2 月 5 日立案受理李某弘诉章某凤等 4 人其他合同纠纷案,李某弘提出诉讼请求包括两项:一是确

---

① 北京市高级法院(2018)京民申 4657 号民事裁定书、安徽省安庆市中级法院(2018)皖 08 协外认 1 号民事裁定书、北京市第三中级法院(2018)京 03 民终 3 号民事判决书、山东省德州市中级法院(2018)鲁 14 协外认 1 号民事裁定书、安徽省安庆市中级法院(2017)皖 08 协外认 1 号民事裁定书、北京市朝阳区人民法院(2014)朝民认字第 25453 号民事判决书共 6 份裁判文书中涉及新加坡法院作出的中间判决;广东省韶关市中级法院(2020)粤 02 民终 1225 号民事裁定书中涉及香港特别行政区高等法院的中间判决;广州市中级法院(2019)粤 01 协外认 14 号民事裁定书中涉及澳大利亚联邦地方法院的中间;江苏省常州市中级法院(2016)苏 04 协外认 3 号民事裁定书中涉及美利坚合众国关岛高级法院的中间判决。

② 上海市第一中级法院(2015)沪一中民二(民)终字第 1907 号民事判决书中"判决后,芙格佩伊公司不服,上诉至本院称,原审应当就上诉人芙格佩伊公司所主张的以评估结论确定的重置造价和现值价为标准确定被上诉人文利综合经营部补偿上诉人的标准进行中间判决。"当事人对中间判决的理解,与法律意义上的中间判决完全是两码事;广东省广州市中级法院(2014)穗中法民二终字第 497 号民事判决书中"因为'减差'是指头尾两个判决结果相减,不可能用中间判决相减",这同样是对中间判决法律术语的误用意思。

③ 参见上海海事法院(2018)沪 72 民初 1130 号民事判决书。

④ 上海市高级法院(2019)沪民终 299 号民事判决书是对上海海事法院(2018)沪 72 民初 1130 号案的二审判决书,其中的"中间判决"是引用一审判决书的"中间判决"。

认各方之间签订的《合伙经营协议》于 2019 年 4 月 29 日解除;二是章某凤等 4 人共同返还剩余投资款 218 000 元。2020 年 7 月 20 日徐汇区法院做出(2020)沪 0104 民初 2133 号民事判决书,驳回李某弘要求确认各方之间签订的《合伙经营协议》于 2019 年 4 月 29 日解除的诉讼请求。

徐汇区法院在(2020)沪 0104 民初 2133 号民事判决书中所声称的"中间判决",指的就是(2020)沪 0104 民初 2133 号民事判决。(2020)沪 0104 民初 2133 号民事判决针对的是部分诉讼请求,实际上属于《民事诉讼法》第 153 条规定的先行判决。

此外,上海海事法院将其案号为(2018)沪 72 民初 2940 号民事判决称之为中间判决,[①]而实际上(2018)沪 72 民初 2940 号民事判决的主要法律依据之一是《民事诉讼法》第 153 条。[②] 即(2018)沪 72 民初 2940 号民事判决实际上属于先行判决。

中间判决制度作为一种英美法系和大陆法系均比较常见的制度,在我国确立也具有引入的必要性。但由于我国没有中间判决制度,这导致了实践中对"中间判决"的误用,将先行判决当作中间判决。

(二)中间判决制度与我国已有制度功能不重复

我国对引入中间判决制度持反对观点的学者,其依据不仅包括中间判决不当使用会导致诉讼拖延,还包括中间判决与我国已有制度的存在重复,会造成司法资源的浪费。[③] 实践上我国民事诉讼实践中存在的诸多问题是可以通过适用中间判决制度加以解决。也就是说,中间判决制度不能被现有任何一种制度替代,引入中间判决制度具有现实意义。

1. 中间判决不可为法院释明权所代替

在民事诉讼过程中原告的诉讼请求总是基于一定的法律关系或法律行为。若当事人主张的法律关系性质或法律行为效力与法院认定不一,为保障当事人权利以及节约司法资源,我国设置了法院释明权。《最高人民法院关于民事诉讼证据的若干规定》(法释〔2001〕33 号,已被修订)(简称 2001 年《民事证据规定》)第 35 条第一款规定由法院告知当事人可以变更诉讼请求。[④] 即由法院适用释明权。但该规定在实践中

---

① 参见上海海事法院在(2020)沪 72 民初 219 号民事判决书。
② 参见上海市高级法院(2019)沪民终 228 号民事判决书。
③ 参见应夏楠:《民事诉讼中间判决制度研究》,华东政法大学硕士学位论文 2015 年。
④ 从司法解释起草者对此处的法律关系性质与民事行为效力的解读来看,此处的法律关系或民事行为实际上就是大陆法系中间判决制度中的请求原因。参见李国光主编:《最高人民法院〈关于民事诉讼证据的若干规定〉的理解与适用》,中国法制出版社 2002 年版,第 278-279 页;最高人民法院民事审判第一庭编:《民事诉讼证据司法解释的理解与适用》,中国法制出版社 2002 年版,第 202-203 页。

受到质疑,质疑的理由之一是,法院在案件未判决前告知当事人对案件的看法违反了法官中立原则,构成释明权的滥用。[①] 基于此,2019年《民事证据规定》第53条第一款[②]修改为通过审理焦点问题的方式实现释明的目的。[③] 但司法解释仍然没有规定法院何时以何种方式将法律关系性质或者法律行为效力的审理结果告诉当事人以及审理结果的效力如何。

相比之下,中间判决制度已有较为成熟的对应措施。在中间判决制度下,若法院审理发现当事人对法律关系性质和法律行为效力的主张与法院看法不一致时,可以先对法律关系性质和法律行为的效力进行审理,作出中间判决,在此基础上再进一步审理。这样可以防止在法院没有充分适用释明权情形下,当事人因对法律关系的不同主张败诉,进而就同一事项再次提起诉讼。因此,在处理当事人主张的法律关系性质或法律行为效力与法院认定不一的情况时,相较于法院行使释明权,中间判决制度更能解决实际问题。

2. 中间判决不等于先行判决

先行判决是我国民事诉讼立法上的概念。2021年《民事诉讼法》第156条规定:"人民法院审理案件,其中一部分事实已经清楚,可以就该部分先行判决。"[④]理论中,有观点认为先行判决就是中间判决,[⑤]还有观点认为先行判决的外延应当包括中间判决。[⑥] 但实际上,先行判决和中间判决具有不同内涵。

确定先行判决与中间判决之间关系的前提是确定先行判决所适用的事项范围。先行判决,我国学者也称之为部分判决、一部判决、一部终局判决等。关于先行判决所适用的事项范围,我国学界大致有四种观点:第一种观点认为,先行判决是针对当

[①] 参见最高人民法院民事审判第一庭编著:《最高人民法院新民事诉讼证据规定理解与适用》(下),人民法院出版社2020年版,第501页。

[②] 《最高人民法院关于民事诉讼证据的若干规定》(法释〔2019〕19号)(简称2019年《民事证据规定》)第53条第一款规定:"诉讼过程中,当事人主张的法律关系性质或者民事行为效力与人民法院根据案件事实作出的认定不一致的,人民法院应当将法律关系性质或者民事行为效力作为焦点问题进行审理。但法律关系性质对裁判理由及结果没有影响,或者有关问题已经当事人充分辩论的除外。"

[③] 参见郑学林等:《关于新〈民事证据规定〉理解和适用的若干问题》,载《人民法院报》2020年3月26日,第5版。

[④] 先行判决一直是我国民事诉讼立法上的一项制度,且内容一直保持不变,关于该内容的法条序号在1982年《民事诉讼法(试行)》中为第121条,在1991年《民事诉讼法》和2007年《民事诉讼法》为第139条。

[⑤] "在我国民事诉讼制度的具体语境内,对判决可以做三种分类。一是'先行判决'(学理上也可称为'中间判决')与'终局判决'。"见王亚新:《民事诉讼的裁判:形式与效力》,载《贵州民族大学学报(哲学社会科学版)》2016年第4期。

[⑥] "就'先行'原本的含义而言,'先行判决'的外延应当大于部分判决,至少还应当包括中间判决。"见邓小连:《论部分判决》,西南政法大学硕士学位论文2012年。

事人部分诉讼请求所作的判决。[①] 第二种观点认为,先行判决是针对部分诉讼请求和争点所作出的判决。[②] 第三种观点认为,先行判决是针对部分事实和诉讼请求所作出的判决。[③] 第四种观点认为,先行判决是针对部分争议所作出的判决。[④] 显然,除了第一种观点,按照其他三种观点,先行判决所针对的事项均可包括中间判决所针对的事项,因为将先决事项解释为部分争点或部分事实或部分争议是不存在障碍的。本书认为,从先行判决的法条"其中一部分事实已经清楚,可以就该部分先行判决"的规定来看,其并没有明确"一部分"或"该部分"究竟指的是什么。不过,从立法机关对该法条的解释来看,[⑤]"一部分"或"该部分"指向的是诉讼请求。

显然,我国立法上的先行判决与大陆法系中的中间判决的区别还是比较明显的,前者针对的是部分诉讼请求,后者针对诉讼标的以外的一切事项;前者属于具有终结审级程序的效力,后者不具有终结审级程序的效力。

同时,先行判决与中间判决又存在关联。如在给付之诉包含确认之诉时,若当事人未将确认之诉作为一项独立的请求提出,法院因当事人的抗辩,就该事项作出的判决则为中间判决;若当事人将确认之诉作为一项独立的请求提出,此时法院先行作出的判决则为先行判决。[⑥] 先行判决和中间判决在不同的前提下发挥作用,有其各自的价值。

(三)中间判决对纠纷一次性解决之意义

中间判决指的是法院在审理过程中,就独立的攻击或防御方法、中间争点、请求原因及数额作出的判决,其虽然不能终结诉讼,但能为诉讼审理的终结作准备。中间

---

① 参见江伟、肖建国主编:《民事诉讼法》(第7版),中国人民大学出版社2015年版,第305页;张卫平:《民事诉讼法》(第5版),法律出版社2019年版,第437页;王福华:《民事诉讼法学》(第2版),清华大学出版社2015年版,第389页;邵明:《民事诉讼法学》(第2版),中国人民大学出版社2016年版,第252页。

② 参见李浩:《民事诉讼法学》(第3版),法律出版社2016年版,第247页。

③ 参见齐树洁主编:《民事诉讼法》(第13版),厦门大学出版社2019年版,第305页。

④ 参见刘家兴、潘剑锋主编:《民事诉讼法学教程》(第5版),北京大学出版社2018年版,第239页。

⑤ 立法机关对《民事诉讼法》第153条的解读为:"原告向人民法院提起诉讼,可以有一个或者几个诉讼请求。在一般情况下,在一个诉讼中,法院查明案件事实后,应当对原告提出的全部诉讼请求依法作出裁判。但是,司法实践中存在这样的情况,案件的审理已经进行了一段时间,由于种种原因的限制,人民法院对于原告各项诉讼请求相关的事实,尚难以全部查清,不能一次对所有的诉讼请求作出判决。为了及时保障当事人的合法权益,防止诉讼过分迟延,如果对一部分请求的相关事实已经查明,而且就这部分诉讼请求又需要尽快判决,人民法院可以先就该部分作出判决,其他诉讼请求待相关事实进一步查明后,通过后续判决解决。"见全国人民代表大会常务委员会法制工作委员会编:《中华人民共和国民事诉讼法释义》(最新修正版),法律出版社2012年版,第366页。

⑥ 参见傅郁林:《先决问题与中间裁判》,载《中国法学》2008年第6期。

判决制度的确立有助于纠纷一次性解决,而较大容量的纠纷一次性解决机制可以减少重复起诉。

首先,中间判决可以对争议法律关系性质进行确认,避免当事人在诉讼结束后再次就确认该法律关系提起新诉。中间判决的此种作用在下述案例中可窥得一二:

2013 年,Y 公司与邓某文、刘某兵签订《车辆买卖协议》(以下简称 2013 年《买卖协议》),约定 Y 公司将 G 客车出卖给邓某文、刘某兵。同日,双方签订《道路客运经营权承包合同》(以下简称 2013 年《承包合同》),约定 Y 公司将 G 客车武陵源至张家界大峡谷客运经营权承包给邓某文、刘某兵。

2020 年 Y 公司因 2013 年《承包合同》纠纷,将邓某文、刘某兵诉至法院(以下简称2020 年之诉),请求解除 2013 年《承包合同》。邓某文、刘某兵提起反诉,请求确认2013 年《承包合同》期限为 16 年。法院认为 Y 公司与邓某文、刘某兵签订的 2013 年《承包合同》和 2013 年《买卖协议》,合法有效。经审理,法院判决解除 2013 年《承包合同》。[①]

2021 年,邓某文、刘某兵起诉(以下简称 2021 年之诉),请求确认 2013 年《买卖协议》有效。Y 公司抗辩称邓某文、刘某兵的诉求已经前诉裁判文书说理部分所确认,属于重复起诉,法院不予采纳。经审理,法院判决确认 2013 年《买卖协议》有效。[②]

该案例中,因 2013 年《买卖协议》与 2013 年《承包合同》是同时签订的,且这两个合同之间存在密切联系。2020 年之诉中,法院在审理 2013 年《承包合同》是否应当解除时,同时对 2013 年《买卖协议》的效力进行了认定;但因法院仅在说理部分表达了对 2013 年《买卖协议》效力的看法,判决结果并不涉及 2013 年《买卖协议》。因此,当事人若要请求法院对 2013 年《买卖协议》效力进行确认,只能再次提起新诉。而在2021 年之诉中就存在是否构成重复起诉的争议。如果中间判决制度得以确立,则法院就可以通过中间判决确认 2013 年《买卖协议》的效力,则邓某文、刘某兵也就没有必要提起后诉,也可以避免对 2021 年之诉是否构成重复起诉之争议。

其次,中间判决可以帮助当事人及时调整诉讼策略。法院的审理往往是根据对法律关系的逐步判断进行的。如,在侵权纠纷中,一方当事人以对方侵权主张赔偿,法院首先应当判断侵权行为是否存在,而后再根据具体情节确定赔偿数额。但与法院在裁判时的论证过程相比,法院的终局判决缺乏层次性。在法院终局裁判作出前,主张侵权行为不成立的当事人可能始终围绕侵权行为不成立进行诉辩,而没有考虑

[①]　参见湖南省张家界市武陵源区人民法院(2021)湘 08 民终 37 号民事判决书、湖南省张家界市中级法院(2021)湘 08 民终 37 号民事判决书。

[②]　参见湖南省张家界市中级法院(2021)湘 08 民终 604 号民事判决书。

到若侵权行为已经成立,则应当对减轻侵权责任事由等进行诉辩。若法院直接作出终局裁判,则该当事人无就减轻事由进行诉辩的机会,其可能在穷尽上诉和再审的救济后,希望通过提起新诉主张权利。若中间判决制度存在,中间判决使得作为当事人诉讼请求的先决事项或先决问题,如合同是否成立和是否有效、侵权责任是否成立、婚姻是否成立和是否有效等得到判定,当事人可以根据中间判决的结果及时调整自己的诉讼策略,确定收集提供证据材料的范围。此时,当事人的权利可以得到更好地实现,达到一次性充分解决纠纷的目的,减少重复起诉。

最后,中间判决有利于促使纠纷当事人达成和解协议或调解协议。如,在民事诉讼过程中,双方当事人因不了解法院关于请求原因的态度而对各自的诉求抱有较乐观的预期,双方之间的纠纷难以调和。若在终局判决作出之前法院对请求原因作出中间判决,无疑有利于促使当事人调整对终局判决的预测,有利于当事人达成和解协议或调解协议。如,原告起诉诉称被告侵犯自己的专利权要求赔偿损失若干,被告否认侵权。在此情形下因双方分歧较大,很难达成和解协议或调解协议。若法院在终局判决作出之前就侵权责任的成立作出中间判决,被告就可能降低自己的诉讼预期,从而缩小双方之间的分歧,为达成和解协议或调解协议提供更好的契机。对纠纷达成和解协议或调解协议,可以说是纠纷一次性解决理念最理想的体现,杜绝了重复起诉的可能性。

本 章 小 结

本章在第三章和第四章分析我国实践中重复起诉认定标准所存在的问题及其原因的基础上,主张重构我国重复起诉认定标准,将诉讼标的排除在重复起诉认定标准之外。对当事人要素、诉讼请求要素和新的事实要素提出了完善建议。此外,为降低重复起诉出现的概率,应适当扩容一次性纠纷解决机制。

附　表

附表一　重复起诉总体运行情况

序号	案号	裁判日期	审级	是否含有一审或原审裁判
1	(2015)民申字第 86 号	2015 年 4 月	再审	否
2	(2015)民申字第 761 号	2015 年 6 月	再审	否
3	(2015)民四终字第 12 号	2015 年 6 月	二审	是
4	(2015)民申字第 97 号	2015 年 6 月	再审	否
5	(2015)民提字第 5 号	2015 年 6 月	再审	是
6	(2015)民申字第 854 号	2015 年 6 月	再审	否
7	(2015)民申字第 879 号	2015 年 7 月	再审	否
8	(2015)民二终字第 94 号	2015 年 7 月	二审	是
9	(2015)民申字第 661 号	2015 年 8 月	再审	否
10	(2015)民申字第 433 号	2015 年 8 月	再审	否
11	(2015)民二终字第 188 号	2015 年 8 月	二审	是
12	(2015)民申字第 1551 号	2015 年 9 月	再审	否
13	(2015)民二终字第 287 号	2015 年 9 月	二审	是
14	(2015)民申字第 109 号	2015 年 10 月	再审	是
15	(2015)民二终字第 282 号	2015 年 10 月	二审	是
16	(2015)民申字第 1401 号	2015 年 10 月	再审	是
17	(2015)民申字第 2163 号	2015 年 11 月	再审	否
18	(2015)民申字第 2680 号	2015 年 11 月	再审	否
19	(2015)民二终字第 258 号	2015 年 11 月	二审	是
20	(2015)民申字第 3105 号	2015 年 12 月	再审	否
21	(2015)民申字第 3214 号	2015 年 12 月	再审	否
22	(2015)民申字第 3183 号	2015 年 12 月	再审	否
23	(2015)民二终字第 254 号	2015 年 12 月	二审	是
24	(2015)民申字第 3397 号	2015 年 12 月	再审	否

序号	案号	裁判日期	审级	是否含有一审或原审裁判
25	（2015）民一终字第 362 号	2015 年 12 月	二审	是
26	（2015）民提字第 219 号	2015 年 12 月	再审	是
27	（2015）民申字第 3546 号	2015 年 12 月	再审	否
28	（2015）民申字第 3548 号	2015 年 12 月	再审	否
29	（2015）民申字第 3626 号	2015 年 12 月	再审	否
30	（2015）民一终字第 363 号	2015 年 12 月	二审	是
31	（2015）民申字第 3549 号	2015 年 12 月	再审	否
32	（2015）民申字第 3626 号	2015 年 12 月	再审	否
33	（2015）民申字第 1230 号	2015 年 12 月	再审	是
34	（2015）民一终字第 377 号	2016 年 1 月	二审	是
35	（2016）最高法民终 27 号	2016 年 3 月	二审	是
36	（2016）最高法民终 27 号	2016 年 3 月	二审	是
37	（2016）最高法民申 330 号	2016 年 3 月	再审	否
38	（2016）最高法民申 51 号	2016 年 3 月	再审	否
39	（2016）最高法民申 1060 号	2016 年 5 月	再审	否
40	（2016）最高法民申 543 号	2016 年 5 月	再审	否
41	（2015）民三终字第 1 号	2016 年 5 月	二审	是
42	（2016）最高法民申 1059 号	2016 年 6 月	二审	是
43	（2016）最高法民终 189 号	2016 年 6 月	再审	否
44	（2016）最高法民再 172 号	2016 年 6 月	再审	否
45	（2016）最高法民申 673 号	2016 年 6 月	再审	否
46	（2016）最高法民终 245 号	2016 年 7 月	二审	是
47	（2016）最高法民申 1070 号	2016 年 7 月	再审	否
48	（2016）最高法民申 1068 号	2016 年 7 月	再审	否
49	（2016）最高法民终 330 号	2016 年 8 月	二审	否
50	（2016）最高法民申 1446 号	2016 年 8 月	再审	否
51	（2016）最高法民申 1464 号	2016 年 9 月	再审	否
52	（2016）最高法民再 249 号	2016 年 9 月	再审	是
53	（2016）最高法民申 1540 号	2016 年 9 月	再审	否
54	（2016）最高法民申 841 号	2016 年 9 月	再审	否
55	（2016）最高法民申 408 号	2016 年 9 月	再审	否

序号	案号	裁判日期	审级	是否含有一审或原审裁判
56	（2015）民一终字第 240 号	2016 年 10 月	二审	是
57	（2016）最高法民终 558 号	2016 年 11 月	再审	是
58	（2016）最高法民申 3422 号	2016 年 12 月	再审	否
59	（2016）最高法民申 1799 号	2016 年 12 月	再审	否
60	（2016）最高法民申 2900 号	2016 年 12 月	再审	否
61	（2016）最高法民申 1380 号	2016 年 12 月	再审	否
62	（2016）最高法民申 3307 号	2016 年 12 月	再审	否
63	（2016）最高法民终 616 号	2016 年 12 月	二审	否
64	（2016）最高法民申第 2129 号	2016 年 12 月	再审	否
65	（2016）最高法民申 3013 号	2016 年 12 月	再审	否
66	（2016）最高法民申 3578 号	2016 年 12 月	再审	否
67	（2016）最高法民再 401 号	2017 年 2 月	再审	是
68	（2017）最高法民再 3 号	2017 年 2 月	再审	否
69	（2017）最高法民申 375 号	2017 年 2 月	再审	否
70	（2017）最高法民申 210 号	2017 年 3 月	再审	否
71	（2016）最高法民终 456 号	2017 年 3 月	二审	是
72	（2017）最高法民再 61 号	2017 年 3 月	再审	是
73	（2017）最高法民申 852 号	2017 年 3 月	再审	否
74	（2017）最高法民申 63 号	2017 年 3 月	再审	否
75	（2017）最高法民申 92 号	2017 年 4 月	再审	否
76	（2017）最高法民申 192 号	2017 年 4 月	再审	否
77	（2017）最高法民终 1 号	2017 年 4 月	二审	是
78	（2017）最高法民申 1260 号	2017 年 4 月	再审	否
79	（2017）最高法民申 93 号	2017 年 4 月	再审	否
80	（2016）最高法民申 2873 号	2017 年 5 月	再审	否
81	（2017）最高法民申 1691 号	2017 年 5 月	再审	否
82	（2017）最高法民再 143 号	2017 年 6 月	再审	是
83	（2017）最高法民申 1608 号	2017 年 6 月	再审	否
84	（2017）最高法民终 326 号	2017 年 6 月	二审	是
85	（2017）最高法民申 1945 号	2017 年 6 月	再审	否
86	（2017）最高法民终 417 号	2017 年 6 月	二审	是

序号	案号	裁判日期	审级	是否含有一审或原审裁判
87	(2017)最高法民申 522 号	2017 年 6 月	再审	否
88	(2017)最高法民申 286 号	2017 年 6 月	再审	否
89	(2017)最高法民申 2663 号	2017 年 7 月	再审	否
90	(2017)最高法民申 2645 号	2017 年 8 月	再审	否
91	(2017)最高法民申 1656 号	2017 年 8 月	再审	否
92	(2017)最高法民申 1904 号	2017 年 8 月	再审	否
93	(2016)最高法民终 711 号	2017 年 8 月	二审	是
94	(2017)最高法民申 1575 号	2017 年 8 月	再审	否
95	(2017)最高法民申 940 号	2017 年 9 月	再审	否
96	(2017)最高法民终 402 号	2017 年 9 月	二审	是
97	(2017)最高法民申 3630 号	2017 年 9 月	再审	否
98	(2017)最高法民申 2064 号	2017 年 9 月	再审	否
99	(2017)最高法民终 361 号之二	2017 年 9 月	二审	是
100	(2017)最高法民申 3074 号	2017 年 9 月	再审	否
101	(2017)最高法民申 2810 号	2017 年 9 月	再审	否
102	(2017)最高法民申 3718 号	2017 年 9 月	再审	否
103	(2017)最高法民申 2726 号	2017 年 9 月	再审	否
104	(2017)最高法民申 3772 号	2017 年 10 月	再审	否
105	(2017)最高法民申 4177 号	2017 年 10 月	再审	否
106	(2017)最高法民再 132 号	2017 年 11 月	再审	是
107	(2017)最高法民申 3601 号	2017 年 11 月	再审	否
108	(2017)最高法民申 4178 号	2017 年 11 月	再审	否
109	(2017)最高法民再 338 号	2017 年 11 月	再审	是
110	(2017)最高法民申 4468 号	2017 年 11 月	再审	否
111	(2017)最高法民再 339 号	2017 年 11 月	再审	是
112	(2017)最高法民终 133 号	2017 年 11 月	二审	是
113	(2017)最高法民申 4413 号	2017 年 12 月	再审	否
114	(2017)最高法民申 4779 号	2017 年 12 月	再审	否
115	(2017)最高法民申 4251 号	2017 年 12 月	再审	否
116	(2017)最高法民再 282 号	2017 年 12 月	再审	是
117	(2017)最高法民再 345 号	2017 年 12 月	再审	是

序号	案号	裁判日期	审级	是否含有一审或原审裁判
118	（2017）最高法民申 4948 号	2017 年 12 月	再审	否
119	（2017）最高法民申 4543 号	2017 年 12 月	再审	否
120	（2017）最高法民申 842 号	2017 年 12 月	再审	否
121	（2017）最高法民终 461 号	2017 年 12 月	二审	是
122	（2017）最高法民再 9 号	2017 年 12 月	再审	是
123	（2017）最高法民申 3246 号	2017 年 12 月	再审	否
124	（2018）最高法民终 265 号	2018 年 3 月	二审	否
125	（2018）最高法民申 294 号	2018 年 3 月	再审	否
126	（2018）最高法民申 274 号	2018 年 3 月	再审	否
127	（2017）最高法民申 709 号	2018 年 4 月	再审	否
128	（2018）最高法民申 1282 号	2018 年 4 月	再审	否
129	（2016）最高法民申 1670 号	2018 年 5 月	再审	否
130	（2018）最高法民终 286 号	2018 年 5 月	二审	是
131	（2018）最高法民终 453 号	2018 年 5 月	二审	是
132	（2017）最高法民终 976 号	2018 年 5 月	二审	是
133	（2018）最高法民申 2363 号	2018 年 5 月	再审	否
134	（2018）最高法民终 430 号	2018 年 5 月	二审	是
135	（2018）最高法民终 463 号	2018 年 5 月	二审	是
136	（2018）最高法民申 2083 号	2018 年 6 月	再审	否
137	（2018）最高法民再 85 号	2018 年 6 月	再审	是
138	（2018）最高法民申 852 号	2018 年 6 月	再审	否
139	（2018）最高法民申 1895 号	2018 年 6 月	再审	否
140	（2018）最高法民终 495 号	2018 年 6 月	二审	是
141	（2018）最高法民终 562 号	2018 年 6 月	二审	是
142	（2018）最高法民申 2675 号	2018 年 6 月	再审	否
143	（2018）最高法民申 2412 号	2018 年 6 月	再审	否
144	（2018）最高法民申 2812 号	2018 年 6 月	再审	否
145	（2018）最高法民终 311 号	2018 年 7 月	二审	是
146	（2018）最高法民再 182 号	2018 年 7 月	再审	是
147	（2017）最高法民终 422 号	2018 年 7 月	二审	是
148	（2018）最高法民申 2513 号	2018 年 7 月	再审	否

续表

序号	案号	裁判日期	审级	是否含有一审或原审裁判
149	（2018）最高法民申 3770 号	2018 年 8 月	再审	否
150	（2018）最高法民申 1452 号	2018 年 9 月	再审	否
151	（2018）最高法民再 66 号	2018 年 9 月	再审	是
152	（2018）最高法民申 4267 号	2018 年 9 月	再审	否
153	（2018）最高法民再 327 号	2018 年 10 月	再审	是
154	（2018）最高法民申 3879 号	2018 年 10 月	再审	否
155	（2018）最高法民申 4735 号	2018 年 10 月	再审	否
156	（2018）最高法民申 5403 号	2018 年 10 月	再审	否
157	（2018）最高法民终 1130 号	2018 年 10 月	二审	否
158	（2018）最高法民终 860 号	2018 年 10 月	二审	是
159	（2018）最高法民终 898 号	2018 年 10 月	二审	是
160	（2018）最高法民申 5376 号	2018 年 10 月	再审	否
161	（2017）最高法民申 4764 号	2018 年 11 月	再审	否
162	（2017）最高法民终 989 号	2018 年 11 月	二审	是
163	（2018）最高法民申 5058 号	2018 年 11 月	再审	否
164	（2018）最高法民申 4626 号	2018 年 11 月	再审	否
165	（2018）最高法民申 4137 号	2018 年 11 月	再审	否
166	（2018）最高法民再 359 号	2018 年 11 月	再审	否
167	（2018）最高法民申 4643 号	2018 年 11 月	再审	否
168	（2018）最高法民申 1107 号	2018 年 12 月	再审	否
169	（2018）最高法民终 135 号	2018 年 12 月	二审	是
170	（2018）最高法民申 3216 号	2018 年 12 月	再审	否
171	（2018）最高法民申 5655 号	2018 年 12 月	再审	否
172	（2018）最高法民申 6020 号	2018 年 12 月	再审	否
173	（2018）最高法民再 434 号	2018 年 12 月	再审	否
174	（2018）最高法民申 6017 号	2018 年 12 月	再审	否
175	（2018）最高法民终 891 号	2018 年 12 月	二审	是
176	（2018）最高法民申 5914 号	2018 年 12 月	再审	否
177	（2018）最高法民终 1333 号	2018 年 12 月	二审	是
178	（2018）最高法民申 5934 号	2018 年 12 月	再审	否
179	（2018）最高法民再 456 号	2018 年 12 月	再审	是

序号	案号	裁判日期	审级	是否含有一审或原审裁判
180	（2018）最高法民申 5305 号	2018 年 12 月	再审	否
181	（2018）最高法民终 1123 号	2018 年 12 月	二审	是
182	（2018）最高法民终 1210 号	2018 年 12 月	二审	是
183	（2018）最高法民申 2866 号	2018 年 12 月	再审	否
184	（2018）最高法民终 1163 号	2019 年 1 月	二审	是
185	（2018）最高法民再 476 号	2019 年 1 月	再审	是
186	（2019）最高法民申 658 号	2019 年 2 月	再审	否
187	（2019）最高法民申 660 号	2019 年 2 月	再审	否
188	（2019）最高法民申 663 号	2019 年 2 月	再审	否
189	（2019）最高法民申 525 号	2019 年 3 月	再审	否
190	（2019）最高法民申 1554 号	2019 年 3 月	再审	否
191	（2019）最高法民申 1561 号	2019 年 3 月	再审	否
192	（2019）最高法民申 114 号	2019 年 3 月	再审	否
193	（2019）最高法民再 122 号	2019 年 3 月	再审	否
194	（2019）最高法民申 629 号	2019 年 3 月	再审	否
195	（2019）最高法民申 1140 号	2019 年 3 月	再审	否
196	（2019）最高法民申 1445 号	2019 年 3 月	再审	否
197	（2019）最高法民申 1839 号	2019 年 4 月	再审	否
198	（2019）最高法民申 33 号	2019 年 5 月	再审	否
199	（2019）最高法民再 149 号	2019 年 5 月	再审	是
200	（2019）最高法民申 1607 号	2019 年 5 月	再审	否
201	（2017）最高法民再 155 号	2019 年 5 月	再审	是
202	（2018）最高法民再 461 号	2019 年 5 月	再审	是
203	（2019）最高法民申 2536 号	2019 年 5 月	再审	否
204	（2020）最高法民终 576 号	2019 年 6 月	二审	是
205	（2019）最高法民申 1446 号	2019 年 6 月	再审	否
206	（2019）最高法民终 6 号	2019 年 6 月	二审	是
207	（2018）最高法民终 1236 号	2019 年 6 月	二审	是
208	（2019）最高法民终 568 号	2019 年 6 月	二审	是
209	（2018）最高法民申 6105 号	2019 年 6 月	再审	否
210	（2019）最高法民申 2133 号	2019 年 7 月	再审	否

序号	案号	裁判日期	审级	是否含有一审或原审裁判
211	(2019)最高法民申 2163 号	2019 年 7 月	再审	否
212	(2019)最高法民申 2158 号	2019 年 7 月	再审	否
213	(2018)最高法民申 6260 号	2019 年 8 月	再审	否
214	(2019)最高法民申 3897 号	2019 年 8 月	再审	否
215	(2019)最高法民终 592 号	2019 年 8 月	二审	是
216	(2019)最高法民申 3649 号	2019 年 8 月	再审	否
217	(2019)最高法民申 4823 号	2019 年 9 月	再审	否
218	(2019)最高法民申 4721 号	2019 年 9 月	再审	否
219	(2018)最高法民终 1339 号	2019 年 9 月	二审	是
220	(2019)最高法民申 4935 号	2019 年 9 月	再审	否
221	(2019)最高法民申 4889 号	2019 年 10 月	再审	否
222	(2019)最高法民终 1812 号	2019 年 10 月	二审	否
223	(2019)最高法民申 3560 号	2019 年 10 月	再审	否
224	(2019)最高法民再 290 号	2019 年 11 月	再审	是
225	(2019)最高法民再 197 号	2019 年 11 月	再审	是
226	(2019)最高法民终 1611 号	2019 年 11 月	二审	是
227	(2019)最高法民申 4909 号	2019 年 11 月	再审	否
228	(2019)最高法民终 1612 号	2019 年 11 月	二审	是
229	(2019)最高法民终 1613 号	2019 年 11 月	二审	是
230	(2019)最高法民申 5492 号	2019 年 11 月	再审	否
231	(2019)最高法民申 5184 号	2019 年 11 月	再审	否
232	(2019)最高法民申 3832 号	2019 年 12 月	再审	否
233	(2019)最高法民申 5825 号	2019 年 12 月	再审	否
234	(2019)最高法民申 4653 号	2019 年 12 月	再审	否
235	(2019)最高法民再 289 号	2019 年 12 月	再审	是
236	(2019)最高法民申 3439 号	2019 年 12 月	再审	否
237	(2019)最高法民申 3437 号	2019 年 12 月	再审	否
238	(2019)最高法民申 3611 号	2019 年 12 月	再审	否
239	(2019)最高法民申 6146 号	2019 年 12 月	再审	否
240	(2018)最高法民终 359 号	2019 年 12 月	二审	是
241	(2018)最高法民终 364 号	2019 年 12 月	二审	是

序号	案号	裁判日期	审级	是否含有一审或原审裁判
242	（2018）最高法民申 6129 号	2019 年 12 月	再审	否
243	（2019）最高法民申 6072 号	2019 年 12 月	再审	否
244	（2019）最高法民申 5612 号	2019 年 12 月	再审	否
245	（2019）最高法民申 6174 号	2019 年 12 月	再审	否
246	（2018）最高法民终 362 号	2019 年 12 月	二审	是
247	（2019）最高法民申 6114 号	2019 年 12 月	再审	否
248	（2019）最高法民终 833 号	2019 年 12 月	二审	是
249	（2019）最高法民申 6535 号	2020 年 2 月	再审	否
250	（2020）最高法民申 1024 号	2020 年 3 月	再审	否
251	（2020）最高法民申 1019 号	2020 年 3 月	再审	否
252	（2020）最高法知民终 87 号	2020 年 3 月	二审	是
253	（2019）最高法民申 6798 号	2020 年 3 月	再审	否
254	（2019）最高法民申 5605 号	2020 年 3 月	再审	否
255	（2019）最高法民终 1839 号	2020 年 3 月	二审	是
256	（2019）最高法民申 4826 号	2020 年 3 月	再审	否
257	（2020）最高法民申 1179 号	2020 年 3 月	再审	否
258	（2019）最高法民申 107 号	2020 年 4 月	再审	否
259	（2019）最高法民申 109 号	2020 年 4 月	再审	否
260	（2020）最高法民申 1476 号	2020 年 4 月	再审	否
261	（2020）最高法民再 88 号	2020 年 4 月	二审	是
262	（2020）最高法民申 1454 号	2020 年 4 月	再审	是
263	（2020）最高法民申 1372 号	2020 年 5 月	再审	否
264	（2020）最高法民申 1392 号	2020 年 5 月	再审	否
265	（2020）最高法知民终 51 号	2020 年 6 月	二审	是
266	（2020）最高法知民终 50 号	2020 年 6 月	二审	是
267	（2020）最高法知民终 52 号	2020 年 6 月	二审	是
268	（2020）最高法民再 118 号	2020 年 6 月	再审	否
269	（2020）最高法民申 2901 号	2020 年 6 月	再审	否
270	（2020）最高法民申 2871 号	2020 年 6 月	再审	否
271	（2020）最高法民申 1805 号	2020 年 6 月	再审	否
272	（2020）最高法民申 2557 号	2020 年 6 月	再审	否

续表

序号	案号	裁判日期	审级	是否含有一审或原审裁判
273	（2019）最高法民终 137 号	2020 年 7 月	二审	是
274	（2020）最高法民申 2414 号	2020 年 7 月	再审	否
275	（2019）最高法知民终 529 号	2020 年 7 月	二审	是
276	（2020）最高法民申 2470 号	2020 年 7 月	再审	否
277	（2020）最高法民申 3526 号	2020 年 7 月	再审	否
278	（2020）最高法知民终 330 号	2020 年 8 月	二审	是
279	（2020）最高法民申 4305 号	2020 年 8 月	再审	否
280	（2020）最高法民申 4306 号	2020 年 8 月	再审	否
281	（2020）最高法民申 4321 号	2020 年 8 月	再审	否
282	（2020）最高法民申 4312 号	2020 年 8 月	再审	否
283	（2020）最高法民申 4279 号	2020 年 8 月	再审	否
284	（2020）最高法民申 3897 号	2020 年 9 月	再审	否
285	（2020）最高法民终 185 号	2020 年 9 月	二审	是
286	（2020）最高法民申 2964 号	2020 年 9 月	再审	否
287	（2020）最高法民申 3395 号	2020 年 9 月	再审	否
288	（2020）最高法民终 753 号	2020 年 9 月	二审	否
289	（2020）最高法知民终 1259 号	2020 年 9 月	二审	是
290	（2020）最高法知民终 980 号	2020 年 9 月	二审	是
291	（2020）最高法知民终 301 号	2020 年 9 月	二审	是
292	（2020）最高法民申 4635 号	2020 年 9 月	再审	否
293	（2020）最高法民再 116 号	2020 年 9 月	二审	是
294	（2020）最高法民申 4500 号	2020 年 9 月	再审	否
295	（2020）最高法民再 62 号	2020 年 9 月	再审	否
296	（2020）最高法民申 3863 号	2020 年 10 月	再审	否
297	（2020）最高法民终 205 号	2020 年 10 月	二审	是
298	（2020）最高法民申 3240 号	2020 年 10 月	再审	否
299	（2020）最高法民申 5663 号	2020 年 10 月	再审	否
300	（2019）最高法民申 5609 号	2020 年 10 月	再审	否
301	（2020）最高法民申 2731 号	2020 年 11 月	再审	否
302	（2020）最高法知民终 850 号	2020 年 11 月	二审	是
303	（2020）最高法民终 1159 号	2020 年 11 月	二审	是

序号	案号	裁判日期	审级	是否含有一审或原审裁判
304	（2020）最高法民申 5869 号	2020 年 11 月	再审	否
305	（2020）最高法民终 242 号	2020 年 11 月	二审	是
306	（2020）最高法知民终 779 号	2020 年 11 月	二审	是
307	（2020）最高法民申 5164 号	2020 年 11 月	再审	否
308	（2020）最高法民终 352 号	2020 年 11 月	二审	是
309	（2020）最高法民终 351 号	2020 年 11 月	二审	是
310	（2020）最高法知民终 780 号	2020 年 11 月	二审	是
311	（2020）最高法知民终 1000 号	2020 年 11 月	二审	是
312	（2020）最高法民申 3235 号	2020 年 11 月	再审	否
313	（2020）最高法民终 722 号	2020 年 11 月	二审	是
314	（2020）最高法知民终 908 号	2020 年 11 月	二审	是
315	（2020）最高法民申 5622 号	2020 年 11 月	再审	否
316	（2020）最高法民申 4603 号	2020 年 12 月	再审	否
317	（2020）最高法民申 6027 号	2020 年 12 月	再审	否
318	（2020）最高法民申 6206 号	2020 年 12 月	再审	否
319	（2020）最高法知民终 1875 号	2020 年 12 月	二审	是
320	（2020）最高法民申 5496 号	2020 年 12 月	再审	否
321	（2020）最高法民申 6880 号	2020 年 12 月	再审	否
322	（2020）最高法民申 6821 号	2020 年 12 月	再审	否
323	（2020）最高法知民终 566 号	2020 年 12 月	二审	是
324	（2020）最高法民再 80 号	2020 年 12 月	再审	是
325	（2020）最高法民申 4364 号	2020 年 12 月	再审	否
326	（2020）最高法民终 82 号	2020 年 12 月	二审	是
327	（2019）最高法民申 5897 号	2020 年 12 月	再审	否
328	（2020）最高法民申 6790 号	2020 年 12 月	再审	否
329	（2020）最高法民申 1380 号	2020 年 12 月	再审	否
330	（2020）最高法知民终 1744 号	2021 年 1 月	二审	是
331	（2020）最高法民申 7000 号	2021 年 1 月	再审	否
332	（2020）最高法知民终 1851 号	2021 年 1 月	二审	是
333	（2021）最高法民申 80 号	2021 年 1 月	再审	否
334	（2021）最高法民申 15 号	2021 年 1 月	再审	否

续表

序号	案号	裁判日期	审级	是否含有一审或原审裁判
335	（2020）最高法知民终 1581 号	2021 年 2 月	二审	是
336	（2020）最高法知民终 1580 号	2021 年 2 月	二审	是
337	（2019）最高法民终 314 号	2021 年 2 月	二审	是
338	（2020）最高法民终 1667 号	2021 年 2 月	二审	是
339	（2021）最高法民再 2 号	2021 年 2 月	再审	是
340	（2021）最高法民再 7 号	2021 年 2 月	再审	是
341	（2021）最高法民再 6 号	2021 年 2 月	再审	是
342	（2021）最高法民再 1 号	2021 年 2 月	再审	是
343	（2021）最高法民再 12 号	2021 年 2 月	再审	是
344	（2021）最高法民再 15 号	2021 年 2 月	再审	是
345	（2021）最高法民再 8 号	2021 年 2 月	再审	是
346	（2021）最高法民再 10 号	2021 年 2 月	再审	是
347	（2021）最高法民再 4 号	2021 年 2 月	再审	是
348	（2021）最高法民再 11 号	2021 年 2 月	再审	是
349	（2021）最高法民再 3 号	2021 年 2 月	再审	是
350	（2021）最高法民再 5 号	2021 年 2 月	再审	是
351	（2021）最高法民再 9 号	2021 年 2 月	再审	是
352	（2020）最高法知民终 745 号	2021 年 3 月	二审	是
353	（2021）最高法民申 1547 号	2021 年 3 月	再审	否
354	（2020）最高法民申 6146 号	2021 年 3 月	再审	否
355	（2021）最高法民再 55 号	2021 年 3 月	再审	是
356	（2021）最高法民再 59 号	2021 年 3 月	再审	是
357	（2020）最高法知民终 1372 号	2021 年 4 月	二审	是
358	（2021）最高法知民终 131 号	2021 年 4 月	二审	是
359	（2021）最高法民申 2154 号	2021 年 4 月	再审	否
360	（2021）最高法知民终 692 号	2021 年 4 月	二审	是
361	（2021）最高法知民终 553 号	2021 年 4 月	二审	是
362	（2021）最高法知民终 600 号	2021 年 4 月	二审	是
363	（2021）最高法知民终 676 号	2021 年 4 月	二审	是
364	（2021）最高法民申 2515 号	2021 年 4 月	再审	否
365	（2021）最高法民申 198 号	2021 年 4 月	再审	否

续表

序号	案号	裁判日期	审级	是否含有一审 或原审裁判
366	（2021）最高法知民终 12 号	2021 年 5 月	二审	是
367	（2021）最高法知民终 6 号	2021 年 5 月	二审	是
368	（2021）最高法民申 2141 号	2021 年 5 月	再审	否
369	（2019）最高法民终 29 号	2021 年 5 月	二审	否
370	（2021）最高法民申 2000 号	2021 年 5 月	再审	否
371	（2021）最高法民申 2447 号	2021 年 5 月	再审	否
372	（2021）最高法民申 2296 号	2021 年 6 月	再审	否
373	（2021）最高法知民终 480 号	2021 年 6 月	二审	是
374	（2021）最高法知民终 978 号	2021 年 6 月	二审	是
375	（2021）最高法知民终 465 号	2021 年 6 月	二审	是
376	（2021）最高法民申 2416 号	2021 年 6 月	再审	否
377	（2021）最高法民申 4762 号	2021 年 7 月	再审	否
378	（2021）最高法知民终 965 号	2021 年 8 月	二审	是
379	（2021）最高法知民终 1041 号	2021 年 8 月	二审	是
380	（2021）最高法知民辖终 187 号	2021 年 8 月	二审	是
381	（2021）最高法民申 3776 号	2021 年 8 月	再审	否
382	（2021）最高法民申 2393 号	2021 年 9 月	再审	否
383	（2021）最高法民申 1163 号	2021 年 9 月	再审	否
384	（2021）最高法民申 3700 号	2021 年 10 月	再审	否
385	（2021）最高法民申 3659 号	2021 年 10 月	再审	否
386	（2021）最高法民申 7167 号	2021 年 11 月	再审	否
387	（2021）最高法民再 294 号	2021 年 11 月	再审	是

附表二　适用《民诉解释》第 247 条裁判文书样本

序号	案号	裁判日期	裁判法院	审级	是否含有 一审或原 审裁判
1	（2015）民申字第 879 号	2015 年 7 月	最高法院	再审	否
2	（2015）民申字第 661 号	2015 年 8 月	最高法院	再审	否
3	（2015）民申字第 1551 号	2015 年 9 月	最高法院	再审	否

序号	案号	裁判日期	裁判法院	审级	是否含有一审或原审裁判
4	（2015）民申字第 1401 号	2015 年 10 月	最高法院	再审	是
5	（2015）民申字第 2163 号	2015 年 11 月	最高法院	再审	否
6	（2015）民一终字第 363 号	2015 年 12 月	最高法院	二审	是
7	（2015）民提字第 219 号	2015 年 12 月	最高法院	再审	是
8	（2015）民申字第 3397 号	2015 年 12 月	最高法院	再审	否
9	（2015）民一终字第 362 号	2015 年 12 月	最高法院	二审	是
10	（2015）民一终字第 377 号	2016 年 1 月	最高法院	二审	是
11	（2016）最高法民申 330 号	2016 年 3 月	最高法院	再审	否
12	（2015）民三终字第 1 号	2016 年 5 月	最高法院	二审	是
13	（2015）民申字第 2427 号	2016 年 5 月	最高法院	再审	否
14	（2016）最高法民终 189 号	2016 年 6 月	最高法院	二审	是
15	（2016）最高法民申 534 号	2016 年 6 月	最高法院	再审	否
16	（2016）最高法民申 673 号	2016 年 6 月	最高法院	再审	否
17	（2016）最高法民申 1068 号	2016 年 7 月	最高法院	再审	否
18	（2016）最高法民申 1070 号	2016 年 7 月	最高法院	再审	否
19	（2016）最高法民再 249 号	2016 年 9 月	最高法院	再审	是
20	（2016）最高法民终 558 号	2016 年 11 月	最高法院	二审	是
21	（2015）民二终字第 315 号	2016 年 11 月	最高法院	二审	是
22	（2016）最高法民申第 2129 号	2016 年 12 月	最高法院	再审	否
23	（2016）最高法民申 3013 号	2016 年 12 月	最高法院	再审	否
24	（2016）最高法民申 2128 号	2016 年 12 月	最高法院	再审	否
25	（2016）最高法民终 456 号	2017 年 3 月	最高法院	二审	是
26	（2017）最高法民申 210 号	2017 年 3 月	最高法院	再审	否
27	（2017）最高法民终 1 号	2017 年 4 月	最高法院	二审	是
28	（2016）最高法民辖终 220 号	2017 年 4 月	最高法院	二审	是
29	（2016）最高法民申 2873 号	2017 年 5 月	最高法院	再审	否
30	（2017）最高法民终 326 号	2017 年 6 月	最高法院	二审	是
31	（2017）最高法民再 143 号	2017 年 6 月	最高法院	再审	是
32	（2017）最高法民终 361 号之二	2017 年 9 月	最高法院	二审	是
33	（2017）最高法民申 3718 号	2017 年 9 月	最高法院	再审	否

序号	案号	裁判日期	裁判法院	审级	是否含有一审或原审裁判
34	（2017）最高法民终 402 号	2017 年 9 月	最高法院	二审	是
35	（2017）最高法民申 3074 号	2017 年 9 月	最高法院	再审	否
36	（2017）最高法民申 3772 号	2017 年 10 月	最高法院	再审	否
37	（2017）最高法民申 4178 号	2017 年 11 月	最高法院	再审	否
38	（2017）最高法民申 3624 号	2017 年 11 月	最高法院	再审	否
39	（2017）最高法民申 4468 号	2017 年 11 月	最高法院	再审	否
40	（2017）最高法民再 132 号	2017 年 11 月	最高法院	再审	是
41	（2017）最高法民再 282 号	2017 年 12 月	最高法院	再审	是
42	（2017）最高法民再 9 号	2017 年 12 月	最高法院	再审	是
43	（2017）最高法民申 4617 号	2017 年 12 月	最高法院	再审	否
44	（2017）豫民申 984 号	2018 年 1 月	河南省高级法院	再审	否
45	（2018）陕民申 42 号	2018 年 1 月	陕西省高级法院	再审	否
46	（2018）鄂民申 75 号	2018 年 1 月	湖北省高级法院	再审	否
47	（2018）冀民申 152 号	2018 年 1 月	河北省高级法院	再审	否
48	（2017）浙民申 3374 号	2018 年 1 月	浙江省高级法院	再审	否
49	（2018）吉民申 76 号	2018 年 1 月	吉林省高级法院	再审	否
50	（2017）冀民申 7461 号	2018 年 1 月	河北省高级法院	再审	否
51	（2018）鄂民再 458 号	2018 年 1 月	湖北省高级法院	再审	是
52	（2018）最高法民终 37 号	2018 年 1 月	最高法院	二审	是
53	（2018）新民再 17 号	2018 年 2 月	新疆维吾尔自治区高级法院	再审	否
54	（2018）陕民申 216 号	2018 年 2 月	陕西省高级法院	再审	否
55	（2017）苏民申 461 号	2018 年 2 月	江苏省高级法院	再审	否
56	（2018）吉民申 355 号	2018 年 2 月	吉林省高级法院	再审	否
57	（2017）渝民申 2699 号	2018 年 2 月	重庆市高级法院	再审	否
58	（2018）川民申 5860 号	2018 年 2 月	四川省高级法院	再审	否
59	（2018）黑民终 33 号	2018 年 2 月	黑龙江省高级法院	二审	是
60	（2018）鄂民终 220 号	2018 年 2 月	湖北省高级法院	二审	是
61	（2018）鄂民终 221 号	2018 年 2 月	湖北省高级法院	二审	是
62	（2017）闽民终 823 号	2018 年 2 月	福建省高级法院	二审	是

续表

序号	案号	裁判日期	裁判法院	审级	是否含有一审或原审裁判
63	(2018)粤民申 381 号	2018 年 3 月	广东省高级法院	再审	否
64	(2018)黔民申 156 号	2018 年 3 月	贵州省高级法院	再审	否
65	(2018)粤民申 799 号	2018 年 3 月	广东省高级法院	再审	否
66	(2017)京民再 97 号	2018 年 3 月	北京市高级法院	再审	是
67	(2017)京民再 93 号	2018 年 3 月	北京市高级法院	再审	是
68	(2017)京民再 91 号	2018 年 3 月	北京市高级法院	再审	是
69	(2017)京民再 92 号	2018 年 3 月	北京市高级法院	再审	是
70	(2017)京民再 96 号	2018 年 3 月	北京市高级法院	再审	是
71	(2017)京民再 94 号	2018 年 3 月	北京市高级法院	再审	是
72	(2018)内民申 311 号	2018 年 3 月	内蒙古自治区高级法院	再审	否
73	(2017)京民再 99 号	2018 年 3 月	北京市高级法院	再审	是
74	(2017)京民再 95 号	2018 年 3 月	北京市高级法院	再审	是
75	(2018)陕民申 590 号	2018 年 3 月	陕西省高级法院	再审	否
76	(2017)粤民申 10115 号	2018 年 3 月	广东省高级法院	再审	否
77	(2018)黑民申 38 号	2018 年 3 月	黑龙江省高级法院	再审	否
78	(2017)京民再 100 号	2018 年 3 月	北京市高级法院	再审	是
79	(2018)辽民申 625 号	2018 年 3 月	辽宁省高级法院	再审	否
80	(2017)京民再 98 号	2018 年 3 月	北京市高级法院	再审	是
81	(2017)京民再 90 号	2018 年 3 月	北京市高级法院	再审	是
82	(2019)吉民申 346 号	2018 年 3 月	吉林省高级法院	再审	否
83	(2018)新民终 60 号	2018 年 3 月	新疆维吾尔自治区高级法院	二审	是
84	(2018)闽民终 106 号	2018 年 3 月	福建省高级法院	二审	是
85	(2017)闽民终 1130 号	2018 年 3 月	福建省高级法院	二审	是
86	(2018)鄂民终 222 号	2018 年 3 月	湖北省高级法院	二审	是
87	(2018)苏民终 43 号	2018 年 3 月	江苏省高级法院	二审	是
88	(2018)最高法民辖终 68 号	2018 年 3 月	最高法院	二审	是
89	(2018)新民申 374 号	2018 年 4 月	新疆维吾尔自治区高级法院	再审	否
90	(2018)辽民申 502 号	2018 年 4 月	辽宁省高级法院	再审	否

序号	案号	裁判日期	裁判法院	审级	是否含有一审或原审裁判
91	(2017)豫民再448号	2018年4月	河南省高级法院	再审	是
92	(2017)苏民监137号	2018年4月	江苏省高级法院	再审	否
93	(2018)吉民申1054号	2018年4月	吉林省高级法院	再审	否
94	(2018)豫民申955号	2018年4月	河南省高级法院	再审	否
95	(2018)吉民申737号	2018年4月	吉林省高级法院	再审	否
96	(2018)粤民申926号	2018年4月	广东省高级法院	再审	否
97	(2018)辽民申887号	2018年4月	辽宁省高级法院	再审	否
98	(2018)川民申665号	2018年4月	四川省高级法院	再审	否
99	(2018)吉民申414号	2018年4月	吉林省高级法院	再审	否
100	(2019)吉民申1036号	2018年4月	吉林省高级法院	再审	否
101	(2018)湘民终160号	2018年4月	湖南省高级法院	二审	是
102	(2018)吉民终172号	2018年4月	吉林省高级法院	二审	是
103	(2018)粤民辖终248、249号	2018年4月	广东省高级法院	二审	是
104	(2018)吉民终143号	2018年4月	吉林省高级法院	二审	是
105	(2018)晋民终186号	2018年4月	山西省高级法院	二审	是
106	(2017)内民终328号	2018年4月	内蒙古自治区高级法院	二审	是
107	(2018)辽民终329号	2018年4月	辽宁省高级法院	二审	是
108	(2018)吉民申894号	2018年5月	吉林省高级法院	再审	否
109	(2018)吉民申1106号	2018年5月	吉林省高级法院	再审	否
110	(2018)赣民申322号	2018年5月	江西省高级法院	再审	否
111	(2018)吉民再71号	2018年5月	吉林省高级法院	再审	是
112	(2018)青民申110号	2018年5月	青海省高级法院	再审	否
113	(2018)新民申381号	2018年5月	新疆维吾尔自治区高级法院	再审	否
114	(2018)苏民申1685号	2018年5月	江苏省高级法院	再审	否
115	(2018)吉民申1613号	2018年5月	吉林省高级法院	再审	否
116	(2017)粤民申9736号	2018年5月	广东省高级法院	再审	否
117	(2018)苏民申1064号	2018年5月	江苏省高级法院	再审	否
118	(2018)桂民申2813号	2018年5月	广西壮族自治区高级法院	再审	否

续表

序号	案号	裁判日期	裁判法院	审级	是否含有一审或原审裁判
119	(2018)藏民申 41 号	2018 年 5 月	西藏自治区高级法院	再审	否
120	(2018)辽民申 1100 号	2018 年 5 月	辽宁省高级法院	再审	否
121	(2018)桂民终 180 号	2018 年 5 月	广西壮族自治区高级法院	二审	是
122	(2018)粤民终 309 号	2018 年 5 月	广东省高级法院	二审	是
123	(2018)湘民终 141 号	2018 年 5 月	湖南省高级法院	二审	是
124	(2018)吉民终 178 号	2018 年 5 月	吉林省高级法院	二审	是
125	(2018)浙民终 196 号	2018 年 5 月	浙江省高级法院	二审	是
126	(2018)闽民终 468 号	2018 年 5 月	福建省高级法院	二审	是
127	(2018)吉民终 147 号	2018 年 5 月	吉林省高级法院	二审	是
128	(2018)最高法民终 430 号	2018 年 5 月	最高法院	二审	是
129	(2018)最高法民再 152 号	2018 年 5 月	最高法院	再审	是
130	(2017)最高法民终 976 号	2018 年 5 月	最高法院	二审	是
131	(2018)最高法民终 286 号	2018 年 5 月	最高法院	二审	是
132	(2018)粤民申 2441 号	2018 年 6 月	广东省高级法院	再审	否
133	(2018)黑民申 1150 号	2018 年 6 月	黑龙江省高级法院	再审	否
134	(2018)冀民申 3876 号	2018 年 6 月	河北省高级法院	再审	否
135	(2018)桂民申 967 号	2018 年 6 月	广西壮族自治区高级法院	再审	否
136	(2018)甘民申 542 号	2018 年 6 月	甘肃省高级法院	再审	否
137	(2018)晋民再 64 号	2018 年 6 月	山西省高级法院	再审	是
138	(2018)吉民申 921 号	2018 年 6 月	吉林省高级法院	再审	否
139	(2018)陕民申 1074 号	2018 年 6 月	陕西省高级法院	再审	否
140	(2018)皖民申 1106 号	2018 年 6 月	安徽省高级法院	再审	否
141	(2018)陕民申 1064 号	2018 年 6 月	陕西省高级法院	再审	否
142	(2018)陕民申 1065 号	2018 年 6 月	陕西省高级法院	再审	否
143	(2018)闽民申 1618 号	2018 年 6 月	福建省高级法院	再审	否
144	(2018)豫民再 518 号	2018 年 6 月	河南省高级法院	再审	否
145	(2019)内民申 2576 号	2018 年 6 月	内蒙古自治区高级法院	再审	否
146	(2019)吉民申 1710 号	2018 年 6 月	吉林省高级法院	再审	否

序号	案号	裁判日期	裁判法院	审级	是否含有一审或原审裁判
147	(2017)湘民终 736 号	2018 年 6 月	湖南省高级法院	二审	是
148	(2018)京民辖终 9 号	2018 年 6 月	北京市高级法院	二审	是
149	(2018)京民终 221 号	2018 年 6 月	北京市高级法院	二审	是
150	(2018)京民终 222 号	2018 年 6 月	北京市高级法院	二审	是
151	(2018)吉民终 223 号	2018 年 6 月	吉林省高级法院	二审	是
152	(2018)粤民终 771 号	2018 年 6 月	广东省高级法院	二审	是
153	(2018)辽民终 335 号	2018 年 6 月	辽宁省高级法院	二审	是
154	(2018)粤民终 773 号	2018 年 6 月	广东省高级法院	二审	是
155	(2018)皖民终 495 号	2018 年 6 月	安徽省高级法院	二审	否
156	(2017)湘民终 809 号	2018 年 6 月	湖南省高级法院	二审	是
157	(2018)粤民终 775 号	2018 年 6 月	广东省高级法院	二审	是
158	(2018)辽民终 425 号	2018 年 6 月	辽宁省高级法院	二审	否
159	(2018)粤民终 772 号	2018 年 6 月	广东省高级法院	二审	是
160	(2018)粤民终 774 号	2018 年 6 月	广东省高法院	二审	是
161	(2019)辽民终 717 号	2018 年 6 月	辽宁省高级法院	二审	是
162	(2018)最高法民申 2412 号	2018 年 6 月	最高法院	再审	否
163	(2018)最高法民再 85 号	2018 年 6 月	最高法院	再审	是
164	(2018)最高法民申 2812 号	2018 年 6 月	最高法院	再审	否
165	(2018)最高法民申 2437 号	2018 年 6 月	最高法院	再审	否
166	(2018)甘行申 54 号	2018 年 7 月	甘肃省高级法院	再审	否
167	(2018)粤民再 205 号	2018 年 7 月	广东省高级法院	再审	是
168	(2018)黔民申 463 号	2018 年 7 月	贵州省高级法院	再审	否
169	(2018)鄂民申 1905 号	2018 年 7 月	湖北省高级法院	再审	否
170	(2018)辽民申 2313 号	2018 年 7 月	辽宁省高级法院	再审	否
171	(2018)吉民申 1434 号	2018 年 7 月	吉林省高级法院	再审	否
172	(2018)川民再 394 号	2018 年 7 月	四川省高级法院	再审	是
173	(2018)粤民申 6653 号	2018 年 7 月	广东省高级法院	再审	否
174	(2018)甘民申 739 号	2018 年 7 月	甘肃省高级法院	再审	否
175	(2018)粤民申 6497 号	2018 年 7 月	广东省高级法院	再审	是
176	(2018)闽民申 1968 号	2018 年 7 月	福建省高级法院	再审	否

续表

序号	案号	裁判日期	裁判法院	审级	是否含有一审或原审裁判
177	(2018)粤民申 3462 号	2018 年 7 月	广东省高级法院	再审	否
178	(2018)晋民申 1242 号	2018 年 7 月	山西省高级法院	再审	否
179	(2019)赣民再 78 号	2018 年 7 月	江西省高级法院	再审	是
180	(2019)苏民再 228 号	2018 年 7 月	江苏省高级法院	再审	是
181	(2019)皖民申 1566 号	2018 年 7 月	安徽省高级法院	再审	否
182	(2018)鲁民终 623 号	2018 年 7 月	山东省高级法院	二审	是
183	(2018)京民终 448 号	2018 年 7 月	北京市高级法院	二审	是
184	(2018)黑民终 314 号	2018 年 7 月	黑龙江省高级法院	二审	是
185	(2017)最高法民终 422 号	2018 年 7 月	最高法院	二审	是
186	(2018)最高法民申 2513 号	2018 年 7 月	最高法院	再审	否
187	(2018)最高法民终 311 号	2018 年 7 月	最高法院	二审	是
188	(2018)粤民申 5892 号	2018 年 8 月	广东省高级法院	再审	否
189	(2018)陕民申 1205 号	2018 年 8 月	陕西省高级法院	再审	否
190	(2018)赣民申 705 号	2018 年 8 月	江西省高级法院	再审	否
191	(2018)鄂民申 2956 号	2018 年 8 月	湖北省高级法院	再审	否
192	(2018)冀民再 129 号	2018 年 8 月	河北省高级法院	再审	否
193	(2018)渝民申 1136 号	2018 年 8 月	重庆市高级法院	再审	否
194	(2018)豫民再 758 号	2018 年 8 月	河南省高级法院	再审	是
195	(2018)桂民再 245 号	2018 年 8 月	广西壮族自治区高级法院	再审	是
196	(2018)黑民申 2174 号	2018 年 8 月	黑龙江省高级法院	再审	否
197	(2018)辽民申 2827 号	2018 年 8 月	辽宁省高级法院	再审	否
198	(2018)皖民申 1449 号	2018 年 8 月	安徽省高级法院	再审	否
199	(2018)黑民申 1642 号	2018 年 8 月	黑龙江省高级法院	再审	否
200	(2018)京民申 3498 号	2018 年 8 月	北京市高级法院	再审	否
201	(2018)吉民申 1787 号	2018 年 8 月	吉林省高级法院	再审	否
202	(2018)辽民申 2837 号	2018 年 8 月	辽宁省高级法院	再审	否
203	(2018)宁民申 514 号	2018 年 8 月	宁夏回族自治区高级法院	再审	否
204	(2019)辽民申 5068 号	2018 年 8 月	辽宁省高级法院	再审	否

序号	案号	裁判日期	裁判法院	审级	是否含有一审或原审裁判
205	(2019)内民申 3169 号	2018 年 8 月	内蒙古自治区高级法院	再审	否
206	(2019)辽民申 4224 号	2018 年 8 月	辽宁省高级法院	再审	否
207	(2019)川民申 2575 号	2018 年 8 月	四川省高级法院	再审	否
208	(2018)鄂民终 575 号	2018 年 8 月	湖北省高级法院	二审	是
209	(2018)鄂民终 574 号	2018 年 8 月	湖北省高级法院	二审	是
210	(2018)云民终 730 号	2018 年 8 月	云南省高级法院	二审	是
211	(2018)陕民终 552 号	2018 年 8 月	陕西省高级法院	二审	是
212	(2018)黔民终 805 号	2018 年 8 月	贵州省高级法院	二审	是
213	(2018)陕民终 553 号	2018 年 8 月	陕西省高级法院	二审	是
214	(2018)黑民终 576 号	2018 年 8 月	黑龙江省高级法院	二审	是
215	(2018)最高法民申 3770 号	2018 年 8 月	最高法院	再审	否
216	(2018)吉民申 3075 号	2018 年 9 月	吉林省高级法院	再审	否
217	(2018)内民申 1850 号	2018 年 9 月	内蒙古自治区高级法院	再审	否
218	(2018)粤民申 7221 号	2018 年 9 月	广东省高级法院	再审	否
219	(2018)苏民再 145 号	2018 年 9 月	江苏省高级法院	再审	是
220	(2018)川民申 150 号	2018 年 9 月	四川省高级法院	再审	否
221	(2018)甘民申 1296 号	2018 年 9 月	甘肃省高级法院	再审	否
222	(2018)辽民申 3115 号	2018 年 9 月	辽宁省高级法院	再审	否
223	(2018)粤民申 7661 号	2018 年 9 月	广东省高级法院	再审	否
224	(2018)苏民申 4388 号	2018 年 9 月	江苏省高级法院	再审	否
225	(2018)晋民申 2061 号	2018 年 9 月	山西省高级法院	再审	否
226	(2018)苏民申 4391 号	2018 年 9 月	江苏省高级法院	再审	否
227	(2018)粤民申 9220 号	2018 年 9 月	广东省高法院	再审	否
228	(2018)新民申 1454 号	2018 年 9 月	新疆维吾尔自治区高级法院	再审	否
229	(2018)吉民申 2940 号	2018 年 9 月	吉林省高级法院	再审	否
230	(2018)苏民申 718 号	2018 年 9 月	江苏省高级法院	再审	否
231	(2018)粤民申 5675 号	2018 年 9 月	广东省高级法院	再审	否
232	(2019)辽民申 2118 号	2018 年 9 月	辽宁省高级法院	再审	否

续表

序号	案号	裁判日期	裁判法院	审级	是否含有一审或原审裁判
233	（2018）粤民终 710 号	2018 年 9 月	广东省高级法院	二审	是
234	（2018）鲁民终 1436 号	2018 年 9 月	山东省高级法院	二审	是
235	（2018）京民终 512 号	2018 年 9 月	北京市高级法院	二审	是
236	（2018）苏民终 1027 号	2018 年 9 月	江苏省高级法院	二审	是
237	（2018）鄂民终 997 号	2018 年 9 月	湖北省高级法院	二审	是
238	（2018）川民辖终 860 号	2018 年 9 月	四川省高级法院	二审	否
239	（2018）湘民终 304 号	2018 年 9 月	湖南省高级法院	二审	是
240	（2017）苏民终 1613 号	2018 年 9 月	江苏省高级法院	二审	是
241	（2018）湘民终 354 号	2018 年 9 月	湖南省高级法院	二审	是
242	（2019）鄂民终 1028 号	2018 年 9 月	湖北省高级法院	二审	是
243	（2018）鄂民再 221 号	2018 年 10 月	湖北省高级法院	再审	是
244	（2018）闽民申 3446 号	2018 年 10 月	福建省高级法院	再审	否
245	（2018）渝民申 2114 号	2018 年 10 月	重庆市高级法院	再审	否
246	（2018）吉民申 3546 号	2018 年 10 月	吉林省高级法院	再审	否
247	（2018）黑民申 2925 号	2018 年 10 月	黑龙江省高级法院	再审	否
248	（2018）黑民申 2503 号	2018 年 10 月	黑龙江省高级法院	再审	否
249	（2018）晋民申 2842 号	2018 年 10 月	山西省高级法院	再审	否
250	（2018）鲁民申 5531 号	2018 年 10 月	山东省高级法院	再审	否
251	（2018）吉民申 2948 号	2018 年 10 月	吉林省高级法院	再审	否
252	（2018）吉民申 3366 号	2018 年 10 月	吉林省高级法院	再审	否
253	（2018）鄂民申 3229 号	2018 年 10 月	湖北省高级法院	再审	否
254	（2018）桂民申 2719 号	2018 年 10 月	广西壮族自治区高级法院	再审	否
255	（2018）黑民申 1665 号	2018 年 10 月	黑龙江省高级法院	再审	否
256	（2018）苏民再 295 号	2018 年 10 月	江苏省高级法院	再审	是
257	（2018）闽民申 2752 号	2018 年 10 月	福建省高级法院	再审	否
258	（2018）黑民再 325 号	2018 年 10 月	黑龙江省高级法院	再审	是
259	（2018）鲁民再 188 号	2018 年 10 月	山东省高级法院	再审	否
260	（2018）鄂民终 1140 号	2018 年 10 月	湖北省高级法院	二审	是
261	（2018）黔民终 76 号	2018 年 10 月	贵州省高级法院	二审	是

序号	案号	裁判日期	裁判法院	审级	是否含有一审或原审裁判
262	（2018）粤民终 1577 号	2018 年 10 月	广东省高级法院	二审	是
263	（2018）最高法民申 5376 号	2018 年 10 月	最高法院	再审	否
264	（2018）最高法民再 327 号	2018 年 10 月	最高法院	再审	是
265	（2018）最高法民终 898 号	2018 年 10 月	最高法院	二审	是
266	（2018）最高法民申 3879 号	2018 年 10 月	最高法院	再审	否
267	（2018）陕民申 2461 号	2018 年 11 月	陕西省高级法院	再审	否
268	（2018）吉民申 3708 号	2018 年 11 月	吉林省高级法院	再审	否
269	（2018）甘民申 1825 号	2018 年 11 月	甘肃省高级法院	再审	否
270	（2018）甘民申 1457 号	2018 年 11 月	甘肃省高级法院	再审	否
271	（2018）内民申 889 号	2018 年 11 月	内蒙古自治区高级法院	再审	否
272	（2018）辽民申 4233 号	2018 年 11 月	辽宁省高级法院	再审	否
273	（2018）湘民申 2478 号	2018 年 11 月	湖南省高级法院	再审	否
274	（2018）粤民申 9245 号	2018 年 11 月	广东省高级法院	再审	否
275	（2018）苏民申 4256 号	2018 年 11 月	江苏省高级法院	再审	否
276	（2018）辽民申 4344 号	2018 年 11 月	辽宁省高级法院	再审	否
277	（2018）内民申 2715 号	2018 年 11 月	内蒙古自治区高级法院	再审	否
278	（2018）鄂民申 3651 号	2018 年 11 月	湖北省高级法院	再审	否
279	（2018）黑民再 477 号	2018 年 11 月	黑龙江省高级法院	再审	是
280	（2018）宁民申 937 号	2018 年 11 月	宁夏回族自治区高级法院	再审	否
281	（2018）内民申 2701 号	2018 年 11 月	内蒙古自治区高级法院	再审	否
282	（2018）川民再 458 号	2018 年 11 月	四川省高级法院	再审	是
283	（2018）青民再 91 号	2018 年 11 月	青海省高级法院	再审	是
284	（2018）内民终 225 号	2018 年 11 月	内蒙古自治区高级法院	二审	是
285	（2018）云民终 988 号	2018 年 11 月	云南省高级法院	二审	是
286	（2018）陕民终 584 号	2018 年 11 月	陕西省高级法院	二审	是
287	（2018）川民终 1035 号	2018 年 11 月	四川省高级法院	二审	是

续表

序号	案号	裁判日期	裁判法院	审级	是否含有一审或原审裁判
288	（2018）鄂民终 1134 号	2018 年 11 月	湖北省高级法院	二审	是
289	（2018）辽民终 652 号	2018 年 11 月	辽宁省高级法院	二审	是
290	（2018）鄂民终 1238 号	2018 年 11 月	湖北省高级法院	二审	是
291	（2019）辽民终 1625 号	2018 年 11 月	辽宁省高级法院	二审	是
292	（2018）最高法民申 4424 号	2018 年 11 月	最高法院	再审	否
293	（2018）黑民再 438 号	2018 年 12 月	黑龙江省高级法院	再审	否
294	（2017）粤民申 7377 号	2018 年 12 月	广东省高级法院	再审	否
295	（2018）浙民再 565 号	2018 年 12 月	浙江省高级法院	再审	是
296	（2018）辽民申 4836 号	2018 年 12 月	辽宁省高级法院	再审	否
297	（2018）内民申 3286 号	2018 年 12 月	内蒙古自治区高级法院	再审	否
298	（2018）晋民申 3294 号	2018 年 12 月	山西省高级法院	再审	否
299	（2018）内民申 3285 号	2018 年 12 月	内蒙古自治区高级法院	再审	否
300	（2018）内民申 3284 号	2018 年 12 月	内蒙古自治区高级法院	再审	否
301	（2018）吉民再 350 号	2018 年 12 月	吉林省高级法院	再审	否
302	（2018）鄂民申 4328 号	2018 年 12 月	湖北省高级法院	再审	否
303	（2018）晋民申 3367 号	2018 年 12 月	山西省高级法院	再审	否
304	（2018）皖民申 2169 号	2018 年 12 月	安徽省高级法院	再审	否
305	（2018）新民申 1972 号	2018 年 12 月	新疆维吾尔自治区高级法院	再审	否
306	（2018）粤民申 12005 号	2018 年 12 月	广东省高级法院	再审	否
307	（2018）苏民申 5472 号	2018 年 12 月	江苏省高级法院	再审	否
308	（2018）豫民再 1413 号	2018 年 12 月	河南省高级法院	再审	是
309	（2018）苏民申 4822 号	2018 年 12 月	江苏省高级法院	再审	否
310	（2018）苏民申 690 号	2018 年 12 月	江苏省高级法院	再审	否
311	（2019）内民申 4162 号	2018 年 12 月	内蒙古自治区高级法院	再审	否
312	（2019）鄂民申 3748 号	2018 年 12 月	湖北省高级法院	再审	否
313	（2019）鄂民申 4261 号	2018 年 12 月	湖北省高级法院	再审	否

序号	案号	裁判日期	裁判法院	审级	是否含有一审或原审裁判
314	（2019）黑民申 4715 号	2018 年 12 月	黑龙江省高级法院	再审	否
315	（2019）黑民申 4012 号	2018 年 12 月	黑龙江省高级法院	再审	否
316	（2018）京民终 572 号	2018 年 12 月	北京市高级法院	二审	是
317	（2018）京民终 573 号	2018 年 12 月	北京市高级法院	二审	是
318	（2018）鲁民终 1086 号	2018 年 12 月	山东省高级法院	二审	是
319	（2018）粤民终 2176 号	2018 年 12 月	广东省高级法院	二审	是
320	（2018）粤民终 2540 号	2018 年 12 月	广东省高级法院	二审	是
321	（2018）粤民终 2175 号	2018 年 12 月	广东省高级法院	二审	是
322	（2018）新民终 505 号	2018 年 12 月	新疆维吾尔自治区高级法院	二审	是
323	（2018）最高法民申 1107 号	2018 年 12 月	最高法院	再审	否
324	（2018）最高法民终 1210 号	2018 年 12 月	最高法院	二审	是
325	（2018）最高法民申 3216 号	2018 年 12 月	最高法院	再审	否
326	（2018）最高法民申 5914 号	2018 年 12 月	最高法院	再审	否
327	（2018）最高法民终 135 号	2018 年 12 月	最高法院	二审	是
328	（2018）最高法民辖终 421 号	2018 年 12 月	最高法院	二审	是
329	（2018）最高法民终 1333 号	2018 年 12 月	最高法院	二审	是
330	（2018）最高法民终 1123 号	2018 年 12 月	最高法院	二审	是
331	（2018）最高法民辖终 425 号	2018 年 12 月	最高法院	二审	否
332	（2018）最高法民申 6020 号	2018 年 12 月	最高法院	再审	否
333	（2019）吉民申 161 号	2019 年 1 月	吉林省高级法院	再审	否
334	（2019）吉民申 41 号	2019 年 1 月	吉林省高级法院	再审	否
335	（2019）黑民申 38 号	2019 年 1 月	黑龙江省高级法院	再审	否
336	（2018）湘民终 851 号	2019 年 1 月	湖南省高级法院	二审	是
337	（2018）冀民终 1163 号	2019 年 1 月	河北省高级法院	二审	是
338	（2019）云民终 6 号	2019 年 1 月	云南省高级法院	二审	是
339	（2018）粤民终 2295 号	2019 年 1 月	广东省高级法院	二审	是
340	（2019）吉民申 58 号	2019 年 2 月	吉林省高级法院	再审	否
341	（2018）粤民申 13553 号	2019 年 2 月	广东省高级法院	再审	否
342	（2019）津民申 41 号	2019 年 2 月	天津市高级法院	再审	否

序号	案号	裁判日期	裁判法院	审级	是否含有一审或原审裁判
343	（2019）新民申 33 号	2019 年 2 月	新疆维吾尔自治区高级法院	再审	否
344	（2018）豫民申 7676 号	2019 年 2 月	河南省高级法院	再审	否
345	（2019）吉民终 66 号	2019 年 2 月	吉林省高级法院	二审	是
346	（2019）甘民终 60 号	2019 年 2 月	甘肃省高级法院	二审	是
347	（2018）浙民终 1123 号	2019 年 2 月	浙江省高级法院	二审	是
348	（2019）吉民终 111 号	2019 年 2 月	吉林省高级法院	二审	是
349	（2019）最高法民申 1055 号	2019 年 2 月	最高法院	再审	否
350	（2019）最高法民申 660 号	2019 年 2 月	最高法院	再审	否
351	（2019）吉民申 740 号	2019 年 3 月	吉林省高级法院	再审	否
352	（2019）新民申 224 号	2019 年 3 月	新疆维吾尔自治区高级法院	再审	否
353	（2019）黑民申 575 号	2019 年 3 月	黑龙江省高级法院	再审	否
354	（2019）冀民再 7 号	2019 年 3 月	河北省高级法院	再审	否
355	（2019）青民申 25 号	2019 年 3 月	青海省高级法院	再审	否
356	（2019）黔民再 13 号	2019 年 3 月	贵州省高级法院	再审	是
357	（2019）湘民申 54 号	2019 年 3 月	湖南省高级法院	再审	否
358	（2019）粤民申 2087 号	2019 年 3 月	广东省高级法院	再审	否
359	（2018）辽民终 690 号	2019 年 3 月	辽宁省高级法院	二审	是
360	（2019）辽民终 60 号	2019 年 3 月	辽宁省高级法院	二审	是
361	（2019）辽民终 58 号	2019 年 3 月	辽宁省高级法院	二审	是
362	（2019）粤知民终 49 号	2019 年 3 月	广东省高级法院	二审	是
363	（2019）粤知民终 50 号	2019 年 3 月	广东省高级法院	二审	是
364	（2019）陕民终 267 号	2019 年 3 月	陕西省高级法院	二审	是
365	（2018）京民终 454 号	2019 年 3 月	北京市高级法院	二审	是
366	（2018）黔行终 191 号	2019 年 3 月	贵州省高级法院	二审	是
367	（2019）最高法民申 114 号	2019 年 3 月	最高法院	再审	否
368	（2019）湘民申 280 号	2019 年 4 月	湖南省高级法院	再审	否
369	（2018）粤民申 12077 号	2019 年 4 月	广东省高级法院	再审	否
370	（2019）川民再 11 号	2019 年 4 月	四川省高级法院	再审	否
371	（2019）黑民申 692 号	2019 年 4 月	黑龙江省高级法院	再审	否

序号	案号	裁判日期	裁判法院	审级	是否含有一审或原审裁判
372	(2018)湘民申 2896 号	2019 年 4 月	湖南省高级法院	再审	否
373	(2019)内民再 30 号	2019 年 4 月	内蒙古自治区高级法院	再审	是
374	(2019)津民申 130 号	2019 年 4 月	天津市高级法院	再审	否
375	(2019)粤民申 992 号	2019 年 4 月	广东省高级法院	再审	否
376	(2019)吉民申 1014 号	2019 年 4 月	吉林省高级法院	再审	否
377	(2019)粤民申 2605 号	2019 年 4 月	广东省高级法院	再审	否
378	(2019)闽民申 484 号	2019 年 4 月	福建省高级法院	再审	否
379	(2019)新行终 4 号	2019 年 4 月	新疆维吾尔自治区高级法院	二审	否
380	(2019)新行终 2 号	2019 年 4 月	新疆维吾尔自治区高级法院	二审	否
381	(2019)新民终 24 号	2019 年 4 月	新疆维吾尔自治区高级法院	二审	是
382	(2019)新行终 3 号	2019 年 4 月	新疆维吾尔自治区高级法院	二审	否
383	(2019)鄂民终 128 号	2019 年 4 月	湖北省高级法院	二审	是
384	(2019)黔民终 457 号	2019 年 4 月	贵州省高级法院	二审	是
385	(2019)浙民终 96 号	2019 年 4 月	浙江省高级法院	二审	是
386	(2019)最高法民申 1484 号	2019 年 4 月	最高法院	再审	否
387	(2019)最高法民申 1459 号	2019 年 4 月	最高法院	再审	否
388	(2019)最高法民申 1839 号	2019 年 4 月	最高法院	再审	否
389	(2019)甘民申 396 号	2019 年 5 月	甘肃省高级法院	再审	否
390	(2019)桂民申 1074 号	2019 年 5 月	广西壮族自治区高级法院	再审	否
391	(2019)辽民再 63 号	2019 年 5 月	辽宁省高级法院	再审	否
392	(2019)吉民申 1337 号	2019 年 5 月	吉林省高级法院	再审	否
393	(2019)内民申 1163 号	2019 年 5 月	内蒙古自治区高级法院	再审	否
394	(2019)粤民申 1767 号	2019 年 5 月	广东省高级法院	再审	否
395	(2018)苏民申 5428 号	2019 年 5 月	江苏省高级法院	再审	否

序号	案号	裁判日期	裁判法院	审级	是否含有一审或原审裁判
396	(2018)内民申 2304 号	2019 年 5 月	内蒙古自治区高级法院	再审	否
397	(2019)桂民申 906 号	2019 年 5 月	广西壮族自治区高级法院	再审	否
398	(2019)吉民申 1682 号	2019 年 5 月	吉林省高级法院	再审	否
399	(2019)吉民申 1205 号	2019 年 5 月	吉林省高级法院	再审	否
400	(2019)吉民申 1273 号	2019 年 5 月	吉林省高级法院	再审	否
401	(2019)吉民申 1202 号	2019 年 5 月	吉林省高级法院	再审	否
402	(2019)湘民终 286 号	2019 年 5 月	湖南省高级法院	二审	是
403	(2019)苏民终 459 号	2019 年 5 月	江苏省高级法院	二审	是
404	(2019)豫民终 174 号	2019 年 5 月	河南省高级法院	二审	是
405	(2019)黑民终 357 号	2019 年 5 月	黑龙江省高级法院	二审	是
406	(2019)鄂民终 517 号	2019 年 5 月	湖北省高级法院	二审	是
407	(2019)最高法民终 576 号	2019 年 5 月	最高法院	二审	是
408	(2018)最高法民再 461 号	2019 年 5 月	最高法院	再审	是
409	(2019)内民申 2057 号	2019 年 6 月	内蒙古自治区高级法院	再审	否
410	(2019)苏民申 3016 号	2019 年 6 月	江苏省高级法院	再审	否
411	(2019)渝民申 1357 号	2019 年 6 月	重庆市高级法院	再审	否
412	(2019)黔民申 1511 号	2019 年 6 月	贵州省高级法院	再审	否
413	(2019)浙民再 178 号	2019 年 6 月	浙江省高级法院	再审	是
414	(2019)内民申 1386 号	2019 年 6 月	内蒙古自治区高级法院	再审	否
415	(2019)甘民申 624 号	2019 年 6 月	甘肃省高级法院	再审	否
416	(2019)冀民申 4641 号	2019 年 6 月	河北省高级法院	再审	否
417	(2019)新民申 456 号	2019 年 6 月	新疆维吾尔自治区高级法院	再审	否
418	(2019)鄂民申 1392 号	2019 年 6 月	湖北省高级法院	再审	否
419	(2019)内民申 2415 号	2019 年 6 月	内蒙古自治区高级法院	再审	否
420	(2019)闽民申 538 号	2019 年 6 月	福建省高级法院	再审	否
421	(2018)黑民终 641 号	2019 年 6 月	黑龙江省高级法院	二审	是

序号	案号	裁判日期	裁判法院	审级	是否含有一审或原审裁判
422	(2019)豫民终 721 号	2019 年 6 月	河南省高级法院	二审	是
423	(2019)京民终 276 号	2019 年 6 月	北京市高级法院	二审	是
424	(2018)辽民终 511 号	2019 年 6 月	辽宁省高级法院	二审	是
425	(2019)闽民终 342 号	2019 年 6 月	福建省高级法院	二审	是
426	(2019)黔民终 203 号	2019 年 6 月	贵州省高级法院	二审	是
427	(2019)辽民申 2927 号	2019 年 7 月	辽宁省高级法院	再审	否
428	(2019)粤民申 2316 号	2019 年 7 月	广东省高级法院	再审	否
429	(2019)湘民申 892 号	2019 年 7 月	湖南省高级法院	再审	否
430	(2019)吉民申 1559 号	2019 年 7 月	吉林省高级法院	再审	否
431	(2019)云民申 638 号	2019 年 7 月	云南省高级法院	再审	否
432	(2019)豫民申 1987 号	2019 年 7 月	河南省高级法院	再审	否
433	(2019)鄂民申 2461 号	2019 年 7 月	湖北省高级法院	再审	否
434	(2019)湘民申 1822 号	2019 年 7 月	湖南省高级法院	再审	否
435	(2019)吉民申 1882 号	2019 年 7 月	吉林省高级法院	再审	否
436	(2019)粤民申 6464 号	2019 年 7 月	广东省高级法院	再审	否
437	(2019)鲁民申 2886 号	2019 年 7 月	山东省高级法院	再审	否
438	(2019)黑民申 1863 号	2019 年 7 月	黑龙江省高级法院	再审	否
439	(2019)湘民再 43 号	2019 年 7 月	湖南省高级法院	再审	是
440	(2019)闽民申 2320 号	2019 年 7 月	福建省高级法院	再审	否
441	(2019)鄂民申 1895 号	2019 年 7 月	湖北省高级法院	再审	否
442	(2019)川民申 2873 号	2019 年 7 月	四川省高级法院	再审	否
443	(2018)川民申 4914 号	2019 年 7 月	四川省高级法院	再审	否
444	(2019)苏民申 2762 号	2019 年 7 月	江苏省高级法院	再审	否
445	(2019)辽民终 536 号	2019 年 7 月	辽宁省高级法院	二审	是
446	(2019)青民终 124 号	2019 年 7 月	青海省高级法院	二审	是
447	(2019)赣民再 93 号	2019 年 8 月	江西省高级法院	再审	是
448	(2019)粤民申 2958 号	2019 年 8 月	广东省高级法院	再审	否
449	(2019)鲁民申 3255 号	2019 年 8 月	山东省高级法院	再审	否
450	(2019)内民申 2602 号	2019 年 8 月	内蒙古自治区高级法院	再审	否

续表

序号	案号	裁判日期	裁判法院	审级	是否含有一审或原审裁判
451	（2019）新民申 889 号	2019 年 8 月	新疆维吾尔自治区高级法院	再审	否
452	（2019）辽民申 3871 号	2019 年 8 月	辽宁省高级法院	再审	否
453	（2019）吉民申 1790 号	2019 年 8 月	吉林省高级法院	再审	否
454	（2019）冀民申 2155 号	2019 年 8 月	河北省高级法院	再审	否
455	（2019）鄂民申 2489 号	2019 年 8 月	湖北省高级法院	再审	否
456	（2019）藏民终 19 号	2019 年 8 月	西藏自治区高级法院	二审	是
457	（2019）藏民终 18 号	2019 年 8 月	西藏自治区高级法院	二审	是
458	（2019）浙民终 457 号	2019 年 8 月	浙江省高级法院	二审	是
459	（2019）闽民终 1010 号	2019 年 8 月	福建省高级法院	二审	是
460	（2019）黔民终 267 号	2019 年 8 月	贵州省高级法院	二审	是
461	（2018）最高法民再 462 号	2019 年 8 月	最高法院	再审	是
462	（2019）最高法民申 3649 号	2019 年 8 月	最高法院	再审	否
463	（2019）内民申 3153 号	2019 年 9 月	内蒙古自治区高级法院	再审	否
464	（2019）粤民申 6787 号	2019 年 9 月	广东省高级法院	再审	否
465	（2019）鲁民申 4445 号	2019 年 9 月	山东省高级法院	再审	否
466	（2019）粤民申 8507 号	2019 年 9 月	广东省高级法院	再审	否
467	（2019）宁民申 806 号	2019 年 9 月	宁夏回族自治区高级法院	再审	否
468	（2019）鄂民申 2923 号	2019 年 9 月	湖北省高级法院	再审	否
469	（2019）内民申 3145 号	2019 年 9 月	内蒙古自治区高级法院	再审	否
470	（2019）吉民再 288 号	2019 年 9 月	吉林省高级法院	再审	否
471	（2019）辽民申 2197 号	2019 年 9 月	辽宁省高级法院	再审	否
472	（2019）闽民申 3830 号	2019 年 9 月	福建省高级法院	再审	否
473	（2019）内民申 3244 号	2019 年 9 月	内蒙古自治区高级法院	再审	否
474	（2019）鄂民申 3022 号	2019 年 9 月	湖北省高级法院	再审	否
475	（2019）陕民申 1336 号	2019 年 9 月	陕西省高级法院	再审	否
476	（2019）辽民申 4018 号	2019 年 9 月	辽宁省高级法院	再审	否

序号	案号	裁判日期	裁判法院	审级	是否含有一审或原审裁判
477	（2019）吉民终 352 号	2019 年 9 月	吉林省高级法院	二审	是
478	（2019）内民终 523 号	2019 年 9 月	内蒙古自治区高级法院	二审	是
479	（2019）内民终 530 号	2019 年 9 月	内蒙古自治区高级法院	二审	是
480	（2019）皖民终 954 号	2019 年 9 月	安徽省高级法院	二审	是
481	（2019）最高法知民辖终 279 号	2019 年 9 月	最高法院	二审	否
482	（2019）辽民终 1439 号	2019 年 9 月	辽宁省高级法院	二审	是
483	（2019）湘民申 4581 号	2019 年 10 月	湖南省高级法院	再审	否
484	（2019）粤民申 10710 号	2019 年 10 月	广东省高级法院	再审	否
485	（2019）湘民申 1964 号	2019 年 10 月	湖南省高级法院	再审	否
486	（2019）内民再 387 号	2019 年 10 月	内蒙古自治区高级法院	再审	是
487	（2019）陕民申 2115 号	2019 年 10 月	陕西省高级法院	再审	否
488	（2019）辽民申 683 号	2019 年 10 月	辽宁省高级法院	再审	否
489	（2019）鲁民再 855 号	2019 年 10 月	山东省高级法院	再审	是
490	（2019）鲁民申 3852 号	2019 年 10 月	山东省高级法院	再审	否
491	（2019）湘民申 4580 号	2019 年 10 月	湖南省高级法院	再审	否
492	（2019）湘民申 4591 号	2019 年 10 月	湖南省高级法院	再审	否
493	（2019）黑民再 444 号	2019 年 10 月	黑龙江省高级法院	再审	是
494	（2019）湘民辖终 794 号	2019 年 10 月	湖南省高级法院	二审	否
495	（2019）皖民申 3232 号	2019 年 11 月	安徽省高级法院	再审	否
496	（2019）桂民申 2259 号	2019 年 11 月	广西壮族自治区高级法院	再审	否
497	（2019）甘民申 1553 号	2019 年 11 月	甘肃省高级法院	再审	否
498	（2019）川民申 4700 号	2019 年 11 月	四川省高级法院	再审	否
499	（2019）黑民申 4068 号	2019 年 11 月	黑龙江省高级法院	再审	否
500	（2019）内民再 377 号	2019 年 11 月	内蒙古自治区高级法院	再审	否
501	（2019）内民再 340 号	2019 年 11 月	内蒙古自治区高级法院	再审	否

续表

序号	案号	裁判日期	裁判法院	审级	是否含有一审或原审裁判
502	（2019）内民申 4669 号	2019 年 11 月	内蒙古自治区高级法院	再审	否
503	（2019）内民申 4693 号	2019 年 11 月	内蒙古自治区高级法院	再审	否
504	（2019）内民申 4712 号	2019 年 11 月	内蒙古自治区高级法院	再审	否
505	（2019）内民申 4717 号	2019 年 11 月	内蒙古自治区高级法院	再审	否
506	（2019）内民申 4661 号	2019 年 11 月	内蒙古自治区高级法院	再审	否
507	（2019）内民申 4709 号	2019 年 11 月	内蒙古自治区高级法院	再审	否
508	（2019）内民申 4671 号	2019 年 11 月	内蒙古自治区高级法院	再审	否
509	（2019）内民申 4646 号	2019 年 11 月	内蒙古自治区高级法院	再审	否
510	（2019）内民申 4663 号	2019 年 11 月	内蒙古自治区高级法院	再审	否
511	（2019）内民申 4655 号	2019 年 11 月	内蒙古自治区高级法院	再审	否
512	（2019）内民申 4695 号	2019 年 11 月	内蒙古自治区高级法院	再审	否
513	（2019）内民申 4654 号	2019 年 11 月	内蒙古自治区高级法院	再审	否
514	（2019）内民申 4664 号	2019 年 11 月	内蒙古自治区高级法院	再审	否
515	（2019）黑民申 3997 号	2019 年 11 月	黑龙江省高级法院	再审	否
516	（2019）内民申 4648 号	2019 年 11 月	内蒙古自治区高级法院	再审	否
517	（2019）内民申 4711 号	2019 年 11 月	内蒙古自治区高级法院	再审	否
518	（2019）内民申 4662 号	2019 年 11 月	内蒙古自治区高级法院	再审	否

序号	案号	裁判日期	裁判法院	审级	是否含有一审或原审裁判
519	（2019）内民申 4667 号	2019 年 11 月	内蒙古自治区高级法院	再审	否
520	（2019）内民申 4651 号	2019 年 11 月	内蒙古自治区高级法院	再审	否
521	（2019）内民申 4650 号	2019 年 11 月	内蒙古自治区高级法院	再审	否
522	（2019）内民申 4697 号	2019 年 11 月	内蒙古自治区高级法院	再审	否
523	（2019）内民申 4699 号	2019 年 11 月	内蒙古自治区高级法院	再审	否
524	（2019）内民申 4700 号	2019 年 11 月	内蒙古自治区高级法院	再审	否
525	（2019）内民申 4665 号	2019 年 11 月	内蒙古自治区高级法院	再审	否
526	（2019）吉民申 2991 号	2019 年 11 月	吉林省高级法院	再审	否
527	（2019）内民申 4719 号	2019 年 11 月	内蒙古自治区高级法院	再审	否
528	（2019）内民申 4670 号	2019 年 11 月	内蒙古自治区高级法院	再审	否
529	（2019）内民申 4720 号	2019 年 11 月	内蒙古自治区高级法院	再审	否
530	（2019）内民申 4672 号	2019 年 11 月	内蒙古自治区高级法院	再审	否
531	（2019）内民申 4656 号	2019 年 11 月	内蒙古自治区高级法院	再审	否
532	（2019）辽民申 4991 号	2019 年 11 月	辽宁省高级法院	再审	否
533	（2019）内民申 4653 号	2019 年 11 月	内蒙古自治区高级法院	再审	否
534	（2019）内民申 4694 号	2019 年 11 月	内蒙古自治区高级法院	再审	否
535	（2019）内民申 4698 号	2019 年 11 月	内蒙古自治区高级法院	再审	否
536	（2019）内民申 4696 号	2019 年 11 月	内蒙古自治区高级法院	再审	否

续表

序号	案号	裁判日期	裁判法院	审级	是否含有一审或原审裁判
537	(2019)内民申 4668 号	2019 年 11 月	内蒙古自治区高级法院	再审	否
538	(2019)内民申 4710 号	2019 年 11 月	内蒙古自治区高级法院	再审	否
539	(2019)内民申 4703 号	2019 年 11 月	内蒙古自治区高级法院	再审	否
540	(2019)内民申 4652 号	2019 年 11 月	内蒙古自治区高级法院	再审	否
541	(2019)内民申 4644 号	2019 年 11 月	内蒙古自治区高级法院	再审	否
542	(2019)吉民再 283 号	2019 年 11 月	吉林省高级法院	再审	是
543	(2019)新民申 1655 号	2019 年 11 月	新疆维吾尔自治区高级法院	再审	否
544	(2019)苏民申 6407 号	2019 年 11 月	江苏省高级法院	再审	否
545	(2019)湘民申 4464 号	2019 年 11 月	湖南省高级法院	再审	否
546	(2019)苏民再 410 号	2019 年 11 月	江苏省高级法院	再审	是
547	(2019)内民申 4140 号	2019 年 11 月	内蒙古自治区高级法院	再审	否
548	(2019)鄂民申 3673 号	2019 年 11 月	湖北省高级法院	再审	否
549	(2019)鲁民申 6266 号	2019 年 11 月	山东省高级法院	再审	否
550	(2019)桂民终 727 号	2019 年 11 月	广西壮族自治区高级法院	二审	是
551	(2019)鄂民终 1111 号	2019 年 11 月	湖北省高级法院	二审	是
552	(2019)桂民终 800 号	2019 年 11 月	广西壮族自治区高级法院	二审	是
553	(2019)最高法民终 1611 号	2019 年 11 月	最高法院	二审	是
554	(2019)最高法民终 1613 号	2019 年 11 月	最高法院	二审	是
555	(2019)最高法民再 197 号	2019 年 11 月	最高法院	再审	是
556	(2019)最高法民申 4909 号	2019 年 11 月	最高法院	再审	否
557	(2019)皖民再 194 号	2019 年 12 月	安徽省高级法院	再审	否
558	(2019)粤民申 4052 号	2019 年 12 月	广东省高级法院	再审	否
559	(2019)粤民申 9801 号	2019 年 12 月	广东省高级法院	再审	否

序号	案号	裁判日期	裁判法院	审级	是否含有一审或原审裁判
560	（2019）沪民申 1269 号	2019 年 12 月	上海市高级法院	再审	否
561	（2019）桂民申 4177 号	2019 年 12 月	广西壮族自治区高级法院	再审	否
562	（2019）鄂民申 4144 号	2019 年 12 月	湖北省高级法院	再审	否
563	（2019）湘民申 3757 号	2019 年 12 月	湖南省高级法院	再审	否
564	（2018）苏民申 5391 号	2019 年 12 月	江苏省高级法院	再审	否
565	（2019）鄂民申 4258 号	2019 年 12 月	湖北省高级法院	再审	否
566	（2019）鄂民申 4257 号	2019 年 12 月	湖北省高级法院	再审	否
567	（2019）桂民申 4373 号	2019 年 12 月	广西壮族自治区高级法院	再审	否
568	（2019）鄂民申 4259 号	2019 年 12 月	湖北省高级法院	再审	否
569	（2019）津民申 1291 号	2019 年 12 月	天津市高级法院	再审	否
570	（2019）鄂民申 4260 号	2019 年 12 月	湖北省高级法院	再审	否
571	（2019）鄂民申 4146 号	2019 年 12 月	湖北省高级法院	再审	否
572	（2019）鄂民申 4262 号	2019 年 12 月	湖北省高级法院	再审	否
573	（2019）吉民申 3250 号	2019 年 12 月	吉林省高级法院	再审	否
574	（2019）鄂民申 3711 号	2019 年 12 月	湖北省高级法院	再审	否
575	（2019）新民申 1947 号	2019 年 12 月	新疆维吾尔自治区高级法院	再审	否
576	（2019）鄂民申 4145 号	2019 年 12 月	湖北省高级法院	再审	否
577	（2019）鄂民申 4120 号	2019 年 12 月	湖北省高级法院	再审	否
578	（2019）苏民申 6979 号	2019 年 12 月	江苏省高级法院	再审	否
579	（2019）新民再 161 号	2019 年 12 月	新疆维吾尔自治区高级法院	再审	是
580	（2019）桂民申 5054 号	2019 年 12 月	广西壮族自治区高级法院	再审	否
581	（2018）苏民申 5141 号	2019 年 12 月	江苏省高级法院	再审	否
582	（2019）皖民再 195 号	2019 年 12 月	安徽省高级法院	再审	否
583	（2019）湘民申 5607 号	2019 年 12 月	湖南省高级法院	再审	否
584	（2019）晋民申 2987 号	2019 年 12 月	山西省高级法院	再审	否
585	（2019）苏民申 3754 号	2019 年 12 月	江苏省高级法院	再审	否

续表

序号	案号	裁判日期	裁判法院	审级	是否含有一审或原审裁判
586	(2019)鄂民申 3808 号	2019 年 12 月	湖北省高级法院	再审	否
587	(2019)沪民再 12 号	2019 年 12 月	上海市高级法院	再审	是
588	(2019)内民终 538 号	2019 年 12 月	内蒙古自治区高级法院	二审	是
589	(2019)甘民终 358 号	2019 年 12 月	甘肃省高级法院	二审	是
590	(2019)吉民终 519 号	2019 年 12 月	吉林省高级法院	二审	是
591	(2019)鄂民终 1229 号	2019 年 12 月	湖北省高级法院	二审	是
592	(2018)渝民终 546 号	2019 年 12 月	重庆市高级法院	二审	是
593	(2019)吉民终 545 号	2019 年 12 月	吉林省高级法院	二审	是
594	(2019)晋民终 763 号	2019 年 12 月	山西省高级法院	二审	是
595	(2020)湘民再 5 号	2020 年 1 月	湖南省高级法院	再审	否
596	(2020)黑民再 5 号	2020 年 1 月	黑龙江省高级法院	再审	否
597	(2019)青民申 536 号	2020 年 1 月	青海省高级法院	再审	否
598	(2020)吉民终 30 号	2020 年 2 月	吉林省高级法院	二审	是
599	(2020)川民终 33 号	2020 年 2 月	四川省高级法院	二审	是
600	(2020)粤民再 38、39 号	2020 年 2 月	广东省高级法院	再审	是
601	(2020)吉民申 99 号	2020 年 2 月	吉林省高级法院	再审	否
602	(2020)内民申 95 号	2020 年 2 月	内蒙古自治区高级法院	再审	否
603	(2019)最高法民申 6535 号	2020 年 2 月	最高法院	再审	否
604	(2020)京民辖终 22 号	2020 年 3 月	北京市高级法院	二审	否
605	(2019)川民申 6834 号	2020 年 3 月	四川省高级法院	再审	否
606	(2020)湘民申 426 号	2020 年 3 月	湖南省高级法院	再审	否
607	(2019)吉民申 3178 号	2020 年 3 月	吉林省高级法院	再审	否
608	(2020)京民申 932 号	2020 年 3 月	北京市高级法院	再审	否
609	(2020)内民申 181 号	2020 年 3 月	内蒙古自治区高级法院	再审	否
610	(2020)辽民申 195 号	2020 年 3 月	辽宁省高级法院	再审	否
611	(2020)湘民申 240 号	2020 年 3 月	湖南省高级法院	再审	否
612	(2020)辽民终 211 号	2020 年 4 月	辽宁省高级法院	二审	是
613	(2019)苏民终 1406 号	2020 年 4 月	江苏省高级法院	二审	是

序号	案号	裁判日期	裁判法院	审级	是否含有一审或原审裁判
614	（2020）鲁民终 268 号	2020 年 4 月	山东省高级法院	二审	是
615	（2020）鲁民终 632 号	2020 年 4 月	山东省高级法院	二审	是
616	（2020）鲁民终 633 号	2020 年 4 月	山东省高级法院	二审	是
617	（2019）苏民终 70 号	2020 年 4 月	江苏省高级法院	二审	是
618	（2020）内民申 52 号	2020 年 4 月	内蒙古自治区高级法院	再审	否
619	（2020）皖民申 953 号	2020 年 4 月	安徽省高级法院	再审	否
620	（2020）吉民再 56 号	2020 年 4 月	吉林省高级法院	再审	是
621	（2020）青民申 98 号	2020 年 4 月	青海省高级法院	再审	否
622	（2020）吉民申 668 号	2020 年 4 月	吉林省高级法院	再审	否
623	（2020）京民再 35 号	2020 年 4 月	北京市高级法院	再审	是
624	（2020）苏民申 42 号	2020 年 4 月	江苏省高级法院	再审	否
625	（2020）湘民申 760 号	2020 年 4 月	湖南省高级法院	再审	否
626	（2020）新民申 329 号	2020 年 4 月	新疆维吾尔自治区高级法院	再审	否
627	（2020）鲁民申 1965 号	2020 年 4 月	山东省高级法院	再审	否
628	（2019）鄂民再 271 号	2020 年 4 月	湖北省高级法院	再审	否
629	（2020）陕民申 607 号	2020 年 4 月	陕西省高级法院	再审	否
630	（2020）辽民申 1150 号	2020 年 4 月	辽宁省高级法院	再审	否
631	（2020）鲁民申 2142 号	2020 年 4 月	山东省高级法院	再审	否
632	（2020）黑民申 512 号	2020 年 4 月	黑龙江省高级法院	再审	否
633	（2020）吉民申 1055 号	2020 年 4 月	吉林省高级法院	再审	否
634	（2020）内民申 596 号	2020 年 4 月	内蒙古自治区高级法院	再审	否
635	（2020）陕民申 275 号	2020 年 4 月	陕西省高级法院	再审	否
636	（2020）吉民申 1058 号	2020 年 4 月	吉林省高级法院	再审	否
637	（2020）苏民申 788 号	2020 年 4 月	江苏省高级法院	再审	否
638	（2020）最高法民申 1476 号	2020 年 4 月	最高法院	再审	否
639	（2020）粤民终 9 号	2020 年 5 月	广东省高级法院	二审	是
640	（2020）鲁民终 599 号	2020 年 5 月	山东省高级法院	二审	是
641	（2020）辽民终 240 号	2020 年 5 月	辽宁省高级法院	二审	否

续表

序号	案号	裁判日期	裁判法院	审级	是否含有一审或原审裁判
642	(2020)陕民申 1232 号	2020 年 5 月	陕西省高级法院	再审	否
643	(2020)内民再 39 号	2020 年 5 月	内蒙古自治区高级法院	再审	是
644	(2019)湘民再 527 号	2020 年 5 月	湖南省高级法院	再审	否
645	(2020)内民申 799 号	2020 年 5 月	内蒙古自治区高级法院	再审	否
646	(2020)湘民申 381 号	2020 年 5 月	湖南省高级法院	再审	否
647	(2020)黑民申 620 号	2020 年 5 月	黑龙江省高级法院	再审	否
648	(2020)鲁民申 2103 号	2020 年 5 月	山东省高级法院	再审	否
649	(2020)鲁民再 27 号	2020 年 5 月	山东省高级法院	再审	是
650	(2020)吉民申 1057 号	2020 年 5 月	吉林省高级法院	再审	否
651	(2020)辽民申 1355 号	2020 年 5 月	辽宁省高级法院	再审	否
652	(2019)苏民申 7038 号	2020 年 5 月	江苏省高级法院	再审	否
653	(2020)鲁民申 2476 号	2020 年 5 月	山东省高级法院	再审	否
654	(2020)鲁民申 2477 号	2020 年 5 月	山东省高级法院	再审	否
655	(2020)辽民申 1356 号	2020 年 5 月	辽宁省高级法院	再审	否
656	(2020)赣民终 475 号	2020 年 6 月	江西省高级法院	二审	是
657	(2020)黑民终 73 号	2020 年 6 月	黑龙江省高级法院	二审	是
658	(2020)新民终 88 号	2020 年 6 月	新疆维吾尔自治区高级法院	二审	是
659	(2019)川民终 1167 号	2020 年 6 月	四川省高级法院	二审	是
660	(2020)吉民申 1341 号	2020 年 6 月	吉林省高级法院	再审	否
661	(2020)陕民申 844 号	2020 年 6 月	陕西省高级法院	再审	否
662	(2020)皖民申 2162 号	2020 年 6 月	安徽省高级法院	再审	否
663	(2019)粤民申 13572 号	2020 年 6 月	广东省高级法院	再审	否
664	(2020)内民再 154 号	2020 年 6 月	内蒙古自治区高级法院	再审	是
665	(2020)苏民申 2615 号	2020 年 6 月	江苏省高级法院	再审	否
666	(2020)新民申 1110 号	2020 年 6 月	新疆维吾尔自治区高级法院	再审	否
667	(2020)甘民申 667 号	2020 年 6 月	甘肃省高级法院	再审	否

序号	案号	裁判日期	裁判法院	审级	是否含有一审或原审裁判
668	（2020）京民申 1532 号	2020 年 6 月	北京市高级法院	再审	否
669	（2020）甘民申 459 号	2020 年 6 月	甘肃省高级法院	再审	否
670	（2020）陕民申 1402 号	2020 年 6 月	陕西省高级法院	再审	否
671	（2019）皖民再 250 号	2020 年 6 月	安徽省高级法院	再审	否
672	（2019）苏民申 4986 号	2020 年 6 月	江苏省高级法院	再审	否
673	（2020）苏民申 51 号	2020 年 6 月	江苏省高级法院	再审	否
674	（2020）黑民再 165 号	2020 年 6 月	黑龙江省高级法院	再审	是
675	（2020）赣民申 742 号	2020 年 6 月	江西省高级法院	再审	否
676	（2020）陕民终 604 号	2020 年 7 月	陕西省高级法院	二审	是
677	（2020）鄂民终 186 号	2020 年 7 月	湖北省高级法院	二审	是
678	（2019）粤民申 12292 号	2020 年 7 月	广东省高级法院	再审	否
679	（2020）吉民申 2083 号	2020 年 7 月	吉林省高级法院	再审	否
680	（2020）陕民申 1672 号	2020 年 7 月	陕西省高级法院	再审	否
681	（2020）内民申 1711 号	2020 年 7 月	内蒙古自治区高级法院	再审	否
682	（2020）内民申 1459 号	2020 年 7 月	内蒙古自治区高级法院	再审	否
683	（2019）最高法民终 137 号	2020 年 7 月	最高法院	二审	是
684	（2020）鲁民申 5084 号	2020 年 8 月	山东省高级法院	再审	否
685	（2020）鲁民申 12015 号	2021 年 1 月	山东省高级法院	再审	否
686	（2020）苏民申 3695 号	2021 年 1 月	江苏省高级法院	再审	否
687	（2021）京民申 446 号	2021 年 1 月	北京市高级法院	再审	否
688	（2021）京民申 114 号	2021 年 1 月	北京市高级法院	再审	否
689	（2021）湘民申 254 号	2021 年 1 月	湖南省高级法院	再审	否
690	（2020）粤民申 14111 号	2021 年 1 月	广东省高级法院	再审	否
691	（2021）新民申 42 号	2021 年 1 月	新疆维吾尔自治区高级法院	再审	否
692	（2020）豫民申 8109 号	2021 年 1 月	河南省高级法院	再审	否
693	（2021）湘民终 4 号	2021 年 1 月	湖南省高级法院	二审	是
694	（2020）苏民申 3089 号	2021 年 1 月	江苏省高级法院	再审	否

续表

序号	案号	裁判日期	裁判法院	审级	是否含有一审或原审裁判
695	（2021）内民申 17 号	2021 年 1 月	内蒙古自治区高级法院	再审	否
696	（2020）豫民申 8140 号	2021 年 1 月	河南省高级法院	再审	否
697	（2021）陕民申 165 号	2021 年 1 月	陕西省高级法院	再审	否
698	（2020）辽民申 4808 号	2021 年 1 月	辽宁省高级法院	再审	否
699	（2021）吉民申 20 号	2021 年 1 月	吉林省高级法院	再审	否
700	（2020）苏民申 10073 号	2021 年 1 月	江苏省高级法院	再审	否
701	（2020）苏民申 4344 号	2021 年 1 月	江苏省高级法院	再审	否
702	（2020）粤民申 11734 号	2021 年 1 月	广东省高级法院	再审	否
703	（2020）川民终 569 号	2021 年 1 月	四川省高级法院	二审	是
704	（2020）黑民申 1884 号	2021 年 1 月	黑龙江省高级法院	再审	否
705	（2021）黑民再 2 号	2021 年 1 月	黑龙江省高级法院	再审	否
706	（2020）青民再 127 号	2021 年 1 月	青海省高级法院	再审	是
707	（2021）最高法民 15 号	2021 年 1 月	最高法院	再审	否
708	（2021）京民申 935 号	2021 年 2 月	北京市高级法院	再审	否
709	（2021）湘民终 53 号	2021 年 2 月	湖南省高级法院	二审	否
710	（2021）陕民申 98 号	2021 年 2 月	陕西省高级法院	再审	否
711	（2020）苏民申 10906 号	2021 年 2 月	江苏省高级法院	再审	否
712	（2021）豫知民终 110 号	2021 年 2 月	河南省高级法院	二审	是
713	（2021）豫知民终 107 号	2021 年 2 月	河南省高级法院	二审	是
714	（2021）皖民申 501 号	2021 年 2 月	安徽省高级法院	再审	否
715	（2021）豫知民终 109 号	2021 年 2 月	河南省高级法院	二审	是
716	（2021）甘民终 1 号	2021 年 2 月	甘肃省高级法院	二审	是
717	（2021）皖民申 609 号	2021 年 2 月	安徽省高级法院	再审	否
718	（2021）豫知民终 103 号	2021 年 2 月	河南省高级法院	二审	是
719	（2021）豫知民终 108 号	2021 年 2 月	河南省高级法院	二审	是
720	（2021）豫民终 268 号	2021 年 2 月	河南省高级法院	二审	是
721	（2021）皖民申 317 号	2021 年 2 月	安徽省高级法院	再审	否
722	（2021）豫知民终 105 号	2021 年 2 月	河南省高级法院	二审	是
723	（2021）豫知民终 106 号	2021 年 2 月	河南省高级法院	二审	是

序号	案号	裁判日期	裁判法院	审级	是否含有一审或原审裁判
724	（2021）内民申 299 号	2021 年 2 月	内蒙古自治区高级法院	再审	否
725	（2020）黔民终 1331 号	2021 年 2 月	贵州省高级法院	二审	是
726	（2021）川民再 29 号	2021 年 2 月	四川省高级法院	再审	否
727	（2019）苏民申 7162 号	2021 年 2 月	江苏省高级法院	再审	否
728	（2021）吉民终 50 号	2021 年 2 月	吉林省高级法院	二审	是
729	（2021）苏民申 140 号	2021 年 2 月	江苏省高级法院	再审	否
730	（2020）粤民终 2557 号	2021 年 2 月	广东省高级法院	二审	是
731	（2021）吉民申 79 号	2021 年 2 月	吉林省高级法院	再审	否
732	（2021）吉民申 77 号	2021 年 2 月	吉林省高级法院	再审	否
733	（2020）苏民申 10462 号	2021 年 2 月	江苏省高级法院	再审	否
734	（2021）吉民申 78 号	2021 年 2 月	吉林省高级法院	再审	否
735	（2021）皖民终 3 号	2021 年 2 月	安徽省高级法院	二审	是
736	（2021）最高法民再 12 号	2021 年 2 月	最高法院	再审	是
737	（2021）最高法民再 1 号	2021 年 2 月	最高法院	再审	是
738	（2021）最高法民再 10 号	2021 年 2 月	最高法院	再审	是
739	（2021）最高法民再 9 号	2021 年 2 月	最高法院	再审	是
740	（2021）最高法民再 8 号	2021 年 2 月	最高法院	再审	是
741	（2021）最高法民再 15 号	2021 年 2 月	最高法院	再审	是
742	（2021）最高法民再 14 号	2021 年 2 月	最高法院	再审	是
743	（2021）最高法民再 6 号	2021 年 2 月	最高法院	再审	是
744	（2021）最高法民再 7 号	2021 年 2 月	最高法院	再审	是
745	（2021）最高法民再 5 号	2021 年 2 月	最高法院	再审	是
746	（2021）最高法民再 11 号	2021 年 2 月	最高法院	再审	是
747	（2021）最高法民再 2 号	2021 年 2 月	最高法院	再审	是
748	（2021）最高法民再 4 号	2021 年 2 月	最高法院	再审	是
749	（2020）最高法知民终 1667 号	2021 年 2 月	最高法院	二审	是
750	（2020）最高法知民终 1581 号	2021 年 2 月	最高法院	二审	是
751	（2020）最高法知民终 1580 号	2021 年 2 月	最高法院	二审	是
752	（2021）苏民申 774 号	2021 年 3 月	江苏省高级法院	再审	否

续表

序号	案号	裁判日期	裁判法院	审级	是否含有一审或原审裁判
753	(2020)苏民申 6118 号	2021 年 3 月	江苏省高级法院	再审	否
754	(2020)苏民终 92 号	2021 年 3 月	江苏省高级法院	二审	是
755	(2021)吉民申 1277 号	2021 年 3 月	吉林省高级法院	再审	否
756	(2021)苏民申 364 号	2021 年 3 月	江苏省高级法院	再审	否
757	(2021)豫民申 724 号	2021 年 3 月	河南省高级法院	再审	否
758	(2021)陕民申 251 号	2021 年 3 月	陕西省高级法院	再审	否
759	(2021)豫民申 719 号	2021 年 3 月	河南省高级法院	再审	否
760	(2021)青民申 42 号	2021 年 3 月	青海省高级法院	再审	否
761	(2021)豫民申 720 号	2021 年 3 月	河南省高级法院	再审	否
762	(2021)豫民申 721 号	2021 年 3 月	河南省高级法院	再审	否
763	(2021)豫民申 717 号	2021 年 3 月	河南省高级法院	再审	否
764	(2021)豫民申 718 号	2021 年 3 月	河南省高级法院	再审	否
765	(2021)豫民申 722 号	2021 年 3 月	河南省高级法院	再审	否
766	(2021)豫民申 723 号	2021 年 3 月	河南省高级法院	再审	否
767	(2021)新民终 41 号	2021 年 3 月	新疆维吾尔自治区高级法院	二审	否
768	(2021)鄂民申 921 号	2021 年 3 月	湖北省高级法院	再审	否
769	(2020)苏民申 3944 号	2021 年 3 月	江苏省高级法院	再审	否
770	(2021)鲁民申 1531 号	2021 年 3 月	山东省高级法院	再审	否
771	(2020)苏民申 6949 号	2021 年 3 月	江苏省高级法院	再审	否
772	(2021)粤民再 11 号	2021 年 3 月	广东省高级法院	再审	否
773	(2020)苏民申 7676 号	2021 年 3 月	江苏省高级法院	再审	否
774	(2019)苏民终 1776 号	2021 年 3 月	江苏省高级法院	二审	是
775	(2021)陕民申 910 号	2021 年 3 月	陕西省高级法院	再审	否
776	(2021)鲁民申 840 号	2021 年 3 月	山东省高级法院	再审	否
777	(2021)鲁民终 45 号	2021 年 3 月	山东省高级法院	二审	是
778	(2021)京民申 923 号	2021 年 3 月	北京市高级法院	再审	否
779	(2021)京民申 1854 号	2021 年 3 月	北京市高级法院	再审	否
780	(2020)苏民申 6285 号	2021 年 3 月	江苏省高级法院	再审	否
781	(2020)苏民申 7895 号	2021 年 3 月	江苏省高级法院	再审	否

序号	案号	裁判日期	裁判法院	审级	是否含有一审或原审裁判
782	(2020)苏民申 9949 号	2021 年 3 月	江苏省高级法院	再审	否
783	(2021)黑民申 54 号	2021 年 3 月	黑龙江省高级法院	再审	否
784	(2021)鄂民申 1794 号	2021 年 3 月	湖北省高级法院	再审	否
785	(2021)豫民申 38 号	2021 年 3 月	河南省高级法院	再审	否
786	(2021)湘民再 13 号	2021 年 3 月	湖南省高级法院	再审	是
787	(2020)粤民申 13088 号	2021 年 3 月	广东省高级法院	再审	否
788	(2020)苏民终 1069 号	2021 年 3 月	江苏省高级法院	二审	是
789	(2021)豫民申 100 号	2021 年 3 月	河南省高级法院	再审	否
790	(2021)鲁民申 726 号	2021 年 3 月	山东省高级法院	再审	否
791	(2021)黑民申 90 号	2021 年 3 月	黑龙江省高级法院	再审	否
792	(2021)川民终 122 号	2021 年 3 月	四川省高级法院	二审	否
793	(2021)湘知民终 140 号	2021 年 3 月	湖南省高级法院	二审	是
794	(2021)皖民申 787 号	2021 年 3 月	安徽省高级法院	再审	否
795	(2021)赣民终 224 号	2021 年 3 月	江西省高级法院	二审	是
796	(2021)桂民终 40 号	2021 年 3 月	广西壮族自治区高级法院	二审	是
797	(2021)宁民申 291 号	2021 年 3 月	宁夏回族自治区高级法院	再审	否
798	(2021)鲁民申 465 号	2021 年 3 月	山东省高级法院	再审	否
799	(2021)豫知民终 14 号	2021 年 3 月	河南省高级法院	二审	是
800	(2021)鲁民再 59 号	2021 年 3 月	山东省高级法院	再审	是
801	(2021)粤民申 1121 号	2021 年 3 月	广东省高级法院	再审	否
802	(2020)青民申 640 号	2021 年 3 月	青海省高级法院	再审	否
803	(2021)粤民再 55 号	2021 年 3 月	广东省高级法院	再审	是
804	(2021)吉民申 252 号	2021 年 3 月	吉林省高级法院	再审	否
805	(2020)苏民申 10915 号	2021 年 3 月	江苏省高级法院	再审	否
806	(2021)苏民申 139 号	2021 年 3 月	江苏省高级法院	再审	否
807	(2020)苏民申 2380 号	2021 年 3 月	江苏省高级法院	再审	否
808	(2021)鲁民申 190 号	2021 年 3 月	山东省高级法院	再审	否
809	(2021)青民终 63 号	2021 年 3 月	青海省高级法院	二审	否

续表

序号	案号	裁判日期	裁判法院	审级	是否含有一审或原审裁判
810	（2021）桂民申 129 号	2021 年 3 月	广西壮族自治区高级法院	再审	否
811	（2021）吉民终 102 号	2021 年 3 月	吉林省高级法院	二审	是
812	（2020）苏民终 1002 号	2021 年 3 月	江苏省高级法院	二审	是
813	（2021）陕民申 279 号	2021 年 3 月	陕西省高级法院	再审	否
814	（2020）鲁民终 3251 号	2021 年 3 月	山东省高级法院	二审	是
815	（2021）苏民申 927 号	2021 年 3 月	江苏省高级法院	再审	否
816	（2021）陕民申 156 号	2021 年 3 月	陕西省高级法院	再审	否
817	（2020）苏民申 601 号	2021 年 3 月	江苏省高级法院	再审	否
818	（2021）最高法民再 59 号	2021 年 3 月	最高法院	再审	否
819	（2020）最高法民申 6146 号	2021 年 3 月	最高法院	再审	否
820	（2021）最高法民再 55 号	2021 年 3 月	最高法院	再审	是
821	（2021）湘民终 13 号	2021 年 4 月	湖南省高级法院	二审	是
822	（2021）鲁民终 414 号	2021 年 4 月	山东省高级法院	二审	是
823	（2021）粤民申 1682 号	2021 年 4 月	广东省高级法院	再审	否
824	（2021）鲁民申 3443 号	2021 年 4 月	山东省高级法院	再审	否
825	（2021）豫民申 2424 号	2021 年 4 月	河南省高级法院	再审	否
826	（2020）苏民申 1674 号	2021 年 4 月	江苏省高级法院	再审	否
827	（2020）苏民申 5580 号	2021 年 4 月	江苏省高级法院	再审	否
828	（2020）苏民申 6409 号	2021 年 4 月	江苏省高级法院	再审	否
829	（2021）辽民申 1138 号	2021 年 4 月	辽宁省高级法院	再审	否
830	（2021）湘民申 1191 号	2021 年 4 月	湖南省高级法院	再审	否
831	（2020）粤民申 14160 号	2021 年 4 月	广东省高级法院	再审	否
832	（2021）辽民申 1014 号	2021 年 4 月	辽宁省高级法院	再审	否
833	（2021）豫民申 1100 号	2021 年 4 月	河南省高级法院	再审	否
834	（2020）苏民申 7328 号	2021 年 4 月	江苏省高级法院	再审	否
835	（2021）皖民申 992 号	2021 年 4 月	安徽省高级法院	再审	否
836	（2021）苏民申 1108 号	2021 年 4 月	江苏省高级法院	再审	否
837	（2021）陕民申 1273 号	2021 年 4 月	陕西省高级法院	再审	否
838	（2021）甘民申 327 号	2021 年 4 月	甘肃省高级法院	再审	否

序号	案号	裁判日期	裁判法院	审级	是否含有一审或原审裁判
839	（2020）鲁民终 2034 号	2021 年 4 月	山东省高级法院	二审	是
840	（2021）桂民申 205 号	2021 年 4 月	广西壮族自治区高级法院	再审	否
841	（2021）青民申 78 号	2021 年 4 月	青海省高级法院	再审	否
842	（2021）京民申 1575 号	2021 年 4 月	北京市高级法院	再审	否
843	（2021）新 40 民终 872 号	2021 年 4 月	新疆维吾尔自治区高级法院伊犁哈萨克自治州分院	二审	否
844	（2020）苏民申 5834 号	2021 年 4 月	江苏省高级法院	再审	否
845	（2020）苏民申 6596 号	2021 年 4 月	江苏省高级法院	再审	否
846	（2021）川民终 287 号	2021 年 4 月	四川省高级法院	二审	否
847	（2021）川民申 1679 号	2021 年 4 月	四川省高级法院	再审	否
848	（2021）陕民申 1060 号	2021 年 4 月	陕西省高级法院	再审	否
849	（2020）黑民终 95 号	2021 年 4 月	黑龙江省高级法院	二审	是
850	（2021）新 40 民终 730 号	2021 年 4 月	新疆维吾尔自治区高级法院伊犁哈萨克自治州分院	二审	否
851	（2020）苏民申 1483 号	2021 年 4 月	江苏省高级法院	再审	否
852	（2021）湘民申 210 号	2021 年 4 月	湖南省高级法院	再审	否
853	（2020）苏民申 6153 号	2021 年 4 月	江苏省高级法院	再审	否
854	（2021）豫民申 880 号	2021 年 4 月	河南省高级法院	再审	否
855	（2021）陕民申 238 号	2021 年 4 月	陕西省高级法院	再审	否
856	（2021）吉民申 209 号	2021 年 4 月	吉林省高级法院	再审	否
857	（2021）新 40 民终 712 号	2021 年 4 月	新疆维吾尔自治区高级法院伊犁哈萨克自治州分院	二审	是
858	（2021）鲁民申 2611 号	2021 年 4 月	山东省高级法院	再审	否
859	（2021）豫民申 409 号	2021 年 4 月	河南省高级法院	再审	否
860	（2020）苏民申 8663 号	2021 年 4 月	江苏省高级法院	再审	否
861	（2021）吉民申 211 号	2021 年 4 月	吉林省高级法院	再审	否
862	（2021）陕民申 26 号	2021 年 4 月	陕西省高级法院	再审	否
863	（2021）最高法民申 198 号	2021 年 4 月	最高法院	再审	否

续表

序号	案号	裁判日期	裁判法院	审级	是否含有一审或原审裁判
864	（2021）最高法民申 2515 号	2021 年 4 月	最高法院	再审	否
865	（2021）最高法知民终 600 号	2021 年 4 月	最高法院	二审	是
866	（2021）最高法知民终 676 号	2021 年 4 月	最高法院	二审	是
867	（2021）最高法知民终 692 号	2021 年 4 月	最高法院	二审	是
868	（2021）最高法知民终 553 号	2021 年 4 月	最高法院	二审	是
869	（2021）最高法民申 2154 号	2021 年 4 月	最高法院	再审	否
870	（2021）最高法知民终 131 号	2021 年 4 月	最高法院	二审	是
871	（2020）最高法知民终 1376 号	2021 年 4 月	最高法院	二审	是
872	（2020）最高法知民终 1372 号	2021 年 4 月	最高法院	二审	是
873	（2021）京民申 3017 号	2021 年 5 月	北京市高级法院	再审	否
874	（2021）津民申 763 号	2021 年 5 月	天津市高级法院	再审	否
875	（2021）甘民申 1037 号	2021 年 5 月	甘肃省高级法院	再审	否
876	（2021）甘民申 1039 号	2021 年 5 月	甘肃省高级法院	再审	否
877	（2021）甘民终 254 号	2021 年 5 月	甘肃省高级法院	二审	是
878	（2021）内民申 1119 号	2021 年 5 月	内蒙古自治区高级法院	再审	否
879	（2021）粤民申 4704 号	2021 年 5 月	广东省高级法院	再审	否
880	（2020）粤民再 329 号	2021 年 5 月	广东省高级法院	再审	是
881	（2021）内民申 1192 号	2021 年 5 月	内蒙古自治区高级法院	再审	否
882	（2021）苏民申 1950 号	2021 年 5 月	江苏省高级法院	再审	否
883	（2020）苏民申 9078 号	2021 年 5 月	江苏省高级法院	再审	否
884	（2021）豫民申 1880 号	2021 年 5 月	河南省高级法院	再审	否
885	（2021）苏民终 604 号	2021 年 5 月	江苏省高级法院	二审	是
886	（2021）黑民再 279 号	2021 年 5 月	黑龙江省高级法院	再审	否
887	（2021）新 40 民终 924 号	2021 年 5 月	新疆维吾尔自治区高级法院伊犁哈萨克自治州分院	二审	是
888	（2021）鲁民申 3309 号	2021 年 5 月	山东省高级法院	再审	否
889	（2021）青民终 60 号	2021 年 5 月	青海省高级法院	二审	是

序号	案号	裁判日期	裁判法院	审级	是否含有一审或原审裁判
890	（2021）新民终 88 号	2021 年 5 月	新疆维吾尔自治区高级法院	二审	是
891	（2021）陕民申 844 号	2021 年 5 月	陕西省高级法院	再审	否
892	（2021）辽民终 241 号	2021 年 5 月	辽宁省高级法院	二审	否
893	（2021）新 40 民终 903 号	2021 年 5 月	新疆维吾尔自治区高级法院伊犁哈萨克自治州分院	二审	是
894	（2021）甘民终 202 号	2021 年 5 月	甘肃省高级法院	二审	是
895	（2021）最高法民申 2000 号	2021 年 5 月	最高法院	再审	否
896	（2021）最高法知民终 6 号	2021 年 5 月	最高法院	二审	否
897	（2021）最高法知民终 12 号	2021 年 5 月	最高法院	二审	否
898	（2021）辽民申 3843 号	2021 年 6 月	辽宁省高级法院	再审	否
899	（2021）吉民申 2239 号	2021 年 6 月	吉林省高级法院	再审	否
900	（2021）京民申 3297 号	2021 年 6 月	北京市高级法院	再审	否
901	（2021）京民申 3372 号	2021 年 6 月	北京市高级法院	再审	否
902	（2021）辽民申 4107 号	2021 年 6 月	辽宁省高级法院	再审	否
903	（2021）吉民申 2667 号	2021 年 6 月	吉林省高级法院	再审	否
904	（2020）京民申 5815 号	2021 年 6 月	北京市高级法院	再审	否
905	（2021）粤民申 3550 号	2021 年 6 月	广东省高级法院	再审	否
906	（2020）苏民申 8228 号	2021 年 6 月	江苏省高级法院	再审	否
907	（2021）新民终 203 号	2021 年 6 月	新疆维吾尔自治区高级法院	二审	是
908	（2021）桂民申 959 号	2021 年 6 月	广西壮族自治区高级法院	再审	否
909	（2021）晋民申 1114 号	2021 年 6 月	山西省高级法院	再审	否
910	（2021）宁民申 843 号	2021 年 6 月	宁夏回族自治区高级法院	再审	否
911	（2021）宁民申 773 号	2021 年 6 月	宁夏回族自治区高级法院	再审	否
912	（2021）川民申 2074 号	2021 年 6 月	四川省高级法院	再审	否
913	（2021）鲁民终 735 号	2021 年 6 月	山东省高级法院	二审	是
914	（2021）鲁民终 732 号	2021 年 6 月	山东省高级法院	二审	是

续表

序号	案号	裁判日期	裁判法院	审级	是否含有一审或原审裁判
915	(2021)苏民终 132 号	2021 年 6 月	江苏省高级法院	二审	是
916	(2021)辽民终 701 号	2021 年 6 月	辽宁省高级法院	二审	是
917	(2021)渝民终 189 号	2021 年 6 月	重庆市高级法院	二审	是
918	(2021)辽民终 700 号	2021 年 6 月	辽宁省高级法院	二审	否
919	(2021)陕民申 1821 号	2021 年 6 月	陕西省高级法院	再审	否
920	(2021)青民再 42 号	2021 年 6 月	青海省高级法院	再审	是
921	(2021)苏民申 2495 号	2021 年 6 月	江苏省高级法院	再审	否
922	(2021)最高法知民终 465 号	2021 年 6 月	最高法院	二审	否
923	(2021)最高法知民终 480 号	2021 年 6 月	最高法院	二审	否
924	(2021)藏民申 228 号	2021 年 7 月	西藏自治区高级法院	再审	否
925	(2021)鲁民终 1241 号	2021 年 7 月	山东省高级法院	二审	是
926	(2021)桂民终 283 号	2021 年 7 月	广西壮族自治区高级法院	二审	是
927	(2021)京民申 3707 号	2021 年 7 月	北京市高级法院	再审	否
928	(2021)京民申 2943 号	2021 年 7 月	北京市高级法院	再审	否
929	(2021)冀知民终 174 号	2021 年 7 月	河北省高级法院	二审	是
930	(2021)京民终 607 号	2021 年 7 月	北京市高级法院	二审	是
931	(2021)鲁民申 6104 号	2021 年 7 月	山东省高级法院	再审	否
932	(2021)青民终 97 号	2021 年 7 月	青海省高级法院	二审	是
933	(2021)鲁民终 1136 号	2021 年 7 月	山东省高级法院	二审	是
934	(2021)粤民申 4409 号	2021 年 7 月	广东省高级法院	再审	否
935	(2021)苏民申 3477 号	2021 年 7 月	江苏省高级法院	再审	否
936	(2021)粤民申 9566 号	2021 年 8 月	广东省高级法院	再审	否
937	(2021)粤民申 6081 号	2021 年 8 月	广东省高级法院	再审	否
938	(2021)新民申 1442 号	2021 年 8 月	新疆维吾尔自治区高级法院	再审	否
939	(2021)粤民申 5815 号	2021 年 8 月	广东省高级法院	再审	否
940	(2021)粤民申 9092 号	2021 年 8 月	广东省高级法院	再审	否
941	(2021)粤民申 8552 号	2021 年 8 月	广东省高级法院	再审	否
942	(2021)甘民申 1320 号	2021 年 8 月	甘肃省高级法院	再审	否
943	(2021)京民终 347 号	2021 年 8 月	北京市高级法院	二审	是

序号	案号	裁判日期	裁判法院	审级	是否含有一审或原审裁判
944	(2021)鲁民终 1233 号	2021 年 8 月	山东省高级法院	二审	是
945	(2021)最高法知民辖终 187 号	2021 年 8 月	最高法院	二审	是
946	(2021)最高法知民终 1041 号	2021 年 8 月	最高法院	二审	是
947	(2021)甘民申 2053 号	2021 年 9 月	甘肃省高级法院	再审	否
948	(2021)新民申 2057 号	2021 年 9 月	新疆维吾尔自治区高级法院	再审	否
949	(2021)京民申 4056 号	2021 年 9 月	北京市高级法院	再审	否
950	(2021)京民申 5489 号	2021 年 9 月	北京市高级法院	再审	否
951	(2021)京民申 5486 号	2021 年 9 月	北京市高级法院	再审	否
952	(2021)甘民申 2273 号	2021 年 9 月	甘肃省高级法院	再审	否
953	(2021)新民申 1788 号	2021 年 9 月	新疆维吾尔自治区高级法院	再审	否
954	(2021)鄂知民终 519 号	2021 年 9 月	湖北省高级法院	二审	是
955	(2021)吉民再 285 号	2021 年 9 月	吉林省高级法院	再审	否
956	(2021)粤民申 9079 号	2021 年 9 月	广东省高级法院	再审	否
957	(2021)粤民申 8268 号	2021 年 9 月	广东省高级法院	再审	否
958	(2021)粤民终 657 号	2021 年 9 月	广东省高级法院	二审	是
959	(2021)藏民终 135 号	2021 年 9 月	西藏自治区高级法院	二审	是
960	(2021)陕民申 2545 号	2021 年 9 月	陕西省高级法院	再审	否
961	(2021)青民申 504 号	2021 年 9 月	青海省高级法院	再审	否
962	(2021)辽民申 3176 号	2021 年 9 月	辽宁省高级法院	再审	否
963	(2021)粤民申 8865 号	2021 年 9 月	广东省高级法院	再审	否
964	(2021)粤民申 8960 号	2021 年 9 月	广东省高级法院	再审	否
965	(2021)粤民申 7452 号	2021 年 9 月	广东省高级法院	再审	否
966	(2021)兵民终 22 号	2021 年 9 月	新疆维吾尔自治区高级法院生产建设兵团分院	二审	是
967	(2021)新民申 2005 号	2021 年 9 月	新疆维吾尔自治区高级法院	再审	否
968	(2021)粤民申 9018 号	2021 年 9 月	广东省高级法院	再审	否
969	(2021)鲁民申 6708 号	2021 年 9 月	山东省高级法院	再审	否

续表

序号	案号	裁判日期	裁判法院	审级	是否含有一审或原审裁判
970	（2021）粤民申 10922 号	2021 年 9 月	广东省高级法院	再审	否
971	（2021）粤民申 9017 号	2021 年 9 月	广东省高级法院	再审	否
972	（2021）粤民申 9016 号	2021 年 9 月	广东省高级法院	再审	否
973	（2021）粤民申 8435 号	2021 年 9 月	广东省高级法院	再审	否
974	（2021）辽民终 1350 号	2021 年 9 月	辽宁省高级法院	二审	是
975	（2021）鲁民申 6173 号	2021 年 9 月	山东省高级法院	再审	否
976	（2021）粤民终 2605 号	2021 年 9 月	广东省高级法院	二审	是
977	（2021）鲁民终 1317 号	2021 年 9 月	山东省高级法院	二审	是
978	（2021）粤民申 7295 号	2021 年 9 月	广东省高级法院	再审	否
979	（2021）粤民申 7686 号	2021 年 9 月	广东省高级法院	再审	否
980	（2021）最高法民申 1163 号	2021 年 9 月	最高法院	再审	否
981	（2021）最高法民申 2393 号	2021 年 9 月	最高法院	再审	否
982	（2021）辽民申 3320 号	2021 年 10 月	辽宁省高级法院	再审	否
983	（2021）鲁民终 1665 号	2021 年 10 月	山东省高级法院	二审	是
984	（2021）粤民申 10630 号	2021 年 10 月	广东省高级法院	再审	否
985	（2021）辽民申 4234 号	2021 年 10 月	辽宁省高级法院	再审	否
986	（2021）粤民申 10340 号	2021 年 10 月	广东省高级法院	再审	否
987	（2021）辽民申 6101 号	2021 年 10 月	辽宁省高级法院	再审	否
988	（2021）鲁民申 8076 号	2021 年 10 月	山东省高级法院	再审	否
989	（2021）粤民申 8649 号	2021 年 10 月	广东省高级法院	再审	否
990	（2021）最高法民申 3700 号	2021 年 10 月	最高法院	再审	否
991	（2021）京民申 6733 号	2021 年 11 月	北京市高级法院	再审	否
992	（2021）粤民申 11565 号	2021 年 11 月	广东省高级法院	再审	否
993	（2021）京民申 6102 号	2021 年 11 月	北京市高级法院	再审	否
994	（2021）新民申 2682 号	2021 年 11 月	新疆维吾尔自治区高级法院	再审	否
995	（2021）新 40 民终 2480 号	2021 年 11 月	新疆维吾尔自治区高级法院	二审	是
996	（2021）粤民申 11047 号	2021 年 11 月	广东省高级法院	再审	否
997	（2021）粤民申 12587 号	2021 年 11 月	广东省高级法院	再审	否

序号	案号	裁判日期	裁判法院	审级	是否含有一审或原审裁判
998	（2021）新民终 296 号	2021 年 11 月	新疆维吾尔自治区高级法院	二审	是
999	（2021）新 40 民终 2445 号	2021 年 11 月	新疆维吾尔自治区高级法院	二审	是
1000	（2021）粤民申 10652 号	2021 年 11 月	广东省高级法院	再审	否
1001	（2021）粤民再 184 号	2021 年 11 月	广东省高级法院	再审	是
1002	（2021）粤民申 10654 号	2021 年 11 月	广东省高级法院	再审	否
1003	（2021）新民申 2489 号	2021 年 11 月	新疆维吾尔自治区高级法院	再审	否
1004	（2021）新民申 2458 号	2021 年 11 月	新疆维吾尔自治区高级法院	再审	否
1005	（2021）粤民申 11470 号	2021 年 11 月	广东省高级法院	再审	否
1006	（2021）新民申 1852 号	2021 年 11 月	新疆维吾尔自治区高级法院	再审	否
1007	（2021）粤民申 8453 号	2021 年 11 月	广东省高级法院	再审	否
1008	（2021）辽民申 5499 号	2021 年 11 月	辽宁省高级法院	再审	否
1009	（2021）粤民申 11566 号	2021 年 11 月	广东省高级法院	再审	否
1010	（2021）最高法民再 294 号	2021 年 11 月	最高法院	再审	否
1011	（2021）粤民申 11554 号	2021 年 12 月	广东省高级法院	再审	否

附表三　适用《民诉解释》第 248 条裁判文书样本

序号	案号	裁判日期	裁判法院	审级	是否含有一审或原审裁判
1	（2017）苏 11 民终 3735 号	2018 年 1 月	江苏镇江市中级法院	二审	是
2	（2017）浙 04 民终 2452 号	2018 年 1 月	浙江省嘉兴市中级法院	二审	是
3	（2018）黑 01 民终 27 号	2018 年 1 月	黑龙江省哈尔滨市中级法院	二审	是
4	（2018）渝 02 民终 34 号	2018 年 1 月	重庆市第二中级法院	二审	是
5	（2018）豫 07 民终 251 号	2018 年 1 月	河南省新乡市中级法院	二审	是

续表

序号	案号	裁判日期	裁判法院	审级	是否含有一审或原审裁判
6	（2018）云 29 民终 2 号	2018 年 1 月	云南省大理白族自治州中级法院	二审	是
7	（2017）兵 04 民终 151 号	2018 年 2 月	新疆生产建设兵团第（农）四师中级法院	二审	是
8	（2017）粤 02 民终 2043 号	2018 年 2 月	广东省韶关市中级法院	二审	是
9	（2018）川 01 民终 452 号	2018 年 2 月	四川省成都市中级法院	二审	是
10	（2018）鄂 08 民终 163 号	2018 年 2 月	湖北省荆门市中级法院	二审	是
11	（2018）赣 03 民终 74 号	2018 年 2 月	江西省萍乡市中级法院	二审	否
12	（2018）吉 01 民终 556 号	2018 年 2 月	吉林省长春市中级法院	二审	是
13	（2018）冀 05 民终 312 号	2018 年 2 月	河北省邢台市中级法院	二审	是
14	（2018）辽 01 民终 1184 号	2018 年 2 月	辽宁省沈阳市中级法院	二审	是
15	（2018）新 28 民终 218 号	2018 年 2 月	新疆维吾尔自治区巴音郭楞蒙古自治州中级法院	二审	是
16	（2017）闽民申 3112 号	2018 年 3 月	福建省高级法院	再审	否
17	（2017）苏民终 2173 号	2018 年 3 月	江苏省高级法院	二审	是
18	（2017）湘民申 3725 号	2018 年 3 月	湖南省高级法院	再审	否
19	（2017）粤民申 10115 号	2018 年 3 月	广东省高级法院	再审	否
20	（2018）京 02 民终 688 号	2018 年 3 月	北京市第二中级法院	二审	是
21	（2018）辽 01 民终 2135 号	2018 年 3 月	辽宁省沈阳市中级法院	二审	是
22	（2018）内 05 民终 175 号	2018 年 3 月	内蒙古自治区通辽市中级法院	二审	是
23	（2018）陕 01 民终 709 号	2018 年 3 月	陕西省西安市中级法院	二审	是
24	（2018）皖 04 民终 373 号	2018 年 3 月	安徽省淮南市中级法院	二审	是
25	（2018）云 09 民终 138 号	2018 年 3 月	云南省临沧地区中级法院	二审	是
26	（2018）川民申 665 号	2018 年 4 月	四川省高级法院	再审	否
27	（2018）津民申 878 号	2018 年 4 月	天津市高级法院	再审	否
28	（2018）辽 02 民终 3192 号	2018 年 4 月	辽宁省大连市中级法院	二审	是
29	（2018）辽民申 502 号	2018 年 4 月	辽宁省高级法院	再审	否
30	（2018）鲁 08 民终 1309 号	2018 年 4 月	山东省济宁市中级法院	二审	是
31	（2018）鲁 08 民终 782 号	2018 年 4 月	山东省济宁市中级法院	二审	是

序号	案号	裁判日期	裁判法院	审级	是否含有一审或原审裁判
32	（2018）鲁民终 274 号	2018 年 4 月	山东省高级法院	二审	是
33	（2018）宁 02 民终 406 号	2018 年 4 月	宁夏回族自治区石嘴山市中级法院	二审	是
34	（2018）皖 13 民终 1053 号	2018 年 4 月	安徽省宿州市中级法院	二审	是
35	（2018）豫 13 民终 1526 号	2018 年 4 月	河南省南阳市中级法院	二审	是
36	（2018）豫 13 民终 1528 号	2018 年 4 月	河南省南阳市中级法院	二审	是
37	（2018）豫 13 民终 1531 号	2018 年 4 月	河南省南阳市中级法院	二审	是
38	（2018）豫 13 民终 1561 号	2018 年 4 月	河南省南阳市中级法院	二审	是
39	（2018）豫 13 民终 1562 号	2018 年 4 月	河南省南阳市中级法院	二审	是
40	（2018）豫 13 民终 1563 号	2018 年 4 月	河南省南阳市中级法院	二审	是
41	（2018）豫民申 955 号	2018 年 4 月	河南省高级法院	再审	否
42	（2018）粤民申 926 号	2018 年 4 月	广东省高级人法院	再审	否
43	（2018）最高法民再 180 号	2018 年 4 月	最高法院	再审	是
44	（2017）粤民申 7643 号	2018 年 5 月	广东省高级法院	再审	否
45	（2018）鄂 13 民终 499 号	2018 年 5 月	湖北省随州市中级法院	二审	是
46	（2018）吉民申 886 号	2018 年 5 月	吉林省高级法院	再审	否
47	（2018）辽 01 民终 4694 号	2018 年 5 月	辽宁省沈阳市中级法院	二审	否
48	（2018）辽 13 民终 811 号	2018 年 5 月	辽宁省朝阳市中级法院	二审	是
49	（2018）鲁 02 民终 1750 号	2018 年 5 月	山东省青岛市中级法院	二审	是
50	（2018）黔 03 民终 2491 号	2018 年 5 月	贵州省遵义市中级法院	二审	是
51	（2018）皖 03 民终 742 号	2018 年 5 月	安徽省蚌埠市中级法院	二审	是
52	（2018）新 01 民终 172 号	2018 年 5 月	新疆维吾尔自治区乌鲁木齐市中级法院	二审	是
53	（2018）新民再 22 号	2018 年 5 月	新疆维吾尔自治区高级法院	再审	是
54	（2018）渝 02 民终 709 号	2018 年 5 月	重庆市第二中级法院	二审	是
55	（2018）渝 02 民终 751 号	2018 年 5 月	重庆市第二中级法院	二审	是
56	（2018）豫 17 民终 1839 号	2018 年 5 月	河南省驻马店市中级法院	二审	是
57	（2018）豫民再 458 号	2018 年 5 月	河南省高级法院	再审	否
58	（2018）粤 06 民终 4889 号	2018 年 5 月	广东省佛山市中级法院	二审	是
59	（2018）粤 14 民终 607 号	2018 年 5 月	广东省梅州市中级法院	二审	是

续表

序号	案号	裁判日期	裁判法院	审级	是否含有一审或原审裁判
60	(2018)粤19民终3783号	2018年5月	广东省东莞市中级法院	二审	是
61	(2018)浙02民终1957号	2018年5月	浙江省宁波市中级法院	二审	否
62	(2017)粤01民初297号	2018年6月	广东省广州市中级法院	一审	/
63	(2018)鄂01民初574号	2018年6月	湖北省武汉市中级法院	一审	/
64	(2018)鄂08民终394号	2018年6月	湖北省荆门市中级法院	二审	是
65	(2018)甘02民终252号	2018年6月	甘肃省嘉峪关市中级法院	二审	是
66	(2018)赣02民终433号	2018年6月	江西省景德镇市中级法院	二审	是
67	(2018)黑81民终529号	2018年6月	黑龙江省农垦中级法院	二审	是
68	(2018)吉01民终2429号	2018年6月	吉林省长春市中级法院	二审	是
69	(2018)冀02民终5143号	2018年6月	河北省唐山市中级法院	二审	是
70	(2018)冀09民终4107号	2018年6月	河北省沧州市中级法院	二审	是
71	(2018)京民辖终9号	2018年6月	北京市高级法院	二审	是
72	(2018)京民终221号	2018年6月	北京市高级法院	二审	是
73	(2018)京民终222号	2018年6月	北京市高级法院	二审	是
74	(2018)鲁13民终4112号	2018年6月	山东省临沂市中级法院	二审	是
75	(2018)陕01民终6250号	2018年6月	陕西省西安市中级法院	二审	是
76	(2018)豫07民终2856号	2018年6月	河南省新乡市中级法院	二审	是
77	(2018)粤12民终1393号	2018年6月	广东省肇庆市中级法院	二审	否
78	(2018)赣03民终370号	2018年7月	江西省萍乡市中级法院	二审	是
79	(2018)桂10民终1104号	2018年7月	广西壮族自治区百色地区(市)中级法院	二审	是
80	(2018)黑01民终5879号	2018年7月	黑龙江省哈尔滨市中级法院	二审	是
81	(2018)吉01民再57号	2018年7月	吉林省长春市中级法院	再审	是
82	(2018)津02民终3564号	2018年7月	天津市第二中级法院	二审	是
83	(2018)京02民终6676号	2018年7月	北京市第二中级法院	二审	是
84	(2018)京民终448号	2018年7月	北京市高级法院	二审	是
85	(2018)闽08民终1251号	2018年7月	福建省龙岩市中级法院	二审	是
86	(2018)黔03民终3870号	2018年7月	贵州省遵义市中级法院	二审	是
87	(2018)黔05民终2320号	2018年7月	贵州省毕节市中级法院	二审	是
88	(2018)粤12民终1356号	2018年7月	广东省肇庆市中级法院	二审	是

序号	案号	裁判日期	裁判法院	审级	是否含有一审或原审裁判
89	(2018)粤民申 6497 号	2018 年 7 月	广东省高级法院	再审	是
90	(2018)粤民再 205 号	2018 年 7 月	广东省高级法院	再审	是
91	(2018)云 01 民初 200 号	2018 年 7 月	云南省昆明市中级法院	一审	/
92	(2018)云 01 民初 272 号	2018 年 7 月	云南省昆明市中级法院	一审	/
93	(2018)云 01 民初 530 号	2018 年 7 月	云南省昆明市中级法院	一审	/
94	(2018)浙 01 民终 4646 号	2018 年 7 月	浙江省杭州市中级法院	二审	是
95	(2018)川 13 民终 2509 号	2018 年 8 月	四川省南充市中级法院	二审	是
96	(2018)赣 03 民终 414 号	2018 年 8 月	江西省萍乡市中级法院	二审	是
97	(2018)桂 02 民终 2547 号	2018 年 8 月	广西壮族自治区柳州市中级法院	二审	是
98	(2018)黑 01 民终 6302 号	2018 年 8 月	黑龙江省哈尔滨市中级法院	二审	是
99	(2018)黑 05 民终 412 号	2018 年 8 月	黑龙江省双鸭山市中级法院	二审	是
100	(2018)吉 01 民终 3135 号	2018 年 8 月	吉林省长春市中级法院	二审	是
101	(2018)冀 09 民终 3305 号	2018 年 8 月	河北省沧州市中级法院	二审	是
102	(2018)京 02 民终 9088 号	2018 年 8 月	北京市第二中级法院	二审	是
103	(2018)京民申 3498 号	2018 年 8 月	北京市高级法院	再审	否
104	(2018)宁 05 民初 14 号	2018 年 8 月	宁夏回族自治区中卫市中级法院	一审	/
105	(2018)宁 05 民终 459 号	2018 年 8 月	宁夏回族自治区中卫市中级法院	二审	否
106	(2018)黔 03 民终 4518 号	2018 年 8 月	贵州省遵义市中级法院	二审	是
107	(2018)黔 04 民终 788 号	2018 年 8 月	贵州省安顺市中级法院	二审	是
108	(2018)黔 05 民终 3011 号	2018 年 8 月	贵州省毕节市中级法院	二审	是
109	(2018)陕 03 民终 1037 号	2018 年 8 月	陕西省宝鸡市中级法院	二审	是
110	(2018)陕 03 民终 1038 号	2018 年 8 月	陕西省宝鸡市中级法院	二审	是
111	(2018)陕 03 民终 954 号	2018 年 8 月	陕西省宝鸡市中级法院	二审	是
112	(2018)陕 03 民终 955 号	2018 年 8 月	陕西省宝鸡市中级法院	二审	是
113	(2018)皖 15 民终 1300 号	2018 年 8 月	安徽省六安市中级法院	二审	是
114	(2018)皖民申 1449 号	2018 年 8 月	安徽省高级法院	再审	否

序号	案号	裁判日期	裁判法院	审级	是否含有一审或原审裁判
115	(2018)豫 01 民终 10838 号	2018 年 8 月	河南省郑州市中级法院	二审	是
116	(2018)豫民终 482 号	2018 年 8 月	河南省高级法院	二审	是
117	(2018)粤民申 5892 号	2018 年 8 月	广东省高级法院	再审	否
118	(2018)粤民终 769 号	2018 年 8 月	广东省高级法院	二审	是
119	(2017)皖民申 567 号	2018 年 9 月	安徽省高级法院	再审	否
120	(2018)川 16 民终 978 号	2018 年 9 月	四川省广安市中级法院	二审	是
121	(2018)鄂 01 民终 6870 号	2018 年 9 月	湖北省武汉市中级法院	二审	是
122	(2018)甘民初 83 号	2018 年 9 月	甘肃省高级法院	一审	/
123	(2018)赣 02 民终 734 号	2018 年 9 月	江西省景德镇市中级法院	二审	是
124	(2018)黑 01 民终 6373 号	2018 年 9 月	黑龙江省哈尔滨市中级法院	二审	是
125	(2018)吉 01 民终 3592 号	2018 年 9 月	吉林省长春市中级法院	二审	是
126	(2018)京 02 民申 544 号	2018 年 9 月	北京市第二中级法院	再审	否
127	(2018)京民终 512 号	2018 年 9 月	北京市高级法院	二审	是
128	(2018)鲁 03 民终 2195 号	2018 年 9 月	山东省淄博市中级法院	二审	是
129	(2018)鲁 08 民终 3361 号	2018 年 9 月	山东省济宁市中级法院	二审	是
130	(2018)鲁 08 民终 4248 号	2018 年 9 月	山东省济宁市中级法院	二审	是
131	(2018)黔 26 民终 2033 号	2018 年 9 月	贵州省黔东南苗族侗族自治州中级法院	二审	是
132	(2018)黔民终 953 号	2018 年 9 月	贵州省高级法院	二审	是
133	(2018)苏 10 民终 2662 号	2018 年 9 月	江苏省扬州市中级法院	二审	是
134	(2018)苏民申 4391 号	2018 年 9 月	江苏省高级法院	再审	否
135	(2018)皖 15 民终 1522 号	2018 年 9 月	安徽省六安市中级法院	二审	是
136	(2018)新民申 1454 号	2018 年 9 月	新疆维吾尔自治区高级法院	再审	否
137	(2018)豫 08 民终 2652 号	2018 年 9 月	河南省焦作市中级法院	二审	是
138	(2018)豫 08 民终 2653 号	2018 年 9 月	河南省焦作市中级法院	二审	是
139	(2018)黑 01 民终 7589 号	2018 年 10 月	黑龙江省哈尔滨市中级法院	二审	是
140	(2018)黑 01 民终 7641 号	2018 年 10 月	黑龙江省哈尔滨市中级法院	二审	是

序号	案号	裁判日期	裁判法院	审级	是否含有一审或原审裁判
141	（2018）黑民再 384 号	2018 年 10 月	黑龙江省高级法院	再审	是
142	（2018）吉 08 民终 1164 号	2018 年 10 月	吉林省白城市中级法院	二审	是
143	（2018）苏 01 民终 8597 号	2018 年 10 月	江苏省南京市中级法院	二审	是
144	（2018）苏 11 民终 1536 号	2018 年 10 月	江苏省镇江市中级法院	二审	是
145	（2018）苏民再 295 号	2018 年 10 月	江苏省高级法院	再审	是
146	（2018）新 42 民终 718 号	2018 年 10 月	新疆维吾尔自治区塔城地区中级法院	二审	是
147	（2018）粤 01 民终 16568 号	2018 年 10 月	广东省广州市中级法院	二审	是
148	（2018）粤 04 民终 1774 号	2018 年 10 月	广东省珠海市中级法院	二审	是
149	（2018）云 01 民终 6911 号	2018 年 10 月	云南省昆明市中级法院	二审	是
150	（2018）云 09 民申 24 号	2018 年 10 月	云南省临沧地区中级法院	再审	否
151	（2018）云 31 民终 515 号	2018 年 10 月	云南省德宏傣族景颇族自治州中级法院	二审	是
152	（2018）浙 06 民终 2948 号	2018 年 10 月	浙江省绍兴市中级法院	二审	是
153	（2018）最高法民申 3879 号	2018 年 10 月	最高法院	再审	否
154	（2018）最高法民再 327 号	2018 年 10 月	最高法院	再审	是
155	（2018）川 01 民终 17119 号	2018 年 11 月	四川省成都市中级法院	二审	是
156	（2018）鄂 01 民终 10382 号	2018 年 11 月	湖北省武汉市中级法院	二审	是
157	（2018）鄂 01 民终 8144 号	2018 年 11 月	湖北省武汉市中级法院	二审	是
158	（2018）鄂民终 1134 号	2018 年 11 月	湖北省高级法院	二审	是
159	（2018）桂 10 民终 1623 号	2018 年 11 月	广西壮族自治区百色地区（市）中级法院	二审	是
160	（2018）吉 01 民终 4333 号	2018 年 11 月	吉林省长春市中级法院	二审	是
161	（2018）冀 01 民终 12655 号	2018 年 11 月	河北省石家庄市中级法院	二审	是
162	（2018）冀 09 民终 4708 号	2018 年 11 月	河北省沧州市中级法院	二审	是
163	（2018）津 01 民终 8502 号	2018 年 11 月	天津市第一中级法院	二审	是
164	（2018）京 03 民终 13907 号	2018 年 11 月	北京市第三中级法院	二审	是
165	（2018）辽 01 民终 12428 号	2018 年 11 月	辽宁省沈阳市中级法院	二审	是
166	（2018）辽 08 民终 3722 号	2018 年 11 月	辽宁省营口市中级法院	二审	是
167	（2018）鲁 02 民终 6471 号	2018 年 11 月	山东省青岛市中级法院	二审	是
168	（2018）鲁 09 民终 2691 号	2018 年 11 月	山东省泰安市中级法院	二审	是

续表

序号	案号	裁判日期	裁判法院	审级	是否含有一审或原审裁判
169	（2018）黔 05 民终 4355 号	2018 年 11 月	贵州省毕节市中级法院	二审	否
170	（2018）苏民再 398 号	2018 年 11 月	江苏省高级法院	再审	否
171	（2018）皖 01 民终 8594 号	2018 年 11 月	安徽省合肥市中级法院	二审	是
172	（2018）皖 12 民终 3432 号	2018 年 11 月	安徽省阜阳市中级法院	二审	是
173	（2018）皖 13 民终 2627 号	2018 年 11 月	安徽省宿州市中级法院	二审	是
174	（2018）粤 18 民终 3540 号	2018 年 11 月	广东省清远市中级法院	二审	是
175	（2018）云民终 988 号	2018 年 11 月	云南省高级法院	二审	是
176	（2018）最高法民申 5058 号	2018 年 11 月	最高法院	再审	否
177	（2018）川 01 民终 16525 号	2018 年 12 月	四川省成都市中级法院	二审	是
178	（2018）川 15 民终 2227 号	2018 年 12 月	四川省宜宾市中级法院	二审	是
179	（2018）鄂 01 民终 11208 号	2018 年 12 月	湖北省武汉市中级法院	二审	是
180	（2018）甘 04 民终 1235 号	2018 年 12 月	甘肃省白银市中级法院	二审	是
181	（2018）吉 01 民初 230 号	2018 年 12 月	吉林省长春市中级法院	一审	/
182	（2018）吉民再 308 号	2018 年 12 月	吉林省高级法院	再审	否
183	（2018）冀 02 民终 10575 号	2018 年 12 月	河北省唐山市中级法院	二审	是
184	（2018）津 02 民终 7720 号	2018 年 12 月	天津市第二中级法院	二审	是
185	（2018）晋 07 民终 2699 号	2018 年 12 月	山西省晋中市中级法院	二审	是
186	（2018）京 03 民终 15251 号	2018 年 12 月	北京市第三中级法院	二审	是
187	（2018）京民终 572 号	2018 年 12 月	北京市高级法院	二审	是
188	（2018）京民终 573 号	2018 年 12 月	北京市高级法院	二审	是
189	（2018）辽 06 民终 1677 号	2018 年 12 月	辽宁省丹东市中级法院	二审	是
190	（2018）鲁 02 民终 9697 号	2018 年 12 月	山东省青岛市中级法院	二审	是
191	（2018）鲁民终 1366 号	2018 年 12 月	山东省高级法院	二审	是
192	（2018）内 07 民终 1476 号	2018 年 12 月	内蒙古自治区呼伦贝尔市中级法院	二审	是
193	（2018）宁民终 320 号	2018 年 12 月	宁夏回族自治区高级法院	二审	是
194	（2018）苏 02 民终 4831 号	2018 年 12 月	江苏省无锡市中级法院	二审	是
195	（2018）苏 05 民终 8374 号	2018 年 12 月	江苏省苏州市中级法院	二审	是
196	（2018）苏 11 民终 1535 号	2018 年 12 月	江苏省镇江市中级法院	二审	是
197	（2018）豫 06 民终 1696 号	2018 年 12 月	河南省鹤壁市中级法院	二审	是

序号	案号	裁判日期	裁判法院	审级	是否含有一审或原审裁判
198	(2018)豫 13 民终 7151 号	2018 年 12 月	河南省南阳市中级法院	二审	是
199	(2018)粤 03 民终 22010 号	2018 年 12 月	广东省深圳市中级法院	二审	是
200	(2018)云 01 民终 8727 号	2018 年 12 月	云南省昆明市中级法院	二审	是
201	(2018)云 01 民终 8729 号	2018 年 12 月	云南省昆明市中级法院	二审	是
202	(2018)云 01 民终 8730 号	2018 年 12 月	云南省昆明市中级法院	二审	是
203	(2018)云 01 民终 8731 号	2018 年 12 月	云南省昆明市中级法院	二审	是
204	(2018)云 01 民终 8732 号	2018 年 12 月	云南省昆明市中级法院	二审	是
205	(2018)云 01 民终 8733 号	2018 年 12 月	云南省昆明市中级法院	二审	是
206	(2018)云 01 民终 8734 号	2018 年 12 月	云南省昆明市中级法院	二审	是
207	(2018)云 01 民终 8735 号	2018 年 12 月	云南省昆明市中级法院	二审	是
208	(2018)云 01 民终 9556 号	2018 年 12 月	云南省昆明市中级法院	二审	是
209	(2018)云 01 民终 9557 号	2018 年 12 月	云南省昆明市中级法院	二审	是
210	(2018)云 01 民终 9558 号	2018 年 12 月	云南省昆明市中级法院	二审	是
211	(2018)云 01 民终 9559 号	2018 年 12 月	云南省昆明市中级法院	二审	是
212	(2018)云 01 民终 9560 号	2018 年 12 月	云南省昆明市中级法院	二审	是
213	(2018)云 01 民终 9561 号	2018 年 12 月	云南省昆明市中级法院	二审	是
214	(2018)云 01 民终 9562 号	2018 年 12 月	云南省昆明市中级法院	二审	是
215	(2018)云民终 983 号	2018 年 12 月	云南省高级法院	二审	是
216	(2018)最高法民再 456 号	2018 年 12 月	最高法院	再审	是
217	(2018)吉民申 4384 号	2019 年 1 月	吉林省高级法院	再审	否
218	(2018)晋 08 民终 3285 号	2019 年 1 月	山西省运城市中级法院	二审	是
219	(2018)辽民终 851 号	2019 年 1 月	辽宁省高级法院	二审	是
220	(2018)鲁 15 民终 3265 号	2019 年 1 月	山东省聊城市中级法院	二审	是
221	(2018)新 01 民终 3430 号	2019 年 1 月	新疆维吾尔自治区乌鲁木齐市中级法院	二审	是
222	(2018)粤 04 民终 3078 号	2019 年 1 月	广东省珠海市中级法院	二审	是
223	(2018)云民再 72 号	2019 年 1 月	云南省高级法院	再审	否
224	(2018)浙 06 民终 4556 号	2019 年 1 月	浙江省绍兴市中级法院	二审	是
225	(2018)浙民再 519 号	2019 年 1 月	浙江省高级法院	再审	是
226	(2018)最高法民再 476 号	2019 年 1 月	最高法院	再审	是

续表

序号	案号	裁判日期	裁判法院	审级	是否含有一审或原审裁判
227	（2019）鄂 08 民终 59 号	2019 年 1 月	湖北省荆门市中级法院	二审	是
228	（2019）赣 01 民终 71 号	2019 年 1 月	江西省南昌市中级法院	二审	是
229	（2019）沪 02 民终 196 号	2019 年 1 月	上海市第二中级法院	二审	是
230	（2019）鲁 15 民申 14 号	2019 年 1 月	山东省聊城市中级法院	再审	否
231	（2019）闽 05 民终 31 号	2019 年 1 月	福建省泉州市中级法院	二审	是
232	（2019）闽 05 民终 3 号	2019 年 1 月	福建省泉州市中级法院	二审	是
233	（2019）黔 01 民终 119 号	2019 年 1 月	贵州省贵阳市中级法院	二审	否
234	（2019）云民终 6 号	2019 年 1 月	云南省高级法院	二审	是
235	（2018）甘 01 民终 3537 号	2019 年 2 月	甘肃省兰州市中级法院	二审	是
236	（2018）辽 01 民终 11794 号	2019 年 2 月	辽宁省沈阳市中级法院	二审	是
237	（2018）辽 01 民终 11795 号	2019 年 2 月	辽宁省沈阳市中级法院	二审	是
238	（2018）苏 06 民终 4259 号	2019 年 2 月	江苏省南通市中级法院	二审	是
239	（2018）粤 20 民终 6562 号	2019 年 2 月	广东省中山市中级法院	二审	是
240	（2018）粤民终 2578-2581 号	2019 年 2 月	广东省高级法院	二审	是
241	（2019）桂 08 民终 7 号	2019 年 2 月	广西壮族自治区贵港市中级法院	二审	是
242	（2019）黑 04 民终 151 号	2019 年 2 月	黑龙江省鹤岗市中级法院	二审	是
243	（2019）冀 01 民终 1649 号	2019 年 2 月	河北省石家庄市中级法院	二审	是
244	（2019）苏 07 民终 296 号	2019 年 2 月	江苏省连云港市中级法院	二审	是
245	（2019）苏 07 民终 549 号	2019 年 2 月	江苏省连云港市中级法院	二审	是
246	（2019）皖 15 民终 361 号	2019 年 2 月	安徽省六安市中级法院	二审	是
247	（2019）豫 01 民终 2596 号	2019 年 2 月	河南省郑州市中级法院	二审	是
248	（2019）豫 01 民终 3289 号	2019 年 2 月	河南省郑州市中级法院	二审	是
249	（2019）粤 01 民终 2409 号	2019 年 2 月	广东省广州市中级法院	二审	是
250	（2019）粤 12 民终 472 号	2019 年 2 月	广东省肇庆市中级法院	二审	是
251	（2019）浙 01 民终 487 号	2019 年 2 月	浙江省杭州市中级法院	二审	是
252	（2019）最高法民申 511 号	2019 年 2 月	最高法院	再审	否
253	（2018）吉 01 民终 4190 号	2019 年 3 月	吉林省长春市中级法院	二审	是
254	（2018）辽民终 690 号	2019 年 3 月	辽宁省高级法院	二审	是
255	（2018）黔 06 民终 1231 号	2019 年 3 月	贵州省铜仁市中级法院	二审	是

序号	案号	裁判日期	裁判法院	审级	是否含有一审或原审裁判
256	(2019)川 19 民终 4 号	2019 年 3 月	四川省巴中市中级法院	二审	是
257	(2019)鄂 01 民终 4034 号	2019 年 3 月	湖北省武汉市中级法院	二审	是
258	(2019)赣 03 民终 172 号	2019 年 3 月	江西省萍乡市中级法院	二审	否
259	(2019)赣 03 民终 175 号	2019 年 3 月	江西省萍乡市中级法院	二审	否
260	(2019)赣 03 民终 78 号	2019 年 3 月	江西省萍乡市中级法院	二审	是
261	(2019)赣 03 民终 83 号	2019 年 3 月	江西省萍乡市中级法院	二审	是
262	(2019)赣 03 民终 84 号	2019 年 3 月	江西省萍乡市中级法院	二审	是
263	(2019)桂 06 民终 36 号	2019 年 3 月	广西壮族自治区防城港市中级法院	二审	是
264	(2019)黑 01 民终 208 号	2019 年 3 月	黑龙江省哈尔滨市中级法院	二审	是
265	(2019)黑 01 民终 2297 号	2019 年 3 月	黑龙江省哈尔滨市中级法院	二审	是
266	(2019)沪 73 民终 88 号	2019 年 3 月	上海知识产权法院	二审	是
267	(2019)冀 02 民终 582 号	2019 年 3 月	河北省唐山市中级法院	二审	是
268	(2019)晋 01 民终 695 号	2019 年 3 月	山西省太原市中级法院	二审	是
269	(2019)晋 10 民终 392 号	2019 年 3 月	山西省临汾市中级法院	二审	是
270	(2019)京 03 民终 2188 号	2019 年 3 月	北京市第三中级法院	二审	是
271	(2019)辽 02 民终 2022 号	2019 年 3 月	辽宁省大连市中级法院	二审	是
272	(2019)鲁 01 民终 1235 号	2019 年 3 月	山东省济南市中级法院	二审	是
273	(2019)鲁 01 民终 1236 号	2019 年 3 月	山东省济南市中级法院	二审	是
274	(2019)鲁 01 民终 1238 号	2019 年 3 月	山东省济南市中级法院	二审	是
275	(2019)鲁 01 民终 1239 号	2019 年 3 月	山东省济南市中级法院	二审	是
276	(2019)鲁 11 民终 294 号	2019 年 3 月	山东省日照市中级法院	二审	是
277	(2019)闽 06 民终 170 号	2019 年 3 月	福建省漳州市中级法院	二审	是
278	(2019)内 05 民终 430 号	2019 年 3 月	内蒙古自治区通辽市中级法院	二审	是
279	(2019)黔 03 民终 371 号	2019 年 3 月	贵州省遵义市中级法院	二审	是
280	(2019)黔 26 民终 360 号	2019 年 3 月	贵州省黔东南苗族侗族自治州中级法院	二审	是
281	(2019)苏 01 民终 1604 号	2019 年 3 月	江苏省南京市中级法院	二审	是

续表

序号	案号	裁判日期	裁判法院	审级	是否含有一审或原审裁判
282	(2019)皖 03 民终 409 号	2019 年 3 月	安徽省蚌埠市中级法院	二审	是
283	(2019)渝 04 民再 3 号	2019 年 3 月	重庆市第四中级法院	再审	否
284	(2019)渝 05 民终 1048 号	2019 年 3 月	重庆市第五中级法院	二审	是
285	(2019)豫 01 民终 6763 号	2019 年 3 月	河南省郑州市中级法院	二审	是
286	(2019)粤 01 民终 554 号	2019 年 3 月	广东省广州市中级法院	二审	是
287	(2019)粤民申 341 号	2019 年 3 月	广东省高级法院	再审	否
288	(2018)内 01 民终 3019 号	2019 年 4 月	内蒙古自治区呼和浩特市中级法院	二审	是
289	(2019)川 15 民终 698 号	2019 年 4 月	四川省宜宾市中级法院	二审	是
290	(2019)赣 03 民终 166 号	2019 年 4 月	江西省萍乡市中级法院	二审	是
291	(2019)桂 02 民终 1404 号	2019 年 4 月	广西壮族自治区柳州市中级法院	二审	是
292	(2019)黑民申 245 号	2019 年 4 月	黑龙江省高级法院	再审	否
293	(2019)吉 04 民终 234 号	2019 年 4 月	吉林省辽源市中级法院	二审	是
294	(2019)吉民终 113 号	2019 年 4 月	吉林省高级法院	二审	是
295	(2019)鲁 01 民终 1970 号	2019 年 4 月	山东省济南市中级法院	二审	是
296	(2019)鲁 02 民终 2222 号	2019 年 4 月	山东省青岛市中级法院	二审	是
297	(2019)内 06 民终 652 号	2019 年 4 月	内蒙古自治区鄂尔多斯市中级法院	二审	是
298	(2019)宁 01 民终 296 号	2019 年 4 月	宁夏回族自治区银川市中级法院	二审	是
299	(2019)陕民申 565 号	2019 年 4 月	陕西省高级法院	再审	否
300	(2019)苏 03 民终 2829 号	2019 年 4 月	江苏省徐州市中级法院	二审	是
301	(2019)苏 07 民终 663 号	2019 年 4 月	江苏省连云港市中级法院	二审	是
302	(2019)湘 02 民终 671 号	2019 年 4 月	湖南省株洲市中级法院	二审	是
303	(2019)新 01 民终 302 号	2019 年 4 月	新疆维吾尔自治区乌鲁木齐市中级法院	二审	是
304	(2019)粤民申 2605 号	2019 年 4 月	广东省高级法院	再审	否
305	(2019)云 01 民终 3230 号	2019 年 4 月	云南省昆明市中级法院	二审	是
306	(2018)新 01 民初 737 号	2019 年 5 月	新疆维吾尔自治区乌鲁木齐市中级法院	一审	/
307	(2018)粤 73 民终 2237 号	2019 年 5 月	广州知识产权法院	二审	是

序号	案号	裁判日期	裁判法院	审级	是否含有一审或原审裁判
308	(2019)藏 01 民终 356 号	2019 年 5 月	西藏自治区拉萨市中级法院	二审	是
309	(2019)川 06 民终 420 号	2019 年 5 月	四川省德阳市中级法院	二审	是
310	(2019)川 11 民终 691 号	2019 年 5 月	四川省乐山市中级法院	二审	是
311	(2019)鄂 01 民终 5321 号	2019 年 5 月	湖北省武汉市中级法院	二审	是
312	(2019)甘 11 民终 674 号	2019 年 5 月	甘肃省定西市中级法院	二审	是
313	(2019)甘民申 396 号	2019 年 5 月	甘肃省高级法院	再审	否
314	(2019)黑 01 民终 2615 号	2019 年 5 月	黑龙江省哈尔滨市中级法院	二审	是
315	(2019)黑 01 民终 4181 号	2019 年 5 月	黑龙江省哈尔滨市中级法院	二审	是
316	(2019)吉 01 民终 1551 号	2019 年 5 月	吉林省长春市中级法院	二审	是
317	(2019)鲁 11 民终 511 号	2019 年 5 月	山东省日照市中级法院	二审	是
318	(2019)闽 02 民终 569 号	2019 年 5 月	福建省厦门市中级法院	二审	是
319	(2019)内 01 民终 1110 号	2019 年 5 月	内蒙古自治区呼和浩特市中级法院	二审	是
320	(2019)黔 03 民终 2860 号	2019 年 5 月	贵州省遵义市中级法院	二审	是
321	(2019)苏 01 民终 3914 号	2019 年 5 月	江苏省南京市中级法院	二审	是
322	(2019)豫 15 民终 1629 号	2019 年 5 月	河南省信阳市中级法院	二审	是
323	(2019)粤 01 民终 7365 号	2019 年 5 月	广东省广州市中法院	二审	是
324	(2019)粤 14 民终 706 号	2019 年 5 月	广东省梅州市中级法院	二审	是
325	(2019)云 25 民终 984 号	2019 年 5 月	云南省红河哈尼族彝族自治州中级法院	二审	是
326	(2018)桂 05 民终 938 号	2019 年 6 月	广西壮族自治区北海市中级法院	二审	是
327	(2019)川 03 民终 1167 号	2019 年 6 月	四川省自贡市中级法院	二审	是
328	(2019)川 07 民终 1179 号	2019 年 6 月	四川省绵阳市中级法院	二审	是
329	(2019)鄂 96 民终 620 号	2019 年 6 月	湖北省汉江市中级法院	二审	是
330	(2019)京民终 276 号	2019 年 6 月	北京市高级法院	二审	是
331	(2019)辽 01 民终 6610 号	2019 年 6 月	辽宁省沈阳市中级法院	二审	是
332	(2019)鲁 02 民终 3753 号	2019 年 6 月	山东省青岛市中级法院	二审	是

续表

序号	案号	裁判日期	裁判法院	审级	是否含有一审或原审裁判
333	（2019）内 02 民终 833 号	2019 年 6 月	内蒙古自治区包头市中级法院	二审	是
334	（2019）琼 01 民终 2460 号	2019 年 6 月	海南省海口市中级法院	二审	是
335	（2019）苏 02 民终 2425 号	2019 年 6 月	江苏省无锡市中级法院	二审	是
336	（2019）苏 03 民终 4425 号	2019 年 6 月	江苏省徐州市中级法院	二审	否
337	（2019）苏 08 民终 1233 号	2019 年 6 月	江苏省淮安市中级法院	二审	是
338	（2019）苏 13 民终 1024 号	2019 年 6 月	江苏省宿迁市中级法院	二审	是
339	（2019）湘 01 民终 6129 号	2019 年 6 月	湖南省长沙市中级法院	二审	是
340	（2019）湘 10 民终 1975 号	2019 年 6 月	湖南省郴州市中级法院	二审	是
341	（2019）豫 01 民终 11516 号	2019 年 6 月	河南省郑州市中级法院	二审	是
342	（2019）豫 01 民终 12754 号	2019 年 6 月	河南省郑州市中级法院	二审	是
343	（2019）豫 13 民终 591 号	2019 年 6 月	河南省南阳市中级法院	二审	是
344	（2019）豫 17 民终 1864 号	2019 年 6 月	河南省驻马店市中级法院	二审	是
345	（2019）粤民申 4470 号	2019 年 6 月	广东省高级法院	再审	否
346	（2019）云 01 民终 3929 号	2019 年 6 月	云南省昆明市中级法院	二审	是
347	（2019）浙 01 民终 4266 号	2019 年 6 月	浙江省杭州市中级法院	二审	是
348	（2019）川 13 民再 70 号	2019 年 7 月	四川省南充市中级法院	再审	否
349	（2019）川民申 2873 号	2019 年 7 月	四川省高级法院	再审	否
350	（2019）甘 10 民终 792 号	2019 年 7 月	甘肃省庆阳市中级法院	二审	否
351	（2019）甘民申 886 号	2019 年 7 月	甘肃省高级法院	再审	否
352	（2019）黑 01 民终 4556 号	2019 年 7 月	黑龙江省哈尔滨市中级法院	二审	是
353	（2019）冀 06 民终 4326 号	2019 年 7 月	河北省保定市中级法院	二审	否
354	（2019）晋 08 民终 1387 号	2019 年 7 月	山西省运城市中级法院	二审	是
355	（2019）京 02 民终 8809 号	2019 年 7 月	北京市第二中级法院	二审	是
356	（2019）鲁 01 民终 5101 号	2019 年 7 月	山东省济南市中级法院	二审	是
357	（2019）鲁 01 民终 5741 号	2019 年 7 月	山东省济南市中级法院	二审	是
358	（2019）鲁 15 民终 1752 号	2019 年 7 月	山东省聊城市中级法院	二审	是
359	（2019）内 05 民终 1365 号	2019 年 7 月	内蒙古自治区通辽市中级法院	二审	是

序号	案号	裁判日期	裁判法院	审级	是否含有一审或原审裁判
360	(2019)黔 27 民终 1657 号	2019 年 7 月	贵州省黔南布依族苗族自治州中级法院	二审	是
361	(2019)陕 03 民终 819 号	2019 年 7 月	陕西省宝鸡市中级法院	二审	否
362	(2019)苏 07 民终 2609 号	2019 年 7 月	江苏省连云港市中级法院	二审	是
363	(2019)苏民申 2762 号	2019 年 7 月	江苏省高级法院	再审	否
364	(2019)苏民再 228 号	2019 年 7 月	江苏省高级法院	再审	是
365	(2019)渝 03 民终 996 号	2019 年 7 月	重庆市第三中级法院	二审	是
366	(2019)粤 01 民终 7036 号	2019 年 7 月	广东省广州市中级法院	二审	是
367	(2019)粤 12 民终 1185 号	2019 年 7 月	广东省肇庆市中级法院	二审	是
368	(2019)粤 13 民终 2718 号	2019 年 7 月	广东省惠州市中级法院	二审	是
369	(2019)粤民申 2316 号	2019 年 7 月	广东省高级法院	再审	否
370	(2019)云 03 民终 1617 号	2019 年 7 月	云南省曲靖市中级法院	二审	是
371	(2019)云民申 638 号	2019 年 7 月	云南省高级法院	再审	否
372	(2019)浙 01 民终 5658 号	2019 年 7 月	浙江省杭州市中级法院	二审	是
373	(2019)浙 02 民终 2754 号	2019 年 7 月	浙江省宁波市中级法院	二审	是
374	(2019)最高法民申 2504 号	2019 年 7 月	最高法院	再审	否
375	(2019)兵 08 民终 560 号	2019 年 8 月	新疆生产建设兵团第(农)八师中级法院	二审	是
376	(2019)黑 01 民终 4185 号	2019 年 8 月	黑龙江省哈尔滨市中级法院	二审	是
377	(2019)黑 05 民终 450 号	2019 年 8 月	黑龙江省双鸭山市中级法院	二审	是
378	(2019)沪民申 1056 号	2019 年 8 月	上海市高级法院	再审	否
379	(2019)冀 09 民终 5293 号	2019 年 8 月	河北省沧州市中级法院	二审	是
380	(2019)冀民申 2155 号	2019 年 8 月	河北省高级法院	再审	否
381	(2019)晋 07 民终 2493 号	2019 年 8 月	山西省晋中市中级法院	二审	否
382	(2019)晋 08 民终 729 号	2019 年 8 月	山西省运城市中级法院	二审	是
383	(2019)辽 01 民终 8820 号	2019 年 8 月	辽宁省沈阳市中级法院	二审	是
384	(2019)辽 02 民终 6351 号	2019 年 8 月	辽宁省大连市中级法院	二审	否
385	(2019)闽 04 民终 1289 号	2019 年 8 月	福建省三明市中级法院	二审	是
386	(2019)黔 06 民终 1257 号	2019 年 8 月	贵州省铜仁地区中级法院	二审	是

续表

序号	案号	裁判日期	裁判法院	审级	是否含有一审或原审裁判
387	(2019)青 01 民终 1095 号	2019 年 8 月	青海省西宁市中级法院	二审	是
388	(2019)苏 11 民终 1835 号	2019 年 8 月	江苏省镇江市中级法院	二审	是
389	(2019)苏 12 民终 2187 号	2019 年 8 月	江苏省泰州市中级法院	二审	是
390	(2019)皖 01 民终 5441 号	2019 年 8 月	安徽省合肥市中级法院	二审	是
391	(2019)皖 02 民终 1900 号	2019 年 8 月	安徽省芜湖市中级法院	二审	是
392	(2019)湘 10 民终 2388 号	2019 年 8 月	湖南省郴州市中级法院	二审	否
393	(2019)湘 10 民终 2665 号	2019 年 8 月	湖南省郴州市中级法院	二审	是
394	(2019)渝 02 民终 2237 号	2019 年 8 月	重庆市第二中级法院	二审	是
395	(2019)豫 08 民终 2442 号	2019 年 8 月	河南省焦作市中级法院	二审	是
396	(2019)云 29 民终 1102 号	2019 年 8 月	云南省大理白族自治州中级法院	二审	是
397	(2019)兵 01 民终 262 号	2019 年 9 月	新疆生产建设兵团第(农)一师中级法院	二审	是
398	(2019)藏 05 民终 61 号	2019 年 9 月	西藏自治区山南地区中级法院	二审	是
399	(2019)鄂 01 民终 10814 号	2019 年 9 月	湖北省武汉市中级法院	二审	是
400	(2019)黑 08 民终 1283 号	2019 年 9 月	黑龙江省佳木斯市中级法院	二审	是
401	(2019)晋 10 民终 2138 号	2019 年 9 月	山西省临汾市中级法院	二审	是
402	(2019)京 02 民申 708 号	2019 年 9 月	北京市第二中级法院	再审	否
403	(2019)辽 01 民终 5288 号	2019 年 9 月	辽宁省沈阳市中级法院	二审	是
404	(2019)鲁 01 民终 7135 号	2019 年 9 月	山东省济南市中级法院	二审	是
405	(2019)鲁 15 民终 2334 号	2019 年 9 月	山东省聊城市中级法院	二审	是
406	(2019)闽 09 民终 1373 号	2019 年 9 月	福建省宁德市中级法院	二审	是
407	(2019)内 29 民终 408 号	2019 年 9 月	内蒙古自治区阿拉善盟中级法院	二审	否
408	(2019)黔 23 民终 2124 号	2019 年 9 月	贵州省黔西南布依族苗族自治州中级法院	二审	是
409	(2019)苏 01 民终 7828 号	2019 年 9 月	江苏省南京市中级法院	一审	/
410	(2019)苏 02 民终 3755 号	2019 年 9 月	江苏省无锡市中级法院	二审	是
411	(2019)苏民申 4688 号	2019 年 9 月	江苏省高级法院	再审	否

序号	案号	裁判日期	裁判法院	审级	是否含有一审或原审裁判
412	（2019）新 29 民终 1055 号	2019 年 9 月	新疆维吾尔自治区阿克苏地区中级法院	二审	是
413	（2019）新民申 1001 号	2019 年 9 月	新疆维吾尔自治区高级法院	再审	否
414	（2019）渝 03 民终 1400 号	2019 年 9 月	重庆市第三中级法院	二审	是
415	（2019）粤 04 民终 1792 号	2019 年 9 月	广东省珠海市中级法院	二审	是
416	（2019）黑 04 民终 611 号	2019 年 10 月	黑龙江省鹤岗市中级法院	二审	是
417	（2019）吉 24 民终 1779 号	2019 年 10 月	吉林省延边朝鲜族自治州中级法院	二审	是
418	（2019）冀 09 民终 6468 号	2019 年 10 月	河北省沧州市中级法院	二审	是
419	（2019）辽 02 民终 8818 号	2019 年 10 月	辽宁省大连市中级法院	二审	是
420	（2019）辽民申 5588 号	2019 年 10 月	辽宁省高级法院	再审	否
421	（2019）鲁 04 民终 3007 号	2019 年 10 月	山东省枣庄市中级法院	二审	是
422	（2019）闽 02 民终 4864 号	2019 年 10 月	福建省厦门市中级法院	二审	是
423	（2019）黔 26 民终 1814 号	2019 年 10 月	贵州省黔东南苗族侗族自治州中级法院	二审	是
424	（2019）陕 06 民再 11 号	2019 年 10 月	陕西省延安市中级法院	再审	否
425	（2019）陕 06 民终 1809 号	2019 年 10 月	陕西省延安市中级法院	二审	是
426	（2019）渝 01 民终 8437 号	2019 年 10 月	重庆市第一中级法院	二审	是
427	（2019）粤民申 8039 号	2019 年 10 月	广东省高级法院	再审	否
428	（2016）粤 13 民终 2367 号	2019 年 11 月	广东省惠州市中级法院	二审	是
429	（2019）川民申 4690 号	2019 年 11 月	四川省高级法院	再审	否
430	（2019）甘 04 民再 16 号	2019 年 11 月	甘肃省白银市中级法院	再审	是
431	（2019）赣民再 136 号	2019 年 11 月	江西省高级法院	再审	否
432	（2019）黑 03 民终 654 号	2019 年 11 月	黑龙江省鸡西市中级法院	二审	是
433	（2019）黑 07 民终 439 号	2019 年 11 月	黑龙江省伊春市中级法院	二审	是
434	（2019）吉 01 民终 3400 号	2019 年 11 月	吉林省长春市中级法院	二审	是
435	（2019）冀 11 民终 2325 号	2019 年 11 月	河北省衡水市中级法院	二审	是
436	（2019）晋 05 民终 1471 号	2019 年 11 月	山西省晋城市中级法院	二审	是
437	（2019）晋 07 民终 2794 号	2019 年 11 月	山西省晋中市中级法院	二审	是
438	（2019）辽 10 民终 1806 号	2019 年 11 月	辽宁省辽阳市中级法院	二审	是

续表

序号	案号	裁判日期	裁判法院	审级	是否含有一审或原审裁判
439	(2019)辽 13 民终 2712 号	2019 年 11 月	辽宁省朝阳市中级法院	二审	是
440	(2019)鲁 01 民终 10175 号	2019 年 11 月	山东省济南市中级法院	二审	是
441	(2019)鲁 02 民终 6344 号	2019 年 11 月	山东省青岛市中级法院	二审	是
442	(2019)鲁 11 民终 2401 号	2019 年 11 月	山东省日照市中级法院	二审	是
443	(2019)内 02 民终 2769 号	2019 年 11 月	内蒙古自治区包头市中级法院	二审	是
444	(2019)宁 01 民终 4401 号	2019 年 11 月	宁夏回族自治区银川市中级法院	二审	是
445	(2019)琼 96 民终 1863 号	2019 年 11 月	海南省第一中级法院	二审	是
446	(2019)苏 08 民终 3153 号	2019 年 11 月	江苏省淮安市中级法院	二审	是
447	(2019)苏 11 民终 2899 号	2019 年 11 月	江苏省镇江市中级法院	二审	是
448	(2019)皖 01 民终 8744 号	2019 年 11 月	安徽省合肥市中级法院	二审	是
449	(2019)皖 01 民终 9484 号	2019 年 11 月	安徽省合肥市中级法院	二审	是
450	(2019)新 02 民终 523 号	2019 年 11 月	新疆维吾尔自治区克拉玛依市中级法院	二审	是
451	(2019)渝 03 民终 1805 号	2019 年 11 月	重庆市第三中级法院	二审	是
452	(2019)豫 01 民终 23085 号	2019 年 11 月	河南省郑州市中级法院	二审	是
453	(2019)豫 13 民终 7413 号	2019 年 11 月	河南省南阳市中级法院	二审	是
454	(2019)豫 17 民终 4076 号	2019 年 11 月	河南省驻马店市中级法院	二审	是
455	(2019)粤 03 民终 27581 号	2019 年 11 月	广东省深圳市中级法院	二审	是
456	(2019)云 23 民终 1526 号	2019 年 11 月	云南省楚雄彝族自治州中级法院	二审	是
457	(2019)云 28 民终 770 号	2019 年 11 月	云南省西双版纳傣族自治州中级法院	二审	是
458	(2019)云民终 1158 号	2019 年 11 月	云南省高级法院	二审	是
459	(2018)渝民终 546 号	2019 年 12 月	重庆市高级法院	二审	是
460	(2019)藏 01 民终 991 号	2019 年 12 月	西藏自治区拉萨市中级法院	二审	是
461	(2019)甘 05 民终 873 号	2019 年 12 月	甘肃省天水市中级法院	二审	是
462	(2019)甘 09 民终 1479 号	2019 年 12 月	甘肃省酒泉市中级法院	二审	是
463	(2019)吉民终 545 号	2019 年 12 月	吉林省高级法院	二审	是
464	(2019)津 02 民终 7389 号	2019 年 12 月	天津市第二中级法院	二审	是

序号	案号	裁判日期	裁判法院	审级	是否含有一审或原审裁判
465	（2019）晋 07 民终 3131 号	2019 年 12 月	山西省晋中市中级法院	二审	是
466	（2019）内民申 4599 号	2019 年 12 月	内蒙古自治区高级法院	再审	否
467	（2019）黔 26 民终 2895 号	2019 年 12 月	贵州省黔东南苗族侗族自治州中级法院	二审	是
468	（2019）陕 03 民终 2153 号	2019 年 12 月	陕西省宝鸡市中级法院	二审	是
469	（2019）苏 01 民终 10539 号	2019 年 12 月	江苏省南京市中级法院	二审	是
470	（2019）苏 06 民终 3900 号	2019 年 12 月	江苏省南通市中级法院	二审	是
471	（2019）皖 01 民终 10779 号	2019 年 12 月	安徽省合肥市中级法院	二审	是
472	（2019）皖民再 194 号	2019 年 12 月	安徽省高级法院	再审	否
473	（2019）皖民再 195 号	2019 年 12 月	安徽省高级法院	再审	否
474	（2019）湘 02 民终 2848 号	2019 年 12 月	湖南省株洲市中级法院	二审	是
475	（2019）湘 09 民终 2325 号	2019 年 12 月	湖南省益阳市中级法院	二审	是
476	（2019）新民申 1947 号	2019 年 12 月	新疆维吾尔自治区高级法院	再审	否
477	（2019）新民再 161 号	2019 年 12 月	新疆维吾尔自治区高级法院	再审	否
478	（2019）渝 01 民终 9774 号	2019 年 12 月	重庆市第一中级法院	二审	是
479	（2019）粤 01 民初 1236 号	2019 年 12 月	广东省广州市中级法院	一审	/
480	（2019）粤 01 民终 18322 号	2019 年 12 月	广东省广州市中级法院	二审	是
481	（2019）云 05 民终 1519 号	2019 年 12 月	云南省保山地区中级法院	二审	是
482	（2019）云 25 民终 1972 号	2019 年 12 月	云南省红河哈尼族彝族自治州中级法院	二审	是
483	（2020）吉 04 民终 82 号	2020 年 1 月	吉林省辽源市中级法院	二审	是
484	（2019）苏 05 民终 9617 号	2020 年 2 月	江苏省苏州市中级法院	二审	是
485	（2019）湘 08 民终 1146 号	2020 年 2 月	湖南省张家界市中级法院	二审	是
486	（2020）吉 03 民再 4 号	2020 年 2 月	吉林省四平市中级法院	再审	否
487	（2020）吉民再 59 号	2020 年 2 月	吉林省高级法院	再审	否
488	（2020）晋 01 民终 150 号	2020 年 2 月	山西省太原市中级法院	二审	是
489	（2020）晋 04 民终 153 号	2020 年 2 月	山西省长治市中级法院	二审	是
490	（2020）鲁 02 民终 572 号	2020 年 2 月	山东省青岛市中级法院	二审	是
491	（2020）豫 14 民终 523 号	2020 年 2 月	河南省商丘市中级法院	二审	是

续表

序号	案号	裁判日期	裁判法院	审级	是否含有一审或原审裁判
492	（2020）豫 14 民终 524 号	2020 年 2 月	河南省商丘市中级法院	二审	是
493	（2020）豫 14 民终 525 号	2020 年 2 月	河南省商丘市中级法院	二审	是
494	（2020）粤民再 38、39 号	2020 年 2 月	广东省高级法院	再审	是
495	（2019）湘 12 民终 3227 号	2020 年 3 月	湖南省怀化市中级法院	二审	是
496	（2019）粤 03 民终 6534 号	2020 年 3 月	广东省深圳市中级法院	二审	是
497	（2020）甘民终 31 号	2020 年 3 月	甘肃省高级法院	二审	是
498	（2020）吉 05 民终 310 号	2020 年 3 月	吉林省通化市中级法院	二审	是
499	（2020）吉 06 民终 106 号	2020 年 3 月	吉林省白山市中级法院	二审	是
500	（2020）冀 01 民终 1669 号	2020 年 3 月	河北省石家庄市中级法院	二审	是
501	（2020）辽 02 民终 700 号	2020 年 3 月	辽宁省大连市中级法院	二审	是
502	（2020）辽 05 民终 109 号	2020 年 3 月	辽宁省本溪市中级法院	二审	是
503	（2020）黔 05 民再 3 号	2020 年 3 月	贵州省毕节地区中级法院	再审	是
504	（2020）黔 05 民终 1280 号	2020 年 3 月	贵州省毕节地区中级法院	二审	是
505	（2020）青 01 民终 311 号	2020 年 3 月	青海省西宁市中级法院	二审	是
506	（2020）皖 05 民终 205 号	2020 年 3 月	安徽省马鞍山市中级法院	二审	是
507	（2020）湘 02 民终 356 号	2020 年 3 月	湖南省株洲市中级法院	二审	是
508	（2020）新 43 民终 42 号	2020 年 3 月	新疆维吾尔自治区阿勒泰地区中级法院	二审	是
509	（2019）川 01 民终 12701 号	2020 年 4 月	四川省成都市中级法院	二审	是
510	（2019）新 01 民终 4597 号	2020 年 4 月	新疆维吾尔自治区乌鲁木齐市中级法院	二审	是
511	（2020）川 18 民终 243 号	2020 年 4 月	四川省雅安市中级法院	二审	是
512	（2020）赣 05 民终 297 号	2020 年 4 月	江西省新余市中级法院	二审	是
513	（2020）桂 10 民终 765 号	2020 年 4 月	广西壮族自治区百色市中级法院	二审	是
514	（2020）吉民申 1089 号	2020 年 4 月	吉林省高级法院	再审	否
515	（2020）吉民申 622 号	2020 年 4 月	吉林省高级法院	再审	否
516	（2020）冀 05 民终 558 号	2020 年 4 月	河北省邢台市中级法院	二审	是
517	（2020）京民申 799 号	2020 年 4 月	北京市高级法院	再审	否
518	（2020）辽 02 民终 2848 号	2020 年 4 月	辽宁省大连市中级法院	二审	是
519	（2020）辽 05 民终 668 号	2020 年 4 月	辽宁省本溪市中级法院	二审	是

序号	案号	裁判日期	裁判法院	审级	是否含有一审或原审裁判
520	(2020)辽 06 民终 72 号	2020 年 4 月	辽宁省丹东市中级法院	二审	是
521	(2020)辽民申 486 号	2020 年 4 月	辽宁省高级法院	再审	否
522	(2020)辽民终 211 号	2020 年 4 月	辽宁省高级法院	二审	是
523	(2020)鲁 03 民终 1616 号	2020 年 4 月	山东省淄博市中级法院	二审	是
524	(2020)鲁民终 416 号	2020 年 4 月	山东省高级法院	二审	是
525	(2020)闽 06 民终 1133 号	2020 年 4 月	福建省漳州市中级法院	二审	是
526	(2020)内 25 民终 467 号	2020 年 4 月	内蒙古自治区锡林郭勒盟中级法院	二审	是
527	(2020)陕 01 民终 2936 号	2020 年 4 月	陕西省西安市中级法院	二审	是
528	(2020)苏 01 民终 2954 号	2020 年 4 月	江苏省南京市中级法院	二审	是
529	(2020)皖 02 民终 766 号	2020 年 4 月	安徽省芜湖市中级法院	二审	是
530	(2020)新 01 民终 921 号	2020 年 4 月	新疆维吾尔自治区乌鲁木齐市中级法院	二审	是
531	(2020)浙 01 民终 2282 号	2020 年 4 月	浙江省杭州市中级法院	二审	是
532	(2019)辽 13 民终 913 号	2020 年 5 月	辽宁省朝阳市中级法院	二审	是
533	(2020)川 01 民终 6533 号	2020 年 5 月	四川省成都市中级法院	二审	是
534	(2020)鄂 01 民终 512 号	2020 年 5 月	湖北省武汉市中级法院	二审	是
535	(2020)鄂 05 民终 588 号	2020 年 5 月	湖北省宜昌市中级法院	二审	是
536	(2020)鄂 28 民终 535 号	2020 年 5 月	湖北省恩施土家族苗族自治州中级法院	二审	是
537	(2020)甘 04 民终 506 号	2020 年 5 月	甘肃省白银市中级法院	二审	是
538	(2020)黑 02 民终 1334 号	2020 年 5 月	黑龙江省齐齐哈尔市中级法院	二审	是
539	(2020)吉 08 民终 430 号	2020 年 5 月	吉林省白城市中级法院	二审	是
540	(2020)冀 09 民终 1671 号	2020 年 5 月	河北省沧州市中级法院	二审	是
541	(2020)京 02 民终 3884 号	2020 年 5 月	北京市第二中级法院	二审	是
542	(2020)京 02 民终 3920 号	2020 年 5 月	北京市第二中级法院	二审	是
543	(2020)辽 02 民终 3142 号	2020 年 5 月	辽宁省大连市中级法院	二审	是
544	(2020)辽民申 501 号	2020 年 5 月	辽宁省高级法院	再审	否
545	(2020)辽民终 240 号	2020 年 5 月	辽宁省高级法院	二审	否
546	(2020)鲁 14 民终 1482 号	2020 年 5 月	山东省德州市中级法院	二审	是

续表

序号	案号	裁判日期	裁判法院	审级	是否含有一审或原审裁判
547	(2020)闽 08 民终 693 号	2020 年 5 月	福建省龙岩市中级法院	二审	是
548	(2020)黔 01 民终 2182 号	2020 年 5 月	贵州省贵阳市中级法院	二审	是
549	(2020)黔 06 民终 417 号	2020 年 5 月	贵州省铜仁地区中级法院	二审	是
550	(2020)黔 26 民终 1024 号	2020 年 5 月	贵州省黔东南苗族侗族自治州中级法院	二审	是
551	(2020)苏 10 民终 1119 号	2020 年 5 月	江苏省扬州市中级法院	二审	是
552	(2020)皖 16 民终 1491 号	2020 年 5 月	安徽省亳州市中级法院	二审	是
553	(2020)新 22 民终 347 号	2020 年 5 月	新疆维吾尔自治区哈密地区中级法院	二审	是
554	(2020)渝 01 民终 2074 号	2020 年 5 月	重庆市第一中级法院	二审	是
555	(2020)豫 03 民终 3328 号	2020 年 5 月	河南省洛阳市中级法院	二审	是
556	(2020)粤 04 民终 545 号	2020 年 5 月	广东省珠海市中级法院	二审	是
557	(2020)云 26 民终 705 号	2020 年 5 月	云南省文山壮族苗族自治州中级法院	二审	否
558	(2020)云 28 民终 872 号	2020 年 5 月	云南省西双版纳傣族自治州中级法院	二审	否
559	(2020)浙 03 民终 984 号	2020 年 5 月	浙江省温州市中级法院	二审	是
560	(2019)内 08 民终 19 号	2020 年 6 月	内蒙古自治区巴彦淖尔市中级法院	二审	是
561	(2019)苏 01 民初 1544 号	2020 年 6 月	江苏省南京市中级法院	一审	/
562	(2019)苏 01 民初 1545 号	2020 年 6 月	江苏省南京市中级法院	一审	/
563	(2020)兵民申 73 号	2020 年 6 月	新疆维吾尔自治区高级法院生产建设兵团分院	再审	否
564	(2020)赣民申 742 号	2020 年 6 月	江西省高级法院	再审	否
565	(2020)吉 02 民终 1175 号	2020 年 6 月	吉林省吉林市中级法院	二审	否
566	(2020)晋 11 民终 613 号	2020 年 6 月	山西省吕梁市中级法院	二审	是
567	(2020)京 01 民终 2469 号	2020 年 6 月	北京市第一中级法院	二审	是
568	(2020)京 02 民终 5587 号	2020 年 6 月	北京市第二中级法院	二审	是
569	(2020)辽 02 民终 2361 号	2020 年 6 月	辽宁省大连市中级法院	二审	是
570	(2020)辽 04 民终 1251 号	2020 年 6 月	辽宁省抚顺市中级法院	二审	是
571	(2020)辽 09 民终 364 号	2020 年 6 月	辽宁省阜新市中级法院	二审	是
572	(2020)鲁 03 民终 2160 号	2020 年 6 月	山东省淄博市中级法院	二审	是

序号	案号	裁判日期	裁判法院	审级	是否含有一审或原审裁判
573	(2020)鲁 04 民终 1862 号	2020 年 6 月	山东省枣庄市中级法院	二审	是
574	(2020)鲁 04 民终 640 号	2020 年 6 月	山东省枣庄市中级法院	二审	是
575	(2020)鲁 06 民终 3230 号	2020 年 6 月	山东省烟台市中级法院	二审	是
576	(2020)鲁 10 民终 1620 号	2020 年 6 月	山东省威海市中级法院	二审	是
577	(2020)鲁 14 民终 2136 号	2020 年 6 月	山东省德州市中级法院	二审	是
578	(2020)内 25 民终 408 号	2020 年 6 月	内蒙古自治区锡林郭勒盟中级法院	二审	是
579	(2020)黔 27 民再 47 号	2020 年 6 月	贵州省黔南布依族苗族自治州中级法院	再审	否
580	(2020)苏 10 民申 81 号	2020 年 6 月	江苏省扬州市中级法院	再审	否
581	(2020)苏 13 民终 768 号	2020 年 6 月	江苏省宿迁市中级法院	二审	是
582	(2020)皖 13 民终 1733 号	2020 年 6 月	安徽省宿州市中级法院	二审	是
583	(2020)皖 13 民终 1941 号	2020 年 6 月	安徽省宿州市中级法院	二审	是
584	(2020)湘 01 民终 6784 号	2020 年 6 月	湖南省长沙市中级法院	二审	否
585	(2020)新 01 民终 1356 号	2020 年 6 月	新疆维吾尔自治区乌鲁木齐市中级法院	二审	是
586	(2020)新 01 民终 1375 号	2020 年 6 月	新疆维吾尔自治区乌鲁木齐市中级法院	二审	是
587	(2020)新 01 民终 764 号	2020 年 6 月	新疆维吾尔自治区乌鲁木齐市中级法院	二审	是
588	(2020)新 01 民终 767 号	2020 年 6 月	新疆维吾尔自治区乌鲁木齐市中级法院	二审	是
589	(2020)新 31 民终 714 号	2020 年 6 月	新疆维吾尔自治区喀什地区中级法院	二审	是
590	(2020)渝 02 民终 537 号	2020 年 6 月	重庆市第二中级法院	二审	是
591	(2020)豫 04 民终 1621 号	2020 年 6 月	河南省平顶山市中级法院	二审	是
592	(2020)豫 05 民终 2606 号	2020 年 6 月	河南省安阳市中级法院	二审	是
593	(2020)豫 13 民终 2445 号	2020 年 6 月	河南省南阳市中级法院	二审	是
594	(2019)最高法民终 137 号	2020 年 7 月	最高法院	二审	是
595	(2020)桂 04 民终 887 号	2020 年 7 月	广西壮族自治区梧州市中级法院	二审	是
596	(2020)吉 08 民终 728 号	2020 年 7 月	吉林省白城市中级法院	二审	是

续表

序号	案号	裁判日期	裁判法院	审级	是否含有一审或原审裁判
597	(2020)冀 08 民终 1754 号	2020 年 7 月	河北省承德市中级法院	二审	是
598	(2020)津 01 民终 1938 号	2020 年 7 月	天津市第一中级法院	二审	是
599	(2020)京 01 民终 4523 号	2020 年 7 月	北京市第一中级法院	二审	是
600	(2020)京 03 民终 6534 号	2020 年 7 月	北京市第三中级法院	二审	是
601	(2020)辽 01 民终 4150 号	2020 年 7 月	辽宁省沈阳市中级法院	二审	是
602	(2020)辽 01 民终 4514 号	2020 年 7 月	辽宁省沈阳市中级法院	二审	是
603	(2020)辽 01 民终 5979 号	2020 年 7 月	辽宁省沈阳市中级法院	二审	是
604	(2020)辽 01 民终 7618 号	2020 年 7 月	辽宁省沈阳市中级法院	二审	是
605	(2020)辽 01 民终 8141 号	2020 年 7 月	辽宁省沈阳市中级法院	二审	否
606	(2020)鲁 01 民终 7089 号	2020 年 7 月	山东省济南市中级法院	二审	是
607	(2020)鲁 01 民终 7666 号	2020 年 7 月	山东省济南市中级法院	二审	是
608	(2020)苏 01 民终 4293 号	2020 年 7 月	江苏省南京市中级法院	二审	是
609	(2020)苏 02 民终 2682 号	2020 年 7 月	江苏省无锡市中级法院	二审	是
610	(2020)苏 11 民终 1962 号	2020 年 7 月	江苏省镇江市中级法院	二审	是
611	(2020)皖 15 民终 683 号	2020 年 7 月	安徽省六安市中级法院	二审	是
612	(2020)新 01 民终 1003 号	2020 年 7 月	新疆维吾尔自治区乌鲁木齐市中级法院	二审	是
613	(2020)豫 04 民终 1943 号	2020 年 7 月	河南省平顶山市中级法院	二审	是
614	(2020)粤 01 民终 10107 号	2020 年 7 月	广东省广州市中级法院	二审	是
615	(2020)浙 07 民终 1850 号	2020 年 7 月	浙江省金华市中级法院	二审	是
616	(2020)最高法知民终 357 号	2020 年 7 月	最高法院	二审	是
617	(2020)辽 08 民终 2549 号	2020 年 8 月	辽宁省营口市中级法院	二审	是
618	(2020)苏 03 民终 3967 号	2020 年 8 月	江苏省徐州市中级法院	二审	否
619	(2020)苏 04 民终 1926 号	2020 年 8 月	江苏省常州市中级法院	二审	是
620	(2020)苏 03 民终 7726 号	2021 年 1 月	江苏省徐州市中级法院	二审	是
621	(2021)豫 01 民终 89 号	2021 年 1 月	河南省郑州市中级法院	二审	是
622	(2021)川 09 民终 194 号	2021 年 2 月	四川省遂宁市中级法院	二审	否
623	(2021)桂 01 民终 1797 号	2021 年 2 月	广西壮族自治区南宁市中级法院	二审	是
624	(2021)黑 06 民终 197 号	2021 年 2 月	黑龙江省大庆市中级法院	二审	是
625	(2021)辽 02 民终 492 号	2021 年 2 月	辽宁省大连市中级法院	二审	是

序号	案号	裁判日期	裁判法院	审级	是否含有一审或原审裁判
626	(2021)鲁 01 民终 1264 号	2021 年 2 月	山东省济南市中级法院	二审	是
627	(2021)鲁 13 民终 487 号	2021 年 2 月	山东省临沂市中级法院	二审	是
628	(2021)豫 15 民终 344 号	2021 年 2 月	河南省信阳市中级法院	二审	是
629	(2021)粤 12 民终 461 号	2021 年 2 月	广东省肇庆市中级法院	二审	否
630	(2020)吉 07 民终 1878 号	2021 年 3 月	吉林省松原市中级法院	二审	是
631	(2020)粤 03 民终 26495 号	2021 年 3 月	广东省深圳市中级法院	二审	是
632	(2021)赣 04 民终 493 号	2021 年 3 月	江西省九江市中级法院	二审	否
633	(2021)黑 06 民终 290 号	2021 年 3 月	黑龙江省大庆市中级法院	二审	是
634	(2021)黑 06 民终 655 号	2021 年 3 月	黑龙江省大庆市中级法院	二审	是
635	(2021)黑 11 民终 344 号	2021 年 3 月	黑龙江省黑河市中级法院	二审	是
636	(2021)鲁 01 民终 1598 号	2021 年 3 月	山东省济南市中级法院	二审	是
637	(2021)鲁 11 民终 1028 号	2021 年 3 月	山东省日照市中级法院	二审	是
638	(2021)皖 15 民终 757 号	2021 年 3 月	安徽省六安市中级法院	二审	是
639	(2021)湘 04 民终 716 号	2021 年 3 月	湖南省衡阳市中级法院	二审	是
640	(2021)豫民再 143 号	2021 年 3 月	河南省高级法院	再审	否
641	(2020)苏民终 10 号	2021 年 4 月	江苏省高级法院	二审	是
642	(2021)川 17 民终 544 号	2021 年 4 月	四川省达州市中级法院	二审	是
643	(2021)鄂 10 民终 597 号	2021 年 4 月	湖北省荆州市中级法院	二审	否
644	(2021)桂 03 民终 1195 号	2021 年 4 月	广西壮族自治区桂林市中级法院	二审	是
645	(2021)鲁 01 民终 2301 号	2021 年 4 月	山东省济南市中级法院	二审	是
646	(2021)鲁 01 民终 2302 号	2021 年 4 月	山东省济南市中级法院	二审	是
647	(2021)内 07 民终 175 号	2021 年 4 月	内蒙古自治区呼伦贝尔市中级法院	二审	是
648	(2021)陕民申 238 号	2021 年 4 月	陕西省高级法院	再审	否
649	(2021)苏 08 民终 546 号	2021 年 4 月	江苏省淮安市中级法院	二审	是
650	(2021)湘 01 民终 3099 号	2021 年 4 月	湖南省长沙市中级法院	二审	是
651	(2021)湘 12 民终 322 号	2021 年 4 月	湖南省怀化市中级法院	二审	是
652	(2020)粤 03 民终 18408 号	2021 年 5 月	广东省深圳市中级法院	二审	是
653	(2021)鄂 01 民终 6981 号	2021 年 5 月	湖北省武汉市中级法院	二审	是
654	(2021)鄂 01 民终 6982 号	2021 年 5 月	湖北省武汉市中级法院	二审	是

续表

序号	案号	裁判日期	裁判法院	审级	是否含有一审或原审裁判
655	(2021)鄂 01 民终 6983 号	2021 年 5 月	湖北省武汉市中级法院	二审	是
656	(2021)鄂 01 民终 6984 号	2021 年 5 月	湖北省武汉市中级法院	二审	是
657	(2021)鄂 01 民终 6985 号	2021 年 5 月	湖北省武汉市中级法院	二审	是
658	(2021)冀 02 民终 3392 号	2021 年 5 月	河北省唐山市中级法院	二审	是
659	(2021)京 02 民终 6706 号	2021 年 5 月	北京市第二中级法院	二审	是
660	(2021)辽 03 民终 1719 号	2021 年 5 月	辽宁省鞍山市中级法院	二审	是
661	(2021)辽 03 民终 1914 号	2021 年 5 月	辽宁省鞍山市中级法院	二审	是
662	(2021)内民申 1119 号	2021 年 5 月	内蒙古自治区高级法院	再审	否
663	(2021)皖 13 民终 2115 号	2021 年 5 月	安徽省宿州市中级法院	二审	是
664	(2021)豫 14 民终 1779 号	2021 年 5 月	河南省商丘市中级法院	二审	是
665	(2021)桂 03 民终 1901 号	2021 年 6 月	广西壮族自治区桂林市中级法院	二审	否
666	(2021)吉 01 民终 2512 号	2021 年 6 月	吉林省长春市中级法院	二审	是
667	(2021)冀 09 民终 2627 号	2021 年 6 月	河北省沧州市中级法院	二审	是
668	(2021)辽 02 民终 4969 号	2021 年 6 月	辽宁省大连市中级法院	二审	是
669	(2021)鲁民终 1241 号	2021 年 7 月	山东省高级法院	二审	是
670	(2021)豫 14 民终 2003 号	2021 年 7 月	河南省商丘市中级法院	二审	是
671	(2021)晋 08 民终 2127 号	2021 年 8 月	山西省运城市中级法院	二审	是
672	(2021)辽 01 民终 11633 号	2021 年 8 月	辽宁省沈阳市中级法院	二审	是
673	(2021)鲁 01 民终 7613 号	2021 年 8 月	山东省济南市中级法院	二审	是
674	(2021)辽 01 民终 13532 号	2021 年 9 月	辽宁省沈阳市中级法院	二审	是
675	(2021)鲁 01 民终 8039 号	2021 年 9 月	山东省济南市中级法院	二审	是
676	(2021)粤 02 民终 1934 号	2021 年 9 月	广东省韶关市中级法院	二审	是
677	(2021)鲁 05 民终 1823 号	2021 年 10 月	山东省东营市中级法院	二审	是
678	(2021)桂 05 民终 1796 号	2021 年 11 月	广西壮族自治区北海市中级法院	二审	否
679	(2021)新民申 1852 号	2021 年 11 月	新疆维吾尔自治区高级法院	再审	否
680	(2021)豫 17 民终 4514 号	2021 年 11 月	河南省驻马店市中级法院	二审	是
681	(2021)粤民辖终 308 号	2021 年 11 月	广东省高级法院	二审	否

结　　语

《民诉解释》第247条和第248条在一定程度上统一了民事案件重复起诉的认定标准。本书借助已公开的2000多份裁判文书对司法解释所规定重复起诉认定标准的运行状态进行了较为详细地考察,发现实践中认定是否构成重复起诉的标准仍极为不统一。实践中重复起诉认定标准不统一的原因是多方面的,其中主要原因之一是司法解释所规定的重复起诉认定标准不合理不明确。本书建议将诉讼标的排除在重复起诉认定标准之外,完善明确当事人要素、诉讼请求要素和新的事实要素。此外,我国现行民事纠纷一次性解决机制容量不足,增加了出现重复起诉的概率,应适当扩大民事纠纷一次性解决机制的容量。

后　记

本书是国家社会科学基金项目"民事案件重复诉讼认定标准实证研究"（18BFX064）的最终成果。2022年5月项目结项后，又根据评审专家的意见对成果进行较大幅度的修改。

本书由我和我所指导的研究生共同完成。他们是王智杰（湘潭大学法学院博士研究生）、潘甜（湘潭大学法学院硕士研究生）、黄雅琼（湘潭大学法学院博士研究生）、谭婉静（湘潭大学法学院硕士研究生）、孔凡琛（湘潭大学法学院博士研究生）、唐静瑜（湘潭大学法学院硕士研究生）、李雨晴（湘潭大学法学院硕士研究生）。具体撰写分工如下：

王国征：导言、第一章、第五章第五节；

王国征、王智杰：第二章第一节和第二节、第三章第一节和第二节、第四章第一节、第五章第二节；

王国征、潘甜：第二章第三节、第三章第三节、第四章第二节、第五章第一节；

王国征、黄雅琼：第二章第四节、第三章第四节、第四章第三节、第五章第三节；

王国征、谭婉静：第二章第五节、第三章第五节、第四章第四节、第五章第四节。

孔凡琛参与了第二章第一节的撰写，唐静瑜参与了第二章第二节的撰写，李雨晴参与了第二章第五节的撰写。

感谢清华大学出版社李文彬老师为本书付出的辛苦！

本书参阅了国内有关学者的论著，从中得到启发。在此，对有关学者表示感谢！

王国征

2023年4月于湘潭大学法学院